史學年報

(一)

國家圖書館出版品預行編目資料

史學年報(全六冊)

燕京大學歷史學會編. – 景印初版. – 臺北市：臺灣學生，1969.08
冊；公分

ISBN 978-957-15-1977-7 (全套：平裝)

1. 史學 2. 期刊

605 114010685

史學年報(全六冊)

編　　者　燕京大學歷史學會
出 版 者　臺灣學生書局有限公司
發 行 人　楊雲龍
發 行 所　臺灣學生書局有限公司
地　　址　臺北市和平東路一段75巷11號
劃撥帳號　00024668
電　　話　(02)23928185
傳　　眞　(02)23928105
E-mail　student.book@msa.hinet.net
網　　址　www.studentbook.com.tw
登記證字號　行政院新聞局局版北市業字第玖捌壹號
定　　價　新臺幣六〇〇〇元

一九六九年八月 景印初版
二〇二五年九月 景印初版二刷

60501

第一期

史學年報

朱希祖題

燕大歷史學會下屆職員表

主席	韓叔信
文書	楊緒
財務兼庶務股	余宗武
演講股	翁獨健
參觀股	楊實
研究兼出版股	齊思和

歷史學會出版委員會職員表

編輯主任	齊思和
	李書春
印刷主任	翁獨健
廣告主任	楊實
會計主任	韓叔信
校對主任	余宗武
	梁佩貞

本期目錄

發刊辭

吾國史學，淵源最早，而以其進步遲緩之故，及至今日反落歐西諸國之後。典籍所稱，黃帝之時，已置史官。又傳上世有三墳，五典，八索，九丘諸書。左昭十二年傳稱：『楚靈王與右尹子革語，右相趨而過，王曰：「此良史，能讀三墳五典八索九丘。」孔安國尚書序釋之曰『即謂上世帝王遺書』。斯則邃古帝王，皆各有史，然世代悠遐，不能徵矣。及至姬周，史官大備，周禮稱：『太史掌建邦之六典，八法，八則，以詔王治。小史掌邦國之治，定世繫，辨昭穆。內史掌王之八柄，策命而貳之。外史掌王之外令，及四方之志。三皇五帝之書。御史掌邦國都鄙萬民之治令，以贊冢宰。』由此觀之，天子之史，亦有五矣。雖周官一書，世多疑其僞，而徵之其他現存秦前簡册、其所舉史官，固非虛構。且非惟王朝有史也，卽各諸侯卿大夫家，亦皆置史官，每有疑滯，則就而諮焉。斯則史官乃上世最高知識階級，其職責固不限於載言記事矣。近人如龔定盦，劉師培，張采田輩，咸以爲百家學術皆源於史，非無故也。諸國旣皆置史官，故皆各有其史。其猶可攷見者，如：左傳稱周志，韓非子稱周書，孟子稱晉之乘，楚之杌檮，魯之春秋，國語有鄭書，墨子曾見百國春秋，可謂盛矣。仲尼以天縱之資，而其最大之著作，亦爲春秋。故漢儒每以與孝經並稱，明其爲孔子所自作也。自漢而後，史職益增，李唐以還，政府更負編纂前代史之責。此外私家著述，如編年體也，紀事本末體也，政書也，學案也，史評也，以及考覈訓詁之類，皆前後相望，作者如林，其結果雖歷經兵燹水火之刼，而今日言其內容之富，年代之久，他國莫之與京也。夫史料以文字之記載爲基本，而我國自夏而後，已有正式年代之紀載，東周而後，三千年來，人類社會進化之跡，粲然在目，他國之必待考古物，訪奇俗，以間接推求之者，吾國早有明確之記載，數千年來社會演變之跡，得以窺測，斯則非惟我國之寶藏，亦全人類所不能忽視者也。

雖然，我國史學有一弊焉，則其因襲多而創作少是也。編年一體，自太古以至今，行之數千年。史遷紀傳一體，今且未廢，大史學批評家如劉知幾章學誠輩，雖稍稍議之，然其所見，或尚不若史公焉。此外如袁樞之紀事本末也，黃梨州之學案也，皆一人唱之，萬夫和之，墨守舊章，不思改易。夫學貴因事制宜，因材立體，豈能不辨方圓，咸納之於一型？論者每謂我國正史，每下愈況，此或亦其一因也。此猶言其體例也，至於精神，則雖謂之古今未變焉可也。其眼光不出太上感應篇資治通鑑子史精華之外。清代學術之盛，遠邁往古，諸大師治經之餘，亦頗致力於史，然亦不過粗引其端，大部分尚待吾人之努力。反顧西洋其史學之大形發展，亦不過近百年來事耳，然史料之分類與審定也，史學理論也，歷史哲學也，攷古也，類皆議論將定，成爲科學，後進之士，苦於在其本國史中，無覆可發，且浸假而肆其精力於中國史焉。而我國學者，本其傳統之實用主義，舍本趨末，專言富强，於史學一科，目爲無用，擯而不講，甚至『現今我國學校通用課本，乃率皆裨販迻譯，以之充數！』（用梁任公語）其結果不但富强不可幾且行將爲印度之續！嗟呼！寶蘊於山，過而不顧，貨棄於地，俯拾無人，此則同人所爲深慨而不敢自棄者也。

本會爲本校歷史學系同學所組織成立已久，近鑑於現今學術，非閉戶獨學之所可幾也，乃忘其錮蔽，刋其師生所得，以與同好一商確之，冀收他山之助。期於年刋一册，其內容則學理與工作並重，尤側重於國史之研究。盖同人深信，非學理無以指導研究工作，非有專門研究，則學理無所附麗。至於側重國史，其理甚明，無待贅述。凡此區區，皆發行本刋之微意，非敢謂倡導風氣，盖亦聊供抛磚引玉之資云爾。

十八年五月廿日

戎狄夷蠻攷

孟世傑

周代，戎狄夷蠻與漢民族競爭，至爲劇烈！戎狄居西北，夷在東，蠻在南。當時四裔交侵中國，或陷城邑，或覆邦家；然不旋踵皆爲中國攻滅同化，其中殆有消息焉，作戎狄夷蠻攷。

戎狄

中國自有史以來，漢民族卽與西北民族衝突。故史記五帝本紀稱黃帝『北逐葷粥』。『集解：「匈奴傳曰：唐虞以上有山戎，玁狁，葷粥，居於北蠻」。索隱：「匈奴別名也，唐虞以上曰山戎，亦曰熏粥，夏曰淳維，殷曰鬼方，（註一）周曰玁狁，漢曰匈奴」。』惟其衝突事蹟，在殷以前者不可詳考！殷周之際，鬼方之地，由宗周之西，而包其東北。（據小盂鼎梁伯戈二器）小盂鼎紀盂代鬼方，獻俘之事，在周成王二十五祀。俘人之數，至萬三千有餘。在宗周之初，自爲漢民族與匈奴民族一大衝突。（詳見雪堂叢刻王國維鬼方昆夷玁狁考）

（註一）據鬼方昆夷玁狁考鬼方之名，當作畏方；經典作鬼，係由古文傳寫之誤

周初有混夷，混夷之名，見於詩大雅緜篇。混字，孟子及毛詩采薇序作昆。周懿王宣王時有玁狁之名，見於詩采薇出車六月三篇。（註二）昆夷玁狁與鬼方獯鬻（卽熏粥見孟子）皆同種而變名者也。

（註二）采薇出車二詩，毛傳及詩序皆以爲文王時詩。但據漢書匈奴傳則班固以采薇爲懿王時詩。又出車詠南仲伐玁狁之事，鄭箋以南仲爲文王時人。然據漢書古今人表則班固以南仲爲宣王時人；據後漢書龐參傳則馬融亦以南仲爲宣王時人。六月一詩，詩序鄭箋皆以爲宣王時詩，世無異論。

玁狁侵暴中國，以厲王宣王時爲最盛。自宣王以後，對於玁狁被以戎號，且謂之犬戎：故後漢書西羌傳以太王所事之獯鬻爲犬戎，又以宣王所伐之玁狁爲犬戎。（王國維鬼方昆夷玁狁考）據此則攻幽王滅宗周之犬戎，當卽宣王時之玁狁！（註三）顧棟高春秋四裔表謂犬戎卽周之玁狁，不爲無據（春秋大事表卷三十九）

（註三）史記匈奴列傳：（周西伯昌伐畎夷氏。）索隱曰：（韋昭云：春秋以爲犬戎。按畎音犬。小顏云：卽昆夷也。）按昆夷卽玁狁，故此亦爲犬戎與玁狁同族之徵。

春秋隱公桓公之際，但有戎號；莊公閔公以後，始有狄號。戎者，兵也；凡持兵器以侵盜者謂之。狄者，遠也；凡

居遠方而當除戯者謂之。戎與狄皆中國所加之名，非其族所固有！　春秋初列國多有戎狄之禍。戎之別有七：在陝西臨潼者曰驪戎。在鳳翔者曰犬戎。在瓜州者曰允姓之戎；秦晉遷之則曰陸渾之戎，在今河南嵩縣；又曰陰戎，以其處晉陰地；又曰九州戎，則晉荀吳滅陸渾之戎以後，其餘服屬於晉者；又曰小戎，亦曰姜戎，原在甘肅敦煌廢縣，後遷伊川。自晉滅陸渾，城汝濱地而有之；楚亦滅蠻氏，在汝州（河南臨汝縣）之地，汝水南北遂為晉楚分界。其先陸渾而居伊洛之間者．又有揚拒泉皐伊洛之戎，王子帶召之，伐京師焚王城東門者，後亦浸微，並為晉之內臣。蠻氏亦戎別種，在汝州西南；以處茅津．亦名茅戎，在解州之平陸。（今縣）其在直隸之永平（盧龍縣）者，曰北戎，亦曰山戎，春秋初嘗侵鄭伐齊，已而又病燕，齊桓公因北伐山戎；無終子嘉父因魏莊子納虎豹之皮以請和諸戎者，其別種也。又有在山東之曹縣與河南蘭陽接壤者，春秋初見於經傳，但曰戎無名號，卽戎州已氏之戎也。　狄之別有三：曰赤狄，曰白狄，曰長狄。長狄兄弟三人無種類。赤狄之種六：曰東山皐落氏，廧咎如，潞氏，甲氏，留吁，鐸辰。潞為上黨之潞縣，處晉腹心。宜公十五年，晉滅赤戎潞氏，明年並滅甲氏留吁鐸辰。甲氏留吁俱在舊廣平府，鐸辰在潞安境。白狄之種三：其先與秦同州，在陝西舊延安府。別種在眞定（正定）藁城晉州（晉縣）者，曰鮮虞，曰肥，曰鼓。肥鼓俱為晉所滅。鮮虞後為中山，入戰國後滅。又考春秋時，為中國患者，狄為最，諸狄之中赤狄為最，赤狄諸種族潞氏為最。狄之強莫熾閔公僖公之世：滅邢，滅衞，滅温；伐齊，伐魯，伐鄭，伐晉；並蹂躪王室。蓋自山西以迄直隸河南，直接山東之境，皆其所出沒！其俗不城郭，就山野廬帳而居，又遷徙無常

戰國初，秦自隴以西，有緜諸（括地志云：緜諸城，秦州秦嶺縣北五十六里。漢緜諸道，屬天水郡）。緄戎（顏師古云：混夷也。韋昭云：春秋以為犬戎）。翟䝙（徐廣曰：在天水，䝙，音丸。）之戎。歧梁山涇漆之北有義渠（在甘肅舊慶陽平涼二府地）。大荔（在陝西大荔縣）烏氏（在甘肅涇川縣北）。朐衍（在甘肅靈武縣）之戎。趙北有林胡（在山西舊大同府朔州以北）。樓煩（在山西舊太原府岢嵐州以北）之戎。燕北有東胡（服虔云：東胡烏丸之先，後為鮮卑，在匈奴東，故曰東胡）。山戎（在直隸舊永平府境）。各分散居谿谷，自有君長，往往而聚者，百有餘戎，然莫能相一。自後秦厲公伐大荔，取其王城；伐義渠，虜其王；趙襄子北略狄土；韓魏滅伊洛陰戎，餘衆西走。至昭襄王滅義渠；趙武靈王破林胡樓煩；燕將秦開却東胡：於是中土民族

之勢，風發潮湧：舉凡陝西甘肅一帶之戎，山西直隸境內之狄，全數同化於漢族

戎狄根據今山西陝西而侵入雜居於內地者，若葷粥，鬼方昆夷，獫狁，犬狄，驪狄，赤狄，白狄，林胡，樓煩，皆匈奴族。根據今甘肅而侵入雜居於內地者，若陸渾之戎，亦稱姜戎，亦稱陰戎，亦稱允姓之戎，其後衍爲羌族。根據今遼東以侵入內地而未嘗雜居者，曰北戎，山戎，無終，爲東胡族。（據梁啟超飲冰室全集歷史上中國民族之觀察）大抵東胡族爲後之滿族，匈奴爲後之蒙族，羌爲後之回藏族。

夷 東方之夷，曰萊，曰介，曰根牟。萊在山東舊登州府黃縣，介在山東舊萊州府膠州東南，根牟在山東舊沂州府沂水縣東南。然皆僻小，不通於中夏。後萊介並於齊，根牟滅於魯，不復見於經。論其著者則有淮夷徐戎：淮夷當周初在泗水徐城縣北，（據史記正義引括地志說）其後辟魯而南，居舊淮安府山陽安東之間。（據春秋大事表四裔表）周宣王曾征淮夷。當齊桓之世，淮夷嘗病鄫病杞，後百餘年復與楚靈王連兵伐吳，然皆竄伏海濱，於中國無甚利害。若徐戎則在舊徐州淮安二府，當周穆王時徐偃王作亂，割地而朝者三十六國，宗周共主，幾爲所奪。大抵東夷與漢族血統較近，在戰國後完全同化於漢族。

蠻 南方民族，種類不一。羣蠻，在湖南舊辰州府永順府境。百濮，在晉建寧郡南，今雲南界。盧戎，在湖北舊襄陽府南漳縣境。巴在四川舊重慶府巴縣。羣蠻嘗受楚盟伐庸，後服屬於楚。盧戎嘗攻敗屈瑕，卒滅於楚。羣蠻爲苗族血統，百濮爲猓玀血統（據梁啟超歷史上中國民族之觀察）左傳杜註，盧戎爲南蠻，當是苗族血統。巴族起源，或與漢族相近。

由上所言戎狄夷蠻從來爲中國患。至周代列國幷爭，各開拓疆宇，芟除異族：結果使中國內地之異族，完全同化於漢族，不惟促成中國民族之團結，亦足以增進中國文化之發越。

求是齋讀書志疑

致中

(一)五霸

今之稍識之無者，類皆知有『五霸』矣。至於『五霸』究指何人而言，則無能下一確詁者。考『五霸』一辭，始於孟子『五霸』者，「三王」之罪人也，今之諸侯，「五霸」之罪人也』一語。至於『五霸』究何屬，孟子除指出一齊桓外，其餘四霸，並未言及，於是後人揣測之說以起。其說大抵可分二派：一派則因孟子『五霸』爲『三王』罪人之言，乃取『五霸』分配於「三王」，以夏之昆吾，商之大彭豕韋，周之齊桓，晉文爲『五霸』！然按此說，實不能成立，孟子之意，本以爲每下愈況，今若因『五霸』爲『三王』之罪人之言，乃將『五霸』分配於『三王』，則下文尙有「今之諸侯，『五霸』之罪人也」之言，豈可並將今之諸侯，分配之於夏之昆吾，商之大彭，豕韋？且荀子稱齊桓公：『然九合諸侯，一匡天下爲五伯長』。則齊桓公實霸者之首，不能遠徵乎『三王』。第二派則以齊桓，晉文，宋襄，秦穆，楚莊爲五霸，此卽現今大家所信以爲眞者也。然就中除齊桓，晉文，左傳，孟子，荀子已承認其霸業，楚莊霸業鼎盛，皆無問題外。其餘宋襄則身死名裂，爲天下笑，秦穆雖國富兵强，然東擯於晉，未與中國，又寧足以稱霸？夫霸之本字當爲伯，左傳，荀子俱作五伯可証，伯者長也，爲諸侯長之意。夫秦穆，宋襄旣無長諸侯之實，焉能獲霸之名，古人之與奪，寧能若是之謬妄？於是人人信以爲眞之解釋，不能不令人懷疑矣。今人亦有知是說之不足信，而取消宋襄，益以夫差，句踐，稱之爲五霸者。然是乃自我作古，無關古訓。於是五霸究指何人而言，誠一疑問矣。偶讀荀子，見其言及『五伯』則稱齊桓，晉文，楚莊，吳闔閭，越句踐。如王霸篇云：「五伯是也……故齊桓，晉文，楚莊，吳闔閭，越句踐……是所信立而霸也。」其他舉茲五伯之處甚多，然則五霸之古訓，其在是乎？

漢唐之和親政策

王桐齡

中國四萬萬人中，漢族約占百分之九十五以上，其中大多數爲滿，蒙，回，藏，苗及其他外國民族之混合體，凡三代以前之九黎，三苗，氐，羌，獯鬻，玁狁，春秋戰國時代之東夷，西戎，南蠻，北狄，秦漢時代之匈奴，東胡，烏桓，鮮卑，三國兩晉南北朝時代之五胡十六國及元魏，北周，北齊，柔然，高麗，百濟，吐谷渾，隋唐時代之突厥，鐵勒，薛延陀，回紇，沙陀，渤海，奚，契丹，黨項，吐蕃，南詔，宋之遼，金，西夏，元之大理，明之韃靼，瓦剌，滿洲，烏斯藏之遺民皆同化於漢族。漢族所以膨脹固有種種原因，然至少與異族通婚姻一節，不失爲重要原因之一。由來中國爲東方大國，境內爲一大平原，其所產生之漢民族眼光闊大，不褊淺，不妬嫉；對於一切異民族富於同情心，法律上，政治上，經濟上，教育上一切平等，無差別待遇；凡異族與漢族雜居者，大半結婚自由，信教自由，殖產興業自由，經過一世至數世，百年或數十年，輒自動的或被動的同化於漢族。漢族與異族接觸，無論文化的或武力的，無論戰勝或戰敗，總能吸收異族骨血，化爲漢族系統。其所以能銷納而融化之原動力，當然在於社會全體中各個人，而所以提倡獎勵之者，則歷代政府之力不少。漢唐宋明四朝爲漢族創立之大帝國，漢唐行政方針多積極的，趨於進取，宋明行政方針多消極的，趨於保守；故融化種族界限一事，多係漢唐兩朝成績，而宋明無功焉。漢唐融化種族固有種種方法，然至少與異族通婚姻一節，不失爲重要方法之一。漢族男子娶外國婦人者，如張騫，蘇武皆以漢室忠臣，久留匈奴，娶胡婦生子，班超爲東漢英雄，經略西域三十年，娶胡婦，生子勇，爲漢大將。異族娶漢族婦人者尤多，而首先提倡實行者爲中國皇帝之和親政策。

註一，漢武帝時，胡人越人爲漢將以功封侯者甚多；受遺詔輔政之金日磾，則匈奴休屠王世子也。

和親政策者，漢族皇帝以本國公主嫁與外國君主，與之講求婚媾之謂；其實行之動機有二：一敷衍外國使不爲我害，一羈縻外國使爲我助；第一種動機大半係被動的，第二種動機有時係自動的。

首先實行者爲漢高帝。創議者爲劉敬，白登敗後，高帝無力退敵，乃用敬之議，欲遣公主嫁匈奴冒頓單于，呂后不可，乃以家人子爲長公主，代往。

註二，敬曰：「天下初定，士卒疲於兵，未可以武服也；冒頓殺父妻母，以力爲威，未可以仁義說也；獨可以計久遠，子孫爲臣耳。陛下誠以嫡長公主妻之，彼必慕以爲閼氏，生子必爲太子，歲時問遺，諭以禮節，冒頓在固爲子婿，死則外孫爲單于，可無戰以漸臣也」。帝曰：「善」。

自此以後，惠帝，文帝，景帝踵行此策，每代遣公主嫁匈奴單于。每年派使臣帶着各種衣料食物往匈奴送禮，表面上裝作看閨女，事實上則等於納貢。匈奴單于一方面裝姑爺，受贈品，一方面派兵來搶掠，却是名利兼收。漢皇帝一方面裝老丈人去撒宛，一方面又要受女婿的氣，可眞算慚愧無地矣。武帝時，始改變方針，與匈奴之敵國烏孫和親，結攻守同盟夾攻匈奴；那公主之中有一位名嘆解憂者，是位女英雄，他尊着烏孫風俗，帶着犧牲性質，得了中國政府同意，歷配烏孫三個君主，操縱政柄數十年，屢次趁着匈奴更迭君主之際，與漢室聯絡，東西出兵夾攻匈奴，是爲和親以來收効果之始。

西魏，北周，隋，唐踵行此策以敷衍突厥，唐更推行及於薛延陀，回紇，吐谷渾，吐蕃，奚，契丹，南詔。其施行有効者，只有隋文帝以宗女妻突厥啓民可汗一次，其動機則羈縻之使我爲用也。

註三，時啓民從兄都藍可汗雍虞閭爲大汗，立啓民爲突利可汗，居北方；朝廷用反間計，優待突利，立爲啓民可汗以離間之。

唐德宗以咸安公主妻回紇長壽天親可汗，穆宗以太和公主妻回紇崇德可汗，其動機頗欲使爲我用，而收効殊鮮也。肅宗以寧國公主妻回紇英武威遠可汗，雖亦含有利用主義，然毋甯謂爲實行酬報主義也。

註四，時英武可汗方隨郭子儀兵，破安慶緒，恢復兩京，故以皇女妻之。

只有甯國公主之媵少甯國公主者，歷配回紇英武，英義二可汗，前後在回紇三十年，（七五八至七八七）內對史朝義之亂，外對吐蕃之侵陵，頗收夾輔之効；然前有僕固懷恩，後有郭子儀爲大將，始能得回紇死力，公主不過爲內幕中一引線人而已。此外對各國和親，其動機大都皆出於敷衍，最無恥者爲宇文泰對突厥土門可汗，未開化小部落之酋長，柔然可汗阿那瓌不屑與之結婚者，而大魏皇帝靦然不顧體面，以公主妻之，彼雖不敢仰攀，我則不惜俯就，其重要原因爲對付北齊，諂附外國，殘殺同胞，君子所不取也。

註五，土門求婚於柔然，阿那瓌可汗詈曰：「爾我鍛奴也，何敢言求婚」。

最無禮者爲突厥佗鉢可汗對北周靜帝，所謂「但使南面兩兒常孝，何憂於貧」，未免欺人太甚也。

註六，周時突厥盛強，周既與之和親，齊亦與之修好，傾府藏以賂之；佗鉢苾賦。常曰：「但使我在南面兩兒常孝，何憂於貧」。

最可笑者爲唐太宗對薛延陀眞珠毗伽可汗夷男，既以皇女許婚，旋責以聘禮不備，絕其婚；大國皇帝對外夷作此等滑稽舉動，殊失身分也。其餘各次和親大都皆無効果，而從側面所得之効果，則同化異族之力與昂進也。匈奴好漢繒絮食物，降人中行說說單于得漢物則棄之，防被同化；然說敎單于左右疏記，以計課其人民畜產；遺漢書牘及印封皆令長大倨傲，自稱天地所生日月所置匈奴大單于；是說本身已提倡漢化也。

註七，中行說漢宦官降匈奴者。

其後南匈奴子孫改姓劉，國號漢，已完全同化矣。吐蕃贊普棄宗弄讚尙文成公主，築一城以誇後世，遂立宮室以居；

註八，強雄曰贊，丈夫曰普，君主之稱也。

公主惡國人赭面，弄讚下令國中禁之；

註九，吐蕃人民好以紅土圖面爲飾。

自褫氈罽，襲紈綃爲華風，遣諸豪子弟留學中國，學習詩書，又請儒者典章疏；棄隸蹜贊尙金城公主，上書求毛詩，春秋，禮記；回紇英武可汗尙公主，始築宮殿，婦人有粉黛文繡之飾，唐爲之虛耗，回紇風俗亦流於奢侈；故諸國衰亡，其遺民多被漢化。爲東亞永久和平計，未爲失策；爲各國保存國粹計，亦未敢遽謂爲得策也。

和親政策之對象常限於武力盛强之國家，而文化發達之國家不與焉；限於遊牧民族，而農業民族不與焉；限於西北部落，而東南各國不與焉；限於對滿蒙回藏苗族，而他民族不與焉。印度，日本，朝鮮，新羅，渤海，占城等國，文化程度遠在匈奴突厥等國以上，然中國不與之發生婚姻關係也。限於鄰近諸國，而遠隔重洋或界居他國外者不與焉；羅馬大食與漢唐同時，爲西方大國，中國不與之發生婚姻關係也。

和親政策供獻之犧牲品，名義上雖同爲公主，然亦有等級：

一等　皇女肅宗寧國公主，德宗咸安公主，　皇妹穆宗太和公主，唐對回紇用之。

二等　親王女江都王建女細君，趙王招女千金公主，宋王成器女金山公主，雍王守禮女金城公主，榮王琬女少寧國公主，漢對烏孫，周對突厥，唐對突厥，吐蕃，回紇用之。

三等　宗室女淹翁主，楚王戊女孫解憂，隋安義公主，義成公主，唐文成公主，弘化公主，金城縣主，金明縣主，安化長公主。

漢對匈奴，烏孫，隋對突厥，唐對吐蕃，吐谷渾，南詔用之。

四等　宗室甥女　永樂公主楊氏，燕郡公主慕容氏，東華公主陳氏，靜樂公主獨孤氏，固安公主辛氏，東光公主韋氏，宜芳公主楊氏，唐對契丹，奚用之。

等外甲　功臣女　崇徽公主僕固氏　唐對回紇用之。

等外乙　家人子　漢對匈奴用之。

不列等　王昭君　漢對匈奴用之。

以上公主等級大概分為七種，其以何種公主下嫁何國？須視對象物當時對中國之關係而定，無一定之標準。然對於大國有特別關係者，大都以皇女或皇妹下嫁；無特別關係者，大都以親王女或宗室女下嫁；對於小國，以宗室甥女下嫁；功臣女，家人子，皆替代皇女者，表面上應作為皇女看待，亦下嫁大國君主，不列等之王昭君，乃下賜稱臣，納貢，入朝之呼韓邪單于者，乃完全為贈品也。

註十，匈奴分離後，呼韓邪單于降漢，願婿漢以自親；詔以後宮良家子王昭君妻之。

和親政策與漢族道德倫理微有抵觸，故儒學最發達之東漢與宋明二代不行此政策。宋夏構兵之際，遼與宗對宋提出和親增幣二議以替代割地；宋人允許增幣，拒絕和親；可以納貢，不願納女；可以對外國稱臣，稱侄，稱孫，而絕不肯自居老岳父；則狹義儒教之尊攘主義有以範圍拘束之故也。

註十一，南宋對金稱臣，稱侄，對元稱侄孫。

凡實行結婚政策之國家，多富於大國民氣魄。元對於高麗，畏吾兒，吐蕃，清對於內外蒙古諸部落，常遣公主下嫁，實行結婚政策。西漢及唐皆大國家，漢高帝，武帝，唐太宗玄宗，皆一代英主，故能徹底實行。宋明皆小國家，其君主又多為狹義儒教之訓詁學，道學所束縛，故無此魄力也。

公主在外國多從其國俗，細君，解憂在烏孫，王昭君在匈奴，千金公主，義成公主在突厥，少寧國公主，咸安公主，太和公主在回紇，永樂公主楊氏，燕郡公主慕容氏在契丹，固安公主辛氏在奚，皆以一國母歷配數君主，朝廷固允許之嘉尚之也。然寧國公主不為英武威遠可汗殉死，從中國俗為之服喪，一面仍從其國俗剺面哭泣，是公主在外，亦不必盡從其國俗也。

漢唐不與文化發達國家通婚，當然為歷史上之憾事；假使當時與東南兩方面大國通婚，中國，東洋文化上，必發生絕大變化，其結果當然為進步，無可疑也。

漢女外嫁表

一，高帝時，冒頓單于勢強，漢以家人子為公主，與冒頓和親。

二，文帝時，匈奴屢入寇，以宗室女爲公主，妻老上單于。

三，景帝時，匈奴與趙王遂通謀，遣宗女翁主婚軍臣單于。

四，武帝時，以江都王建女細君妻烏孫昆莫。細君卒，以楚王戊女孫解憂妻昆莫孫岑陬。

五，元帝時，西域副校尉陳湯擊斬郅支單于。呼韓邪單于來朝，詔以後宮良家子王嬙妻之。

突厥可汗尙主表

一，西魏文帝大統十七年，（梁簡文帝大寶二年西歷紀元五五一年）魏大丞相宇文泰以長樂公主妻突厥土門可汗。

二，周靜帝大象元年，（陳宣帝太建十一年西歷紀元五七九年）以皇叔祖趙王招（宇文泰子明帝武帝弟）女爲千金公主，妻他鉢可汗。他鉢死，改適其姪沙鉢略可汗；隋文帝與突厥和親，改封爲大義公主，賜姓楊氏。

三，隋文帝開皇十七年，（西歷紀元五九七年）以宗女安義公主妻突厥沙鉢略可汗子染干，立爲啓民可汗。十八年，安義公主卒，復以宗室譜女義成公主妻之。煬帝大業四年。（六〇八年）啓民死，公主改適其子始畢可汗。唐高祖武德二年。（六一九年）始畢死，公主改適其弟處羅可汗。處羅旋死，公主改適其弟頡利可汗。

四，頡利兄子突利可汗爲泥步設，得隋淮南公主，以爲妻。

五，唐睿宗初立，以皇長子宋王成器女爲金山公主，妻突厥默啜可汗。

六，玄宗即位，以蜀王女南和公主妻默啜子楊我支特勤。

吐蕃贊普尙主表

一，唐太宗貞觀十五年，（六四一年）以宗女文成公主嫁吐蕃贊普棄宗弄讚。高宗儀鳳四年，（六七九年）弄讚死；永隆元年，（六八〇年）公主薨。

二，中宗景龍三年，（七〇九年）以皇侄雍王守禮（故太子賢子）女爲金城公主，嫁吐蕃贊普棄隸蹜贊。玄宗開元二十七年，（七五九年）公主薨。

唐與薛延陀通婚表

太宗貞觀十六年，（六四二年）以皇女新興公主許嫁薛延陀眞珠毗伽可汗夷男。十七年，責以聘禮不備，絕其婚。

回紇可汗尙主表

一，唐肅宗乾元元年，（七五八年）以皇女寧國公主嫁回紇英武威遠可汗磨延啜。次年，可汗死，回紇以公主無子，聽還中國。榮王琬女爲公主媵，留不歸，歷配英武英義二可汗，稱少寧國公主。

二，代宗大曆四年，（七六九年）以故大將僕固懷恩幼女爲崇徽公主，妻英義建功可汗移地健。

三，德宗貞元三年，（七八七年）以皇女咸安公主妻回紇長壽天親可汗頓莫賀。歷忠貞，阿啜，懷信，毗伽四可汗，凡二十一年，至憲宗元和三年（八〇八年）薨。

四，穆宗長慶元年，（八二一年）以皇妹太和公主妻回紇崇德可汗。歷彰信，㕎馺，烏介三可汗，武宗會昌三年，（八四三年）回紇衰亂。公主還京師。

契丹酋長尚主表

一，唐玄宗開元四年，以東平王外孫楊元嗣女爲永樂公主，妻松漠郡王失活。次年，失活死，以其弟娑固襲封，次年，與公主來朝，宴賚有加。部將可突干作亂，弒娑固，立其從父弟鬱干。

二，以宗室所出女慕容氏爲燕郡公主，妻松漠王郡鬱干。鬱干死，弟吐干嗣，與可突干有隙，攜公主來奔。可突干立盡忠弟邵固。

三，以宗室出女陳氏爲東華公主，妻廣化郡王邵固。後三年可突干弒邵固，公主走平盧軍。

四，天寶四載，以宗室出女獨孤氏爲靜樂公主，妻松漠都督崇順王李懷秀。是歲，懷秀殺公主，叛去。

奚酋長尚主表

一，唐玄宗開元二年，以宗室出女辛氏爲固安公主，妻饒樂郡王李大酺。大酺討契丹可突干，戰死，弟魯蘇襲王。牙官塞默羯謀叛，公主置酒誘殺之；帝嘉其功，賜主累萬。會與其母相告訐，得罪。

二，以中宗女成安公主女韋氏爲東光公主，妻魯蘇。契丹可突干反，脅奚衆附突厥；魯蘇奔榆關，公主奔平盧。

三，以宗室出女楊氏爲宜芳公主，妻饒樂都督懷信王李延寵。

吐谷渾可汗尚主表

一，隋文帝開皇十六年，以宗室光化公主妻吐谷渾可汗伏。十七年，國內亂，伏被弒，弟伏允立。請依俗尚主，從之。

二，唐太宗貞觀十三年，吐谷渾可汗諾曷鉢來朝，詔以宗室女弘化公主，妻之。

三，高宗初，公主與諸曷鉢入朝。帝以宗室女金城縣主妻其長子蘇度摸末。

四，摸末死，主與次子闥盧摸末來請婚，帝以宗室女金明縣主妻之。

南詔尚主表

唐僖宗乾符四年，以宗室女爲安化長公主，妻南詔宣武帝法。

北邊長城考

徐琚淸

長城之名見於史乘者，自戰國以迄隋，數數不鮮。然名稱雖同，其實有異。今人稱長城，皆係指北邊之長城，羣歸此偉大建築之功於秦始皇，西人談中史者，亦因長城之故，特別崇拜始皇，且以爲「今長城非始皇所築」之說，係我國人具傳統之思想，對於暴君，有意誣毀，不足深信。實則考查史跡，長城固非始皇一人所築(1)，而長城亦非北地僅有；齊有長城在山東，內地有楚長城、韓長城，可知長城在昔，固非一固有名詞也。今因時間關係，只能就中史書上略考北邊長城之梗概。

(1)見日知錄卷三十一長城篇

觀附表，可知秦築長城，大半係聯貫燕趙所築，東西兩端增築而已。其爲形因地勢關係，當然紆迴曲折。前漢書(2)西域傳云；『秦始皇攘卻戎狄，築長城，界中國，然西不過臨洮。』史記匈奴傳云(3)：『……起臨洮至遼東萬餘里。』晉太康地理志云(4)：長城起樂浪之碣石山。又樂浪郡遂城下注云：「秦築長城之所起」(5)，則知秦長城起今甘肅岷州西，止於今朝鮮黃海道遂安縣。史記匈奴傳云(6)。『……北擊胡悉逐出塞，收河南地，渡河以陰山爲塞，築四十四城，臨河徙謫戍以充之……因邊山險，塹溪谷可繕者繕之……』當越黃河北上至高闕，與趙長城台；增築之處，尙有今歸綏至宣化以北一段，所以合接燕長城；一爲東端一段，入朝鮮，此爲眞正秦長城之初基也。

(2)前漢書卷九十六上頁十一上　(3)史記卷一百十頁六　(4)晉書地理志卷四十頁二十三　(5)詳證見秦長城東端考　(6)見注(3)

查漢以前言北防，皆曰因河爲塞(7)；唐以前朔方，雲中，定襄，五原，諸郡仍稱塞內(8)；遼史地理志亦有載及陰山之秦長城(9)，卽今陰山北面亦尙可尋舊址(10)；可知長城南縮，非秦漢間事也。前漢太初時，光祿徐自爲出五原，築城塞至盧朐，在今五原以北，比秦城更遠，惜其秋爲匈奴所壞(11)。

(7)天下郡國利病書：卷一百十六頁一河套地沿革考（參看注(3)）

(8)唐書卷三十八頁二地理志稱關內道　(9)見綏遠志卷三頁九　(10)同(9)頁四，頁九。　(11)前漢書卷九十四上頁二十五上

後魏築城，暫縮入直隸山西北境(12)；及齊則隱約與今址同(13)，惟所云入海，不知在何處。考北周修長城，云東至碣石(14)，則北齊所築，當在今山海關以南，較今址稍促；然隋書地理志載漁陽郡無終縣北平郡盧龍縣下(15)，皆有長城，則隋以前長

城入海處，爲山海關，亦未可知。至少可証明經過今永平境以後，再南折至昌黎境，則距山海關亦不遠矣。

(12)魏書卷三頁十四又卷四下，頁八下 (13)北齊書卷四，頁十八下頁二十，二十一，又卷十七頁九下，(14)周書卷七頁六上（碣石係在今昌黎境） (15)隋書卷三十頁二十

隋開皇時修城兩次(16)，未詳其址。大業時，大築長城(17)，惟皆非與今址成複線，僅由榆谷，即今甘肅西寧(18)以東一段，當聯入今甘肅東北境之一段，惟隋史未明言何處止耳。

(16)隋書卷一頁二十三下又頁二十四下 (17)隋書卷三頁十一上頁十二下

(18)讀史方輿紀要考證謂榆谷當在西寧衛今甘肅西寧縣

唐患在滯鎮爲禍，北邊患輕；遍考唐書，無修築長城之紀載。然遼史地理志云(19)：『天德軍（今廢城在綏遠西北）有秦長城，唐長城。』按此長城當指城之長者而言。秦邊紀略云(20)：『唐元宗時，張仁願北踰黃河，因趙武靈王故址，築三受降城，……』遼史紀唐長城，或即指此。

(19)看注(9) (20)秦邊紀畧卷六河套篇

宋朝北敵猖獗，然朝廷無力制之；眞宗以降，即節節退讓，築邊之舉，未聞及矣。太平興國五年，詔潘美梁迴城幷州於三交，（今榆林境）及築沿邊保障(21)。此最多亦不過等於今之內邊而已。北邊長城，不惟未經修綴，且嘗受制於金遼，自壞城堡，求其諒解。金築長城(22)，惟遠在熱河以北。

(21)宋史卷二七四頁七下 (22)金史：築長城自黃河源至東海

有明一代，北邊多事，明以逐北敵而建國，然亦因北敵而亡國；自始至終，兢兢以防北虜爲事，九邊之設，有不得已者矣。及後，大寧棄，東勝失，築邊之務更急。初設遼東，宣府，大同，延綏，四鎮，繼設寧夏，甘肅，薊州三鎮；又以山西鎮巡統馭偏頭三關，陝西鎮巡馭統固原，亦稱二鎮；是爲九邊(23)。其今地爲：

遼東	山海關迄鴨綠江口（斜貫奉天境內之柳條邊）
薊州	山海關至灰嶺隘口（即至居庸關西宣化境）
宣府	黃花鎮至平遠堡（延慶至大同）
大同	宣鎮西陽和堡至山西丫角山（山西北邊一段）
榆林（延綏）	黃浦川至鹽場堡（陝西北邊外）
寧夏	花馬池至常家寨（甘肅東北角）
甘肅	固鎮至嘉峪關（甘肅西北邊）
固原	靖遠至蘭州（甘肅東北邊）
山西（太原）	丫角山歷甯武雁門而東（即今次邊）

(23)廣輿記卷二十三

九邊邊牆，非築于一時，亦非築于一人。薊州一鎮，初築在明初，徐達經營(24)；洪鐘，繆論，（嘉靖間）增之(25)，于謙

又修之(26)。榆林一鎮，成化九年余子俊議築(27)。王瓊因之(28)。寧夏鎮始爲徐廷璋所築(29)。王瓊成之(30)。大概九邊邊牆，建於明初，修葺於永樂，正統之間，而完成於嘉靖以後也(31)。

(24)九邊圖論：薊州鎮。順天府志卷三十頁七　(25)臨榆縣志卷八頁十五　明史卷一八七頁十二。　(26)見中國史，明史卷頁待查　(27)九邊圖論：榆林鎮　(28)秦邊紀略河套篇　(29)九邊圖論：寧夏鎮　(30)見(28)　(31)詳證見明邊牆證古

邊牆因後魏，北齊，周，隋，舊址修築者：直隸北邊，山西北邊，陝西北邊之東一段，皆是。寧夏以西至嘉峪關一段，係新築；柳條邊係新築；然柳條邊之建築，萬不及山海關以西之邊牆。延亘數千里，重新建築，經濟上國力上勢所難能，因舊基而增築磚石，乃易舉也。

或有謂今長城爲秦城者，梁任公任歷史研究法中(　)述及此問題，彼謂今長城是否爲秦時所築，端視秦漢時築城爲板築或磚築爲斷。磚之造成，雖未深考，然至早亦不過漢朝。再觀元帝(漢)時郎中侯議有云(33)：『起塞以來，百有餘年，非皆以土垣也，或因山巖石，木柴僵落，谿谷水門(　)，稍平之，卒徒治功費久遠，不可勝紀』晁錯上書論廷事云：『及後蒙恬爲秦侵胡，闢地數千里，以河爲境，壘石爲城，樹榆爲塞，…』崔豹古今注更稱：『秦築長城，土色皆紫；』可知秦以

前築城，非土即石，或「因邊山險塹溪谷而繕之，」斷不似今日長城纍磚而成也。

(32)歷史研究法一二八頁　(33)太平寰宇記卷一九一頁六，七，　(34)同上頁四下

總之：由史書之證明，至少吾人可認明：(一)今之長城，由地址上建築上均可證爲非秦代所築。(二)直隸山西北境之長城，爲後魏北齊及周隋舊址，明代幾經修築，以爲內外邊牆。(三)陝西北邊長城，爲明榆林邊邊牆；東半段爲秦宣太后時故長城址。(四)寧夏以西至嘉峪關，爲明築之邊牆。(寧夏至蘭州，或係隋時故址。)

參攷書目：

史記
前漢書
晉書
魏書
北齊書
周書
隋書
唐書

宋史
明史
明史稿—兵志
崔豹古今注
永平府志
臨榆縣志
山西通志
讀史方輿紀要—歷代州域形勢篇
天下郡國利病書—河套篇
太平寰宇記
日知錄
秦邊紀略
九邊圖論—長恩室叢書第三函第三本
廣輿記
綏遠旗志
歷朝紀事本末
順天府志
畿輔通志
地學雜志第五函五年九號張相文長城考
又第六函四年三期蘇莘明邊牆證古
又第二函二年十七號傅運森秦長城東端考

隋以前歷朝修築北邊長城表

時	西歷	築或修	起迄地點	現今地點	附注
趙武靈王	307B.C.	築	自代並陰山下至高闕	山西恒山北至綏遠西境	史記卷一一〇頁五下
燕		築	造陽至襄平	宣化北至奉天遼陽東	仝前頁六上
魏惠王十九年	335B.C.	築	塞固陽	歸綏隔河岸起而南	史記卷四十四頁七下
秦宣太后		築	隴西北地上郡	陝西榆林斜貫甘肅之烏鼠山	史記卷一一〇頁五下
秦始皇	214B.C.	增築聯絡	臨洮至遼東樂浪郡之碣石	甘肅岷州西抵奉天境入朝鮮黃海道	史記卷一一〇晉書卷十四
漢武帝	130B.C	修	故蒙恬所爲塞		前漢書卷九十四上頁十八

漢太初三年	103A.D.	築	五原塞之北	今綏遠五原北境	仝前頁廿五
後魏泰常八年	423A.D.	築	赤城至五原	宣化往北達河套	魏書卷三頁十四
仝太平眞君，七年	446A.D.	築	上谷至西河	延慶懷來往西抵黃河	魏書卷四下頁八
北齊天保三年	553A.D.	築	黃櫨嶺北至社平戍	汾陽往北到代州	北齊書卷四頁十四，
仝六年	556,A.D.	築	幽州北夏口至恒州	約起黃河東岸經大同，居庸，南口，往東至於海	仝前頁十八下
又		築	西河總秦戍東至海		頁廿
仝八年	558.A.D.	築	庫洛拔東至烏訖戍	未詳	此係重城當在前者之南仝前頁廿一上
又		築	庫堆戍東拒於海		仝前卷十七頁九下
北周大象元年	579A.D.	修	自雁門東至碣石	山西雁門至直隸昌黎境	周書卷七頁六
隋開皇六年	586.A.D.	修	未詳		隋書卷一頁廿三下
仝七年	587A.D.	修	未詳		仝前頁廿四下
隋大業三年	608A.D.	築	榆林至紫河	河套北至內蒙古和林格爾城	仝前卷三頁十一上
仝四年	609A.D.	築	榆谷而東	甘肅西甯縣往東	仝前頁十二下
仝五年	610A.D.	築	黃河至綏州	陝西綏德北界	

新文藝刊物

睿湖 出版預告

本刊是燕大國文學會的期刊，內容有論文八篇，詩歌五篇，小說五篇，遊記，戲劇與隨筆各一篇，共十餘萬言，其中最值得介紹的，如：

郭紹虞先生的「先秦儒家之文學觀」一文，是先秦文學史一段裏很重要的材料。

張壽林先生的「論經名之由來」一文，解決了研經學的先生們所不能解決的問題。

楊振聲先生的「虎邱之遊」，是楊先生的近作，筆致十分生動，頗能引人入勝。

冰心女士的小說「姑姑」——這篇小說結構的緊湊，神味的超逸，似較初年的作品，更高明許多，加以趣態橫生，雋語解頤，尤足代表女士的真性格。不過對於這位作者的東西，實在不能輕易地批評，所以這幾句片面之見的話，還是不可靠的——恐怕還未道着恰當的地方。

張鳴琦先生的獨幕劇「殘疾」，是討論婦女在社會上活動的根本問題。在中國現在的情況裏，這問題也正是需待解決的。

此外還有十幾篇不容忽略的譯著，此處不暇詳載，出版的時候，請對這刊物有興趣的人自己去看好了。

定價　三角五分

出版日期　六月十五日

總售處　燕大國文學會(海甸)
　　　　樸社(北平景山東街)

代售處　本城外埠各書坊

唐宋時代妓女考

王桐齡

妓女之制，相傳謂起於管仲之女閭。前漢書九十七外戚傳云：「孝武衛皇后子夫，生微也，其家號曰衛氏，出平陽侯邑，為平陽主謳者」。又云：「孝成趙皇后本長安宮人，師古曰：「省中傳使官婢名曰宮人，非天子掖庭中也」。初生時，父母不舉，三日不死，迺收養之。及壯，屬陽阿師古曰：「平原之縣也」。主家，學歌舞，號曰飛燕」。是為家妓之濫觴。唐宋時代尤為盛行，凡親王，貴戚，大官，巨紳家庭中，婢妾之外，必有家妓，專供主人娛樂；其身分界於婢與妾之間，兼帶伶人性質。張九齡龍門旬宴詩曰：

花迎妙妓至。鳥避仙舟發。（曲江集五，二○）

王維過崔駙馬山池詩曰：

畫樓吹笛妓。金捥酒家胡。（王右丞集四，八○）

又和宋中丞夏日遊福賢觀天長寺，卽陳左相所施之作詩曰：

虛空陳妓樂。衣服製虹霓。（同五，四○）

劉禹錫詠鸜鵒詩曰：

全似貴門歌舞妓，深藏牢閉在房中。（才調集五，二○）

白居易聽崔七妓人箏詩曰：

花臉雲鬟坐玉樓，十三絃裏一時愁，憑君向道休彈去，白盡江州司馬頭。（白香山詩集十五，十六○）

又盧侍御小妓乞詩，座上留贈曰：

鬱金香汗裛歌巾。山石榴花染舞裙。好似文君還對酒。勝於神女不歸雲。夢中那及覺時見，宋玉荆王應羨君。（同上）

又夜宴醉後留獻酒侍中詩曰：

九燭臺前十二姝。主人留醉任歡娛。翩翩舞袖雙飛蝶。宛轉歌聲一索珠。坐久欲醒還酩酊。夜深初散又踟躕。南山賓客東山妓，此會人間曾有無。（同十三，六○）

又五月齋戒，罷宴，徹樂，聞群賓客，皇甫郎中飲會亦稀；又知欲携酒饌出齋，先以長句呈謝。詩曰：

妓房匣鏡滿紅埃。酒庫封缾生綠苔。（同九）

又秋霖中奉裴令公見招，早出赴會：馬上先寄六韻。詩曰：

雨暗三秋日。泥深一尺時。老人平旦出。自問欲何之？不是尋醫藥，非關送別離，素書傳好語，絳帳赴佳期。續借桃花馬，催迎楊柳姬。只愁張錄事，罰我怪來遲。（同十四，六。）

又令公南莊花柳正盛，欲偷一賞，先寄二篇。詩曰：

最憶樓花千萬朶。偏憐隄柳兩三株。擬提社酒攜村妓，擅入朱門莫怪無？（同十二）

又春夜宴席上戲贈裴淄州詩曰：

四座齊聲和絲竹。兩家隨分鬭金鈿。（同上）

又晚春欲攜酒尋沈四著作，先以六韻寄之。詩曰：

敢辭攜綠醖，只願見青蛾，最憶陽關唱，眞珠一串歌。

原註謂：「沈有謳者，善唱西出陽關無故人詞」。（同上）

又酬思黯戲贈詩曰：

鍾乳三千兩。金釵十二行。妬他心似火。欺我鬢如霜。

原註謂：「思黯自誇前後服鍾乳三千兩，甚得力；而歌舞之妓頗多。來詩謔予羸老，故戲答之。（同十五，二，）

又與牛家妓樂雨夜合宴詩曰：

玉管清絃聲旖旎。翠釵紅袖坐參差。兩家合宴同房夜。八月連陰秋雨時。歌臉有情凝睇久。舞腰無力轉裙遲。人間歡樂無過此。上界西方即不知。（同九，）

又有楊柳枝詞云：

一樹春風千萬枝，嫩於金色軟於絲，永豐西角荒園裏，盡日無人屬阿誰？

雲溪友議謂：

居易有妓樊素善歌，小蠻善舞，嘗爲詩曰：「櫻桃樊素口。楊柳小蠻腰。」年既高邁，而小蠻方豐艷，因爲楊柳枝詞以托意云。（同十七，十三，）

孟啓本事詩事感第二，亦載此事此詩，其文與雲溪友議大同小異。皆其例也。

家妓與主人無倫上之關係，主人可以隨意遣去。

白居易病中感舊石上字詩曰：

閑撥船行尋舊池。幽情往事復誰知？太湖石上鐫三字，十五年前陳結之。

容齋五筆云：

初讀樂天感石上舊字詩，有陳結之，並無所經見，全不可曉。後觀其對酒有感，寄李郎中詩：「往年江外拋桃

葉。去歲樓中別柳枝。」注云：「桃葉，結之也。柳枝，樊素也。」然後結之義始明。（後集十六，四，又十二，）

又別柳枝詩曰：

兩枝楊柳小樓中，嫋娜多年伴醉翁。明日放歸歸去後，世間應不要春風。

瀛奎律髓云：

樂天為病風痺遣二妾，故有是作。「觴詠罷來賓客閉。笙歌散後妓房空。」亦病中所賦。又明年有「去歲樓中別柳枝。」自註云：樊蠻也。二妓者皆以柳枝目之云。（同二，）

又春盡日宴罷感事獨吟詩曰：

五年三月今朝盡。客散筵空獨掩扉。病共樂天相伴住。春隨樊素一時歸。（同六，）

又前有別柳枝絕句，夢得繼和云春盡絮飛留不得，隨風好去落誰家？又復戲答。詩曰：

柳老春深日又斜。任他飛向別人家。誰能更學孩童戲，尋逐春風捉柳花。（同上）

又有不能忘情吟詩並序曰：

樂天既老，又病風，乃錄家事，會經費，去長物。妓有樊素者，年二十餘，綽綽有歌舞態，善唱柳枝，人多以曲名名之；由是名聞洛下。籍在經費中，將放之。（白香山詩別集五，）

是其例也。

司空曙病中遣妓詩曰：

萬事傷心在目前。一身垂淚對花筵。黃金用盡教歌舞，留與他人樂少年。（才調集四，二一，）

亦此類也。

家妓可以[redacted]代主人娛賓：

崔顥有歧主席觀妓詩。（國秀集中，六，）白居易九日代羅樊二妓招舒著作詩曰：

羅敷斂雙袂。楚姬獻一杯。不見舒員外，秋菊為誰開。（白香山詩集一，十九，）

本事詩載：

劉尚書禹錫罷和州，為主客郎中；集賢學士李司空罷鎮在京，慕劉名，嘗邀至第中，厚設飲饌。酒酣命妙妓歌以送之。劉於席上賦詩曰：「高髻雲鬟宮樣妝。春風一曲杜韋娘。司空見慣渾閑事，惱亂蘇州刺史腸。」李因以妓贈之。（情感第一，十，）

又杜牧為御史，分司東都時，李司徒罷鎮閑居。聲妓豪華，爲當時第一。洛中名士咸謁見之，李乃大開筵席。當時朝客高流無不臻赴，以杜持憲，不敢邀置，杜遣座客達意。願與斯會。李不得已。馳書。方對花獨酌，亦已酣暢，聞命遽來。時會中已飲酒，女奴百餘人，皆絕藝殊色。杜獨坐南行，瞪目注視，引滿三巵。問李云：「聞有紫雲者，孰是？李指示之。杜凝睇良久曰：「名不虛得，宜以見惠。」李俯而笑，諸妓亦皆迴首破顏。杜又自飲三爵，朗吟而起曰：「華堂今日綺筵開。誰喚分司御史來？忽發狂言驚四座，兩行紅粉一時迴。」意氣閒逸，傍若無人。（高逸第三，十七，）

李商隱席上作詩曰：

澹雲輕雨沸高唐。玉殿秋來夜正長。料得也應憐宋玉，一生唯事楚襄王。自註云：予爲桂州從事，故鄭公出家妓，令賦高唐詩。（才調集六，十六，）

皆其例也。

家妓既爲家庭娛樂品，故勢豪淨設法羅置，有時奪人之妓以爲已有。

本事詩載：

太和初。有爲御史，分務洛京者，有妓善歌，時稱尤物。太尉李逢吉留守聞之，請一見，特說延之。不敢辭盛妝前往。李見之，命與衆姬相面，李妓四十餘人皆處其下。既入，不復出；頃之，李以疾辭遂罷坐。信宿絕不復知，怨歎不能已；爲詩兩篇投獻。明日，見李，但含笑曰：「大好詩」。遂絕。詩曰：「三山不見海沈沈。豈有仙踪尚可尋。青鳥去時雲路斷。嫦娥歸處月宮深。紗窗暗想春相憶。書幌誰憐夜獨吟。料得此時天下月，祇應偏照兩人心。」次一首（情感第一，九，）

是其例也。

有時並奪人之妻以爲已之家妓。

本事詩載：

甯王曼貴盛，寵妓數十人，皆絕藝上色。宅左有賣餅者，妻纖白明媚，王一見屬目，厚遺其夫！取之。寵惜逾等。環歲，因問之：「汝復憶餅師否？」默然不對，王召餅師使見之，其妻注視，雙淚垂頰，若不勝情。時王座客十餘人，皆當時文士；無不悽異。王命賦詩。王右丞維詩先成曰：「莫以今時寵，寧忘舊日恩。看花滿目淚，不共楚王言。」

是其例也。

主人死後，家妓無守節義務，然亦有孤行已志，爲主人守節或死節者。

白居易燕子樓詩序曰：

徐州故尙書，有愛妓曰盼盼，善歌舞，雅多風態。余爲校書郎時，遊徐泗間，張尙書宴余，酒酣，出盼盼以佐歡。歡甚，余因贈詩云：「醉嬌勝不得，風嫋牡丹花。」盡歡而去，爾後絕不復相聞，迨茲僅一紀矣。昨日司勳員外郎張仲素繢之訪予，因吟新詩，有燕子樓三首，詞甚婉麗。詰其由，爲盼盼作也。繢之從事武寧軍累年，頗知盼盼始末，云：「尙書既沒，歸葬東洛，而彭城有張氏舊第，第中有小樓。名燕子，盼盼念舊愛而不嫁，居是樓十餘年，幽獨塊然，於今尙在」。余愛繢之新詠，感彭城舊遊，因同其題作三絕句。曰：「滿窗明月滿簾霜，被冷燈殘拂臥牀。燕子樓中霜月夜，秋來只爲一人長。鈿暈羅衫色似煙，幾回欲着卽潸然。自從不舞霓裳曲，疊在空箱十一年，今春有客洛陽回，曾到尙書墓上來。見說白楊堪作柱。爭敎紅粉不成灰」。（叩彈集二，十七，）

是爲主人守節之例也。

又感故張射僕諸，詩云：

黃金不惜買蛾眉。揀得如花三四枝。歌舞敎成心力盡。一朝身去不相隨。（白香詩集卷十五，十一，）

堯山堂外紀云：

此詩爲諷盼盼而作。盼盼得詩，反覆讀之，泣曰：「自我公薨，妾非不能死，恐有載之後，人以我公重色，有從死之妾。是沾我公清範也」。乃答曰：白公詩曰：「自守空房恨斂眉。形同春後牡丹枝。舍人不會人深意，訝道泉臺不去隨。」旬日不食而死。

是家妓爲主人死節之例也。

家妓對於主人，共樂不共患難；其有不避艱險，與主人共患難者，則爲特立獨行之士。

東坡逸事載：

朝雲，姓王氏，錢塘名妓也。蘇子瞻宦錢塘，絕愛幸之，納爲常侍。朝雲初不識字，旣事蘇。遂學書，分鹿有楷法。後從泗上比丘尼義冲學佛，亦通大義。有子曰幹兒，未期而夭。後東坡貶惠州，家妓多散去；獨朝雲依依嶺外。甚憐之，贈以詩曰：「不似楊枝別樂天。恰如通德伴伶玄。阿奴絡秀不同老。天女維摩總解禪。經卷藥爐新活計。舞衫歌扇舊因緣。丹成逐我三山去，不作陽臺雲雨仙。」未幾，朝雲病且死，誦金剛經四句偈而絕，葬之惠州棲禪寺松林中，東南直大聖塔。子瞻悼之詩曰：「苗而不秀豈其天。不使童烏與我玄。註景恨無

> 千歲樂。贈行惟有小乘禪。苦心一念償前債。彈指三生斷後緣。歸臥竹根無遠近。夜深勤禮塔中仙」。（東坡逸事六四，）

是其例也。

有所謂官妓者，專供地方長官娛樂。

春色古今詩話載：

> 元稹（同稹）廉訪浙東，喜官妓劉探春，嘗題詩云：因循歸未得，不是戀鱸魚。人謂其戀鏡湖春色耳。

白居易爲杭州刺史，有醉歌示妓人商玲瓏詩：（白香山詩後集一，三，）爲蘇州刺史，有代諸妓贈送周判官詩：（白香山詩後集七，四，）罷官時，有武丘寺路宴留別諸妓詩：（同十四，）爲河南尹，作府酒五絕，中有諭妓一絕：（同後集十，十四，）罷河南尹後，有池上送考功崔郎中，兼別房竇二妓詩。（同後集十二，六，）劉禹錫爲蘇州刺史，恩賜金紫，白居易以詩慶之曰：

> 海內姑蘇太守賢，恩加章綬豈徒然。賀賓喜色欺杯酒。醉妓歡聲遏管絃。（同後集十二，八，）

又寒食日寄楊東川詩曰：

> 蜀妓如花合繞身。（同後集十五，五，）

杜牧爲湖州刺史，有不飲贈官妓詩。（樊川詩集三，二一，）李商隱罷東川節度判官，有飲席代官妓贈兩從事詩：（李義山詩集四，三三，）皆其例也。

地方長官秩滿，可以携官妓歸里。

白居易爲杭州刺史，將去官，有醉戲諸妓詩曰：

> 席上爭飛使君酒。歌中多唱舍人詩。不知明日休官後，逐我東山去是誰？

其後去杭州，携數妓還洛陽，後却還錢塘，劉得調之云。

> 其那錢塘蘇小小，憶君淚點石榴裙。

是其例也。（白香山詩後集五，十，）

地方長官去職，官妓可以與之常通音問。白居易在杭州，有湖上醉中代諸妓寄嚴郎中詩；（同七，）又有聞歌妓唱嚴郎中詩，因以絕句寄之曰：

> 巳留舊政布中和。又付新詞與艷歌。但是人家有遺愛，就中蘇小感恩多。原註謂：嚴前爲郡守。（同十一，）

是其例也。唐語林謂：

居易自中書舍人，爲杭州刺史。替嚴員外休復，有時名，居易喜爲之代。官妓商玲瓏，謝好好，巧有應對，善歌舞。（同後集七，三，）

所謂嚴員外休復，當卽嚴郎中也。

鄰郡地方長官可以函邀他郡官妓。

堯山堂外紀云：

玲瓏，餘杭歌者，樂天作郡日，賦歌與之。時微之在越州，聞之，厚幣邀去；月餘始遣還：贈之詩，兼寄樂天云。「休遣玲瓏唱我詞。我詞多是寄君詩。明朝又向江頭別，月落潮平是去時」。（同後集一，三，）

是其例也。

地方長官轉職，官妓可以隨往任地。

杜牧張好好詩序曰：

牧太和三年，佐故吏部沈公江西幕，好好年十三，始以善歌來樂籍中。後一歲，公移鎮宣城，復置好好於宣城籍中。（杜樊川詩集一，十四，）

是其例也。

下級官寵愛之妓，上級官可以任意索取去。

本事詩載：

韓晉公鎮浙西，戎昱爲部內刺史，郡有酒妓善歌，色亦爛妙，昱屬情甚厚。浙西樂將聞其能，白晉公召置籍中。昱不敢留，餞於湖上，爲歌辭以贈之，且曰：「至彼令歌，必首唱是詞」。既至，韓爲開筵，自持盃，命歌送之；遂唱戎詞。曲既終，韓問曰：「戎使君於汝寄情耶」？悚然起立曰：「然」。淚下隨言。韓令更衣待命，席上爲之憂危。韓召樂將責曰：「戎使君名士，留情郡妓，何故不知而召置之，成余之過？」乃十笞之。命妓與百縑，卽時歸之，其詞曰：好是春風湖上亭。柳條藤臺繫人情。黃鶯坐久渾相識，欲別頻啼四五聲。（情感第一，四，）

是其例也。

官妓可以代官長伺候名士。

麗情集云：

嚴尙書宇鎭豫章，以陳陶操行淸潔，欲撓之；遣小妓號蓮花者往侍焉。陶殊不顧，妓爲詩求去云：蓮花爲貌玉爲腮。珍重尙書遣妾來。處士不生巫峽夢。虛勞神女下陽臺。」陶答之曰：「近求詩思淸於水。老大心情薄似雲。已向升天得門戶。錦衾深媿卓文君。（叩彈集十一，三十一，）

是其例也。

官妓可以爲酬庸之具。

宋史王景傳載：

景之奔晉也，妻被戮。晉祖待之厚，嘗問所欲？對。曰「臣昔爲卒，嘗負胡床從隊長出入，屢過官妓侯小師家，意甚慕之，今妻被誅，誠得小師爲妻，足矣。」晉祖大笑。卽以小師賜景。累封楚國夫人。

玉壺清話載：

韓魏公爲陝西安撫，李師中過之。李有詩名，韓設宴，使官妓賈愛卿侍酒。師中贈愛卿詩云：「絕得貔貅十萬。犬戎巢穴一時平。歸來不願封侯印，只問君王覓愛卿」。（黃眉故事四，十九，）

是其例也。

地方長官宴會，官妓例往伺候，遲到須受相當處分。

東坡逸事載：

蘇子瞻倅杭日，府僚高會湖中，羣妓畢集；有秀蘭者後至。府僚怒其來遲，云：「必有私事」。秀蘭含淚力辨，子瞻亦爲之解，終不釋然也！適榴花盛開，秀蘭以一枝藉手獻座中，府僚愈怒，責其不恭。秀蘭進退無據。子瞻乃作一曲，名賀新涼云：「乳燕飛華屋。悄無人槐陰轉午。晚涼新浴。手弄生綃白團扇。扇手一時似玉。漸困倚孤眠清熟。簾外誰家推繡戶？枉敎人夢斷瑤臺曲。又却是風敲竹。石榴半吐紅巾蹙。待浮花浪蕊都盡，伴君幽獨。穠艷一枝，細看取芳心，千重似束。又恐被秋風驚綠若待君來，對酒不忍觸。共粉淚，兩簌簌。」令秀蘭歌以侑觴。聲容絕妙，府僚大悅，劇飲而罷。（同六二，）

是其例也。

官妓從良，須經地方長官批準。

東坡逸事載：

東坡攝署錢塘，有妓號九尾狐，一日下牀解籍。坡遂判云：「五日京兆，判斷自由。九尾狐狸，從良任便。」又一名妓亦援例求落籍。坡判云：「敦召南之化，此意可嘉。空冀北之羣，所請不允」聞者大笑。（同八八，）

是其例也。

官妓可以偕地方長官瞻拜高僧。

東坡逸事載：

東坡守彭城，參寥嘗往見之，坡遣官妓馬盼盼索詩。參寥笑，口占絕句云：「多謝尊前窈窕娘。好將幽夢惱襄王。禪心已作沾泥絮，不逐春風上下狂」。坡喜曰：「予嘗見柳絮落泥中，私謂可以入詩，偶未曾收拾，乃為此老所先，可惜也！」（同五七，）

又載東坡守錢塘，無一日不在西湖，嘗攜妓謁大通禪師，師慍形於色。東坡作長短句，令妓歌之曰：師唱誰家曲。宗風嗣阿誰。借君拍板與門槌，我也逢場作戲不須疑。溪女方偸眼。山僧莫皺眉。却嫌彌勒下生遲，不見阿婆三五少年時。（同六三，）

是其例也。

官妓受地方長官暗示，可以自由出家。

東坡逸事載：

子瞻守杭州日，有妓名琴操。頗通佛書，解言辭；子瞻喜之。一日遊西湖，戲語琴操云：「我作長老，汝試參禪。」琴操敬諾。子瞻問曰：「何謂湖中景？」對曰：「落霞與孤鶩齊飛。秋水共長天一色。」「何謂景中人？」對曰：「裙拖六幅湘江水。鬢聳巫山一段雲。」「何謂人中意？」對曰：「隨他楊學士。鼈殺鮑參軍。」「如此究竟何如？」子瞻曰：「門前冷落車馬稀，老大嫁作商人婦。」琴操言下大悟，遂削髮為尼。（同一二，）

官妓之中有所謂營妓者。

語林載：

唐元稹使西蜀，納營妓薛濤。稹後登翰林，濤以松花牋寄之。稹就於所獻紙贈一篇云：「錦江滑膩峨眉秀，幻出文君與薛濤。言語巧偸鸚鵡舌。文章分得鳳凰毛。紛紛詞客多題筆。個個公卿欲夢刀。別後思想隔烟霧，菖蒲花發五雲高。」（黃眉故事四，十九。）

又唐人油蔚充淮南節度幕僚，奉使塞北，贈別營妓卿卿詩曰：

憐君無那是多情。枕上相看直到明。日照綠窗人去住，鴉啼紅粉淚縱橫。愁腸只向金閨斷。白髮應從玉塞生。為報花時少惆悵，此生終不負卿卿。（才調集七，八。）

是其例也。

此風至宋未革，東坡逸事載：

蘇東坡在黃州日，每有燕集，醉墨淋漓，不惜與人。至於營妓供侍，扇題帶畫，亦時有之。有李琪者，少而慧，頗知書，時亦顧及之；終未嘗獲公賜。至公移汝，將祖行，酒酣，琪奉觴再拜，取領巾乞書。公熟視久之，令其磨研，墨濃，取筆大書云「東坡七載黃州住。何事無言及李琪？」即擲筆袖手與客笑談。坐客相謂：「語似凡易，又不終篇，何也？」至將撤具，琪復拜請，坡大笑曰：「幾忘出場：」繼書，：「恰似西川杜工部，海棠雖好不留詩。」一座擊節，盡醉而散。（十八。）

又秦少游有寄營妓婁婉婉水龍吟詞。（唐宋諸賢絕妙詞選四，三。）是其例也。

營妓落籍或從良，須得地方長官認可。東坡逸事載：

元祐中，蘇東坡自錢塘被召，過京口。時林子中作守，郡有宴會。坐中營妓出牒，鄭容求落籍，高瑩求從良。子中命呈東坡，東坡索筆為減字木蘭花書牒後云：鄭莊好容，容我尊前時墮幘。落筆風生，籍籍聲名滿帝京。高山白早，瑩骨冰肌那堪老。從此南徐，良夜清風月滿湖。蓋句端有鄭容落籍高瑩從良八字云。（二一。）

是其例也。

官妓之中，有所謂宮妓者，供天子娛樂而不薦枕席，其性質頗似朝鮮官妓。晉書三武帝本紀云：「太康二年，選孫皓妓妾五千人入宮」。此當然為宮妓。王維奉和聖製，上已於望春亭觀禊飲，應制。詩曰：

畫鷁移僊妓。金貂列上公。清歌邀落日。妙舞向春風。（王右丞集五，一。）

又奉和聖製，十五夜燃燈，繼以酺宴，應制。詩曰：

仙妓來金殿。都人繞玉堂。定應偷妙舞。從此學新妝。（同二一。）

李白宮中行樂詞曰：

選妓隨雕輦。徵歌出洞房。宮中誰第一？飛燕在昭陽。（李太白集五，三。）

教坊記載：

妓女入宜春苑，謂之內人，亦曰前頭人，以常在上前頭也。張祜贈內人詩曰：「禁門宮樹月痕過。媚眼惟看宿鷺窠。斜拔玉釵燈影畔，剔開紅燄救飛蛾。（唐詩中晚叩彈集五，二四。）

李商隱宮妓詩云：

珠箔輕明拂玉墀。披香新殿鬬腰肢。不須看盡魚龍戲，終遣君王怒偃師。（同七，二三。）

皆其例也

宮妓可以為天子侍寢，鄭良孺詩話云：

唐女妓入宜春苑謂之內詩人：骨肉居教坊，謂之內人家，有請俸。其得幸者謂之十家，蓋家雖多亦以十家呼之。（白香山詩集補遺上，五。）

是其例也。

宮妓可以自由出家，白居易吹笙內人出家詩曰：

雨露難忘君念重。電泡易滅妾身輕。金刀已剃頭然髮。玉管休吹腸斷聲。新戒珠從衣裏得。初心蓮向火中生。道場夜半香花冷，猶在燈前禮佛名。（同上）

是其例也。

以上所舉各例，猶不及唐宋韻文中之什一；然學者苟能因此而深造之，亦可以省去許多翻閱時間，於研究上不無小補。是以不辭譾陋，筆而錄之，以供研究此題者之參考。

民國十七年十二月二十日王桐齡自記

作唐宋妓女考，當然以唐宋時代之筆記小說爲重要參考書；此篇專取材於唐宋諸集，係指示同學以由韻文選擇史料方法，乃未成之稿，非已定之稿也。原題本名唐宋時代韻文上之妓女考。因其冗長，故改今名。閱者幸勿拘泥題名，以爲唐宋時代妓女故事盡於此，有能以適當史料見示者，極表歡迎。將來有機會時，當補充修正。

十八年六月十三日桐齡自記

中國之人種

保羅司蒂文生氏演講

本年四月二十四日，世界著名人種學家保維司蒂文生博士，在協和醫校剖解室，演講「中國人種」。博士携有照相薄及顱骨三具，有圖畫多種，則係假自斯文赫定。據博士稱：中國南部五歲以內之孩童，較北方或中部孩童，軀幹稍高，中部孩童至十歲時，較北部孩童稍高，而仍低於南部孩童。但長成後，以北方人爲最高，其故因北人至二十歲時，仍然發育，而中南兩部之人則不然也，博士言時，一一以照片証明。

博士又稱中國中南部人民頭顱作四方形，而北人則多長臉，因與韃靼種混合故。按照人種學，即一齒之微，亦可據以推測全部。中國人下排牙齒裏而作凸形，爲華人與美洲紅人之特點，眞正中國人種居長江流域與沿海，以及平原地方。中國五分之四之土地爲山境，五分之四之華人即居於五分之一之平原地方。中國人種發源地，尙難確定，祇知其自古以來，即能以多人之力，從事開闢河道，灌溉壤土，因此中國人頗有合作根性，且能組織大規模團體，運河之開浚，即可表示中國人之能力。

博士又出蒙古人照片，指示其低額與扁臉。回人之頭則作長形，兩旁顴骨甚高。博士又影映藏人相片，稱其生相甚粗，而體質奇壯，身軀較尋常華人爲高，玀玀種最爲奇特，有人以爲係黑種人，更有以爲係白種人者；是種人多居藏邊，不與外族婚媾，故其異點得以保存云。

（見於四月廿五日大公報）

中世紀泉州狀況

張星烺

唐宋元三朝，與海外各國交通貿易甚盛。宋世沿海要港開埠通商者，有廣州泉州溫州明州澉浦上海密州等七埠。七埠之中以泉州爲最盛。吾人居今代欲知宋元兩代中外交通，及海外貿易情形則研究其時泉州之狀況，或可藉以略知一二也。猶之今日上海，爲吾國最大商港，華洋雜處，進出口貨物價值及海關稅收入。皆超過全國貿易之半數。研究上海通商狀況，則其餘各地皆可以類推矣。吾今之作，與研究古代交通史及貿易史者或不無一臂之助也。

泉州設置之歷史，隋開皇九年，（西五八九）置泉州，治閩縣，即今之福州。唐武后聖曆二年，（西六九九）析泉州置武榮州，治南安東北十五里。三年廢。久視元年，（西七〇〇）復置武榮州。景雲二年，改舊泉州爲閩州，以此爲泉州，屬閩州都督府。開元六年，（西七一八）置晉江縣爲之治。天寶元年，（西七四二）改爲清源郡。乾元元年，（西七五八）復改泉州，此即泉州設置歷史也。武后以前，其地歷史全不可知。

泉州何時始與外國人通商。武后時，雖有泉州，而據高僧傳中國僧往印度及印度僧來中國，無一經過泉州。太平廣記及唐書記波斯大食商胡甚詳。長安揚州廣州洪州（今南昌）皆有商胡踪跡，而無一節道及泉州。可知即當盛唐之時泉州仍未興旺。何喬遠閩書卷七，謂唐武德中，（西六一八至六二六）嗎喊叭德(Mohammed)門徒三賢四賢二人傳教泉州實不可信。泉州之興，大約始自晚唐。唐文宗太和八年（西八三四）上諭：『南海蕃舶，本以慕化而來。固在接以仁恩，使其感悅。如聞比年長吏多務徵求。嗟怨之聲達於殊俗。況朕方寶勤儉，豈愛遐琛，深慮遠人未安，率稅猶重，思有矜恤，以示綏懷。其嶺南福建及揚州蕃客宜委節度觀察使常加存問。除舶脚收市進奉外，任其來往流通，自爲交易。不得重加率稅。』（見全唐文卷七十五）於此諭旨中，吾人始得知福建有蕃客，及唐之朝廷保護外商之善政。福建海岸線甚長。唐時蕃客是否集於泉州，尚不可知。惟明陳懋仁之泉南雜誌卷上云唐設泉州。……參軍事四人，掌出使導贊。新唐書地理志泉州下特注往琉球等國所需時日。唐末似已成爲商港。惟不若廣州之盛耳。五代時，閩王王審知施政政策之一，爲招來海中蠻夷商賈。（見五代史記卷六十八）由是蕃商大至。至北宋時，市乃繁昌。太平興國初，京師置權易局，乃詔諸蕃國香藥寶貨至廣州交趾泉州兩浙非出於官庫者，不得私相市易。（見宋會要）泉州與廣州並列矣。哲宗元祐二年，（西一一七二）置市舶司於泉州。（見宋史卷八十六食貨志下八五市舶法）徽宗時，廣東福建兩浙三路各置提擧市舶司。三方惟廣州最盛。（見朱彧萍洲可談卷二）

南宋之初，國家財政困難，故獎勵外國貿易；高宗紹興七年（西一一三七）上諭曰，市舶之利最厚。若措置合宜，所得動以百萬計，豈不勝取之於民。朕所以留意於此。庶幾可以寬民力爾。（見粵海關志卷三引宋會要）紹興十六年市舶之利，頗助國用。宜循舊法以招徠遠人•阜通貨賄。（見同上）每歲十月內依例支破官錢三百貫文。排辦筵宴•係市舶司提擧官同守臣犒諸國蕃商客。經此獎勵，中外貿易頓然大盛。惟有一事爲當時經濟學家之大憂患者，卽銅錢流入外境。法禁雖嚴，而商人輸出如故。爪哇蘇門答臘等地直至明初，尙皆使用中國銅錢。（見瀛涯勝覽）今代西人在印度馬八兒，東非洲桑西巴島（Zanzibar）索馬利(Somali)海岸，尙得發掘宋代銅錢，其所逃之遠，商務之盛，可以知矣。

宋末元初泉州之大盛。

宋高宗獎勵對外貿易，故廣州泉州之商務大盛。孝宗乾道元年（西一一六五）臣僚上奏，福建（泉州）廣南（廣州）皆有市舶，物貨浩瀚。置官提擧實宜•惟兩浙冗蠹可罷。（見宋史卷百六十七職官志七提擧常平茶馬市舶等職）待及南宋之末，泉州之繁昌，似又突過廣州矣。吳自牧夢梁錄卷十二，謂欲船泛外國買賣，則自泉州使可出洋。宋史及元史海外諸國傳•計其距中國遠近皆自泉州起始。史弼高興征爪哇，自泉州出發不自廣州。宋元之際，廣州埠在中國已退至第二位矣。泉州爲何突過廣州，或因地介適中，不偏南不偏北故也。

泉州外國人之居留地。（蕃坊）

宋元明初三朝時，外國人在泉州者皆居於泉州南門外晉江畔，近海艦寄泊處。趙汝适諸蕃志卷上大食國條云，有番商曰施那幃，大食人也。僑寓泉南，輕財樂施。有西土氣習。作叢塚於城外之東南隅。以掩胡賈之遺骸。提舶林之奇記其實。又天竺國條云•雍熙間有僧囉護哪航海而至。自言天竺國人。番商以其胡僧•競持金繒珍寶以施。僧一不有，買隙地建佛刹於泉之城南。今寶林院是也。又南毗國條云，時羅巴智力干父子其種類也。今居泉之城南。陳懋仁之泉南雜志亦專志南城之異事，而不注重北城。蓋亦注意外國僑民事也。今府學街遺留之回敎清凈寺，亦在城之南部。

外國人記錄之泉州。

外國人最早記泉州者，似爲唐末時阿拉伯人依庫達賓特拔。(Ibn Khurdadbah)庫氏著有(The Book of Routes and Pyovinces)一書。書中有 Janfu 者似卽泉府之譯音，距廣府（Khanfu）八日程。出產與廣府相同。由此北行六日，至 Kantu 似卽江都之譯音。

第二外國人記泉州者卽義大利人馬哥孛羅(Mraco Polo)

孛羅記泉州最詳。謂爲世界二最大商埠之一。印度各處船舶滿載香料及珍貨來剌桐。蠻子國各處商人，亦多來此轉販珍珠寶石，散之各地。有一船載胡椒往亞歷山德港轉往基督教諸國者，當有一百船或更多之數來剌桐港。大可汗在此城征收稅捐甚多。各種貨物以及珍珠寶石，皆征什一之稅。商船運費甚昂。小件物百分之三十，胡椒百分之四十四，檀香木料及他種笨重物品百分之四十。運費及國稅，幾合商人所投資本之半。其餘一半資本所獲之利尙甚多。使商人仍樂於往外販運也。剌桐城人生所需食物，應有盡有。風景優美。人民靜安。好宴安酖樂。上印度人多有來此求塗身者。剌桐城人言語奇特，蠻子國全境用一種語言文字。然各處土音不同。猶之基奴亞語，米蘭語，佛羅倫斯語，那坡里語，雖各不同，然能互明了也。

第三外國人記泉州者，爲波斯國人拉施特 (Rashid-edin) 其所著史記中，僅略言剌桐爲大商港而已。

第四外國人記泉州者爲高僧鄂多力克。(Friar Odoric) 鄂多力克謂剌桐城內有芳濟閣會僧人及教堂二所。鄂在寺內安置以前在印度同行者之屍骸。此地物產豐茂。養生所需之物應有盡有。糖尤賤。不及一格羅式之錢可購買三磅八兩之糖。城市倍於波洛那。(Bologna)男女皆有禮。文秀謙讓。城中寺廟甚多。居民皆拜偶像鄂多力克嘗參觀一寺。有僧人三千，偶像一萬一千座。有一小像其大郎如聖克利斯督福。當其上供之時，余往觀之。見所供諸物，皆極熱氣。熱氣薰騰像面。以爲像已享食矣。其餘皆留爲僧人自食。此地爲世界最佳地之一。養生之物無不齊備。

第五外國人記泉州者爲意大利人安得魯。(Andrew of Perugia) 安得魯元泰定帝時充駐泉州之主教。嘗有一函致故鄉友人。其函至今尙存。彼所記泉州之事可摘如下。濱大海，有大城 波斯語稱之曰剌桐港。(Zayton)有亞美尼亞婦人某富於貲財。在此城建教堂一所。雄壯華麗，爲一方冠。總主教使爲領袖教堂。建築之外，該婦復捐巨貲，作維持費。併以遺命規定後事……剌桐距汗八里有三星期路程。安得魯在距城外四分之一邁耳地方，另建新教堂一所。亦頗華麗。泉州人受洗入教者頗多。安氏在泉時費用，皆由皇帝供給。每年約有一百金佛羅林。(Florins) 安得魯併言當時泉州有基奴亞(Genoa)商人。

第六外國人記泉州者爲阿拉伯地理家阿伯爾肥達。(Abulfeda) 阿氏所記如下。泉州 (Shanju) 當今曰又剌桐。爲中國諸港之一。港口皆有稅關。廣府及泉州兩地皆中國之班達兒(Bandars)也。……剌桐卽泉州，爲中國之商港。商人至該地者歸云，該地爲有名城邑。位於河口。河口延長十五邁耳。口之端有河。晉江自內地流來，有潮水可達城市。城市距海半日程。河爲淡水。城牆爲韃靼人所毀。遺址尚在。人民飲河水兼用井水。

第七外國人記泉州者爲馬黎諾里 (Marignolli) 馬氏由刺桐港放洋至印度，僅言爲蠻子國大城之一而已。

第八爲摩洛哥人依賓拔都他。(Ibn Batuta) 拔都他由西來至中國。登陸之埠，即刺桐港。氏記如下。刺桐港爲世界上最大商港。彼嘗在港中見有大船百餘，小船不可勝數。乃天然良港，爲大海伸入陸地所成。港頭與大川相接。地極阨要。出產綢緞。較杭州南京兩地所產尤佳。城內每戶必有花園及空地。居屋在中央。回教徒另居城之一隅。與他人隔絕。有海關稽查出入船隻。凡船欲開行至外洋者，水上巡長及書記必登船，來查。船上所有人員，皆逐一簿記，方許放行。船歸中國，巡長復來盤查。對証前記。若查有與簿記不符，或有失落者，則例需船長負責。船主須証明失者已死，或逃走，或因他故不在船中之理由。不然，則關吏捕之入獄。船上貨物價值，亦須報明。各種手續完後。搭客方許登岸。至岸，關吏查驗所有。若有不報關私藏之貨，則關吏將一切貨物船隻，概行沒收。回教商人至中國，可寓友人家中，或客棧。入回教客棧時，所有錢財貨物，交棧主保藏，客人用錢，亦由主人代付。誠實可恃，毫厘不欺。客人離棧，主人將錢貨交出。若有損少，主人擔任賠償。客人欲納妾者，主人可爲代買。婢奴在中國價值甚廉。中國父母常鬻賣子女。惟彼輩不迫使兒女與買者同行。兒女志願從行，亦不强留也，旅舍皆有兵駐守。夜間點名，次晨復點名。途間有人護送。

唐宋時外國人在中國享有若干治外法權。唐律疏議卷六云，『諸化外人同類自相犯者，各依本俗法。異類相犯者，以法律論。』朱彧萍洲可談卷二，『蕃人有罪，詣廣州鞫實，送蕃坊行遣。……徒以上罪，則廣州決斷。』宋史卷三百四十七，王渙之傳云，『渙之知福州。未至，復徙廣州。蕃客殺奴，市舶使據舊比，止送其長杖笞。渙之不可。論如法。』宋史卷四百，汪大猷傳汪大猷知泉州。故事蕃商與人爭鬥，非傷折罪，皆以牛贖。大猷曰，『安有中國用島夷俗者。苟在吾境，當用吾法。』宋史卷三百三張昷之傳云，『昷之徙廣南路轉運使。夷人有犯罪。其酋長得自治而多慘酷。昷之請一以漢法從事。』宋史卷四百九十一，外國傳日本國條云。『淳熙二年，西一一七五倭船火兒滕太明毆鄭作死。詔械太明付其綱首。歸治以其國之罪。』此所謂與外人治外法權也。

外國人與中國人雜婚。　唐會要卷一百，『貞觀二年，（西六二八）六月十六日，勅諸蕃使人所娶得漢婦女爲妾者，並不得將還蕃。』唐德宗時，吐蕃梗塞西域之通路。諸蕃客之使者，留於長安皆迎妻。資治通鑑，唐紀四十八，貞元三年（西七八七）下云，『胡客留長安久者，或四十餘年。皆有妻子。』舊唐書卷一百七十七盧鈞傳云，『先是土人與蠻獠雜居。婚娶相通。占田營第吏或撓之。相誘爲亂。盧鈞至，立法俾華蠻異處。婚娶不通。蠻人不得立田宅。』南宋初期莊綽之雞肋編（說郛弓二十七所收）云，廣州波斯婦繞耳皆穿穴帶環。有二十餘枚者。北宋時朱彧之萍洲可談卷二云，『樂府有菩薩蠻不知何物。在廣中見呼蕃婦爲菩薩蠻因識之。』菩薩蠻卽Bussurman之譯音，而Bussurman又由Mussulmann轉變出來。元時之木速蠻（見元史）木速魯蠻（見北使記）等，皆其譯音也。五代史記南漢世家劉鋹乃與宮婢波斯女等，淫戲後宮，不復出省事。惜陰軒叢書中之清異錄，載劉鋹與波斯女之醜怪事甚詳。萍洲可談卷二云，『元祐間廣州蕃坊劉姓人娶宗女。官至左班殿直。劉死宗女無子。其家爭分財產。遣人撾登聞鼓。朝廷方悟宗女嫁夷部。因禁止三代須一代有官，乃得娶宗女。』宋會要高宗紹興七年，（西一一三七）條『大商蒲亞里者，既至廣州有右武大夫曾訥，利其婚，以妹嫁之。亞里因留不歸。』曾訥之名，亦見學津討原中王明清之揮麈後錄卷四。南宋時廣州之豪富也。蕃漢通婚，元末摩洛哥國遊客依賓拔都他亦詳述之。

外國人之教育。　南宋初，蔡絛鐵圍山叢談卷二（見知不足齋叢書）云，『大觀政和之間，天下大治。四夷嚮風。廣州泉南請建蕃學。高麗亦遣士就上庠。及其課養有成，於是天子召而廷試焉。上因策之以洪範之義，用武王訪箕子故事。高麗盖箕子國也。』南宋龔明之中吳紀聞（見學海類編）卷三，記北宋神宗熙寧年間，程師孟知廣州，『大修學校。日引諸生講解。負笈而來者相踵。諸蕃子弟皆願入學。』顧炎武天下郡國利病書卷一百四，海獠條云，『多蒲及海姓。漸與華人結婚，或取科第。』全唐文卷七百六十七，有唐末時陳黯之華心說。『大中初年，（西八四七）大梁連帥范陽公宣武軍節度使盧鈞，得大食國人李彥昇薦於闕下。天子詔春司禮部，考其才。二年以進士第名顯。然常所賓興者不得擬。』北宋初期之錢易之南部新書丙（見學津討原）大中以來，禮部放牓，歲三二人，姓氏稀僻者，謂之色目人。亦謂曰牓花。』宋末之蒲壽宬先亦在廣州總諸蕃互市。至父開先徙於泉。壽宬以文學名中國。其詩集心泉學詩稿選入四庫全書。壽宬之中國文學，必在泉州學成也。

外國人在泉州勢力之盛大。　宋時外國人在泉州者，究有若干，雖無確實記載，然以唐時廣州之外國居留民數目推測之，宋在時泉州者當不在少數也。唐書記乾元元年，(西七五八)波斯與大食同寇廣州。劫倉庫焚廬舍。浮海而去。(見舊唐書卷一百九十八)其衆可以橫行於大都市，則其數目不在少數，亦可知矣。阿拉伯人阿布賽德哈散(Abu Said Hassan)記黃巢破廣州時，回敎徒，火敎徒，猶太人，及基督敎徒被殺者，約有十萬人以及十十二萬人之多。(見Reinaud Relations)宋時泉州之繁昌，過於廣州，其人數可以推想矣。人數既多，其拔萃出類者，亦入仕中國。最著名者爲宋末時蒲壽庚。福建通志卷二百六十六，載『咸淳十年，(西一二七四)海賊寇泉州境。西域人提舉市舶蒲壽晟壽庚擊退之。』『有功累官福建安撫沿海都制置使。景炎元年，(西一二七六)授福建廣東招撫使。總海船。』(見何喬遠閩書卷百五十二。)宋史卷一百六十七職官志載『安撫使掌一路兵民之事。皆帥其屬而聽其獄訟。頒其禁令，定其賞罰，稽其錢穀甲械出納之名籍，而行以法。若事難專決，則具可否具奏。卽干機速邊防及士卒抵罪者，聽以便宜裁斷。』『沿海制置使……其職止肅淸海道，節制水傺。』景炎帝舟至泉，蒲壽庚來請駐蹕。張世傑不可。或勸世傑留壽庚。則凡海船不令自隨。世傑不從。縱之歸。繼而舟不足，乃掠其舟，並沒其貲。壽庚乃怒。(見宋史瀛國公本紀)『時泉州素多宗室。聞張少保(世傑)至，乃糾集萬餘人，欲出迎王師。壽庚置酒延宗室，欲與議城守事。酒中盡殺之。(見閩書卷百五十二及心史)又殺士大夫與淮兵之在泉者。景炎帝移潮州。(見宋史瀛國公本紀)宋之宗室在泉者素多挾勢爲暴。前守不敢詰。至奪賈胡浮海巨艦。其人訴於州，於舶司者，三年不得直，占役禁兵以百數。復盜煮海之利。亂產鹽法。爲民病苦。(見朱文公集卷八十九直秘閣贈朝議大夫范公神道碑)宗室與壽庚之惡感，蓋有由矣。元兵既入泉州，焚掠一空。陳懋仁之泉南雜誌卷下云，泉南號文章之藪，而載籍甚少。何也。何怍庵先生曰，蒲氏之變，泉郡概遭兵火，無復遺者。(又見福建通志卷二百七十四叢談)壽庚既降元。元世祖升爲閩廣大都督，兵馬招討使，並參知政事，行江西省事。(見元史世祖本紀至元十四年條)又授平章，開平海省於泉州。富貴冠一時。(見八閩通志卷八十六)諸子若孫，多至顯達。泉人避其薰炎者，數十餘年。元亡乃已。明太祖既光復中國，禁泉州蒲壽庚孫勝夫之子孫，不得齒於士。蓋治其先世導元傾宋之罪，故終棄之也。(見泉南雜誌)蒲氏子孫，至今尚有居於泉城之南，惟己於明時改姓爲吳矣。蒲姓之外，泉州外僑在元時有大權勢者，爲元末之賽甫丁(Seif-uddin)阿迷里丁(Amir-eddin)及苦思丁(Shams-uddin)等三人。三人皆波斯亦思巴奚(Ispahan)回敎徒。在泉州有大勢力。賽甫丁及阿迷里丁二人皆爲泉州萬戶。至正十七年(西一三五七)春三月，三人據城以叛。十九年三月，阿迷里丁兵陷興化路。据之。壽奔回泉州。同年，賽甫丁入福州。二十一年，苦思丁殺興化路同知陳從仁。同年，阿迷里丁又据興化，陷仙遊縣。二十二年，泉州阿巫那殺阿迷里丁。阿巫那亦番人。主市舶。同年，夏五月，福建行省平章政事燕只不花會軍攻賽甫丁敗之。賽甫丁航海走。還據泉州，是年冬，回冠那兀納據泉州叛。壽被執。官軍至金吉，開門迎之。遂執那兀納。阿巫那亦據泉不受命。併有興化仙遊。至正二十六年，阿巫那爲陳有定所擒。

西方各種宗教之由泉州輸入。　泉州外國僑民若是之多，西方各種宗教如佛教基督教回回教皆已略言之矣。佛教最早最大之寺爲開元寺。在西門內。創始於唐中宗垂拱年間。規模宏大。前院東西兩塔爲南宋時之建築。元時高僧鄂多力克．(Odoric)之遊記嘗記謂有僧三千人，佛像一萬一千座。其大可知矣。基督教堂元末時有三座。地址何在，皆不可攷。今府學街奏魁宮有石刻小神像。頭項與胸皆有十字架。背又有翼。其爲基督教徒遺物無疑。回回教之遺跡則有府學街之古代清淨寺，及東門外靈山之古先賢塚。清淨寺爲北宋時建築，亦規模宏大。可知古時回教徒在此方之富厚殷實。先賢塚前回回墓累累。皆昔時活動於此方之外僑骸骨也。有元時摩尼教(Manichaeism)遺址在泉城南門外四十餘里之華表山。其處有萬石峯，玉泉，石刻，及雲梯百級諸勝。尤爲全國獨一無二之遺跡。至明末萬歷時，尚存。顧頡剛嘗往訪終日而不可得。摩尼教在宋元明三朝福建尤盛。所謂明教是也。唐會昌中，汰僧。明教在汰中。有呼祿法師者，來入福唐。授侶三山。遊方泉郡。卒葬郡北北山下。宋眞宗時閩士人林世長取其經以進。授守福州文學。

外國人之同化於中國。　泉州在宋元之世，外國居留民如此之多，何以今代不多見耶。是皆於明時同化於中國人矣。明太祖種族之意見甚深。旣得天下以漢族爲中堅，同化元代色目。故嘗下令禁胡姓胡俗胡服。明律集解卷六、蒙古色目人婚姻之條，凡蒙古色目人聽與中國人爲婚姻。不許本類自相婚姻。違者杖八十。男女入官爲奴。註云，胡元入主中國，其種類散處天下者難以遽絕。故凡蒙古及色目人聽與中國之人相嫁娶爲婚姻。……不許蒙古色目之本類自相嫁娶。如本類中違律自相嫁娶者，兩家主婚杖八十。所嫁娶之男女，俱入官。男爲奴，女爲婢。……夫本類嫁娶有禁者，恐其種類日滋也。

以日本平安京證唐代西京之規制

瞿兌之

歷代建京之規制，並有其相沿之歷史，至於規模之廣狹，工事之窳靇，與夫裝飾之風尚，在在可以覘民風國力，治史者所不可忽也。

吾國建築美術，保存本尠，若專論建築之書，除北宋李誡之營造法式外竟一無存者！然北宋一朝，承五代蕩析分崩之後，實爲吾國文化退步時期，欲仰窺古代崇閎華縟之建築風範，非從李唐入手不可。

日本平安京者，實建於與我國唐代相當之時，規模悉仿唐京，今雖遺構無存，而其載藉流傳，猶較吾國爲備。上年十一月日本科學知識雜志中，有工學博士伊東忠太一文，論其概略，伊東氏者，嘗博孜羣書，而於明治二十八年平安遷都千百年紀念時，奉命復建太極殿之縮型者，其言自當有根據也。本文節譯其大意，凡論其本國式建築與唐制無關者皆削去之，更參孜長安志及唐兩京城坊考諸書，比附列之，讀者可以觀其會通焉。

平安京

桓武天皇之延曆十三年十月(唐德宗貞元十年)始奠都於今之西京，所謂平安京是也。其地域東西千五百八丈，南北千七百五十五丈，成一矩形。其形勢背山面池，東濱河而西通大道。其規模自屬仿模中國古制。按唐長安城爲東西三千二百九十七丈，南北二千七百八十七丈五尺之矩形。平安京蓋卽縮小而成者也。

長安志，京城卽隋開皇二年自故都徙。宮城東西四里，南北二里二百七十步，圍十三里一百八十步，崇三丈五尺。

長安志圖，外郭城東西十八里一百十五步，南北十五里，一百七十五步，周六十七里，崇一丈八尺。

其大體如第一圖所示，四周繞以築地。(以木爲心外附泥土上覆以瓦之短垣)築地之表裏皆有所謂犬行(極言其狹僅容犬而不能容人也)與隍。(護城河)築地之厚約六尺，犬行七尺，隍十一尺。街道如棋盤之眼。自南凡條至北一條，各條之距離爲四町。惟二條與一條之間十町。南面之中則開九間七戸之樓門。卽所謂羅城門也。向北則有寬廿八丈之朱雀大路，直達大內之正門朱雀門。以此路爲中心，東半謂之左京，西半則謂之右京。由大路左右向，每四町則有一經路。此經路者，與各緯路相交則成四町見方之大區。斯謂之一坊。每坊又分爲四十六之小區。每小區則四十丈見方，斯謂之小間。

長安志圖，坊市總一百十區。萬年長安以朱雀街爲界。街東五十四坊及東市，萬年領之。街西五十四坊及西市，長安領之。皇城之東，盡東郭東西三坊，皇城之西盡西郭東西三坊。南北街一十四坊。象一年幷閏。每坊皆開四門，中有十字街四出趣門。皇城之南東西四坊，以象四時。南北九坊，取周禮王城九逵之制。其九坊但開東西二門，中有橫街而已。

城圖云，皇城之南三十六坊，各東西二門。縱各三百五十步。中十八坊各廣三百五十步。外十八坊各廣四百五十步。皇城左右共七十四坊。各四門，廣各六百五十步。南六坊縱各五百五十步。北六坊縱四百步。市居二坊之地，方六百步，面各二門，四面街各廣百步。

唐兩京城坊考云，官城南門外（卽承天門）有東西大街，謂之橫街。橫街之南有南北大街曰承天門街。（東西廣百步，南出皇城之朱雀門。中朝故事，天街兩畔槐樹，俗號爲槐衙）。

又云，當皇城南面朱雀門有南北大街曰朱雀門街，東西廣百步。

又按古今注云：罘罳，後思也，合版爲之，亦繫士爲之，每門闕殿舍皆有焉。郡國前亦樹之。王世貞宛委除偏，以爲今之照牆。然則日本所謂築地，蓋卽此物，唐甘露變時，宦官决殿後罘罳，知唐宮殿有此物也。

大內裏

大內裏者，皇居與官衙之所在。其位置佔平安京最北之區城。南自二條，北至一條，長四百六十丈。東西大宮通長三百八十四丈。其正門爲朱雀門，在南面之中央，與羅城門相對，爲七間五戶之重樓。凡大內裏之門共十有二，而朱雀門亦與焉。其南面則中爲朱雀，左右爲美福皇嘉二門、皆五間三戶之重樓，東面則爲郁芳待賢陽明，西面則談天藻壁殷富，北面則爲偉鑒達智安嘉諸門。

長安志圖，皇城（亦曰子城）東西五里一百五十五步，南北三里一百四十步，南北七街，東西五街。其間並列臺省寺衛。承天門外有東西大街，南北廣三百步，橫街之南有南北大街，東西廣百步。自兩漢以後，都城並有人家在宮闕之間。隋文帝以爲不便於事，於是皇城之內惟列府寺，不使雜居。公私有辨，風俗齊整，實隋文之新意也。

唐城坊考，大明宮南面五門正南丹鳳門。

朝堂院

朝堂院又名朝陽堂或八省院，乃大內裏之最重要者。自卽位禮外，三大節之朝賀，外國使臣之謁見，皆於此行之。其正南有五間三戶重樓之應天門。從其左右有閣廊，包東西朝集堂向北，繞至會昌門。又應天門之左右有棲鳳翔鸞二樓，以閣廊聯絡對立。會昌門以北之一區圍以單層之複廊。其中有十二堂，匀列左右，爲參列人員按品就位之用。在其北起高壇，謂之龍尾壇。左右列階級，謂之龍尾道。龍尾道之兩側及壇上皆繞以朱欄。龍尾壇上之廣場，卽所謂禮場。其正面太極殿屹立，爲天皇臨御之正殿。其後復有小安殿乃便殿也。

太極殿之東西有單層之複廊。折而南延，其終有白虎蒼龍之樓對立。斯二樓之屋頂復有駢立重層之五樓。其意匠與印度之佛陀伽耶塔及中國之五塔同具巧麗。至廊之北延者則內折於昭慶門。

唐城坊考，丹鳳門內正牙曰含元殿，大朝會御之。殿之前廊有翔鸞閣栖鳳閣。閣下卽東西朝堂。閣前有鐘樓鼓樓。左右砌道盤上謂之龍尾道。（龍尾道自平地轉上至朝堂，分爲三層。上層高二丈，中下層各高五尺。邊有青石扶欄，上層之欄柱頭刻螭文，謂之螭頭。左右二史所立也。諫議大夫立於此，則謂之諫議坡。兩省供奉官立於此，亦謂之蛾眉班。其中下二層石欄刻蓮花頂。

按王建宮詞上得青花龍尾道，側身偷覷正南山，其崇閎可想。

朝堂院全部之建築爲丹楹碧甍，朱欄青瑣，富有華風，不獨宏偉非常而已。此院燬於高昌天皇，嗣後卽未再修復，遇正式集會皆於紫宸殿行之。

太極殿

太極殿爲朝堂院之正殿，大內裏最大最美之建築也。東西十一楹一百七十六尺，南北四楹五十二尺，所佔面積一百五十四坪有奇。其內東西九楹南北二楹爲殿身。繞殿身之一楹則爲廂。建於高壇之上，南面三階，所謂陛也。北面有廊通小安殿。其左右亦有陛，殿之左右通於複廊，如上所述。其形單層四柱，屋頂有金鴟吻。凡木之部分皆飾以丹堊。屋頂則碧甍。牕櫺則塗青綠。壇及陛之欄則塗朱。柱之根卷及椽端皆有金具。柱礎皆爲美材。壇面甃以五色。

關於構造之內部梁皆外露，四壁垂壁衣，殿中央御座陛起爲八角形三出陛。其後爲障，周繞以闌干，純爲華式也。遇大典日，天皇升御座舉獸形之簾額，並於殿外建四神旗。

按太極殿爲外朝正殿，當唐代之含元殿明清兩代之太和殿。

豐樂殿

豐樂院者，朝堂院西隣之一區，乃大嘗會——等行禮之地。元旦朝賀或即位禮畢，天皇皇后臨御此殿，賜親王以下大臣宴。大致規模與朝堂院相似而差簡單。左右有栖霞霽景兩樓，後有清暑堂，位置亦相等也。

豐樂院之設計幅員構造形式，完全與太極殿相同。栖霞霽景二樓下層方十七尺，上層方二十尺。此院於後冷泉天皇康平六年（宋仁宗嘉祐八年）大火燒却，重建之後逾六年又被燬。遂未再建。故應在豐樂院舉行之儀式胥於朝堂院行之。朝堂院既亡，復於紫宸殿行之也。

內裏

內裏即皇居。其外郭南有建禮門，東有遇春門，北有朔平門，西有中和院，采女町，內膳司。西無門。中和院爲天皇親祀社稷之處。以神嘉殿爲正殿。采女町爲采女所居。繞內部有迴廊。南有承明門，東有宣陽門，西有陰明門，北有玄輝門。其中共有殿十七舍。其配大致左右均齊。附以其他小建築。殿舍均長方形，而以廊聯絡之。實華風也。

其中南半部之殿宇屬於天皇。以紫宸殿爲正衙。其北之仁壽殿則常御之殿。其後又常居其西之清涼殿仁壽殿。東有綾綺殿，乃貯御物處。其東之溫明殿，即內侍所。北半部之殿宇則屬於後宮。就中常寧貞觀二殿，乃中宮所御之殿也。

唐城坊攷云，含元殿後曰宣政殿，天子常朝所也。殿門曰宣政門。宣政殿後爲紫宸殿門。曰紫宸門。天子便殿也。不御宣政而御便殿曰入閤。

內裏之建築較之大內裏之建築大有不同。蓋純日本式也。其屋頂用檜皮，凡木材皆不施彩色。

紫宸殿

紫宸殿又名南殿，南大殿，正殿，南正殿，前殿，即內裏之正殿也。舉其大要則中央殿身廣九楹九十尺，深三楹三十五尺。四面有廂凸出。南北之廂廣九楹九十尺，深二楹二十尺。東西之廂廣三楹三十五尺，深一楹十尺。以上通計面積二百六坪九合有奇。廂外更有寬五尺之孫廂。正南有十八級之階。每級高四寸，廣一尺。東西各有二側階。殿身之中央有御障臺

紫宸殿之構造極爲有趣。屋頂無承塵藻井而露椽木。皆日本式也

按紫宸殿實內朝便殿，與唐名同。當明清兩代之乾清宮

大內裏之變遷

自桓武天皇以來，內裏嘗經多次火災，雖迭經重修，但至高昌天皇治承元年（宋孝宗淳熙四年）火災以後，即從棄置，此後代興者，則所謂里內裏。此蓋修復期間暫借權門邸第

以爲臨時之皇居也。圓頭天皇貞元元年（宋太宗太平興國元年）始用此名稱，此里內裏者，卽閑院內裏，爲自高昌始九代九十一年間之皇居。此後代興者爲富小路內裏用之者，六代八十七年，又繼此者則爲東洞院土御門內裏。是北朝創設，卽今日京都御所之前身及足利時代之前半期也。內裏屢罹火災，迨應仁亂後，荒敗極矣。

織田信長入京，以永祿十一年（明穆宗隆慶二年）繕造是居，然規模並不甚大。豐行秀吉於天正十八年擴張重建，德川家原於慶長十一年（明神宗萬曆三十四年）課諸侯營造，此時面目始大改易。乃江戶時代又數罹火災，而全部燒燬。光格天皇頗有意復興古宮室，覺裏松光世之大內裏圖攷證，以老中松平定信爲總裁。寬政元年三月廿七日興工，次年始畢。

現在之御所

上述寬政之建築，於孝明天皇安政元年（清文宗咸豐四年）四月六日午時全部焚燬。更令阿部正弘爲總裁重建，工費金廿七萬六千二百十三兩，銀八千五百二十八貫，米二萬一千三百九石，工匠一百四十萬八千餘人。明治二年（清穆宗同治八年）東遷以後復就荒改。乃拆除其不必要之部分，而確立保存之方法，以迄於今。

結論

桓武天皇之平安京與唐之長安城相較，僅得百分之二十七，七。以當時日本國情而論，固猶嫌其過大也

攷中國舊北京紫禁城之大，東西六町，南北七町餘。其與通禮門相當之午門及與承明門相當之太和門爲九間七戶之重層樓門。其大三百坪。與紫宸殿相當之太和殿（元來與太極殿相當）屹立於白石三成壇之上，其大六百十三當坪。紫宸殿三倍之面積。爲重層四注之巨宇　其壯麗莊嚴殊覺難以言狀，茲比較中國日本朝鮮流球各京宮殿之大小如左。

中國	舊北京	紫禁城	太和殿	六百十三坪
日本	京都御所		紫宸殿	二百六坪九合餘
朝鮮	京城	景福宮	勤政殿	百九十六坪七合餘
流球	首里城		正殿	百六十五坪八合餘

西京城坊略圖（依長安志圖）

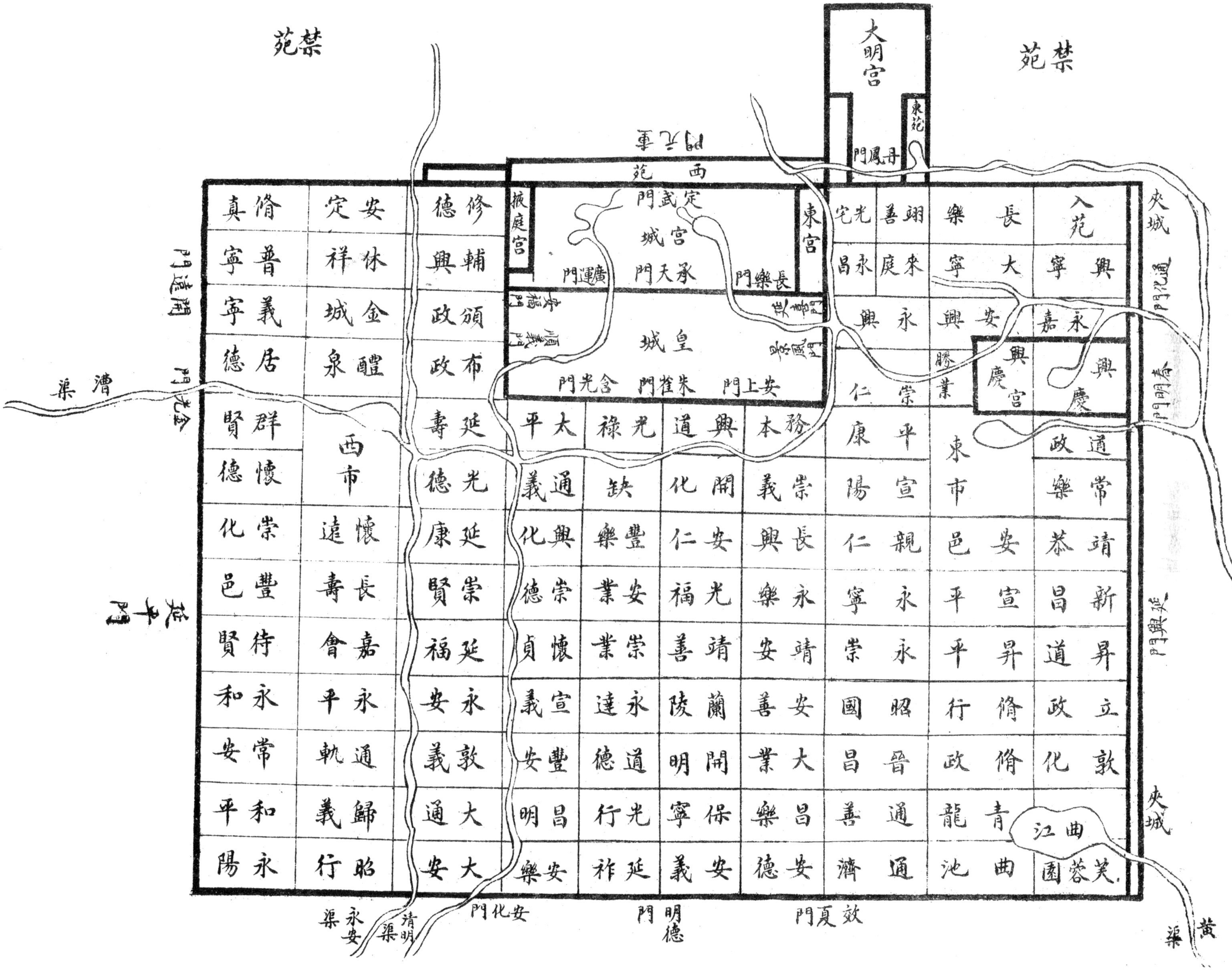

兩漢之胡風

次弓

一　引言

漢初，中國僉以爲漢民族之腹心患，卽爲匈奴，賈子新書勢卑篇曰：『匈奴侵甚侮甚，遇天子至不敬也，爲天下患至無已也』，鹽鐵論一書亦常極論之，試翻讀漢史，匈奴侵擾漢邊之警，幾于年年皆見，日繼月深，匈奴直是漢室之贅瘤。故有「匈奴不滅何以家爲？」之壯語，是則足證當時匈奴殊爲漢室之大患矣，然自他方面觀察，漢民族之危機尚不在此，溯自黃帝以來，漢民族居留中國，已歷千餘年；歷時既久，其一種進取之精神，自然隨之銳減：且經秦火後，一般人民受秦愚民政策之結果，活動力頓形滯礙：加以戰事之摧殘，故炎漢建國之初年，士氣極不振。

高帝以傾國之兵遇匈奴，竟被困於平城；樊噲乃漢猛將，領兵援救，未嘗有陷陳突圍之事，此時士氣之懦弱亦可知矣，呂后時，冒頓遺書太后，辭語輕侮，而漢庭卒無如之何，歷文景之世，端賴嫁女和親歲納貢幣以言和，此時士氣委頓，何以復加？較之後來「投筆從戎」「立功外域」之士氣何如？

差幸此時匈奴在側監視，時時與之刺激；而漢民族爲競生存，不得不振起衰敝，而與之相周旋，孰知因此周旋之結果，竟拔救漢民族出於麻木之狀態，是則匈奴不但不爲漢室腹心患，實爲漢民族之救命星也。

漢以匈奴數爲邊患，欲求一根本解決之治，乃通西域，以斷其右臂

梁任公張博望傳，西漢之所謂西域者，當今世伊黎新疆青海西藏之地，直至葱嶺以西，越帕米爾高原，包土耳其斯坦，阿富汗斯坦，俾路芝斯坦，波斯，小亞細亞，迄地中海東岸，古羅馬屬地之總名也。

通西域之結果，西方文化得以傳入中國，漢民族得此一支外來之文化，加以年來各民族血統之加入中國，於是昔日之暮氣漸次掃除，而重新從事於新之建設。

兩漢之風俗，亦因民族交通頻繁之故，一部分遂受外來之胡化，而變更其原來之性質 卽就「坐」式一項而言，吾人之垂足坐，卽受彼時胡風之同化者。（說見後文）

「胡」字之範圍，廣狹不一：通西域以前，「胡」殆專指匈奴而言：

秦本紀：亡秦者胡也。

賈子新書：或薄或揜，爲其胡戲。

通西域以後，則包括西北之外國民族。

如胡瓜胡麻，皆大宛產。

通典卷一〇一：橫吹有雙角，卽胡樂也，張騫入西域，傳其法於西京。

至於晉世五胡之亂，「胡」字已爲外國人之統稱，與今日「洋」字之通用相似。余此篇「胡風」之「胡」字，則取第二說，只是印度亦包入此範圍。蓋印度爲佛教之發源地，而佛教又爲漢時胡風之最重要者，豈可置之度外。至於南方此時，文化尚低，縱中國採取其一二風俗，亦無何等關係，故從略。

兩漢之胡風約分爲四部：

(一)宗教　(二)音樂戲劇幻術　(三)物產——動植礦　(四)民生——衣飾，飲食，起居。

一、宗教

兩漢宗教受外來之影響，卽佛教之輸入，佛教之正式輸入中國，當在東漢明帝時。

大藏一覽：漢明帝永平三年，上偶夢金人—巍巍丈六，飛至殿庭，光明炳耀—訪問羣臣……遣博士王遵蔡愔等十八人，同往西域求佛法；至月氏國，遇迦葉摩騰，竺法蘭二梵僧，帶白氎，畫釋迦像，經四十二章，白馬馱之，迎至洛陽，上大悅，於西門外，立精舍以處之，遂譯四十二章經。

然明帝求佛法以前，中國已知有佛教。

後漢書：明帝夢金人，長大，頂有日光，傳毅曰：『天竺有其道者，號曰佛』於是遣使天竺圖其形。

東洋史：哀帝元壽之年，大月氏王丘就却在位，遣使臣伊存聘中國，博士弟子秦景憲受其口授之浮屠經。余按此不過口頭相授，而非正式之傳入，故仍以明帝時，爲佛經傳入中國之最初時期。

僧寺之起原，卽在永平後。

山堂肆考引事物紀原：漢明帝時，攝摩騰，竺法蘭始自西域以白馬馱經來，初止鴻臚寺，遂取此寺剏名白馬寺，此寺之始也。

僧寺曰浮屠。

中國史(王桐齡著)　光武帝皇子楚王英爲浮屠齋戒祭祀，然漢人必須得政府之允許，始能出家。

事物紀原引僧史略　漢明帝聽劉峻等出家，此中國之人爲僧之始也。

又：又聽洛陽婦女阿潘等出家，此盖中國尼之始也。

僧尼受戒於一壇，同居一寺。

山堂肆攷引僧史略：初，僧尼受戒，本同一壇，自宋太祖不許尼住僧寺…………

僧曰沙門，尼曰優婆尼。

高僧傳：時有天竺沙門竺佛朔，亦漢靈之時賫道行經來適雒陽。

山堂肆攷引釋氏要覽：梵語云、優婆夷，卽女聲字也；又云，優婆尼。

又　式叉摩那，此云學法女，似今之尼長髮也。

僧衣曰，伽梨，色赤，又曰，袈裟。

山堂肆考引僧史略：漢魏之世，出家多著赤布僧伽梨。

又：僧衣曰袈裟，梵語作加沙，至梁葛洪撰字苑方添衣。

祝髮

山堂肆考：僧剃髮曰祝髮，又曰剗草。

掛錫

又　安住僧曰掛錫。

飛錫

又　遊行僧曰飛錫。

戒律

續搜神記：漢靈帝建寧三年，安世高首出義決律二卷，次有比丘諸戒律。

僧亦可娶妻

山堂僧考：妻僧妻曰梵嫂，曰房老，又曰火宅僧。

因佛教之影響，繪畫事業，更加發達。

瞿兌之漢代風俗續篇　圖畫之盛，盖與佛法之東，有相因而至者焉。

佛像

瞿兌之漢代風俗制度史前篇　鑄造神像，古無所聞，盖自漢始，由匈奴流入中國——指霍去病休屠王祭天金人事。

東洋史：漢武帝元狩二年，驃騎將軍霍去病伐匈奴，收休屠王祭天金人，列於甘泉宮，不祭祀，但焚香禮拜，是爲佛像入中國受崇拜之始。

宋書：漢世始有佛像也。

高僧傳：　又於西域得畫釋迦佛像，是優田王旃檀像師第四作，既至雒陽，明帝卽令畫工圖寫，置清涼臺上。

放燈

事物紀原引僧史略：漢法本傳曰：『西域十二月三十日是此方正月望，謂之大神變，曰－漢明帝令燒燈表佛法大明也』。

寶鏡

西京雜記　宣帝被收繫郡邸獄，臂上猶帶史良娣合采宛轉絲繩，繫身毒國寶鏡一枚大如八銖錢，舊俗，此鏡見妖魅得佩之，爲天神所福。按身毒卽印度，爲佛敎發源地；所獻之寶鏡，當然帶有佛敎之色彩；所言之天神，疑卽爲傳毅所言天竺之得道者；故予以爲佛敎哲學—佛經，至漢明帝時，始傳入中國：　於宗敎式之知識，迷信（如傳毅所言之佛，休屠王之祭天金人，身毒國之寶鏡，天神），當在兩民族接觸時，遂逐漸傳入者。

[illegible]

除佛敎而外，巫蠱亦自外來者。

匈奴傳：范氏能巫詛者　張晏注曰：『此盖胡人之巫術，傳入中國，而中國人多有習之者』。

胡巫

通鑑卷二十二　充將胡巫掘地求偶人。

又　因胡巫檀何言，宮中有蠱氣，不除之，上終不差。

三，音樂　戲劇　幻術

漢時音樂，受西域諸國之影響甚大。

賀昌羣唐漢間外國音樂的輸入：漢以前中國的音樂和舞蹈，可以說與普通文學寔際並未曾發生密切的關係：漢以後文學和樂舞，才慢慢兒的互相攏來握手了。許多現在通行的樂器，皆在漢時自外國輸入進來

琵琶釋名：琵琶本胡中馬上所鼓：推手前曰琵，引手却曰琶，因以爲名。

樂府雜錄：琵琶始自烏孫公主造，馬上彈之。隨音樂志，曲項琵琶，出自西域，非華夏舊器也。

笛　有羌笛，漢笛，長笛，橫笛之分

長笛賦：近世雙笛從羌起，着人伐竹未及已……剡其上孔通洞之，裁以當過未易持（以上羌制）；易京君明識音律，本四孔加以一，君明所加孔後出，是謂商聲五音畢。（據此賦，吾人可知羌笛有四孔，漢笛則本之，更有一孔於背面）

古今注：橫吹胡樂樂，張博望入西域，傳其法於西京，

賀引文獻通攷：大橫吹小橫　，並以竹爲之，笛之類也，

賀昌羣謂橫笛當卽是橫吹。

箜篌亦分胡漢二制

後漢書五行志、靈帝時胡人作胡箜篌，

隋音樂志：立箜篌出自西域，非華夏舊器也。

山堂肆攷引吳競解題：武帝嗣太乙后土，令樂人侯調依琴坎候，言其坎坎應節也，又因其姓侯，故曰坎侯，後訛爲

箜篌。

通典：其形似瑟而小，用撥彈之，非今器也（指漢箜篌而言）；又有云，箜篌，胡樂也，漢靈帝好之，體曲而長，二十三絃，抱於懷中，兩手齊奏之，謂之擘，（以上胡製），正今物也。

胡笳

晉有，胡笳，漢舊錄有其曲，不記所出本末，笳者，胡人卷蘆葉吹之以作樂也，故謂曰胡笳。

觱篥

通典：篳篥本名悲篥，出於胡中，其聲悲。

樂部：觱篥者，笳管也，卷蘆爲頭，截竹爲管，出於胡地。

鼓吹

劉獻定軍禮：鼓吹，未知其始也，漢以朔雄野，而有之矣。（詳証可參攷賀文）

角

山堂肆攷引音樂旨歸：角長五尺，形如竹筒，本細末大，今鹵簿及軍中用之。

太平御覽引徐廣車服儀制：角，前世書記所不載，或云，本出羌中，吹以驚中國之馬。

胡樂調之可攷者有：

橫吹樂曲

通典一〇一：橫吹有雙角，卽胡樂也，張騫入西域，傳其法於西京，唯得摩訶兜一曲（此處疑有誤），李延年因胡曲更造新聲二十八解，乘輿以爲武樂。

古今注：橫吹………唯得摩訶兜勒二曲。

短簫鐃歌鼓吹

詳見賀文

胡戲之可攷者：

賈子新書：令婦人傅白墨，黑繡衣，而侍其堂者二三十人，或薄或揜，爲其胡戲以相飯，上使樂府幸假之倬樂吹簫鼓鞀，倒挈面者更進，舞者蹈者時作，少間，擊鼓舞其偶人：暮時，乃爲戎樂………

角抵蓋亦胡風

武帝記：元封三年春作角抵戲。

按武帝以前，中國固未嘗有角抵戲，賈子新書—或薄或揜，爲其胡戲—薄揜疑爲[illegible]角抵之一類，是則角抵當自胡戲所變演而出者。

幻術

漢代風俗制度史：吞刃吐火等技，蓋由外國傳入者。

張衡西京賦：吞刀吐火，雲霧杳冥。

漢書張騫傳：大宛以犛眩軒人獻於漢庭，應邵注曰：『鄧太后時，西域檀國來朝賀，詔令爲之，而諫大夫陳禪以爲夷狄僞道，不可施行；後數日，尚書陳忠案漢舊書，乃知世宗時，犛軒獻見幻人，天子大悅，與俱巡狩，乃知古有此事』，顏師古云：『眩讀與幻同，卽今吞刀，吐火，植瓜，種樹，屠人，截馬之術皆是也，本從西域來。』

百戲

通典一一六：後漢天子臨軒設樂，舍利獸從西方來，戲於庭前，激水化成比目魚，跳躍激水，作霧翳目，而化成黃龍，長八丈，出水遊戲，輝耀日光，以兩大繩繫兩柱，相去數丈，二倡女對舞，行於繩上，加肩而傾，如是雜變，總名百戲。

四，物產

匈奴畜產

匈奴傳：其奇畜則橐駝，驢，駃騠，騊駼，驒奚。

又匈奴獻橐駝一……

鹽鐵論：得匈奴累金之物，而損敵國之用，是以贏驢馲馳，銜尾入塞；驒騱驤馬，盡爲我畜…………（是爲驢騾駝輸入中國之始）

驢之用爲娛樂品，蓋始於靈帝

五行志：靈帝於宮中西園，駕四白驢，躬自操轡，馳驅周旋，爲大樂，於是公卿貴戚轉相放效，至乘輜騈以爲騎從，互相侵奪，價與馬齊。

舍利獸

見百戲

人鳥卵

張騫傳：大宛………目大鳥卵及犛軒眩人献於漢

天馬

大宛所產：武帝命貳師征大宛取天馬

符拔　獅子

和帝章和元年，安息獻獅子符拔，

東洋史：符拔似麟而無角

安息雀

東洋史：和帝永元十三年，其王滿屈復獻獅子及條支大鳥，時謂之安息雀。

苜蓿　葡萄

事物紀原：苜蓿本自西域，彼人以抹馬，張騫使大夏，得其種以歸。

通鑑二十一：大宛左右多葡萄，可以爲酒；多苜蓿，天馬嗜之。

胡荽　胡桃

博物志：張騫使大夏，得胡荽。

又：張騫使外國，乃得胡桃也。

撒夫藍　胡瓜胡豆

見王桐齡東洋史第二編頁五四

塗林

陸機與弟書：張騫爲漢使外國十八年，得塗林，—卽安石榴也。

羌李　羌查　騫海梨　西王棗

見西京雜記

胡蒜

切韻　張騫使西域，得大蒜而還。

古今注：蒜，卯蒜也，俗人謂之小蒜　國胡有蒜十許子共爲一抹，籜幕裹之，名爲胡蒜，尤辛於小蒜，俗人亦呼之爲大蒜，

麻[illegible]

胡筆談　胡麻，卽今之油麻也　中國之麻，謂之大麻；張騫始自大宛得油麻類，亦謂之麻，故以胡麻別之。

燕支

古今注：燕支，葉似薊，花似蒲公，出西方，土人以染名，

琉璃

山堂肆攷四二：琉璃，本質是石，出大秦國，西域傳有琉璃，顏注云：『今俗所用，皆消洽石汁，加以衆藥，灌而爲之，尤虛脆不貞。

琥珀

山堂肆攷引廣雅：琥珀出罽賓及大秦國。

五　民生日常用品

胡服

趙武靈王　胡服習射是爲胡服入中國之始

五行志：靈帝好胡服

襌衣　襜褕

瞿兌之漢代風俗制史：漢時仕官平居之服曰襌衣，曰襜褕其式略如今之燕尾服。

按中國舊服，寬袍大袖峨冠巨紳，今襌衣襜褕之制，迥異前服，故疑受胡服之影響。

戎服

瞿：皇帝侍從官著武冠加貂羽金蟬

又：先驅則服旄頭繡衣　引東方朔傳應劭注曰；『旄頭以羽

林爲之，植髮上向而長。」

按冠上植羽乃胡服制：

古今注：貂蟬，胡服也

事物紀原：武弁大冕，侍中冠之，金 左貂，昔趙武靈王胡服也。

王國維胡服攷論之甚詳，可參閱之。

蓆帽

事物紀原引實錄：蓆帽，本羌人首服，以羊毛爲之，謂之氈帽：即今氈笠也，秦漢人服之，後以蓆爲骨而鞔之，謂之蓆帽，女人戴者，四緣垂下網子以自蔽

褌

事物紀原引實錄：褌，西戎以皮爲之……漢晉名之曰犢鼻。

襦

瞿：尋常男子多著襦，蓋短衣也。

按短衣即胡服制。

袴

胡服攷：大袴爲胡制

褶

瞿：外衣謂之褶，蓋亦胡俗入華之一，如今西人外套。

帶鉤

又 以金爲帶鉤，蓋亦胡服之一，

靴

釋名 靴，胡服，趙武靈王所作。

實錄 胡履也，趙武靈王好胡服，常短靿以黃皮爲之；後漸以長 ，軍戎通服之。

裘

西京雜記：武帝時，西域獻吉光裘，入水不濡，上常服之以聽朝

鹽鐵論：鼲鼦狐貉，采旃文罽，充於內府。

毛織物來自外國，視爲珍品。（引瞿著衣飾篇頁二一—二二）

高祖本紀：八年，詔賈人勿得衣錦繡綺縠絺紵罽操兵乘騎馬

汪顏云：織毛，若今毼及氍毹之類。

說文罽 西胡毳布也。

燕支粉，

匈奴歌：奪我焉耆山，使我婦女無顏色。

李白幽州胡馬客歌：雖居燕支山，不道朔雪寒，婦女馬上笑，顏如頳玉盤。

古今注：燕支，中國人謂之紅藍，以染粉爲面色，謂之燕支粉

胡餅

事物紀原引五行志：靈帝好胡餅。

瞿兌之引釋名：餅，幷也，溲麥使合幷也。胡飯作之大汗漫，亦言以芝麻著上也。

胡飯

五行志：靈帝好胡飯

貊炙

釋名：貊炙，全體炙之，各自以刀割，出於胡貊之爲也。

鼓

博物志：外國有鼓法，以苦酒爲溲豆，暴令極燥，以麻油蒸蒸乾復暴，三過乃止；然後細搗椒屑篩下，隨多少合投之…………

葡萄酒

西陽雜俎：庾信謂魏使慰瑾曰，『我久得大葡萄，奇有滋味。』瑾曰：『此物實出於大宛，張騫所致，有黃白黑三種，西域釀以爲酒，在漢亦似不久，杜陵田中有葡萄百樹，

胡牀

搜神記：胡床，戎翟之器也。

風俗通：漢靈帝好胡服，京師作胡床，此盖其始也，今交椅是。

胡坐

五行志：靈帝好胡坐

按漢人席地盤膝而坐，胡坐殆垂足而坐，按胡地苦寒，席地而坐之俗，絕難行之。漢俗在室中去履（見瞿書前編二九九頁）而匈奴制只有漢使去節入穹廬，未聞有脫履者，故疑垂足而坐者爲胡俗，兩相比較，胡坐實較爲方便，故後來跪坐之俗。遂逐漸消滅。

胡帳　制不詳

五行志：靈帝好胡帳　…京都貴戚競爲之

六　結論

吾人平日讀史書，最奇異之時期，莫過於兩漢、試翻閱晉魏以後之史書，其風俗習慣雖遞有變更、要在其大致尙不與吾人習見者大相逕庭，至於兩漢時，則差異殊甚，卽兩漢時之著作，至東漢末而已須詮釋(一)，遑論乎隔離千餘年之吾人，視之當更感困難矣。就居處一項而言，兩漢大率皆席地而坐，與東鄰三島今日之情形相似，故致敬時之「再拜」甚易；晉魏以後，大都皆垂足而坐，若再倣漢時之再拜言；直是作戲時尙可，若用之於日常生活，則實强人所難，此種居處之進化，卽是受胡風之影響，再就衣飾上言，中國舊有之衣裳與夫外來之胡服相比較，孰爲笨滯？孰爲便利？是不待知者而言也，至於佛敎之輸入，與吾人以一種心靈上之安慰；

音樂受外來影響，始漸與文學發生密切之關係；通西域以前，漢人刪刻，甚爲朴陋，通西域以後，遂逐漸美術化，此可於漢時之銅鏡—見西淸寶鑑—見出；以上種種皆與外國交通，受胡風之影響，而產生者，是則中國文化之進步，受胡風之賜，甚大，故兩漢時之胡風，亦實有硏究之價值；若夫中國史書之醜詆外國，直呼之曰狄，曰夷，曰奴，種種鄙視稱謂，不過表現作者誇大之心理及其狹礙之眼光而已。

（此稿曾登於北平益世報經作者同意，轉載於此編者）

南北朝時候中國的政治中心

梁佩貞

一　北方元魏的政治中心——洛陽。

甲　建都洛陽的年代：

起自魏孝文帝太和十九年（西歷四九三年）十月至魏孝武帝（高歡反晉陽孝武帝奔長安依宇文泰是爲西魏歡立清河世子善見於洛陽是爲孝靜帝改元……尋遷都鄴是爲東魏）永熙三年。（西歷五三一．四年）共四十一年

「太和…十有七年冬十月戊寅朔，幸金墉城詔徵司空穆亮與尙書李沖將作大匠董爵經治洛京。…癸已…設壇於滑臺城東，告行廟以遷都之意，大赦天下。」：魏書高祖本紀

「魏太和十七年高祖遷都雒陽。」：宅京記卷八頁十五

「孝文太和十九年，遷洛陽。」：地理通釋卷四。

「孝靜帝：永熙三年…丙子車駕北遷於鄴」：魏書孝靜紀

「孝武帝永熙三年秋七月…丙子北遷於鄴…宅京記卷二頁五。

「至孝武帝永熙三年高歡逼帝西入關…以十月丙子車駕北遷於鄴。」：河朔訪古記卷中頁五。

乙　洛陽的位置

遷都洛陽後，魏的領地北逾大磧，西至流沙，東接高麗，南臨淮水與秦嶺山脈。而當時南陽（屬河南），南鄭（屬陝西），都在南朝疆界以內．所以洛陽的位置，以東西論，居中，以南北論偏南。

丙　遷都洛陽的原因：

（1）未都洛陽以前，魏之都城偏北，漸漸南移。

拓跋氏東胡之後別都鮮卑。世居北荒，…力微遷定襄之盛樂。晉懷帝時劉琨表以猗盧爲大單于，封代公徙馬邑，城盛樂，以爲北都，修故平城以爲南都。」　珪立爲代王都雲中。…改代曰魏自雲中都平城。」：地理通釋卷四。

（2）孝文傾慕華風，打算用文治主義，替代武力政策。

高祖曰：國家興自北土，徙居平城，雖富有四海，文軌未一，此間用武之地非可文治，移風易俗，信爲甚難，崤函帝宅，河洛王里。因玆大舉，光宅中原，任城意以爲何如？」：魏書任城王澄傳

（3）長安不如洛陽…洛陽地點適中。

「高祖曰：崤函帝宅；河路王里。…任城意以爲何如？澄曰：伊洛中區均天下所據，陛下制御華夏，輯平九服，蒼生聞此，應大慶。」仝上

（4）鄴不如洛陽：鄴城非常久之計

「孝文經鄴登銅雀臺。崔光曰、鄴城平原千里，漕運四通，有西門史起舊迹可以饒富，請都之。孝文曰：鄴城非長久之地，石虎傾於前，慕容滅於後，國富主奢，暴成速敗，且西有枉人山東有列人縣，北有柏人城，君子不飲盜泉，惡其名也。」：魏書崔光傳

前兩條，是元魏向南移的主要原因，後兩條是定都洛陽的理由。文帝根據這四條理由，對於遷都的問題，看的很淸楚，尤其定都中原的態度，異常堅決。：

a 高祖的遷都是出乎衆意的行爲。

「高祖曰北人戀本，忽將聞移，不能不驚擾也。…高祖曰遷移之旨，必須論衆，當遣任城馳驛，向代問彼百司論擇可否。…王其勉之。旣至代都衆聞遷詔，莫不驚駭。澄援引今古，徐以曉之，衆乃開伏。澄遂南馳還報，會車駕於滑臺。高祖大悅曰，若非任城朕事業不得就也

」○：魏書任城王澄傳

b高祖杜絕遷民北返的希望。

「太和十有九年…詔遷洛之民，死葬河南，不得還北○」：魏書高祖紀

丁洛陽的優點及劣點：

1.洛陽地位適中；這種優點，依舊彼元魏所承認，作了建都的主要理由，（見原因條丙之1）

2.洛陽的氣候較北地溫和。

「子恭上書曰…維於洛食○定鼎遷民，均氣候於寒暑○」：魏書源子恭傳

3.洛陽景象彫殘，地域窮苦。

洛陽在東漢時候，本來非常殷實，三國時已經趨於衰落，西晉末年，永嘉之亂，大受摧殘。東晉時候，北方為夷敵割據，兵禍連綿，天災相接，益形荒落，所以：

a晉書食貨志上說「至於永嘉，喪亂彌甚。雍州以東，人多饑乏，更相鬻賣，奔迸流移，不可勝數。幽幷…六州，大蝗，草木及牛馬毛皆盡。又大疾疫，兼以饑饉，百姓又為寇賊所殺，流尸滿河，白骨蔽野。」

b高祖太和十七年，幸洛陽所見的情景，亦非常悽涼。

「太和十七年九月庚午幸洛陽周巡故宮基址，帝顧謂侍臣曰；晉德不修，早傾宗社，荒毀至此，用傷朕懷，遂詠黍離之詩為之流涕」。：魏書高祖紀

戊建都洛陽後之影響：

I文化上的貢獻：

a漢民族學術的提倡：魏高祖建都洛陽本屬慕華風而來，所以對於漢民族的教育，非常提倡。

「高祖以北地質魯，遷都洛陽立國子太學，四門小學，如李沖李彪高閭王肅郭祚宋弁劉芳崔光邢巒，皆以文章見親，制禮作樂，蔚然可觀○有魏一百四十九年間，最為稀有，又未可以永平以後，專尚釋氏而少之也○」：伽藍記卷五末毛晉跋

2佛教的繁興。

a佛教繁興的近因有兩種：

(a)皇室的提倡，「熙平元年，詔遣沙門惠生使西域採諸經律○正光三年還京師，所得經論，一百七十部，行於世○」：魏書釋老志

「神龜元年十一月冬，太后遣立寺比邱惠生向西域取經，凡得一百七十部，皆是大乘妙典○」：伽藍記卷五頁○

(b)西域胡僧的影響。

中印文化的結合，西域諸國，實有撮合的功勞，所以梁任公先生在他佛教與西域一篇裏說：

「我國南北分裂，江左與中原隔絕；而交廣之在南朝—亦羈縻耳……同時我國西陲狀況，亦起一大變化。—前此介居漢族匈奴兩大間之俯仰隨人之西域民族，至是漸獨立發展；其間優秀之一族，且進而為印度之主權者；旋飽嚈所征服地之文明，且分輸於友族。質言之，則兩漢西域傳所記之國，什九已為「印度化」以佛教的眼光觀之，則被固我之先進國；而中印兩文

明之結婚，彼仍爲最有力之蹇修也」：梁任公第一輯頁一三六

(1)西域胡僧在洛陽立廟。例如：

「菩提寺，西域胡人所立也，在慕義里」：伽藍記卷三頁十

「法雲寺，西域烏場國胡沙門僧摩羅所立也。」：伽藍記卷四頁五

(2)胡僧有號召人的能力。

「天竺國胡沙門……流支解佛義，知名西土；諸夷號爲羅漢。曉魏言，及隸書。翻十地楞伽及諸經，編二十三部」。：伽藍記卷四頁十四。

西域烏場國胡沙門……摩羅聰慧制根，學窮釋氏；至中土，即曉魏言，隸書。凡所見聞，無不通解。是以道俗貴賤，同歸仰之。…京師沙門好胡法者皆就摩羅受持之戒。」：伽藍記卷四頁五

b 佛教繁興的結果：

a 洛陽寺廟繁多，經典集中。

「京師東西二十里，南北十五里，…合有二百二十里，寺有一千三百六十七所。天平元年，遷都鄴城，雒陽餘寺，四百二十一所」。：宅京記卷八頁二十四

「永寧寺…永熙三年，二月，浮圖爲火所燒，百姓道俗，咸來觀火，悲哀之聲，震動京邑。時有三比邱，赴火而死，火經三月不滅」。：伽藍記卷一頁十一

(b)洛陽佛教聲譽遠及，西至大秦，南至歌營國。

「時有西域沙門菩提達摩者，波斯國胡人也。起自荒裔，來遊中土。遊永寧寺見金盤炫目，光照雲表，寶鐸含風，響出天外。歌詠讚歎，實是神爲。自云：歷涉諸國，靡不周遍，而此寺精麗，極佛境界，亦未有此。口喝南無，合掌連日，」：伽藍記「永明寺，時佛法經像，盛於洛陽。異國沙門，咸來輻輳，負錫持經，適玆樂土。世宗故立此寺，以憩之，房廡連亘，一千餘間。…百國沙門，三千餘人，西域遠者乃至大秦國。…南中有歌營國，去京師甚遠，風土隔絕，不與中國交通，雖二漢以及魏亦未曾至也。今始有沙門菩提拔陁至焉。」：伽藍記卷四頁十五

(c)中國高僧自動研究佛典，影響西域佛學，例如：

「融覺寺…比邱曇謨最善於禪學，講涅槃華嚴。僧徒千人。天竺國胡沙門，菩提流支，見面禮之。…流支讀曇謨最大乘義章，每彈指讚唱，言微妙。即爲胡書，寫之，傳於西域。西域沙門常東向遙禮之，號曇謨爲東方聖人。」：伽藍記卷四頁十四

(d)譯經的風氣盛行：（參看梁任公着佛典之翻譯，見梁任公第一輯）

3 異民族的同化與揉合。

a 鮮卑民族。

隨着高祖由代遷來的人民，其中當然不少鮮卑種族，而又終老洛陽不復北去。

「泰和…十有九年；…丙辰詔遷洛之民，死葬河南不得還北，於是代人是南遷者，悉爲河南洛陽人」：魏書高祖紀

b 西域民族：

(a)因宗教而來的：

「時佛法經像，盛於洛陽，異國沙門，咸來輻輳。負錫持經，適玆樂土：百國沙門，三千餘人，西域遠者乃至大秦國，：耕耘績紡，百姓夥居，邑屋相望，衣服車馬，擬儀中國。」：伽藍記卷四頁一五。

(b)因慕華化而來的，（見下條）

c 其他民族及僑民之待遇：

向化夷人的居止：有一定的地點

「永橋以南，圜丘以北，伊洛之間，夾御道有四夷館。道東有四館一名金陵，二名燕然，三名慕化，四名慕義。吳人投國者，處金陵舘，三年以後，賜宅歸正里：…北夷來附者，處燕然館，三年後，賜宅歸德里；…西夷來附者處崦嵫館賜宅慕義里。」：洛陽伽藍記

d 僑居人之繁盛。

「百國千城，莫不歡附。…所謂盡天地之區，已樂中國土風，而宅者不可勝數。是以附化之民，萬有餘家，門巷修整，閶闔塡列，靑槐蔭

，綠柳垂庭，天下難得之貨，咸悉在焉。」：

b 異民族雜居所生之結果：

不同的民族，在一個時間中，雜居相處，影響總不會是一方面的。鮮卑西域和其他各民族，固然受漢民族文化的同化不少，然而漢民族的生活，風俗，語言，當然亦受外來民族許多勳染。只舉三條例子，就可以推想到當時民族間彼此的影響：

(a)語言：

隋志中載有鮮卑語五卷：後魏侯什侯可悉陵撰 國語眞歌十卷，又國語雜物名三卷，鮮卑語十卷，鮮卑號令一卷。國語號令四卷。等書

「魏初定中原軍容號令，皆以夷語，後染華俗，不能通，故錄其本言，相傳敎習謂之國語。」：隋書經籍志

鮮卑族雖然漸漸失去本族的語言，而士大夫階級，和普通人民間，却流行着語夷：

「齊朝一士夫曰：我有一兒，年已十七，頗曉書疏，敎其鮮卑語，及彈琵琶，稍欲通解，以此伏事公卿，無不寵愛」。：日知錄集釋卷十三頁十九

(b)胡樂：

「河間王琛：有婢朝雲善吹篪。」：伽藍記卷四頁十。高陽王雍：有美人徐月華善彈箜篌。」；仝上卷三頁十二

(c)建築

「西域烏塲國胡沙門僧摩羅：作祇洹寺一所，工製甚精，佛殿僧房，皆有胡飾。」：伽藍記卷四頁六

4 商業發達：

a 商業發達的原因：

(a)元魏威服四夷，故中外有通商的機會。

「神䴥二年，帝〔宣武帝〕親御六軍，略地廣漠，分命諸將，窮追蠕蠕。東至瀚海，西接張掖，北度燕然山大破之，虜其種落及馬牛雜畜萬計。其後復遣成周公萬度歸西伐焉耆，其王鳩尸卑那單騎奔龜茲，舉國臣民，負錢懷貨，一時降款，獲其奇寶，異玩，以巨萬。駝馬雜畜，不可勝數，度歸遂入龜茲。」：魏書食貨志

(b)中國與西域的交通便利，：(參看西域僧人任中國傳佛敎和僑民之多可知)

(c)洛陽城中富庶，吸引外來的商品。

(1)朝廷府藏盈實，可以鼓勵商業。

「自魏德既廣，西域東夷，貢其珍物。：又於南垂立互市，以致南貨，羽毛齒革之屬無遠不至。」：魏書食貨志

(2)王族豪富，招致外貨。

「高陽王：維爲丞相，：貴極人臣，富兼山海，居止第宅，匹於帝宮。：僮僕六千，妓女六百：，自漢晉以來，諸王豪侈未之有也」。：伽藍記卷三頁十一

「壽邱里皇宗所居也。民間號爲王子坊。當時四海晏淸，八荒率職。：於是帝族王侯，外戚公主，擅山海之富，居山林之饒，爭修園宅，互相誇競。：而河間王琛，最爲豪首，常與高陽爭衡。：遣使向西域求名馬，遠至波斯國。：琛常會宗室，陳諸寶器。：有水晶鉢瑪瑙盃，琉璃碗，赤玉巵，數十枚，作工奇妙，中土所無，皆從西城而來。」：伽藍記卷四頁十

(3)富僑很多 (參戊 2 a)

b 商業發達中，商賈之盛況。

「有劉寶者，最爲富室。州郡都會之處，皆立一宅，各養馬一匹，至於鹽粟貴殘，市價高下，所在一例。舟車所通，足跡所履，莫不商販

爲。是以海內之貨，咸萃其庭，產西銅山，家藏金穴，宅宇踰制，樓觀入雲。車馬服飾，擬於王者。：別有準財金肆二里，富人在焉。凡此十里，多諸工商，貨殖之民。千金累屋，層樓對出，重門啓扇，閣道交通，迭相臨望，金銀錦繡，奴婢緹衣五味八珍，僕隸畢門。神龜年中，以工商上僭議不聽。金銀錦繡，雖立此制，竟不施行。」：伽藍記卷四頁七

5 國勢漸漸衰微。

a 南遷後，魏國的宗室，貴人習於奢侈，（參本章3之c）（2）條）

b 南遷後，邊任益輕，派出去的鎮將，不但是無用之才，且行聚斂，故釀成後來的亂源

「自定鼎伊洛後，邊任益輕，唯底凡滯才，出爲鎮將，轉相模習，專事聚斂。或有諸方姦吏，犯罪配邊，爲之揆縱，過弄官府，政以賄立，莫能改。」：白話本國史第二篇頁四十五引北史太武五王傳中廣陽王琛上書。

己 武泰元年，（西歷五一八年）以後的洛陽。

1 武泰元年（西歷五一八年）以後的兵禍。

a 兵禍之近因：爾朱榮與孝莊帝入洛陽行廢立，長樂王以城降。

「武泰元年，二月，肅宗崩，大都督爾朱榮將向京師謀欲廢立，以帝家有忠勳，且兼民望，陰與帝通，榮乃率衆來赴，夏四月丙申，帝與兄弟夜北渡河，丁酉，會榮於河陽成戎，南濟河即帝位。：」魏書孝莊帝紀。

「己亥百寮相率有司奉璽紱，備法駕，奉迎於河梁。：辛丑車駕入宮。」：仝上

「武泰元年中，帝崩。世子劍才三歲，立。太后秉政，四月十二日，長樂王開門降朱榮。十三日召百官赴駕。：十四日車駕入城，大赦天下。改號爲運業元年，是爲莊帝。」：伽藍記卷一頁四。

b 兵火後，洛陽情景殘敗窮苦，朝廷甚至於賣官鬻爵。

「武泰元年，四月：二十日，洛中草草，猶自不安，死生相怨，人懷異慮。貴室豪家，棄宅競竄，貧夫賤士，襁負爭逃。於是出詔濫死者人，普加褒贈。：於是稍安。」：伽藍記卷一頁四。

「莊帝初承喪亂之後，倉廩虛罄，遂班入粟之制，輸粟八千石，賞散侯，六千石，散伯，四千石，散子，三千石，散男。職人輸七百石，賞一大階，授以實官，白人輸五百石，聽正九品出身，一千石，加一大堦，無第者，輸五百石，聽依第出身，一千石，加一大階，諸沙門有輸粟四千石，入京倉者，授本州統，若無本州者，授大州都，若不入京倉，入外州郡倉者，三千石，畿郡都統，依州格若輸五百石入京，倉者，授本郡維那，其無本郡者，授以外郡，粟入外州郡倉七百石者，京倉三百石者授縣維那。」：魏書食貨志

2 永安二年（西歷五二九）五月，北海王元顥兵據洛陽。

「永安二年五月，北海元顥復入洛：擧兵，莊帝北巡。顥登皇帝位，改年號曰運武元年。：七月，帝至洛陽。與顥隔河相望。：顥聞延明敗，亦散走。：欲奔蕭衍，至長社，爲社民斬其首，傳送京師。二十日，帝還洛陽。」：伽藍記卷一頁六。

3 永安三年（西歷五三〇）之亂。

a 爾朱世隆因莊帝手刃爾朱榮，叛，剽掠洛陽人民。

「三年：九月辛卯，天柱大將軍爾朱榮，上黨王天穆自晉陽來朝，戊戌，帝殺榮天穆於光明殿。及榮子儀同三司菩提」：魏書孝莊帝紀

「是夜僕射爾朱世隆榮妻，鄉郡長公主，率榮部曲，焚西陽門，出屯河陰，己亥，攻河橋：據北中城南，逼京邑。」仝上

「帝即出庫物置城西門外募敢死之士，以討世隆，一日即得萬餘人。：溉於郭外兇勢不摧。：京師大衆未習軍旅，雖皆義勇力不從心。三日顥戰而遊魂不息，帝更募人斷河橋：世隆見橋被焚，遂大剽生民，北上太行。」伽藍記卷一頁八。

b 爾朱兆入城大掠

「永安三年爾朱兆入洛陽縱火大掠。」：伽藍記卷一頁十三。

4 永熙三年（西歷五三四），齊獻武王領兵入洛，荊州。

「丁未，帝（孝武帝）爲椿等（斛斯椿和賀拔勝）追脅，遂出於長安，己酉，齊獻武王入洛，賀拔勝走，還荊州。：辛酉，齊獻武王西迎車駕

，戊辰，制曰：…永熙之季，權侮擅朝，羣小是崇，勳賢見害，官緣價（以貴賤獄，因貨而死生。宗社騷若，綴旒，民命棄如草莽，大丞相（即齊獻武王）：…與甲汾川，問罪伊洛。」：魏書廢出三帝紀。

5 天平元年即永熙三年（西歷五三四）孝靜帝遷都鄴。

「孝靜帝永熙三年：…冬十月丙寅，即位于城東北，大赦天下，改元永熙三年爲天平元年。…詔曰，安安能遷，自古之明典，所居靡定，往昔之成見。是以殷遷八城，周卜三地，吉凶有數，隆替無恒，事由於變通，理出於不得已故也。高祖孝文皇帝，式觀乾象，俯協人謀，發自武州，來幸嵩縣。魏雅舊國，其命惟新，及正光之季，國步孔棘，喪亂不已，寇賊交侵，我生民無所措手，今遠遵古式，深驗時事，考龜襲吉，遷宅漳滏，庶克隆洪基，再昌寶曆，主者明爲條格，及時發邁。丙子車駕北遷於鄴，」：魏書孝靜帝紀

高歡亂後，立清河世子善見爲帝，丙子，（孝帝武永熙三年）北遷於鄴」自是分東，西魏，東魏禪於齊都鄴，西魏禪於周都長安」：宅京記卷二頁五。

二　南方宋齊梁陳的政治中心—建鄴（即建康）

甲建都的年代：

起自宋武帝永初元年（西曆四二〇）至陳後主禎明三年（西曆五八九）共一六九年。

「永初元年夏六月丁卯，皇帝即位於南郊。」：南史宋武帝本紀

「建元元年（西曆四七九）夏四月甲午，皇帝即位於南郊。」：南史齊高帝本紀

「天監元年（西曆五〇二），夏四月丙寅，皇帝即位於南郊。」：南史梁武帝本紀。

「永宣元年（西曆五五七）冬十月乙亥，皇帝即位於南郊。」：南史陳武帝本紀。

「禎明：…三年（西曆五八九）三月己巳，後主與王公百司同發自建鄴之長安。」：南史陳後主本紀。

乙建鄴的位置，和東晉相似。

丙建都的原因：

前代舊都，

丁缺點：

到這個時候，朝代屢次更改，皇帝的才略，亦不一樣，然而各朝的雄主，都有北伐的企圖，結果總是失敗，似乎可以證明當時江南，建國，只能保守不便進取，可以算一個大缺點。

「宋文自以富強詰戎兵於元魏，檀道濟再行無功，諸將皆相繼以敗，而胡馬遂至瓜步。梁武遭魏氏之亂，陳慶之以數千兵入洛，而嵩高之襲，幾至殲盡；及貪河南之地，納叛將棄睦鄴，而身國顛覆。陳宣帝闢土宇於北齊，旋失淮泗於後周。雖以桓溫劉裕非常之才度越曆代諸將，而溫伐苻犍慕容暐皆幾成而敗，裕平南楚滅姚秦亦既得而失。」：六朝事迹編類卷一頁二十五

戊建都建鄴後的影響。

宋齊梁陳建都在建鄴以後，發生兩種很大的影響：一種是文學之風很盛。一種是佛教非常發達，然而都是承東晉的餘緒，不過到梁朝的時候，就益發光大起來了。

I 文學的風氣很盛，

（a）文學盛行的原由：

（a）當時早就成了一種風氣。

（b）善文學的皇帝，太子，王族極力提倡。

「章陵王子良開西邸，招文學。高祖（梁武帝）與沈約，謝朓，王融，蕭琛，范雲，任昉，陸倕等並遊焉，號曰八友。」：梁書武帝紀

「高祖（梁武帝）聰明，文思光宅區寓，旁求儒雅，雜詔採異人，文章之盛，煥乎俱集，每所御幸，輒命羣臣賦詩，其文善者，

賜以金帛；詔庭闕而獻賦頌者，或引見焉。其在位者，則沈約江淹任昉，並以文彩妙絕當時；至若彭城到沆，吳興丘遲，東海王僧儒，吳郡張率等，或入直文德通議壽光，皆後來之選也」：梁書文學列傳序。

「昭明太子統字德施。…引納才學之士，賞愛無倦，恒自討論篇籍，或與學士商確古今；閒則繼以文章著述，率以爲常，於時東宮有書幾三萬卷，名才並集，文學之盛，晉宋以來，未之有也。」：梁書昭明太子傳

b文風的流弊．（參看王桐齡先生著中國史第二編第二期第十一章第一節初版四一七再版四六九頁）。

「禎明三年，…晉王廣入據臺城，送後主於東宮。三月己巳，後主與王公百司同發自建鄴之長安。隋文帝權分京城人宅，以俟內外修整，遣使迎勞之陳，人謳詠，忘其亡焉。使還奏言，自後主以下，大小在路五百里，纍纍不絕。隋文帝嘆曰，一至於此」：南史陳後主本紀

2佛教的繁興：

a繁興的近因：

(a)晉室的餘風：

「晉室自偏安江左，帝王，后，妃，皆溺惰內典；塔寺日盛。」：南朝佛寺卷上頁三三。

(b)外國僧人的影響：

「求跋那摩…本刹利種累世爲王。治在罽賓國。…至年二十出家受戒。…時京師名德沙門慧觀慧聰等，遠挹風猷，思欲餐稟，以元嘉元年九月，面啓文帝，求迎請跋摩，帝即勅交州刺史令泛舶延致。觀等又遣沙門法長道沖道儁等，往彼祈請；并致書於跋摩及闍婆王波多伽等，必希顧臨宋境，流行道教。跋摩以聖化宜廣，不憚遊方先已隨商人竺難提舶欲向一小國；會值便風，遂至廣州。故其遺文云業行風所吹，遂至於宋境。…後文帝重勅觀等，復更敦請，乃汎舟下都，以元嘉八年正月，達於建業。…乃勅住祇洹寺供給隆厚。王公英彥，莫不宗奉。俄而於寺開講，法華及十地法席之日，軒蓋盈衢，觀矚往還，肩隨踵接。」：仝上三四宋京師祇洹寺求那跋摩傳。

「求那跋陀羅…中天竺人。…元嘉十二年，至廣州刺史車朗表聞；文太祖遣信迎接，既至京都，…初住祇洹寺；俄而太祖延請，深加崇敬，瑯琊顏延之通才碩學東帶造門，於是京師遠近冠蓋相望。…生徒七百餘人。」：仝上宋京師中興寺求那跋陀羅傳

「拘那羅陀…譯云眞諦。…以大同十二年，八月十五達於南海。…以太清二年閏八月，始至京邑。武皇面申頂禮於寶雲殿，竭誠供養。…將事傳譯，招延英秀，沙門寶瓊等二十餘人，翻十七地論適得五卷，而國難未靜，例附通傳，至大寶三年，爲侯景請還，在臺供養。…會元帝啓祚天聖淸夷，乃止於金陵，正觀寺與願禪師等二十餘人，翻金光明經。」…仝上卷一譯經頁四，陳南海郡西天竺沙門拘那羅陀傳。

「釋法泰：知名梁代。…有天竺沙門眞諦。…僑徒流離，十餘年。…將旋舊國，途出嶺南，爲廣州刺史歐陽頠固留因欲傳授，周訪義侶，擬閱新文。泰遂與宗愷等不憚艱辛，遠尋三藏於廣州，制旨寺筆受文義，垂二十年前後，出五十一部。並述義記，皆此土所無者，泰遂博通教旨，偏重行猷，至於律儀所及，性無違越。…諦又與泰譯明了論釋律二十，大義并疏五卷。勒於座右，遵奉行之，至陳太建三年，泰還鄴都並齎新翻經論創開義旨，驚異當時。」：高僧傳二集卷一頁六

「平陸寺不詳其所在。…文帝元嘉十年，天竺僧伽跋摩至京道場寺。慧觀以其道行純備，請住是寺。跋摩共觀加塔三層，改名奉誠寺。厥後遂無聞也。」（攷證）宋京師奉誠寺僧伽跋摩傳：跋摩天竺人也。以宋元嘉十年，步自流沙，至於京邑，道俗敬異，號曰三藏法師。」：南朝佛寺卷上頁六一

「罽賓寺：佛馱什罽賓人，善譯經。以宋景平元年至京師。諸檀越築寺以處之。名之以其鄉。」：仝上

「道林寺在鍾阜之陽，亦號蔣山寺。宋元嘉初初有西域僧畺良耶舍來建業，築精舍以棲禪，即是寺也。至梁釋寶德崇其義法，師事沙門僧儉，而道林之名，遂以大顯焉。」：仝上頁六二

「竹林寺在華林園側。宋元嘉元年，外國僧毗舍闍造也。」：仝上卷六頁十三

「鐵索羅寺本晉時尼寺。在城南門外，宋元嘉十一年，有西域尼鐵索羅居此，因以其名稱寺焉。」：仝上七二

「宋孝武時，有外國沙門摩訶至都下，建外國寺，以居之。」：仝上頁七五

「毗耶離寺：未詳所在。齊建元時，西域僧求那毗地來京師，勅使居之。」仝上卷下頁一

「正覲在寺。秦淮水側齊時，中天竺僧求那毗地以所得供獻營造此寺。…梁初復有伽婆羅者，亦外國僧，止於寺。武帝甚加禮接。令譯經於壽光殿。古雲館中，與毗地講席繼軌焉。」：仝上頁二

(c)皇帝的極力提倡．

南朝歷代皇帝，差不多都崇尚佛法。梁武帝尤其是個顯著的例子。我們只拿他對佛教的熱忱，看一看，就知道梁以後佛教在南朝發達到極點，皇帝力量，實在是很大的。

「普通八年三月，幸同泰寺捨身，甲戌還宮。…大通元年九月癸巳，幸同泰寺設四部無遮大會。二年十月己酉，幸同泰寺，升法座爲四部衆說涅槃經。十一月乙未，幸同泰寺設法座爲四部說般若經。五年二月，幸同泰寺，設四座大會，升法座發金字般若經題。大同元年三月丙寅，幸同泰寺，設無遮大會。二年壬戌，幸同泰寺鑄十六銀像，并設無碍會。三年三月戊寅，幸同泰寺設平等法會。…四年五月癸未，幸同泰寺鑄十六金像，設無碍法會。大同元年三月庚戌，幸同泰寺講金字三慧經，仍施身。四月戊戌，皇太子以下奉贖仍給同泰寺解講，設法會，大赦改元。是夜同泰寺災。大清元年三月庚子，幸同泰寺，設無遮太會，帝釋御服，服法衣行清淨大捨，名曰羯磨。以五明殿爲房，設素木牀，葛帳，土瓦器，以用，…四月庚午，羣臣以錢一億萬贖帝，三請乃許」：南史梁武帝紀

梁武帝改年號大同，起同泰寺，在臺城內，窮竭帑藏，造大佛閣七層，爲火所焚。梁帝捨身施財，以祈佛福，自大同以後，無年不幸同泰寺。」：六朝事迹編類卷十一寺院門頁五

(d)繁興的結果：

(a)寺塔很多。

「杜樊川金陵詩有云：南朝四百八十寺，極言寺之多也。今蒐諸書，僅得二百二十有六，尚未及半，年湮代遠古迹多佚。」：南朝佛寺志凡例。

「梁時佛教大熾，都下塔寺。凡五百餘所；每有碑志，必請諸名士製銘。」：仝上卷下頁四二。

(b)和海南諸國的國交，漸漸親密起來。

海南諸國，大抵在交州南，及西南小海洲上，相去近者，三五千里；遠者二三萬里。…晉代通中國者，蓋尠，故不載史官。及宋齊至，者有十餘國，始爲之傳。自梁革運，其奉正朔修貢職航海歲至踰於前代矣。」：梁書海南傳

(1)扶南國通使南朝。

「憍陳本如天竺婆羅門也。有神語曰，應王扶南，憍陳如心悅，南至盤盤，扶南人聞之，舉國欣戴，迎而立焉。復改制度，用天竺法。憍陳如死後，王持梨陁跋摩。宋文帝世奉表獻方物，齊永明中，王闍邪跋摩遣使貢獻。天監二年，跋摩復遣使送珊瑚佛像，并獻方物。…十年十三年，跋摩累遣使貢獻。十八年，復遣使送天竺旃檀瑞像，婆羅樹葉，并獻火齊珠，鬱金蘇合等香。普通元年，中大通二年，大同元年，累遣使獻方物；五年，復遣使獻生犀，又言其國有佛髮長一丈二尺，法遣沙門釋雲寶隨，使往迎之。」仝上

(2)盤盤國通使南朝。

「盤盤國，宋文帝元嘉，孝武孝建大明中，並遣使貢獻，大通元年，其王使使奉表曰：天淨無雲，明耀滿目，天子身心，清淨亦復如是，道俗濟濟，並蒙聖王光化，濟度一切，永作舟航，…中大通元年五月，累遣使貢牙像，及塔，并獻沈檀等香數十種。六年八月，復使送菩提國眞舍利及畫塔并獻菩提樹葉詹糖等。」：仝上

(3)丹丹國通使南朝。

「丹丹國中大通二年，其王遣使奉表曰：伏承聖主至德仁洽，信重三寶佛法顯衆僧殷集，法事日盛。…謹奉送牙像及塔各二軀，并獻火齊珠吉貝雜香藥等。大同元年，復遣使獻金銀琉璃雜寶香等物。」：仝上

(4)于陁制國通使南朝。

于陁制國在南海洲。…天監…十七年，遣長史毗員跋摩奉表曰：常勝天子陛下，諸佛世尊常樂安樂…離人，是天降，生護也功德寶藏，救世大悲。…故至誠敬禮，天子足下，稽首問訊，奉獻金芙蓉雜香藥等。」：仝上

(5)狼牙修國通南朝。

狼牙修國在南海中。…天監十四年，遣使阿撤多奉表曰：勝天王愍念羣生，民人安樂慈心深廣律儀清淨，正德化治供養三寶伽名稱宣

楊，布滿世界。…譬如梵王世界之主人。…今遣使問訊大意，欲自往復，畏大海風波，不達，今奉薄獻。」：仝上

(6)婆利國通使南朝。

「婆利國在廣州東南，海中州上。…天監十六年，遣使奉表曰，伏承聖皇信重，三寶興立，塔寺。…學徒皆至，三乘。競集敷說，正法雲布。…惟皇帝是我眞佛，臣是婆利國。」：仝上

(7)中天竺國通使南朝。

「中天竺國在大月支東南，數千里，地方三萬里，一名身毒。…天監初，其王屈多遣長史竺羅達奉表曰…國中皆七寶形像衆妙莊嚴臣自修檢，如化王法，臣名屈多，…惟願大王聖體和平，今以此國羣臣民庶，山川珍重，一切歸屬，五體投地，歸誠大王。使人竺達多由來忠信，是故今遣。大王若有所須珍奇異物悉當奉送，此之境土，便是大王之法令，善道，當承用。願二國信使往來不絕。」：仝上

(8)師子國通使南朝。

「師子國天竺旁國也。…宋元嘉六年十二月，其王利利摩訶遣使貢獻。大通元年後，王伽葉伽羅訶利邪使奉表曰…我先王以來，惟以修德爲本，不嚴而治奉事法天下欣，人爲善慶，若已身欲，與大梁共弘三寶，以正庶難化。」：仝上

(c)譯經的風氣盛行。

「南北朝迄隋，爲第二期，之後期。在前期中，經典教義書備故學之精力，全費之於翻譯輸入。」…梁任公近著解一輯中卷頁一八

(並參看高僧傳初集二集)

(a)佛會極盛，所以佛容易印入一般人的心裏。

「齊永明以來，佛會極盛，每四月八日，敕遣官閽守門分日頂禮。…南朝佛寺志卷下頁六

(參看本章2之(c))

(b)佛事的建築

「楊修之有詩云，佛事莊嚴國力疲」：六朝事述類編卷十一頁八九。

(參看本章a之(c))

三 南北朝的異同

甲宗教方面

南北朝的時候，崇尚佛教，可以說是中國一致傾向。這完全是受魏晉的餘風，又因和西域海南諸國的交通，逐漸便利，所以接愛佛教，就成了一種大規模的時代思想運動。所不同的地方，是由地位的關係。北朝和西域接近，受西域傳入的佛教思想；南朝和海南諸國較近，多受由海上傳來的佛教思想。

乙民族方面

南朝的民族，是由北方遷來的漢民族，漸次向南發展，直到現在的廣東福建。北朝成了異民族盤據的地方，在武力方面，漢民族固然居於屈服的地位；而文化方面，同化了許多外來的異民族，而同時亦受了不少的外來文化。

丙文風方面

中國文學，到南朝時候；發達到美的極點。四六體華麗的文章，都是南朝的餘韻，而流弊實開南方文弱之風，而北朝因爲在鮮卑族統治下，風流儒雅未免有遜南朝。

當時因爲南北的民族風俗不同，就形成一種南北地域之見。我們只引永安二年，南北朝仕官晏席間的一段談話，就知道當時南朝以漢民族的正統自傲，鄙夷北方的異族；北朝的人，亦以南朝偏處一隅，接近閩楚未開化的地方，相輕。南朝的人，覺北朝少衣冠大族，未識禮儀：北朝人，亦譏笑南朝的風俗淫靡，有欠道德。

「永安二年，蕭衍遣主書陳慶之送北海王入洛陽，僭帝位。慶之爲侍中。景仁在南之日與慶之有舊，遂設酒引邀慶之過宅。司農卿蕭彪，尚書右丞張嵩並在其座彪亦是南人，唯中大夫楊元愼，給事，中大夫王眴，是中原士族。慶之因醉，謂蕭張等曰：魏朝甚盛，猶曰五胡。正朔，相承，當在江左；秦皇玉璽，今在梁朝。元愼正色曰，江左假息，僻居一隅，地多濕蟄，攢育蟲蟻，疆土瘴癘，蛙黽共穴，人鳥同羣，短髮之君，桴首之貌，文身之民，稟叢陋之質，浮於三江，棹於五湖，禮樂所不沾，憲章弗能革，雖後秦餘漢，罪雜以華音，復閩楚難言，不可變改；雖立君臣，上慢下暴，是以劉劭殺父於前，休龍淫母於後，悖逆人倫，禽獸不異，加以山陰請壻賣夫朋淫於家，不顧譏笑，卿沐其遺風，未沾禮化，所謂陽翟之民，不知瘿之爲醜。我魏膺籙。受圖，定鼎嵩洛五山爲鎭，四海爲鄰。移風易俗之典，與五帝而並，跡禮樂憲章之盛，凌百王而獨高。豈卿魚鼈之徒，…何以不遜以至於此。…北海尋伏誅。慶之還奔蕭衍。衍用爲司州刺史，欽重北人特異於常。宋異怪而問之，曰：自晉宋以來，洛陽號爲荒土，此中謂長江以北，盡是夷狄。昨至洛陽始知衣冠士族，並在中原，禮儀富盛，人物殷阜。…北人安可不重之，慶之因此羽儀服式，悉如魏法，江表士庶，競相模楷；褒衣博帶，被及秣陵。」：伽藍記卷二頁十六

（本篇爲梁君畢業論文之一部，原題爲中國歷代政治中心的轉移，體大思精，約十萬言，因限於篇幅，不及備載，特插印一部，因快先睹，異曰梁君書出版後，則全書體例系統，當更瞭然矣。——編者）

石達開日記之研究

李崇惠

序

有清末葉，朝廷衰頹，叛亂頻繁，而其中轟動一世，影響最深者，當推太平天國一事。太平一朝，自建號至國滅凡十四年，割據十七省。雖勝敗無常，興亡飄忽，而其中可紀之事，可載之人，亦將聯篇累牘；惜皆亡滅散佚，存者不及百分之一二。采諸官書，率皆耀功頌德之作，對於太平諸人，則唾棄嫚罵，皂白不分。嗚呼！信史不出，則眞像將軼，英雄埋沒矣！

予讀太平天國諸王之事蹟，其中之使予欽之，尊之，敬之，愛之，而至於五體投地者，莫如翼王石達開。石氏兼資文武，曠達恢廓，待人接物，一秉至公，忠誠出於天性，仁愛溢於言表，高風亮節，特立獨行，孑然太平諸王中之傑出者也。獨惜唱高和寡。太平軍定鼎金陵之後，天王荒於聲色，諸將醉心利權，兄弟相戮，同室操戈，獨石氏磊落俶儻，仁義爲懷，不能取容當世，率隊出征，西趨川蜀，不忍逐鹿中原，塗炭生靈。孰意命途多舛，事與願違，日暮途窮，陷入絕地。事雖無成，志可嘉矣，又安得以成敗論英雄哉？

相傳四川臬司庫中藏石達開手書日記四册，藩庫存其副本，（見春冰室野乘一百九十二頁）此外並無傳抄本，亦不許人窺閱。客歲見坊本石達開日記一册。許指嚴先生之序云爲四川藩庫吏所節錄原本者；中多脫落舛譌，不便觀覽，先生因考訂各家記載，聯綴其事，潤色其辭，刊行於世。予惜其中事旣不全，日亦多誤，擬爲詳加正補，作石達開傳。先根據關於太平天國之各種記載，作一詳細之月日表然後持與該書逐件校讎，乃知非徒事旣相乖，年亦不符。於是不得不變其最初擬爲石氏寫傳之計畫而爲石達開之研究。燕大史學年報，行將付印，編者索稿於予，予愧無以報，乃刪繁就簡，以成斯篇，大雅宿學，幸有以教之。

例言

本論標點人名與地名，係用豎線，書名，官名，與署名，則用曲線。

本論中引用坊本日記原文中之年月，係自該日上溯而得者，故作太平八年……三月……十六日。凡坊本日記中相續之日，已逐事據地圖校正，事旣相連，地理亦符。

本論中所謂之坊本日記者，即世界書局出版之石達開日記，原本日記者，即相傳四川成都所存之眞本石達開日記也。本論引用各書，開列於末。書之先後，從其書名筆畫之多少，英文書名列後。

第一章　石達開日記

第一節　石達開與太平天國

太平軍之初起也，蓬蓬勃勃，勢如燎原，自永安潰圍，至金陵定鼎，越時甫及一載(1)，而擁師百萬，據地數省；雖云清廷腐敗，軍備廢弛，以壯銳之軍，對疲乏之卒，故而摧枯拉朽，勢如破竹，而石達開之多謀善戰(2)，亦不能不謂爲原因之一也。

太平軍定都金陵之後，諸王果乘戰勝之威，同心戮力，席捲中原，驅除滿清，光復漢族，則一光明燦爛之龐然大國，必將先日本而露其頭角於東亞大陸之上矣。不幸而揚章相嫉，中道毀盟，同室操戈，兩敗俱亡。後此首事五王之生存者，祇石達開一人而已(3)；於是合朝同擧達開機理要政，衆心悅服。當此時也，天王若能推心置腹，一任忠良，平定中原、猶屬易易。天王計不出此，而一味任用羣小，猜忌忠良，因而達開出走，率兵西征。自是之後，朝政日非，江河日下，雖有後起傑出之士，而大勢已去，無法爲力矣！由此觀之，石氏一人之向背，太平天國之存亡係焉(4)。石氏自出天京之後，率隊孤征，轉戰江漢者垂十年，雖已別樹一幟，清軍竟因之牽掣軍力，不能專對金陵。故曰，太平天國得以享運十四年者，石氏之力也。

(1)太平軍於咸豐二年二月，自永安潰圍，於咸豐三年二月進佔南京。

(2)太平天國野史卷十二，頁十八，『太平軍自永安趨湖南攻長沙，破岳州漢陽武昌，經安省而下金陵，與清軍大小數百戰，獨達開所部未嘗挫。清軍稱之曰「石敢當」，所至爭避之。』

(3)近世中國秘史第一編，李秀成供狀，頁一二七，「攻破全州之後，南王馮雲山在全州陣亡。……西王蕭朝貴在長沙中礮身死。」

(4)中國近世秘史第一編，李秀成供狀，第一四〇頁，『……那時營中無將，國內無人，翼王將天王之兵盡行帶去。』

第二節　石達開日記之重要

太平天國滅亡之後，清廷對於其文件與各家關於太平天國之確實記載，摧殘焚滅，不遺餘力；所存之官私各書，對於清將之貪汚，淸兵之殘殺，掩飾彌縫，諱莫如深，而對於太平軍之行爲，則唾棄嫚罵，皂白不分。積威之下，萬衆箝口，既不敢言之於口，更不敢筆之於書。偶見一二私人記載，東鱗西爪，薈萃成篇，漏失既多，敘述復瑣，事近傳聞，無關政要，再加好事文人，嚮壁虛造，於是太平天國之眞相失矣。李秀成之供狀，固爲太平史料中之非常瓌寶，然爲曾國藩刪汰十之六七，所存者不過三之一耳(1)。吾聞之，太平諸將兼資文武者，洪大全而外，惟翼王石達開(2)。洪大全死於金陵定鼎之前，雖有記載，爲時亦不過二年，而石達開既爲金田起義諸王之一，其死又遠在首事諸王之後(3)，然則，擅長文章，參謀機密，幾與太平天國相終始者，惟石達開一人而已。如其著有日記，其爲太平天國之最好史料，固不待言矣。

(1)見近世中國秘史頁一九六，

(2)見太平天國軼聞第四册，頁二十七，

(3)南王與西王死於太平軍未佔金陵之先，(見近世中國秘史第一編李秀成供狀，頁一二七，)；東王與北王相繼而死於咸豐六年八月，(見本論第二章第四節楊韋相屠一段)

第三節　原本石達開日記

相傳石達開著有日記四册(1)，詳述其行軍事跡，及達開被磔後，其書存於四川臬司庫中，藩庫亦存其副本，並無傳抄本，亦不許人窺閱。蓋官書記載當時用兵時事，率皆爲官軍廻護，掩敗爲勝，張大其詞，與當時眞情相去太遠，故不許當時實錄相提並傳也。曾致函成都友人，請其代爲探詢原本日記之下落，得其復書曰，『囑覓抄石達開日記眞本，弟多方探問，始悉辛亥革命，藩庫巳罹焚劫，此本是否尙在人間，亦未能定。』達開之日記，倘有人錄而傳之，其有裨於太平天國史料者，當不少。雖然，吾又恐其眞本早爲駱秉章大加刪改矣。昔李秀成被獲後，手書供詞約七八萬言，後爲曾國藩刪存十之三四。揆之以此，石達開日記獨能免駱氏之芟薙乎？

(1)太平天國軼聞第四册，頁二十八，

第四節　坊本石達開日記

民國十六年冬，偶於家中見石達開日記一册，汚迹斑斑，書皮殘缺，並其出版之年月，發行者之姓氏亦無。詢之家嚴，始知爲其購自北平之舊書攤者。檢閱其序，末尾有『壬戌春深，指巖識』等字樣。又書末有『世界書局』數字。蓋爲民國十一年，世界書局所出版者。民國十八年春，又見該書局十七年三月發行之石達開日記，已爲第七版矣。持與舊本相校，無一字不同者。全書共一百四十八頁，紙爲八開，字係四號，起自太平天國八年三月十六日　逐日記載，直至太平十三年達開被擒之前數日爲止。但其中缺漏甚多，綜計全書亦不過二百二十日之記載耳。凡日記中相續之日已逐事據圖校正，事既相連，地理亦符。

此書之編輯爲武進許君指嚴。許君於其弁言中叙述其材料之來源甚晰，其文曰：

『予幼讀各家記載太平軼事，俱云賊中惟石達開通翰墨。又云，達開死於大渡河邊，某營曾得其手書日記，今存四川藩庫中，並無抄本，亦不許人窺閱。予嗜奇成癖，以爲其中必有可觀，癡心妄想，遇蜀友必詳詢，莫之知。嗣於都門邂逅青神吳君，語及先世爲藩庫吏，曾睹原本，且節錄其恢詭與折可喜者，與官私書所傳夐異，惜亟返藏弆，不逮完帙。予聞之若狂，因重懇借觀。既而南歸，屢函乞一觀。吳君篤雅尙氣誼，手錄副本，珍重付郵，蓋寶先人手澤也。翻閱之下，中多脫略，吳君非驕吝者，當是原抄牘缺使然耳。牘尾有短題，謂「或言達開不死，入峨眉山爲僧，遺迹鑿鑿，惟此本終於雅山之敗」云云。不知吳君書，抑係其先世鴻爪也。…此本起於圍攻廬州，當是遁出天京後事，中多脫落譌舛：不利覽觀，因考訂各家記載，聯綴其中，潤色其辭，將以使同好者之涉獵也。』

該書叙事，詞簡文暢，寫愁寫恨，痛快淋漓，繪影繪聲，歷歷如睹，戎馬倥偬之中，夾雜多少情腸，時而悲愁，時而壯快，時而發奮爲雄，時而感歎唏噓，以文豪之筆鋒，繪英雄之本性，宜乎其使讀之者隨文生感，爲之哭，爲之喜，爲之悲憤壯快，而不能絲毫自持也。玆謹節錄數行於下，以享讀者。

「本書第四頁，記石氏逃出天京後得其全家被戮之信一段，何等痛憤，何等激昂，文曰：

『十九日曉，寅刻，予整隊入廬州城，安插未定，忽又得某將差人送來專信。某亦予親信人也，知其書中必有所言。未拆封，不覺淚下。及閱，果一封血淚書耳！爰手錄其詞：

「王爺四表叔大人憲鑒：自大駕出城後，北府即有人來探望，聞王已去，驚愕憤恨。予恐覆巢無完卵，即欲設法護送王太妃等遠行避禍，豈知北府又已探得，午後即有親兵百人蜂擁來府，謂須迎王太妃等入北府宴會。婉言却之，則洶洶不許，狀益猛烈，竟逼太妃登輿，餘均上馬。世子不肯行，數人挾持之，鬥而敗，卒爲所縛，如捕叛逆矣！抵北府，人皆知無能幸免，予急報某將九門金吾，欲於途要而刼之，豈知人情冷煖，世態炎涼，某見北府勢盛，乃將王爺之恩德付之東流矣。既欲保其地位，豈肯稍事干涉？且勸北府速下毒手。哀哉！王太妃等十三人入北府後，遂從此不復相見，可憐骨肉，盡飽貪狼之饞吻，尙何言哉！尙何言哉！予亦棄家遁南城根某寺爲僧，聞其後捕得予輩與王有關係者，不論何人，盡殺之，及有關係者既畢，則凡一語爲王辨冤者，亦必置之死地。嗟乎！暗無天日，莫此爲甚。聞王已克廬州，北府憾甚，不日派刺客過江，以遂其殘殺之願，幸王始終謹防之。惟珍愛不宣。某合十上言。」予讀此書，酸楚爲生平第一遭。蓋老母年七十二，妻氏賢淑，妾三人，皆有才色者，子六人，女二人，一家骨肉，天倫完聚，竟爲北韋草薙禽獮，此仇不報，何以爲人！心如轆轤，幾不能自持。旋念功名未建，復又振奮，誓必一雪此恥而後已。中夜起舞，引杯自澆塊壘，夜不能寐，起走全署，自衙齋及堂陛，蹀躞往來，殆數十百遍，從者有倦容，予獨精神奕奕，獨如日中時，雖甚無謂，不顧也。』

又本書第十五頁載石氏逃出天京半月後，行至安徽之桐城，城東南有棠子胡，小有風景，部下知石氏好遊，乃具舟以待，時案頭文書充積，亟須勾當，石氏於深夜手持禿筆，揮灑淋漓，直至四鼓始寢。翌晨卯時即起，向棠湖出發。是日也，石氏賞心樂事，情緒風生，本書之文，頗能描聲寫影，引人入勝，其文曰：

『二十九日晨卯即起，泛舟遊棠子湖。湖形如花瓣側出，曲折有幽致，水漣漪可弄，柳陰漁艇，絕不知世界有兵爭事，亦一角桃源也。風景晴明，暖可御袷，予顧而樂之。賓僚俱以酒相屬，予遂酩酊，作詩數首，醉後稿亦失去。此三月中無此樂久矣。然樂極悲生，又忽念及老母臨年被戮，不覺長號大慟，臨流放聲，四山皆若響應。漁人爭來集視，聞予所由悲，有爲之泣下者。足見人心有同然，不以異類視予；北韋何心，獨殘及異姓手足。嗟乎！壞汝萬里長城，此檀公所以投幘大呼，目眥欲裂也。夕陽西下，舍舟而騎。衆皆以予醉，恐致傾跌，勸令乘輿，噫！予戎馬半生，髀肉將長，敢以荒嬉廢本色乎？坦然挽轡，亦復無恙，返署猶縱談。聞安慶亦得手，擬明日往視師，不禁神爲一旺。縱論戎機，至夜半始寢。』

又本書第三十四頁載達開之義女四姑娘（韓寶英）向石氏懇請准其下嫁石氏之書記馬德良一段，寥寥數語，已將三人之情態描寫無餘，文曰：

『二十六日，予方坐室中爲入川計畫，四姑娘翩然入，對予憨笑，欲言而又止者三，囁嚅之頃，紅暈於頰。予知有隱情欲言，乃曰「子第言之，予無不從，胡爲作此態乎？」四姑娘曰「父以馬生德良之人物爲何如？」予曰「篤謹人也，能小楷，殊無大志，中駟以下人物耳。」四姑娘曰「兒願嫁之，父心慨許否？」予不意其驟作此語。沈吟片晌，曰「兒既願之，固無不可，但此一腐儒何能爲，而竟賞識之耶？予軍中不乏文武材士，屬以軍事倉猝，不暇議婚嫁，若何不早言，欲選婿奚難者，而必取此中駟以下？」四姑娘赧然，曰「父言良是，然兒意固別有所在，父他日或自知耳。」予知其用心深微，遂不更詰，乃立召馬生告之，期以五月一日備禮成婚。馬生固辭，予知其爲貧也，一切許以摒擋，不需爾過問，馬生聞之，洵始願不及此矣。』

又本書末兩日之記載，寫石氏之末路一段，凄涼萬狀，不忍卒讀，石氏勸其部下之數語，尤令人鼻酸淚落，文曰：

『初四日疾馳至一處，大河前橫，水勢泛隘，旁有高山插天，去路已絕，予欲環河覓渡，不可得，而後路追兵已迫，因率軍士奮力禦之，紹東亦血戰，敵兵稍却。予乃欲求竹木編筏以渡，然上流水來湍急，筏少不足以濟事。夜屯河邊，但聞風聲水聲，怵人心目，予不能寐。

『初五日，是日又爲端午節矣。殘兵扶傷哭死，慘狀滿目，逆計不可復振，乃謂四姑娘等曰，「予自西粤起義，血戰二十年，不幸遭奸人陷害，國事顚危，始走西陲，以求一隅自立之地。爾等忠誠優秀，從予來此絕域，不獲少展所長，皆予一人之過也。今日之事，必不能免，我死爾輩從楊將軍冒死東歸，求一乾淨土爲良民，吾目瞑矣！語畢，卽欲自裁，衆泣持之，謂趙將軍尚未至，而我軍尚有千人，安知不轉敗爲勝，萬勿遂隳初志。予乃擲刃太息，然實已知大勢已去，滿兵索吾急，非自縛以獻，卽五百人同死耳！四姑娘等均相視無語。』

第二章　坊本日記之考證

第一節　本書之文句

持坊本日記與他種記載相較，則雷同之處數見，茲擇其最顯著者，開列於下。

坊本日記載北王刺殺東王後大饗將士之文與太平天國軼聞之文，多相同者。茲將兩文幷錄於左，其雷同者，以小圈標出。

太平天國軼聞記此事之文曰：

(1)『是役也，死者約五萬人，火三日不熄。天王下詔，數東楊之惡，而嘉北韋之功。北韋氣張甚，請天王大封將士，隱然有代楊執政意。越日，大饗將士，且請石氏爲已副。天王出宮頒賞焉。石氏欲不往，其黨皆勸之曰，「毋令韋氏生疑」。既而酒酣，韋氏起爲壽，先以杯羹獻天王，次及石氏。石氏問何羹，韋對曰，「此羊羹也，畜養數十年，肥甚矣！其味何如？」又徧饗軍士。石氏已覺之，蓋東楊之肉也。心惡其殘忍，起而言曰，

「吾儕以救世起義，八載於玆，天下未寧，大功未定，方期兄弟同心，討滅妖逆，不幸楊氏驕悍，中道毀盟，不得已而除之，方宜哀矜勿喜，奈何多殺以逞，食肉爲快乎？願吾兄弟謹愼自持，同心赴義，勿恃此同室之戈爲功業也。」韋氏不待詞畢，大聲呼斥，且曰，「子有異志乎？」石氏方欲再辯，天王命和解之，韋氏始悻悻而止。酒能，石氏馳歸，告其親屬曰，吾不可留矣，子善視吾家室可也」。星夜出城西去，韋使召石氏計事，則去甫逾時。韋氏頓足曰：「縱虎離山，吾之罪也，頃若除之，如縛一豕耳。」西向恨恨不已。越三日，竟遣部下健男，刧石氏家屬至，凡母妻子女十餘人，盡殺之。與石氏有故而不平者，爲韋氏所聞，又膏斧鉞者至數十人。

坊本日記載此事之文曰[2]：

『北韋以計誘楊氏，伏甲驟起，殺之，圍縛部下，無一免者。是役也，死者約萬人，焚其第，火三日不熄。天王下詔數東楊罪惡，而嘉北韋之功。北韋氣張甚，請天王大封將士，隱然有代楊執政意。越月大饗將士，北韋且敦請予爲之副。天王出宮頒賞焉。予欲不往，族弟承猷勸予曰：「毋令韋氏生疑。」遂屈志往。噫！承猷竟以予故殞其生矣！宴既開，酒半，韋氏起爲壽，先以杯羹獻天王，次乃及予。予覺其腥味有異，起問何羹。韋瞪視而對曰，「羊羹也，畜養數十年，肥甚矣，其味何如？」又徧饗軍士。予心豈不知？蓋即東楊之肉耳！一念慘然，不能自已，意北韋殘忍至此，今天王在前，不乘此時有所建白，更待何時？乃起而言曰，「敬謝北王盛意，以東王之肉餉天王及吾儕，但吾不能無言。夫吾儕以救世主義起兵，八載於茲，天下未寧，大功未定，方期兄弟戮力同心，討滅妖逆，不幸楊氏驕悍，中道毀盟，不得已而除之，方宜哀矜勿喜，奈何多殺以逞，食肉爲快乎？願自今以後，吾兄弟謹愼自持，同心赴義，勿恃此一操之戈爲功業也。韋氏不待詞畢，大聲呼斥，且指予曰，「乃懷異志乎」？予方欲再辯，天王命和解之。韋氏始悻悻而止。酒能，予即馳歸，告家人親屬曰，「勢不可留矣。姑避其鋒，他日好相見也。」嗟乎！豈知從此不復相見耶？予既知韋氏將捕予，乃不敢復由城門出，暫匿僻隅，解衣置池邊，若已投河者然。延至星夜，縋城而出，夜伏漁船中。渡江浦，過含山，始得親友告變。蓋自予去，韋氏即命人召予。殆欲東王之事加予身也。知予已去，頓足大恚曰，「縱虎離山，予之罪也，頃若卽席除之，如縛一豕耳。」西向恨恨不已。越三日，竟遣部下健兒刼予老母及妻妾子女十三人，盡殺之。更輾轉探得予鬮有戚誼者，悉膏斧鑕，前後約數十人。其殘忍若此。不一月，天王不堪其逼，又聽干王等計，誘殺韋氏，滅其族，屠戮之慘一如東楊。」[3]又坊本日記記四姑娘事之文，與天南遯叟記四姑娘事之文多雷同。

天南遯叟之文曰：

「四姑娘者，桂陽韓氏女也。[4]名寶英，父一老貢生。寶英生而聰慧，三歲，父授以唐人詩，琅琅上口。七歲能吟咏，鄉里稱女神童。十四歲而洪楊之軍起，湘桂之間，遂爲戰場，兩軍而外，復有無數土寇竊發其間。當時流離荼毒之苦，有不可勝言者，韓氏一家倉皇出走，不幸與土寇遇，盡殞於兵。寶英匿草間，亦被執，將迫以行，而翼王師至，遽捨之去。寶英稽首馬前，慷慨陳家難，聲淚俱下。幷述土寇根株，乞爲勦除以安鄉里。翼王大感動，使偏將率千人，掩土寇於山中，悉俘之。使寶英自辨其仇，屠戮以祭。更令具棺；，殯殮其父母兄嫂。使三百人作土工，半日而塚成，寶英感激，願委身事王，王不可曰，「吾戎馬中人也，兵以義動，若自犯之，所部必有緣爲口實者，非所以兩全也。無已，其以父稱而留軍中，候他日擇婿可乎？」寶英敬諾，於是爲王義女，行四，稱四姑娘。」

坊本日記記此事之文曰：

「……得一奇女子，為予生平極快意且極得力事。[5]奇女子者何？韓氏寶英，後衆皆稱爲四姑娘者也。予本有二女，三則幼殤，北韋一屠，雙珠同碎，故以寶英補其缺憾，而四之云爾。先是寶英父爲老貢生，篤學文，教授鄉里，門生多發科者。寶英生而敏慧，甫免乳，父教以唐人詩，琅琅上口，及髫齔，已解吟咏，村人咸呼女神童。十四歲而遭軍興，鄂皖間戎馬所經，此間無異戰場，而土匪占據湖山，乘勢竊發，爲閭里患，當時流離荼毒之苦有不可勝言者。韓氏一家倉皇出走，方擬暫匿山中，豈知適與土寇遇，父母兄弟盡遭戮。惟寶英自匿草間，得不死。忽爲賊目所見，執而獻其魁，正欲迫之入湖；大隊適至，遽捨之遁去。時已傍晚，衞兵見係幼女，呼寃路旁，乃引以見予。予視其面雖多菜色，，淸秀不類小家，且酷似予第二女，異哉！予怦然心動，乃詳詢家世。寶英稽首馬前，慷慨陳家難，聲淚俱下，蓋誤以為勦匪而來也。並述土匪根株所在，乞爲勦除，詞剴氣切有度，予聞之不禁憮然良久，衆將亦爲動容。予念不過假道一宿，不欲多所干涉，然感此女之請，不得不爲之盡力。立傳令以前鋒及中隊千人出兜湖面及山中。土匪不過百數十人，盡俘以來，無一漏網者。因一一而縛，使寶英自辨其仇，屠戮以祭父母。更令具棺木衣衾殯殮其父母兄嫂。使卒三百人任土工，即夕三鼓而塚成。寶英大感激，願委身事予，婢妾惟命，衆亦慫恿予納之。蓋以予久虛脊屬也。予不可，語衆曰，「予戎馬中人也，兵以義動，若自犯之，部下必有緣爲口實者，非所以兩全也。且渠甫及笄，而予年近半百，縱渠不計及此，予獨不愧於心乎？況其貌甚似吾女，吾念前禍，心復何忍！無已，其即以父女稱，而留軍中俟他日擇婿可乎？」

又坊本日記載四姑娘才具之文。與天南遯叟之文多雷同。

天南遯叟之文曰：(6)

「四姑娘爲王掌文書，敏捷無匹，每軍書旁午，四姑娘中坐踞案，運三寸不律如風，左右几二，各一書生伺焉。四姑娘手寫而口左右授，三牘並成，頃刻千言，文不加點。翼王平時頗以文事自詡，至是亦深歎不及也。」

坊本日記之文曰：(7)

「文檄四出，皆出四姑娘筆墨。每一書當發，四姑娘中坐踞案，運三寸不律如風，左右几二，各一書生伺焉。四姑娘手寫而口左右授，三牘立時並成，頃刻千言，文不加點。予時蹀躞窺覘，不勝驚嘆。蓋予夙以文章自詡，至是亦深歎不及也。」

又坊本日記述四姑娘婚事之文，與天南遯叟之文多雷同。

天南遯叟之文曰：(8)

「上饒馬鷲生，貧極無聊，入翼王軍中，人極樸誠，然小楷以外無他長。惟貌似翼王，非觀其氣宇，幾難辨也。四姑娘一日語翼王，願嫁馬生，翼王笑曰：「此腐儒何能爲，而賞識之耶？吾軍中不乏文武材士，屬以軍中倉猝，不暇議婚嫁、若何不早言，欲選婿奚難者，而必此人耶？」四姑娘曰，「父言良是，然兒意有在，父他日或知之耳。」翼王亦不更詰，即下嫁焉。馬生始願不及此，斯時驚以外，別無他言。夫婦仍爲翼王治軍書如故。」

坊本日記之文曰：(9)

「二十六日，予方坐室中，爲入川計畫，四姑娘闖然人，對予嫣笑 欲言而又止者三。囁嚅之頃，紅暈於頰，予知有隱情欲言，乃曰，「子第言之，予無不從，胡爲作此態乎？」四姑娘曰，父以馬生德良之人物爲何如？」予曰，「篤謹人也，能小楷，殊無大志，中駟以下人物耳。」四姑娘曰，「兒願嫁之，父心慨許否？」予不意其驟作此語，沈吟片晌，曰，「兒既願之，固無不可，但此一腐儒何能爲，而竟賞識之耶？予軍中不乏文武材士，屬以軍事倉猝，不暇議婚嫁，若何不早言，欲選婿奚難者，而必取此中駟以下？」四姑娘赧然曰，「父言良是，然兒意固別有所在，父他日或自知耳。」予知其用心深微，遂不更詰。乃立召馬生告之，期以五月一日備禮成婚，馬生固辭，予知其爲貧也，一切許以摒擋，不需爾過問。馬生聞之。洵姑願不及此矣。』

又坊本日記敘石氏與四姑娘計議入川之事，其文多與天南遯叟之文雷同。

天南遯叟之文曰：

『翼王[10]將入蜀，賂土司爲聲援。四姑娘聞之諫曰，夷性反復，恐不足恃；且蜀道至險，進退不易，鍾鄧之功，未可倖也。翼王曰，「是言吾亦知之，特以窮年用兵，勝敗得失，從無定局；近來朝廷於我，猜忌既深，而君臣自相疑阻，恐非佳事，吾與其從彼偕亡 不如別樹一幟，冀一逞。吾聞蜀西藏衞，外險可守，內沃可富，又地廣闊，而民良懦，倘能據之，何減扶餘國主。今併力疾走，過城不攻、不過一月，瀘雅之險，皆爲我有，敵兵雖至，庸有及哉？同時諸將亦多進諫者，翼王皆不聽，遂入蜀。』

坊本[11]日記述此事之文曰：

『……予乃告以聯結土司之策，四姑娘從容諫曰，「夷性反覆，恐不足恃；且蜀道奇險，進退不易，鍾鄧之功，未可倖也。」予曰，「是固然矣，但以窮年用兵，勝敗得失，從無定局，近日朝中於我，猜忌既深，君臣將佐，自相疑阻，甚非佳象，吾與其從彼偕亡，不若別樹一幟，冀獲稍遂吾志。今故不與駱氏爭夔巫門戶，而聚精蓄銳，併力疾走，過城不攻，僅須匝月，瀘雅之險，當爲我有，敵兵雖至，庸有及哉？吾計決矣。然非挈子夫婦以行，吾心亦何以慰，前言戲之耳。四姑娘知不可諫，乃轉一說曰「父王盍不先從初議，以正兵攻夔巫門戶，而自出奇兵入間道，倘正兵得天幸，姑嘗試之，亦何不可？」予知其辭遁，漫頷之。』

(1)太平天國軼聞第一冊頁二十四

(2)坊本日記頁二十九至三十

（3）天南遯叟即天紫詮（蓋印王韜）此人曾主申滬報筆政，著述甚多（見太平天國野史王序又見坊本日記頁一二七之註）

（4）坊本日記頁一二七引載

（5）坊本日記頁二十一

（6）坊本日記頁一二八引載

（7）坊本日記頁二十三

（8）坊本日記頁一二八引載

（9）坊本日記頁三十四

（10）坊本日記頁一二九引載

（11）坊本日記頁三十五

第二節　本書之名詞

據坊本日記石氏於太平八年九月十六日至福州省城外。[1]時侍王部卒已佔福州城；石氏雅不欲入城與侍王部下衝突。[2]時南台已爲外人租借，石氏意欲與南台洋人一談，遂入領事署求見，領事立出迎迓，延之入署，欵以洋酒番菜，意極殷渥，遂並轡而出，拜謁天主堂，其堂之神父請石氏當衆宣告意旨。坊本日記載此事之文曰：

『…拜謁天主堂。[3]規模壯麗，敎徒整肅。其敎主一神，以天爲人之祖，耶穌爲天之子，與太平國敎吻合。天王之敎化，殆得自西方宗傳也。晤其敎師某君，爲予大開會場，集敎徒數百人，請予宣告意旨，謂之演說，予於敎理實不深邃，且予幼讀孔孟書，彼敎反對孔孟，予何能言？但既承優禮，乃以與人爲善之旨，略事發揮而已。敎徒拍手歡呼，稱予爲天使，贈予花朵盈袖，以馬車送予歸營，紹東兒亦如之。此爲予外交第一步，予以爲夷人極講感情，將來如有外事，當先以聯絡感情爲務也…』

上文中有『…請予宣告意旨謂之演說…』查『演說』一名詞，在何時成立，殊費斷定。唐人孔穎達之書疏中有『…下文更將此九類而演說之…』按『演說』於此處，乃引申其說之義，[4]而非對於大衆演述意旨之義也。今人所用之『演說』一名詞，係日人福澤諭吉譯自英文中之 oration 一字，[5]我國亦沿用之。若欲知『演說』二字福澤氏譯於何年，對於福澤氏個人之歷史，不可不注意。福澤諭吉爲日本維新時代敎育界之泰斗。天保五年，（一八三四）生於大板，安政元年二月，[6]（西元一八五四）[7]赴長崎，始讀英文，竭三日力，始能記憶其字母。[8]後以蘭學勢盛，改學蘭語。安政六年，（西元一八五九）又覺英語之不可不讀，於是憤然決志，於是年冬赴美[9]。於萬延元年，（一八六〇）五月歸國。[10]嗣後。於文久元年（一八六一）赴歐洲；[11]慶應三年（一八六七）再赴美洲。[12]翌年四月，開應義塾。明治六年（一八七三）其友持西文之演說法一書相示，且言演說一事，爲日本所急需；於是君乃從事翻譯此書，題其名曰『會議辨』。明治八年（一八七五）建演說館於慶應義塾。(13)

讀此則知福澤氏之習讀英語實始自一八五九，一八七三翻譯演說法一書，一八七五建立演說館。據此推想，演說一名詞大蓋成立於一八七三，且可斷言其不能成立於一八五九(14)年之前也。

然則石氏於西元一八五八年之日記中何以竟能出現此二字？不獨此也，坊本日記頁三，述楊韋相屠之文中有『…吾儕以救世主義起兵，八載於玆…』數字，查主義二字，亦爲新名詞，其來源雖暫不可攷，恐於此時亦尚未成立也。

(1)坊本日記頁五十八

(2)侍王即李世賢爲李秀成之族弟，此時仍歸天王統御。

(3)坊本日記頁五十八至五十九

(4)辭源上冊巳一四六『演說』之註釋

(5)辭源上冊巳一四六『演說』之註釋

(6)福澤諭吉傳頁二

(7)據中西回史日曆之日本年號表譯

(8)福澤諭吉傳頁二

(9)福澤諭吉傳頁七

(10)福澤諭吉傳頁九

(11)福澤諭吉傳頁九

(12)福澤諭吉傳頁十

(13)福澤諭吉傳頁二十

(14)一八五九年即坊本日記假託石氏寫此段日記之時

第三節　本書之日曆

按太平新曆，單月爲三十一日，雙月爲三十日。(1)坊本日記係用太平新曆，但除太平八年三月之三十日重出外，同年四月爲二十九日，五月爲三十日，八月爲二十九日，九月爲三十日，太平九年三月爲二十九日，四月爲二十九日；太平十年九月爲二十九日；太平十一年四月爲三十日；餘月之日記，皆不至月底而缺。據此，則不論單月雙月或爲二十九日，或爲三十日，與太平新曆相去太遠矣。石氏亦爲銜名造曆之一人，(2)以情理推之，當不至荒謬如此也。

(1)據太平甲寅四年新曆（見太平天國野史卷六頁二十）；太平天國巳未九年十月初七日詔旨，（見太平天國有趣文件十六種頁十；）太平天國辛酉拾一年新曆（見太平天國有趣文件十六種頁六）

(2)見太平天國野史卷六頁一；又見太平天國有趣文件十

六種頁五

第四節　本書之記事

楊韋相屠

吾以爲太平天國滅亡之由，當以諸王內訌爲最。所謂諸王內訌者，即指東王楊秀清與北王韋昌輝之相屠，及翼王石達開自天京之出走而言。咸豐五六年，(西曆一八五五至一八五六)[1]太平北伐之軍雖失敗，而長江方面極爲得勢，自武昌至金陵均在其勢力範圍中。當是時也，清廷危如纍卵，命在旦夕。曾國藩困闘於江西，郡縣相繼失守；[2]胡林翼勉強支持於湖北，東西奔馳；[3]向榮圍攻金陵，日久無功，而江南大營復於咸豐六年轟然瓦解。[4]太平軍若於此時，同心協力，進取中原，滿淸之亡，當不待辛亥也！不意天京內訌陡起，同室操戈，楊韋相屠，翼王出走。於是湘軍乘機，重整旗鼓，再接再厲，而大局至爲之一變。故謂楊韋相屠一事，與太平天國之命運，至關緊要；而諸家記載此事之時，亦較爲詳確。

李秀成供狀記東王被殺之時，文曰：

『向帥困在丹陽又失去孝陵衛大營，官兵失散，又被逼丹陽，是以向帥自縊而死。張國梁…見向帥自縊，故而奮身，再與見仗。後被張國梁攻破丹陽南門外我朝營盤七個，殺死數千人。…那時人人已有退縮之心，無計可施，只得把全軍攻打金壇…連打二十餘日，…攻城未克，然後移營回紮丁角村，離句容二十五里。東王被殺，正是此事之時。此是天意，若向帥未敗，仍紮孝陵衛，遇內亂之時，那時再攻，京城久不能保矣！逢向帥敗過而亂，此是天之所排，不由人之所算，在六年之間亂起。…』[5]

又太平天國戰紀亦載楊韋相屠之時，文曰：

『…向榮既敗於丹陽，江南大營盡沒，乃吞金死。國梁憤敗，力與秀成戰，秀成敗，引去，攻金壇未下，而金陵楊韋之難作，秀成退句容。…』[6]

據以上兩段可知楊韋相屠乃在向榮死後一月許；然向榮又死於何時？

勦平粵匪方略記向榮之死，文曰：

『丙辰年七月十七日…德興阿翁同書又奏言，據總兵張國樑稟稱，向榮連日病劇不起，於七月初九日，在營病故…』[7甲]

依此則向榮死於咸豐六年七月初九日，楊韋相屠既在其死後一月，當爲咸豐六年八月。

當時淸軍各路之奏報，亦有言及此事者，如：

勦平粵匪方略卷一六二頁二十六：

『丙辰年（咸豐六年）九月…德興阿翁同書又奏言，據派防觀音門總兵陳世忠稟稱，八月二十五六等日，見有長髮屍骸，不可數計，由觀音門口內漂流出江，內有結連綑縛，及身穿黃衣褂者。當經探得金陵逆賊內亂，自相戕害，首逆楊秀清已被殺死，並殺楊逆黨羽多人，覈與各營縣俱符，奏入報聞』。

又如勦平粵匪方略卷一二六，頁三十一：

『丙辰年九月十六日，……何桂清奏言，探報金陵賊首於七月二十二日起　閉門自相戕害。首逆楊秀清已被楊逆殺斃，凡楊逆黨與均經被殺，一月有餘，尙未開城，等語……』

據曾文正公全集大事記卷一，頁九，　楊韋相屠一事，淸帝於是年九月卽聞知。

『咸豐六年九月…奉上諭…據浙江各省奏報，皆言金陵內亂，…又聞石達開與韋逆不睦。倘向曾國藩處乞降，應如何處置之，亦當預爲籌畫，欽此。』

又據太平天國野史卷十三，陳玉成傳，第二頁，天京內亂乃在太平五年。（是年適爲咸豐五年）查野史一書，咸豐五年以前之事，乃根據姚氏所藏洪楊紀事抄本，五年以後之

事，則根據他家記載以補之。該書紀年係用太平曆，故必將他書內淸曆之紀年，據野史卷六頁五之太平曆夏曆陽曆對照表，變爲太平紀年；而該表適差一年，故將咸豐六年之事算爲太平五年之事，殊不知咸豐六年亦卽太平六年也。

統觀以上各家之記載，楊韋相屠，咸謂爲咸豐六年秋間之事；持與坊本日記所載此事之年月相較，又何如耶？

坊本日記亦載楊韋相屠之事，文曰：

『太平八年…四月…十八日晚飮頗醉，感念舊事，偶與四姑娘淡當日禍害狀，因出手書示之：『北韋以計誘楊氏，伏甲驟起殺之，圍縛部下，無一免者。是役也，死者約萬人，焚其第，火三日不熄；天王下詔，數東楊罪惡，而嘉北韋之功。北韋氣張甚，請天王大封將士，隱然有代楊執政意，越日大饗將士，北韋且敦請予爲之副。天王出宮頒賞焉。予欲不往，族弟承欵濔予曰，毋令韋氏生疑。遂屈志往。噫！承歓竟以予故殞其生矣！宴旣開，酒半，韋氏起爲壽先以杯羹獻天王，次乃及予，予覺其腥味有異，起問何羹，韋瞪視而對曰，「羊羹也，畜養數十年，肥甚矣，其味何如？」又徧饗軍士。予心豈不知，蓋卽東楊之肉耳！一念慘然，不能自已。意北韋殘忍至此，今天王在前，不乘此時有所建白，更待何

時。乃起而言曰。「敬謝北王盛意，以東王之肉餉天王及吾儕；但予不能無言。夫吾儕以救世主義起兵．八載於玆，天下未寧，大功未定，方期兄弟戮力同心，討滅妖逆，不幸楊氏驕悍，中道毀盟，不得巳而除之，方宜哀矜勿喜．奈何多殺以逞，食肉爲快乎？願自今以後，吾兄弟謹愼自持，同心赴義，勿恃此一操之戈爲功業也！」韋氏不待詞畢，大聲呼斥，且指予曰，「乃懷異志乎？」予方欲再辯，天王命和解之，韋氏始悻悻而止。酒罷，予卽馳歸，告家人親屬曰，「勢不可留矣！姑避其鋒，他日好相見也！」嗟呼！豈知從此不復相見耶！予既知韋氏將捕予，乃不敢復由城門出，暫匿僻隅解衣置池邊，若己投河者然。延至星夜，縋城而出，夜伏漁船中，渡江浦，過含山始得親友告變。蓋自予去，韋氏卽令人召予，殆欲東王之事加予身也。知予已去，頓足大恚曰，「縱虎離山，予之罪也！佩若卽席除之，如縛一豕耳。」西向恨恨不已。越三日，竟遣部下健兒。刼予老母及妻妾子女十三人，盡殺之，更輾轉探得予關有戚誼者，悉膏斧鑕，前後約數十人。其殘忍若此。不一月，天王不堪其逼．又聽干王等計誘殺韋氏，滅其族，屠戮之慘，一如東煬。』四姑娘閱至此，嗟嘆淚下曰：『天朝其自此衰乎？何戾氣之未消也？』（9）

讀此則知石氏之出走，必於東王被殺後數日之內，而石氏之出走，據坊本日記究在何時？

坊本日記記石氏自天京出走之事，文曰：

『太平天國龍飛八年，春天三月，予由天京渡江，過江浦，出含山，得成天義黃某全軍，卽奪之，趨廬州。黃某亦粵西人也，予方守六安州，聞北韋殘虐狀，亦投袂裂眦，自請以軍助予。予是日爲三月十六日……

『十七日．天黎明，卽令黃某之將佐充先鋒隊，拔營起程。予策馬出郭門，朝暾甫上，春色可人，柳葉青青，向客如笑。……』

依此，則石氏之逃出金陵乃在太平八年三月。觀其『朝暾甫上，春色可人，柳葉青青，向客如笑』十六字，亦可知其爲春天景色。石氏之出走天京既緊在楊韋相屠後數日之內，可知楊韋相屠，定是三月初半之事矣。

細讀雙方關於此事之記載，則知坊本日記與諸家之記載，年既懸殊，月亦迥異。依坊本日記，此事乃發生於太平八年三月，亦卽咸豐八年三月；而他家之記載則謂爲咸豐六年八月。論年則相去兩載，一謂八年，一謂六年；論月亦差半載，一在深春，一在中秋。楊韋相屠，既爲清朝與太平兩方存亡之所由分，事體至大，何以兩種記載大相逕庭，一至於此？

(1)見中國近百年史資料上册，頁一二七至一三〇，薛福成記科爾沁郡王擒獲林鳳翔李開芳事。

(2)見曾國藩年譜卷四，一至九頁（在曾文正公全集內）

(3)見胡文忠公全集卷首，國史館本傳，一至四頁。

(4)清史講義第三編頁九十一。

(5)李秀成供狀（在近世中國秘史第一編內）頁三九至一四〇。

(6)太平天國戰紀第八十五頁（在中國近百年史資料上册內）

(7甲)欽定勦平粵匪方略卷一五八頁二十五。

(7乙)太平天國野史凌序

(8)坊本日記頁二十九

(9)坊本日記第一頁

攻陷廬州

據坊本日記北王殘殺東王後，謀及翼王，翼王覺之，乘夜縋城逃出天京，渡江浦，至含山，得戌天義黃某全軍，道經昭關，過小硯山，進趨廬州，於太平八年三月十八日攻陷之。[1]此時清將之守城者，據坊本日記之文似爲江忠烈公。[2]其文曰：

『太平八年三月十八日由昭關出小峴山，予率兵約三千人而弱，即日促廬州。時滿守將爲湖南姓江者，聞其忠勇敢戰，實官場不可多得人物；但據知者言，其人初本書生，讀韜畧即明兵法，自訓練子弟，投効公家，亦奇才也。幸不爲異種朝廷所喜，魔官更視若仇人，彼之志乃不得遂，此亦好機會也。聞彼守廬已二年，今爲天兵某將圍困已久，城中糧食將盡，他處絕無援兵前來。噫！彼雖死守，恐不日即破陷矣！予既出峴山即見長圍漸合，營壘森然；主將遣人迎予，蓋皆受予優禮之舊恩也。聞予遭不幸事，咸奮臂不平，予反勸止之，囑其立功自見，予必相助。既而攻城兵大上，砲聲隆隆，予飭先鋒隊拔刀繼起，城中益惶急，然終不降。是夜仍攻打不已，地雷轟發，城圮及半，遂下令冒險奪入，殺人頗多，然猶巷戰數刻。聞報江某已投江死矣！死時甚勇烈，左右勸其生者，悉爲所逐。亦可謂一好漢矣！既入城，予即居府署；蓋予雖係新來之客軍，而位分較高，俱欲推予爲領袖故也。』

按太平八年三月十八日，適爲咸豐八年三月十四日，查廬州府志，此年此月廬州並無失守事。據廬州府志廬州曾兩度失守與克復；

續修廬州府志卷二十二，頁六：

『咸豐三年十月…丁亥昧爽，廬州省城陷，巡撫江忠源於西門力戰死之。』

又續修廬州府志卷二十二，頁九：

『咸豐五年十月…辛卯官軍復廬州府城。』

又續修廬州府志卷二十二，頁十五：

『咸豐八年七月…三河逆匪李侍賢陳玉成突竄桃鎮竄廬州…戊子，新任巡撫翁同書甫至定遠，廬州府陷，總兵蕭開甲，知府武成功陣亡。』

又續修廬州府志卷二十二，頁二十六：

『同治元年四月…丁卯，克廬州，陳逆奔壽州中津渡。』

依此則廬州曾失守兩次；一次在咸豐三年十月，一次在咸豐八年七月，而無咸豐八年三月失守事。退一步而言之，依本章第四節，楊韋相屠之攷據，不在太平八年春，而太平六年秋；攻陷廬州既在逃出天京後數日，則廬州之陷，當在太平六年秋間（亦卽爲咸豐六年秋。）然據廬州府志廬州於是時亦無失守事。百方遷就，終與官書相去甚遠。

（1）坊本日記第一頁與第三十頁

（2）中國近百年史資料上册，頁一一五，薛福成記江忠烈公（卽江忠源）殉難廬州之情節，與坊本日記之文相似，但江某乃死於咸豐三年十二月十七日，與坊本日記之時相差五年有奇。

（3）坊本日記頁三，四

駐守荆州

據坊本日記，太平八年三月二十四日，翼王自廬州率隊西南行，道經舒成桐城潛山太湖黃梅抵九江，然後緣江西上，於四月十四日與英王會師，攻陷武昌。推其文義，爲太平軍第四次攻陷武昌矣[1]。英王願以留守武昌之職相讓，達開固辭，因其入川之志甚決也。於是復緣漢水西行，由仙桃鎮渡水至潛江，西趨荆州，於太平八年四月十九日佔據荆州，留駐二十餘日，茲節錄其文於下，文曰：

[2]『太平八年…四月…十九日…午後出沙市與滿兵小戰，滿兵退却，予亦不復追。兵臨荆州城下，…滿將遣人奉降書，予兵整隊入城，…滿兵降者千五百人，另編一隊，自是予軍有萬人矣。…

[3]『二十一日，在荆州閱操。…

[4]『二十八日，予出巡荆州市廛，撫慰居民，父老多感激流涕者。…

『五月十二日，予既定入贛之計，即下令棄荊州，收拾輜重，渡江以待。……』(5)

依此則石氏自太平八年四月十九日，至同年五月十二日，(咸豐八年四月十七日至五月十一日)皆在荊州。然據荊州府志(6)自咸豐六年五月直至十一年二月。荊州並無失守事。

(1)按各家之記載，武昌曾三失三得，從未聞有第四次之失守與克復也。據坊本日記頁二十六之文，武昌曾有第四次之失守，文曰：

『太平八年：四月……十三日予提兵整隊，直趨夏口『即漢口』師行甚速，申刻已抵武湖口，距夏口僅十里，時時有滿州潰兵過而窺伺，予或殺或俘，隨時發落。聞報知陳王部下已得漢口漢陽兩鎮，惟武昌未下。蓋三鎮為兵事要區，爭取最烈。計自天朝克復後至今，已三得三失矣。此次陳王血戰兩晝夜，始克漢鎮，汗首之功，洵堪嘉尚也。惟武昌為滿將胡某等死守，連戰互有勝負，急切不能下。予既與陳王會於漢陽，願以全力相助。計予麾下之兵，不過六千五六百人，死士二十餘人，然皆精銳，無濫竽充數者，若以之突陣，可一當十。因期以明日渡江會戰。十四日陳王先渡江督戰。予乃令兵士編筏橫江，堵截水師。一面提精銳過江；予兵蓄銳已久，壯氣百倍，予指令先取蛇山，滿兵不知有援兵之突至也。均棄械而遁。予既得蛇山，乃直可以瞰擊城中官署矣。一面分兵冒死登陴。陳兵見予兵已得手，喊殺大振，約自辰至酉。武昌城又入天朝宇下焉。是役予兵死三十人，傷百餘人，陳兵之死傷倍之，俘滿兵數百人。自言兩年來未遇此血戰也。』

(2)坊本日記頁三十一

(3)坊本日記頁三十二

(4)坊本日記頁三十五

(5)坊本日記頁四十一

(6)荊州府志卷二十六，兵事，頁三十二

攻陷岳州

據坊本日記，石氏於太平八年四月初十，自武穴拔隊，溯江西上，破武昌，取荊州，志在入蜀，別樹一幟也。於荊州忽奉天王來書，勸其速回金陵，而諸將不欲入川，(1)有勸其東下者，於是全軍轉而向贛，道經湖南，力攻岳州，卒於太平八年五月十五日，即咸豐八年四月十四日占據岳州。所引下文即關於此事之記載。

『太平八年……五月……十三日，(2)趙黃陸三軍皆會。檢點軍籍，死傷三百餘人，遂渡江。時岳州滿兵註屯雖多，皆出不意，所向披靡。予悉以精銳猛力攻之。是晚已占城陵磯，破石之鋒，咸陷岳州矣。

『十四日，與滿兵大戰，互有死傷，城中猶固守，卽令趙軍抄襲其後，相持一晝夜。

『十五日，岳州滿兵大潰，予親督大軍登陣突入，悍卒猶巷戰徹夜，殺傷過當。予駐營一古廟中，衙署中恐有伏，未便輒入也。是役獲糧食輜重頗多，軍士疲甚，令休息三日。

『十六日，紹東馬生四姑娘等入城，居府署中。聞滿兵爭趨荊州；雖空城，藉此可樹一功也。』

然據官書，岳州曾失守三次：一在咸豐二年十月，一在咸豐四年二月，一在咸豐四年三月，而於咸豐八年並無失守之事。非特此也，且謂咸豐七八兩年中，湖南境內安謐無事，達開之竄擾湖南，乃在咸豐九年，且祇限於湖南南路。岳州在湖南之北，此時當未受其擾害。玆節錄官書之記載如下：

湖南通志卷八十九，六，七兩頁：

『咸豐二年十月十九夜，賊全數渡浮橋，自龍回潭竄逸，由寧鄉而西，渡資江，陷益陽，大定。協副將紀冠軍追賊戰死。賊折而東，入臨資口，趨岳州。……水路防師望風潰，賊留岳州，四日，卽揚帆直下，陷漢陽武昌。』

湖南通志卷八十九，頁八，九：

『咸豐四年漢陽失守，賊掠民船揚帆上，二月陷岳州，巴陵縣知縣朱元爕死之。……三月，曾國藩檄副將塔齊布等率陸師，知府褚汝航等率水師，分道並進，賊棄岳州遁。』

湖南通志卷八十九，頁九頁十：

『咸豐四年三月，同知王鑫自岳州進剿羊樓峒，適大股賊至，被抄襲失利，退保岳州，賊圍之，城陷，水路官軍退保省城。……七月，國藩大治水路軍討賊，自湘陰轉戰復岳州。』

湖南通志卷八十九頁十五，十六。

『咸豐九年，偽翼王石達開擾湖南南路。』

(1)坊本日記頁二十五至四十一

(2)坊本日記頁四十二

駐守南昌

據坊本日記，太平八年五月十九日，石氏領親兵隊千人，發自岳州東趨建昌。大隊於先一日，由岳州出發，一枝趨德安，向吳城，一枝由瑞昌取九江。石氏於二十日下午抵建昌。二十一日拔隊南下，進規南昌。(1) 茲節錄其在南昌時之日記於下，文曰：

(2)『太平八年……五月……廿一日，由建昌拔隊行。予本無守土責，同志中有願留爲治安計者，亦聽之。然軍行未定，雙方交綏甚烈，卽有治法，亦無所施也。且十室九空，非天下大定後，漸與以休養生息不可。予惟有求天威普播，瑕穢早除，則徐布維新之治，始有着手地耳。晚迫南昌，駐營城外，時滿守將攖城自固，不敢外出一窺，予乃得坐待趙陸師至，然後合圍，誠笑滿將愚怯也。

『廿二日，雨，未堅壁深溝，迄予攻戰。與四姑娘商發諸州縣檄文，勸其歸順，頗有興。

『廿三日，下午，趙軍自吳城來，旗甲鮮明，精神百倍。滿將已成釜底之魚矣！予又亟布檄文，令城中人投降。至夜半，黃陸軍皆會，乃合圍。城中糧食盡，益窘急，予意明日必克矣。

『廿四日，淸晨，城中有通欵者，約降表，下午即出。至日中，忽傳有滿大隊自湖口來。初尙以爲謠惑也，殺數人止之。無何，諜者至，則曾某確派健將彭某，奮躍而來。予知此係勁旅，未可輕視，乃是夜派趙出吳城，陸黃出鄱陽迎頭擊之。予親率精銳督戰。蓋三月以來，未有如此血戰。予與諸兄弟設誓，義不返顧，務於一晝夜間，奮力擊退。是夜，時放烽燧，徹夜未眠。彭見伎伍嚴整，亦未敢犯。四鼓後，四姑娘忽獻計，請襲攻，予從之，果大勝，彭某折回。

廿五日，南昌城中聞彭某敗退，亦已棄城遁矣。予乃整兵入城，卽出布告，謂父老苦兵革已久，此來戒部下秋毫毋犯。勿刧勿殺，市井安堵，亦無三日封刀之例，如有犯禁奪殺者，儘可來轅呼告，分別立示懲儆。衆皆感服，爭獻金銀食物，犒賞軍士，咸樂溫飽。予乃與趙黃等議次第收略廣信袁州臨江撫州贛州等府。分兵四出，檄山積。四姑娘事大忙，予亦不自知精神何以能百倍也。諸將大會於滕王閣，各言韜略，英姿颯爽，予樂甚。

『廿六日，在南昌。趙軍赴上饒，探入浙之路。是時予心血之注集，忽又移向東南，入川之念，不知消歸何處也。偶與四姑娘置酒縱談，輒自笑反覆。雖然，予以浙閩海疆，爭者多而不易守，他日終當以西川爲歸墟地耳。四姑娘聞予自語自嘲，乃含笑不語，予亦不置詰。

『二十七日，雨，與黃蓋忠縱談舊事。黃忽勸予更置脊屬，且以媒妁自任，謂贛紳某武職有女，兼文武才，年三十矣，猶未嫁人，才德堪爲匹偶。予笑不置答，黃以爲默認也，謂明日卽當議大禮。予亟辯曰，「子勿孟浪，予誓不復受家室之養，爾寧不知耶？尚强聒何爲者？」黃猶振振有詞，予曰，「予勿復言，予若有家室之好，奚待今茲？如天之福，則四海又安，軍書一統，此其時乎？」黃自知失言，唯唯而已。予悵觸舊愁，不勝感憤，乃成數首，稿隨手擲去，四姑娘爲予存之篋中，不知他日何人取以覆瓿耳。晚飲頗酣，忽念西湖佳勝，躍躍欲往，夜有夢。

『二十八日，晴，二十九日，天氣頗炎熱，三十日，雷雨，俱居南昌署中。』

自太平八年五月二十九日至同年八月初一日，坊本日記缺，此兩月中不知石氏何往。所可知者，南昌仍在石氏之手，或石氏於此時設其總署於南昌，而已則巡遊於附近各地也。至八月初一至十七日，石氏總未遠離南昌，讀此數日中之日記可知，文曰：

『[3]太平八年……八月初一日，予巡行景德鎭觀瓷器窰。此等工藝，通行全國，器用之利，令人驚羨。及觀御用窰，窮奢極欲，以奉一人，且異種建房，享盡人間奇福，豈非天數滿劫耶？吾民膏血盡矣！此後要當力崇正道，以我民膏血，還之我民，奇技淫巧，勿蕩上心，則天下太平矣。』

『初二日，予還鄱陽大營，聞趙如龍敗於吉安，心怦怦不寧，幸黃蓋忠消息大佳，已度仙霞嶺，克復江山，常山，且言侍王汪世賢聞予在南昌，極願聯合，予大喜，命四姑娘以書報之。

『初三日，雨，予方悶坐齋中，欲馳書問皖南消息。蓋陸起蟄由婺源趨徽歙，初頗鋒利，後爲祁門妖帥曾氏所扼，死傷頗多。予曾馳書勸其返贛，亟援趙軍，不知彼曾否接洽或有所意見否。當即命某弁專使入皖，齎書勸陸即班師，一面派兵援趙，擬并力圖浙，書即發。

『初四日，晨，得江山諜信，黃蓋忠已拔隊由東陽江出建德，向桐江，俯看富春山水矣。予不覺神往，決計待趙如龍還，以南昌相屬，予挈一軍追踪黃氏，務至杭州一游。四姑娘聞予將往西湖，大喜，謂幼時即慕三竺六橋，欲往未能，果得一往，不虛此生矣。予曰，『將爲兒作驊騮，開道路以待，最遲至冬日，正可往觀斷橋殘雪矣。』四姑娘笑謝天恩，予東望躍躍。

『初五日又至鄱陽，樂平，規畫防務。滿兵猛撲湖口，勢頗不支。予亟率精銳援之，奮戰一晝夜，予被小創，舁回營中。有旌陽觀跛足道人，善治各傷，延之入營，裹藥良佳。顧是夕頗苦痛，不能成寐，令四卒舁胡牀環行室中，又飲酒數杯，痛始減，年餘無此災阨矣。

『初六日，返南昌。四姑娘聞予病，親侍湯藥，衣不解帶，目不交睫者累日。自是予廢筆札，約十餘日始恢復，然又阻礙予赴杭之願矣。幸趙如龍已返南昌，朝夕劇談，甚暢。

『自初七日至十三日，皆養創無可記，惟聞黃蓋忠已達富陽，與杭州汪世賢接近矣。

『十四日，四姑娘以中秋節近，欲予病中歡暢，乃為予設備於百花洲，頗費經營。

『十五日，是日為中秋佳節，予從四姑娘之請，移帳駐百花洲之仙槳堂，清歌妙舞，旨酒嘉肴，備極一時之盛。贛省自迭遭戰禍，滿兵出入所必爭，居民苦干戈久矣！又太平諸將，亦多戎馬倥傯，無暇為賞心樂事，坐使名勝墮廢，而每經一度戰事，多一番蹂躪。滿兵破壞性尤烈，乃至古蹟名區，無不以摧陷為快，百花洲亦頹毀十之七八矣！予至此漸事修葺，幾復舊觀。今日至此，湖光山色，照耀墻宇，疾眼為之頓舒。四姑娘乃靚妝炫服，與馬生並肩携手，拜於座前。黃某紹東等亦各携其婦拜祝佳節。予意酣適，未飲酒而心已醉矣！晚後，月光如晝，湖光澄澈如琉璃世界，予幾忘此身之飽經患難，且在金戈鐵馬間矣。

『十六日，趙如龍以予體既健，先請以一軍向德興，玉山，予自率大軍殿其後。予允之。黃蓋忠亦馳書至，謂其軍已屯湖墅，與汪王分境而治。亟盼予往，可與汪王接洽訂約。予遂與四姑娘商権委南昌與新自皖來之大將鄧某，而收拾東行。是時全軍約五千人。』

讀此則知直至八月十六日，石氏始遠離南昌然則自太平八年五月二十五石氏克復南昌之日起直至八月十六日、南昌皆在太平軍之手矣。但據南昌府志南昌除一度被圍外，始終並無失守之事節。茲錄其所載被圍之情形如下：

(4)『咸豐三年：五月，賊由江寧統舟師入九江，進圍南昌城。巡撫張芾預調湖北按察使江忠源入城禦之。總兵馬繼戰死，攻益急，守益固。八月賊窮棄營走。』

又南昌府志卷十八，頁六十七載曰：

『…江省被圍凡九十五日，賊百計攻城，城中亦多方堵禦，故城危而卒保無虞。…』

南昌除此一度被圍之外，據南昌府志江西通志與曾國藩之奏摺，以及官方各種奏報，南昌從無失守事。夫南昌襟帶江湖，控扼閩越，舟車輻輳，戶口殷繁，為江西之省垣，江右之一大都會也。當此之時，若果落於太平軍之手兩月有奇，重鎮之失，昭然共見，當局者必不敢不報。不知坊本日記何以竟與各家之記載相左若是也。

(一)坊本日記頁四十二，四十三

(2)坊本日記頁四十三至四十六
(3)坊本日記頁四十六至四十九
(4)南昌府志卷十八兵事頁六十四

達開之妻妾

據坊本記日，石氏之妻妾被戮後，石氏卽無家室思想，談吐之間，每以無家爲樂、部將之進獻美女者，咸被嚴詞拒絕．直至途窮智盡，四面楚歌之時，除其義女韓寶英與義子楊紹東之外，左右並無一親屬。謹節錄其有關於此事之日記數通於下：

[1]『太平八年……三月……二十日……是日某軍官獻一美女，謂王左右無人，以此姑侍巾櫛，慰寂寥。予意不然，諭之曰，『爾等愛我誠切，然亦知予心不在家室之樂乎？我輩正宜臥薪嘗膽，以圖寸進，若徒以美色爲娛，上行下效，與彼等不義之人何異？況予老母髮妻，甫遭毒害，予心哀痛正盛，又豈暇以色爲歡，此尤爲不可者也。若以爲常論，則予亦不欲擄人子女，供己蹂躪，願此後爾輩更勿爲此；卽爾輩亦當以救國救民存心，切勿多造淫孽，軍官慚沮而退。

[2]「太平八年……三月……二十六日……予連日勞動，至是睡甚酣適。陸君又以婦女進侍，予却之、且諄諄勸以整肅軍紀，積德成名。陸唯唯退。然陶若有副記室孔君，年且五十餘矣，竟擁一妖姬而眠，予後始察之、薄其爲人、諷陶君遣去。予謂飲食男女人之大欲存焉，聖賢所稱，寧能自外，況兵戈之際，法紀無存，安怪人心之輒作僥倖耶！雖然，乘人之危，君子不取，正以此覘操守矣。』

[3]『太平八年……四月……初三日……得一奇女子，爲予生平極快意且極得力事。奇女子者何？韓氏寶英，後衆皆稱爲四姑娘者也。……「寶英全家逃難，適遇土寇，父母盡遭殺戮，石氏爲之屠戮仇讎，具棺木衣衾，殯殮其父母兄嫂。」寶英大感激，願委身事予，婢妾惟命，衆亦慫恿予納之。蓋以予久虛眷屬也。予不可，語衆曰，「予戎馬中人也。兵以義動，若自犯之，部下必有緣爲口實者，非所以兩全也。且渠甫及笄，而予年近半百，縱渠不計及此：予獨不媿於心乎？況其貌甚似吾女，吾念前禍，心復何忍！無已，其卽以父女稱，而留軍中，俟他日擇婿可乎？蓋女既無家，去猶恐遭強暴，是予爲德不卒也。寶英敬諾，衆亦稱善不置。』

[4]「太平八年……五月……二十七日，雨，與黃蓋忠縱談舊事。黃忽勸予更置眷屬，且以媒妁自任，謂贛紳某武職有女，兼文武才，年三十矣。猶未嫁人，才德堪爲匹偶。予笑不置答，黃以爲默認也，謂明日卽當議大禮。

予亟辯曰，『予勿孟浪，予誓不復受家室之養，爾寧不知耶？倘強聒何爲者？』黃猶振振有詞。予曰「予勿復言，予若有家室之好，甯待今茲？如天之福，則四海人安，軍書一統，此其時乎！」黃自知失言，唯唯而已。予悵觸舊愁，不勝感憤，乃成數首，稿隨手擲去。四姑娘爲予存之篋中，不知他日何人取以覆瓿耳！』

讀上文可知石氏孤忠自誓，仁義爲懷，居戎馬中，孑然一身，不願受家室之累，然與他家之記載相較，究竟如何？

薛福成書石達開就擒事之文曰：

『達開喪其輜重，率餘黨七八千人，奔至老鴉漩復爲夷兵所阻，妻妾五人，携其二子，自沈於河。』

又石達開原供之文曰：

「……取妻王氏，生有子女，均在南京被害。後來妻妾五人，幼子二人，昨在河邊均投水身死，只存這親生一子石定忠，年五歲。……」

(1)坊本日記頁八

(2)坊本日記頁十二，十三

(3)坊本日記頁二十二

(4)坊本日記頁四十五，四十六

(5)中國近百年史資料上册一七八頁轉載

(6)駱文忠奏稿川中稿卷六頁四十二

第三章　坊本日記之眞僞

第一節　坊本日記之眞僞

坊本日記之來源既可疑，復經許君之聯綴潤色，則讀史者對於是書之材料；固當加以鑑別，然不能即謂其全書毫無價值也。故欲確定此書之價值，須作一度精確之攷據。始吾雖已疑及其來源之不明，然而不敢遽謂其爲僞，於是先根據各家關於太平天國之記載，作一詳細之月日表，然後持與坊本日記逐件校讎。不意二者相去之遠，有足令人驚訝者。於是再作一度更深之攷據，始知坊本日記確爲僞書；然其中亦不無根據，蓋一本眞僞雜糅之著作也。關於坊本日記之考證，既已詳見上章，本章更根據上章之列證，而對於此書宣告其當得之罪狀。

鑑別僞書之法，雖不一而足，而其可以用爲該書之定讞者，不外有三。蓋本論所舉之例，率皆犖犖大者，其過於瑣碎之處，不暇例舉，所謂斷斷闕不問穿鑿也。

(一)該書之日曆與太平新曆不符

按太平新曆，除斡年每月二十八日之外，餘單月皆爲三十一日，雙月皆爲三十日，而坊本日記之日曆，不論單月雙月，非三十日卽二十九日，頗似舊曆。石達開亦爲銜名造太平新曆之一人，(2)斷然不能出此顯誤，是必作僞者不明當時太平新曆之眞像，而妄揣臆造，隨意塡寫，然則其作僞之知識與程度，皆甚淺薄，明眼人不難一望而知也。

(二)該書之名詞有時代之錯迕

太平天國之時期，與該書出世之時期，相去不過四五十年，在文體上，尙無顯然之界畫，故不得不就其字句以求反証。該書曾用演說一新名詞。查今義之演說一名詞，係日本學者福澤諭吉所造。(3)此名詞之出現於日本已去坊本日記之假託時期晚十五年，遑言其流傳至中國，又需相當之時日。故就此區區一名詞而言，卽可斷定坊本日記爲僞書。(4)

(三)該書中之記年與記事多與他種記載大相逕庭

坊本日記之記年記事，多與他家之記載相去甚遠；若謂官書未必可靠，不能引爲反証，然則太平方面之記載，如李秀成供狀者，當甚可靠矣，然亦與坊本日記出入之處甚大。玆據第三章之攷證，而作簡單之判定如下：(甲)楊韋相屠一事，與太平天國之存亡至關緊要，各家對於此事之記載，似當鑿確。然持坊本日記而與諸家之記載相較，其差別之大，竟至二年，且一說在深春，一說在中秋。是則兩說之中，必有一眞一僞。諸家之記載，不論其爲滿淸方面或太平方面者，不論其爲官書或私書，不論其爲本證或旁証，而諸家之記載咸不約而同；獨坊本日記之說迥異。諸家之書，既不能謂其盡僞盡誤，則坊本日記之爲僞書，可以無疑矣。(乙)南昌爲江西之省垣，江右之一大都會也，江西全省之安危系焉；淸兵必竭全力保守之。故太平天國之十數年中，南昌除一度被圍外，始終未失守。此不獨南昌府志所載如是，卽曾國藩之奏摺，以及官方各種奏報，亦無不如是，而坊本日記獨謂石氏自太平八年五月，直至是年八月，南昌皆在太平軍之手。坊本日記之爲僞書，此亦最佳之一反証也。(丙)又如攻陷廬州一事，坊本日記載太平八年三月—亦卽咸豐八年三月—石達開率兵攻陷廬州；然據廬州府志此年此月，廬州絕無失守事。駐守荊州一事，坊本日記與荊州府志之記載，亦相抵觸；前者謂石氏於太平八年四月十九日—卽咸豐八年四月十七日—佔據荊州，留駐二十餘日；然據荊州府志，荊州自咸豐六年五月直至十一年二月，荊州並無失守事。又如岳州之攻陷，坊本日記謂石達開於太平八年五月十五—即咸豐八年四月十四—佔領岳州。然據湖南通志則於咸豐七八兩年中，湖南境內安謐無事。非特此也，據坊本日記石氏直至死時，並未再納妻妾；而石達開原供則謂直至石氏被擒之時，尚有妻妾五人。諸如此類，不勝枚舉。以一來源可疑之小册，而與諸家之記載處處牴牾，其爲僞書也必矣。

(1)見本論第一章第四節
(2)見本論第四章第三節
(3)見本論第四章第二節
(4)見中國歷史研究法頁一五五

第二節 坊本日記之來源

坊本日記之爲僞書，根據上節所舉之反証，已屬千鑿萬確，毫無疑竇矣。然其書雖僞，其全部之材料未必盡僞。蓋編者並非完全嚮壁虛造，其中一部分之材料，亦有其出處也。書中所載石氏之行踪，與薛福成書石達開就擒事一段所記之行踪，大致相同。此外該書之字句與他書完全相同者甚夥。已於第三章第一節，詳加排比矣。如楊韋相屠一事，其字與太平天國軼聞之字句同；記四姑娘事，其字句與天南遯叟之文同；石氏與四姑娘計議入川事，其字句亦與天南遯叟之文同。遇有此種情形時，若非各自直接或間接抄自同一之祖本，則必爲互相抄襲者。坊本日記後，曾引載以上其他二種之文，設爲互相抄襲者，則坊本日記之文，必爲抄自其他二種者。此不過爲其材料來源之一斑，然亦可知坊本日記並非完全無根據之作。蓋坊本日記乃係聯綴各種之傳聞，記載，加以編者之臆造，眞僞雜糅而成此書。但吾人亦不能謂坊本日記與原本日記絕對不發生關係。茲作二圖以說明坊本日記材料之來源如後。圖內實線代表相互之關係，虛線代表或有或無之關係。

第三節 造僞之目的

僞書之出，究其原因，有假僞書以提高與實現作者之主義者，如戰國與新莽時學者託古以自重者是也；有假僞書以求名者，亦有假僞書以求利者，如漢初朝野人士汲汲於勦鈔(1)舊籍，託爲古人所作，以售炫者是也。總之，作僞之目的，不外上列之三種要求。揆之坊本日記亦然，吾以爲坊本日記之作，一則由於崇拜英雄之心理，欲假人人皆知之一英雄，以實現(2)作者心理中之英雄；故其敘事，雖與事實相左，亦在所不顧。一則由於作者求利之慾望；故假風傳一世，人人以先睹爲快之石達開日記之名，以求其書之銷售也。許君嘗給事於化申之某印刷局中(3)，文章雖工，而所入無幾，故常鬻文以餬口。對於太平天國之事體，亦稍有研究，坊本日記外曾寫天京秘錄一書。此外又有指嚴餘墨一書，半為清末之史料，半為說部之短篇(5)。然則許君一歷史小說家也。既能部分的根據史料，又能動人以筆墨，故其書之出，竟能風行一世，一版再版而至於七版；幸其作僞之程度不深，果詳加攷正，不難揭其眞像也。

(1)中國歷史研究法頁一三五
(2)如謂達開之堅決不納妻妾
(3)見指嚴餘墨卷一頁九十五
(4)見紅羊佚聞卷中
(5)此外尚有民國十週紀事本末二卷

結論

有清一代之史料，其中之最紛亂，最難整理者，莫如太平天國一代。太平一役，為時十五載，割據十七省，殺人數百萬，大軍之所過，牆頹屋倒，千里蕭條，社會為之變形，人心為之變態，實為數百年來所未有之一大怪劇也。綜其史料，亦必聯篇累牘，汗牛充棟。惜太平滅亡之後，清廷對於其文件，摧殘復摧殘，淫威之下，萬衆箝口，於是太平方面之史料，除一部分流散至他國者外，餘者淪滅殆盡矣。然而太平一代之事蹟，最能動人聽聞，燈前月下，往往作為談資，故偶有一二私家之記載，輒視為鳳毛麟角。於是文人好事，嚮壁虛造者有之，穿鑿附會，張大其詞者有之，有與官書吻合者，亦有與官書迥異者，說部與史料不分，傳聞與實錄無異，魚目混珠，眞僞雜糅，若坊本石達開日記者，不過九牛之一毛耳。至若官書之記載，率皆為官軍迴護，掩敗為勝，妄奏妄報之處，實難枚舉。綜論關於太平天國史料之弊病，不論其為清廷方面者，或太平方面者，大概不出六種：曰僞事，僞人(1)，僞書，誤事，誤人(2)，誤書。僞者，本無其事，作者憑空結構，懸揣臆造者也。誤者，雖有其事，而記載失實者也。瀏覽諸書，幾無一書可免上列之弊者。然則欲修太平一代之信史，戞戞乎其難哉！

吾以為整理太平史料為當今史家最要工作之一。蓋太平之亡，距今不過七十餘年，年高諸老親覩其境者，尚不乏人，史料之流散於四方者，尚不甚少，如果再事遷延，年久代湮，必將眞像愈失矣。對於此項工作，吾以為當採之步驟如下：

（一）原料之蒐集與鑑別　太平亡國之後，其文件之在國內者，悉遭焚燬，其流散於外洋者，至今尚存，而其中之存於巴黎與倫敦之圖書館者最多，如劉君復之太平天國有趣文件十六種與程君演生之太平天國史料第一集二書，前者抄自倫敦之不列顛博物院中所藏之文件，後者抄自巴黎國立東方語言學校圖書館所藏之文件。二君皆謂所見甚夥。未能一一移錄。可見二君所錄之外，尚不知有若干也。故吾以爲整理太平史蹟之第一步，卽爲拍照外洋所有關於太平之各種史料，不分巨細，搜羅無遺，然後再加以攷訂鑑別，理其次序，判其眞僞。

(二)根據原料寫出數件事實以作評判他種書籍之標準　第二步，卽當根據已經攷訂鑑別之史料，寫出數件眞確重要之事實，以爲評定他書之標準，如他書之記載與之吻合者爲眞，牴牾者卽僞。蓋兩種記載有顯然牴牾之處，非二者皆僞卽其中之一爲僞。

(三)對照日曆表　太平天國所有文件，皆用太平新曆，故欲整理其史料，不能不比較清廷，太平，與外人之各種記載。如欲比較，又不能不先作一太平舊西日曆對照表。此一項工作，予已作完，惜未能附於本論之後，以求大雅有所指正。

(四)翻譯書籍　關於太平天國之事蹟，外人之親與其事者，亦有記載，如清廷方面之英人戈登(C. B. Gordon)，太平方面之英人林利(Lin Li)；二人皆爲當時之重要人物，當時皆有記載。吾人當盡量譯爲中文，以作修史者之參攷。

(五)寫史　史料既備，工具亦成，然後綜合分斷，融會貫通，以成一有系統有聯貫之歷史。

(1)見梁啓超中國歷史研究法一四五頁『有事蹟純屬虛構，然已公然取得第一等史料之資格，幾令後人無從反證者。例如前清洪楊之役，有所謂賊中謀主洪大全者，據云當發難時，被廣西疆吏擒殺，然吾儕乃甚疑此人爲子虛烏有，恐是當時疆吏冒功，影射洪秀全之名以揑造耳。雖然既已形諸章奏，登諸實錄，吾儕欲求一完而强之反證，乃極不易得，茲事在今日不已儼然成爲史實邪？』

(2)官書往往誤一人爲數人，如石達開之同時出現於數省是也。見曾文正公全集卷七頁八，近日江省賊情片，『六年三月二十六日，大股賊匪於二月二十六七等日自萬年安仁竄至安徽之婺源祈門等縣，據各路探報，互相同異，或云該逆因金陵窮蹙，僞翼王石達開帶大股賊二三萬人東下，救援；或云廬州官軍攻勦桐城甚急，石逆回救安慶之集賢關；或又云石逆尙堅據臨江府城，派廣東新附之賊，下救金陵各等說。…又曾文正公全集卷七頁十咸豐六年四月二十一日，江西近日軍情片，『再逆首石達開或云下竄徽甯，或云回救安慶，或云仍據臨江，探報不一，傳聞異詞。……』

(3) A. E. Hake所著之 Events in the Taeping Rebellioa 卽根據C. B. Gordon 之筆記。Liu Li 曾著 Ti-Ping-Tien-kuoh 一書，孟君承憲已譯爲中文，題名曰太平天國外紀

引用書目

程演生：太平天國史料第一集，民國十五年五月出版，北京，北京大學出版部，一函三本，一元六角

劉復：太平天國有趣文件十六種，西曆一九二六年出版，北京，北新書局，一小冊，二五頁，鉛印，四號字，實價二角

凌善淸編輯：太平天國野史，民國十二年六月出版，十五年六月三版，上海，文明書局，一冊，二十卷，鉛印，四號字

進步書局：太平天國軼聞，民國四年十一月出版，十五年七月五版，上海，文明書局發行，四冊，第一冊，一三二頁；第二冊，一百頁；第三冊，一〇四頁，第四冊，九二頁，鉛印，四號字，一元

羅惇曧：太平天國戰紀，癸丑十一月出版，在中國近百年史資料上冊內，七五至一一五頁

張德堅編纂：太平天國別史（原名賊情彙纂），民國十七年二月出版，北京，廣業書社，一小冊，六六頁，鉛印，五號字

左舜生選輯：中國近百年史資料，民國十五年七月出版，十二月再版，上海，中華書局，上下兩冊，共六四九頁，鉛印，四號字，一元八角

梁啓超：中國歷史研究法，民國十一年一月出版，上海，商務印書館，全一冊，二〇二頁，四號字，七角

石達開：石達開日記（指嚴纂），民國十七年出版，上海，世界書局，一本，一三〇頁，鉛印，四號字，定價大洋六角

曾國藩等監修：江西通志，光緒七年六月出版，六函，一百八十卷，木版，二號字

李秀成：李秀成供狀，在近世中國密史第一編內一二三至一九九頁，

捫蝨談虎客編輯：近世中國密史，光緒三十年三版，上海，廣智書局，第一第二兩編，共四九二頁，鉛印，四號字

胡林翼：胡文忠公全集，二函

許指嚴：指嚴餘墨，民國十二年九月四版，上下兩册，上海四馬路國華書局，一元二角

曾作舟等纂：南昌府志，同治十二年舊刻本，四十册，六十六卷，南昌縣學文昌閣藏板

李瀚章：荊州府志，光緒六年七月，八十卷

汪榮寶，許國英：清史講義，上下兩册，上册，二〇六頁，下册二一七頁，民國二年出版，民國十二年五版，上海，商務印書館，定價大洋一元二角

曾國藩：曾國藩奏稿，三十卷，在曾文正公全集內

黎庶昌：曾文正公年譜（在曾文正公全集內），光緒癸卯季秋，鴻寶書局石印，十二卷

曾國藩：曾文正公全集，光緒癸卯季秋，鴻寶書局石印，四函，卷首一卷，奏稿三十卷，經史百家簡編二卷，經史百家雜鈔二十六卷，文集三卷，書札三十三卷，批牘六卷，雜著二卷，家書十卷，讀者錄十卷，日記二卷，年譜十二卷，家訓兩卷，大事記四卷，孟要五卷，石印，四號字

李瀚章等督修：湖南通志，光緒十一年，十六函，二八九卷，木版，頭號字

欽定勦平粵匪方略：四十二函，四百二十卷

原亮三郎（日人）編：福澤諭吉傳，在教育叢書第一函九册，光緒辛丑教育世界出版所印

駱秉章：駱文忠公奏稿（汪瑔纂）光緒戊寅，四函，湘中稿十六卷，蜀中稿十一卷，行狀，輓言錄一卷，兩函者無四川奏議

李瀚章總裁：廬州府志，光緒十一年季冬，八函，一百卷

A. E. Hake: Events in the Taeping Rebellion, being reprints of Mss. Copied by General Gordon in his own handwriting, with monograph, introduction, notes, and portrait of Gordon, I vol. pp. 531, with plates and map, 1891, London Allen and co.

MM. Collery and Yvan: History of the Insurrection in China, with notes of the Christianity, Creed, and Proclamations of the Insurgents. Tran. from the French with a supplementary account of the most recent events, by John Oxenford, I vol. pp. VIII+534, with map & Plate, Third Edition, Enlarged, 1854, London: Smith, Elder & Co, 65, Cornhill.

Papers respecting the civil war in China. Presented to the House of Commons, by Command of Her Majesty,

第一圖

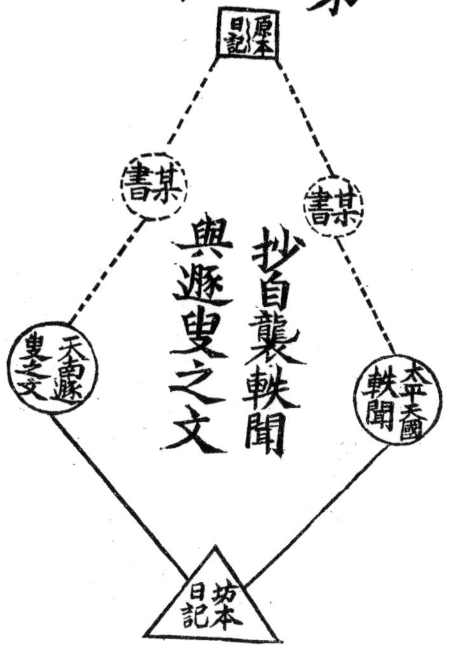

第二圖

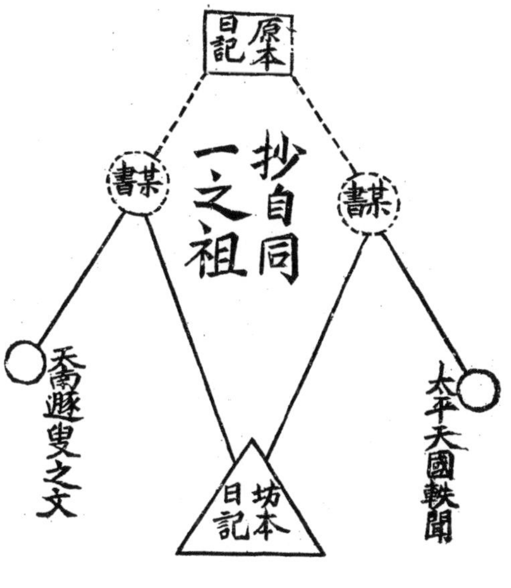

in Pursuance of their address of August 5, 1853, pp
44. London, Harrison & Son.
Lin Le, a special agent of the Ti'ping General-in-Chief: Ti'ping-Tien-Kwoh, including a narrative of the authors personal adventures. 1 Vol. pp. 1866, London, Day & Son.

求是齋讀書志疑

致中

（二）莊子年代

莊子年代，諸書言之者頗鮮，太史公謂其與梁惠王齊宣王同時，亦未指出其生卒年代也，至司馬彪則謂莊子去魯哀公百二十年，其說何所本，已不可考，惟今之推測莊子年代者多從其說。然苟從其說推去，莊子當生於西曆前三四七年亦卽梁惠王二十四年，則未免太晚，與莊子書中所載事不合。山木篇有：『莊子衣大衣而補之正潔係而過魏王』之事，司馬彪曰：魏惠王也。莊子究在何年見惠王，今不可考，然卽使在惠王最終一年，依此推算，其時莊子僅十一歲，安能見惠王，而惠王又安能稱之爲先生？且莊子係惠子之友，据莊子書中所稱，似惠施爲相時，莊子已久與之來往。惠施相梁，究在何年，亦不可考。惟据呂氏春秋：『惠子之相魏爲本其治不治，當惠王之時，五十戰而二十敗，大愚之術，爲天下笑。』則惠施用事於魏，必爲時甚久。呂覽又云：『故惠王布冠而拘於鄄，齊威王幾弗受，惠子易衣變冠而走，幾不出乎魏境。』按史記魏世家稱惠王二十九年以中山君爲相，惠王二十九年正當齊宣王元年，可見惠子相梁，必在惠王二十九年以前。斯時莊子若依司馬彪之說推之，不過三四歲耳，安能與惠子爲友？由此可見司馬彪之說，實不足據，今人每據此以推算莊子年代，實屬大謬。

竊以据莊子書中所載之事實考察，莊子之年代，至少當較司馬彪之說早三十年，換言之，卽莊子當生於三七〇年左右也。今試以此假定考察莊子書中所載之事，觀其是否吻合，第一，先考察莊子與惠子之關係。据吾假定之年代推算，莊子少惠子三十歲（惠子之年代，依胡適推算爲前三八〇—三〇〇年）。此實與莊子書中所載者相符。如徐無鬼篇稱『莊子從葬，過惠施之墓，可見惠子死後多年，莊子尚存。齊物論：『昭文之鼓琴也，師曠之技策也，惠子之據梧也，三子之知幾乎，故載之末年。』尤足證莊惠二人年齡相差甚遠。莊子始見惠子，當在惠子爲相之時，其時莊子年已成立，學自有可觀。太史公謂莊子與齊宣王，梁惠王，楚威同時。今依吾假定之說，齊宣王卽位時莊子三十三歲，去位時莊子年五十二歲。梁惠王卽位時莊子年五歲，去位時莊子年四十歲。楚威王卽位時莊子三十六歲，去位時莊子年四十歲。諸証百合，足證假定尚不差。至於莊子之死年，則据徐無鬼篇，似惠子死已久，莊子始過其墓，惠子既卒於西曆前三百年頃，則莊子之去世，至早當在西前二八〇年左右，亦卽周赧王三十四，魏昭王二十六年左右也，享年至少在七十歲以上。

李文忠公鴻章年譜

李書春

凡例

一，是作皆就參考書之原文，彼此互較，加以删改，用已意書出，故不用引號。

二、文內之亞拉伯字，有雙重之意義：一爲注明事蹟之出處，如某事見於某書等。次則爲標明對某事有所論斷，或評論。

三，每一亞拉伯字，乃對於其字前之事蹟，有所說明，或註其出處。有時爲一段一章之註明。但在此字以後之事蹟，皆與此字無關。

四，亞拉伯字每頁皆以「1」起，如頁一自「1」起，第二頁仍自「1」起，而在年譜之後，則有注釋對照表。此表以頁而分，凡每頁之亞拉伯字，皆書之而註明其意義。如頁一共有亞拉伯字九，即自「1」至「9」，在注釋對照表內頁一項下，自「1」至「9」及其字下之注釋，即年譜頁一大事蹟之註釋。如查第二頁之亞拉伯字，則在注釋對照表頁二項下去查，他以此類推。

（但因印刷關係，已將注釋對照表删去—編者）

五，本文之頁數，乃按中文說法而言。即紙之兩面爲一頁。

六，本年譜所用之年以陰曆爲主陽曆爲輔，每年之下，書以甲子，及西曆之年數。而在月下則無之，蓋陽曆較陰曆先一月，故雖不書亦易計算。

七，本年譜對於李鴻章年歲之計算，則用西法。以生之次年，爲一歲，故較其他記載少一歲。

八，本年譜內有符號三種，即△○✩，皆用於每年本譜紀載之後。凡事蹟之列於△下者，乃李鴻章親友之事蹟，如子，兄等。列於○下者，乃國內大事。✩下者乃世界大事。凡列於此三種符號下之事蹟，多與李鴻章有直接或間接之關係。

九，本年譜之年月日及國內或世界大事等，皆以陳氏中西回日曆表　傅運森之世界大事年表　辭源之大事年表

十，本年譜之後，附參考書目錄。其次序以書名第一字筆畫之多少爲標準，至英文書目，則列於漢文之後。其次序則以書名之第一字母分先後。

譜引

公諱鴻章，字少荃，晚自號儀叟。世爲安徽合肥縣人。姓李氏，其本許氏也。曾祖椿，祖殿華，皆不仕；考文安，

進士刑部郎中，記名御史，三世皆因公貴，贈如公官爵。曾祖妣裴氏，祖妣周氏，妣李氏，皆贈一品侯夫人。(1)兄弟六人，公其仲也。(2)兄翰章，誥授光祿大夫太子少保兩廣總督。(3)弟昭慶以鹽運使候補。(4)夫人趙氏，早卒。繼室周氏，本狀元家世。(5)公以丁未進士，治團練，勳匪有功，籌洋務，辦外交，俱著聲譽，歷任封疆，久參機要，以肅毅伯大學士，北洋通商事務大臣，直隸總督薨於任。予諡文忠，追贈太傅，晉封一等侯爵，入祀賢良祠，及立功省分建立專祠。子二人，經述刑部員外郎，賞給四品京堂，承襲一等侯爵，以毀卒。經方記名道，以四品京堂候補。(6)繼子一人，經邁，弟昭慶之子。(7)工部員外郎，以四五品京堂用。孫戶部員外郎李國杰以郎中郎補，襲侯爵。李國燕李國煦均以員外郎分部行走。李國熊李國燾均賞給舉人，准其一體會試。(8)(9)

李鴻章年譜

道光三年(清宣宗)　癸未　一八二三(西歷)

正月初五日(10)公生於安徽合肥縣東鄉之大興集(11)

△父十七歲　母二十三歲　兄一歲

曾文正十二歲　洪秀全九歲

○禁止民間私種罌粟。定商民與蒙古貿易章程。

☆拿破倫敗後之五年。　孟祿主義宣布。

道光四年　甲申　一八二四

公一歲

○英人破緬甸割亞山阿羅漢之地。

☆法王查理十五立。

道光五年　乙酉　一八二五

公二歲

○回匪張格爾亂起。　封鄭福為暹羅王。

☆法帝尼哥拉第一立

道光六年　丙戌　一八二六

公三歲

○楊遇春楊芳等討張格爾。　實行海運。

道光七年　丁亥　一八二七

公四歲

○回亂平　張格爾就擒。

☆俄英法海軍破土軍。

道光八年　戊子　一八二八

公五歲

☆俄土戰爭。

道光九年　己丑　一八二九

公六歲

○浩罕入寇。

☆希臘再興。

道光十年　庚寅　一八三〇

公七歲

○張格爾之兄玉素普入寇。

☆法內亂法王辭位。

道光十一年　辛卯　一八三一

公八歲

○復許浩罕通商。

☆法王路易腓力立。

道光十二年　壬辰　一八三二

公九歲

○鴉片輸入嚴禁。湖廣台灣之亂起。

☆英國選舉改革案通過。

道光十三年　癸巳　一八三三

公十歲

○廣東水災。

☆埃及離土獨立。

道光十四年　甲午　一八三四

公十一歲

○英人密秘販賣鴉片。

☆英法西葡同盟成立。

道光十五年　乙未　一八三五

公十二歲

☆奧王斐迪南第一立。

道光十六年　丙申　一八三六

公十三歲

○定吸食鴉片罪。日本陸奧民漂至廣東。

☆法內亂，放路易拿破倫於美。

道光十七年　丁酉　一八三七

公十四歲

○林則徐爲湖廣總督。

☆英女皇維多立亞立。

道光十八年　戊戌　一八三八

公十五年

△公父愚荃與曾國藩同中進士。(一)

○林則徐爲欽差大臣查廣東海口事務。

☆大西洋始行氣船。

道光十九年　己亥　一八三九

公十六歲

○林則徐嚴禁鴉片焚英商之所有。

☆比荷分離

道光二十年　庚子　一八四〇

公十七歲

○英人犯寧波。罷則徐。遣琦善與英人議和。

☆普王威廉第四立。

道光二十一年　辛丑　一八四一

公十八歲

○琦善與英約割香港。英復犯定海。

☆英人征服卑路芝。

道光二十二年　壬寅　一八四二

公十九歲

○英人逼金陵。南京條約。

☆英伐阿富汗。

道光二十三年　癸卯　一八四三

公二十歲

○耆英爲商務督辦。

☆英領印度合併成立。

道光二十四年　甲辰　一八四四

公二十一歲

是年公中鄉榜(2)或於是年與夫人趙氏結婚(3)

○中英中法條約。

道光二十五年　乙巳　一八四五

公二十二歲

是年，公入都會試，以年家子受業曾公國藩之門，曾大器重之。(1)

○回亂起林則徐爲甘陝總督。

☆美墨之戰。

道光二十六年　丙午　一八四六

公二十三歲

公客京師，時與曾文正相過從，講求義理之學，畢生所養，實基於此。(2)

道光二十七年　丁未　一八四七

公二十四歲

是年進士及第改翰林苑庶吉士。(3)時與曾文正相往還。

○廣東民逐英人。中瑞中諾條約。

道光二十八年　戊申　一八四八

公二十五歲

留京師翰林院。

○許俄通商上海。捕洪秀全旋釋之。

☆法復改共和，魯易拿破倫為總統。

道光二十九年　己酉　一八四九

公二十六歲

仍留京師翰林院。

△兄翰章選拔朝考出曾文正門下。(4)

○阮元卒。

道光三十年　庚戌　一八五〇

公二十七歲

散館授編修。累充武英殿編修。國史館協修。(5)

○宣宗崩文宗立。洪秀全起於廣西桂平縣之金田。

☆德聯邦憲法成。

咸豐元年(清文宗)　辛亥　一八五一

公二十八歲

留京師。

○中俄伊犂塔爾巴哈台通商章程。伊犂設領。洪秀全稱太平天國天王。

咸豐二年　壬子　一八五二

公二十九歲

大考翰詹二等賞文綺。(6)

○太平軍陷楚江皖並警。

☆拿破倫第三即位。

咸豐三年　癸丑　一八五三

公三十歲

正月與封翁，隨同侍郎呂賢基·回籍辦團練。(7)是時江忠源為皖撫文正貽書稱公可屬大事。(8)五月禦賊於和州之裕溪口敘功賞六品頂戴，並賞戴藍翎。(9)十一月皖北糜爛呂公殉舒城之難，而團練事遂無可為。十二月旋入皖撫福濟公幕，福濟蓋公之座主也。(10)

△兄翰章署河南益陽縣事。(11)

○安徽廬州陷於匪江忠源死之。(12)

南京陷。捻匪起於安徽之宿州亳州蒙縣。

曾國藩招湘勇。

咸豐四年　甲寅　一八五四

公三十一歲

皖撫福濟欲恢復廬州，公乃獻計先取含山巢縣，剪敵羽翼，賊自易破。福濟從之，授以兵。公乃於是年十二月克

二縣。公知兵之名由是著。福濟將疏薦道員，忌之者衆，謗讟繁興，公幾不能自立於鄉里。(10)

△兄翰章隨曾文正東征(11)

○曾國藩等復岳州。

☆克里米之戰。

咸豐五年　乙卯　一八五五

公三十二歲

是年初公父曾三謁曾文正，欲爲公謀一位置。(12)二月以克復含山縣城賞加知府銜，賞換花翎。(13) 五月丁父憂，仍留營。十月從克廬州府，奉旨交軍機處，以道府用，(14)福濟本不知兵，措置未盡合宜，公亦不得志，會粵匪勢橫，公病官軍之退縮，力請大舉以戰。總統鄭魁士不許，卒立軍令狀，始得行。不幸大敗，合肥諸鄉寨皆被蹂躪公所居寨亦不守。(15)夫人幼子皆死於是役。(16)(17)

△兄翰章於曾文正幕辦理糧台，居南昌。(18)

○僧格林沁平河北。　武昌復陷。

☆俄帝亞力山大第二立與各國息兵。

咸豐六年　丙辰　一八五六

公三十三歲

九月初公督千總苗順清等克東關僞城。東關在巢東四十里，即古之濡須江，爲巢湖出口第一要隘。(19)月之梢從克無爲州賞加按察使銜。(20) 十月合肥舒城等縣亦次第平定。(21)

○羅澤南戰死。　楊秀清被殺。　胡林翼復武漢。

☆巴黎會議。

咸豐七年　丁巳　一八五七

公三十四歲

以迭次勦匪出力，奉旨交軍機處記名，遇有道員缺請旨簡放。(22)

△文正丁憂。

○捻入直隸擾大名京師戒嚴。

廣東吏民爭燒英館，英人亦燒省城。

☆英廢蒙兀兒帝領有印度。

咸豐八年　戊午　一八五八

公三十五歲

公於福濟幕甚不得志，乃奉母避之鎮江，而自出謁諸師。圖復出，然落落無所合。久之聞曾文正督師江西，居建昌，公往謁意必相留；乃久無消息。後挽人說項，始得人

幕。蓋文正以公少年科甲，志高氣勝，難於駕馭，故必有以折之，使之就範，此蓋十二月事也。(1)(2)

○英法之役議和於天津。　愛琿條約成。

✿美人設大西洋電線。

咸豐九年　己未　一八五九

公三十六歲

五月曾文正檄公同候選知府曾國荃赴景德鎮助剿。復景德鎮及浮梁縣城。(3)　七月十五日公與兄翰章隨文正至南昌，兄之報銷總局在焉。(4)　九月二十五日奉旨授福建延建郎遺缺道，仍留幕中不之任。(5)

△美人華爾 Frederick Townsend Ward 應候選道楊坊之請，於是年秋，用外人組織軍隊，以保護上海，爲常勝軍之嚆矢。(6)

○僧格林沁破英法軍於大沽。

✿法奧復開戰。

咸豐十年　庚申　一八六〇

公三十七歲

六月江西肅清；文正督兩江，公仍在幕中。(7)文正進駐祁門，公以其地不利，請他遷；不從。　七月文正擬設淮揚水師，請補公江北司道行其事，未果。復薦兩淮鹽運使亦不行。(8)　十二月文正因李元度不聽調度，私與賊戰，致失徽州，將劾之；公以元度與文正久共患難，率一幕人往爭；文正不許。公憤而去之江西。(9)

○英法聯軍陷北京焚圓明園。　華爾克松江。(10)江西肅清。　捻乘英法之役入山東。

✿林肯爲美國總統，南北戰起。

咸豐十一年　辛酉　一八六一

公三十八歲

八月一日曾文正下安慶，移建軍府。公馳書往賀，文正復書云：「若在江西無事，可即前來。」公乃至安慶，文正復迫入幕府。(11)十一月旨詢蘇帥於文正，以公對，其疏有云：「李某才大心細，勁氣內斂，堪膺重任；且淮南風氣剛勁，欲另立一軍，以爲中原平寇之用。」(12)於是公乃歸廬州募淮勇。(13)期以來年二月濟師。(14)既至安慶文正乃爲釐定營制，悉仿湘軍，是爲淮軍之始。先是淮南迭被蹂躪，獨合肥因張樹聲樹珊兄弟，周勝波勝傳兄弟，及潘鼎新劉銘傳等，自咸豐初即練民團，築堡累，以自衞；始得保全。公之募勇也，乃因其舊而加以精練，以弟鶴章總營務，二張二周潘劉等咸從焉。文正復以湘軍數營，猛將程學啟郭松林歸公調遣。以故此後無往不勝，其名

皆則以程郭劉潘二張二周爲最焉。(16)

〇文宗崩。 設總理各國事務衙門。

同治元年(清穆宗) 壬戌 一八六二

公三十九歲

二月太平軍陷松江太倉諸屬，惟上海獨存，勢甚危。蘇紳戶部主事錢鼎銘等集銀八十萬兩，僱船六艘，於二十八日詣文正營乞援。時公軍八千人，被賊阻不得達鎮江。文正乃奏請移師上海。乃定以三次輪送完畢。 三月八日，公自巢含赴鎮江。十日至滬。三十日全軍至上海。得旨署江蘇巡撫，以舊巡撫薛煥爲通商大臣；專辦交涉事件。先是滬紳以金啗英法軍，使助官軍勦賊。而美人華爾所組之常勝軍已具模形，至是悉隸於公。四月常勝軍英法軍會合民團，復奉賢，方議趨金山圍，適松滬官軍覆於太倉。公檄英法全軍回援嘉定。敵攻急，英法兵突圍入，挾各官暨留防兵遁歸上海。嘉定奉賢再陷。敵勢專注青浦松江。五月青浦守將華爾棄城走保松江，而敵則厚集於泗涇謀久踞。公乃駐營新橋，飭程學啓等前進，而自率軍繼之。敵數萬犯新橋公督郭松林等回援，縱橫合擊。乘勝復攻泗涇，解松江圍。因之曾國荃等始得屯軍金陵城外之雨花台。此時朝廷以鎮江爲南北要衝，迭促公赴援，公乃密言夷兵不可恃，滬防必自強，雖知敵有大股擊金陵圍之意，然以兵少不能分，而滬地人心未服，必待滬事布置就緒，始可出江。旨命緩行。公議先復浦東廳縣，飭所部進兵。遂克南滙川沙奉賢。六月克金山，浦東大定。 七月諸軍合拔青浦。慕王譚紹洸自蘇州糾衆數十萬謀救青浦，不得逞。捕北新涇防營，分擾法華寺以西，且及上海。公乃檄青浦軍半留青浦，半赴泗涇七寶出賊後；親督上海軍當其前，大破之於北新涇。賊遁嘉定。 閏八月淮軍攻浙江之慈谿，華爾死之。俄人請以兵助勦，却之。九月克嘉定。譚紹洸復以蘇杭之敵來犯，大戰於三江口，殺敵無算。松江解嚴。捷聞，實授江蘇巡撫。美人白齊文 Henry Andrea Burgerine 代華爾領其衆。 十一月常勝軍奉調赴金陵，有異志，閉松江城索餉。而白齊文且擘上海道楊坊之頰，刧銀四萬兩。公乃與英提督議，以英將代白齊文。此公與外人交涉之第一次也。常熟太平軍守將駱國忠董正勸以城降。福山諸海口皆下。忠王李秀成悉衆圍常熟；其援軍復竄陷福山。公乃飭水師護常勝軍出海攻福山，不克，而還。(1)

☆法侵安南。 普王威廉第一立。

同治二年 癸亥 一八六三

公四十歲

正月兼署五口通商大臣。奏設外國語言文字學館於上海。是公創辦洋務之始。常熟圍急，乃使駱國忠固守，而檄潘鼎新劉銘傳等乘船趨福山攻其後。　二月別遣程學啟李鶴章攻太倉崑山以分敵勢；而使常勝軍與淮軍合攻福山拔之。石城常熟軍知援至，亦啓城出擊，圍乃解。同時與英提督亦交涉成功：議約十六條：黜白齊文而代以英將戈登 Clarles Geoage Gardon ；裁常勝軍至三千人；減其冗費；束以紀律。戈登卽於是月就職。常勝軍始復爲用。此公外交之第一次成功也。白齊文乃投於太平軍，公乃懸賞購之。　三月克太倉。　四月乘勝復崑山。乃奏言蘇松太屬粮重制劣，病國貧民，請改制，召可。　五月奏報軍情，以賊之死爭，易守，他竄，爲三可慮；江北之竄路已斷，江南之賊勢日衰，爲二可幸。分兵三路，以規蘇州。六月李秀成自無錫擁衆十餘萬援江陰，據常熟，公乃檄李鶴章劉銘傳郭松林等大破之。而同時程學啓戈登等進兵吳江，敵以城降。七月曾文正奏請勿庸改設南洋大臣，仍令公兼理。公分飭程學啓戈登等規蘇州；李鶴章劉銘傳等規江陰；潘鼎新劉秉璋等規嘉善，以牽制敵勢。師並進，江陰下。李秀成糾郜雲官等十萬餘佰大橋角營，李鶴章擊退之。　九月李秀成復自蘇州無錫糾兵互進，李鶴章立八營於大橋角與之持。公以諸巨敵，志在保無錫，援蘇州，乃命李鶴章劉銘傳守後路；而復抽精銳之卒，翻營擊敵，大破之，敵悉遠遁。斯時太平軍以金陵蘇杭爲三大本營，而蘇州實其脊膂，故李秀成百計援蘇州，譚紹洸誓死守府城，相搏累月卒不得下。　十月公親莅蘇州視師，益趣攻，使程學啓緣蘇河之南岸，戈登緣北岸以進。會城中糧盡，敵衆疑懼，秀成部將郜雲官等猜疑攜貳，遂通款於程學啓乞降。公乃命學啟與戈登造洋澄湖與雲官而訂降約。使殺秀成紹洸以獻，許以二品之賞，戈登爲其安全之保人。雲官等不忍殺秀成，乃許殺紹洸而別。李秀成微覺其謀，，以二十三日夜遁。二十四日譚紹洸以事召郜雲官於帳中，雲官與驍將汪有爲刺殺之，並掩殺其親軍千餘人，遂開城降。二十五日雲官寄獻紹洸首級，請程學啓入城驗視。首列名者八人；卽納王郜雲官，比王伍貴文，康王汪安均，甯王周文佳，天將范啓發，張大洲，汪懷武，汪有爲。精銳猶逾十萬，程恐不可制，乃密與公謀。宴彼等於坐艦，以伏兵殺之，並殺其黨二千人。戈登聞之，大怒，携短銃覓公欲殺之。公避之不敢歸營。蘇州克復，實江南戡定之第一關鍵。先時曾國荃左宗棠與公皆以孤軍深入，不得聯絡，故其力單勢微。此後公乃建議統籌全局，與曾左之師互相聯絡。奏聞賞太子少保銜，穿黃馬褂。十一月李鴻章等克無錫。程學啓李朝斌等會師嘉善，守將陳占榜降。遂逼嘉興。敵守禦完備，久之乃克。是年太平軍首領陳得才藍成昌賴汶洸等台於捻。捻酋張總愚任柱牛洛江陳大喜等各擁衆數萬，出沒於山東河南安徽湖北各州縣。(一)

○中丹條約。中荷條約。

同治三歲　甲子　一八六四

公四十一歲

正月公分其軍爲三：甲隊自率之；乙歸程學啓率之，入浙拔平湖乍浦與浙軍相策應。丙隊則以劉銘傳郭松林等率之與常勝軍共略常州。戈登請攻宜興，公令郭松林等水陸各軍合勦，克之。並克溧陽；敗金壇太平軍劉王襄王之衆平，其附城諸壘，賊勢大蹙。時護王陳坤書據常州，合丹陽句容衆十餘萬，繞出常州城北，擣官軍之背。以無隙可乘，復竄入內地，以解常州嘉興之圍。循河而東，奄至江陰之南閘，及周莊華墅楊庫犯常熟。公檄郭松林等棄金壇勿取，疾馳歸援。令楊鼎勳張樹聲率精卒二千人橫截江陰之焦店；而飭李昭慶鄭國魁由嘉興越援常熟。敵併集無錫江陰常熟間，圍常熟尤亟。黃翼升督水師自白茅口進，與李鄭合擊敵，大破之。復逐顧山陳市之敵，追過福山常熟圍解。敵退屯江陰圖西竄。同時程學啓圍嘉興。久而無功，且傷亡甚衆。二月十九日學啓激勵將士，欲拔之。躬先梯城，腦中彈以傷卒。部將劉士奇代爲指揮。士卒奮激，勇氣百倍。而潘鼎新劉秉章等亦水路並進，遂拔嘉興。(程學啓卒。)杭州之敵焰大衰，遂以二月二十三日乘夜遁。左(宗棠)軍二月三日入杭。至是蘇浙軍之聯絡全通，勢力始集。三月公至江陰破敵於三江口。沿江之敵盡殲。公乃至常州督師。時常州之外援金壇丹陽先後被鮑超等所克；孤立無援，陳坤書仍死拒。公乃命戈登礮擊南門；劉銘傳攻北門；劉士奇王永勝攻東南隅。城毀數十丈，公揮軍登城，坤書卒被擒。四月六日復常州，蘇軍(公)與金陵軍(曾國荃)之聯絡全通。江蘇全省除金陵城外無一敵蹤矣。捷聞，賞騎督尉世職。是時公見敵軍已滅，全功已竟，因常勝軍難於駕馭，乃解散之於崑山。(2)公疏請優敘戈登，照準。復與文正合疏請減蘇松浮糧，以甦民困，詔可。時金陵垂克，朝旨屢命會轉師助勦，公有避功之意，奏請先取湖州，克長興方議遣隊助勦。六月十六日金陵下，敘功賜封一等伯爵，並賞戴雙眼花翎。尋賜伯號曰肅毅。是時太平堵王黃文金，擁衆十萬據湖州。公以蘇湖接壤，防其竄越，令潘鼎新以水陸軍拔長興。進擊晟舍。七月會浙軍襲取湖州，劉銘傳亦克廣德州，黃文金遁死、江浙肅清。十月充江南鄉試監臨。(1)

○太平遺軍合於捻，勢更盛，遂轉入河南山東。新疆回匪亂起。韓王李熙立。

☆奧普伐丹麥。

同治四年　乙丑　一八六五

公四十二歲

正月飭郭松林楊鼎勳率軍航海赴閩，從左宗棠克漳州漳浦等城，盡殲太平軍餘黨。白齊文亦被擒，而死。(2)四月二十五日科爾沁親王僧格林沁戰歿於曹州。曾文正被命爲欽差大臣，督軍勦捻。命公暫署兩江總督。五月二十二日公至金陵接任。(3)奏遣潘鼎新一軍，由海道赴天津屛衞畿輔。九月諭公統率所部各軍，赴豫西防勦，兼顧陝西山西。公歷陳兵勢不能遠分，餉源不能專持，軍火不能接濟。事遂寢。十一月曾文正畫長圍之策，以應捻，公後因之。是年公設江南機器局於上海。(4)

△兄翰章爲湖南巡撫。

○回亂愈熾。

☆美內戰平。林肯被刺。

同治五年　丙寅　一八六六

公四十三歲

七月河漫高郵汎，掣卸清水潭壩。朝命公會同漕運總督吳棠勘修工程，予優敘。九月趣公馳往徐州妥籌淮徐以東各路防務。(5)十月曾文正因病乞假，欽命公暫行署理欽差大臣關防。節制各軍專辦勦匪事宜。(6)十一月實授欽差大臣。(7)時捻分股爲二，張總愚竄陝爲西捻；任柱賴汶洸竄山東，爲東捻。公甫視事，東捻竄湖北。乃飭劉銘傳劉秉璋周勝波張樹珊等躡勦，迭敗之。(8)

○回匪陷伊犂。左宗棠爲陝甘總督。

☆普奧戰爭。

同治六年　丁卯　一八六七

公四十四歲

正月十九日公至徐州，與曾文正通籌西北大局。二十九日授湖廣總督，兄翰章爲江蘇巡撫。(9)二月三日公拔營赴河南督師，仍駐周家口。(10)是時捻匪由湖北竄擾河南，直趨山東。(11)五月匪渡河，濟南戒嚴。匪勢甚熾，瞬息千里，不能制。公以督辦軍務日久，疲師無功，奉旨戴罪立功，迅赴山東會勦。始文正議設運河東岸隄牆，杜賊竄越，公因之。以全軍注重運西使賊不得出運。六月抵濟寧，匪竄過濰縣欲趨登萊。公以逼賊入海隅聚殲為便。乃創膠萊河防之策。於膠萊河南北築長牆，奏言其利。(12)東撫丁寶楨一意欲驅賊出境，與公意見不合。(13)時任柱集萊陽即墨間，恐河防斷其竄路，伺隙反撲，隄牆數敗。七月潛由海神廟撲渡濰河，東軍禦之不及，膠萊防潰。下部議處。公乃飭劉銘傳郭松林楊鼎勳等躡擊。(14)此時朝廷有能運防之議，公覆奏堅持。(15)十月劉銘傳於安慶濰縣之交大戰，獲勝，追至贛榆，降酋潘貴升槍斃任柱於陣。賴汶洸率衆竄山東。十一月捻匪屢敗，劉銘傳等追至壽光彌河之交，幾殲其衆。賴汶洸落彌河未死。復糾合千餘騎，衝出天塘河。後被劉秉璋等追殺，汶洸餘百餘騎，南馳公留。十二月竄揚州為道員吳毓蘭所擒，東捻平。東蘇皖豫鄂五省一律肅清。加一賞騎都尉世職。(16)

○設同文館

☆日本王政復古。

同治七年　戊辰　一八六八

公四十五歲

正月西捻張總愚忽自山右渡河北竄，直逼畿輔，京師大震。諭迅飭軍入援。未至而賊下平鄉等縣，下部嚴議，並令親督所部，自臨清德州馳入直，相機剿辦。又以賊入衡水定州，拔雙眼花翎，褫黃馬褂，革騎都尉世職。公奏行堅壁清野之法。二月公次保定敗賊於安平饒陽。三月匪入豫折竄直隸撲山東東昌。四月趨茌平，由德州逼天津。下部議處。朝命總統北路軍務，限一月殄滅。公奏謂捻騎飄忽，非就地圈圍不足制賊之命，而直隸地面平曠，無可圈圍，欲就東海南河形勢，必須先扼西北運河；尤以西北至津沽西南至東昌張秋為鎖鑰。乃開滄州；迤南墻，洩河水入減河。於河東築長牆，斷賊竄津之路。東昌運防，則以淮軍守之。賊自鹽山竄擾東昌運河，無可逞，復散走。五月以剿賊逾限，予嚴議。時賊以官軍嚴逼，南謀越運河不得逞。公懼久晴河涸，乃奏請以黃河為外圍，而以夏津高唐之馬夾河為裏圍。時官軍大敗賊於德州；商河。張總愚遁濟陽，出德州犯運防，皆為官軍擋截。是時黃運交漲，賊竄地益狹。公復增調劉銘傳等圈賊黃運之內，而令馬隊於內兜逐，賊無一生者。張總愚投水死，西捻平。朝旨先行賞還雙眼花翎，黃馬褂，騎督尉世職，開復迭次剿捻不力各降級處分。七月賞太子太保銜，協辦大學士，湖廣總督。(17)八月入覲，賜紫金城騎馬。(18)

兩宮垂詢，公以功在廟堂爲對。(1)十月公赴湖廣總督任，過金陵，謁曾文正。(2) 十一月乞歸省，予假一月，受赴四川查辦教案之命 (3) 十二月在假中，與繼室周氏結婚。(4)

○俄人取布哈拉。

☆英格蘭斯頓爲首相。　日本明治天皇立。

同治八年　己巳　一八六九

公四十六歲

二月兼署湖北巡撫。　八月命馳赴四川查辦總督吳棠參案。復陳所劾不實。道員鐘峻彭汝綜分別革休。　十二月命赴貴州督辦苗亂軍務，川楚各軍統歸節制。(5)

○左宗棠平回。　日遣使求好。　中俄陸路通商約。

☆蘇彝士運河開通。

同治九年　庚午　一八七〇

公四十七歲

二月甘肅逆回糾合土匪，肆擾地方。陝甘總督左宗棠駐軍平涼，不及兼顧，命公暫緩入黔，先赴陝西督辦軍務，(6) 六月自潼關啟行抵西安，籌定周勝傳等北山勦匪事宜。(7) 七月北山土匪平。值天津因迷拐幼童案，牽涉教堂，毆斃法國領事官焚教堂，法使羅淑亞索兇急，且以兵艦集津沽爲恫嚇計。廷議促公移師天津，密籌防衛。　八月調直隸總督，諭偕曾文正速定讞，詳奏上。法亦因普法戰爭，無暇及此，故羅淑亞亦無異辭，事遂結。(8)　十月撤三口通商大臣，以總督兼任，改爲北洋通商事務大臣。(9)設機器局於天津。(10)　閏十二月籌通商日本，並派員往駐。(11)公之外交生活自此始。(12)

☆普法戰爭。

同治十年　辛未　一八七一

公四十八歲

日本初請通商，授全權大臣與之定約。(13)　四月擬在大沽設洋式礮台。(14)　是年夏，河決，御史參公修隄不力，剋扣工餉，請革職拿問，未行。(15)　七月公與曾文正會奏派陳蘭彬容閎選聰穎子弟，前赴泰西各國肄習技藝，如軍政商政皆爲身心性命之學，更當注意。(16)是年並與法國交涉，改良教士之法律關係，如教士教徒必經清律裁判，與信徒必經詳細考查等，法政府不之應，是以不得結果。(17)

○俄佔伊犁。

☆普王稱德意志皇帝。　法復改爲共和。

同治十一年　壬申　一八七二

公四十九歲

正月與曾文正合奏，選幼童赴美肄業。又選游擊卡長勝等赴德國學習軍械技藝。　五月授大學士，仍留總督任。(18)請開煤鐵礦。(19)此時有請停止造船者，公覆奏謂：士大夫囿於章句之學，而昧於時勢，不知槍砲輪船乃近世立國之本。國家諸費皆可省，惟養兵，設防，練習槍炮，製造兵輪之費不可省。(20)　六月授武英殿大學士。(21)　十一月設輪船招商局。(22)　是年日韓有違言。日詢之於中國，當局答以中國向不問朝鮮國政，貴國與理論可也。(23)

○曾文正卒。　貴州苗亂平。

※俄德奧帝會於柏林。　俄無政府黨創立。

同治十二年　癸酉　一八七三

公五十歲

二月赴津籌辦與日本換約。(24)　四月與日換約畢。(25)　五月因台灣生番殺日人，日派專使赴京與總理衙門交涉，先至津謁公。(26)　六月總署回復日使，言我國對台灣生番，絕不過問，日本可自由行動。於是日遣軍至台。(27)而公之主張，則謂，台灣非特無益於我，而有害。甚至欲棄之以與英或其他强國。(28)　閏六月覆陳治河之策：言近世治河，兼言利運，遂致兩難。爲今之計，自不得不出於河自河，漕自漕之策，因海運利用已久，費輕而捷，復此難且費之河運爲何，下部議行。(29)　十月因英使之調停，與日本訂約，以五十萬兩爲賠償費，使日本撤台灣之兵。於是世人皆知我懼戰，而樂於輸金。(30)　十二月以明年慈禧太后四旬萬壽，及上親政後出屆元旦令辰，下部優叙。(31)

○雲回亂平。　俄人取基華。　設鐵道局。

同治十三年　甲戌　一八七四

公五十一歲

三月授全權大臣，與秘魯國議招工事，因訂和約專條。　十月慈禧太后壽，加恩中外大臣有老親年八十以上者，公母未及八十歲特恩賜賞。(32)　十二月調文華殿大學士，仍駐保津，以直隸總督攝行。(33)

○穆宗崩。

※萬國郵政同盟成立。

光緒元年(清德宗)　乙亥　一八七五

公五十二歲

自日本與台灣發生糾葛後，總署奏籌善後海防六策。命各督撫詳議以覆。公謂練兵，簡器，造船，籌餉，用人，持久，均救急要務，所未易猝辦者，即人才，經費，畛域，故習，諸難，而對人才則更當破例以求。(1) 六月與秘魯換約竣事， 七月請遣使赴秘以保護華工。(2) 八月奏議滇省戕殺英教士瑪加理事件。(3) 十一月籌辦鐵甲兵船，且請遣使駐日。 十二月請設洋學局於各省，分格致，測算，輿圖，火輪，機器，兵法，砲法，化學，電學，諸門。擇通曉時務大員主之。並於考試功名，稍加變通，另開洋務進取一格。(4)

○太后垂簾，恭親王攝政。 日韓立約，日認韓爲獨立國。 法以安南爲保護國，我國未過問。

光緒二年　丙子　一八七六

公五十三歲

三月派武弁等往德國學水陸軍械技藝。(5) 五月英使威妥瑪因滇案要求不遂，下旗將歸國。 六月命公爲全權大臣赴煙台邀威妥瑪商辦，威堅請嚴辦，適俄法德美日奧六國公使，及兵艦，齊集煙台，公故飾整暇，往來談讌，並召諸使及水師將領大會樂飲，六國協力阻英之請。乃與威妥瑪定儀待往來通商事宜，復尋舊盟。(6) 十一月派福建船政生出洋學習。(7) 是年立水雷學校於天津。(8)

○上海江灣鐵道成。 俄人取浩罕。

☆羅馬尼亞叛土自立。 土王被廢。

光緒三年　丁丑　一八七七

公五十四歲

正月議覆穆宗與孝哲皇后升附含次。(9)奏請籌議台灣事宜，如開礦，辦商，開墾，愼防等。(10) 三月晉豫亢旱，公籌巨欵賑濟。直隸水災，永定河決，改河築隄。復刊濬大清河滹沱河北運河減河。(11)遣留學生於英。

○左宗棠克伊犁。

☆英王兼印度帝。 美人畢爾始創電話。

光緒四年　戊寅　一八七八

公五十五歲

是年初公立孤兒院於天津。(12) 六月勘驗從英廠購到四船。(13) 七月奏請全國軍火劃一辦法。(14)

○左宗棠定新疆。 遣崇厚與俄議伊犂約。

☆俄土戰爭。

光緒五年　己卯　一八七九

公五十六歲

是年賞加太子太傅銜。(15)是時各國請通商與韓，公乃密勸韓與各國訂約。其奏摺謂：藉此以禦俄而制日。(16)

二月奏請籌議接收伊犂。十六日驗收續購船礮。(17)

自九月崇厚與俄訂伊犂約後，士大夫皆以言戰爲能。公獨不然。爲主戰派醇親王張之洞等所議。幸戈登自印度至，詳言我國之弱，主戰之議始少息。(18)是年公夫人身體失調，久不生育，經西醫治愈。公之信任西醫至此始，此年後不久生子。(19)

○琉球事件起。

☆德奧同盟成。

光緒六年　庚辰　一八八〇

公五十七歲

駐日使臣何如璋倡主持朝鮮外交之議。公謂若密爲維持，尙覺進退裕如。倘顯然代謀，在朝鮮未必盡聽我言，而各國或將惟我是問；他日勢成騎虎，深恐彈丸未易脫手。(20)是時俄因崇厚下獄，軍艦游弋洋面。三月一日命公密籌防務。(21)　二月始定購鐵甲船。(22)　六月巴西遣使議約，命公爲全權大臣。(23)　七月巴西約竣。始創海軍。立水師學堂於天津。(24)　八月設南北洋電報。自天津達上海，亘三千里。未幾各國請於上海設萬國電報公司，曁南洋海線。於是接辦沿海陸線，過浙閩至粵。後十餘年電線布滿全國。(25)　十月命公籌辦琉球案。(26)　十二月福建巡撫劉銘傳疏請開行鐵路。公議有九使，事下所司。(27)

○曾紀澤於俄求返伊犂。

光緒七年　辛巳　一八八一

公五十八歲

正月曾紀澤與俄定伊犂約。(28)　四月設開平礦務商局。(29)請開平銅礦。(30)　六月以薦醫優叙。(31)議設洋藥公司於天津。(32)創設公司船赴英貿易。(33)　七月天津水師學堂落成。(34)　閏七月與巴西增删條約。(35)　九月恭題孝貞后神主，賞穿帶素貂褂。(36)　十月請續選學生出洋。(37)　十一月招商接辦各省電報。(38)

○法人侵越南。

☆俄帝被刺，亞歷山大第三立。

光緒八年　壬戌　一八八二

公五十九歲

二月築旅順船塢。(39)　三月請獎由英駕駛兵船回華之將員。此乃華人國外駕駛之第一次。創辦廣仁堂，籌辦韓英議約事。(40)旋因母病請假一月，赴鄂省視。未行卽丁母憂。旨命百日後，以大學士，署理直隸總督；累疏固辭允開缺，仍駐天津，督練各軍，並署通商大臣。(1) 四月設商辦織布局於上海。(2) 六月朝鮮內亂。公時在籍，趨赴天津。飭提督吳長慶率淮軍援朝鮮，定其亂，囚其大院軍李是應以歸。公乃爲朝鮮酌定善後之策。(3) 八月妥議朝鮮通商章程。(4) 十月張佩綸奏請派大員爲朝鮮通商大臣，理其外交，公覆奏如前議。 十一月法越啟釁。命公籌邊防。(5)公對其事乃行伐謀伐交之策，思聯英德以牽制法人。先是已命駐英公使曾紀澤與英德暗中交涉，雖未成功，法政府因之有所顧慮，增兵籌餉之案，在議院否決。(6)十一月公乃與法使訂約於上海，法許尊重安南之宗主權，並以東京之半歸我，惜爲總署所阻，不果行。(7)

〇置新疆行省。 法兵據東京。 曾紀澤卒。

✿埃及叛英。 英焚歷山城。

光緒九年　癸未　一八八三

公六十歲

正月回籍葬母，予假兩月，假滿卽回任。 六月命署理直隸總督，並兼通商大臣，乞終制不許。(8) 八月三日至津接任。(9)欲美使出而調停法越事，未果。(10)

〇出兵越南。

✿德奧義同盟成。

光緒十年　甲申　一八八四

公六十一歲

正月奏請借撥出使經費，以購備槍砲。(11) 三月命辦法越構兵事宜。(12) 四月與法人訂立簡約，國人目爲賣國，參摺凡四十七上。(13) 閏五月華法誤會，戰端復開，諒山陷，法兵薄鎮南關。法艦隊駛入南洋分擾閩浙台灣。(14) 七月戰旨下。(15)斯時法海軍侵擾南洋，招商輪甚危，公乃請將招商局轉售於美，後事贖回，以求保護。(16) 八月服闋，授大學士，直隸總督，兼通商大臣。(17) 十月慈禧五旬萬壽，賜御書授元經體扁，仍授文華大學士。(18)是時朝鮮亂黨入王宮，殺執政大臣六人，日本陰助之，提督吳長慶以兵助勦，傷及日本兵士。朝旨派公與吳大徵會同查勘覆奏。(19)

〇恭親王免職，醇親王入總署。

✿美國華都開萬國子午線會

光緒十一年　乙酉　一八八五

公六十二歲

正月日本以朝亂傷及日本兵士事，派伊藤博文至津辦理交涉。 二月命公爲全權大臣，與伊藤於天津定約三條。其一卽兩國遣兵，必彼此知照。先是法海軍陷閩造船廠。然卒不得志於閩浙台灣；且陸軍大敗於諒山，公乃與法使議和，朝廷乃詔誥停戰。(20) 四月公被命爲全權大臣，與法訂約，喪失安南。是月公奏請設立天津北洋武備學堂。(21) 五月以籌備滇粵前敵餉糈無缺，下部議叙。復奏言西人水陸將士，皆出自學堂，請仿行之，挑選各防營弁勇，入武備學堂肄業。八月奏請遣朝鮮大院君李是應歸國。(22) 九月設海軍衙門，以醇親王總其事，命公會同辦理。復請將朝鮮電線，與奉天電線相接，以便通消息。(23) 十月入覲。將世務之極需者，與西后詳細討論。其一切之武備計劃，始蒙允許，此後進行始有把握。(24)

△子經述登鄉榜。(25)

○左宗棠卒。

☆戈登戰死於蘇丹。

光緒十二年　丙戌　一八八六

公六十三歲

年初公被命爲全權大臣，與法訂通商滇粵邊界條約。三月約成。(26) 公於是年除地方政務外，尚辦外交事項三：一爲長琦兵捕互鬥案。緣是年春。我國有艦至長琦修理，水兵上路，與日捕互歐，傷數人。後經德葡二使之調解始結決。(27) 一爲巨文島案。英懼俄人吞併朝鮮，而佔朝鮮之巨文島。公與之交涉，卒因俄使允不佔朝鮮，英人始退。(28) 一爲蠶池教堂案遷移案，乃遷移皇城之教堂於城外一案。(29)

○立台灣省。　英併緬甸。

光緒十三年　丁亥　一八八七

公六十四歲

二月奏辦開平煤礦。(30) 夫人五十正壽。(31) 四月奏請整理錢法，且用機器造錢。(32) 請開淄川鉛礦。(33) 七月永定河決。(34) 八月河決鄭州三百餘丈，延及直隸南部，耗款千餘萬兩。(35) 九月公令朝王通知所遣各國使臣，必受所在國中國使之引導。(36) 十月先是與葡議約，公受命爲全權大臣，至是約成，共五十四款。(37) 十二月開鏌河金礦。(38)

○俄聲明不佔朝鮮。　允澳門爲葡人之永久居留地。

☆德奧意同盟延長五年。

光緒十四年　戊子　一八八八

六十五歲

海軍成。有船二十八艘，檄飭海軍提督丁汝昌統率，周歷南北印度各洋，練習風濤陣技，歲率爲常。（1） 五月與葡使臣換約。（2） 九月出巡諸海口。歸患目疾，請假二月餘。是時朝廷命各督撫，籌備萬壽山建築費，公即應二百萬兩。（3）

△嫁女於張佩綸。兄爲漕運總督。子經芳。爲駐英參贊。

○藏印衝突。中法滇越邊界接線章程成。

☆俄建鐵路直達撒馬爾罕。德帝威廉第二立。

光緒十五年　己丑　一八八九

公六十六歲

正月着兩江各省湊集巨欵，分年交李鴻章，存儲生息，專爲海軍之用。（4） 二月太后歸政，賞用紫韁。（5）是年與俄定不侵朝鮮條約。（6）是時萬壽山工程需欵，慶王謂不用正款，由各省攤派，着先支用海軍署及神機營兩處餘欵。（7）

○皇帝親政。皇帝大婚。

光緒十六年　庚寅　一八九〇

公六十七歲

是年天津及近畿一帶被水，公受命籌備賑濟。（8）十一月驗收旅順各要工。（9）

△子二品頂戴，江蘇候補道，經方充出使日本欽差大臣。（10）

○藏印條約。曾國荃卒。

☆德英定非洲政治區域。

光緒十七年　辛卯　一八九一

公六十八歲

二月校閱海軍。四月與山東巡撫張曜，會閱海軍，幷查勘各處台隖工程。五月巡閱竣事。（11）二十四日請籌辦關東鐵路。（12） 六月北洋海軍訪日，聲譽甚高，此乃北洋海軍極盛時期。（13） 七月二十二日奏請威海添建學堂。（14） 十一月熱河教匪滋事，飭直隸提督葉志超往勦，十餘日平其亂，下部議叙。（15）

○醇親王薨。

☆德奧意同盟再延長十二年。俄太子遊東洋任日爲狂人所傷。

光緒十八年　壬辰　一八九二

公六十九歲

三月被命與俄使交涉海蘭泡琿春等處陸路話線相接事務。（16） 四月熱河自教匪平後，伏莽遍地，請接電線，以便消息。（17） 閏六月與俄陸路接線約成。（18） 五月周

夫人仙逝，年五十六歲(19)　十一月奏請設新疆電線。(20)

○楊岳斌陳士杰卒。

☆英美以海軍相爭，受各國調停。

光緒十九年　癸巳　一八九三

公七十歲

正月七十壽辰，太后御書調鼎凝釐扁額，棟梁華夏賚良輔，帶礪河山錫大年對聯。福壽益壽字，御筆蟠桃圖，無量佛，帶膝貂褂，諸珍物。上御書鈞衡篤佑扁額，圭卣恩榮方召望，鼎鐘勳勒富文年對聯。福壽字，無量壽佛，諸珍物。(21)春，校閱海軍，榮譽甚高。(22)

○藏印通商條約定於大吉嶺。法人佔湄公河岸地。北京天津山海關間鐵道成

光緒二十年　甲午　一八九四

公七十一歲

正月太后六旬萬壽，賞三眼花翎，子經邁員外郎。　三月朝鮮東學黨亂，袁世凱電公請兵助剿，且慫恿朝王來乞師。　四月校閱北洋海軍。(23)　五月公派提督葉志超帶淮軍千五百，赴韓。同時知照日本，日兵亦至。至五月十五日，日兵之至仁川者已五千人。日屢請干涉朝政，而我不許；我請退兵，而日不允。　五月下旬，日兵至韓已萬人。　六月初，公請撤回葉志超兵，以避免衝突。朝旨以示弱於人，不許。(24)十二日奉廷旨備戰。乃派衞汝貴進平壤，馬玉崑進義州。復派兵由海道至大東溝上岸，雇英商三輪分運，以濟遠廣遠二艦護送。二十三晨爲日艦擊沉。濟遠廣遠逃往旅順。二十七日戰旨下。廿九日平山失守，葉志超退平壤，而諸將反有捷報上聞。此後日軍攻平壤，我軍潰敗，退出韓境。日軍乘勝攻入我國境地，陷九連城鳳凰城金州岫巖海城大連灣；而旅順天險，有礮台二十餘座，一礮未放，卽棄而與人；蓋平營口亦不守。此次淮軍之出征者，數萬人，大將六七人，皆望風逃竄，其敢略試敵鋒者，一二人而已。而同時海軍由丁汝昌統率，一戰而敗於大東溝，逃避威海。及劉公島失守，海軍一敗塗地，丁汝昌死之。於是海陸同敗。　八月朝廷以公籌戰失敗，拔三眼花翎，褫黃馬褂。　十月革職留任，摘去頂戴。十二月御史安維峻劾公，通敵賣國，罪不容誅，旨以所言不實，反坐。(25)(26)

公知已力之不足抗日，故自始卽主和。當時人士皆以公在日投資甚多，不欲因戰禍喪失已財，故有主和之議，此亦未嘗無因也。當兩方相爭之始　公卽與日言和，日索六

百萬，公則以二百萬爲應，後增至三百萬，內意不許。及平壤陷英俄兩使居間調停，勸出二千萬，時淸議皆以公通倭，及旅順岌岌，各國皆守中立，有言和者，而日則索五萬萬矣。(1)

當大東溝戰後，淸廷欲挽德使聯絡各國以阻日，未果。然德使則代我國鼓吹，以卜國際間之同情，此德人Dering赴日言和之由也。既而不受歡迎，公乃請美使出而調解，遂有張蔭桓邵友濂之遣。及張邵被拒，國際輿情，更向於我。更求助於俄廷，許以條件，故在公未赴日之前，已知俄德法必出而干涉也。(2)

○恭王復任事。 中英滇緬條約。 中美華工待遇條約。

☆俄帝尼古拉第二立。

光緒二十一年 乙未 一八九五

公七十二歲

正月因派赴日本議和使臣張蔭桓邵友濂被拒回國，淸廷乃賞還公翎頂黃馬褂，開復革留處分，授爲全權大臣，往日本議和，二月在啟行之前，公先有所商於各國公使，俄使喀希尼許以大力拒日，保全我國領土，轉要求軍防及交通上之利便，以爲報酬。公與喀希尼私相約束；蓋在俄使館密議者，數日。及其行也，以子經芳隨行。於二十四日至馬關。次日與日使伊藤博文陸奧宗光相會，即要求停戰。日以大沽口山海關與天津間之鐵路爲交換案件，拒之。日於二十八日第三次會議之後，遇刺。世界輿論多非日。日皇乃親往問候，且以無條件停戰。淸廷乃派李經芳爲全權大臣，而公實一切自行裁斷，創劇偃臥，猶口授事機。(3) 三月二十三日和議成，共二十一款。時全國反對和約，卒以恭王之力通過。二十五日公首途反國。約定於四月十四日於芝罘換約。(4)

當芝罘換約之前三日，(四月十日)俄德法起而干涉，日本之侵畧遼東，日以不敵，因要求相當之償金，而放棄遼東。子經芳被任爲專使，往台灣與日辦交涉。(5)還遼事畢，俄使即以與公之私約，要求於總署，値物議沸騰；皇上大怒，於七月罷公直隸總督職入閣辦事，且與日使交涉詳細通商條約。(6) 九月被命爲全權大臣，與日使辦理日本退還遼東事件。(7) 十二月命充致賀俄皇加冕頭等使臣，並往德法英美諸國聘問。(8)

○廣東福建亂起。劉銘傳卒。

☆巴拿馬運河開通。 俄法同盟發表。 英俄協商。

光緒二十二年　丙申　一八九六

公七十三歲

俄使因公歸後，入閣閒居，還遼之事不得有所要求，乃俟機以動。適遇俄皇加冕之期，俄使賄通西后與李蓮英使改派鴻章，且請假之以全權，辦理還遼報酬事宜。故公於正月陛辭之時，西后召見半日之久，一切聯俄密謀，遂定。其行也隨帶長子經述，次子經芳，及外國顧問數人。二月十五日自京啟行赴俄。(9)　四月與俄訂密約於莫斯科。其條文雖不見於世，然蓋借互助之名，以攫我東三省者也。

公由俄赴德，會卑斯麥：至英訪格蘭斯頓。始聘歐，欲與諸國議增稅收至值百抽七五；俄允之，而德法則待英為定；英則以密約疑李，以待商諸上海商人辭焉。至美參謁葛蘭德之墓，八月自美回國。(10)

中俄密約草案，於七月至京，皇帝與總署皆不知其事。愕然大怒，堅不肯允。卒因俄使賄通太后之故，直命交督辦軍務處速辦，不經總督，八月二十四日(西九月三十日)上揮淚批准密約。　九月命公在總理各國事務衙門行走。

十二月命充經筵講官。是月因私入萬壽山，罰俸一年，三萬九千兩。(11)(12)

自中日戰後，公已成衆矢之的，人人欲得而甘心；今復訂中俄密約，更激國人之怒，然其所以不被謀害者，實皆西后之力；而公之所以得通西后者，多因李蓮英之從中說項，個中密秘自以金錢為本。公已往榮譽之來源，自可明矣。

○京漢路敷設。

☆中日通商詳約成。　中俄新約成，東省權利喪失。

光緒二十三年　丁酉　一八九七

公七十四歲

充武英殿總裁。(13)

○德使要求福建之金門島不許。　德租膠州灣及山東之交通礦產諸利。　朝鮮王稱大韓皇帝。

光緒二十四年　戊戌　一八九八

公七十五歲

正月免帶領引見。　五月稽查欽奉上諭事件處。

自正月至五月之間，俄據旅大，英據威海，法據廣州灣，英俄且因蘆漢與牛莊鐵路之爭，幾至開戰，德宗深恨公聯俄之誤國，於七月二十四日召勿庸在總署行走。於是外交之風浪漸息，而公任外交之生涯亦終。　九月命往山東

查勘黃河工程。十月賜西苑門內乘坐二人肩輿。(1)

○戊戌變政及政變。　親恭王卒。

✿美西之戰。

光緒二十五年　己亥　一八九九

公七十六歲

二月偕河道總督何道鎔山東巡撫張汝梅疏奏治河以加修兩岸河隄，疏通海口尾閭爲要。　五月設醫學堂於天津。　十月充商務大臣，前往南北洋各埠考覈商務。　十二月命署理兩廣總督。(2)

○立溥儁爲大阿哥。

✿英與南非洲戰起。

光緒二十六年　庚子　一九〇〇

公七十七歲

正月京察，鴻章自同治三年始，十三次京察，並蒙優敘。二月以光緒帝三旬萬壽，賞方龍補服。　四月補兩廣總督。公在兩廣任內，因期短無善政可述。惟賭博承餉一事，遺害不淺。　是時朝廷欲借義和團，以逐外人，引起八國聯軍之役。五月下大沽。京畿戒嚴，電諭公速來京，籌備一切。(3)　六月補直隸總督，北洋通商大臣。聯軍下天津。旨促鴻章兼程北來。同時致國書於俄英日請求援助。公疏保護各國公使。二十五日公至滬。因拔涉過勞而病。(4)與俄人交涉請出而援助，俄許之，且因美國之門戶開放主義，公乃覺國無覆亡之禍。(5)　七月聯軍入京，兩宮西幸。　八月命偕慶親王奕劻爲全權大臣，與各國議和，便宜行事。迭奉電旨，以此行爲安危存亡所係，勉爲其難。公聞警，先飭提督梅東益等搜勦直隸各屬拳匪。與兩江總督劉坤一，湖廣總督張之洞，山東巡撫袁世凱奏請懲治首禍王大臣。二十一日自滬北上。　至津之後各國使臣多不歡迎，獨俄使深與周旋。閏八月自津赴京。居於賢良寺。居所乃俄兵保護。(6)是時復遞國書於俄德乞援，俄允撤兵挽救和平，然兩宮必須回鑾。(7)各國公使以十二條相要挾，公處以鎮靜，力與辯論，卒定和約。大亂之後，公私蕩然，乃奏辦善後諸務，畿輔以安。(8)

✿澳洲聯邦成。

光緒二十七年　辛丑　一九〇一

公七十八歲

七月和約成，聯軍退。公力請回鑾。是時擬行新政，設政務處，公充督辦政務大臣。旋署總理外務部事務。

和議既成，俄人滿州事件起。先是當拳匪之時，俄人藉端掠吉林黑龍江之地達於營口北。議和之時，俄人堅持另議，不得已許之，初議之約，十二條，是不異以東三省全置俄人勢力範圍之下。此約一布，疆吏士民咸飛電阻止，英美日勢將干涉，俄使不得已，自允讓步。經數月之久，始改前約，尚未畫押，而公以肝疾，於九月二十七日薨於賢良寺。享壽七十有八又九月二十二日。聞薨之前一時，俄使尚來催促畫押云。臨終未嘗口及家事，惟切齒曰，可恨毓賢誤國至此，既而長吁曰，兩宮不肯回鑾，遂喟然長逝。(9)

△卒後三月子經述亦卒。

〇通州鐵路開。

☆美總統麥荊來被刺。

結論

有清自咸同以來，國勢衰微，已至極點。內而洪楊回捻蹂躪全國；外而列强，時倡瓜分之說；國祚亡而不亡，人民幾淪爲奴隸。於是悲時之士，咸有振臂之思，而鴻章卽於此時生焉。鴻章以一詞臣，總握兵戎，轉戰四方，參於機要，而當外交之衝，宰治畿輔，垂三十年之久，死後復封侯爵，追贈太傅，功高位尊，誠滿清一代漢人中之不可多得者也。然進溯其源，則此聊聊之榮祿，亦時之所賜，若移時而生，鴻章卽將以詞臣終其身，豈復能轟動一世哉？

鴻章才本中上，目光較常人稍爲遠大。然不幸生於滿清之末葉，不免染有因循昏闇之色彩，而志趣習向又多不能超出於常人之上，遂致事多內敗，徒增國民之負担。雖較尸位之士，稍有敢爲之氣，無如當國三十餘年，政治毫未改良，貪婪昏愚仍如其舊，人民閉塞不減於昔，雖有北洋洋務之稱，然皮毛改造，非特無益，且可招禍，遂致國勢日衰，屬地盡失。鴻章之所以爲中上之才者在此也。然鴻章才雖中上，而滿清末葉若無其人，則或不免於覆亡，且其設施多有影響於後世；故鴻章亦滿清之柱石，華夏之功臣也。

鴻章雖中才，而得機遇，故有所成，然自有其過人之處焉。當捻匪縱橫之時，鴻章以統帥之尊，無上之功，而遭革職之罰者數次。若在常人，則將慘然灰心，不知措手足，而鴻章則置之不顧、進退仍如其昔，故抵於成。及英使因滇案下旗之後，與八國聯軍駐京之時，則戰禍將開，一則國祚將亡，而鴻章皆成功於談笑之間，此不能謂爲不能。蓋鴻章之與滿清純以忠順爲懷，而處事則以忍耐爲本，凡事則在大處着想，不顧目前之波折。曾文正公云：「李某才大心細，勁氣內歛。」才大雖不甚切，然心細，勁氣內歛，則當之而有餘。故鴻章之成功也，多以忠忍，而其所以失敗，則亦有故焉：其於軍事則以任人不當，貪婪無度。敗於洋務則以皮毛改造，借手於官吏敗。而於外交則以不明天下大勢，不知世界公法，以昧於從事敗。今略述之於後：

鴻章多與外人接觸，目睹其槍砲之利，士卒之精，皆遠過於我，而鐵甲砲艦，更非吾之布帆木槳所能及，故知吾若欲立於世，而與彼等相爭逐，則至低亦必有與彼等相類之器械士卒，於是竭其精力以從事於購械練兵。其上清廷之書有云：國家諸費皆可費，惟養兵設防，練習槍砲，製造兵輪之費不可省。自同治末年至光緒二十四年，垂三十年之久，競競業業不遺餘力，凡士卒槍械防務艦隊莫不力求模仿西洋。若考其每年之報銷，則凡海陸軍之銷費，每年何止數千萬兩。然甲午之役，一敗塗地，不可收拾。鴻章之練兵也，較日本不爲不早，而費用不爲不多，然平壤之役，不戰而退，海軍且全軍覆歿；然則此三十年之光陰，所練者爲臨敵脫逃之法，而數十萬兩購得割地賠欵乎？此必大有其原因在也。方當鴻章練軍之始，卽派人赴各國留學；練習槍砲，及軍事知識，然未聞一人歸而任要職者。此數十年之久，習藝而歸國者，何止千百人，此千百人中，豈無一學識可取者乎？鴻章皆棄而不用，而惟以親屬，淮籍，及淮軍系爲用人之資。於是葉志超衞汝貴之流，皆得重任；除此範圍之外，雖有大才，亦不得大用，只以下職終其身而已。葉衞之流，雖才不足。而作惡則有餘，故擾民尅餉，飾敗潛逃，皆其特長；軍事之必敗乃意中事也。然更有甚者，方海軍出發之始，天津機局，無彈可發，每艦炮彈十四枚，而最大之定遠，振遠兩艦，則只有十吋重彈三枚，以此赴敵何能不敗。按天津機局設於同治九年，至光緒二十四年，已將及三十年。在此期間，每年擴充，費欵何止數千百萬兩，而存彈只此百數十枚，且每年必向德國購彈數次，而本廠復可製造，其歷年之砲彈究作何用，此不能不令人置疑者。實則鴻章之婿張佩綸司機廠出納，一切購置彈藥材料，皆出其手，每年私吞不知若干，鴻章知之乎？不知乎？因私利而不顧大局，遂使數十年之精力，投之水火，此不過一端耳，其他可知矣。當時世人皆知鴻章富可敵國，雖無實據以證此說，然與和珅相較，則尚覺不及也。緣鴻章所任皆爲富缺，若總督，通商大臣，督練海陸軍，購置器械，開礦，設招商局，均有甚巨之財富入手。他若修河辦賑，更有不可測度之事在內。鴻章之貪婪在所不免，安維峻之參劾，不爲過也。上行下效，任事者復非其才，事體能不敗哉。

鴻章目睹外人工商業之發達，莫不於國民有莫大之利益，因思起而效之，於是有洋務之說。鴻章對洋務之設施，可分四端：一曰，交通，如電報，鐵路。二曰，礦業，如漠河金礦，開平煤礦。三曰，工業，如上海織布局。四曰，商業，如組織公司與外人通商等。鴻章之目光不爲不遠，志願不爲不宏。然絕少成功者其故安在哉。是則鴻章不知澈底改造，而復以官辦之過也。緣西人工商事業之所以發達，皆由漸次而來，絕非朝夕之功。鴻章不明其理，以爲我國一有此物，即可富强，而不知培養人才，追求其理，故其設施多有賠累。此外最爲其企業之害者，則爲借官辦理。我國官僚素多貪圖昏愚，不顧大局，復加鴻章任用親屬，此等生財之事業門，彼等何樂而不爲所欲爲，於是洋務亦遭失敗。

鴻章之於外交，以息事寧人爲本，故多屈辱之蹟。如台灣事件，越南事件，莫不因懼禍而輸金割地。然多因國勢之故，亦不得不如斯。至其最使人不滿者，厥爲對朝鮮以不過問爲主，對台灣以放棄爲懷。此不得謂非不明世勢，不知世界公法，遺笑大方者也。若夫謀伐伐交之策，雖可收一時之效，而終遺後日之憂。至若聯俄，則更過事失意，不異春蠶自縛。回觀當時列强之對我，皆有吞食之意，我若厚於一，則博餘者之怒，何若立定方針，一律待遇，不分厚薄，凡事以博得世界公意爲本，豈不勝於聯俄，以博英日之怒哉。然鴻章以漢人而代表滿清暗無天日之政府，愚而無知之國民，而與列强相周旋，故不得不以息寧事人爲本，使國人不無故啟釁以招禍。欲使列强不强事侵略，輸款租地之舉，當然在所不免。滿清帝國苟延殘喘，偷生於惟利是爭之世界者，垂三十年，鴻章之功不爲不大，雖有小過豈足道哉。

總之鴻章以中上之才，遇無上之機，因得功成名就。然不幸智短識少，未得增進國家之實力，使與列强相爭衡實美中不足也。然慘淡經營，垂三十年之久，及其終也兩宮遠逃在外，京畿尚爲人有，追心自問，能不傷悲。終以才智所限，圜境所迫，東方之卑士麥，固當如是也。

參考書目錄

太平天國外紀　英人林立原著，孟憲承譯共三册，商務印書館版。

中國近百史　李泰棻著。共三册

中興別記　李濱作。兩函．六十一卷(十二本)宣統二年二月鉛版。

中國與日本　王朝作。

中國近代外交概要

中國喪地史　謝彬作，一册．民國十五年五月中華書局再版。

中日國際史　史俊民作。

中國近百年史綱要　高博彥作。兩册，民十七年四月北京文化學社。

中日戰輯　王炳耀作。一函四本。光緒丙申上海青簡閣石印。

光緒政要　沈桐生作。四函三十四卷(三十本)宣統元年上海崇義堂印。

光緒條約　裴維鈞陳襄廷等校。二函十六本。

李勤恪公政書　李鴻章作。一函十本。

李文忠公全集　李鴻章。十函一百六十六卷(一百零一本)光緒戊申五月印於金陵。

李文忠公尺牘　李鴻章作。一箱三十二冊。合肥李氏印。丙辰九月。

東華錄　道光朝，咸豐朝，同治朝。

東華續錄　光緒朝，朱壽明作。八函二百二十卷。宣統元年上海集成圖書公司印。

胡文忠公全集　曾國荃纂輯。二函八十五卷(十六本)光緒二十七年上海集成圖書公司印。

春在堂叢書　俞樾作。雜文與尺牘爲要。

桐城吳先生全書　吳汝綸作，賀濤纂。四函十六本。光緒壬寅九月吳氏家刻本。

國恥史　蔣恭晟作。一卷上海中華書局一九二七年再版。

國朝先正事略　李元度作。

淮軍平捻記　周世登作。一函十一卷。(四本)

曾忠襄公全集　曾國荃作。八函。光緒二十九年印。

曾文正公全集　曾國藩作。四函四十本。

清代軼聞　裘毓麐作。十卷四本。民國十四年一月中華書局八版。

清史纂要　劉法曾作。一卷，中華書局民十四十二月五版。

清代演義　商務印書館編譯所。八冊。民十六七月六版。

通商條約類纂　李筱荃纂。四函二十冊。光緒十二年印。

通商各國條約

湖南褒忠錄　郭筠仙作。四函二十二本。同治十二年活字版印。

續碑傳集　繆荃孫作。四函八十六卷二十四本。江楚編譯書局刊校。

飲冰室文集　梁啟超作。兩卷乙巳年，廣和書局印。

庸盦筆記　薛福成作。六卷四本。在筆記小說大觀第五函內。上海進步書局印。

引用書目表

梁啟超作李鴻章傳第二集

李文忠公全集　十函

繆荃孫之續碑傳集卷七之李鴻章別傳

薛福成之庸盦筆記

朱壽朋之東華續錄　東光乃東華錄光緒朝，東咸乃東華錄之咸豐朝，以此類推。

李濱之中興別紀

李文忠公尺牘

曾文正公年譜

曾文正公大事紀

沈桐生之光緒政要

曾忠襄公全集……曾國荃

俞樾之春在堂隨筆

吳汝綸之桐城吳先生集

李翰章之李勤恪公政書

裘毓麐之清代軼聞

通商各國條約

李筱荃之通商條約類纂

Memoies of Li Hung Chang by Mannix, William Francis

Li Hung Chang, by Robert K. Douglas

Li Hung Chang by Bland, J. O. P.

The International Relation of the Chinese Empire, by Hosea Ballon Morse.

莫索爾問題解決的經過

韓叔信

(一)緒言

自從歐戰以後，世界之真正和平，仍然遙遙無期，列強都努力擴張本國的海陸軍，以備第二次世界大戰的發生。在將來戰爭的時候，除陸戰和水戰以外，對於空中的角鬥，也是非常的重要，而空中的戰鬥，又非賴有多量的石油不可，所以關於出產石油的地方，列強無不爭執若狂，好像丟掉了油田，就如同喪失了自己的生命相似。近來石油的用途更加擴大了，一切商船，海艦，以及鐵道，無不漸漸的採用石油作燃料，於是乎列強間的明爭暗鬥；也就更加顯明起來。討論這一類事件的書籍很多，其中最重要者，有德國Karl Hoffmann的石油政策及英美帝國主義（Erdolpolitikund Angelsachsische Imperialimusinus），他把帝國主義者的石油政策很完滿的描寫出來，他認為石油業有軍事工業的性質。其次是美國Louis Fischer的石油帝國主義(Oil Imperialism)，對於列強彼此爭奪油田的情形，述說得很詳細，並且將近東及蘇俄視為石油戰爭的戰場；他以為世界將發生「石油荒」，在最近數年之內，美國的石油「托拉斯」，或將放棄其海外事業，而只謀本國油業的發展，其他各國所需要之石油，也只有仰給於蘇俄，波斯，以及莫索爾等地了。這三個地帶，因為出產石油的原故，實為石油競爭的中心點，其中的莫索爾地方，在過去曾引起了不少的糾紛，直到一九二六年的英土條約訂結之後，這個問題才算告一段落。現在再把這個問題重新提起來，似乎沒有什麼必要似的；但是依現在列強競爭石油的情形看來，莫索爾問題雖然告一結束，然而將來是否還發生別的枝節，實在是一大疑問。我覺得為要引起人們對於石油競爭的注意來，不妨把這個問題，重新提醒大家一下；并且對於這個問題作有系統的研究者，除一二討論土耳其的專書外，在中國的雜誌上，我還沒有看見過，所以不妨在這裏把這個問題解決的經過，很簡單的說一說，以備留心於該問題者的參攷。

(二)莫索爾問題解決的始末

按莫索爾(Mosul)是位於亞洲西部，米索波大米亞的東北，及濱於底格里斯(Tigris)河的一個地方，以富產石油著名於世。當十一世紀時，已隸屬於土耳其的版圖。自土勢不振，遂引起歐洲各列強的野心，咸欲佔據這個地方的油礦。在歐戰以前，曾引起了英德的競爭，及巴黎和平會既開，又有英法的爭議。以後遠隔大西洋的美國也饞涎欲滴，捲入爭油的漩渦裏。各國互相排擠的很利害，其中惟一的原因，便是爲了石油。

到一九一八年的時候，土耳其加入德奧作戰，英國攻陷莫索爾，這地方的主權，自是遂落於英人之手。以後土耳其革命首領基瑪爾 (Kemal) 打敗希臘軍隊，乃挾其戰勝餘威，在洛桑會議 (Lausanne Conference) 時要求收回。但是英國以大利所在，始終堅拒土耳其代表的請求，而洛桑會議卒至無結果而散。土耳其知道莫索爾不易收回，便想利用美國以抗英，所以美土間又有所謂乞斯德(Chester)讓與權問題的發生。自安哥拉 (Angora) 國會通過乞斯德讓與權之後，未幾洛桑會議再爲第二次的召集，結果成立了洛桑條約。土耳其雖然在該約內得了不少的利益，但是莫索爾問題，依然不能解決。

在洛桑條約成立時，約中規定：「關於土耳其與伊拉克(Irak)界線的決定，由英土於本約成立後九個月內，直接談判解決；如無結果，可將此案移交國際聯盟會行政院仲裁」。英土乃於一九二四年五月十九日至六月九日，在君士坦丁彼此交涉關於規定界線問題，因爲雙方都不肯讓步，仍然沒有結果。因根據上述之規定，英國乃於一九二四年六月十七日，將此案移交國際聯盟會，請求該會作公正之解決，並希望注意英伊條約的規定及伊拉克人民對於獨立的要求。當時土政府也通電到聯盟會，表示原則上贊成開會討論土伊的定界問題，但是必須先將和平條約的眞正記錄交來，然後土政府便立刻派遣代表前往出席。

後來雙方各派代表陳述意見，英國代表 Lord Parmoor 建議先指定一個委員會，審查兩方面爭執的一切文件，並且收集充分的証據，然後再作一種公正的解決。而土代表 Fetty Bey 則提議將莫索爾主權，交該地人民投票公決。經行政院的思考以後，乃於一九二四年九月三十日決定設一個調查委員會，派定三個委員，瑞典，比利時，匈加利各一人，去就地調查。該調查委員們調查的結果，証明土耳其有要求收回的理由，但是因爲怕得罪英國，始終不敢做公平的解決，所以在他們的建議內說：「按英伊在一九二二年的條約，英國在伊拉克的主權，須於一九二八年放棄，若是英國願意放棄莫索爾，則莫索爾當然應該歸於土耳其；如果伊拉克以經濟關係，不能放棄莫索爾，英國在伊拉克的統治權，可以自一九二八年起，再延長二十五年。」

他們這種模稜的解決方法，英土兩方面都不滿意，土代表 Fethy 便引一九二三年英外長寇仁所說的：「按照條約第五條所規定，國際聯盟會的決議，要有一致的承認，且須得土政府的同意」的話爲證，謂洛桑條約，只說將莫索爾問題移交國際聯盟會，並沒說明由該會判決；聯盟會不過有作顧問的資格，絕沒有判決的權柄，或居間調停。國聯因受雙方的反對，乃將其本身的權限問題，移交海牙國際永久法庭裁判，俟判決後，再來解決莫索爾問題。同時又指定 Laidore 將軍到土伊分界處之 Brussels Line，去調查兩國(英土)互相控告的內隱。當時土政府不允許 Laidoner 到土耳其境界以內去調查，並且反對到國際法庭去述說案情。

在一九二五年十一月二十日，國際法庭送達國際聯盟會一勸告意見書，謂國聯行政院，對於土伊的疆界，須有具體的判決。所以行政院便依據這個意見，又開會討論莫索爾問題。正在開會的時候，Laidoner 的調查報告亦送到，謂土耳其又在莫索爾附近增兵，並奪取當地居民的住所，實在是一種野蠻的舉動。當時與會的各會員，都不願意土耳其得莫索爾的一部分，又因土耳其無故增兵，乃於一九二五年十二月十六日，竟以多數會員的同意，將莫索爾的油田，判歸了英國，並劃 Brussles Line 爲土伊兩國的具體邊界。

此次聯盟行政院的判決，土耳其當然不能滿意，又派代表 Twefik Rushd Rey 到國聯去反抗不公平的判決。英國覺得這種解決法，土耳其總是不肯干休的，於是應許把每年所得的石油利潤百分之十送給土耳其，作爲報酬。土政府覺得收回莫索爾，在事實上實在做不到，便不得已而應允了。英國自接收判決後，即與伊拉克訂立新約，並經兩國國會認可。自此莫索爾遂爲英國所有。

(三)莫索爾與伊，土，英三國之關係

我們從地理上看，莫索爾實在與伊拉克統治區域有密切的結合；因爲牠和巴格達 (Baghdod) 及 Basra 在地理上是聯在一起的。就是在商業上和交通上，航運上，也是與伊拉克的南部接近，與北部的土耳其，波斯，以及叙利亞(Syria)是毫無關係的。這樣說起來，莫索爾判給伊拉克不是應該嗎？

但是按民族宗敎兩方面講，則莫索爾應該歸土耳其管轄。從政治的歷史上說起來，這三萬五千方哩的區域，五百年前已在土政府治理之下，七年前方才由英，法，義三國擅自支配的，這樣一說，莫索爾又應當歸於土耳其了。

至於英國呢，她與莫索爾本來沒有地理上的關係，更沒有商務上的關係；她所以非奪取莫索爾不可的原故，是爲了石油的關係，並且英國想設立伊拉克王國，作她永遠的傀儡的原故，也不能不爭奪莫索爾，藉以阻止土耳其出波斯海灣

的道路。

(四)土耳其對於莫索爾問題失敗的原因

土耳其要求收還莫索爾，本來有很充分的理由，土代表之交該地人民投票解決法，也很為正當，但是為什麼終於失敗了呢？茲將其失敗的理由，大概分述如下：

(1)武力土耳其化北方Kurds的失策　英國自從佔領莫索爾後，就設法鼓吹當地人民的愛國心，并且在巴喀達設立了一個亞拉伯人民政府，藉以買好當地的人民。但是土耳其政府對於該地人民的態度，則抱着一種武力土耳其化北方Kurds的政策，所以頗惹起北方人民的反感，加以這種政策的一味的保守，也難以得到各列強的同情。

(2)英國以威信所在不甘失敗　英國對於莫索爾問題始終不肯讓步，以為此次交涉失敗了，必喪失其國家之威信，在國體上，或者有動搖的危機。其所以佔領莫索爾，固然是為了石油的原故，但是其中還有一層別的原因，英國怕一旦把莫索爾交還，則土耳其勢將向南擴展，對於英國與印度空中交通的安全上，不無重大的影響，這也是英國不能放棄莫索爾的原因之一。

(3)列強不表同情　起初法國曾與英國爭奪近東的石油，但是後來因為要得英國的同意，而進兵魯爾(Ruhr)流域，去執行那徒勞而無益的凡爾賽和約，便不能不讓英國獨步於近東。等到莫索爾問題發生時，法國已不能再和英國競爭，因此，對於英土的爭執，便取了一種不過問的態度。至於歐洲其他各國，因為土耳其沒有加入國際聯盟會，當然對於土耳其沒有什麼注意，并且懾於英國的勢力，便不能不贊成把莫索爾判歸英國。

(4)土耳其內部尚待整理　在土耳其的國民公約上(The Turkish National Pect)，雖然規定了莫索爾乃屬於土耳其之領土，但是當時本國的情形，十分混亂，於革命之後，實在需要和平；更需要集中國家的力量，去謀工商業的發展，在打敗希臘之餘，已無力再與英國抗衡，對於收回莫索爾問題的失敗，豈不是意中事嗎？

(五)結論

從以上所說的看來，莫索爾應該歸還土耳其，較比起來有理由，但是因為國際間的偏袒，不公道，不平等，終於將莫索爾判給持有武力與強權的英國。然而英國將永遠據莫索爾為已有嗎？我們若稍加一番觀察，便知道其中不無疑問。

我們縱觀世界大勢，第二次世界大戰恐怕是免不了的。列強間之石油爭鬥，亦更加猛厲起來。現在世界上十分之七的石油在美國境內，只因本國的汽車及一切農耕機器等要耗費全國石油百分之八十五以上，所以全國的工業，航業，和軍事所需用的石油，便有缺乏之虞了。英人 Sir Edward Mackay Edgar 曾預算十年後美國每年必輸入二百十億加侖的石油，才能供給本國的需求，該數量石油的價值，約值美金十億元以上(見民國九年三月七日 Lord Northciffe 的倫敦泰晤士報)。這個預算傳到美國以後，很引起了輿論界，資本家和外交家們的注意，一面盡量發達本國的石油區域，一面設法和英國競爭南美及近東的油田，莫索爾便是兩國彼此爭奪的一個地方。現在莫索爾雖已在英國的掌握當中，但美國為將來的需要着想，是否能讓英國永遠獨吞那肥沃的油田，我們現在實在不敢斷定。至於法國呢，雖然她的勢力已退出了近東，但是莫索爾的判給英國，已使其屬地叙利亞失去了重要的門戶，她能坐視英國的勢力，從莫索爾漸漸的侵入叙利亞全境嗎？我覺得將來的莫索爾，必然還有不少的爭執，土耳其一旦富強起來，也不能甘心把莫索爾永久放在英國人的手裏。等到她們競爭到利害相關的時候，或者便明明白白的開始了她們的石油戰爭，到那時候，英國使獨吞不成了。

對於聯盟會這次的判決，可以說聯盟會的本身，便從此破產了。既然認為土耳其有要求收回莫索爾的理由，為什麼不把莫索爾判給土耳其呢？祇因英國有勢力的原故，便把莫索爾恭恭敬敬的送給英國，這豈不是聯盟會自己宣佈了自己的死刑嗎？有人說國際聯盟會是 Pure hypocrisy；又有人說國聯已為一二列強所操縱，我們從莫索爾問題的解決上看來，覺得這種論調，不無相當的理由。

一九二九年五月

參考書目

新土耳其(第二十五章)　柳克述編
最近世界外交史(第三編第五章)　戴鑫修著
現代評論(第二卷第四十八期)
現代評論(第三卷第五十六期)
世界雜誌(第一卷第一期)
近東問題之發展與英法之衝突(東方第十九卷第三號)
近東問題及其最近之轉變(東方第十九卷第十三號)
希土大戰及近東時局(東方十九卷第十七號)
近東休戰協定之成立及和議之進行(東方十九卷第十九號)
洛桑會議紀事(東方第十九卷第二十四號)
石油戰爭(東方第二十卷第五號)
世界煤油問題(東方第二十一卷第四號)
Louis Fischer: Oil Imperailism,

The Literary Digest, Vol. 86, NO. 12.

The Literay Digest. Vol. 88. No. 3.

The Monthly Summary of the League of Nations

From Vol. 3, No. 1——Vol. 6, No. 7.

編者按：關於莫索爾問題的消息，最近有所謂「英，美，伊三國協定」，据五月廿八日華盛頓路透社的報告，英，美，伊三國已成立一種諒解，茲爲便於讀者與本篇參照起見，特將該社之電報原文錄后：

「英，美與伊拉克，前曾談判締結三角協定，承認伊拉克宗主權，幷保護美國利益。現此項談判，已經結束，不久將在倫敦簽字。計美國有煤油公司五家，與英，法，荷各公司共同開發伊拉克油田云。

（五月三十日錄自天津大公報）

先秦歷史哲學管窺

齊思和

歷史哲學一辭，創自西儒，我國無徵。英國是學名家傅鄰悌(Robert Flint)嘗釋其義曰：

"assigns…to the philosophy of history the task of tracing the relations of causation and affinity which connect history with other departments of existence and knowledge". (Philosophy of History. p. 21)

蓋通常史家，多集其精力於事實之考覈，專門之研究；而於社會演化之規律，因果之關係，以及史學在學術上之地位，人類社會與宇宙事物之關係，固未暇一一深究也。於是有若而人焉，就人類社會之歷史爲一整個的研究，推測其規律，追尋其因果，易支節之探討，爲全體之考察，以期發現人類社會演化之法則，是爲歷史哲學。歷史哲學，爲研究史學之最高目的。吾人研究史學，其目的即在求得此種抽象觀念以了解現在而控制未來；不然雜記陳迹，除資談助外，有何益者？其免於扁輪之竊笑也鮮矣。雖然歷史哲學非易事也。人類社會演變之原因，複雜紛糾，遠非自然界者可比。偶舉其一，則不免忽略其餘；稍試解釋，鮮不流於偏宕武斷。大之如經濟，政治，地理，心理，小之至人之性慾，皆可於社會之演變生莫大之影響，而其彼此相互之關係，影響之輕重，尤不易殫究。故以西洋史學家憑籍之厚，方法之密，而結果不能成功者此也。至今治史學者，率皆斥之爲空想，屏而不談。法國史學家朗葛路氏(Ch. V. Langlois)譏之曰：

"Thinkers, for the most part not professed historians, have made history the subject of their meditations; they have sought for its 'analogies' and its 'laws': Some have supposed themselves to have discovered "the laws & which have governed the development of humanity," and thus to have "raised history to the history of a positive" *science*. These vast abstract constructions inspire with an invincible *apriori* mistrust, not the general public only, but superior minds as well. Fustel de coulanges, as his latest biographer tells us, was severe on the Philosophy of History; these sypems were as sepugnant to him as metaphysics to the positivists. Rightly or wrongly (without doubt wrongly), the Philosophy of History, not having been cultivated exclusively by well-informed, cautious men of vigorous and sound judgement, has fallen into disrepute." (Langlois & Seignobos: Introduction to the Study of History. p. p. 1—2)

英史學家斯葛得(Ernest Scott)斥之益烈，曰："Nothing can be misleading than an attempt to interpret history by formulae.(History and Historical Problem p. 172)

夫以近代西哲憑藉之厚，方法之精，猶不免有妄作之譏，今乃欲遠徵先秦之歷史哲學，寧非荒唐？斯猶不然。傅鄉悌曰：『歷史哲學之起源，並不始於其成爲獨立學問之時。歷史哲學之脫離混合之學問而獨立，在諸學科中，爲時較晚。僅就不朽之文學作品而論，歷史哲學幾與歷史有同樣悠遠之歷史。夫人類之第一問題，依米靈吞託之亞當之口者，非「我何自來？我何在此」乎？』是故歷史哲學幾與歷史同時發生。蓋人類最富於綜合力，一事當前，輒能得一抽象觀念。如中國最古之哲學爲易，而易實由歷史中，經驗中，得若干之抽象定理用以推測未來者也。雖方法有精疏，憑藉有深淺，其爲歷史哲學則一也。或曰以西洋方法之精密，其結果猶不免偏宕武斷，爲識者所譏；今乃欲求先秦諸哲之歷史哲學，毋乃惠施之瓠，大而無用乎？應之曰：『求學當爲學術而研究學術，不可有求用之目的存乎其間，中國之所以事事落人之後者，卽自古求用之心太切也。且夫古人之歷史觀念固非無研究之價值也，其影響後世，指導來修者至鉅。此可分三方面言之：

（一）指示吾等研究之途徑　古人思想對於後人之最大貢獻，卽爲指示吾人以研究之途徑。如其失敗也，則吾人應及早另尋途徑，以免重蹈其覆轍而空費大好之光陰。如其途徑有可取也，則可繼之研究，如是則數千百人之經驗，皆爲吾所有，何適何從，在吾自擇，其爲用不亦鉅乎？

（二）可供給吾人無數之意見　夫以往歷史哲學家之所以不能見信於人者，往往以其太偏宕，非以其無絲毫眞理之發見也。大抵苟有所立，必有所偏；苟得其一，不免忽略其餘。英史學家Ernst Scott曰：『惟事事否認者無偏見』，明夫苟有所見，偏不足爲學者之累也。今夫荀子言性惡，當然不免忽略善之一面；孟子言性善，當然不免忽略惡之一面。然因此吾人可知人性有善惡之可能焉。今若善亦否認之，惡亦否認之，善惡混亦否認之，一視同仁，可謂最不偏宕矣，然其對於吾人之供獻何在耶？大抵人之精力有限，專門研究之範圍極窄，而入之愈深，嗜之愈甚，於其學之價值，不免言過其實。吾人正可以旁觀之態度，估定其價值。苟因其偏而擯棄不談焉，則眞理永無求得之日矣。

(三)對於後世之影響　社會科學與自然科學不同，自然科學須以事實証理想，而社會科學則理想往往能影響事實。中國之儒家，道家，法家，對於後世之思想，政治之影響，有識者類能言之。其在西洋，革命也，共和政體也，三權鼎立也，革命也，其初或者莫非由於一二人之創導而浸假成爲事實也？黑哥兒(Hegal)以爲歷史爲一種意志之表現，此意志卽爲普魯士之稱覇與統一德意志。及至歐戰爆發，人多歸咎於黑氏之哲學焉。馬克斯以階級爭鬬解釋歷史，及其終也，而階級對立之勢益熾，謀國者咸引爲殷憂焉。是二學說學雖其是非不可知，而其影響之鉅，蓋可睹矣。

以上僅就一時想像所及，粗舉數端，雖不足以盡歷史哲學之重要，所舉之例，猶偏於西洋，至於中國先秦歷史哲學之重要，恐更有甚於此者。蓋我國思想，大半形成于先秦，後儒之貢獻，除介紹外國思想外，大抵在其推闡之功，故先秦思想，爲中國思想之根本，此其一。昔康長素撰孔子改制考，以爲諸子皆託古改制，然安知諸子非先有其歷史觀念，遂生其政治思想耶？其後法家之學行於秦，道家之學行於初漢，漢武之後，儒學變爲國學，其影響政治，深入人心者爲尤鉅。明乎此則先秦之歷史哲學，可得而言矣。

先已言之，歷史哲學與歷史同時發生，中國易，詩，書中，隻辭片語之中，頗有可藉以攷見先民之歷史觀念者，然皆吉光片羽，不成系統。故今所論者限於周秦諸子。昔司馬談論諸子，析爲六家；班固志藝文，區爲九流。其實其確能成一家之學，而有具體的歷史哲學者，亦惟儒，墨，道，法四家而已。此四家皆承認社會演變之理，而於其演化之方向，則家有其說，人異其辭，茲分述之如下。

(一)儒家之歷史哲學

(甲)孔子

述先秦之歷史哲學而始於孔子者，非尊崇孔子也：亦惟順其年代之先後(老子年代在孔子後，自崔東壁汪容甫而下主張者不乏其人，余自種種方面考察，知作道德經之老子，其年代萬不能在孔子之先，且亦不能與孔子同時，余別有道家流傳攷，茲不贅。)與夫其地位之重要耳。古者學在王官，孔子乃取之而授之於平民，庶人人知學，此其始也。故孔子以前之學，集大成於孔子，孔子以後之學，皆因孔子之影響而發生。

今所欲研究者，卽孔子對於社會之演變，持何種態度乎？記曰：『仲尼祖述堯，舜，憲章文，武』中庸 堯舜固仲尼之理想人物也，故孔子常道及之。如：

子路問君子……子曰：『修己以安百姓。修己以安百姓，堯舜其猶病諸』論語憲問

子曰：『無爲而治者，其舜也歟？夫何爲而治哉？拱己正南面而已。』衞靈

「大哉堯之爲君也！惟天爲大，惟堯則之，蕩蕩乎民無能名焉。』泰伯

「舜其大知也歟？舜好察邇言，隱惡而揚善，執其兩端，用其中於民，其斯以爲舜乎？』

孔子之稱之者至矣。後之學者以爲孔子之所悅服者惟堯舜之道。如

韓非子曰：『孔子，墨子俱道堯舜而取舍不同。』顯學

鹽鐵論曰：『孔子生於亂世，思堯舜之道，東西南北，灼頭濡足，庶幾帝王之悟。』

於是後儒更闡之爲一理想之境界。如

何休曰：『堯舜當古，歷象日月星辰，百獸率舞，鳳凰來儀。』公羊哀十四年何注

陸賈曰：『堯舜之民，可比屋而封。』新語

實則孔子之於堯舜，不過祖述之。其贊譽之點，僅爲人格之高尚，非悅其當時之典章治度，更無論乎其時之社會。如：

孔子曰：

『夏禮吾能言之，杞不足徵也；殷禮吾能言之，宋不足徵也，文獻不足故也，足則吾能徵之矣。』論語八佾

中庸亦稱：

『子曰：「吾說夏禮，杞不足徵也，吾學殷禮，有宋存焉。吾學周禮今用之。吾從周。」』

禮運亦記曰：

『子曰：「我欲觀夏道，是故之杞而不足徵也，吾得夏時焉。我欲觀殷道，是故之宋而不足徵也，吾得坤乾焉。」』

夫夏殷之禮，尚不能徵，更何論堯舜之道？荀子曰：

『五帝之外無傳人，非無賢人也，久故也。五帝之中無傳政，非無善政也，久故也。』非相

五帝既無傳政，既欲法之，亦事實所不可能也。故顏淵問爲邦，孔子對之以：『行夏之時，乘殷之輅，服周之冕，樂則韶舞』樂舞而外，孔子未採二帝之制者此也。至孫星衍以爲：『孔子生於周，故遵周禮而不用夏制；孟子亦周人而宗孔，故于墨非之，勢則然也』墨子序龔定盦亦謂『孔子曰：「郁郁乎文哉吾從周。」又曰：「吾不復夢見周公。」至於夏禮，商禮，取識遺亡而已。以孔子之爲儒而不敢高語前哲，恐箴本朝以干戾也。』治學皆不免曲說，考孔子之所以法文，武

，周公者，蓋有二因：一則以堯舜之制，已不可攷；二則孔子深信社會演變之理，制度須依社會爲轉宜，適於古者未必適於今。非如後世學究開口二帝，閉口三王也。故曰：

『殷因於夏禮，所損益可知也。周因於殷禮，所損益可知也。其或繼周者，雖百世可知也。』

斯則以爲文物制度，須因時損益，非如後儒以爲古代盡美盡善，無可復加。上古風俗澆樸，制作簡陋，孔子以爲由此進化，乃近於道。故曰：

『齊一變而至於魯，魯一變而至於道』

孔子以爲社會進化至周，文物制度，已臻美滿之境。曰：

『周監於二代，郁郁乎其文哉！吾從周。』

故孔子處變亂之世，日夜所欲恢復者，爲周初之制度，故曰：『甚矣吾之衰也，不復夢見周公！』

夫思周公之制，至於夢寐，其所崇之者深矣。孔子又以紹述文王之道爲己任。如：

『文王既沒，文不在茲乎？』

中庸亦記其言曰：

『文武之道，佈在方策，其人存，則其政舉。』

子貢亦稱：

『文武之道未墜於地在人，賢者識其大者，不賢者識其小者，莫不有文武之道存焉。夫子焉不學？夫亦何常師之有？』子張

斯則仲尼之之私淑文，武，猶孟軻之於仲尼矣。故孔子所師法者爲文，武，周公，所欲採取者，爲西周之制度，後儒不解其義，以爲孔子所欲效法者唯有堯，舜，亦所謂失之毫釐，差之千里者也。孔子深信社會進化之理，前已言之。其時距文，武之世，已數百年，而孔子乃欲恢復數百年前之制度者，則仲尼以爲周東而後，諸侯力政，社會日在退化之中也。孔子於霸皆不滿：

子曰：『晉文公譎而不正；齊桓公正而不譎。』

又曰：『管仲小人哉！』

於當時之從政者益不滿，如：

今之從政者何如？子曰：『噫，斗筲之人，何足算也！』

於其時之世，尤所憤激，曰：

『鄭聲淫』

又曰『古者民有三疾，今也或是之亡也！古之狂也肆，今之狂也蕩。古之務也廉，今之務也忿。古之愚也直，今之愚也詐。』

儒家之政治思想爲感化主義，以爲風俗之敝，其罪在上而不在下。而政治之所以腐敗，孔子以爲由於名分之不正，上下

之失序，故以爲：

『天下有道則禮樂征伐自天子出，天下無道則禮樂征伐自諸侯出。』

故孔子以正定名分爲爲政之根本，視之最重：如

子路曰：『衛君待子爲政，子將奚先？』子曰：『必也正名乎。……名不正則言不順，言不順則事不成……』子路

季康子問政於孔子，孔子對曰：『政者，正也。子率以正，孰敢不正？』顏淵

齊景公問政於孔子，孔子對曰：「君君，臣臣，父父，子子，」顏淵

陳成子弒簡公，孔子沐浴而朝，告於哀公曰：「陳恆弒其君，請討之」憲問

以齊魯强弱之懸殊，而孔子不憚冒請以討之，則孔子於名分之重視可知。春秋之作，即爲正定名分。蓋孔子以爲上下失序，非惟阻止社會進化，且種族將無以自存，其所以欲復西周之制者以此，初非以爲西周之文化無可復加。故顏淵問政，子告之以行夏之時，用殷之輅；於周之過文則以爲文勝質則史，如用禮樂則從後進，禮之損益則百世可睹。然則仲尼之微言，不固顯然乎？

(乙)孟子

孔子之後，能發揮光大其學者，首推孟子。孟子之學，本未得孔子之全；其歷史哲學亦與孔子不同。孔子於堯，舜，不過祖述，其所欲師法者，實爲文王周公。孟子則『言必稱堯舜』，以爲堯，舜造人道之極，後則一代不如一代。如曰：

『堯，舜性之也，湯武身之也，五霸假之也』。盡心

『堯舜性之也，湯武反之也』。盡心

『五霸者，三王之罪人也。今之諸侯，五霸之罪人也。今之大夫，今之諸侯之罪人也』告子

『王者之迹熄而詩亡，詩亡而後春秋作。』離婁

堯舜之道即超乎後世，故孟子以爲後之王者當法先王：

『遵先王之法而過者，未之有也』離婁

「先王」者誰？則離婁篇所謂：

『欲爲君盡君道，欲爲臣盡臣道，二者皆法堯，舜而已』離婁

其於孔子所效法之文王，雖亦稱道，然殊不如孔子之切，且亦無『吾從周』之意，不過以爲小國應行之道而已。如：

『諸侯有行文王之政者，七年之內，必爲政於天下矣』離婁

『今也，小國師大國而恥受命焉，是猶弟子而恥受命於

先師也。如恥之，莫若師文王』離婁

且其舉文王，往往與禹，湯並舉，並無特別重視之意，此則孟子與孔子不同處，而為荀子所訾者也。

致孟子之所以與孔子意見歧異者，亦有其原因。孔子之時，天下尚不若孟子時之亂，人心尚思周，望其復興。故孔子常抱正名分，尊王攘夷之思。孟子之時則周室益衰，天下益亂，上下交征，已無人思及周室。故孟子直勸諸侯效文王之王天下，又以為五百年必有王者興，大有周德已衰，他姓當立之意。其心目中已早無周室，因之對於周之制度，當然不若孔子之崇拜。此其一。孟子之時，西周之典章制度，已多不可攷，所謂「諸侯惡其害己也，皆去其籍，其詳不可得而聞也。」而孟子本長於詩，書，不長於禮。故其答諸侯之問，亦不過五畝之宅，樹之以桑……等等陋言。典章制度，了無所陳。此其二。

不過孟子以為社會不能永遠退化，變亂之極，必又趨於治，而治之極必又趨於亂，治亂相繼，始卒若環。故其以為社會之為曲折的，循環的而非直線的。故曰：

『五百年必有王者興，其間必有名世者。』

盡心篇更申之曰：

『由堯舜至於湯，五百有餘歲，若禹，臯陶，則見而知之，若湯則聞而知之。由湯至於文王五百有餘歲，若伊尹，萊朱，則見而知之，若文王則聞而知之。由文王至於孔子，五百有餘歲，若太公望，散宜生則見而知之，若孔子則聞而知之。由孔子而來，至於今，百有餘歲，去聖人之世，若此其未遠也，近聖人之居，若此其甚也。然而無有乎爾？則亦無有乎爾？』

孟子既以循環之理，推測世運之隆替。故欲舍周室而尋新王，略文王而崇堯舜。當然不能不引起後儒之反對，荀子其一也。

（丙）荀子

世之論孟，荀者，皆知孟子道性善，荀子言性惡；孟子法先王，荀子法後王矣。性善，性惡之辨，人盡知之。至於先王，後王，究指何人而言，則知者頗鮮。所謂先王，余既於上節發其覆，今請再釋後王。

荀子所以法後王者，蓋有二因。一則以上古典制蕩然無存，莫能取法。

『五帝之外無傳人，非無傳人也，久故也。五帝之中無傳政，非無善政也，久故也。傳者久則論略，近則論詳；略則舉大，詳則舉小。愚者聞其略而不知其詳，聞其詳而不知其大也，是以文久而滅節，族久而絕！』非相二則以古今異情，不能相法。

『夫妄人曰：「古今情形不同，以其治亂者異道。」而衆人惑焉。』非相

以此二故，荀子乃斥孟子之法先王爲『略法先王而不知其統。』儒效篇更痛訾之曰：

『逢衣淺帶，解果其冠，略法先王，而足亂世術。繆學雜舉，不知法後王而一制度，不知隆禮義而殺詩，書……呼先王以欺愚者而求衣食焉。』

其所稱是否指孟子不可知，然其惡人之法先王，亦可見矣。於是荀子所提出其法後王之主張曰：

『故曰：「欲觀聖王之跡則於粲然者矣，後王是也」。』非相

『道過三代謂之蕩，法二後王謂之不雅』儒效

『王者之制，道不過三代，法不二後王，道過三代謂之蕩，法二後王謂之不雅。』王制

『百家之學，不及後王，則不聽也。』

其所稱後王，究誰之指乎？楊倞釋之曰：

『「後王」近時之王也。「粲然」明白之貌，言近世明王之法，則是後王之跡也。夫禮法所興，以救當世之急，故隨時設教，不必拘於舊聞。而時人以爲君必用堯，舜之道，臣必行禹，稷之術然後可，斯惑也。孔子曰：「殷因於夏禮，所損益可知也。」故荀卿深陳以後王爲法，審其所貴君子焉。司馬遷曰：「法後王者，以其近己而俗相類，議卑而易行也。」』非相篇注

又於王制篇注中言之曰：

『法不二後王，言以當世之王爲法，不離二而遠取之。』

斯則楊倞以爲後王，乃指時君而言矣。然其言不能使人無疑，夫當時周室已奄奄一息，有等於無，而其政令昏庸，恐較諸侯爲尤甚，荀子有『天下不一，諸侯失序，天王非其人也。』之語，斯則所謂「後王」非指當時周天子而言，明矣。當時諸侯，久已僭稱王，荀子所謂後王，其此輩乎？然荀子於五伯已羞稱之：

『然而仲尼之門，五尺之豎子，言羞稱乎五伯，是何也？曰：『然，彼非政本也……小人之傑也，彼固曷足稱乎大君子之門哉？』仲尼

於諸侯之政，皆謂其不合王道。

『成侯嗣公，聚斂計數之君也；子產，取民者也，未及爲政者也；管仲爲政者也，未及修理者也。故修理者王，爲政者強，取民者安，聚斂者亡。故王者富民，覇者富士。』王制

而其所主張之：

『關市幾而不征，質律禁止而不偏』王霸

『王者之等賦，政事，財（楊注：同裁）萬物，所以養萬民也。田野什一，關市幾而不征，山林澤梁以時禁發而不稅』王制

早不見於當時．聚斂之風且甚。荀子所謂：

『今之世則不然，厚刀布之斂，以奪之財，重田野之稅，以奪之食，苛關市之征，以難其事。』富國

荀子之痛之者深矣、而謂其法之乎？所謂後王，既非「當時之王」，究何所指乎？斯則不可先觀。

荀子自已對後王所下之定義：

『彼後王者，天下之君也。舍後王而道上古，譬之是猶舍已之君，而事人之君也。故曰：「欲觀千歲，則數今日；欲知億萬，則審一二，欲知上世，則審周道，欲知周道，則審其人，所貴君子。』

斯則所謂後王者，一須為天下之君，二須不在上古，而在近世，三須行周道。非文，武其誰乎。故荀子常稱文王者此也。劉台拱曰；

『後王謂文王也，楊注非！』

王念孫曰；

『後王二字，本篇一見，不苟篇一見……皆指文武而言，楊注皆悞。』

可謂卓識。而俞曲園以為：

『劉，汪，王三君之說，皆有意為荀子補弊扶偏，而寔非其雅意也。據下文云：「彼後王者，天下之君也。舍後王而道會上古，譬之猶舍己之君而事人之君也。」然則荀子生於周末，以文，武為後王可也。若漢人則必以漢祖為後王，唐人則必以唐高祖唐太宗為後王，設於漢，唐之世，而言三代之制，是所謂「舍已之君而事人之君也。」豈其必以文，武為後王乎？蓋孟子言法先王，而荀子言法後王，亦猶孟子言性善，荀子言性惡，各成是，初不相謀。皆而同之斯感矣。』

斯則於先王後王之義，亦未之知！靜安先生曰：「俞氏之於學問，固非有所心得。』信哉。

荀子既法文，武，然亦稱先王者何也？蓋荀子法後王，法其典章制度，至其道則古今如一。故曰：

『夫尚賢使能．賞有功．罰有罪，非獨一人為之也，彼先王之道也……治必由之，今古一也』强國

其他稱先王之處，其意大都類此，蓋荀子以為道古今不變，法則須隨損益。所以然者，以荀子以為人之所以能勝物者，以

其能羣，所以能羣者，以其有別，此則千古所同也。故曰：

『人…力不若牛，走不若馬，而牛馬爲用何也？曰：「人能羣，彼不能羣也。」人何以能羣？曰：「分！」分何以能行？曰：「以義。」故義以分則和，和則一，一則多力，多力則彊，彊則勝物。』王制

又曰：『人之生，不能無羣，羣而無分則爭，爭則亂，亂則窮矣。故無分者，人之大害也。有分者，天下之本利也。而人君者，所以管分之樞要也。』

人君卽爲監視此分之樞要，故治亂之源，皆係之於君。故曰：

『君者民之原也。源清則流清，源濁則流濁。』君道

而於人民無關。

『有亂君，無亂國；有治人，無治法。羿之法非亡也，而羿不世。禹之法猶存而夏不世。』

此則儒家之傳統思想，而不限荀子者矣。

綜之荀子之歷史觀念，以爲自遂古卽有階級制度。不過荀子所謂之階級，與平常所謂階級不同。尋常所指之階級，多由血統財產而起，而荀子則以爲賢者須居上位而優崇，不肖者，須居下位而勞苦。並以爲此非但爲理之當然，且非此不足以維繫社會之秩序。所謂分，所謂禮，皆異名一實。此爲社會演變之要素，治亂盛衰系焉，此所謂不變之道。至於法律典章，則應法其詳明者，卽文，武之法也。故於此點，荀子最得孔子之傳，而其所以斥孟子者，蓋有故矣。

(二)墨家之歷史哲學

墨子以爲上古之世，社會混亂無序，有賢者出，然後乃治。曰：

『古者民始生，未有刑政之時，蓋其語人異義：是以一人則一義，二人則二義，十人則十義；其人茲衆，其所謂義亦茲衆。是以人是其義，以非人之義，故交相非也。是以內者父子兄弟作怨惡離散，不能相和合。天下之百姓，皆以水火毒藥相害。至於有餘力不能以相勞，腐朽餘財不能相分，隱匿良道，不以相教，天下之亂，若禽獸然。夫明虖天下之所以亂者，生於無政長，是故選擇天下之賢，立以爲天子。……是以天下治也』上同上

選君之後，社會之隆替，皆視其君與其民之能否兼愛，上同，節用，尊天，尚賢而定。順此則治，違此則亂。堯，舜，禹，湯，文，武，墨子以爲能盡此道者也，故墨子祖述之。故祖述之人物，歷史之觀念，初與儒家無別，特其視察之點異耳。韓非曰：

『孔子，墨子俱道堯，舜，而取舍不同，皆自謂眞堯，

舜，堯，舜，不復生，誰定儒，墨之誠乎。』顯學

此則二家所不能答者也。

（三）道家之歷史哲學

儒家，墨家俱不滿意於當代，而欲復堯，舜，文，武之治。或主法堯，舜，或倡法文，武，然無論如何，堯，舜而上之一段歷史，固皆承認其爲進化的也。道家則以爲自有史以來，社會卽愈進愈窳，堯，舜，之世，社會已遠不如上古，故直欲復邃古之初，世風淳樸，民無知識之時。故其對於歷史之觀念爲退化的。考其所以如此主張者，亦有三因：

（一）夫世之所謂人類進步者何也？亦無非謂物質之享受加豐，人類之知識提高，昔人不能享受者吾能享受之，昔人不能思維者，吾能洞悉之，如是而已。老子則以爲世之所以多亂者，類皆由人之不滿足之心而起，而物質之享受愈增，人之慾望亦愈增，結果則愈不能滿足；加以貧富之差，强弱之分，此能享受者，彼不能享受，其不爭者鮮矣。故曰：

『罪莫大於可欲，禍莫大於不知足，咎莫大於欲得。』

『天下多忌諱而民彌貧；民多利器，國家滋昏；人多技巧，奇物滋起，法令滋章，盜賊多有。』

『絕巧棄利，盜賊無有。』

且也，人之知識愈高，則其思想愈複雜，結果則愈感覺不滿足。今夫農夫，胼手胝足，終日不得一飽，而常有怡然自得之色。至知識較高之人，雖養尊處優，而咸苦不足，斯則知識之害也。故知識愈高，則愈不安分，而爭端愈多。故曰：

『古之善爲道者，非以明民，將以愚之。民之難治，以其治多。』

（二）儒家倡仁義，墨家尚賢，老子以爲此乃舍本趨末之策，非惟不足弭亂，亂恐且因是而益甚。結果眞仁義不可得，而僞君子必日出，是無異獎勵作僞也。故曰：

『大道廢有仁義，智慧出有大僞，六親不和有孝慈，國家昏亂有忠臣。絕聖棄智，民利百倍；絕仁棄義，民復孝慈；絕巧棄利，盜賊無有；此三者以爲文不足，故令有所屬。見素抱樸，少私寡欲。』

『不尚賢，使民不爭；不貴難得之貨，使民不爲盜。』

莊子亦曰：

『故純樸不殘，孰爲犧尊？白玉不毀，孰爲珪璋？道德不廢，安取仁義？性情不離，安用禮樂？五色不亂，孰爲文采？五聲不亂，孰應六律？夫殘樸以爲器，工匠之罪也；毀道德以爲仁義，聖人之過也。』馬蹄

又曰：『彼竊鉤者誅，竊國爲諸侯，諸侯之門，而仁義存焉，是則非竊仁義聖智耶？』

(三)大凡文明愈進步，則政府與人民之關係愈密切；反言之，即政府之干涉人民愈力。當老子之世，時君皆橫征暴斂，百般騷擾，人民只蒙其害，不得其利；干涉愈多，則人民愈不堪命，反不若任民自謀之爲愈也。故老子直詔之曰：

『民之饑，以其上食稅之多也，是以飢。民之難治，以其上之有爲也，是以難治。民之輕死，以其生生之厚也，是以難治。』

且也，法令愈嚴，則人民廉恥之心愈失；廉恥之心愈失則愈失，則愈喜犯法；故禁之實所以啓之也。故曰：

『法令滋章，盜賊多有。』莊子亦曰：

『爲之斗斛以量之，則並與斗斛而竊之；爲之權衡以稱之，則並與權衡而竊之；爲之符璽以信之，則並與符璽而竊之；爲之仁義以矯之，則並與仁義而竊之。』

道家既以世亂之起，由於人之知識，政府之干涉，故其理想國遠在儒墨二家之前，爲邃古民智未啓之世。

『小國寡民，使有什伯之器而不用；使民重死不遠徙，雖有舟車，無所乘之，雖有甲兵，無所陳之；使民復結繩而用之。甘其食，美其服，安其居，樂其俗，鄰國相望，鷄犬之音相聞，民其老死，不相往來。』

莊子亦描寫此理想國曰：

『故至德之世，其行塡塡，其視顚顚。當是時也，山無蹊隧，澤無舟梁，萬物羣生，連屬其鄉。禽獸成羣，草木遂長。是故禽獸可係羈而遊，烏鵲之巢，可攀援而闚。』胠篋

其理想國既爲此初民草昧之世，故對於後來文化之演進，認爲退步之現象。故曰：

『有虞氏不及泰氏。有虞氏其猶藏仁以要人，亦得人矣，而未始出於非人。泰氏其臥徐徐，其覺于于，一以己爲馬，一以己爲牛。』莊子應帝王。

『夫堯既已黥汝以仁義，而劓汝以是非矣，汝將何以遊夫遙蕩恣睢轉徙之塗乎？』莊子大宗師

於是儒，墨二家所崇拜之堯，舜，道家已以爲禍首矣。非但堯，舜也，黃帝之世，已非道家理想之國，自是而後，文化愈啓，淳樸之風愈失，故道家以爲愈演則愈退焉。

(四)法家之歷史哲學

以上三家，咸以爲今不如古，故其理想國皆在上古，而時代愈後者，則其理想國亦愈古。孔子法文，武，孟子則道堯，舜，老子稱黃帝，而莊子則以黃帝尚不古，而遠徵乎赫胥氏，大庭氏！皆遠徵上古，無當於當世之急，於是法家之學興焉。法家自管子而後，商鞅，吳起言法，申子言術，愼子言勢

，以及尹文子之屬，人異其言，家異其說，蓋已多矣。然而能兼綜羣言，折中盡當，集其大成者，厥惟韓非。今以韓子（韓非，唐以前皆稱韓子，後以人皆稱韓愈爲韓子乃改稱韓非爲韓非子，殊非是，今仍稱韓非爲韓子。）之說爲中心，以觀法家之歷史哲學。

韓子之歷史哲學，有唯物之傾向，以爲古今情形之不同，非由於人心之變，乃由於物質環境之不同。此物質環境變易之原因，一則由於人口之增加，財產不敷分配：

『古者丈夫不耕，草木之實足食也。婦人不織，禽獸之皮足衣也。不待力而養足，人民少而財有餘，是以民不爭。是以厚賞不行，重罰不用，而民自治。今人有五子不爲多，子又五子，大父未死，而有二十五孫。是以人民衆而貨財寡，事力勞而供養薄，故民爭。雖倍刑罰而不免於亂。』五蠹

二則由於生活程度之不同：

『堯之王天下也，茅茨不翦，采椽不斲，糲粢之食，藜藿之羹，冬日麑裘，夏日葛衣，雖監門之服養，不虧於此矣。禹之王天下也，身執耒臿，以爲民先，股無胈，脛不生毛，雖臣虜之勞，不苦於此矣。以是言之，夫古之讓天下者是去監門之養，而離臣虜之勞也，故傳天下而不足多也。今之縣令，一日身死，子孫累世絜駕，故人重之。是人之於讓也，輕辭古之天子，難去今之縣令者，薄厚之實異也』五蠹

韓子之以經濟變遷，解釋歷史，不惟中國爲創舉，即在西洋，三千年前，恐亦無夢見此思想者。前者乃馬爾薩斯之人口論，後者乃馬克斯之唯物史觀也。雖其立論，不若後人之精確，不免有自相矛盾之處，（余別有韓非子政治思想，詳論此點，茲不贅。）此則以學愈究而愈精，後來者居上，固不足爲韓子責也。僅就其所見，亦足以揭破人生之黑幕，而與誦仰先王者一莫大之打擊。

『夫山居而谷汲者，膢臘而相遺以水；澤居苦水者，買庸而決竇。故饑歲之春，幼弟不讓，穰歲之秋，疏客必食，非疏骨肉，愛過客也，多少之心異也。』五蠹

斯則人之性情，本古今如一，特以環境不同，而其應付之者，亦隨之而異，初非古人之道德，必高尚於今人也。古今之環境不同，於是情形乃大異：

『故曰：「事異則備變，」上古競於道德，中世逐於智智，當今爭於氣力。』五蠹

『古人亟於道德，中世逐智，當今爭於力，古者寡事而備簡，樸陋甚，故有珧銚而推車者。古者寡而相親，物

多而輕利，故有揖讓而傳天下者。』（姦劫）

古今之情形，既以人口之多寡，經濟之變遷，而移異，自非人力所能挽回，除『論世之需，因爲之備』外，吾人無所施其力。是則韓子之見解突過，儒，墨，道三家處，以其知「歷史決不重演」之理也。儒，墨，道三家皆迷信復古之古，以爲僅使法令復古，則社會既可回復古之狀態。豈知世態萬殊，寧若是簡單？社會能影響政治，政治豈能使社會復古？故其主張爲：

『故明主之國，無書簡之文，以法爲教；無先王之語，以吏爲師；無私劍之捍，以斬首爲勇，——超五帝、侔三王，必此法也。』

其注意之點，只在當今，不在往古，其理想國亦在當今，不妄信復古之效；而其歷史哲學亦以人之心理，及經濟之變遷爲根據，尙觀察而不憑臆說，最近於科學。其後韓子雖見戮於秦，而學大行，舉秦之焚詩書，殺儒生，嚴刑罰，禁偶語，廢封建，立郡縣，以及秦政之自以爲德兼三皇，功高五帝，皆直接間接，受韓子學說之影響，世人每歸咎於始皇，李斯，不知其實得自韓子也。及至二世之時，猶執韓子之說，以難李斯（史記李斯列傳），韓子之影響於秦者，深矣。先秦之歷史哲學，至韓子入於正當軌道，亦至韓子施之行政，獲其實效，可謂集先秦諸哲之大成。此固由韓子見解之卓，而後來居上，亦理之當然者也。先秦之歷史哲學既結束於韓子，而吾文至是，亦告一結束焉。

中國史料的整理

陳垣
（在燕大現代文化班講演　翁獨健筆述）

（一）引言

為什麼我們的史料要整理呢？理由是很簡單的：人類的壽命有限，史料的增加却是無窮，舉一個很淺顯的例，唐宋人研究歷史只須研究到唐宋為止，我們現在就要研究唐宋以後的歷史了；不止這樣，唐宋人研究歷史的範圍只局於中國及中國附近，我們現在因為交通便利東西文化接觸的結果，就要把範圍擴大到全世界去；這麼一來，我們若是不想法子先把中國的史料整理起來，就不免要興莊子的『吾生也有涯，而知也無涯，以有涯隨無涯殆已』之嘆了。

中國史料這麼多，使人感覺到無從整理的困難，所以有些人便主張索性把這些史料統通燒了。但是這種焚書的辦法到底不是根本的解決。譬如蒙古西藏我們暫時不能積極經營，斷無把牠放棄之理。我以為我們若是肯大家來想法子，把這些史料都弄成整個有用的東西，或很容易運用的史料，那自然也不用燒了。反之，我們若是自己不來整理，恐怕不久以後，燒又燒不成，而外人却越俎代庖來替我們整理了，那才是我們的大恥辱呢！

近代西洋機械的發達可算達於極點了，什麼東西都可以用機器代替人工，印書打字的機器早就發明了，惟有機器代讀書的事情現在還沒有聽到。但是我們雖然不能以機器代替我們讀書，我們儘可以改良讀書的方法，整理研究的材料，使以最經濟的時間得最高的效能，正如我們中國現在雖然不能全築起鐵路來，儘可以先修成公路馬路一樣。今天我所要說的便是這種修成公路馬路的方法。

（二）中國史料整理的方法

今天我所要說的中國史料是單就文字記錄方面來說的，至於那些考古發掘遺跡遺物等等尚談不到。關於文字記錄方面，我把牠們分做兩大類：一是已成書冊的史籍，一是未成書冊的檔案。

（甲）史籍的整理

（1）書籍翻印的改良——中國的書籍多半是不分句，不分段，不分章節的，至於標點符號更是絕少了，越是有名的著作，越是沒有點句；不特古書是這樣，就是最近出版的汪靜安先生文集也是沒有點句的；這樣使研究的人事倍功半，浪耗精力時光。所以現在我們要整理史料，第一步的工作便是有翻印舊書的時候，最低限度，要將舊書點句，能分段分節，加以標點符號更佳。從前由天津到北平要三日，有了鐵路以後，三小時可就到了；史記著成已二千年，前人要三個月讀完，我們今日仍要三個月才能讀完，豈不是因爲沒有縮短的方法嗎？點句分段，就是使人節省精力時光的方法。原來這種需要章句標點的感覺並不是最近才有的，八九百年前宋代的學者，便已經整理出一部現在我們所見到的章節句讀非常明白的四子書了；就是舊刻的佛家的經典，也是有圈點的。

(2)類書工具書的改良——中國工具書雖然比較的不多，但也並非完全沒有；不過舊式的工具書缺點頗多，若不加以改良，其利用恐亦有限。現在隨便舉出幾個例來：(一)歷代地理志韻編，這一部書成於百年前，內容係將各史地理志所有的地名按韻編成，然後在每個地名之下注以當時係郡係縣與歷朝沿革。這部書算是研究地理歷史很好的工具書，但是却有不少缺點，最明顯的，第一，本書是按韻編的，要檢查本書須先了解檢韻的大概，要不然，就很難利用了。其次是排列不得法，往往是幾個地名一行行地連下去，使檢查的人不能一目了然。(二)紀元編，這部書也是成於百年前，是專門講年號的，譬如我們要檢某個年號係屬於某朝某帝，只須按那年號的末一字音韻檢去便可檢出，但是這部書也犯了同樣的毛病，排列並不整齊，而且年表內每頁年數又並無一定，是很不方便的，(三)說文通檢，這部書成於五十年前，自從這部書出現以後，檢查說文簡便了許多；但也有一個大毛病，就是檢查的人須先知道他所要查的字是屬於那一部，而後才能查出，這又是不便於普通學者了，且此書排列法亦不整齊，不便尋檢。(四)讀書記數略，是一部專門彙集有數字關係典故的參考書，例如：十八羅漢，三綱，五常這一類的典故都可以從那里檢出。不過這部書也有一個缺點，就是未分數先分類，其分類又非常絮瑣，每每遇一名詞，不知其應歸何類，即須檢閱數卷而後得。總而言之，中國的工具書無論在編製方面，排印方面都是應加改良的，要做到小學生都能利用才行。

(3)書籍裝訂的改良——中國書籍的裝訂往往是只顧形式不同內容，只求每函每套册數厚薄的均等，而不問每函每套的內容是否相關聯的；並且於目錄的編置更無一定；有時使檢閱的人感到無限麻煩。例如全唐文這一部書，一共有一千卷，里面收集所有唐代的文章，以人爲單位依次編成。這部書雖然有總目和每卷的詳細目錄，但是因爲目錄是配置在每卷之首，使檢查的人要檢某人的某篇文章在某卷，非花了許多時間從頭到尾慢慢查過，總是檢不出。此外中國書的裝套也是非常的不講求，往往是把一人一類的文章不裝在一套內，而隨意歸入上套或下套。這些都是裝訂方面的缺點。倘若能夠把總目錄和每卷的目錄統通集合起來另訂成册，並且裝套時無連上連下之弊，那麼檢查全唐文的人不是要便利了許多嗎？

（4）筆記的整理——唐宋以來，筆記的著作日多一日，因爲筆記是雜誌性質，內容非常複雜，篇章不拘短長，所以較易寫作。這種筆記看來好似無關重要，其實是絕好的社會史風俗史的資料，有許多的東西在正史里尋不到，在筆記里却可以尋到。但是筆記是非常難讀的：一來筆記的份量多，內容複雜；二來筆記的編製非常不經濟，除了極少數的每段有目錄外，其餘的不是完全無題目，便是有題目而無總目。要想從筆記里尋材料的，除了以披沙瀝金的法子慢慢地去找尋以外，着實沒有辦法。所以筆記題目的整理是非常必需的；要把所有的筆記，無目錄的加上目錄，有目錄的加上總目，有總目的，編爲索引，使後來要從筆記里找尋任何材料的都可以一目了然。

（5）文集的整理——中國文集在所有書籍中佔最多數，四庫全書亦以集部爲最多，便可以看出中國文集的多了。但是中國文集雖然每篇必有目錄，而常沒有總目錄，就是四庫全書里的文集也全是沒有總目錄的。這的確是一個大缺點。從前我感到檢查文集手續的麻煩，曾將四庫全書集部中外間傳本稀罕的，抄了一部總目錄，雖祇一小部份，但已便利許多矣。所以我以爲倘若我們有了一部完整的所有文集的總目錄或索引，對於我們研究學問一定大有幫助。

（6）羣書篇目彙纂——羣書篇目彙纂是想把所有重要書籍的篇目按類編成一部總目，使人一檢卽知某書的內容。這一類的書中國已經有過，清代朱彝尊撰的經義攷便是一個好例：這一部書把所有關於經義書籍的序跋統通錄下，並且還注其存佚，附以諸家論斷，的確是一部研究經學很好的工具書。不過其範圍只限於序跋方面；若是將各書的篇目，都彙集起來，更方便了。普通所謂目錄學，多只注重書目，我以爲篇目也是要緊的，就如詩經裏的篇目，如「卷耳」，如「葛覃」，兩個字的最多，但有三個字的，如「麟之趾」，如「般其靁」，又有一個字的，如「氓」，如「緜」，如「板」，有四個字的，如「匏有苦葉」，有五個字的，如「昊天有成命」，若是沒有一種經驗，如何知得「氓」是個篇名。又如呂氏春秋裏的什麼「覽」，淮南子裏的什麼「訓」，有經驗的一望便知爲某書的篇目，無經驗的便不容易明白了。若是有一部羣書篇目彙纂或索引，豈不是幫助人容易明白許多嗎？

(7)重要書籍索引——上面所講的是限於目錄的索引，此處所謂索引是以書做單位，把每一部重要書籍的內容凡是有名可治的，都編成索引，使檢查者欲知某事某物係在某書之某卷某篇，皆能由索引內一索卽得。西洋近出的書籍差不多都有索引，故學者研究學問時間極省而效能極高。我以前聽宣道師的說經，見他們每舉一經節，皆能將所有同意義的經節散見於新舊約者徵引無遺，心中頗佩其記性之强，到後來一問，才知道他們所靠的是一部聖經索引。這樣看起來，索引的功用是何等的大啊！倘若我們能够把我們的重要史籍，如左傳，如史漢，如資治通鑑等都編出索引來，那麼除了專門研究歷史的以外，什麼人都可以不讀左傳史漢通鑑而能利用牠們了。

(8)分類專題編集——分類專題編集是以題做單位，然後將羣書中所有有關係的材料統通都編集在一起，使後來研究的人不用再費時去搜集。例如：以運河或長城做專題，然後將所有書籍中有關於運河或長城的材料都編集在一塊便是。去年北平學術界不是有個古代鐵器先用於南方的論戰嗎？倘若我們已經有了關於鐵字專題的編集，那豈不是要省事得多嗎？這種分類專題的編集中國以前並非沒有，類書中如藝文類聚北堂書鈔太平御覽古今圖書集成都有這種意思，就如文獻通考之類也是這種意思；不過從前搜集的目的，多注重供給人作詩文的詞料，我們今日的目的，在注重便利人的檢尋，其目的不同，其方法之疏密自異。

以上八點是整理史籍的方法，現在再談談整理檔案的方法。

(乙)檔案的整理

什麼是檔案呢？檔案，簡單點說，便是未成書册的史料。現在北平所謂檔案多數是前清政府的文件，有些也是明末的，里面有很多重要史料。前清本來是存在內閣大庫或軍機處的，到了民國，經教育部會同各部派人整理過一次，然而到底沒有做成功。有八千麻袋已作廢紙賣去，有一部份歸到北京大學研究所國學門稍爲整理上架。現在這些檔案大部分是分存在故宮博物院內的南三所，東華門內的實錄大庫，南池子的皇史宬和景山西的大高殿各處。檔案既然是很重要的史料並且份量又是這樣多，塵土又是這樣厚，收拾又是這樣零亂，那麼要如何整理呢？我以爲整理檔案亦有八種方法。

現在簡略地說一說。

(1)分類——分類是按照檔案的種類，或由形式分，如紙樣格式，長短大小，顏色紅白，與乎成本的，散頁的，都把牠們彙別起來；或由文字分，如漢文的滿文的蒙文的，都分在一起，這是最初步的工作。

(2)分年——分年是分類之後，以年做單位，把同一年份的同類文件都集在一起。例如，先分明清，清又分康熙乾隆，乾隆又分開六十年，同年的按月日先後集在一起。

(3)分部——檔案有屬於各部署的，例如：兵部的文件歸於兵部，禮部的文件歸於禮部，這樣類推下去。

(4)分省——例如，報銷册一項，有浙江省來的歸在浙江省，福建省來的歸在福建省。

(5)分人——把一省一省的督撫所來的文件按人分在一起。雍正硃批諭旨，即是這樣分法。

(6)分事——分事是整理檔案的較為細密的工作，把所有與某一事情有關係的文件，如乾隆時纂修四庫全書的文件，接待英國使臣的文件，凡同一事的，都按年月集在一塊，這樣便理出頭緒來，可以檢閱了。

(7)摘由——完成了分析的工作以後，再把每一文件的事由摘出來，使研究的人一看摘由便能了解內容的大概。此種工作，非常重要。

(8)編目——編目是最末一步的工作，就是把所有整理成功的檔案編成幾個總目，或分部，或分省，或分人，或分事，使後來檢查檔案的人只須將總目一查，便能依類檢出。

以上是整理檔案的方法，前五項若是有人指揮，稍認得字的當差，便能做的，後三項則非有相當程度的人，不能幹了。至於裝置儲藏的方法，又是另一問題，今日尚談不到。

(三)小結

我已經簡略地把中國史料整理的方法說過了；倘若能夠依着這種方法整理下去，那麼中國的史料雖多也不用燒了，我們的壽命雖不加長，也不難窺見中國史料的全豹了。從前人們所謂「博聞强記」「一目十行」「過目不忘」等等也不過腦中有一部索引。假如我們各書的索引能告成功，就人人都可以有過目不忘的本領了。我們有廣濶的土地，而無普遍的鐵路；有繁盛的人口，而無精密的戶口册；有豐富的物產，而無詳細的調查；有長遠的歷史，豐富的史料，而無詳細的索引；可算是中國的四大怪事。我們若是肯從此努力，把我們的史料整理起來，多做機械的工夫，笨的工夫，那就可以一人勞而百人逸，一時勞而多時逸了。

(此篇曾經陳先生修改增補，特此誌謝——記者)

歷史學會之過去與將來

燕大歷史學會，輒始于民十六年，是時因人數不多，團結渙散，故不及一載，幾於無形消滅。客歲秋，校中學會組織風起雲湧，同人等為聯絡師友感情計，為研討學術計，為輔助史系發展計，僉以為史學會有重新組織再張旗鼓之必要。於是積極進行，賴師友之熱忱，不一週卽告成立，師友會員計二十餘人，濟濟一堂，洵屬盛況。

會友以本會為研究學術團體，且規模又非宏大，僉主簡單組織，期能收實效而止；乃舉主席一，文書一，財務兼庶務一，後又增設演講參觀研究各一，合稱職員會，另聘顧問兩人。此組織之大概也。

一年以來，因時間經費各種困難，預定工作如演講，研究、參觀等，雖曾努力從事，然貽誤不少，遺憾滋深。出版為預定工作之一，特另設一委員會全權主持．幸賴我史系及各師友予以經濟及稿件之帮助，得慶如期出世，雖粗率譾陋，不敢自信．然篳路山林，總稱先導。此外工作如聯合他校史會創辦中國史學會于北平，亦同人等不敢苟忘而有待未來之努力也。

至所希望于我史會之將來者，約略言之，計有三端：

(一)從今後振起團結精神，不論為職員非職員一致為會務努力，完成會內預定工作，以達研究闡揚史學之基本目的。

(二)從今後本師生合作之精神，負責督促我史學系之發達，注重國史之研究，務使我史系為「國化燕大」中之領導。他若教授，教材，教法，以及一切課程編制，關係同學本身利害者，當不忌加以建設的批評，善意的建議。

(三)從今後當體學術無畛域之眞諦，聯絡各校同好，共謀中國史學會之發展，共同工作，以發揚史學，整理國史。

行易知難，想我會友必有振袂而起者矣，俟之！望之！

the ransom thus extorted as the price of the lives of British subjects arbitrarily imprisoned". At the end of the despatch he announced that: "It is the intention of H. M. Government to act towards the Chinese in this matter some what in the manner in which the Chinese are wont to proceed themselves; that is, to begin striking a blow, and to give explanations afterwards." [1]

These two despatches suggest that Palmerston had already made up his mind to teach the Chinese a lesson, but it is strange that in Parliament he should have given the impression that his mind was not made up; strange, too, that his colleagues were not aware of his own opinions at the time. One is forced to the conclusion that either Palmerston was trying to settle the Chinese question on his own, or that he saw no reason for informing anyone that, as far as he was concerned, his own opinion, of the remedy necessary was brute force. Thoughout the despatches, we get glimpses of the temperamental Palmerston, who indulged in characteristic outbursts of temper, who contented himself with an expression of personal opinion rather than in giving the instructions Elliot was continually asking for. His notification to Elliot that he had decided to appoint Sir Henry Pottinger, in his place was brief and curt. "I have to acquaint you, that the Queen has been pleased to appoint Sir Henry Pottinger, Bart, to be your successor, in the character of Her Majesty's Chief Superintendent and Plenipotentiary in China." [2] Whatever may have been the faults and mistakes of Elliot, Palmerston cannot be freed from blame. It was his duty to instruct officers of the Crown abroad as to the policy they should adopt, and he neglected his duty, while through all his letters there is a trace of his headstrongness, and his love of demonstrating to the world at large the strength and power of England.

1. Ibid. (No. 16 Secret).
2. Correspondence relating to the Affairs of China, No. 61.

Supply, but Palmerston and the war party were allowed to have their way, This debate was the last occasion on which the rights and wrongs of our First war with China were discussed in the House of Commons or in Parliament for that matter.

The attitude of Palmerston is somewhat difficult to explain. It is obvious that he disapproved strongly of the quiescent policy followed by Mr. Davis and Sir George Robinson, and he welcomed the appearance of Captain Elliot, with his views on the abandonment of such policy. Elliot was undoubtedly a man after Palmerston's own heart. The Correspondence between the Foreign Secretary and the Superintendent is enlightening. [1] Two despatches in particular reveal the attitute of Palmerston, and it can hardly be said that the Foreign Secretary was undecided. But where his actions lay him open to condimnation is in his neglect to issue definite instructions to Elliot: to discuss in a general way the situation, and to express an opinion, is one thing; it is another matter to instruct an officer of the Crown as to the policy he has to adopt. On 18th October 1839, Palmerston wrote to Elliot that "H. M. Government feel that it is impossible for Great Britain not to resent the outrages which have been committed by the Chinese upon British subjects and upon the Queen's officer; and they are of the opinion that the future relations of Great Britian with China should be placed upon a definite and secure footing. For this purpose, H. M. Government mean to send to the Chinese seas, a naval and probably a small military force." [2] In the next despatch sent from the Foreign Office on 4th November 1839, Palmerston declared that "the proceedings of the Chinese government can be justified upon no principle whatsoever, either by international law or abstract justice"; that "Her Majesty's Government must first demand satisfaction for the insult offered to the British Crown, by the outrage committed upon the person of its officer, and must next demand the restitution of

1. "Correspondence relating to the Affairs of China". 839-40-41. Printed solely for the use of the Cabinet in London. (This copy is in the British Museum who purchased it in 1853).
Catalogued in British Museum C. 38. i. 13.
2. "Correspondence relating to the Affairs of China".
(No. 15 Secret).

mons, Lord John Russell stated that: "In the first place they were to obtain reparation for the insults and injuries offered to Her Majesty's Superintendent and Her Majesty's subjects by the Chinese Government, and, in the second place, they were to obtain for the merchants trading with China an indemnification for the loss of their property incurred by threats of violence offered by persons under the direction of the Chinese Government; and, in the last place, they were to obtain security that the persons and property of those trading with the Chinese should in future be protected from insult and injury." [1] This statement. in spite of its vagueness, made it clear that the British Government regarded the conduct of the Chinese authorities, in compelling the surrender of tne opium, as a proceeding that could not be allowed to pass as legitimate. Captain Elliot's views had been completely adopted by the Home Government, and the responsibility for making war rests on the then Ministers of the Crown.

On the motion of Sir James Graham on 7th April 1840, to the effect that the hostilities which had taken place in China were due to the want of foresight and precaution on the part of Her Majesty's present advisers, a debate took place in which the Government was attacked by Sir James Graham, Mr. Thesiger (who later became Lord Chelmsford) and Mr. Gladstone. In defence, Palmerston replied that he had sent despatches to the Superintendent, and he declared that all the instructions that were needed were embodied in the Order of Council issued in 1833 on the passing of the China Trade Act. In dealing with the opium traffic he declared that it would have been at variance with Britsh Law, and totally at variance with international law to put down the opium trade by arbitrary acts against British merchant. Palmerston questioned the high moral aims, attributed to the Chinese by the Opposition. The net result of the debate was a discussion of the question in the Committee of

1. Hansard, "Parliamentary Debates," Vol. 52, p. 1223.

means of judging whether the course about to be taken was one that called for commendation or disapproval. Some of the salient facts, such as the detention of the British community at Canton, had been noised abroad, but even in regard to this episode there was very little exact knowledge. "It is not surprising if the English people knew little of the original causes of the controversy. All that presented itself to their mind was the fact that Englishmen were in danger in a foreign country; that their lives were in jeopardy and that the flag of England was insulted. There was a general notion, too, that the Chinese were a barbarous and a ridiculous people, who had no alphabet and thought themselves much better than any other people, even the English, and that, on the whole, it would be a good thing to take the conceit out of them. Those who remember what the feeling of ordinary society was at the time, will admit that it did not reach a much loftier level than this." [1]

When it began to be suspected that we were rapidly drifting into war, questions began to be asked in Parliament as to the intention of Ministers. Until after the war had become inevitable, the answers to such questions showed an almost complete ignorance as to Captain Elliot's proceedings at Canton. Even so late as 12th March 1840, Lord John Russell, Secretary for War and the Colonies, stated that he had received no official intelligence amounting to a declaration of war, and that he presumed the rumour to that effect was due to some directions given, or act done by the Governor-General of India, to whom instructions had been sent "to make active preparations." It is a remarkable fact that up to this time no papers relating to the state of affairs at Canton were laid before the House, and it was on 19th March that the public learnt for the first time what were the objects of the expedition that was being fitted out in India. In answer to a question in the House of Com-

1. McCarthy, "History of Our Own Times," Vol. 1, pp. 175-6.

PALMERSTON & THE OPIUM WAR

By Mervyn Armstrong

It is a defect of the constitution of Great Britain that Parliament has in reality very little voice in deciding what shall be the foreign policy of the nation. The will of the English people, in matters that arise between other countries and their own, is the will of the Sovereign for the time being, as exercised on the advice of the responsible ministers of the Crown, and in particular of the Secretary of State for Foreign Affairs. Even in the making of peace and war, Parliament has no initiative. It may censure or refuse to support a ministry that adopts a course of which it disapproves. But in practice these checks on the freedom of Ministers to adopt such policy as they please are of less value than in theory they would appear to be. It is almost impossible for them tobe brought into operation until after the event has happened against whichr they are sought to be directed. Englishmen generally take the view that a wa once begun must be carried through to the bitter end, even though the conscience of the nation disapproved of the war having been commenced. It may be argued that what is ethically wrong cannot be politically expedient, and experience goes to prove the truth of this view.

The war with China was one that, arising when and in the manner it did, would have been forbidden by the people of Great Britain, had they been able to exercise a veto before it was commenced. Even with such imperfect menas of control as they possessed, they would have made it impossible for the Govenrnment to continue in office, had they known the facts of the case and the intention of Lord Palmerston. So little information was before the country at the time when hostilities were begun that the English people had very scanty belief, For example, Mr. Bertrand Russell, one of the most luminous scientific minds of our age, does not have it. This is what he writes on the development of science and of human intelligence (*Whither Mankind?* Beard ed., 1928, pp. 80 and 81):

> "Perhaps the progress of science will cease on the day when the men of science become completely scientific. If so, they will turn to superstition for relief, and the Dark Ages will return. All this, however, is no more than a doubtful speculation."
>
> "We must expect, at any rate for the next hundred years, that each generation will be congenitally stupider than its predecessor."

My conclusion is, therefore, that scientific history should keep clearly apart the idea of evolution, which is a scientific theory, from the idea of progress, which is an ethical or religious idea. Pure history should do nothing to attack that idea, neither could it do anything against it if it wished, because it is outside the domain of science. When history deals with the idea of progress, it is no longer scientific history, the attempt to give the nearest approach to demonstrated facts, but philosophy of history. This is a very important part of historical thought, but it must be clearly recognized as something apart from the main line of historical study.

Yenching,
May 25, 1929.

We generally think that Greek civilization was higher than the Roman, yet when it spread in Rome many of the best citizens were convinced that the new ideas were destroying the fine traditions of Roman citizenship; and our histories preserve that idea and describe Roman society as having been corrupted by Greek civilization. So that the question whether Greek civilization made Rome better or worse is still a very difficult one.

We are very proud of our modern mechanical inventions, but we should pause for thought when such a remarkable personality as Mr. Gandhi believes intensely that machines are harmful and wants to drive them out of India so that primitive industrial methods may be preserved or restored.

When we see how the discoveries of science can be used just as well for the destruction of mankind as for its preservation, we realize that we can question whether even the development of science is in itself a development for the better. It is clear that whether it is for the good or for the bad depends upon what it is used for, and so on something that is exterior to science itself.

To decide whether something is for the better, we must have a definition of the good The idea of progress implies a judgment of values. Progress cannot be established as a scientific fact. It is outside of science, in the field of philosophy and religion.

Of course, science does not include all the things that are true or valuable. Man cannot live without moral convictions, which are outside of science. He must have a faith, and belief in progress is a very helpful faith. The person who believes in a standard of good, and who believes that humanity is advancing towards that standard, is made thereby much stronger for the struggle of life.

But it is not a requirement of the scientific attitude to have such a point of view of progress (or of advance) toward mechanization, progress toward the mastery of nature, progress toward liberty, progress toward class struggle, or progress toward an increasing complexity of social organization. Of course, in this accurate sense, we may also speak of progress toward poverty, decay, or destruction.

3. But that is not the way in which the word "progress" is generally used. In that sense the word is hardly necessary, and can be conveniently replaced by "evolution" or "tendency." When people speak of human progress, they are as a rule thinking that evolution as a whole has been *toward the better.* And here history must stop and hesitate to agree. For whether evolution has been and is toward the good or toward the bad is an extremely difficult question from a purely scientific point of view.

Evolution often leads to destruction. Is that for the better? Perhaps it has been in certain cases. But this is a complex problem that should be carefully considered.

When civilization developed in the plains of Mesopotamia, the nomads of the Arabian desert thought of it as corruption; and they probably felt that they were accomplishing a sacred duty when they invaded the cities and destroyed them, including those degenerate people who did not know how to live the life of a free and brave son of the desert. Are we sure that the development of civilization is always real progress? Is the artificial always superior to the natural? Rousseau at the end of the eighteenth century, with his theories of freedom in education, plain food and open air, scandalized Voltaire, the great believer in civilization, who used to say: "Mr. Rousseau will soon want us to walk on all fours." Yet Rousseau's ideas on the whole conquered.

we may reach a time when no work will be done by man's hands, all being done by machines.

We may take a broader view and trace in the changes of human society an evolution toward the increasing *mastery of man over nature,* passing from utter helplessness and fear, through partial utilization of some of the natural forces, to the present stage, when we feel we have almost conquered nature.

Historians of a century ago loved to trace a development toward *liberty.* They could see a steady transformation from a social organization with autocratic government, slavery, and a complete subjection of the individual to the group and its customs, toward increasing independence in democratic government, freedom of thought, and individualism in general.

Marx saw in history an increasing tendency toward ***division into classes.***

Many nowadays are impressed by the continuous development of a more and more *complex social organization.* The number and intensity of social relations seems to be constantly increasing. Simple, natural groups, such as the family, are no longer the main social forces. Complex artificial associations, either compulsory, as the State, or voluntary, as the great economic and cultural organizations, are taking a larger and larger importanee in the life of mankind.

It is the task of history to discover and describe such developments-such lines of evolution. History may be defined as the science of social evolution.

Now, there is no objection to applying to any tendency in social evolution the name of "progress," if we state specifically *toward what* the progress is taking place. We may speak with perfect propriety from a scientific

HISTORY AND THE BELIEF IN PROGRESS

By Ph. de Vargas.

The idea of progress is commonly the idea that things change, continuously and regularly, for the better. The continuousness may be interrupted, there may even be occasional retrogression, but the thought is that on the whole the curve of the average goes up. The change is thought of as regular, as having its laws. Reformers search eagerly for these laws or principles of social progress.

I have not included in my suggested definition the very common thought that progress is necessary, unavoidable; but this is a not unnatural consequence of the general idea.

What is the attitude that scientific history should take to the idea of progress?

1. The idea that things change is the very basis of history. History believes that there is change, it tries to see it, to describe it, and to measure it.

2. That the change is continuous and regular is also a fundamental hypothesis of history. History tries to find the continuities in the change, what we call the trend of the *evolution*. It is very difficult to discover such a regular trend in the infinite diversity of human history. Yet historians and other students of social science have made tentative statements of certain lines of evolution. For example:

Most people would agree that there is in the modern world a tendency towards ***mechanization***. Man is using more and more machinery to do his work. Every year sees new inventions in that line, and it is quite possible that

史學年報

第二期

疑古玄同題

史學年報第一期目錄

本期定價大洋三角五分　景山書社出售

本期目錄

舊京西山故翠微寺畫像千佛塔記拓本攝影

文見本期第一四三頁

舊京西山故翠微寺畫像千佛塔記拓本音釋

的怛幹口歇葛塔答山的敦兮幹巴不囉都兮麻答兒耶

訶莎耶納麻釋囉曷麻諦叭哪耶怛嚕尼約摎山

奈遼去疋爲奈復省作奈　承即丞字

餘字明瞭不贅

戰國時儒墨道三家堯舜的比較

曹詩成

引言

我們都知道堯舜是中國古代最偉大的兩個人物，他的們政治及時代，也是我們理想中所認為盡善盡美的，所以『堯天舜日』『唐虞之世』，差不多是我們形容盛世的一種口頭禪，這種『堯舜昇平』的說法，我們若把他當作詩人的幻想，或是小說家的偽託，與天堂上有玉皇，廣寒宮裏有嫦娥，作同樣的看法，則可任他盡善盡美，極樂昇平的去說，但是如若我們把他看作中國古史的史實，要用他推測中國社會的發展，文化的變遷，則不能隨意妄從人云亦云了。我們必須加一番考察的功夫，然後才敢用他作古史的研究，不幸我們中國的史書上，都把牠認作真的史實[1]，所以這步工作我們還是不能夠省略的。

1. 如尚書，正史等

我以為我們現在所說的堯舜是形成於戰國時代的，如若我們明白了戰國時的堯舜，那麼後世堯舜的問題，也就迎刃而解了，戰國時言堯舜最盛者，莫如儒墨道三家，其餘非附於儒，即附於道，不然就是附於墨，所以我這篇文章的意思，就是要將這三家所言的堯舜作一個比較，再看看他們是否真的史實，留作研究上古史的參考。這個工作，我是否勝任，實在沒有把握，不過至少可以作一個研究堯舜的先聲，引起真正學者的注意。

戰國時諸子並作，相與樹說立論，有時互相攻擊，有時則互相抄襲，所以有的書很難決定他屬於那一家，如易傳[1]尸子[2]韓非子[3]諸書，概為戰國末年或是漢初的著作，都雜含着三家的滋味，本不能說他們是純儒純墨，或是純道，在此情形之下，只可看他們所含的那一家的滋味最深，對那一家的崇拜力最大，就拿他作那一家的參考罷了。本篇所認為儒家書籍者，以論語孟子，荀子，堯典為主，以左傳，公羊傳，禮記，易傳諸書副之；所認為墨家的書籍者，以墨子為主，以尸子韓非子諸書副之；所認為道家的書籍者，以老子莊子為主，以管子列子諸書副之，此外如縱橫家，兵家，名家各書，與三家無關，則均不錄，又如鶡冠關尹諸子，雖稱為道家，然多為後人所偽造（見四部正偽等書）適足淆亂真像，故亦不取。

1. 易傳為漢初儒家所作，雜道家思想（見顧頡剛先生周易卦爻辭中的故事，

燕京學報第六期)

2. 尸子說，「夫禍之始猶熛火蘖足也易止也，及其措於大事，雖孔子墨翟之賢，弗能救也，」(尸子貴言)可知尸子兼尊孔墨；又說「人戴冠躡履，譽堯非桀，敬士侮慢，故敬侮之譽毀，知非其取也，」(尸子尊道)與莊子「與其譽堯而非桀不若兩忘而閉其所譽」(莊子則陽)相似，則尸子又帶有道家滋味。

3. 史記韓非列傳說，「韓非者韓諸公子，喜刑名法術之學，而歸其本於黃老，與李斯俱事荀卿」可見有儒道的滋味．且在其書中又多看出墨家的色彩，故康有爲說「凡韓所傳皆墨學也(孔子改制考)

第一章　三家堯舜制度的比較

第一節　儒家堯舜的制度

1. 樂制　儒家所說的堯舜，不惟有樂，而且是一種很重要的制度，設有專員管理及製作的，我們試從儒家的書籍裏抄出幾段看看：

子在齊聞韶，三月不知肉味，曰『不圖爲樂之至於斯也。』(論語．述而)

子謂韶盡美矣，又盡善也，謂武盡美矣，未盡善也。(論語，八佾)

堯有德，干戈不用，三苗服，舉舜甽畝，任之天下，身休息，得后稷，五穀植，夔爲樂正，鳥獸服……』(荀子，成相篇)

天子者執至重而形至佚……和鸞之聲，步中武象，騶中韶護以養耳……夫曰：『堯舜擅讓是虛言也。』(荀子，正論篇)

帝曰『夔，命汝典樂敎胄子，直而溫，寬而栗，剛而虐，簡而無傲，詩言志，歌永言，聲依永，律和聲，八音克諧，無相奪倫，神人以和。』夔曰『於，予擊石拊石百獸率舞。』(尚書堯典)

可知樂的用處，不僅是爲娛樂，而且是敦人倫，和神人的一種工具，孔子聽了三個月不知肉是甚麼滋味，其感人之深，就可想而知了。

2 禮制　堯舜時喪禮主厚葬久喪：

子張曰『書云「高宗諒陰，三年不言，」何謂也？』子曰『何必高宗，古之人皆然，君薨，百官總己，以聽於冢宰三年。』(論語，憲問)

古者棺槨無度，中古棺七寸，槨稱之，自天子達於庶人，非直爲美觀也然後盡於人心……』(孟子，公孫丑)

堯崩，三年之喪畢，舜避堯之子於南河之南……』(孟子，萬章)

舜崩，三年之喪畢，禹避舜之子於陽城，天下之民從之，若堯崩之後，不從堯之子而從舜也，禹薦益於天

，七年禹崩，三年之喪畢，益避禹之子於箕山之陰，朝覲訟獄者不之益而之啟……』（孟子萬章）

凡禮，事生飾歡也，送死飾哀也，祭祀飾敬也，師旅飾威也，是百王之所同，古今之所一也，未知其由來者也…故三年之喪，人道之至文者也。

夫是謂至隆，是百王之所同，古今之所一也。（荀子，禮論）

二十有八載，帝乃殂落，百姓如喪考妣，三年，四海遏密八音（尚書堯典）

可知堯舜時喪禮以三年爲期，盛體有棺及槨。且有送葬之禮以飾哀，眞可謂厚葬久喪了。

堯舜時還有一種很重要的禮制，就是宗廟祭祀之禮：

子曰『舜其大孝也與！德爲聖人，尊爲天子，富有四海之內，宗廟饗之，子孫保之』（禮記，中庸）

白圭曰『吾欲二十而取一如何？』孟子曰『子之道貉道也，萬室之國一人陶可乎，』曰『不可，器不足也，』曰『夫貉，五穀不生，惟黍生之，無城郭宮室宗廟祭祀之禮，無諸侯幣帛饔飧，無百官有司，故二十取一而足也，今居中國，去人倫，無君子，如之何其可乎？陶以寡且不可以爲國，況無君子乎？欲輕於堯舜之道者，大貉小貉也，欲重於堯舜之道者，大桀小桀也。』（孟子，告子）

正月上日，受終于文祖，在璿璣玉衡以齊七政。歸格于藝祖，用特。（尚書，堯典）

曾子引孔子的話說『宗廟饗之，』孟子說『城郭宮室，宗廟祭祀之禮』，是堯舜之道，可知當堯舜的時候已經有了宗廟的建設，尚書所說的『受終于文祖』『歸格于藝祖』這些典禮，大概也是在這宗廟舉行。

3. 衣裳之制：

孟子曰『舜之飯糗茹草也，若將終身焉。及其爲天子也，被袗衣，鼓琴，二女果，若固有之。』（孟子，盡心）

天子者執至重而形至佚，心至愉而志無所詘，而形不爲勞，尊無上矣，衣被則服五采，雜間色，重文繡，加之以珠玉…夫曰堯舜擅讓是虛言也，（荀子，正論篇）

天命有德，五服五章哉。（尚書，虞書，皐陶謨）

帝曰『…予欲觀古人之象，日月星辰，山龍華蟲，作會，宗彝藻火粉米黼黻絺繡，以五采彰于五色，作服。（尚書，虞書，皐陶謨）

袗衣不知是甚麽樣的衣服，按孟子的意思這一定是舜爲天子以後穿的一種天子服，與他飯糗茹草時所穿的絕對不同，而且是很貴重很華美的。舜穿了這個衣服還是持之如故，所以孟子纔讚美的他那視天下如敝屣，視富貴如浮雲的態度。至荀子就更說的明顯了，天子服是有五采雜色文繡，而且還鑲着珠玉的，是一種很奢侈的衣服，而且是一種定制，平民不得穿的。不然何以見得他是執至重，形至佚，尊無上呢？虞書有『五服五章』僞孔安國傳謂『五服，天子，諸侯，卿，大夫，士之服也，尊卑采章各異』又益稷有『五采彰施于五色作服』之說，堯舜時服制有定，不是更明白了麽？

4.飲食之制：

孟子曰『舜之飯糗茹草也，若將終身焉，及其爲天子也，被袗衣，鼓琴，二女果，若固有之』(孟子，盡心)

白圭曰『吾欲二十取一，如何？』孟子曰『子之道貉道也；萬室之國一人陶可乎？』曰『不可，器不足用也』曰『夫貉五穀不生，惟黍生之無城郭宮室宗廟祭祀之禮，無諸侯幣帛饔飧，無百官有司，故二十取一而足也，今居中國去人倫，無君子如之何其可乎？欲輕之於堯舜之道者，大貉小貉也，欲重之於堯舜之道者，大桀小桀也。(孟子，告子)

食飲則重大牢，而備珍怪，期臭味曼而饋，代睪而食雍而徹乎，五祀執薦者百人侍西房，…夫曰堯舜擅讓』是虛言也。(荀子，正論篇)

孟子以飯糗茹草代表他未爲天子的時代，可知他爲天子以後，卽不再飯糗茹草了——天子的食物貴於平民的食物。且孟子又說，無諸侯幣帛饔飧，非堯舜之道，把饔飧同諸侯，幣帛，百官，有司列的一樣的重要，可見饔飧是一種制度，凡爲天子必得有饔飧之食，然後合於堯舜之道，荀子則直謂『重大牢備珍怪…』此不惟所食的是珍貴之物，而且吃的時候還有一定的禮節，儼然是一種制度了。

5.宮室之制　從上邊所引的孟子告子一段，我們還可看見堯舜宮室之制，孟子說堯舜時有宮室城郭，所以二十取一而不足，可知這宮室城郭是一種奢侈的建築，與平民所居者不同，荀子也說：

居則設帳容，負依而坐，諸侯趨於堂下，出戶則巫覡有事，出門而宗祀有事，…居如大神，動如天地，持老養衰，猶有善於是者與？夫老者休也，休猶有安樂恬愉如是者乎…夫曰『堯舜擅讓』是虛言也。(荀子，正論篇)

荀子雖沒有說出堯舜的宮室如何的好，然而他說堯舜是居如大神，動如天地，持老養衰，安樂恬愉，莫過於是，則堯舜有宮室之美，當不待言，不然如墨家所謂『堂高三尺，土階三等，茅茨不翦，采椽不刮』（史記，太史公自序）韓非子謂爲『監門之養』，如何能說安樂恬愉，未有勝於是者呢？

6.官制：

帝使其子九男二女百官牛羊倉廩備以事舜於畎畝之中。（孟子．萬章）

若夫論以兼率之，使天下百吏莫不宿道鄉方而務，是夫人主之職也，若是則一天下，名配堯禹。（荀子王霸篇）

從孟子荀子裏我們看見堯舜時已有百官之多，主理一切國事，不過他們的專職是甚麼，我們還不知道，再看尚書就更明白了：

納于百揆，百揆時叙……納于大麓，烈風雷雨弗迷。

舜曰『咨四岳，有能奮庸熙帝之載，使宅百揆，亮釆惠疇？』僉曰『伯禹作司空，』帝曰『俞，咨禹，汝平水土，惟時懋哉，』禹拜稽首，讓于稷契暨皐陶，帝曰『俞，汝往哉，』

帝曰『棄黎民阻飢，汝后稷播時百穀。』

帝曰『契百姓不親，五品不遜，汝作司徒，敬敷五敎在寬。』

帝曰『皐陶，蠻夷猾夏，寇賊姦宄，汝作士，五刑有服……』

帝曰『疇若予工？』僉曰『垂哉，』帝曰『俞，咨垂，汝共工，』垂拜稽首，讓于殳斨暨伯與，帝曰，『兪，往哉汝諧。』

帝曰『疇若予上下草木鳥獸？』僉曰『益哉』帝曰『俞，咨益，汝作朕虞。』益拜稽首，讓于朱虎熊羆。帝曰『俞，往哉汝諧。』

帝曰『咨四岳，有能典朕三禮？』僉曰『伯夷，』帝曰『俞，咨伯，汝作秩宗，夙夜惟寅，直哉惟清，』伯拜稽首，讓于夔龍，帝曰『俞，往欽哉。』

帝曰『夔，命汝典樂，敎胄子，直而溫，寬而栗，剛而無虐，簡而無傲詩言志，歌永言，聲依永，律和聲，八音克諧，無相奪倫，神人以和……』

帝曰『龍，朕堲讒說殄行，震驚朕師，命汝作納言，夙夜出納朕命惟允。』（以上尚書堯典）

看了以上這些材料，我們可以列一個官制表如下：

堯舜時官制表

名稱	專職
百揆	度百事總百官

大	麓	管風雨大人之事
司	空	未詳，或卽治水之官
后	稷	掌稼穡之事
司	徒	司八倫，掌五品五敎
士		掌五刑
共	工	管百工之事
虞		掌山澤草木鳥獸
秩	宗	掌宗廟祭祀
典	樂	掌樂
納	言	出納帝命

1.此未必是當時名稱，因尙當未詳，故暫借用以代斯職。

7.刑制　儒家堯舜的刑制，也大有可觀，尙書裏說：

象以典刑，流宥五刑，鞭作官刑，扑作敎刑，金作贖刑，眚災肆赦，怙終賊刑，（尙書堯典）

帝曰『臯陶，蠻夷猾夏，寇賊姦宄，汝作士，五刑有服』（尙書，堯典）

可知五刑之外，尙有象刑，鞭刑，扑刑，贖刑等制，並設有專員管理，其爲定制明矣。

第二節　墨家堯舜的制度

1.樂制：

是故子墨子之所以非樂者，非以大鐘，鳴鼓，琴，瑟，竽，笙之聲以爲不樂也；非以刻鏤華文章之色以不美也；非以犓豢煎炙之味，以爲不甘也；非以高臺厚榭邃野之居，以爲不安也，口知其甘也，目知其美也，耳知其樂也然，上考之不中聖王之事，下度之不中萬民之利，是故子墨子曰『爲樂非也』（墨子非樂）

從這一段看，我們知道，堯舜時是無樂的，因爲墨子說，大鐘，鳴鼓，琴，瑟竽，笙，上考之不中聖王之事，堯舜是墨子最崇拜的聖王，所以當然包括在這個聖王之內了。不過他還有一段議論：

程繁問於子墨子曰『聖王不爲樂？昔諸侯倦於聽治，息於鐘鼓之樂；士大夫倦於聽治，息於竽瑟之樂；農夫春耕夏耘，秋斂冬藏，息於聆缶之樂。今夫子曰，「聖王不爲樂」，此譬之猶馬駕而不稅，弓張而不弛，無乃非有血氣者之所不能至邪？』『子墨子曰』昔者堯舜有茅茨者，且以爲禮，且以爲樂，湯放桀於大水，環天下自立以爲王，事成功立，無大後患，因先王之樂又自作樂，命曰『護』又修九招。武王勝殷殺紂，環天下自立以爲王，事成功立，無大後患，因先王之樂，又自作樂，命曰『象。』周成王因先王之樂，命曰『騶虞。』周成王之治天下也，不若武王，武王之治天下也，不若成湯，成湯之治天下也不若堯舜。故其樂逾繁者，其治逾寡。自此觀之樂非所以治天下也。程繁曰：子曰『聖王無樂，』此亦樂已，若之何其謂聖王無樂也？』子墨子曰『聖王之命也，多寡之食之利也，以知饑而食之者智也，因為無智矣。今聖王有樂而少，此亦無也。』（墨子，三辯）

在這一段裏，他却承認堯舜有樂，但是很少，僅有茅茨，（何樂未詳）並無所謂大章簫韶，可知墨家的堯舜即有樂亦是尚簡而不尚繁，與儒家所說的不同。

2. 禮制　喪禮重薄葬短喪：

上稽之堯舜禹湯文武之道而政逆，下稽之桀紂幽厲之事，若合節也。若以此觀，則厚葬久喪其非聖王之道也。今執厚葬久喪者言曰『厚葬久喪果非聖王之道，夫胡說中國之君子為而不已，操而不擇哉？』子墨子曰『此所謂便其習而義其俗者也。』（墨子，節葬）

故聖王制為葬埋之法曰『棺三寸，足以朽體，衣衾三領足以覆惡。以及其葬也，下毋及泉，上無通臭，壟若參耕之畝則止矣。死者既已葬矣，生者必無久哭而疾，而從事人，為其所能以交相利也，此聖王之法也。今執厚葬久喪者之言曰『厚葬久喪雖使不可以富貧衆寡，定危治亂，然此聖王之道也。』子墨子曰『不然，昔者堯北教乎八狄，道死葬蛩山之陰，衣衾三領，穀木之棺，葛以緘之，既咆而後哭，滿埳無封，已葬而牛馬乘之；舜西教乎七戎，道死葬南已之市，衣衾三領，穀木之棺，葛以緘之，已葬而市人乘之；禹東教乎九夷，道死葬會稽之山，衣衾三領，桐棺三寸，葛以緘之，絞之不合，通之不埳，土地之深，下毋及泉，上無通臭。既葬收餘壤其上，壟若參耕之畝則止矣。若以此，若三聖王者觀之，則厚葬久喪，果非聖王之道，故三聖王者，皆貴為天子，富有天下，豈憂財用之不足哉？以為如此葬埋之法。（墨子，節葬）

上一段說厚葬久喪非堯舜禹湯文武之道，這是反對儒家的說法。在下一段，墨子纔說出他自己所承認的堯舜的禮法，就是棺三寸，衣衾三領，其葬也下毋及泉，上毋通臭，既葬不必久哭，速從人事以交相利，這種葬法，堯舜禹都曾親身履行，故知為一種定制，並非因為財用不足或是其他緣故，與儒家所說厚葬久喪不同。

堯舜宗廟祭祀之禮，亦為墨家所承認；

且惟昔虞夏商周三代之聖王，其始建國營都日，必擇國之正壇，置以爲宗廟；必擇木之修茂者，立之爲叢位；必擇國之父兄慈孝貞良者，以爲祝宗；必擇六畜之勝腯肥倅以毛爲犧牲；珪璧琮璜稱財爲度；必擇五穀之芳黃以爲酒醴粢盛，故酒醴粢盛，與歲上下也，故聖王治天下故必先鬼神而後人者此也。（墨子明鬼下）

此墨子以爲虞舜時已經有了宗廟祀祭之禮了。墨家最尙鬼神，儒家最尙禮節，所以宗廟祭祀之禮，就爲兩家所公認了。

3. 衣裳之制：

人之言君天下者瑤臺九累而堯白屋；黼衣九種，而堯大布。（尸子）

堯之治天下也，茅茨不翦，采椽不斲，糲粢之食，藜藿之羹，冬日麑裘，夏日葛衣，雖監門之服養不虧於此矣。（韓非子，五蠹）

墨者亦尙堯舜，道言其德行，曰『堂三尺，土階三等，……夏日葛衣，冬日鹿裘。』（史記，太史公自序）

尸子謂堯衣大布韓非子謂堯冬日麑裘，夏日葛衣，司馬談謂墨者稱堯舜德行是『夏日葛衣，冬日鹿裘，』康有爲亦謂尸子韓非子所稱堯禹皆述墨學，（見孔子改制考）可知以上尸子韓非子所說，就是墨家堯舜的衣裳之制，其粗糲質樸與儒家所說不同。

4. 飲食之制：

古者聖王制爲飲食之法，曰『足以充虛繼氣，强股肱，使耳目聰明則止，不極五味之調，芬香之和，不致遠國珍恢異物，』何以知其然？古者堯治天下，南撫交阯，北降幽都，東西至日所出入莫不賓服，逮至其厚愛，黍稷不二，羹胾不重，飲於土塯，啜於土形，計以酌。俛仰周旋威儀之禮，聖王弗爲。（墨子，節用）

人之言君天下者，瑤臺九累，而堯白屋，……珍羞百種而堯糲飯菜粥。（尸子）

堯之王天下也，茅茨不翦，采椽不斲，糲粢之食，藜藿之羹，…雖監門之養，不虧於此矣。（韓非子五蠹）

可知墨家所謂堯舜飲食之法，非常簡卑，與儒家所謂『重大牢，備珍怪』者不同。

5 宮室之制：　從以上所引各節，還可看見堯舜的宮室是極簡卑的，與儒家所說不同。墨子說『飲於土塯，啜於土形，』尸子說『而堯白屋，』韓非子說『茅茨不翦，采椽不斲，』司馬談說『堂高三尺，土階三等，』則堯舜之居，完全

與平民無異，又安得如儒家所說持老養衰安樂無上者哉？（見荀子正論）

第三節　道家堯舜的制度

在道家的書籍裏，我們看不出甚麼堯舜的制度，這大概是因爲道家的堯舜，是無爲而治的，一切都順乎自然，不用甚麼人定的制度。莊子裏說：

夫虛靜恬淡，寂寞無爲者，萬物之本也。明此而南鄉，堯之爲君也；明此以北面，舜之爲臣也……』（莊子，天道）

舜曰『天德而出寧，日月照而四時行，若晝夜之有經，雲行而雨施矣』。（莊子，天道）

昔堯治天下，不賞而民勸，不罰而民畏。（莊子，天地）

列子也說堯治天下是：

不識不知，順帝之則。（列子，仲尼篇）

管子也說，昔堯之時是：

牛馬之牧不相及，人民之俗不相知，不出百里而來足，故鄉而不理，靜也。（管子侈靡）

這種不賞不罰，不識不知，牛馬不相及，人民不相知的治法，也可說是一種無制度的制度，在這種制度之下，人民都是自耕而食，自織而衣，不相往來，無相侵奪，飢則食，寒則衣，歡則歌，悲則哭，凡事順乎自然，無所謂優劣可否，此則無論儒家的禮樂官刑無用，就是墨家的薄葬短喪，布衣惡食，也未免庸人自擾了。

第二章　三家堯舜政治的比較

第一節　儒家堯舜的政治

1.德化的政治：　儒家言堯舜，最重德化的政治。他們以爲唐虞之世，所以昇平的緣故，就是這種政治的成功——堯舜最善修身養德，因爲他們的身修德備，所以百姓就被感化，因之天下大治。——孔子所說的『德不孤，必有隣。』（論語，里仁）『爲政以德，譬如北辰，居其所，而衆星共之。』（論語，爲政）『君子之德風，小人之德草，草上之風必偃。』（論語，顏淵）也都是這種德化政治的原理。凡是一個道德家，就是一個政治家，這種政治哲學，是否有充分的理性，我們不要管他，現在我們看看儒家如何將他放在堯舜的時代：

子曰『無爲而治者，其舜也與？夫何爲哉？恭己正南面而已矣。』（論語，衛靈）

這種『無爲』不是道家純順自然的『無爲，』乃是『恭已正南面』身修而天下自治的『無爲。』

舜盡事親之道，而瞽瞍底豫，瞽瞍底豫而天下化，瞽瞍底豫而天下爲父子者定，此之謂大孝。（孟子離婁）

這是說舜自己能孝，天下的人。就均被感化，成了一個父慈子孝的世界。

魯欲使愼子爲將軍，孟子曰『不敎民而用之，謂之殃民，殃民者不容於堯舜之世，一戰勝齊，遂得南陽，然且不可。』（孟子，告子）

這是孟子反對以力服人，提倡以德敎民的說法，也是應用堯舜的德化政治。

堯問於舜曰『我欲致天下，爲之奈何？』對曰『執一無失，行微無怠，忠信無勌，而天下自來，執一如天地，微如日月，忠誠盛於內，賁於外，形於四海，天下其在一隅邪，夫有何致也』。（荀子，堯問篇）

昔者舜之治天下也，不以事詔而萬物成，處一危之[1]，其榮滿側，養一之微，榮矣而未知。（荀子，解蔽篇）

1. 當作「之危」。

世俗之爲說者曰『堯舜擅讓，』是不然。天子者執位至尊，無敵於天下，夫誰與讓矣。道德純備，智惠甚明，南面而聽天下，生民之屬，莫不振動從服，以化順之。天下無隱士，無遺善，同焉者是也，異焉者非也，夫有惡擅天下矣。（荀子，正

禮者治辨之極也，强國之本也，威行之道也，功名之摠也，王公由之所以得天下也，不由所以隕社稷也。故堅甲利兵，不足以爲勝；高城深池，不足以爲固；嚴令繁刑，不足以爲威；由其道則行，不由其道則廢。……古者帝堯之治天下也，蓋殺一人刑二人而天下治，傳曰『威厲而不試，刑錯而不用。』此之謂也。（荀子，議兵篇）

荀子亦以爲執一無失，行微無怠，或是處一之危，養一之微，就可以天下自來，萬物自成，與孔子的『恭己正南面而治天下』相同。又說『道德純備，智惠甚明，南面而聽天下，生民之屬，莫不振動從服以化順之。』『禮者治辨之極也。』堯舜由其道，所以『威厲不試，刑錯不用』而天下治。尤足證明堯舜時最重德化的政治，兵刑法令，皆爲其次，只要爲天子的能修身，自然家齊，國治，天下平了。

2. 仁義的政治

舜明於庶物，察於人倫，由仁義行，非行仁義也。（孟子離婁）

孟子曰『離婁之明，公輸子之巧，不以規矩，不能成方圓；師曠之聰，不以六律，不能正五音；堯舜之道

·不以仁政，不能平治天下……』(孟子，離婁)

夫人雖有性質美而心辨知，必將求賢師而事之，擇良友而友之，得賢師而事之，則所聞者堯舜禹湯之道，得良友而友之，則所見者忠信敬讓之行也，身日進於仁義而不自知仁者，靡使然也。(荀子，性惡篇)

從以上的幾段看來，可知孟子荀子都以仁義是堯舜之道並知仁義是一種善政的通稱，凡忠信敬讓皆可說是仁義，所謂德化的政治，也當然包括在內。這樣看來，仁義二字，似乎沒有很大的意義，不應用他來代表一種特殊的政治，但是如果我們再詳細考察儒家的所謂仁義，則知除『德化』之外，實在還含着其他重要的政策，這種政策，是堯舜用以來補救『德化政治』的不足，相與通行並用的，他的意義有兩種：

第一是『尙賢的政治』，就是說除德化之外，君主還得用許多有創作能力的人，爲民興利除害，促進物質的文明，使民能安居樂業，這種政治，就謂之仁政，孟子說：

當堯之時，天下猶未平，洪水橫流，氾濫於天下，草木暢茂，禽獸繁殖，五穀不登，禽獸逼人，獸蹄鳥跡之道，交於中國，堯獨憂之，舉舜而敷治焉，舜使益掌火，益烈山澤而焚之，禽獸逃匿，……堯以不得舜爲已憂，舜以不得禹皐陶爲已憂，分人以財謂之惠，敎人以善謂之忠，爲天下得人謂之仁，是故以天下與人易，爲天下得人難。(孟子，滕文公)

可知孟子所謂仁政，重在爲天下得人，爲天下得人，然後纔能使洪水得平，禽獸逃匿，五穀豐登。孔子說『仁者愛人』也是這個意思，不然總使堯舜能夠德化，無奈洪水氾濫，禽獸逼人，五穀不登，人民日死於饑寒殘殺之中，這能叫做愛民的政治麼？

第二是『尙武的政治』這種政治也是補救德化政治不足的一種重要政治。堯舜固然注重德化，但是有一部分頑冥不化的人，又怎樣辦呢？所以就不能不用武力了，這種武力，叫做仁義之師，故知爲仁義政治之一種，這個意思，荀子發表的很淸楚：

陳囂問孫卿子曰『先生議兵，常以仁義爲本，仁者愛人，義者循理，然則又何以兵爲？』孫卿子曰『非汝所知也，彼仁者愛人，愛人故惡人之害之也，義者循理，循理故惡人之亂之也，彼兵者所以禁暴除害也，非爭奪也，故仁人之兵，所存者神，所過者化，若時雨之降，莫不悅喜，是以堯伐驩兜，舜伐有苗，禹伐共工，湯伐有夏，文王伐崇，武王伐紂，此四帝兩王，皆以仁義之兵，行於天下也，故近者親其善，遠者慕其德，兵不血

刄遠邇來服，盛德於此，施及四極，詩曰「淑人君子，其儀不忒，」此之謂也。』(荀子，議兵篇)

我們不要因爲他說『兵不血刄，遠邇來服』就把仁義之兵，仍看作德化的政治。其實不然，他說『兵不血刄，遠邇來服』是說堯舜伐驩兜征有苗以後，人民感激他們爲民除害的功德，所以遠邇來服。然而他們對於驩兜有苗，仍還是照樣的用武力，不講德化的阿。這種爲民除害的武力，叫做仁義之兵，可知這種爲民除害而用武力的政治，叫做仁義的政治，孔子說『惟仁者能愛人，能惡人』(論語，里仁)『我未見好仁者，惡不仁者；好仁者無以尙之，惡不仁者，其爲仁矣，不使不仁者加諸其身』，(論語，里仁)可知儒者所謂『仁』，不僅是愛人，惡不仁也是仁，所謂『仁政』，不僅是尙賢，誅不善也是仁政。

第二節　墨家堯舜的政治

1.兼愛的政治．

然則富貴爲賢以得其賞者誰也？曰『若昔者三代聖王堯舜禹湯文武者是也，』所以得其賞者何也？曰『其爲政乎天下也，兼而愛之，從而利之，又率天下之萬民以尙尊天事鬼，愛利萬民，是故天鬼賞之，立爲天子以爲民父母。』(墨子，尙賢)

夫愛人利人，順天之意，得天之賞者誰也？曰：『若昔者三代聖王堯舜禹湯文武者是也』，堯舜禹湯文武焉所從事？曰，『從事兼，不從事別』，兼者處大國不攻小國，處大家不亂小家，强不劫弱，衆不暴寡，詐不謀愚，貴不傲賤，觀其事上利乎天，中利乎鬼，下利乎人，三利無所不利，是謂天德，聚斂天下之美名而加之焉。曰：『此仁義也，愛人利人，順天之意，得天之賞者也』，(墨子，天志中)然則兼相愛交相利之法奈何哉？子墨子言：『視人之國若視其國，視人之家若視其家，視人之身若視其身，是故諸侯相愛，則不野戰，家主相愛則不相簒，人與人相愛則人不相賊，貴不傲賤，詐不欺愚，凡天下禍簒怨恨，可使無起者，以仁者譽之。』(墨子，兼愛)

從以上幾段裏，可知堯舜行政是『兼而愛之，從而利之』或是『從事兼不從事別』的，至於所謂兼愛的意義，乃是天下爲公視人如己，實行愛人利人的主義，與儒家所謂『修已正南面而聽天下』者不同。

2.尙賢的政治：

是故子墨子言曰『得意賢士不可不擧，不得意賢士不可不擧，尙欲祖述堯舜禹湯之道，將不可以不尙賢，

夫尙賢者聖之本也』。(墨子，尙賢)

然昔者吾所以貴堯舜禹湯文武之道者何以故哉？以其唯毋臨衆廢政而治民，使天下之爲善者，可而勸也，爲暴者可而沮也，然則此尙賢者也，與堯舜禹湯文武之道同矣。(墨子，尙賢)

墨家謂堯舜之政以尙賢爲本，大致與儒家所謂仁政者相同，

3.尊天事鬼的政治： 墨家最信天鬼，以爲天鬼是一種有意識的東西，所以堯舜的政治，也就帶了一種迷信的色彩，在以上所引的（見本節兼愛的政治條）我們看見堯舜是牽天下之民，以尙尊天事鬼的，所以天鬼賞之立爲民父母，又知他們行事是上利乎天，中利乎鬼，下利乎人，順天之意，得天之賞的。這樣說來，則堯舜之所以成功，不是因爲他能兼愛尙賢，乃是因爲他能尊天事鬼，天鬼賞之，所以與之以天下。幸而天鬼善悅『兼愛』『尙賢，』所以堯舜行之而得賞，假使天鬼不喜歡『兼愛』『尙賢，』則堯舜雖知爲善政，也不敢行的了。換句話說，就是堯舜惟一的政治，卽是尊天事鬼，至於『兼愛』『尙賢』乃是天鬼的意思，他們不過順天而行罷了。

4.仁義的政治：

然而天下之士非兼者之言也，猶未止也，曰『兼愛旣仁矣義矣，雖然，豈可爲哉？』(墨子，兼愛)

仁人之所以爲事者，必興天下之利，除天下之害，以此爲事者也…凡天下之禍篡怨恨，其所以起者，以不相愛生也，是以仁者非之，旣以非之，何以易之？子墨子言曰『以兼相愛，交相利之法易之』(墨子，仁愛)

從以上看來，可知墨子的『仁義，』就是『兼愛』，本不應把他列爲第四種政治，不過因爲他與儒家所說的『仁義』不同，所以特別提出作一比較，墨家的『仁義，』旣是『兼愛，』故其意義卽爲『愛人如己，』不分親疏貴賤，』儒家則以爲『仁義』是『能愛人能惡人』(論語，里仁)『仁者人也，親親爲大，義者宜也，尊賢爲大，』(禮記，中庸)二者雖均言仁義，其用意互異，故宜注意。

第三節 道家堯舜的政治

1.無爲的政治：

夫虛靜恬淡，寂寞無爲者，萬物之本也，明此以南鄉，堯之爲君也，明此以北面，舜之爲臣也。(莊子，天道)

這是說堯舜以『虛靜無爲』爲行政之本。

昔者舜問於堯曰『天王之用心如何？』堯曰『吾不

敖無告，廢不窮民，苦死者，嘉孺子而哀婦人，此吾所以用心也。』舜曰『美則美矣，而未大也。』堯曰『然則何如？』舜曰『天德而出寧，日月照而四時行，若晝夜之有經，雲行而雨施矣，』堯曰『膠膠擾擾乎？子，天之合也，我，人之合也。』夫天地者古之所大也，而黃帝堯舜之所共美也，故古之王天下者奚為哉？天地而已矣。（莊子，天道）

以上的一段，是把堯降了一等，來作儒家仁政的信仰者，用舜來發揮道家的『無為』而與天地同順自然的政治，堯聽了也覺着自己的不佳，還是贊承舜的自然無為。

仲尼曰『人莫鑑於流水而鑑於止水，惟止能止衆止，受命於地，惟松柏獨也在，冬夏青青；受命於天，惟舜獨也正，幸能正生以正衆生……』（莊子德充符）

這是用仲尼的口裏表出舜是靜止不動，正己正人，也是無為的意思，

堯治天下，伯成子高立為諸侯。堯授舜，舜授禹，伯成子高辭為諸侯而耕，禹往見之，曰：『昔堯治天下，吾子立為諸侯，堯授舜，舜授予，而吾子辭為諸侯而耕，敢問其故何也？』子高曰『昔堯治天下，不賞而民勸，不罰而民畏，今子賞罰而民且不仁，德自此衰，刑自此立，後世之亂自此始矣，夫子盍行邪？无落吾事，俋俋乎耕而不顧。（莊子，天地）

伯成子高說堯是不賞不罰，也是無為之治。

堯治天下五十年，不知天下治歟？不治歟？不知億兆之願戴己歟？不願戴己歟？顧問左右，左右不知，問外朝，外朝不知，問在野，在野不知，堯乃微服遊於康衢，聞君童謠曰『立我蒸民，莫匪爾極，不識不知，順帝之則。』堯喜問曰『誰敎爾為此言？』童曰『我聞之大夫』問大夫，大夫曰『古詩也』，堯還宮招舜，因禪以天下，舜不辭而受之。（列子，仲尼篇）

列子謂『堯治天下，五十年不知天下治歟，不治歟？』又謂『不識不知，順帝之則』，蓋亦道家言耳。

我們看了道家的『無為』，似乎與儒家的『德化』相近。孔子說『無為而治者，其舜也與』，又說『為正以德，譬如北辰，居其所而衆星共之』，曾說出『無為』二字，但是儒家的『無為』與道家絕對不同，孟子曰『孔子曰，大哉堯之為君也……君哉舜也，巍巍乎，有天下而不與焉。』堯舜之治天下，豈無所用心哉？亦不用於耕耳。』荀子說『禮者治辨之極也……古者堯之治天下也，蓋殺一人刑二人而天下治，傳曰：『威厲而不試，刑錯而不用，此之謂也』。可知儒家所謂

『無爲，』是『不用於耕，』『威厲不試，刑錯不用』的無爲。至於仁義禮知，儒家仍是奉爲無上的政策。孔子所謂『恭己正南面』也是修身克己的意思，自己只要有了禮義道德，百姓也就自被感化，所以也可說是無爲而治。道家的『無爲』，則不是這樣，道家的『無爲』是『虛靜恬淡』，『不識不知，』『不刻意而高，无仁義而修，无功名而治，无江海而閒，不道引而壽，无不忘也，无不有也，澹然无極，而衆美從之』（莊子，刻意）的無爲。可知儒家的仁義禮知在道家看來還是一種有爲而不自然的政治，與道家的純順自然不同。

2仁義的政治　道家對於堯舜的政治，有一點很可笑的地方，就是他們既說堯舜是無爲而治，又說堯舜是好行仁義，既贊揚堯舜，又咒罵堯舜，這種自相矛盾的說法，不知道家何以自解。我們現在不要問他們爲甚麼矛盾，我們先看他們是不是矛盾：

意而子見許由，許由曰：『堯何以資汝？』意而子曰：『堯謂我「汝必躬行仁義而明言是非。」』許由曰：『而奚爲來軹？夫堯既已黥汝以仁義，而劓汝以是非矣，汝將何以遊夫遙蕩恣睢轉徙之途乎？』（莊子，大宗師）

齧缺問於王倪，四問而四不知，齧缺因躍而大喜，行以告蒲衣子，蒲衣子曰：『而乃今知之乎？有虞氏，不及泰氏，有虞氏其猶藏仁以要人，亦得人矣，而非始出於非人，泰氏其臥徐徐，其覺于于，一以己爲馬，一以己爲牛，其知情信，其德甚眞，而未始入於非人。』（莊子，應帝王）

崔瞿問於老聃曰，『不治天下，安藏[1]人心？』老子曰：『汝愼無攖人心，人心排下而進上，上下囚殺淖約柔乎剛强，廉劌彫琢其熱焦火，其寒凝氷，其疾俛仰之間，而再撫四海之外。其居也，淵而靜，其動也縣而天，僨驕而不係者，其唯人心乎？昔者黃帝始以仁義攖人心，堯舜於是乎股无胈，脛无毛，以養天下之形；愁其五藏，嗎養仁義；矜其血氣，以規法度，然猶有不勝也，堯於是放讙兜於崇山，投三苗於三峗，流共工於幽都，此不勝天下也夫。』（莊子，在宥）

齧缺遇許由曰，『子將奚之？』曰，『將逃堯』，曰『奚謂邪？』曰『夫堯畜畜然仁，吾恐其爲天下笑，後世其人與人食與？夫民不難聚也，愛之則親，利之則至，譽之則勸，致其所惡則散，愛利出乎仁義，捐仁義者寡，利仁義者衆，夫仁義之行，唯且無誠，且假乎禽貪

1.當作「臧」才通

者，是以一人之斷利制天下譬之猶一覕！夫堯知賢人之利天下也，而不知其賊天下也，天唯外乎賢者知之矣。』（莊子，徐无鬼）

1. 當作「臧」本才通

天下有常然，常然者，曲者不以鉤，直者不以繩，圓者不以規，方者不以矩，附離不以膠漆，約束不以纆索，故天下誘然皆生，而不知所以生；同焉皆得，而不知其所以得；故古今不二，不可虧也，則仁義又奚連連如膠漆纆索，而遊乎道德之間爲哉，使天下惑也。夫小惑易方，大惑易性。何以知其然邪？自有虞氏招仁義以撓天下也，天下莫不奔命於仁義，是非以仁義易其性與？（莊子，駢拇）

此外道家咒罵堯舜仁義的地方還很多，因爲篇幅的關係不能盡行抄出，從他們的咒罵中間，我們也可知道道家是承認堯舜是躬行仁義明言是非的，與虛靜恬淡，不識不知的『無爲』是互相矛盾的。道家對於仁義的意義，沒有詳細的解釋，但莊子。說過『且夫屬其性乎仁義者，雖通如曾史，非吾所謂減也』。（莊子，駢拇）。他以曾史爲最通仁義者，曾史都是儒家，所通的仁義，一定是儒家的仁義，於此可知道家所反對的堯舜，就是儒家的堯舜，所咒罵的仁義，就是儒家的仁義。

第三章　三家堯舜故事的比較

第一節　儒家堯舜的故事

1. 堯舜禪讓的故事：　孔子在論語裏說：

堯曰『咨爾舜，天之歷數在爾躬，允執其中，四海困窮，天祿永終』（論語，堯典）

這似乎是堯讓舜以天下時，傳授心法的一種詔語。至於堯舜禪讓的經過，我們看尚書和孟子，就可知道：

帝曰『咨四岳，朕在位七十載，汝能庸命巽朕位？』岳曰『否，德忝帝位。』曰『明明揚側陋。』師錫帝曰，『有鰥在下，曰虞舜。』帝曰『俞！予聞，如何？』岳曰『瞽子，父頑，母嚚，象傲，克諧以孝，烝烝乂不格姦。』『帝曰』我其試哉。』女于時，觀厥刑于二女，釐降二女于嬀汭，嬪于虞。帝曰『欽哉！』（尚書，堯典）

愼徽五典，五典克從，納于百揆，百揆時敘，賓于四門，四門穆穆；納于大麓，烈風雷雨弗迷。帝曰『格汝舜，詢事考言，乃言底可績三載，汝陟帝位，』舜讓于德，嗣弗。（尚書，堯典）

二十有八載，帝乃殂落，百姓如喪考妣，三載四海遏密八音，月正元日，舜格于文祖，詢于四岳，闢四門，明四目，達四聰，咨十有二牧。曰：食哉惟時，柔遠能邇，惇德允元，而難任人，蠻夷率服。舜曰『咨四岳，有能奮庸熙帝之載，使宅百揆，亮采惠疇？』僉曰『伯禹作司空，』帝曰『兪！咨禹，汝平水土，惟時懋哉！』禹拜稽首，讓于稷契曁皋陶。帝曰『兪！汝往哉。』（尚書，堯典）

尙書所說的故事是：堯聽說舜賢，就令他的兩個女子做了舜的妻子，去觀察舜的行爲，以後知道舜果然是個賢者，纔把他加諸上位，使之明五典，掌百揆，賓四門，又作大麓，天下因之大治。堯看見他如此的能幹，所以就要讓帝位於他，舜還是謙辭不就。及至堯崩，舜完了三年之喪，纔卽位稱帝．以後舜也是這樣的讓禹，使禹作百揆攝行天子的事，自已退身休息。孟子裏也有這樣相似的記載：

舜相堯二十有八載，非人之所爲也，天也。堯崩，三年之喪畢，舜避堯之子於南河之南，天下諸侯朝覲者，不之堯之子而之舜，訟獄者不之堯之子而之舜，謳歌者，不謳歌堯之子而謳歌舜。故曰『天也』，夫然後之中國踐天子位焉。（孟子，萬章）

萬章問曰『人有言，至於禹而德衰，不傳於賢而傳於子，有諸？』孟子曰『否，不然也，天與賢則與賢，天與子則與子。昔者舜薦禹于天，十有七年。舜崩，三年之喪畢，禹避舜之子於陽城，天下之民從之。若堯崩之後，不從堯之子而從舜也，．．孔子曰，「唐虞禪，夏后殷周繼，其義一也。」』（孟子，萬章）

從孟子裏我們更可以看出堯死後舜並沒有眞卽帝位，乃是因爲百姓歸之，不得已始踐天子之位的。禹有天下也是與舜同樣的情形。可知儒家謂『禪讓』就是堯老舜攝，舜老禹攝，堯死舜繼，舜死禹繼的故事。

荀子在他的正論篇裏大反對擅（當同禪）讓之說，似乎我們不應把『禪讓』作爲儒家公認的故事，不過我們若細看荀子所持的理由，則知他所反對的，僅僅是『禪讓』兩個字的意義，並非『禪讓』的事實。他說『聖王已沒，天下無聖，則固莫足以擅天下矣。天下有聖而在後者，則天下不離，朝不易位，國不更制，天下厭焉，與鄉無以異也，以堯易堯讓，夫何變之有矣』（詳見荀子，正論篇）可知他所謂『擅讓』乃是『朝易位，國更制。』如朝不易位，國不更制，則雖堯死舜繼，也只可說是以堯易堯，不能叫做『禪讓』。這是荀子對於『禪讓』的一種特別的解釋。至於我們所謂儒家堯舜的禪讓，則不是這種意思。我們所說的禪讓，就是堯死舜繼，舜死禹繼。至於禪讓以後更制與否，則與禪讓的事實無關。這種禪讓，荀子也不在反對之例。荀子說『堯授能，舜遇時，尚賢推德天下治，…舜授禹以天下，尚得推賢不失序。』（荀子，成相篇）可知儒家所說的堯舜禹相推相讓的事實，荀子是完全承認的。

1.當作德

2.堯妻舜以二女的故事：

帝曰『咨四岳，朕在位七十載，汝能庸命巽朕位？』岳曰『否德忝帝位。』曰『明明揚側陋。』師錫帝曰『有鰥在下，曰虞舜。』帝曰『俞！予聞，如何。』岳曰瞽子，父頑，母嚚，象傲，克諧以孝，烝烝不格姦。』帝曰『我其試哉。』女于時觀厥刑于二女，釐降二女于嬀汭，嬪虞于禹。帝曰『欽哉！』（尚書堯典）

孟子曰『不孝有三，無後爲大，舜不告而娶爲無後也，君子以爲猶告也。』（孟子，離婁）

帝使其九男二女百官倉廩備，以事舜於畎畝之中。（孟子，離婁）

堯不德，舜不辭，妻以二女任以事，大人哉！（荀子，成相篇）

舜尚見帝，帝館甥于貳室，亦饗舜，迭爲賓主，是天子而友匹夫也。（孟子，萬章）

這一段故事是：堯聽說舜賢，就使他的兩個女子，作了舜的妻子，去觀察舜的行爲究竟能否擔任國事。舜因爲父母不愛，告則不能娶妻，又因爲不孝有三，無後爲大，所以就不告而娶了。

3.舜孝親的故事：曾子引孔子的話說：

舜其大孝也與！德爲聖人，尊爲天子，富有四海之內，宗廟饗之，子孫保之。（禮記，中庸）

荀子說：

虞舜孝已，孝而親不愛。（荀子，大略篇）

可知舜爲大孝是儒家所公認的。至于舜孝親的故事，孟子說的較爲詳細：

萬章問曰『舜往于田，號泣于旻天，何爲其號泣也？』孟子曰『怨慕也，』萬章曰『父母愛之，喜而不忘，父母惡之，勞而不怨，然則舜怨乎？』曰『長息問於公明高曰「舜往于田，則吾既得聞命矣，號泣于旻天，于父母，則吾不知也，」公明高曰「是非爾所知也，」夫公明高以孝子之心，爲不若是恝，我竭力耕田，共爲子職而已矣，父母之不我愛，於我何哉？帝使其九男二女百官牛羊倉廩備以事舜於畎畝之中，天下之士多就之者，帝將胥天下而遷之焉，爲不順于父母，如窮人無所歸。天下之士悅之，人之所欲也，而不足以解憂；富貴，人之所欲，富有天下而不足以解憂，人悅之，好色，富貴，皆不足以解憂，惟順於父母可以解憂，人少則慕父母，知好色則慕少艾，有妻子則慕妻子，仕則慕君，不得於君則熱中，大孝終身慕父母，五十而慕者，予於大舜見之矣。』（孟子，萬章）

這段故事是說當舜未爲天子以前，每日竭力耕田，以盡他爲子之職　但是總不能得到父母的歡心，舜常以此爲憂，以至于號泣于旻天，以後堯聽說他是個孝子，就使其二女百官牛羊倉廩去奉事他，他因爲不孝有三，無後爲大的緣故，於是乎就不告而娶了。但是這些功名富貴都不能解他父母不愛的憂愁，所以還是屏棄一切，去盡事親之道，最後他的父親因爲如此孝順，也就被感化過來了。瞽瞍一化於是天下亦因之而化了。

4.禹平水土的故事：

帝曰『咨四岳，湯湯洪水方割，蕩蕩懷山襄陵，浩浩滔天下民其咨，有能俾乂？』僉曰『於！鯀哉』。帝曰『吁，咈哉，方命圮族，』岳曰『异哉，試可乃已，』帝曰『往欽哉，』九載，績弗用成。（尚書，堯典）

帝曰『俞，咨禹，汝平水土，惟時懋哉！』（尚書，堯典）

當堯之時，天下猶未平，洪水橫流，氾濫於天下……禹疏九河，瀹濟漯而注諸海，決汝漢，排淮泗而注之江，然後中國可得而食也，當是時也，禹八年於外，三過其門而不入。（孟子，滕文公）

舜授禹以天下，尚得推賢不失序。……禹有功抑下鴻（即洪水）辟除民害，逐共工。（荀子，成相篇）

堯用鯀治水治了九年沒有成功，以後舜又用禹，使繼乃父之志，禹平了水土，人民才得安居樂業。

5.堯舜征伐的故事：

流共工于幽州，放驩兜于崇山，竄三苗于三危，殛鯀于羽山，四罪而天下咸服。（尚書，堯典）

舜流共工于幽州，放驩兜于崇山，殺三苗于三危，殛鯀于羽山，四罪而天下咸服，誅不仁也。（孟子，萬章）

在左傳裏也曾說到舜去四凶的故事，（文公十八年）並引虞書以數舜的功勞，可知左傳的『四凶，』大概就是尚書和孟子的『四罪』他們都把征伐的功勞，歸之于舜，至荀子則分之於堯舜禹三人的身上了，他說：

彼兵者所以禁暴除害也，非爭奪也；是以堯伐驩兜，舜伐有苗，禹伐共工，湯伐有夏，文王伐崇，武王伐紂，此四帝兩王，皆以仁義之兵行於天下也。（荀子，議兵篇）

韓非子則說：

堯欲傳天下於舜，鯀諫曰。『不祥哉，孰有以天下而傳匹夫乎？』堯不聽：舉兵而誅鯀於羽山之郊，共工又諫曰『孰以天下而傳之匹夫乎？』堯不聽；又舉兵而誅共工於幽州之都。於是天下莫敢言無傳天下於舜，仲尼聞之曰『堯之知舜之賢，非其難者也，夫至乎誅諫者，乃其難者也。』（韓非子，外儲說右）

這樣看來，則鯀共工之被誅，是因爲他們反對禪讓，並非因爲他們是四凶或是四罪而見誅，亦與尚書，左傳，孟子不合，所以我們對於儒家所說堯舜征伐的故事，只可說是在堯舜的時候，曾有過討伐驩兜，有苗，共工，及鯀的事情，至於堯誅的是誰，舜征的是誰，或是爲甚麼征討他們，因爲儒家的說法不一，我們也不敢武斷。

6.舜親耕的故事；

萬章問曰『舜往于田，號泣于旻天，何爲其號泣也？』孟子曰『怨慕也。』萬章曰『父母愛之，喜而不忘，父母惡之，勞而不怨，然則舜怨乎？』曰『長息問於公明高曰「舜往于田，則吾既得聞命矣，號泣于旻天于父母，則吾不知也。」公明高曰「是非爾所知也。」夫公明高以孝子之心，爲不若是恝：我竭力耕田，共爲子職而已矣，父母之不我愛於我何哉？』（孟子，萬章）

孟子曰『子路，人告之以有過則喜，禹聞善則拜，大舜有焉，善與人同，舍己從人，樂取於人以爲善，自耕稼陶漁以至爲帝無非取於人者。』（孟子，公孫丑）

堯有德干戈不用三苗服，舉舜甽畝之中，任之天下身休息。（荀子，成相篇）

可知舜未得天下以前，是以耕爲業的，並還作過陶漁的事情。

第二節　墨家堯舜的故事

1.堯舜禪讓的故事：

古者堯舉舜於服澤之陽，授之政，天下平，禹舉益於陰方之中，授之政，九州成。……（墨子，尙賢）

古者舜耕歷山，陶河瀕，漁雷澤，堯得之服澤之陽，舉以爲天子，與接天下之政，治天下之民。……（墨子，尙賢）

古者明王之求賢也，不避遠近，不論貴賤，卑爵以

下賢，輕身以先士，故堯從舜於畎畝之中，北面而見之，不爭禮貌。（尸子，明堂）

墨家禪讓的說法，大概與儒家相似，惟儒家說堯舉舜於『畎畝』之中，墨家則謂堯得舜於『服澤』之陽。不過『畎畝』『服澤』似乎都是個普通名詞，也不足證明他們是兩個地方。畎畝之中亦頗有在服澤之陽的可能。尸子最尊墨家，亦云，『畎畝之中』可見尸子對於『畎畝』『服澤』並未十分注意，或是他以爲就是一個地方亦未可知。此外還有一個眞正不同之點，就是儒家所說的『禪讓』，是先攝行天子之事，待天子死後，被讓者纔卽天子位的；墨家則直說『得之服澤之陽，舉以爲天子，與接天下之政。』並不經過攝位的步驟。尸子也說『北面而見之，不爭禮貌，』是堯以見天子之禮見舜也，亦爲墨家的說法。與儒家的『帝曰格汝舜，詢事考言，乃言底可績三載，汝陟帝位』的口氣大不相同。若是則墨家雖未明言禪讓，而其所表的事實，却比儒家還切當，所以我們仍叫做禪讓的故事。

2.禹平水土的故事：

古者禹治天下，西爲西河魚竇，以泄渠孫皇之水，北爲防原泒，注后之邸，嘑池之竇，洒爲底柱，鑿爲龍門，以利燕代胡貉與西河之民，東方漏之陸，防孟諸之澤，灑爲九澮，以楗東土之水，以利冀州之民，南爲江漢淮汝東流之注五湖之處，以利荆楚于越與南夷之民，此言禹之事，吾今行兼矣。（墨子，兼愛）

可見墨子亦承認禹有平水土的事情，不過『聽堯舜命令而治水，』則墨子未提，且其直言『禹治天下』似與堯舜無關，此點與儒家所說不同。

3.堯舜道死的故事：

昔者堯北敎乎八狄，道死葬蛩山之陰，衣衾三領，穀木之棺，葛以緘之，旣氾而後哭……；舜西敎乎七戎，道死葬南己之市，……；禹東敎乎九夷，道死葬會稽之山……。（墨子，節葬）

這種堯舜道死的說法，亦與儒家不同。尙書說『二十有八載帝乃殂落，百姓如喪考妣，三載四海遏密八音。』荀子說『堯有德干戈不用三苗服，舉舜畎畝之中身休息。』孟子說『昔者舜薦禹于天，十有七年，舜崩，三年之喪畢，禹避舜之子於陽城，天下之民從之。』（以上詳見前）按此則堯在舜攝政後二十八載而殂，舜在禹攝政後十七年而崩，都是死在退身休息之中，如何能再事出外以至於道死呢？又堯舜死後都是依三年之喪按禮成服，如何能說死於陵葬於陵，死於山葬於山那樣的簡單呢？

4.舜親耕的故事：

古者舜耕歷山，陶河瀕，漁雷澤，堯得之服澤之陽。（墨子，尚賢）

舜兼愛百姓，務利天下，其田歷山也，荷彼耒耜，耕彼南畝，與四海足有其利。其漁雷澤也，旱則爲耕者鑿瀆，儉（當同險）則爲獵者表虎，故有光若日月，天下歸之若父母。（墨子，兼愛）

此不特舜耕於歷山，而且還陶于河瀕，漁于雷澤，與孟子所說『耕稼陶漁』正同。

第三節　道家堯舜的故事：

1.堯舜禪讓的故事：道家所說禪讓的故事，沒有儒墨兩家說的詳細，不過在許多地方，我們也可看出他們是完全承認這個故事的：

堯聞舜之賢，舉之童土之地，曰『冀得其來之澤。』（莊子，徐无鬼）

堯治天下，伯成子高立爲諸侯，堯授舜，舜授禹，伯成子高辭爲諸侯而耕（莊子，天地）

堯還宮招舜，因禪以天下，舜不辭而受之，（列子，仲尼篇）

楊朱曰『天下之美歸之舜禹周孔，天下之惡，歸之桀紂，然而舜耕於河陽，陶於雷澤，四體不得蹔安，口腹不得美厚，父母之所不愛，弟妹之所不親，行年三十，不告而娶，及受堯之禪，年已長，智已衰，商鈞不才，禪位於禹，戚戚然以至於死，此天之人窮毒者也。（列子，楊朱）

莊子謂堯舉舜於童土之上，與儒家的『畎畝之中，』墨家的服澤之陽各異。列子謂堯『微服遊於康衢，』『還宮招爲禪以天下，』亦與儒墨少異，而列子楊朱一段，則大致與儒家相同，可知道家堯舜的故事，是取自儒家而雜以道家氣味而成的。

2.堯舜讓賢被斥的故事：這種關於堯舜的故事，是道家獨有的，或者是因爲道家最尙無爲，所以就創出這類的故事以表示堯舜的『庸人自擾』亦未可知，我們現在看他們所說的故事是甚麼：

堯讓天下於許由，曰『日月出矣，而爝火不息，其於光也不亦難乎？時雨降矣，而猶浸灌，其於澤也不亦勞乎？夫子立而天下治，而我猶尸之，吾自視缺然，請致天下。』許由曰『子治天下，天下既已治也，而我猶代子，吾將爲名乎？名者實之賓也，吾將爲賓乎？鷦鷯巢於深林，不過一枝，偃鼠飲河，不過滿腹，歸休乎君

，予無所用天下也，庖人雖不治庖，尸祝不越樽俎而代之矣。』（莊子，逍遙遊）

齧缺遇許由，曰：『子將奚之？』曰：『將逃堯，』曰『奚謂邪？』曰『夫堯畜畜然仁，吾恐其爲天下笑，後世其人與人相食與？夫民不難聚也，愛之則親，利之則至，譽之則勸，致其所惡則散，愛利出乎仁義，捐仁義者寡，利仁義者衆。夫仁義之行，惟且无誠，且假乎禽貪者，是以一人之斷制天下，譬之猶一覕也。夫堯知賢人之利天下也，而不知其賊天下也，夫惟外乎賢者知之矣。』（莊子。徐无鬼）

舜以天下讓其友北人无擇，北人无擇曰『異哉后之爲人也，居於畎畝之中而遊堯之門，不若是而已，又欲以此辱行漫我，吾羞見之，』因自投清冷之淵。（莊子，讓王）

從這些故事裏，我們可以看出在堯舜的時候，還有一派超然的賢者，以堯舜的仁讓爲多事，爲齷齪，不自然的怪現象，所以堯舜一讓，他們就給堯舜個無趣，甚至視爲辱行，以至於殺身自潔。這樣看來，堯舜眞是世界的罪人，開了爭名奪利之端，如何能說他們是極樂昇平創作文明的聖人呢？

.3堯舜征伐的故事：

故昔者堯問於舜曰『我欲伐宗膾胥敖，南面而不釋然，其故何也？』（莊子，齊物）

昔者堯攻叢枝胥敖，禹攻有扈，國爲胥厲，身爲刑戮（莊子，人間世）

堯攻叢枝胥敖的故事，儒家墨家均無，故知爲道家之說。此外莊子又說：

昔者黃帝始以仁義攖人之心，堯舜於是乎股无胈，脛无毛，以養天下之形，愁其五藏，以爲仁義，矜其血氣，以規法度，然猶有不勝也。堯於是放驩兜於崇山，投三苗於三峗，流共工於幽都，此不勝天下也夫。（莊子，在宥）

這一段堯舜驩兜，三苗，共工的故事，大致與儒家所說相同。又其文中多帶反對仁義提倡無爲的意味，可知此故事係莊子抄自儒家來作反對儒家的對相的。（詳見後章）

4.舜親耕的故事

堯聞舜之賢，舉之童土之地。（莊子，徐无鬼）

楊朱曰『天下之美歸之舜禹周孔，天下之惡歸於桀紂。然而舜耕於河陽，陶於雷澤，四體不得整安，口腹不得美厚。…』（列子，楊朱）

莊子說『舉之童土之地，』與儒家的『舉於畎畝之中，』

墨家的『得之服澤之陽』相似。列子謂『舜耕於河陽，陶於雷澤』亦與墨家的『耕歷山，陶河瀕，漁雷澤』相似。可知道家『親耕的故事，不是儒與墨取自同一的傳說，就是雜合儒墨兩家之說而成的。

第四章　三家堯舜時代的比較

第一節　儒家堯舜的時代

在堯舜禪讓的故事裏，我們可以看見一個堯舜禹湯文武的系統，可知夏商周三代以前，就是唐虞的時代。至於年代的數目，孔子荀子尚書都沒有提及，惟是孟子說：

由堯舜至於湯，五百有餘年歲，若禹皐陶則見而知之，若湯則聞而知之；由湯至於文王，五百有餘歲，若伊尹萊朱則見而知之，若文王則聞而知之；由文王至於孔子，五百有餘歲，若太公望，散宜生，則見而知之，若孔子則聞而知之。（孟子，盡心）

這樣我們推得堯舜年代的大概：孔子的時代我們知道是生於周靈王二十一年，死於周敬王四十一年（見左傳）即西曆551——478B.C.（見歐亞紀元合表）由孔子推至文王是五百有餘年，由文王推至湯，又是一個五百有餘年，由湯推至堯舜，又是一個五百有餘年，共是一千五百有餘年，所以堯舜的年代，應是西曆紀元前二千有餘年，距已今經四千有餘年了。

第二節　墨家堯舜的時代

墨子裏也有一個堯舜禹湯文武的系統，他說：

唯昔三代聖王堯舜禹湯文武之所王天下正諸侯者，此亦其法。（墨子，尚賢）

然則富貴爲賢以得其賞者誰也？曰：若昔者三代聖王堯舜禹湯文武者是也。（同上）

此外在墨家堯舜禪讓的故事裏，也可看出堯傳舜，舜傳禹的一個系統，可知墨家所說堯舜的時代，與儒家相同，但是沒有說出年代數目。

第三節　道家堯舜的時代

道家亦以堯舜禹互相禪讓，故其所說堯舜的時代，大概與儒墨相同，但道家於堯舜以前，又添了一個黃帝莊子裏說：

黃帝之治天下，使民心一，民有其親死不哭而民不非也；堯之治天下，使民心親，民有爲其親殺其殺而民不非也；舜之治天下，使民心競，民父十月生子，子生五月而能言，不至乎孩而始誰，則人始有夭矣；禹之治天下，使民心變，人有心而兵有順，殺盜非殺人自爲種而天下耳。（莊子，天運）

於是我們不特知道堯舜時代是在三代以前，並且知道是在黃帝以後，至於其年代的數目，道家也沒有提及。

第五章　三家堯舜所在地的比較

第一節　儒家堯舜的所在地

堯舜的所在地，三家記載的都很少。即或有，因爲歷代地名更改的緣故，也難知道他是現在的甚麼地方。所以本篇，只可說個大概，至於詳細的考證，還希望有古史地理專家來作這個工作。孟子裏說：

舜生於諸馮，遷於負夏，卒於鳴條，東夷之人也，文王生於岐周，卒於畢郢，西夷之人也。（孟子，離婁）

孫奭在孟子疏裏說『諸馮在冀州之分。鄭云：負夏，衞地，……書云：湯與桀戰於鳴條之野，孔傳云：地在邑安之西。』則知舜所居的地方，大概在黃河南北，今山西河南等地。又按岐周即今陝西之岐山，以此爲西夷，東行千里爲東夷，亦當在今黃河下流的南北。又尚書說：

歲二月東巡守　至于岱宗，……五月南巡守，至于南岳，如岱禮，八月西巡守，至于西岳如初，……十有一月朔巡守，至于北岳，如西禮（尚書，堯典）

僞孔安國傳說『南岳衡山，西岳華山，北岳恆山，』我們不敢深信，因爲尚書只說『南岳』『西岳』『北岳，』並沒有說出他的名字。但僞孔安國傳說岱宗即泰山，則似乎有些道理。岱宗是個山名，而『岱』與『泰』的音又相似，故泰山很有就是岱山的可能，而且他的位置也恰在東邊。如果岱宗就是泰山，那麼泰山爲東　岐山爲西，所謂中央堯舜所在的地方，不更明白是黃河南北的山西河南了麼？

左丘明也說：

吳公子來聘……請觀於周樂，……爲之歌唐，曰『思深哉；其有陶唐氏遺民乎！不然，何憂之遠也，非令德之後，誰能若是。』（左傳，襄公，二十九年）

杜氏注謂『唐，晉詩』，『晉本唐國，故有堯之遺風，』則知唐在今山西，與儒家之說相合。

第二節　墨家堯舜的所在地

墨家的說法，大致與儒家相似。墨子說：

古者舜耕歷山，陶河瀕，漁雷澤，堯得之服澤之陽。（墨子，尚賢）

墨子閒詁注舜耕歷山云：

史記五帝本紀同，畢云：『史記集解云：鄭玄曰「在河東，」』水經注云『河東郡南有歷山謂之歷觀，舜所耕處也，有舜井，嬀汭二水出焉。二說在今山西永濟縣，』高誘注淮南子云『歷山在濟陰成陽也，一曰，濟南歷城山也，』水經注又云：『周處風土記曰記云：「耕於歷山，」』而始寧剡二縣界上，有舜所耕田，於山下多柞樹，吳越之間，名柞為櫪，故曰歷山，』與鄭說異，括地志云『蒲州河東縣歷山南有舜井』，又云：『越州餘姚縣，有歷山舜井，濮州雷澤縣有歷山舜井二所，又有姚墟，云生舜地也，及嬀州歷山舜井，皆云舜所耕處未詳也。』案說各不同。（墨子閒詁注）

歷山的所在地，雖然有這許多的說法，我們以為還是山西永濟縣近是，因為此說與儒家相合，當是出於同一傳說或記載，又墨子說：

古者堯治天下，南撫交阯，北降幽都，東西至日所出入，莫不賓服。（墨子，節用）

可見堯舜是建國在中國的內地，絕不能在山東歷城山（見上引高誘註）也不能在江蘇浙江的吳越之間。（見上引水經注）因為山東江蘇浙江都是靠海的地方，如堯的都城是在這些地方，則墨子很應該說『東至於海，』為甚麼要說『東西至日所出入』呢？他說『東西至日所出入』可知中國古史，發源於內地，作此種記載的，並不知東邊有海，所以說日出的地方還是堯的天下，假使墨子以為堯是居於濱海的地方，恐怕他不能這樣說了。不過有人要問說『即使堯在山西一帶，何以就證明舜不能耕於山東的歷城山，或是吳越之間的歷山呢？』這個我要回答說，如果堯都在山西一帶，則舜耕的歷山一定是山西的歷山，因為古時的交通非常不便，一個區區農夫，無論他如何聰明能幹，恐怕也不容易傳至堯的耳中吧？我們知道歷史的範圍，是愈古愈小，現在我們動不動就講到世界各國，但是在初民時代，恐怕人人所說的故事，不能出他一家或是一村的範圍吧？所以與其說舜耕於山東的歷城山，倒不如說他是耕於山西的歷山較為近情而且合理。

又墨子閒詁注『陶河瀕，漁雷澤』云：

史記集解云『皇甫謐曰、「濟陰定陶西南，陶丘亭是也，」』正義曰『按於曹州濱河作瓦器也』括地志云『陶城在蒲州河東縣三十里，即舜所都也，南去歷山不遠。』或耕或陶，所在則可，何必定陶，方得為陶也，舜之耕也斯或一焉，按守節本水經注是也，雷澤則亦以山西永濟說為强也。

又墨子閒詁注『南撫交趾，北降幽都』云：

按交趾即今越南國，高注云『陰氣所在，故曰幽都，今雁門以北是。』

從以上看來，亦可知墨家所說堯舜所在的地方，以山西一帶近是，與儒家所說略同。

第三節　道家堯舜的所在地

莊子說：

堯治天下之民，平海內之政，往見四子，藐姑射之山，汾水之陽，窅然喪其天下焉（莊子，逍遙遊）

經典釋文云：

按汾水出太原，今莊生寓言也。

李楨曰『東山經之姑射，是否為冀州域內之山，經文究無可攷，隋書以屬之臨汾，或後世據此篇汾水之陽一語，以名其地之山，亦未可知。

汾水既在山西，則姑射亦自當為山西之姑射，莊子謂『藐姑射之山，汾水之陽，』乃是說堯遊於物外，雖姑射汾水為其所轄，亦覺藐遠不及，無所謂天下矣，姑射汾水並用，汾水既在山西，姑射自不應在別處於此可知道家所說的堯舜所在地亦在今山西一帶與儒墨略同。

莊子又說：

舜有羶行，百姓悅之，故三徙成都，至鄧之虛，而十有萬家堯聞舜之賢，舉之童土之地。（莊子，徐无鬼）

列子說：

堯乃微服遊於康衢（列子，仲尼篇）

鄧，康衢，童土，大概也都是地方的名稱，但他們是現今的甚麼地方，我們還沒有考察出來。

三家堯舜的比較表

	儒家
制度	有樂
	厚葬久喪
	宗廟祭祀
	五服五章
	大牢珍怪
	官制
	刑制
政治	德化
	仁義
	無
故事	堯舜禪讓
	堯妻舜以二女
	舜為大孝
	禹平水土
	堯舜征伐
	舜親耕
	無
	無
時代	三代以前的二代
	西歷紀元前二千餘年
所在地	山西一帶

墨家	道家
無樂	未詳
薄葬短喪	未詳
宗廟祭祀	未詳
葛衣鹿裘	未詳
糲飯菜粥	未詳
無	未詳
無	未詳
兼愛	無爲
仁義(即兼愛)	仁義
尊天事鬼	無
堯舜禪讓	堯舜禪讓
無	無
無	無
禹平水土	無
無	堯舜征伐
舜親耕	舜親耕
堯舜道死	無
無	堯舜讓賢被斥
三代以前的二代	三代以前黃帝以後
未詳	未詳
山西一帶	山西一帶

第六章　總評

就上邊的比較，我們看見三家所說的堯舜，是不同的地方多，相同的地方少，究竟三家裏邊那一家是眞的史實呢？我的回答是：『沒有一家是眞的。』爲甚麼呢？我們有以下的理由：

1.三代以前的事蹟已無可考： 三代以前的書籍不惟我們現在看不見，就是戰國時好言堯舜的這些先生們，也何曾見過呢。我們雖喜歡用堯舜騙人，但是在不知不覺之中已經告訴了我們，說他們的事實是毫無根據。現在我們抄出幾段看看：

子曰『夏禮吾能言之，杞不足徵也，殷禮吾能言之，宋不足徵也，文獻不足故也，足則吾能徵之矣。』（論語，八佾）

關于夏禮殷禮的文獻已經不足，唐虞的文獻還能存麼？孔子又說：

大哉堯之爲君也，巍巍乎，惟天爲大，惟堯則之。蕩蕩乎，民無能名焉。（論語，泰伯）

這也可以證明孔子不知堯舜的事蹟。孔子是儒家僞託堯舜的第一人，尙不敢信口雌黃，所以只敢說出這空空洞洞的不負責任的話以達他託古的目的。到孟子就大說起來了，（詳見前五章）但是他也自己打自己的嘴巴。孟子裏說：

北宮錡問曰『周室班爵祿也，如之何？』孟子曰『

其詳不可得聞也。諸侯惡其害己也，而皆去其籍。』（孟子萬章）

周室班爵祿的事情都不知道，爲甚麼還能知道堯舜的政治制度等等呢？諸侯既惡班爵祿之害己而去其籍，則孔孟所宣傳的堯舜之道，仁義之政，也是諸侯所不入耳的東西，難道他們就不知去堯舜之籍麼？可知孟子所說的堯舜，都是毫無根據的。

荀子也說：

五帝之外無傳人，非無賢人也，久故也；五帝之中無傳政，非無善政也，久故也。（荀子，非相篇）

荀子非相篇又說『帝堯長，帝舜短，』可知堯舜是五帝之中的二帝。五帝既無傳政，那麼儒家整日所說的堯舜之道是從那裏來的呢？當然是他們僞造的。

墨子怎麼樣呢？他所說堯舜，也是假的，我們看見墨子引堯舜禹湯文武的地方很多。（見前五章）但他常是這樣一套相聯的用着，每說一件事，放在堯身上也可以，放在禹身上湯身上文王身上都可以，這種說法正與孔子所說的『大哉堯之爲君也…蕩蕩乎民無能名焉』一樣的含糊朦朧，至於說眞證實據的時候，墨子就不敢言堯舜了。他說：

今執無鬼者之言曰『先王之書，愼無一尺之帛，一篇之書，語數鬼神之有，重有重之，亦何書之有哉？』子墨子曰：周書大雅有之，大雅曰『文王在上，於昭於天，周雖舊邦，其命維新，有周不顯，帝命不時，文王陟降，在帝左右，穆穆文王，令聞不已。』若鬼神無有，則文王既死，彼豈能在帝之左右哉？此吾所以知周書之鬼也。且周書獨鬼，而商書不鬼，則未足以爲法也，然則姑嘗上觀乎商書曰『嗚呼，古者有夏方未有禍之時，百獸貞蟲允及飛鳥，莫不比方，矧隹人面，胡敢異心，山川鬼神，亦莫敢不寧，若能共允隹天下之合，下土之葆。』察山川鬼神以所以莫敢不寧者，以佐謀禹也，此吾所以知商周之鬼也。且商書獨鬼，而夏書不鬼，則未足以爲法也，然則姑嘗上觀乎夏書，禹誓曰『大戰于甘，王乃命左右六人下聽誓于中軍曰「有扈氏威侮五行，怠棄三正，天用勦絕其命，有曰日中，今予與有扈氏爭一日之命，且爾卿大夫庶人，予非爾田野葆士之欲也，予共行天之罰也，左不共于左，右不共于右，若不共命御非爾馬之政，若不共命，是以賞於祖而僇於社。」』賞於祖者何也？言分命之均也。僇於社者何也？言聽獄之事也，故聖王必以鬼神賞賢而伐暴，是故賞必於祖，而僇必於社，此吾所以知夏書之鬼也。故尚書夏書其次

商周之書，語數鬼神之有也，重有重之，此其故何也？則聖王務之。以若書之說觀之，則鬼神之有，豈可疑哉？（墨子，明鬼下）

1. 古「惟」字。

墨子要證明古者聖王信鬼，從周書證至夏書就停止了。爲甚麽不再用虞書害書一證呢？我們知道墨子行文最愛翻來復去旁證博引的，（詳讀墨子可知）決不會因麻煩或是冗長而只引夏商周而不引唐虞的。假如他知道堯典有『歸格于藝祖。』『受終于文祖』等語，他一定拿來說『夏書獨鬼而虞書不鬼。則未足爲法也，…』他不這樣說，可知墨子沒有虞書唐書。如若不信，我們再看下邊的一段：

今能夫兼相愛交相利，此自先聖六王者親行之，何[1]知先聖六王之親行之也？子墨子曰：吾非與之並世同時，親聞其聲見其色也，以其所書於竹帛，鏤於金石，琢於槃盂，傳遺後世子孫者知之。泰誓曰『文王若日若月乍照光於四方於西土。』即此言文王之兼愛天下之博大也，譬之日月兼照天下無有私也，即此文王兼也。雖子墨子之所謂兼者，於文王取法焉。耳不惟泰誓爲然，雖禹誓亦卽猶是也，禹曰『濟濟有衆，咸朕聽言，非惟小子，敢行稱亂，蠢茲有苗，用天之罰，若予既爾罰，對諸羣以征有苗。』禹征有苗也，非以求以重富貴干福祿樂耳目也，以求興天下之利，除天下之害，卽此禹兼也，雖子墨子之所謂兼者，於禹求焉。且不惟禹誓爲然，雖湯誓卽亦猶是也，湯曰：『惟予小子履，敢用元牡告於上天后[2]曰：「今天大旱，卽當朕身，履未知得罪于上下，有善不敢蔽，有罪不敢赦，簡在帝心。萬方有罪卽當朕身，朕身有罪，無及萬方。」』卽此言湯貴爲天子，富有天下然且不憚以身爲犧牲，以祠說于上帝鬼神，卽此湯兼也雖子墨子之所謂兼者，於湯取法焉。且不惟誓命與湯說爲然，周詩卽亦猶是也，周詩曰『王道蕩蕩，不偏不黨，王道平平，不黨不偏，其直若矢，其易若底，君子之所履，小人之所視。』若吾言非語道之謂也，古者文武爲政均分賞賢罰暴，勿有親戚兄弟之所阿，卽此文武兼也，雖子墨子之所謂兼者，於文武取法焉，不知天下之人，所以皆聞兼而非之者，其故何也。（墨子，兼愛下）

1. 「何」字後應有「以」字
2. 「后」字後當有「土」字

這一段是要證明聖王兼愛的，但是他從文王證至禹，繞回來又證至文武就停止了。他不是說『先聖六王親行之』麼？禹湯文武僅僅四王，那兩個王爲甚麽不提了呢？堯舜是當時人所最崇拜的，拿堯舜的事實來作證據，不更足以使反對者無言麽？我以爲這不是墨子計不出此，乃是因爲他實在沒見過堯典的記載他與孔子都是僞託堯舜的先倡者，尙不敢放大胆子，信口胡說，以增加反對者的疑問，所以只可用攏統的說法，達他託古的目的罷了。

道家的出現，在儒墨之後，所以他們所說有一部分是抄自儒家或墨家的。不過還有一部分與儒墨完全不同。這是不是道家任儒墨以後，發現了新的材料，所以來反對儒墨呢？我以爲不是這樣。列子裏說：

楊子曰『太古之事滅矣，孰誌之哉？三皇之事若存若亡，五帝事，若覺若夢，三王之事或隱或顯，億不識一，當身之事，或聞或見，萬不識一，目前之事，或存或廢，千不識一，太古至今日，年數固不可勝紀，伏羲以來，三十餘萬歲，賢愚好醜，成敗是非，不無消滅』

(列子，楊朱)

楊子既以三皇五帝的事無可考，可知他們所說的堯舜都沒有確實的根據，又莊子寓言篇很明白的告訴我們說『寓言十九，重言十九。』則莊子這本書，根本沒有歷史的價值，凡意之所至，想寓於堯，就寓於堯，想寓於舜，就寓於舜，雖然有所謂引重之言，但何爲重言何爲寓言，莊子既沒明白告訴我們，誰還能够知道呢。所以道家的堯舜，在未得別的史書證明以前，我們只可說他是寓言，不能信他是史實。

2.戰國時託古之風甚盛：　尊古卑今是中國人的一種特別信仰，我們試翻開舊日的書籍一看，或是與我們的老前輩一談，差不多開口就是『世風日墜，今不如古』一類的長吁短嘆，直至現在受了西方文化的影響，始有一部分人知道世界是進步的東西，戰國時的人，也當然不能逃這個例子。戰國時政局分裂，人民思想很是自由，所以諸子並作，各自標榜，互相攻擊，他們因爲要得社會及君王的信仰，於是就紛紛託古，利用中國人尊古的特性，來宣傳他們個人的學說了。康有爲說：

堯舜爲民主爲太平世，爲人道之至，儒者舉爲極者也，然吾讀書，自虞書外，未嘗有言堯舜者，召誥曰『我不可不監於有夏，亦不可不監於有殷。』又曰『我不敢知曰有夏，服天命惟有歷年，我不敢知曰有殷，受天命惟有歷年。』又曰『不若有夏歷年。式勿替有殷歷年。』多方曰『非天庸釋有夏，非天庸釋有殷，』立政曰『古之人廸惟有夏，亦越成湯咸不釐上帝之耿命，』皆夏殷並舉，無及唐虞者，蓋古者大朝惟有夏殷而已，故開口輒引以爲鑒，堯舜在洪水未治之前，中國未闢，故周書不稱之，惟周官有『唐虞稽古建官惟百』之言，然是僞書，不足稱也。呂刑有『三后』矣，『皇帝清下問民。』古人主無稱皇帝者，蓋上帝也，則亦無稱堯舜者，若虞書堯典之盛，爲孔子手作，觀論衡所述，『欽明文思』以下爲孔子作，皐陶有『蠻夷猾夏』之辭，堯舜時安得有夏？其爲孔子所作至明矣。韓非謂『孔墨同稱堯舜而取舍相反，堯舜不可復生，誰使定儒墨之眞？』由斯以推，堯舜自讓位盛德然太平之盛，蓋孔子之七佛也。孝經緯所謂託先王以明權，孔子撥亂升平，託文王以行君主之仁政，尤注意太平，託堯舜以行民主之太平，然其惡爭奪而重仁讓，詔有德發文明，易曰『言不盡意。』其義一也，特施行有序，始於粗糲而後致精華，詩託始文王，書託始堯舜，春秋始文王終堯舜。易曰『言不盡意』聖人之意，其猶可推見乎？（孔子改制考卷十二）

這是康氏以爲孔子是託堯舜以行己道的，且不惟康氏爲然，荀子也曾說過：

略法先王而不知其統，猶然而材劇志大，聞見雜博，案往舊造說，謂之五行，甚避違而無類，幽隱而無說，閉約倡無解，案飾其辭而祇敬之曰『此眞先王之言也』子思之，孟軻和之，世俗之溝猶瞀儒，嚾嚾然不知其所非也，遂受而傳之，以爲仲尼，子游爲茲厚於後世，是則子思孟軻之罪也。若夫總方略，齊言行，壹統類而羣天下之英傑，而告以大古，敎之以至順，奧窔之間，簟席之上，斂然聖王之文章足矣，佛然平世之俗起焉，則六說者不能入也，十二子者不能親也，無置錐之地，而王公不能與之爭居，在一大夫之位，一君不能獨畜，一國不能獨容，成名况乎諸侯，莫不願以爲臣，是聖人之不得執者也，仲尼子弓是也。一天下，財萬物，長養人民，兼利天下通達之屬，莫不服從，六說者立息，十二子者遷化，則聖人之得執者，舜禹是也，今夫仁人也，將何務哉？上則法舜禹之制，下則法仲尼子弓之義，以務息十二子之說，如是則天下之害除，仁人之事畢，聖人之跡著矣。（荀子，非十二子篇）

可知荀子反對子思孟軻說他們是僞託舜禹孔子以行己道的，說他們是『略法先王，不知其統。』說他們『非眞先王之道。』但是他在後邊又說出他自己舜禹孔子子弓。他說仁人之事是『上則法舜禹之制，下則法孔子子弓之義。』我現在要問荀子說，『子思孟軻的舜禹孔子既不可信，你的舜禹之制孔子之義，就可信麼？孟軻是子思的徒弟，子思是孔子的孫子，他們既不知舜禹孔子之道，你還能够知道麼？』所以我說荀子駡子思孟軻是僞託，可謂恰中其病，不過他又犯了同樣的毛病．可知託古實在是當時的風氣，也是社會的要求，荀子雖知也得故犯，不然他的學說就不能得衆人的信仰了。

墨子也告訴我們說：

昔者三代聖王既沒，天下失義，後世之君子，或以厚葬久喪爲仁也義也，孝子之事也，或以厚葬久喪爲非仁義，非孝子之事也，曰：二子者言則相非，行則相反，皆曰『吾上祖述堯舜禹湯文武之道也』（墨子，節葬）

可知墨子自己也承認儒墨都是託古，因爲聖王既沒，天下失義，所以後之君子，得隨意僞託，都說是祖述堯舜禹湯文武之道，後人既沒正確的證據，也只好聽他們任意黑白罷了。

莊子在他的寓言篇也說：

寓言十九，藉外論之，親父不爲其子媒親父譽之，不若非其父者也　非吾罪也，人之罪也，與已同則應，不與已同則反　同於已者是之，異於已者非之。（莊子，寓言）

莊子在這裏說出他不得不託古的苦衷，因爲當時諸子並作，互相攻擊，同與已者則應，不同與已者則反，所以欲減輕反對者的勢力，就不得不託之第三者之口，使攻者無由而攻，又因爲每個人宣傳個人的學說，總不如替別人宣傳，容易取信於人，正如親父自己誇獎自己的兒子，不如別人誇獎容易取信於人的一樣，所以也只得託之第三者，說他是代人宣傳，不是自己的創作，這第三者是誰呢？一定是當時人人所信仰的聖人君子了。中國人既是尊古賤今，所以這些聖人君子，也是愈古愈妙，於是黃帝堯舜就成了莊子的護身符了。

3 堯舜的事實是三家根本學說的產生品：　在以上兩節裏，我們看見，第一，在戰國時候，堯舜的事蹟已無可考，第二，三家因爲要推行已說，所以就紛紛託古，僞說堯舜，現在第三步，我們要看三家所說堯舜的內容，是不是有託古的痕跡。

三家的堯舜，使我們最懷疑的一點，就是他們所說的堯舜的事蹟正與他們的根本學說相合，而且各家互相反對的地方很多。我們知道凡是一種學說的發現，必是因爲社會的要求，環境的壓迫，於是先知先覺的學者纔費了許多的心血，創出一種學說，來應付環境，改良社會，孔子談『仁義』『

德化，』是因為春秋末年，諸侯爭奪，專尚狡詐。墨子談『兼愛』『節用』是因為戰國初年，諸侯殘殺無道，奢靡成風。道家言『無為』，是因為戰國中期儒墨特盛，上下為名利所誤，於是專倡『無為』，作矯枉過正之舉，堯舜在洪水之前，去春秋戰國不知幾千年以上，即使堯舜有所議論，有所創作，亦當與三家迥異，豈能既言『仁義』，又言『兼愛』，再言『無為』麼？堯舜時不會有這些學說，也如正歐洲在『工業革命』以前不會有『社會主義』。俄國在『勞農政府』以前，不會有『新經濟政策』。中國在未受『帝國主義』壓迫以前，不會有『三民主義』的一樣。然而三家居然引用了許多堯舜的政治，思想，故事，制度，來證明他們所傳是堯舜之道，這又如何解釋呢？我的回答是這一定是三家學說形成以後，他們纔各家根據各家的學說而僞造的，不然堯舜絕不會在數千年前專想出這許多矛盾的思想，做出這許多矛盾的事情，以供後世學者的應用。我們試將各家的學說與他們所說的堯舜比較，就可明白看見他們刻意僞造的痕跡：儒家的學說是『仁義禮知，孝弟忠信』。所以堯舜的政治有『德化』『仁義』，制度有『厚葬久喪』，『五服五章』，故事有『舜為大孝』『堯舜禪讓』；墨家的學說是『兼愛』『節用』『尊天事鬼』。所以堯舜的政治有『兼愛』『尊天事鬼』。制度有『薄葬短喪』『葛衣鹿裘』。故事有『堯舜道死』『堯舜薄葬』等；道家的，學說是『清靜無為』『反對仁義』所以堯舜的政治有『無為』，制度有『無制度的制度，』故事有『堯舜讓賢被斥』等。(以上詳見前三章)這樣看來，堯舜的歷史，好像戰國時人的一種百科全書，要甚麼有甚麼。在前邊我們已證明堯舜時事無可考，這種形形色色的堯舜，不確是各家根據自己的學說而僞造的麼？這種學說與事實針縫相對的排列法，不恰足以解釋當時託古的盛況麼？

第七章　結論

在沒有結論以前，我們還要注意一件事情，就是在三家的時代，雖然沒有唐虞的書籍(見前章)但確有堯舜的傳說。因為他們託古的目的，既是要宣傳個人的學說，一定要找個很有名望，很有勢力的古人去託，而且三家都託堯舜而不另託別的古人，亦可知堯舜在當時耳目中所占的地位了。如此我們說三家的堯舜是完全僞造，就未免過於武斷了。他們一方面雖然僞造，一方面却仍傅會舊說，來作他們的根據，所以在他們僞造之外，我們還得承認有一部分事實，是當時的傳說，這種傳說，我們若把三家的堯舜，作一個分析的研究，或者還可看個大概：

1.堯舜禪讓的傳說　禪讓的事情，用我們現在的眼光看來，似乎是一種很難能的行爲，因爲人人都貪榮華愛富貴，爲甚麼堯舜竟以天下讓人呢？不過如若我們回想到上古時代，則知這是一種很平常的事情，蓋上古時法律，制度都未發達，作首領的一定要有特別聰明才幹，纔能與他這一族或是一國謀得幸福，換言之，就是上古時代，有治人，無治法，凡一個聰明過人的首領死了以後，一定要再有一個聰明過人的人，來代他的地位，或者在年老的時候就找出個賢者自代。總之帝王世襲恐怕是不可能的事情。（如該帝王的兒子是聰明能力過人則不在此例）所以上古史中『傳賢自代』的事情一定很多，堯舜既是三代以前的帝王，當然也很有演出這種故事的可能，或者當時人以爲堯舜是古之賢君禪讓是古之盛事，所以把他們聯至一起，亦未可知。總之三家既都言禪讓，可知禪讓的事實，已見於當時的傳說，不是任何一家特創。同樣的事實、儒家用以證『仁義，』墨家用以證『尙賢，』道家用以證『無爲』（詳見前第二章）也可看出他們取自同一傳說，而加以個人傅會的痕跡。

2.堯舜征伐的傳說　關于這種故事，我們也只可說他們是傅會舊說，不能說他們是憑空僞造，因爲上古史中，戰爭是免不了的，世界愈野蠻，戰爭的事情愈多，這是人所承認的，所以當時沒有堯舜的傳說則已，如有則征伐的故事，一定要占一個很大的部分，三家利用這種故事，加以個人的改造，就成了他們的堯舜故事了。所以在三家的書中，我們雖不能決定這種故事的內容，但必須承認這種傳說的存在。

3.舜親耕的傳說，　三家都言親耕的故事，（詳見第三章）又儒家說『堯舉舜於畎畝之中』墨家說『堯得舜於服澤之陽』道家說『堯舉舜於童土之地，』（詳見第三章）事實雖同，而說法各異，可知三家都是取自當時的傳說，不是自創，亦非互襲，因爲自創就不應該有同樣的事實，互襲又不應該有不同的說法，而且耕稼也是古時一種最普通的事情，在工商業未發達的時代，恐怕人民惟一的職業就是耕種，所以舜在未得天下以前，親行耕作，也是很可能的事情。

4.禹平水土的傳說　這種故事也不是三家僞作，因爲我們在三家以外的書裏，還可看見同樣的記載，詩經裏說：

　　濬哲維商，長發其祥，洪水芒芒，禹敷下土方，外大國是疆（詩經，商頌，長發）

楚辭天問篇也說：

　　洪水極深，何以傳之？地方九則，何以墳之？應龍何畫？河海何歷？鯀何所營？禹何所成？（楚辭天問）

詩在三家以前，楚辭爲楚國一國的詩歌，似乎都沒有抄襲三家的可能，換言之，就是在三家的時代已經有了禹治水的傳說了，但是與堯舜有甚麼關係，恐怕就是他們的傅會了。

5.堯舜『時代』的傳說，　三家都把唐虞放在三代以前成爲堯舜禹湯文武的系統，或者就是因爲當時人在傳說中都是這樣的信，所以也不便於變更，不然儒家很可將堯舜的時代提前，來攻擊墨家，墨家也可用同樣的手段來攻擊儒家，爲甚麼三家却要這樣的雷同呢？

6.堯舜『所在地』的傳說，　堯舜的所在地，三家都以爲是在山西一帶，這也是取自當時的傳說的，孟子說『舜生于諸馮，』墨子說『舜耕于歷山，』莊子說『藐姑射之山，汾水之陽，』三家所說地方雖然不同，却都在今山西。(詳見第五章)可知三家雖是僞託，却未敢出了傳說的範圍，而且中國的文化，多半發源於黃河流域，在春秋戰國時代，周以洛陽爲中央政府，亦可知黃河南北即當時中國之中心，他們的古史傳說，既不能出他們地理知識之外，所以也就自然集中於山西河南一帶了。

看了以上這些傳說，我們現在就可談到結論了，我們的結論是：儒墨道三家的堯舜，有一部分是憑空僞造，有一部分是取自傳說，憑空僞造的堯舜，不可叫做史實，這是不言而喻的了，就是取自傳說的堯舜，也只可當作一種閭里之談，藉觀當時的傳說能了。至於堯舜的史實怎樣？在我們未得到戰國以前關于堯舜的書籍，或是金石的記載之前，我們最好老誠說一個『不知道』，雖然使讀者失望，倒可保持我們研究歷史的眞誠態度。

參考書目

淮南子高誘註．浙江書局本
史記，司馬遷著，殿本
毛詩，漢鄭氏箋，唐陸德明音義，孔穎達疏，十三經注疏本
楚辭，王逸章句，四部叢刊本
孔子改制考，康有爲著
孔子研究，錢穆著，商務印書館出版，
墨子學案，梁啟超著，共學社哲人叢書，商務印書館印行
儒道兩家關係論，日本津田左右吉著，李繼煌譯，商務印書館印行
周易卦爻辭中的故事，顧頡剛著，見燕京學報第六期，燕京大學出版
四部正僞，明胡應麟著，顧頡剛校點，樸社出版
歐亞紀元合表，張璜著，上海土山灣慈母堂排印

引用書目

論語，朱熹注
孟子，朱熹注
荀子．楊倞注，浙江書局本
尚書．孔安國傳．孔穎達疏，十三經注疏本
周易，晉韓康伯注，唐孔穎達疏．十三經注疏本
左傳，晉杜預注，唐陸德明音義，孔穎達疏．十三經注疏本
公羊傳，漢何休注，唐陸德明音義，十三經注疏本
墨子，畢沅撰注，浙江書局本
尸子，汪繼培輯．浙江書局本
墨子閒詁，孫詒讓撰通行本
韓非子，韓非著，浙江書局本
莊子．晉郭象注．圖書集成局本
莊子集釋，郭慶藩輯　通行本
老子，王弼注，通行本
列子，晉張湛注，浙江書局本
管子，通行本

景山書社啓事

本社開設北平後門內景山東街十七號，北京大學第二院對門。經售英美原版書籍。特約代售樸社出版經理部，北京大學國學研究所，廣東中山大學語言歷史學研究所，中央研究院歷史語言研究所，北京大學出版部，廣東中山大學民俗學會，師大史地部，清華大學，中國大學，輔仁大學，燕京大學，河南中山大學，孔德學校，工業大學消費社，浙江公立圖書館，北平圖書館，中國地學社，故宮博物院，地質調查所，歷史博物館，古物陳列所，北平觀象台，湖北先正遺書社，新潮社，學衡雜誌社，勵篤社，明天社，努力學報社，史學雜誌社，勵進年刊社，晨星社，寒微社，建設圖書館．未名社，新晨報社，文化學社，海音書局，紫玉書店，金城書社，北京書店，富晉書社，古城書社，民言日報社，中華印書局，華北宿學社，誠學社，光社，東方書店，華嚴書店，君中書社，中華樂社，素友學社，沉鐘社，燕山書店，開明書店，北新書局，崑崙書店，民智書局，光華書局，春潮書局，神洲國光社，中華書局，樂群書店，中國書店，亞東圖書館，日新地學社，眞美善書店，明日書店，出版合作社、新東方書店，自由書店，中國合作社，大江書鋪，落葉書店，東南書店，合作學社，晨羲書社，永沫書店，芳草書店，新月書店，人間書店，遠東圖書公司，嚶嚶書屋，現代書局，科學儀器館，金屋書店，羣衆圖書公司，卿雲圖書公司，南華書店，南强書店，前夜書店，滬濱書局，平凡書局，樂華圖書公司，連理書店，振新書社，大華書社，國際學術書社，世界文藝書社，集古齋，古今書店，文學山房，南京書店，歧山書社、花牌樓書店，蘇州出版社，受匡社，武昌文化書局，時中合作社，中央書店，肇文書社，長城書店，志讀書社，博古書局等及各藏書家，著作家，各種書籍。種類繁多，定價低廉。函索目錄，當即寄奉。如承各處學術機關，出版機關，藏書家，著作家，將出版物委托代銷，無任歡迎，請隨時示知可也。此啓。

易傳探源

李鏡池

上　易傳非孔子作底考證

一　孔子與易

孔子與易發生關係，從西漢直到清末，經過二千年底定案，學者們虔誠的信仰着，無敢異議；雖有三兩個大膽點的，放了幾炮，然而驚不醒大衆底迷夢，還是一樣向這尊偶像燒香頂禮。因為它實在太神聖了，雖然甲蟲嚙了鬍子，耗子開了洞，而金身依然，善男信女，絡繹不絕。間有一二狂徒，大倡毀廟，結果只有空言，毫無影響。

孔子與周易底關係，據相傳的「易歷三聖」之說，孔子是三中之一。若果統計周易著作底分數來說，孔子底分數最多。經古文家把十翼完全歸之孔子，雖只是「傳」而不是「經」，然這份財產已是不少了，在全部易經算來。經今文家雖把說卦以下三篇以至繫辭送給他人，然而他們却把卦辭爻辭這兩份價值最貴的財產，歸之孔子——這眞是「善於去取」了。——總言之，無論是今文家，是古文家，孔子這份財產是分定的了。我們給他做個調停底人，大量一點，把卦辭爻辭讓給文王或文王周公兩父子平分，也把繫辭說卦序卦雜卦四種讓給無名氏，孔子名下，至少還有上彖下彖上象下象以及文言這五項財產。

然而，調停雖調停了，財產也已分好了，可是一查族譜，一問證人，却發生了問題。結果，只見一個批示道：原來孔子只與詩書禮樂春秋發生關係　跟周易底緣分很淺，這些財產，應該保留。

族譜是論語。論語裏登記道：

子曰：加我數年，五十以學易，可以無大過矣。

只有這一條說及孔子學易底話；而這一條又有疑問，在魯論裏，「易」字作「亦」，連下句讀：

子曰：加我數年，五十以學，亦可以無大過矣。

再證之以外黃令高彪碑：「恬虛守約，五十以斆。」之言，則這個「易」字，實在有問題，這怎能證明孔子與易有關係呢？

我們再來詢問孔子底證人，孟軻先生，看他怎樣說。孟子只告訴我們，孔子是這個了不得的人，「聖之時者也」；說孔子作春秋而亂臣賊子懼。說這個，說那個，却始終沒有說過孔子對於易有甚麼研究，更沒有說他作易經或傳。孟子是最崇拜最懂得孔子而自願私淑孔子底人，為甚麼他不出來替孔子爭這項財產呢？孟子跟孔子相去尙近，他不爲孔子做這項財產底保證人，要等到西漢之末，纔有人出來說；而且說這話底做保證底，又是善於作僞的劉歆：則事有可疑，言無佐證。我們不是孔家廟中底香客、更不是廟祝祭司，用不着替他多要這一份香火錢。雖然孔子是聖人，不妨給他送點禮，然而古今來假冒聖人之名以貪財奪產者太多了，我們不能不先把贓物淸除，然後再說送禮。不然，贓物與禮物混在一起，孔老先生看了也生氣哩。

本來孔老先生不過是個舊文化底保存者．舊文物的整理者，他自己彷彿預知有人冒牌貪贓，早就發出宣言．聲明他是「述而不作，信而好古，」底人。他自己說「不作」．後人偏要說他作這個作那個，拿了塊頑石放在桌子上，誇稱是他老人家所日夕把玩底寶玉，檢了塊爛銅廢鐵帶在身上，硬說是他老人家所佩底寶劍，豈不太笑話嗎？

二　易傳非孔子作底內證

十翼之中，經今文家放棄了繫辭說卦等四篇，說是不合聖人之旨。因爲這些頑石廢鐵太不像樣了，給人攻擊的無辭可辯，不能不放棄其所有權。至於彖象文言這三傳，還沒有人敢小施攻擊，於是仍然保留。其實這座建築在沙上底樓臺，一方倒塌了，全座也就站立不住。

易傳之非孔子作，歐陽修在宋初早就懷疑了。他說：「……繫辭……文言，說卦而下，皆非聖人之作；而衆說淆亂，亦非一人之言也。昔之學易者，雜取以資其講說。而說非一家，是以或同或異，或是或非。……文言曰：『元者善之長也；亨者嘉之會也；利者義之和也；貞者事之幹也：……』是謂乾之四德。又曰，『乾元者始而亨者也；利貞者性情也。』則又非四德矣。謂此二說出於一人乎，則殆非人情也。繫辭曰，『河出圖，洛出書，聖人則之。』所謂圖者，八卦之文也，神馬負之，自河而出，以授於伏羲者也。蓋八卦者，非人之所爲，是天之降也。又曰，『包羲氏之王天下也．仰則觀象於天，俯則觀法於地，觀鳥獸之文與地之宜，近取諸身，遠取諸物，於是始作八卦。』然則八卦者，是人之所爲也，河圖不與焉。斯二說者，已不能相容矣，而說卦又曰，『昔者聖人之作易也，幽贊於神明而生蓍，參天兩地而倚數，觀變於陰陽而立卦。』則卦又出於蓍矣。八卦之說如是，是果何從而出也？謂此之說出於一人乎，則殆非人情也。人情常患自是其偏見，而立言之士，莫不自信；其欲以垂乎後世，惟恐異說之攻之也；其自肯爲二三十之說以相抵牾而疑世，使人不信其書乎！故曰非人情也。凡此五說，自相乖戾，尙不可以爲一人之說，其可以爲聖人之作乎……余之所以知繫辭而下非聖人之作者，以其言繁衍叢脞而乖戾也。…至於「何謂」「子曰」者，講師之言也。說卦，雜卦者，筮人之占書也。（易童子問卷三）

歐陽子仍然是今文家底見解，所以他仍信河圖洛書底神話，仍信孔子作易（他說，孔子之文章，易春秋是已。）彖傳象傳，他是未敢懷疑底。然而他懷疑繫辭而下非孔子所作，理由是很充足的。文言解乾，共有四說，而互有異同。繫辭上下，雜亂繁蕪，顯然是彙合諸作，不出一人。不知起初造孔子傳易之說底人　何以這樣不高明，這樣失檢？於此可以看出「孔子傳易」實是一種傳說。傳說是有變化性的，起始並不如此，後來漸漸變化，以至於固定。孔子傳易底傳說，到東漢以後，便成爲定語，爲一般人所信仰。（關于這點，將于下一節論之。）又傳說有時是沒有理性的，一件故事，可以有兩種以上不同的說法，可以有前後矛盾的地方。易傳本身，本來是經過戰國後期直到西漢末一個長時間而作成底，順着尊孔底潮流，儒家的拉攏，宣傳，積漸而混入孔子底著作範圍之內，當時也不及審察了；而且又經過有力者底採納利用，於是成爲固定，成爲信仰，沒人想到去懷疑他。

歐陽修之後，有個趙汝談曾著論辨孔子作十翼之說；到了清朝，又有姚際恒著易傳通論，也有同樣的見解。可惜他們的著作都失傳了。最近有馮友蘭先生從思想上去考證易傳非孔子作，他說

易之彖象文言繫辭等，是否果係孔子所作；此問題，我們但將彖象等裏面的哲學思想，與論語裏面的比較，便可解決。

我們且看論語中所說孔子對於天之觀念

子曰：「獲罪於天，無所禱也。」（八佾）

夫子曰：「予所否者，天厭之！天厭之！」（雍也）

子曰：「天生德於予，桓魋其如予何！」（述而）

子曰：「吾誰欺，欺天乎？」（子罕）

子曰：「噫！天喪予！天喪予！」（先進）

孔子曰：「君子有三畏：畏天命，畏大人，畏聖人之言。」（季氏）

據比可知論語中孔子所說之天，完全係一有意志的上帝，一個「主宰之天」。但「主宰之天」在易彖象等中，沒有地位。我們再看易中所說之天：

大哉乾元，萬物資始，乃統天。雲行雨施，品物流形。大明終始，六位時成，時乘六龍以御天。乾道變化，各正性命。（乾彖）

天地以順動，故日月不過而四時不忒。（豫彖）

反復其道，七日來復，天行也；復其見天地之心乎。（復彖）

天地感而萬物化生。（咸彖）

天行健，君子以自强不息。（乾象）

大哉乾乎，剛健中正，純粹精也；六爻發揮，旁通情也；時乘六龍，以御天也；雲行雨施，天下平也。（文言）

天尊地卑，乾坤定矣。……在天成象，在地成形，變化見矣。……（繫辭）

這些話究竟是什麼意思，我們暫不必管。不過我們讀了以後，我們卽覺在這些話中，有一種自然主義的哲學；在這些話中，決沒有一個能受「禱」，能受「欺」，能「厭」人，能「喪斯文」之「主宰之天」。這些話裏面的天或乾，不過是一種宇宙力量，至多也不過是一個「義理之天」。

一個人的思想，本來可以變動，但一個人決不能同時對于宇宙及人生異存兩種極端相反的見解。如果我們承認論語上的話是孔子所說，又承認易彖象等是孔子所作，則我們卽將孔子陷於一個矛盾的地位。……（燕京學報第二期孔子在中國歷史中的地位）

論語一書，是我們相信爲考究孔子言行思想最可靠的文獻。論語所記孔子對於天底觀念是「主宰的天」，而易彖象等則否，我們有什麼方法可以把牠解釋得通，說是一個人的思想呢。孔子講「仁」之道，雖然用的是「對症發藥」「因人施敎」底方法，有各種不同的說法，但孔子對於天底觀念，卻是發於他「內心底信仰」。他底信仰旣如此，難道他又因爲甚麼作用著彖象繫辭等說些與自己信仰不符底話嗎？斷無是理。事實可證，何從附會！後人因爲尊信孔子，反陷孔子於「二重人格」了。

現在我們可以乾脆的說了，孔子並未作過易傳。說「孔子傳易」底，出于後人底附會。其始造成孔子作十翼之說底，有他們底動機與作用：後人相信「孔子傳易」之說，也有他們底迷信的尊孔的好古的背境。

三　孔子作易傳底傳說底演變

我們知道了論語裏關於易底那一條底話不足靠，又知道孟子沒有說到易，可知易與儒家底關係本來很淺，幾等於零。直到戰國末年，荀卿才說了句「善爲易者不占」（大略篇），及引用易文。原來周易一書，只是供筮占之用底，試看左傳國語所載就明白了。

然而供筮占用的周易，加以義理的解釋底，很早就有了。左傳襄九年載：

穆姜薨於東宮。始往而筮之，遇艮之八䷳。史曰：『是謂艮之隨䷐，隨其出也。君必速出。』姜曰：『亡！是於周易曰：「隨：元亨利貞，无咎。」元，體之長也；亨，嘉之會也；利，義之和也；貞，事之幹也。體仁足以長人，嘉德足以合禮，利物足以和義，貞固足以幹事。然，故不可誣也，是以雖隨無咎。今我婦人而與於亂，固在下位，而有不仁，不可謂元；不靖國家，不可謂亨；作而害身，不可謂利；棄位而姣，不可謂貞。有四德者，隨而無咎；我皆無之，豈隨也哉！我則取惡，能無咎乎？必死於此，弗得出矣！』

這種以義理解釋卦爻辭底方法，正合於儒家底脾胃。儒家喜歡把舊文物加以一種新解釋，如論語所載孔子與弟子談「詩」，及「禮云禮云，玉帛云乎哉？樂云樂云，鐘鼓云乎哉？」底話，孔子已是開其端，七十子後學更步武其後。所以易雖是筮書，而儒家不妨拿來做教科學，只要能夠加以一種新解釋，賦以一種新意義。——這是周易所以能加入詩書禮樂一舉而成爲「經」底最先的根基。到後來所謂「樂」底漸漸亡失，經典散佚；而同時時勢變遷，儒者要求經典底範圍亦擴大；於是周易逐一級級由筮書而升到經典底廟堂上來了。其發展底程序是：

筮書——→義理新釋——→經籍散亡而要求範圍擴大——→周易成爲「經」書。

周易成爲「經」書之後，遂有人來替它作傳，如春秋與禮之有傳一樣。史記所謂易大傳（史公自序）是也。考司馬談論六家要指所引「天下一致而百慮，同歸而殊塗，」之言，在今之繫辭傳。繫辭傳是後人編纂論易諸作底碎語，及增以新材料而成，並非系統之作，故繫辭未必就是大傳。此點等到下篇再論，現在所要說底是考究「孔子作十翼」這個傳說是怎樣演變而成底。

史記孔子世家說：

孔子晚而喜易，序彖繫象說卦文言，讀易韋編三絕。曰，『假我數年，若是，我於易則彬彬矣。』

這一條據康有爲氏考證謂：

…隋書經籍志云：『及秦焚書，周易獨以卜筮得存，唯失說卦三篇，後河內女子得之。』隋志之說，出於論衡，此必王充曾見武宣前本也。說卦「帝出乎震齊乎巽……」與焦京卦氣圖合。蓋宣帝時說易者附之入經，田何丁寬之傳無之也，史遷不知焦京，必無之。此二字不知何時竄入，。至序卦雜卦，所出尤後，史記不著，蓋出劉歆之所僞，故其辭閃爍隱約；於藝文志著序卦，於儒林傳不著，而以「十篇」二字總括其間。

康氏因「其辭閃爍隱約」而定爲「出劉歆之所僞」，我以爲未必全是出於劉歆底作僞 而是「孔子作十翼」這個傳說正在流行而未達到十分確定的階段底時候底現象。

史記那段文字之前、是歷敘孔子詩與書禮樂底交涉，所謂「刪詩書，定禮樂，」者是也。在那段文字之後，說：

孔子以詩書禮樂敎弟子，蓋三千焉。

這一句頗重要：第一，可見孔子沒有拿易來敎人；說孔子以六經敎弟子，恐怕在西漢纔有這個說法。第二，說「孔子晚而喜易，」一段文字，插在這裏雖然可以，但與上下文沒有關連，成爲一節獨立的文字。故這段文字若不是錯簡，定是後人插入。康氏懷疑「說卦」二字，據我想，史記不特沒有「說卦」二字，連「序彖繫象說卦文言」這一句也是宣帝時京房等插入的。在史遷時，固然有所謂易傳底著作，但他所見尚少。說卦三篇，固然他未得看見；就是所謂易大傳底繫辭，他所見底，也不是現在所存底全部。「贊」易之說，他固然未曾聽說過；就是「序」彖象等底傳說，在他那時恐怕還未有。說孔子「序彖繫象說易文言」底，當在昭宣之間。那時易大傳變爲繫辭，解易底舊說多搜羅，新說又漸多，于是倡爲孔子「序」易傳之說，把易傳價值提高。到了新莽時代底劉歆，已經又由「序」易傳底傳說轉變到「作」易傳了；已經由不著篇數底傳說發展到整整齊齊地數目——「十篇」了 然而這「十篇」之目，仍然在傳說中，漢書儒林傳沒有說清楚，藝文志也只說到序卦這一篇，雜卦則始終沒有言及。可見這種傳說是一步一步發展轉變而成功底。

孔子作易傳這個傳說底演變，可以說是經過這四步底階段：

第一步，周易由占筮書變爲儒家底經典；

第二步，有人爲易「經」作傳；

第三步，作傳底漸多，於是有排列次序之必要，於是有孔子「序」易傳底傳說發生；

第四步，說孔子「作」十翼。

下　易傳著作年代先後的推測

由上面底考證，易傳不是孔子作底，既然明瞭了。但易傳究竟是誰作底，這個問題，不容易解答；恐怕永遠解答不出來。因為作傳之始，只注意到用底方面，而沒有想到要「留芳百世」的名譽，與領取稿費底「著作權」；而且作者又有情願把版權送給孔聖人底。現在我們證明孔聖人不應領這筆稿費，而作者又不明，沒法，只可登廣告「招領」罷。

作者雖不可考，然而這七種十篇文章，不是一個人作底，也不是一個時代底產物，這一點可以考究；又這十篇底著作年代、那一篇先，那一篇後，這也是值得我們研究底問題。考究出各篇著作底先後，則作者雖不明，我們也就稍為滿足了。現在讓我來試作一番推測，有不對的地方，極望明達者指教。

易傳一共七種，十篇文章，我把它們分為三組研究：

第一組 彖傳與象傳——有系統的較早的釋「經」之傳。其年代當在秦漢間；其著作者，當是齊魯間底儒家者流。

第二組 繫辭與文言——彙集前人解經底殘篇斷簡，並加以新著的材料。年代當在史遷之後，昭宣之前。

第三組 說卦序卦與雜卦——較晚的作品。在昭宣後。

一　彖傳與象傳

彖傳與象傳，是十翼中最有系統的著作。彖釋卦辭，象釋爻辭。兩傳相銜接地把一部周易解釋過了。且所解釋底，又完全依據了卦爻象位及所繫之辭而作，所以學者們看這兩傳比他傳為重要；今文家情願放棄了繫辭而下，却「七死八裂」的咬定這兩傳是孔子作底。這也難怪，因為他們看這兩種是「最得聖人之旨」底大作；非聖人無以作易，亦非聖人無以解易。創「易歷三聖」之說底原因在此，創「孔子自作而自解」之說底原因亦在此。

然而我們研究彖象二傳，比較其思想與釋「經」之法，很有不同的地方，我們敢斷定它決不出于一人之手。

兩傳都是釋經底，我們先來看看它們怎樣個解法。

彖傳完全釋卦與卦辭，他底方法有這幾種：

(1)以「爻位」釋卦　如：

小畜 ䷈　小畜——柔得位而上下應之，曰小畜。

履 ䷉　履，柔履剛也。

同人 ䷌　同人——柔得位得中而應乎乾，曰同人。

(2)以「取象」釋卦　如：

蒙 ䷃　蒙——「山」下有「險」，「險」而「止」，蒙。

訟 ䷅　訟——上「剛」下「險」，「險」而「健」，訟。

明夷䷣「明」入「地」中，明夷。

(3)釋卦義　如：

師　師，衆也。

離　離，麗也。日月麗乎天，百穀草木麗乎土。

咸　咸，感也。

(4)「卦」「辭」直釋　如：

乾　大哉「乾元」，萬物資始，乃統天。雲行雨施，品物流形，大明終始，六位時成，時乘六龍以御天。乾道變化，各正性命，保合大和，乃「利貞」。首出庶物，萬國咸寧。

比　「比，吉」也，比，輔也，下順從也。「原筮，元永貞，无咎」，以剛中也。「不寧，方來」，上下應也。「後夫凶」，其道窮也。

(5)申理

謙　…天道虧盈而益謙；地道變盈而流謙；鬼神害盈而福謙；人道惡盈而好謙。

豫　…地以順動，故日月不過而四時不忒；聖人以順動則刑罰清而民服：豫之時義大矣哉！

這五種方法，除了第三種，其餘都爲象傳所採用了。如．乾，象傳說：

天行健。君子以自強不息。
「潛龍勿用」，陽在下也。
「見龍在田」，德施普也。

……………

「天」與「健」是「乾」所「取象」；「陽在下」，是「爻位」；「德施普」，釋爻辭；「君子以自強不息」，是「哲理」底引申。

雖然，方法是採用了，而解釋未必盡同。如需卦彖傳：

「需：有孚，光亨，貞吉」，位乎天位，以正中也。

所謂「天位」，「正中」，是指「九五」說底。象傳說：『「…酒食，貞吉」，以中正也』。這是同了。又訟彖傳：『利見大人』，尙中正也』。九五象傳：『「訟，元吉」，以中正也』。這也相同了。總之，相同的地方很不少。然而不同的地方，却也常見。如：

彖傳	象傳
同人䷌　同人：柔得位得中而應乎乾，曰同人。	六二——「同人于宗」，吝道也。
臨䷒　…剛中而應，大亨以正：天之道也。	九二——「咸臨，吉，无不利」，未順命也。
大過䷛　「棟橈」，本末弱	初六——「藉用白茅」，柔在

也。

坎 ䷜ 「維心亨」，乃以剛中也。

下也。

上六——「過涉」之「凶」，不可咎也。

九二——「求小得」，未出中也。

九五——「坎不盈」，中未大也。

彖說「得位得中」，象却說是「吝道」；彖說「亨…以剛中」，象則說「未出中」，「中未大」；彖說是「天之道」，象則說「未順命」。這是怎樣說呢？若說是一個作者作這兩種傳，一會兒這樣說，一會兒那樣說，前後不符，自己打自己底嘴巴，敎人怎樣去相信他底話？常人尚且不致這樣疏忽，何況我們底孔聖人！——要說明彖象二傳之所以有異同底緣故，並不難，只要把孔子底長袍——弄魔術底人拿來遮掩底黑布，揭了下來，一瞧就瞧清楚了。

原來這兩篇傳，是兩個人作底，——至少是兩個人。一個在前，作了彖傳，解釋六十四卦與其卦辭。「彖」底意思與「象」相同，繫辭傳說：『彖者，言乎象者也。』他解經之法，着重於卦底「爻位」之象，與卦底「取象」，所以他用了個與「象」字同義的「彖」字。他所以不兼釋爻辭底緣故，或許是以爲有這全卦底總解釋就够了，用不着再去每爻作傳。到了象傳作者出來，看見彖傳只解卦辭，以爲是不完之作，於是採用彖傳底方法，把爻辭也解釋了。至於每卦之下繫以「君子以」「先王以」的大象，我們還不能斷定它與小象同作者不同；若說是同作者的話，則大象是作者底人生哲學，政治哲學。

明白了彖象二傳不是出於一個作者，則二傳中之有異同，就不足奇了。象傳雖模倣彖傳，但因爲彖傳解卦與卦辭，而象傳則解爻與爻辭，就不能處處與彖傳吻合了；到了他遇到困難，不能把爻辭與彖傳調合底時候，他不能不捨棄別的而單解爻辭。

實其，象傳之解易，雖然模倣了彖傳，但他對於「象」，「位」等，却沒有彖傳作者高明。他有時候只是「望文生訓，」如蒙初六爻辭：

發蒙，利用刑人，用說桎梏，以往，吝。

象傳解釋道：

「利用刑人，」以正法也。

這個何嘗把爻辭解釋清楚？　賁初九爻辭：

賁其趾，舍車而徒。

象說傳：

「舍車而徒，」義弗乘也。

這也是白說了，解了等于沒有解。這不過隨便舉例，傳中像這種似解非解，鈔襲爻辭，潦草敷衍的話多着呢，再看：

爻辭	象傳
師：初六，師出以律，否臧凶。	「師出以律」，失律，凶也。
比：初六，有孚，比之，无咎。有孚盈缶，終來有它，吉。	比之初六，有它吉也。
小畜：初九，復自道，何其咎，吉。	「復自道，」其義吉也。
九五，有孚攣如，富以其鄰。	「有孚攣如，」不獨富也。
同人：六二，同人于宗，吝。	「同人于宗，」「吝」道也，
復：六三，頻復，厲，无咎。	「頻復」之「厲」，義「无咎」也。

夠了，用不着再往下鈔了。我們讀象傳這類的話，豈不是等於沒有讀，若象傳眞是孔子作底，那末，孔子就難免于給先生打掌心了。

鈔襲敷衍還不要緊，最壞的是，強作聰明，斷章取義，違反易旨底地方，例如：

爻辭	象傳
隨：上六，拘係之，乃從維之，王用亨于西山。	「拘係之」，上窮也。

爻辭「拘係之」之下，尙有文章，依文法也不應在「拘係之」斷句。象傳作者看見了「拘係之」三字，又見上六之爻位最末，就立刻注解道，「上窮也」。他不管下文是甚麼，也不顧文句怎樣念，貿然下解釋，豈不謬誤！ 又如，蠱九二爻辭：「幹毋之蠱，不可貞。」象傳則說『「幹毋之蠱，」得中道也。』明明是，「不可貞，」何以解作「得中道？」這是錯用了「以爻位解釋」的方法。或許他想來想去不得其解，只可用這話來塞責。 他如觀六二，『闚觀，利女貞，』解作『「闚觀女貞，」亦可醜也。』「不知醜在何處？ 无妄九五，『无妄之疾，勿藥有喜。』解作『无妄之藥，不可試也。』不知是他老人家(?)老眼昏花，看不見「疾勿」「有喜」幾個字，還是耳朶有點聾，敎人念給他聽，他沒聽清楚？否則不會這樣胡說的。

我們不用細細地替他校勘，就此可以見到象傳解易，並不高明，他沒有像彖傳作者把全卦爛孰胸中，把卦辭解釋無遺。他雖然有意要模倣彖傳，可惜學力未到。

然而象傳作者並不是沒有所長，他底長處，在他底政治哲學，人生哲學等哲學思想。他在每卦之下，把自己底哲學思想附合上去。雖然他所說底，未必與易旨符合，然而他總算經過一番按排，借易來表現他這一派底思想。

象傳作者底哲學思想是甚麽思想呢？我們錄些下來一看便知：

(1)天行健。君子以自强不息。(乾)

(2)地勢坤。君子以厚德載物。(坤)

(3)…君子以果行育德。(蒙)

(4)…君子以飲食宴樂。(需)

(5)…君子以作事謀始。(訟)

(6)…君君以懿文德。(小畜)

(7)…君子以儉德辟難，不可榮以祿。(否)

(8)…君子以嚮，晦人宴息。(隨)

(9)…君子以多識前言往行，以畜其德。(大畜)

(10)君子以愼言語，節飲食。(頤)

(11)…君子以獨立不懼，遯世无悶。(大過)

(12)…君子以常德行，習教事。(坎)

(13)…君子以虛受人。(咸)

(14)君子以立不易方。(恒)

(15)君子以遠小人，不惡而嚴。(遯)

(16)…君子以非禮弗履(大壯)

(17)…君子以自昭明德。(晉)

(18)…君子以言有物而行有恒。(家人)

(16)君十以同而異(睽)

(20)…君子以反身修德。(蹇)

(21)…君子以赦過宥罪。(解)

(22)…君子以懲忿窒欲。(損)

(23)…君子以見善則遷，有過則改。(益)

(24)…君子以順德積小以高大。(升)

(25)…君子以恐懼修省。(震)

(26)…君子以思不出其位。(艮)

(27)…君子以居賢德，善俗。(漸)

(28)…君子以朋友講習。(兌)

(29)君子以制數度，議德行。(節)

(30)…君子以行過乎恭，喪過乎哀，用過乎儉。(小過)

(31)…君子以思患而豫防之。(既濟)

(32)…君子以愼辨物居方。(未濟)

六十四卦，我們不憚煩的舉了三十二條來作例證，我們讀了這些話，就很明顯的見到彖傳作者底思想了。若果我們讀過了儒家底一部重要的書——論語，再來讀彖傳，就彷彿在溫習舊書一般，很熟識，很易了解。彖傳這些話，差不多從論語裏頭都可以找出它相類似的話來。例如，孔子表明他自己是一個「發憤忘食，樂以忘憂，不知老之將至」底人，這就是「自强不息」的君子。又「果行育德」，在論語裏有個子路：『子路有聞，未之能行，惟恐有聞』。孔子在季康子面前稱贊他：『由也果，于從政乎何有！』 又「多識前言往行以畜其德」，論語裏又有個傳孔子衣砵底曾子，他自己說是「吾日三省吾身」底。 至于「愼言語，節飲食，」即是「君子食無求飽，居無求安；…敏于事而愼于言，」之意。 「非禮弗履，」即是「非禮勿視，非禮勿聽，非禮勿言，非禮勿動，」那一套。 此外所謂「有恒，」所謂「修德，」所謂「遷善」「改過，」都是論語所載孔子的思想。 而「君子思不出其位，」更是直鈔論語之文，曾子所說的話。

總之，彖傳這一類話，都可以從先秦儒家載籍中找出他的根據來，尤其是論語。除這裏已舉的之外，其他談政治哲學的，甚麼「容民畜衆，」(師象)「作樂崇德，」(豫)「省方，觀民，設敎，」(觀)「明罰勑法，」以及「殷薦之上帝，以配祖考，」等說法，無一不是儒家的說法。我們說彖傳作者的思想純粹是儒家思想，大概不會錯。

這裏有一個問題，就是，或許有人要說，彖傳這些話既與孔子的思想相合，說不定這是孔子作的，而後人作那些釋爻辭的小象把它混在一起統名彖傳，以致淆亂。這話一攻自破，我且引崔述的話來作答。洙泗考信錄：

論語云：『曾子曰：「君子思不出其位。」』今彖傳亦載此文。果傳文在前與？記者固當見之；曾子雖曾述之，不得遂以爲曾子所自言；而傳之名言甚多，曾子亦未必獨節此語而述之。然則是作傳者往往旁采古人之言以足成之；但取有合卦義，不必皆自已出。既采曾子之語，必曾子以後之人之所爲，非孔子所作也。(卷二)

彖傳出于「曾子以後之人之所爲」，可以斷定了。我想彖傳作者，當是齊魯之間的儒生。左傳既載韓宣子聘於魯，見易象與魯春秋，(昭二年)史記儒林傳所載傳易之人，又多出於齊魯。然則周易在齊魯之間，研究的人之特別多，實非偶然；說孔子作易傳，亦事出有因。

不特彖傳是儒家思想的產物，就是象傳也帶儒家色采。試讀下列數條

(1)觀天之神道，而四時不忒；聖人以神道設敎而天下

服矣。（觀彖傳）

(2)天地養萬物；聖人養賢以及萬民。（頤）

(3)家人——女正位乎內，男正位乎外。男女正，天地之大義也。家人有嚴君焉，父母之謂也。父父，子子，兄兄，弟弟，夫夫，婦婦，而家道正；正家而天下定矣。（家人）

(4)「王假有廟，」致孝享也。（萃）

(5)湯武革命，順乎天而應乎人。（革）

(6)聖人亨以享上帝；而大亨以養聖賢。（鼎）

(7)出可以守宗廟社稷，以爲祭主也。（震）

「祭祀」，「孝享」，是儒家思想。湯武革命，順天應人，是孟子底說法。而家人一條，更是儒家底禮教倫理；女內男外，界限分明；家齊國治，政教合一。儒家理想，何等顯明！

不過彖傳作者，並不是純粹的儒家罷了。他可以說，『大哉「乾元，」萬物資始，乃統天；』『至哉「坤元，」萬物資生，乃順承天；』『雷雨之動滿盈，天造草昧；』『天地解而雷雨作；雷雨作而百果草木皆甲坼；』等「自然主義」底哲學；他可說，『天地以順動，故日月不過而四時不忒；聖人以順動則刑罰清而民服，』（豫）迹近「無爲主義」底道家思想：——總之，他多多少少是受過道家影響底。我們因這一點看出彖傳非孔子作底的證據來；因這一點，看出它與象傳，不出於一個作者；也可以因這一點，說它是出於七十子之後，以至在孟子之後。

上面已從解「經」底文字上證明象傳模倣彖傳，現在看他們表現思想底方式，也足以佐證此說。彖傳注重解釋卦義，卦辭，雖間或插入一兩句議論，並不是有意安排，只是觸機而發。象傳便不同了，他解釋爻辭是一套，他在每卦之下發揮底議論又是一套。是很有系統很有組織的一種作法。其格式是：「君子以……」「先王以……」或「后以……。」其範圍不出倫理與政治兩方面。這樣整齊的文章，顯然是較後的寫作。

彖象二傳底著作年代，最早不出于戰國末，最遲不到漢宣帝。大概以作于秦漢間爲最可能。秦皇不是行愚民政策，焚書坑儒嗎，只有周易以卜筮之書沒有殃及，儒家既把它尊爲「經」典，所以在這獨存而不禁的書上下功夫，把儒家思想附存上去。那時的作品，當不祇這兩傳，不過這是幸存的完整的兩篇，其餘像文言傳乾卦四段文字中「『潛龍勿用，』下也，』及『「潛龍勿用，」陽氣潛藏，』兩段，跟象傳很相近，恐怕也是同時代的作品，只是散亡殆盡，就是西漢人也無從搜集了。

二　繫辭與文言

繫辭以下幾篇傳之非孔子作，經歐陽永叔一告發，今文家也就不能不割愛　把它們「清」了出來。眞的，它們實在太不像樣了，只因當初儒家尊孔的空氣鼓吹的太濃厚，彷彿一層煙霧，籠罩得皂白難分，於是這些雜亂之文，也混入了孔氏著作之林。這層煙霧，迷昧了千百年來學者的眼睛，雖歐陽公曾衝破了一角，放進一線光明，但一般人依然過他的迷信生活。

現在讓我們先看歐陽修揭出其內容衝突之點。易童子問：

> 繫辭曰「河出圖，洛出書，聖人則之。」所謂圖者，八卦之文也。神馬負之而出，以授於伏羲者也。蓋八卦者，非人之所爲，是天之所降也。又曰：「包羲氏之王天下也，仰則觀象于天，俯則觀法于地，觀鳥獸之文與地之宜，近取諸身，遠取諸物，於是始作八卦。」然則八卦者，是人之所爲也，河圖不與焉。

八卦之出于河圖或人之所爲，我們且不管，而繫辭傳關于八卦之來源有不同的說法，却是事實。

我們更就文字上考察，繫傳辭眞如歐陽子所批評，「是繁衍叢脞之言。」繫辭裏有論易理的，有說卦數的，有解爻辭，有推崇易道的，等等文章，然而毫無系統，東說說，西談談，說過了又說，談過了再談，拖踏重複，繁雜矛盾，好一味駢名今古的「雜拌兒」！

繫辭傳有解易爻辭的幾段文字，上下傳都有，而編次約在每傳的中間。這些文字，我疑其是解易的零篇斷簡，爲後人所搜集，附存于此。其中大多數有「子曰」二字，只有兩條沒有。所謂「子曰」，並非孔子之言，實是易學家述其「師說」之謂，諸文亦大體相近。有「子曰」的十餘條，或許是出于一個作者；無「子曰」的兩條，又出于別個作者。吳澄易纂言把這些文字都分割出來當文言傳下，說是文言的錯簡。不知文言本來也是一種搜羅舊說加以編次的易傳，其成書的動因與繫辭同，我疑其本出于一個編者，但因乾坤二卦有完整之解釋，所以分了出來。至於其他不完整的，就隨意放在這「輯佚箱子」裏頭，所以其次序全不依「經文系統」。

此外，如上下傳之分，也並沒有甚麼意義與必要。彖象二傳之分上下，是依「經」分底。「經」之分，又是依「簡」分底。崔適史記探源說：『周易分上經爲三十卦，下經爲三十四卦者，卦畫初成，各以十八簡書之。上經：乾純陽，坤純陰，頤，大過，坎，離，皆陰陽反對，不能共簡，故六卦分爲六簡。屯倒之爲蒙，蒙倒之爲屯，，他卦皆然，故二十四卦合爲十二簡。下經：惟既濟，未濟，各爲一簡，其餘三十二卦合爲十六簡，總爲十八簡。』是則它們之分上下，有其理由。而繫辭之分，則毫無意義。我們可以替他想出兩個解說：

(一)經分上下，繫辭模倣經的分法，把文字勻分兩起，原無大意義。

(2)繫辭本只一篇，後人爲湊足「十篇」之數，遂把分量多點的繫辭析分爲二。

第二說雖也有可能，但劈分繫辭，究不如分序卦爲上下之較爲自然；因爲序卦是按着上下經之分而推想諸卦之次序底，所以韓康伯作注就譏其爲『非易之縕。』若易不分上下二篇，則序卦解說諸卦次序時，當必另有一番見解。現在序卦分爲兩截，則分篇湊數之說以劈分序卦爲宜。今則有明分上下篇底序卦而不採用，反強分繫辭爲二，其出于較早的形式，似爲可信。然而較早的分篇法，也只是一種「模倣」的行爲，而非別有取義。它可以隨便析爲二篇，以至析爲一二十篇亦無不可；因爲它本來是「繁衍叢脞」之言，彙合衆說之傳。

既明白了繫辭是叢雜之作，彙輯之書，我們才可以進而分析它底著作年代。然而也因爲它叢雜，所以不容易考究它底年代。

我們說過，戰國末，秦漢間，說易底人當很不少；然而有著作流傳底却並不多。到漢武帝之後，儒家漸漸飛黃騰達起來；而易又有「廣大悉備」底「神」「通」，坐了六藝底頭一把交椅；當時的大人物，沒有不會引用易文底；漢書藝文志不絕的「易曰」稱說。正如基督徒之稱「耶穌說」，國民黨之稱「孫總理說」一樣流行，一樣有權威。繫辭裏推崇易道底話，如「易與天地準，故能彌綸天地之道。……範圍天地之化而不過，曲成萬物而不遺，通乎晝夜之道而知，故神无方而易无體；」「夫易，廣矣大矣！以言乎遠則不禦；以言乎邇則靜而正；以言乎天地之間則備矣；」等推崇備至的話，在繫辭中不少。當我們讀彖象二傳，只知道周易除卜筮用之外，原來還有點倫理教訓，政治哲學的價值；到我們讀繫辭傳時，就不禁驚嘆易道之「神」「通」「廣」「大」了。把易捧的這麼高，恐怕非到了易經坐了六藝第一把交椅之後是辦不到的，就是說，繫辭中這些話，當產生于漢武之後。

繫辭下有一大段文字講古聖人因易象以制器底。據顧頡剛先生考證，把繫辭傳與世本及淮南子比較，斷定繫辭傳後于世本，而是「襲用淮南子之文而後變其議論的中心」而成底。(燕京學報第六期，周易卦爻辭中的故事)繫辭傳作者(?)拉攏一班古聖人來，又是出於要擡高易底地位底心理。他在那裏大聲疾呼：「易有聖人之道四焉，……以制器者尚其象，」不過是替易學宣傳而已。我們由他宣傳底大綱可以看出他底時代性來。

繫辭傳之成書，由上面兩層看，當然是並不早了。但繫辭傳却不能說是一種新著，它是編輯而成底。新著的材料或許是不少，但舊說之搜集却也附存進去。我想編著繫辭者底大目的，最少有這兩個：一存佚，二宣傳。解釋爻辭底十餘條，當不出于編者之手，雖然其年代亦未必怎樣早。最顯著的，是在別種書上稱引過底幾條：

(1)司馬談論六家要指云：『易大傳：「天下一致而百慮，同歸而殊塗。」』(史記太史公自序。今繫辭作「天下同歸而殊塗，一致而百慮。」)

(2)仲舒對策云：易曰：「負且乘，致寇至。」乘車者，君子之位也；負擔者，小人之事也。此言居君子之位而為庶人之行者，其患禍必至也。(漢書董仲舒傳。)今繫辭作：「負也者，小人之事也；乘也者，君子之器也。小人而乘君子之器，盜思奪之矣。」

(3)韓詩外傳：『易曰：昔者，舜甑盆無膻，而下不以餘獲罪；……故大道多容，大德衆下，聖人寡為，故用物常壯也。易曰：「易簡而天下之理得矣。」』(卷三)

司馬談與董仲舒所引，與今傳文略有出入或顛倒，見今傳不是襲用史記漢書，乃是師說相傳之偶有差異耳。舊說遺存于繫辭中究有多少，我們已無從稽考．總可以相信其中有一部分是。

此外，還有一件事應該研究底，就是「彖」「爻」名詞底轉變。

繫辭傳有這麼一條：

知者觀其「彖辭，」則思過半矣。(下傳)

這個「彖辭，」就是孔氏正義以後之所謂「爻辭。」繫辭常以「彖」「爻」對擧，如：

彖者，言乎象者也。爻者，言乎變者也。(上傳)

彖者，材也。爻也者，效天下之動者也。(下傳)

八卦以象告，爻彖以情言。

所謂「爻」，就是我們說底「爻辭」繫辭載：

君子所居而安者，易之序也。(序，釋文：虞作爻，)

所樂而玩者，爻之辭也。(上)

聖人……繫辭焉以斷其吉凶，是故謂之爻。(說凡兩見)

「彖辭」，「爻辭，」是繫辭傳編著者那時所通行的名詞，有時候簡稱「彖」「爻」。

然而這種名詞，在以前却沒有人用。卦辭爻辭之在左傳國語，都叫做「繇。」例如，

晉韓宣子爲政聘於諸侯之歲，婤姶生子，名之曰元。……孔成子以周易筮之，……遇屯䷂。又曰，……遇屯之比䷇。……且其繇曰：「利建侯。」(左傳昭七年)

公子重耳親筮之，曰：『尙有晉國？』得貞屯，悔豫，皆八也。筮史占之，皆曰：『不吉。閉而不通，爻無爲也。』司空季子曰：『吉。是在周易，皆「利建侯。」……其繇曰：「元亨利貞，勿用有攸往，利建侯。」』(國語晉語四)

在春秋戰國，恐怕只有卦爻之分，而無卦辭爻辭之別。最普通的是稱易或周易。至指明其「辭」，也只統稱曰「繇。」「彖」字古書不輕見。「彖辭」一名，當起于彖辭之後。彖字本與彖字同義，但後來因彖傳專解卦與卦辭，就用「彖」或「彖辭」來代表卦辭。爻字早就通行，(爲晉語所載)毋需乎另立名詞。這樣一來，就把從前的籠統的名詞，「繇」字，分別清楚了。這種爲應用便利而清晰起見，訂定名詞，不能不說是一種進步。到了孔穎達等修正義時，許是因爲「彖辭」這個名詞不大好，遂改用「卦辭。」以後或用「彖，」或用「卦辭，」很不一律。「爻辭」一名，亦固定了。其演變之迹是：

繇 { 彖(或彖辭)→卦辭
　　爻(或爻辭)→爻辭

文言傳不是一個人底著作，痕迹很顯明，只要看釋乾一卦而有四說，就可以知道了。後人崇古心理太盛，不特說文言爲孔子作，還要說是文王作，眞是望「文」附會了。

然則何以叫做「文言」呢？這本來沒有甚麼故事在裏頭，所謂「文言」者，以其言之文也而已矣。我們最好請繫辭傳來做證據，因爲繫辭與文言是同時代底，說不定文言是從繫辭分出來底。繫辭說：

道有變動，故曰爻。爻有等，故曰物。物相雜，故曰文。

又說：

夫易，彰往而察來，而微顯闡幽；開而當名，辨物，正言，斷辭則備矣。其稱名也小，其取類也大，其旨遠，其辭文，其言曲而中，其事肆而隱。

易是旨遠而辭文底，「文言」之意，取義本此。文言與彖象都是解「經」之作；但彖象兼辭「象」「位」，而文言則注重解卦爻「辭」。這是文言與彖象二卦之別，亦卽文言之所以爲「文言」也。

文言傳只有乾坤二卦之解釋；就是二卦也不一樣，乾有四解，坤只一說。現在試把它分析比較研究一下。

乾卦四說，舉例

第一說	第二說	第三說	第四說
「初九，潛龍勿用」，何謂也？子曰：龍，德而隱者也。不易乎世，不成乎名，遯世无悶。不見，是而无悶。樂則行之，憂則違之，確乎其不可拔：潛龍也。	「潛龍勿用」，下也。	「潛龍勿用」，陽氣潛藏。	君子以成德爲行，日可見之行也。「潛」之爲言也，隱而未見，行而未成，是以君子「弗用」也。

其中第一第四兩說有釋卦辭之文，二三兩說則沒有。第一說釋卦辭之文，是參用左傳穆姜解隨卦辭之言，（襄九年）與子服惠伯演坤六五爻辭之語（昭十二年）而成。這個已經歐陽修崔東壁討論過了，不必再說。其解爻辭之言，當是模倣左國筮辭而作。

第二三兩說，文類象傳，試錄之以比較：

象傳：	文言第二說：	文言第三說：
「潛龍勿用」，陽在下也 「見龍在田」，德施普也。 「終日乾乾」，反復道也。	「潛龍勿用」，下也。 「見龍在田」，時舍也。 「終日乾乾」，行事也。	「潛龍勿用」，陽氣潛藏。 「見龍在田」，天下文明。 「終日乾乾」，與時偕。行

意義與句法都很相近，著作年代當亦頗早。這類文句，在繫辭中是找不到底。彖傳有師說相承而幸存，其餘則散佚，所見無多了。因此我們可以推想一下：自從彖傳出了之後，模倣續作底人極多，爭爲爻辭作注釋，故有諸說。文言所取，不過其鱗爪而已。我們可以更放膽的推想一下：模倣彖傳而作底，只有釋爻辭這一類東西，而無彖傳中「君子以」「先王以」那一類儒家倫理政治思想。換言之，彖傳作者，恐怕不只一人。

釋乾第四說，是祖述彖傳底。文言坤卦之說，與這一說同出於一個作者。我們把彖傳與文言一比較就看得出來了。

彖傳

大哉「乾元」，萬物資始，
乃統天。
雲行雨施，品物流形。
大明終始，六位時成；
時乘六龍以御天。
乾道變化，各正性命，
保合大和，乃「利貞」。
首出庶物，萬國咸寧。

文言

「乾元」者，始而亨也。
「利貞」者，性情也。
乾始能以美利利天下；
不言所利，大矣哉！
大哉乾乎！剛健中正，純粹
精也；
六爻發揮，旁通情也。
時乘六龍，以御天也。
雲行雨施，天下平也。

——乾——

彖傳

至哉「坤元」，萬物資生，乃
順承天。
坤厚載物，德合无疆。
含弘光大，品物咸貞。
「牝馬」地類，行地无疆，柔
順「利貞」。
「君子攸行」，先迷失道，後
順得常。
「西南得朋」，乃與類行。
「東北喪朋」，乃終有慶，
「安貞」之「吉」，應地无疆。

文言

坤至柔而動也剛，
至靜而德方。
後得主而有常，
含萬物而化光，
坤道其順乎，承天而時行。

——坤——

用詞相同，如「大」「始」「柔」「順」等；語句相襲，如「時乘六龍……」等；其有詞語雖不同，而意義實同者，如「天下平」之等于「萬國咸寧」，「厚」與「方」都是「地」之「德」，之類是。由此可見，(一)文言這一說是襲用彖傳底；(二)文言卦之第四說與坤卦一說同出於一個作者。

三　說卦序卦與雜卦

我頗懷疑易傳「十篇」這個整齊的數目。在西漢末劉歆校書以至班固作漢書時，這「十篇」之目，恐怕尚在傳說中。王充論衡正說篇載：

…至孝宣皇帝之時，河內女子發老屋得逸易禮尚書各一篇，奏之。宣帝下示博士．然后易禮尚書各益一篇，而尚書二十九篇始定矣。

這一篇逸易，究竟是那一篇、王充沒有說明白．我們無從知道。而所謂「逸」，是「十篇」所逸，還是易本來不足「十篇」之數，後人作了來充數底，假稱河內女子所得呢？與易同時得到底，還有禮與尚書各一篇，禮之篇數無人理會，尚書篇數則聚訟紛紜。這眞是一筆糊塗帳呵！

有人說這篇逸易就是說卦，其根據在隋志。隋書藝文志載：

及秦焚書，周易獨以卜筮得存，唯失說卦三篇。後河內女子得之。

這裏說底是三篇，與一篇之說不同。若要證明論衡所說底是指說卦，非把「三」改爲「一」不可。數目字之誤容或有之．然而要把它改了以就己說便不當了。看河內女子得逸易之說，隋志雖與論衡同；但一者說「一」篇，一者說「三」篇；前者不明篇目，後者則指明說卦，可見隋志所說，不過是一種傳說，或想像的話，不見得有甚麼根據底。而說卦等之年代，却可以從這些糊塗不淸的傳說看出它們是後起而加以掩飾底痕迹來。

這三篇之中，說卦或許是較早；然最早也不出於焦（延壽）京（房）之前。京房卦氣圖與說卦「帝出乎震，齊乎巽，相見乎離，致役乎坤，……震，東方也。…巽，東南也。…離…南方之卦也…」的說法合。他們作了說卦，放在易傳中，又在孔子世家添上「序彖繫象說卦文言」一句，以提高自己學說底價値。那時所已經有的只這五種傳．所傳說底，只是孔子「序」傳，還沒有孔子「作」傳的說法。

說卦後半部是講八卦取象底。取象之說，在左國中已開其端．彖象傳已衍其流，不過範圍未廣，而意義亦簡。以☰爲天，爲健；以☷爲地，爲順；以☳爲雷，爲動；以☵爲水，爲險；以☶爲山，爲止；以☴爲風，爲木；以☲爲火，爲明；以☱爲澤，爲說。就是盡量的搜羅，也不過三二十種。但『到了京房荀爽一班經師出來、最喜歡弄這種玩意兒，於是又添了許多東西進去。』（顧頡剛先生語。見上古史研究甲編燕京大學講義。）陸德明經典釋文於說卦傳末注云：

荀爽九家集解本乾後更有四：爲龍，爲直，爲衣，爲言。坤後有八：爲牝，爲迷，爲方，爲囊，爲裳，爲黃，爲帛，爲漿。震後有三：爲王，爲鵠，爲鼓。巽後有二：爲楊，爲鸛。坎後有八：爲宮，爲律，爲

可，爲棟，爲叢棘，爲狐，爲蒺藜，爲桎梏。離後有一：爲牝牛。艮後有三：爲鼻，爲虎，爲狐。兌後有二：爲常，爲輔頰。（卷二）

照他們的眼光看來，八卦是包羅萬「象」的。說卦是在這樣的空氣中產生，可以斷定。

序卦一篇，早就爲人所駁斥了。韓康伯爲序卦作注，評道：

序卦之所明，非易之緼也。蓋因卦之次，託象以明義，不取深緼之義，故云，非易之緼，故以取其人理也。（見正義引）

孔穎達等雖不敢擺脫『孔子就上下二經各序其相次之義，故謂之序卦』之說，但他是贊成韓氏的，他說：

今驗六十四卦，二二相耦，非覆卽變。覆者，表裏視之，遂成兩卦，屯蒙，需訟，師比之類是也。變者，反覆唯成一卦，則變以對之，乾坤，坎離，大過頤，中孚小過之類是也。且聖人本定先後，若元用孔子序卦之意，則不應非覆卽變。然則康伯所云，因卦之次，託象以明義，蓋不虛矣。（序卦正義）

反對序卦之說，是不啻不承認孔子作序卦了。否則說孔聖人誤會或改變古聖人作易之旨，豈不是更爲罪過嗎！

六十四卦之序「二二相耦，非覆卽變，」卦畫之象本如此。如䷂（屯）覆而爲䷃（蒙），䷄（需）覆而爲䷅（訟）：䷚（頤）覆亦是頤，故變而爲䷛（大過），䷼（中孚）變而爲䷽（小過）。這種玩意兒，是根據于陰陽相對之理而來的。陰陽相對之理，又是從宇宙的自然現象顯示出來的，如天與地，日與月，山與水，禽與獸，人之有男女，……等，隨處都透露這個「無獨有偶」的消息。八卦之成立，啓源於此；六十四卦之排佈，亦根據于這個原理。至於卦名之究竟，我們已無從知道。想當先有其音，後有其字；而音義又幾經變遷，不易稽考了。我們現在相沿用之卦名，是否原始的卦名，也很難說。如坎卦之寫作「習坎，」虞翻注，「習，常也」。（李鼎祚周易集解）王弼解習，「謂便習之。」孔氏正義說：『習有二義：一者，習，重也，謂上下俱坎，是重疊：一者，人之行險，先須使習其事乃可得通，故云習也』。諸說不一，倒不如說「習坎」是坎卦之本名，較爲直捷了當。又无妄一卦，象傳說：『天下雷行，物與无妄』。象傳常例，是卦象之下直書卦名的，如「山附於地，剝；」「雷在地下，復；」「天在山中，大畜」，之類，是。何以獨于无妄之上，多添「物與」兩字？可見「物與无妄」，許是无妄本名．後人因一名四字，爲文太長，不便應用，遂省作「无妄」。

我們明白了卦名之有變更，就可以知道卦名本無大意義：知道了卦名無大意義，就可以見到以卦名之義來說明卦之次序的序卦傳是由于後人附會出來的了。

我們更就他所說的加以比較，便見他附會的伎倆。

比必有所畜，故受之以小畜。物畜然後有禮，故受之以履。

有无妄然後可畜，故受之以大畜。物畜然後可養，故受之以頤。

小畜之後爲履，大畜之後爲頤，履與頤不同，所以既說「物畜然後有禮」，又要說「物畜然後可養」。然而這個還可以敷衍過去。又如，

物不可以終壯，故受之以晉。晉者，進也。進必有所傷，故受之以明夷。

物不可以終止，故受之以漸。漸者，進也。進必有所歸，故受之以歸妹。

「晉」與「漸」都解作「進」，何以一則「有所歸」，一則「有所傷」呢？無他，要遷就「明夷」與「歸妹」之義，不得不如此。若晉與漸之後不是明夷，歸妹，而是別的卦，他也隨便給你解的通。又晉與漸之前不是大壯與艮，而是別的卦，他又何嘗不可以說的頭頭是道。謂予不信，誠看下面一個例：

有事而後可大，故受之以臨。臨者，大也。物大然後可觀，故受之以觀。

得其所歸者必大，故受之以豐。豐者，大也。窮大必失其居，故受之以旅。

「臨」「豐」之義都是「大」，但臨之「大」，則是有「可觀」之「大」，而豐「大」則變爲「窮大」，變爲「必失其居」了。於此，我們可以看出他附會卦序的伎倆。他用的方式有正反兩種；用語也是有格式的。是：

正——(1)「必有所……」或「……必……」
　　　(2)「……然後……」
反——(1)「……不可不……」
　　　(2)「……不可以終……」或「不可以……」

從正面說不通，可以從反面說，反正說通了就得了，管他對不對。

最後剩了一篇雜卦了。雜卦之名，漢書不載；東漢之書，也無人稱引。我疑宣傳孔子作易傳「十篇」的劉歆班固之流，未必見到它。它是「雜糅衆卦，錯綜其義」(韓注語)的一首「六十四卦歌訣」。它不大着重卦義，只是有意把諸卦用韻編成歌訣，當是一種爲便于記誦的啓蒙書也。

洪水之傳說及治水等之傳說

顧頡剛

案，洪水為上古史上一大事，而古人言之者殊異實甚。二千年來，古代傳說為儒家所統一，故吾人所知之洪水事件不出尚書與孟子二書所指示者。其發于堯時，平于禹手，平之之法為疏導，已成天經地義。然稽之百家所言，則有謂其發于顓頊時，平于女媧手，而平之之法為湮塞者。其他違異之說，尚多有之。吾人若放寬眼界，自可承認此種傳說與尚書孟子所言雖不同，而其各占一傳說之地位則相等也。

今輯錄舊文，分為七目比次之。其中實以『東西周時人自承所受之禹澤』一項為中心，從此種觀念，此種信仰上，使禹之人格日益擴大，於以致地平天成之偉績。而鯀禹之為郊為社，又為當時各地人自承衍禹之澤之所由來。蓋對于禮拜之偶像，為之增飾其神功聖德，自視為其庇護下之一人，此亦古今之恒情也。

是篇所輯錄者，以戰國時材料為多。西漢以後所起之傳說，若禹降無支祈等，不復臚列，以傳說既已統一，新創造者即不能更占勢力也。

(一)洪水之由來

往古之時，四極廢，九州裂，天不兼覆，地不周載，火爁炎而不滅，水浩洋而不息。（淮南子覽冥訓）

古者龍門未開，呂梁未鑿，河出于孟門之上，大溢橫流，無有丘阜高陵，盡皆滅之，名曰鴻水。（尸子）

水逆行，謂之洚水。洚水者，洪水也。（孟子告子篇）

舜之時，共工振滔洪水以薄空桑，龍門未開，呂梁未發，江淮通流，四海溟涬。（淮南子本經訓）

昔共工之力，觸不周之山，使地東南傾，與高辛爭為帝，遂潛于淵，宗族殘滅，繼嗣絕祀。（淮南子原道訓）

昔者共工與顓頊爭為帝，怒而觸不周之山，天柱折，地維絕。天傾西北，故日月星辰移焉。地不滿東南，故水潦塵埃歸焉。（淮南子天文訓；列子文略同）

共工為水害，故顓頊誅之。（淮南子詮言訓）

東南何虧？……康回馮怒，地何故以東南傾？（楚辭天問。（王逸注曰，「康回，共工名也。」）

共工之臣曰相柳氏，九首以食于九山。相柳之所抵厥為澤谿。（山海經海外北經）

共工臣名相繇，九首，蛇身，自環，食于九土。其所歍

所尼，即爲源澤。……禹湮洪水，殺相繇。（山海經大荒北經）

昔共工……虞于湛樂，淫失其身，欲壅防百川，墮高堙庳以害天下。皇天弗福，庶民弗助，禍亂並興，共工用滅。（國語周語下）

帝曰，『疇咨若予采』？驩兜曰，『都，共工方鳩僝功』。帝曰，『吁，靜言庸違，象恭滔天！』（書堯典）

（二）洪水時之情狀

洪水芒芒。（詩商頌長發）

湯湯洪水方割，蕩蕩懷山襄陵。下民其咨。（書堯典）

洪水滔天，浩浩懷山襄陵，下民昏墊。（書皋陶謨）

當堯之時，天下猶未平：洪水橫流，氾濫於天下；草木暢茂，禽獸繁殖；五穀不登，禽獸偪人；獸蹄鳥跡之道交於中國。（孟子滕文公上）

當堯之時，水逆行，氾濫於中國：蛇龍居之；民無所定，下者爲巢，上者爲營窟。（孟子滕文公下）

往古之時，……水浩洋而不息。猛獸食顓民，鷙鳥攫老弱。（淮南子覽冥訓）

共工振滔洪水，……四海溟涬，民皆上丘陵，赴樹木。（淮南子本經訓）

相繇……所歍所尼，即爲源澤，不辛乃苦。百獸莫能處。（山海經大荒北經）

堯遭洪水，民居水中高土，故曰九州。（說文）

（三）治洪水之方法

於是女媧鍊五色石以補蒼天，斷鼇足以立四極，殺黑龍以濟冀州，積蘆灰以止淫水。蒼天補，四極正，淫水涸，冀州平，狡蟲死，顓民生。（淮南子覽冥訓）

鯀湮洪水，汨陳其五行。帝乃震怒，不畀洪範九疇，彝倫攸斁。鯀則殛死，禹乃嗣興。天乃錫禹洪範九疇，彝倫攸敘。（書洪範）

其在有虞，有崇伯鯀播其淫心，稱遂共工之過，堯用殛之于羽山。其後伯禹念前之非度，……高高下下，疏川導滯，鍾水豐物，封崇九山，決汨九川，陂鄣九澤，豐殖九藪，汨越九原，宅居九隩，合通四海。（國語周語下）

禹曰，『……予乘四載，隨山刊木，暨益奏庶鮮食。予決九川距四海，濬畎澮距川，暨稷播奏庶艱食鮮食，懋遷有無化居。烝民乃粒，萬邦作乂。』（書皋陶謨）

肇十有二州，封十有二山，濬川。（書堯典）

禹敷土，隨山刊木，奠高山大川。……九州攸同，四海

隩既宅，九山刊旅，九川滌源，九澤既陂，四海會同。（書禹貢）

芒芒禹迹，畫爲九州，經啟九道。民有寢廟，獸有茂草。各有攸處，德用不擾。（左氏襄四年傳引周辛甲虞人之箴）

昔夏之方有德也，遠方圖物，貢金九牧，鑄鼎象物，百物而爲之備，使民知神姦。故民入川澤山林，不逢不若；螭魅罔兩，莫能逢之。用能協于上帝，以承天休。（左氏宣三年傳）

堯獨憂之，舉舜而敷治焉。舜使益掌火，益烈山澤而焚之，禽獸逃匿。禹疏九河，瀹濟漯而注諸海，決汝漢，排淮泗而注諸江，然後中國可得而食也。當是時也，禹八年於外，三過其門而不入。（孟子滕文公上）

使禹治之。禹掘地而注之海，驅蛇龍而放之菹，水由地中行，江淮河漢是也。險阻既遠，鳥獸之害人者消，然後人得平土而居之。（孟子滕文公下）

禹之治水，水之道也。（孟子）

禹之行水也，行其所無事也。（孟子）

導弱水，至于合黎；餘波入于流沙。導黑水，至于三危；入于南海。導河積石，至于龍門；南至于華陰；東至于底柱；又東至于孟津；東過雒汭，至于大伾；北過降水，至于大陸；又北播爲九河，同爲逆河，入于海。嶓冢導漾；東流爲漢；又東爲滄浪之水；過三澨，至于大別；南入于江；東匯澤爲彭蠡；東爲北江，入于海。岷山導江；東別爲沱；又東至于澧；過九江，至于東陵；東迆北會于匯；東爲中江，入于海。導沇水，東流爲濟；入于河；溢爲滎；東出于陶丘北；又東至于菏；又東北會于汶；又北東入于海。導淮自桐柏；東會于泗沂；東入于海。導渭自鳥鼠同穴；東會于灃；又東會于涇；又東過漆沮；入于河。導雒自熊耳；東北會于澗瀍；又東會于伊；又東北入于河。（書禹貢）

夏書曰：『禹抑鴻水，十三年，過家不入門，陸行乘車，水行載舟，泥行蹈毳，山行即橋，以別九州，隨山浚川，任土作貢，通九道，陂九澤，度九山』。然河菑衍溢，害中國也尤甚。惟是爲務，故道河自積石，歷龍門，南到華陰，東下砥柱，及孟津，雒汭，至於大邳。於是禹以爲河所從來者高，水湍悍，難以行平地，數爲敗，乃廝二渠以引其河，北載之高地，過降水，至于大陸，播爲九河，同爲逆河，入于勃海。九川既疏，九澤既灑，諸夏艾安，功施於三代。（史記河渠書；漢書溝洫志略同）

古者禹治天下，西爲西河，漁竇，以泄渠孫皇之水。北爲防原派，注，后之邸，嘑池之竇，洒爲底柱，鑿爲龍門，以利燕，代，胡，貉與西河之民。東方漏之陸防，孟諸之澤

・灑爲九澮・以楗東土之水，以利冀州之民。南爲江・漢，淮，汝・東流之，注五湖之處・以利荊楚，干越，南夷之民。（墨子兼愛中）

墨子稱道曰，『昔者禹之湮洪水・決江河而通四夷九州也，名山三百，支川三千，小者無數。禹親自操橐耜而九雜天下之川・腓無胈，脛無毛，沐甚雨，櫛疾風，置萬國。禹，大聖也，而形勞天下如此。』（莊子天下篇）

禹有功，抑下鴻，辟除民害逐共工，北決九河，通十二渚疏三江。（荀子成相）

禹之王天下也・身執耒臿以爲民先・股無胈，脛不生毛，雖臣虜之勞不烈于此矣。（韓非子五蠹篇）

韓子曰，『禹鑿龍門，通大夏，決河亭水放之海，身自持築臿，脛無毛，臣虜之勞不烈于此矣。』（史記秦始皇本紀二世皇帝引）

禹通三江五湖・決伊闕，溝迴陸，注之東海，因水之力也。（呂氏春秋貴因）

禹立，勤勞天下，日夜不懈，通大川，決壅塞。鑿龍門，降通漻水以導河。疏三江五湖・注之東海，以利黔首。（呂氏春秋古樂）

禹之時，天下大水。禹身執虆垂以爲民先，剔河而道九岐，鑿江而通九路，辟五湖而定東海。（淮南子要略）

禹沐浴霪雨，櫛扶風・決江疏河，鑿龍門，闢伊闕，修彭蠡之防・乘四載，隨山栞木，平治水土，定千八百國。（淮南子修務訓）

禹鑿龍門，闢伊闕，決江濬河・東注之海，因水之流也。（淮南子泰族訓）

禹鑿龍門・辟伊闕，平治水土，使民得陸處。（淮南子人間訓）

舜乃使禹疏三江五湖，闢伊闕，導瀍澗，平通溝陸，流注東海。鴻水漏，九州乾・萬民皆寧其性。（淮南子本經訓）

昔大禹治水，山陵當路者毀之，故鑿龍門，辟伊闕，析底柱・破碣石，墮斷天地之性。此迺人工所造，何足言也！（漢書溝洫志）

王莽時，徵能治河者以百數。……關並言『河決率常於平原東郡左右，其地形下而土疏惡。聞禹治河時本空此地，以爲水猥盛則放溢，少稍自索，雖時易處・猶不能離此』。（漢書溝洫志）

禹之決瀆也，因水以爲師。（淮南子原道訓）

禹之時，天下大雨。禹令民聚土積薪，擇丘陵而處之。（淮南子齊俗訓）

聖人……不憂命之短而憂百姓之窮。……是故禹之爲水，以身解於陽盱之河。（淮南子修務訓）

禹治水時，有應龍以尾畫地，卽水泉流通，禹因而治之也。（山海經）

洪水芒芒，禹敷下土方。（詩商頌長發）

洪泉極深，何以寘之？地方九則，何以墳之？（楚辭天問）

凡鴻水淵藪，自三百仞以上，二億三萬三千五百五十里，有九淵，禹乃以息土塡洪水以爲名山，掘崑崙虛以下地。（淮南子地形訓）

中央之極，自昆崙東絕兩恆山，日月之所道，江漢之所出，衆民之野，五穀之所宜，龍門河濟相貫，以息壤堙洪水之州（高誘注，「禹以息土堙洪水，以爲中國九州。州，水中可居也」），東至于碣石，黃帝后土之所司者萬二千里。（淮南子時則訓）

洪水滔天，鯀竊帝之息壤以堙洪水，不待帝命。帝令祝融殺鯀于羽郊。鯀復生禹。帝乃令禹卒布土以定九州。（山海經海內經）

(四)助禹治水之人

予……曁益奏庶鮮食，……曁稷播奏庶艱食鮮食。（書皋陶謨）

禹溥土，平天下，躬親爲民行勞苦，得益，皋陶，橫革，直成爲輔。（荀子成相篇）

得陶，化益，眞窺，橫革，之交五人佐禹，故功績銘乎金石，著于盤盂。（呂氏春秋求人篇）

其後伯禹念前之非度，……共之從孫四嶽佐之，……故天無伏陰，地無散陽，水無沈氣，火無災燀。……皇天嘉之，祚以天下，賜姓曰姒，氏曰有夏，謂其能以嘉祉殷富生物也。祚四嶽國，命以侯伯，賜姓曰姜，氏曰有呂，謂其能爲禹股肱心膂，以養物豐民人也。（國語周語下）

太公望呂尙者，東海上人，其先祖嘗爲四嶽，佐禹平水土甚有功。（史記齊太公世家）

秦之先……曰女華。女華生大費，與禹平水土。已成，……帝舜曰，『咨爾費，贊禹功，其賜爾皁游！爾後嗣將大出！』乃妻之姚姓之玉女。大費拜受，佐舜調馴鳥獸，鳥獸多馴服，是爲柏翳。舜賜姓嬴氏。（史記秦本紀）

一州用三萬人功，九州二十七萬庸。（書益稷僞孔傳）

(五)禹之甸山

信彼南山，維禹甸之。（詩小雅信南山）

奕奕梁山，維禹甸之。（詩大雅韓奕）

禹平水土，主名山川。（書呂刑）

導岍及岐，至于荊山，逾于河；壺口，雷首，至于太岳；底柱，析城，至于王屋；太行，恆山，至于碣石，入于海。西傾，朱圉，鳥鼠，至于太華；熊耳，外方，桐柏，至于陪尾。導嶓冢，至于荊山；內方，至于大別。岷山之陽，至于衡山；過九江，至于敷淺原。（書禹貢）

禹曰，『天下名山經五千三百七十山，六萬四千五十六里，居地也，言其五臧。蓋其餘小者甚衆，不足記云。天地之東西二萬八千里，南北二萬六千里。出水之山八千里，受水者八千里。出銅之山四百六十七，出鐵之山三千六百九十』。（山海經）

（六）東西周時人自承所受之禹澤

洪水芒芒，禹敷下土方，外大國是疆，有娀方將，帝立子生商。（詩商頌長發）

天命多辟，設都于禹之績。（詩商頌殷武）

以上宋人

其克詰爾戎兵以涉禹之迹，方行天下，至于海表，罔有不服。（書立政）

豐水東注，維禹之績。四方攸同，皇王維辟。（詩文王有聲）

信彼南山，維禹甸之。（詩信南山）

奕奕梁山，維禹甸之。（詩韓奕）

天王使劉定公勞趙孟于潁，館于雒汭，劉子曰，『美哉禹功，明德遠矣！微禹，吾其魚乎？吾與子弁冕端委以治民臨諸侯，禹之力也。子盍亦遠績禹功而大庇民乎！』（左氏昭元年傳）

以上周人

赫赫姜嫄，……是生后稷，……奄有下土，纘禹之緒。（詩魯頌閟宮）

以上魯人

虩虩成唐，有嚴在帝所，博受天命，……咸有九州，處禹之堵。（齊侯鎛鐘）

呂尚……先祖嘗為四嶽，佐禹平水土甚有功。（史記齊太公世家）

以上齊人

鼏宅禹蹟。（秦公敦）

秦之先……大費，與禹平水土。（史記秦本紀）

以上秦人

越王勾踐，其先禹之苗裔而夏后帝少康之庶子也，封于會稽以奉守禹之祀。(史記越王勾踐世家)

以上越人

(七)鯀禹之祀及其神話

昔堯殛鯀于羽山，其神化為黃熊以入于羽淵，實為夏郊，三代祀之。(左氏昭七年傳)

昔者鯀違帝命，殛之于羽山，化為黃熊以入于羽淵，實為夏郊，三代舉之。(國語晉語八)

共工氏之伯九有也，其子曰后土，能平九土，故祀以為社。……鯀鄣洪水而殛死，禹能以德修鯀之功，……故夏后氏……郊鯀而宗禹。(國語魯語上)

共工氏之霸九州也，其子曰后土，能平九州，故祀以為社。……鯀鄣鴻水而殛死，禹能修鯀之功，……此皆有功烈于民者也。——夏后氏禘黃帝而郊鯀，祖顓頊而宗禹。(小戴禮記祭法)

禹勞天下而死為社。(淮南子氾論訓)

自禹興而修社祀，后稷稼穡故有稷祠，郊社所從來尚矣。(史記封禪書)

鴟龜曳銜，鯀何聽焉？順欲成功，帝何刑焉？永遏在羽山，夫何三年不施？伯禹腹鯀，夫何以變化？纂修前緒，遂成考功，何續初繼業而厥謀不同？……河海應龍，何盡何歷？鯀何所營？禹何所成？……禹之力獻功，降省下土方，焉得彼嵞山女而通之於台桑？(楚辭天問)

禹娶塗山，治鴻水，通轘轅山，化為熊。塗山氏見之，慙而去，至嵩高山下化為石。禹曰，『歸我子！』石破北方而生啟。(隨巢子)

禹湮洪水，殺相繇，其血腥臭，不可生穀。其地多水，不可居，禹湮之，三仞三沮，乃以為池。群帝是因以為臺。(山海經大荒北經)

太史公曰，『禹本紀言河出崑崙。崑崙，其高二千五百餘里，日月所相避隱為光明也；其上有醴泉瑤池。今自張騫使大夏之後也，窮河源，惡覩本紀所謂崑崙者乎？故言九州山川，尚書近之矣。至禹本紀山海經所有怪物，余不敢言之也』。(史記大宛列傳贊)

此篇本是豫備作文的材料，不想發表的。因史學年報編輯索稿甚急，姑檢出付之。其有未備，留待續補。

十九年六月二日，頡剛記。

辨偽叢刊

前人審查史料的總成績

子略

實價三角五分

宋高似孫著・顧頡剛校點。此係高氏讀子書時之筆記，有為一書作提要者，有考證其眞偽及批評其思想者。宋濂之作諸子辨・即承其風。原書向無單行本，今以百川學海本作底而以四庫全書本及文獻通考內經籍考所徵引者校之，允稱佳槧。

四部正譌

實價三角

明胡應麟著，顧頡剛校點。此為專著一書以辨偽籍之始，所論者有一百餘種，視諸子辨多出一倍。又諸子辨以辨偽為手段，衛道為目的；而此則「為學問而學問」，絕少衛道議論。其敘論中將偽書分為二十類，又將審覈偽書之方法列為八種，甚能啓發治學之途徑。原刊少室山房筆叢內，無單行本。今抽出精校付印，以利後學。

諸子辨（三版）

實價二角五分

明宋濂著，顧頡剛校點。此書原刊宋學士全集中，世無單行本：知者不多。所論諸子書，自周迄宋，凡四十種，推勘其篇目，作者，思想淵源，發生影響，有極精密之議論。顧氏用四種本子合校付刊，就本書言，亦為最精之本。

古今偽書考

實價四角

清姚際恆著，顧頡剛校點。此書繼四部正譌而作，其眼光較胡應麟尤犀利。如易傳，孝經，詩序等，胡氏以為眞者，此亦偽之。雖一小冊，然其提出問題之實可驚人。原刊知不足齋叢書內，不易得；坊肆通行本又多誤。現由本社精校付印。末附姚名達先生宋胡姚三家所論列古書對照表，尤便檢查。

北平景山書社出版

堯典的研究

衞聚賢

堯舜禹在中國人認為有歷史以來第一等好君，現在君主制雖已打倒，他們曾為禪讓，與現在選舉制有些類似，是現在的人都應當『言必稱堯舜』。但中國人因為認堯舜禹為有歷史以來第一等好君，覺得中國的太平日子已在過去，與總理所說的「革命尚未成功，同志仍須努力」，根本反對。

數年前顧頡剛先生突然發表文字，不承認中國古代有堯舜禹他們這些人，守舊的人就大驚小怪起來反對。結果，兩方俱無相當的証據，是以暫時宣告停戰。我現在覺得不用釜底抽薪法。把堯典推翻，人們總想開着倒車走。我這文字發表，是測驗腦筋舊的人被天演陶汰了若干。

☆　☆　☆　☆

一　堯舜禹產生的時代

(一)左傳

(甲)堯舜禹產生次序

1.夏　莊八年『夏書曰：「臯陶邁種德，德乃降」』。——

——西元前686年

2.禹　莊十一年『禹湯罪己，其興也勃焉』。——

——西元前683年

3.虞　莊三十二年『虞夏商周皆有之』。——

——西元前662年

4.舜　僖三十三年『舜之罪也，殛鯀；其舉也興禹』。——

——西元前627年

5.堯　文十八年『以至于堯，堯不能舉』。——

——西元前609年

6.唐　襄九年『陶唐氏之火正閼伯居商丘』。——

——西元前564年

據上是：

(1)夏禹最初產生；

(2)虞舜次之；

(3)堯唐最後。——這就是時代越後產生的人君越古。

(乙)唐虞夏的關係

(a)唐

1.左傳昭元年『高辛氏有二子伯曰閼伯，季曰實沈……遷實沈于大夏主參，唐人是因，以服事夏商……及成王滅唐而封大叔焉』。

2.左傳哀元年『夏書曰「惟彼陶唐，帥彼天常，有此冀方』。

(b)虞

1.左傳昭八年『自幕至於瞽瞍無違命，舜重之以明德，寘德于遂，遂世守之，及胡公不淫，故周賜之姓，使祀虞帝』。

2.左傳哀元年『夏……少康……逃奔有虞……虞思於是妻之以二姚』。

(c)夏

1.襄二十一年『鯀殛而禹興』。

2.襄四年『夏訓有之曰：「昔有夏之方衰也，后羿自鉏遷于窮石，因夏民以代夏政……」』。

3.哀元年『有過澆……滅夏后相，后緡方娠，逃出自竇，歸于有仍，生少康焉，爲仍牧正，惎澆能戒之，澆使椒求之，逃奔有虞，爲之庖正，以除其害，虞思於是妻之以二姚，而邑諸綸，有田一成，有衆一旅，能布其德，有兆其謀，以收夏衆，撫其官職，使女艾諜澆，使季杼誘豷，遂滅過戈，復禹之績。祀夏配天，不失舊物』。

據上是：

(1)唐虞夏各爲一國，(有過有仍也是——有過滅夏，虞無勸王之師)，沒有堯傳舜，舜傳禹的事；

(2)唐有唐後至周初始亡，虞有虞後至周初尙存，是堯子丹朱舜子商均不得繼乃父之位，沒有這事。

(丙)堯舜禹的關係

(a)堯舜

文十八年『……以至于堯，堯不能舉，舜臣堯，舉……。以至于堯，堯不能去……舜臣堯，賓于……。是以堯崩、而天下如一，同心戴舜，以爲天子』。

(b)舜禹

僖三十三年『舜之罪也，殛鯀；其舉也興禹』。

據上是：

(1)堯舜禹有君臣的關係；

(2)堯死舜被人擁戴爲天子；

總上，在左傳看出：

A.禹產生在前，舜產生在中，堯產生在後；

B.唐虞夏各爲獨立國．

C.堯舜禹發生君臣的關係；

D.堯死舜被人擁戴爲天子；

E.堯舜禹無禪讓的事。

(二)國語

1.周語下『鯀…堯用殛之于羽山，其後伯禹念前之非度，釐改制量，莫非嘉績，克厭帝心，皇天嘉之，祚以天下，賜姓曰姒，氏曰有夏，謂其能以嘉祉殷富生物也……唯有嘉功，以命姓受祀，迄于天下』。

2.魯語上『有虞氏禘黃帝而祖顓頊，郊堯而宗舜，夏后氏禘黃帝而祖顓頊，郊鯀而宗禹』。

據上是：

(1)周語禹有天下是由『皇天……之祚』，不是由禪讓而來；

(2)魯語虞祖堯宗舜，是堯舜已發生關係；

(3)魯語夏祖鯀宗禹，而不祖舜宗禹，是舜禹尚未發生關係。

(三)論語

1雍也『子貢曰：「如有博施於民而能濟衆，何如？可謂仁乎」？子曰：「何事於仁，必也聖乎。堯舜其猶病諸」』。

2.憲問『修已以安百姓，堯舜其猶病諸』。

3.泰伯『子曰：「大哉堯之爲君也，巍巍乎唯天爲大，唯堯則之，蕩蕩乎民無能名焉，巍巍乎其有成功也，煥乎其有文章」』。

4.顏淵『舜有天下選於衆，舉皋陶，不仁者遠矣』。

5.泰伯『巍巍乎舜禹之有天下也，而不與焉』。

6.泰伯『禹吾無間然矣！菲飲食而致孝鬼神，惡衣食而致美乎黻冕，卑宮室而盡力乎溝洫，禹吾無間然矣』。

7.堯曰『堯曰：「咨爾舜，天下之歷數在爾躬，允執其中，四海困窮，天祿永終」。舜以命禹』。

8.泰伯『泰伯其可謂至德也已矣！三以天下讓，民無德而稱焉』。

據上是：

(1)堯舜禹爲古代的賢君；

(2)對於泰伯兄弟之讓稱爲『至德』，而堯舜禹之讓異姓，未爲提及，是堯舜禹之禪讓尚未產生；

(3)論語最晚成的最後一篇(據考信錄)，始有堯舜禹的禪讓。

(四)山海經

1.海外南經『蒼梧之山，帝舜葬於陽，帝丹朱葬於陰』。

2.海內北經『帝堯台，帝嚳台，帝丹朱台，帝舜台，各二台，台四方，在崑崙東北』。

據上是：

丹朱稱『帝』是繼堯爲帝，堯傳舜之說尚未產生。

(五)墨子

1.尚賢上『堯舉舜於服澤之陽，授之政天下平……文王舉閎夭泰顛於罝罔之中，授之政西土平』。

2.尚賢中『舜……堯得得之服澤之陽，舉以爲天子』。

據上是：

(1)尚賢上堯舜尚爲君臣關係；

(2)尚賢中堯傳舜已產生了。

(六)尸子

尸子『舜一徙成邑，再徙成都，三徙成國，其致四方之士。堯聞其賢，徵之草茅之中，與之語禮樂而不逆，與之語政至簡而易行，與之語道廣大而不窮。於是妻之以媓，媵之以娥，九子事之，而托天下焉』(類聚十一引)。

據上是：

尸子時是堯傳舜的傳說已產生了。

(七)孟子

萬章上『堯崩三年之喪畢，舜避堯之子於南河之南，天下諸侯朝覲者，不至堯之子而至舜，訟獄者不至堯之子而至舜，謳歌者不謳歌堯之子而謳歌舜……然後至中國踐天子位焉。……舜崩三年之喪畢，禹避舜之子於陽城，天下之民從之，若堯崩之後，不從堯之子而從舜焉』。

據上是：

孟子時堯讓舜，舜讓禹的傳說，已發生了。

(八)莊子

讓王『堯以天下讓許由……子州支父……舜讓天下於子州之伯……善卷……石戶之農……北人無擇』。

據上是：

莊子時堯舜以天下讓的。

(九)荀子

成相『堯……舉舜甽畝，任之天下，身休息』。

據上是：

荀子時堯以天下讓舜的。

(十)韓非子

十過『堯禪天下，虞舜受之』。

據上是：

堯以天下讓舜。

(十一)呂氏春秋

長利『堯授舜，舜授禹』。

據上是：

堯以天下讓舜，舜以天下讓禹。

(十二)國策

1. 趙策四『堯見舜於草茅之中，席隴畝而廕庇，桑陰移而授天下』。

2 燕策一『禹授益……傳之益也』。

據上是：

堯授舜，禹授益。

(十三)淮南子

泰族訓『堯治天下，政教平，德潤洽，在位七十載，乃求所屬天下之統，令四岳揚側陋，四岳舉舜而薦之堯，堯乃妻以二女，以觀其內，任其百官，以觀其外。既入大麓，烈風雷雨而不迷，乃屬以九子贈以昭華之玉，而傳天下焉』。

據上是：

堯授舜的。

總上各書，將堯舜禹列表於左：

書名／事實／人名	堯		舜		禹	
甲骨文						
金文						治水
詩						治水
左	天子		天子		天子	治水
傳		君臣		君臣		
國語	天子	君臣	天子		天子	治水
山海經	天子		天子			治水
論	天子		天子		天子	治水
語		禪讓		禪讓		
墨	天子	君臣	天子		天子	治水
子		禪讓				
尸子	天子	禪讓	天子		天子	治水
孟子		禪讓		禪讓		

據上表，甲骨文中沒有堯舜禹，是堯舜禹在殷代尙未產生。詩信南山韓奕文王有聲殷武均說禹治水，是禹在西周時已產生。金文中如秦公敦齊候鎛鐘均說禹治水，此二銅器爲春秋時器。左傳中始有堯舜，有一部分說堯舜禹是各一獨立國的君主，有一部分說他們有了君臣的關係。國語只說堯舜有君臣的關係。山海經說堯舜禹爲各一獨立國的君主，與左傳中一部分同。論語也同山海經，惟最後成的堯曰篇始有禪讓。墨子一部分說是君臣，晚的一部分（墨子每題分三篇，係墨家三派各一篇，上篇早於中篇，中篇早於下篇）說是禪讓。尸子孟子莊子等都異口同聲的說爲禪讓了。

禹在西周已有傳說了，堯舜爲甚麽遲至春秋時始產生呢？周平王不能保守他的陝西地盤，遷於河南，隨周平王遷的人在河南謀得地盤自立，於是戰端引起，牽動各地。戰事常起，人民負担常增加，增加上了就不肯輕易減免，在戰事時期固供給軍費，但在平日就供君主奢侈之需。不願受此負担的人，沒法制止，於是揑造或據傳說，說是從前有個唐國的君主堯，虞國的君主舜，夏國的君主禹，都是如何如何的好。這是堯舜產生的原因。爲第一期。

君主暴斂固然有，但其臣下也有助紂爲虐的，君主獨好也不行。若是虞國的好君舜使之助堯，夏國的好君禹使之助舜，那就君明臣賢，是太平的日子了。是以舜爲堯臣，禹爲舜臣。這是堯舜禹發生君臣的原因。爲第二期。

戰事越擴充越大，負担越重，其所以有外戰，如非是君主要擴張地盤，內戰如非是臣下要篡奪君位。他們謀擴張地盤和謀奪地位的人，都是兵窮力盡兩敗俱傷，在第三者見起來，說『這是何必呢？不如「讓」了爲是』。但『讓』非賢明的君主不肯作，故將已宣傳的明君賢臣的堯舜禹，說是他們都曾爲天子，是由『讓』而來的。被讓的人在那裏饗受尙禪和最好的名譽，受讓的人也不據爲子孫之業，又擇賢再讓。如此提倡，可以揖讓成風，戰事減少。因而堯讓舜，舜讓禹應時而生。爲第三期。

由讓而得的，總比由爭奪而得的好。但消極派的人物，不主張在政治上工作，是以有讓許由善卷子州支文子州支伯石戶之農北人無擇。而許由等不受，甚至有洗耳投水之舉。這都是由應用而產生的。爲第四期。

☆　☆　☆　☆

二　文法

（一）數目中的「又」字

堯典『十有一月……二十有八載』。

古史研究第一集中，証明殷周的數目中均有『又』字，個殷代的『又』字與『十』字離開，周代『又』字與『十』字相連，今堯典爲『二十有八載』，『十有』相連，與周代文法同。如果堯典爲虞書，只少是與商時的產品同，應作『二十載又八』；今作『二十有八載』，爲周代的產品可知。

(二)形容詞的『上下』

堯典『格于上下……若予上下草木鳥獸』。

甲骨文『……下上』(鐵雲藏龜二四四葉後面)

詩邶風燕燕『下上其音』

殷代至春秋時形容詞用『下上』，不用『上下』。因爲古代人類智識幼稚，與小孩子一樣，故他的觀察點，由下而上的；到了春秋以後，人類智識增高，與成人時一樣，故他的觀察點，由上而下。是以殷代至春秋爲『下上』，至春秋以後爲『上下』。今堯典爲『上下』不爲『下上』，是春秋以後的產品可知。

☆　☆　☆　☆

三　用字

(一)蠻夷

堯典『蠻夷率服……蠻夷猾夏』。

同學余紹孟在廣東中山大學週刊第一集第一期發表的『秦誓的時代考說『這一國對別國的名稱，最早是『方』……就是後來的『邦』『國』……戎狄蠻夷之稱，在春秋時最流行……因爲那時諸侯都喊的是『尊王室攘夷狄』這個口號……禹貢稱『淮夷』，堯典稱『蠻夷猾夏』，正是春秋時所習用的，可知禹貢堯典也是春秋時或春秋後所作，決不是春秋以前作的了』。同學余君用甲骨文金文易詩書等來証明，殷代用『方』，周初也有沿用的，至春秋時始有『戎狄蠻夷』之稱，很是確當。今堯典有『蠻夷猾夏』『蠻夷』字樣，是春秋以後的作品可知。

(二)四海

堯典『四海遏密八音』。

中國東部臨海，以東海總謂之海，詩閟宮『至于海邦』。後以齊國在渤海南岸，乃以渤海爲北海，左傳僖四年『君處北海』。既有北海，乃以黃海東海爲東海，左傳襄二十九年『表東海者，其太公乎』。既有北海，乃發生南海之對稱，左傳僖四年『寡人處南海』。既有東海，乃發生西海之對稱，國策秦策一司馬錯言伐蜀『利盡西海』。合東海北海南海西海，統謂四海。南海西海實無海可指，因東海而發生西海，因北海而發生南海；假使南北人不接頭，東西人不往來，當無南海西海之稱。各國往來頻繁，在春秋時，是堯典之稱『四海』，係春秋以後的作品。

(三)考妣

堯典『百姓如喪考妣』。

甲骨文對父母為『王母』『父妣』，曾無稱『父』為『考』的。周代的金文有『皇考』『文考』『祖考』，是周代始以『父』為『考』，今堯典以『父』為『考』，是堯典係周代的作品。

☆　☆　☆　☆

四　三年之喪

堯典『帝乃徂落，百姓如喪考妣，三載，四海遏密八音』。

堯典上說堯死了，老百姓就和他的父母死了一樣，三年不作音樂。是堯時已行『三年之喪』的制度了。『三年之喪』的制度，究竟是甚麼時間有的？茲言於左：

書無逸『其在高宗時，舊勞於外，爰曁小人，作其卽位，乃或亮陰，三年不言，言乃雍』。

論語憲問『書云：「高宗諒陰，三年不言」』。

禮記喪服四制『書曰：「高宗諒闇，三年不言」』。

據上各書，牠所見到的書是有『高宗諒陰，三年不言』八個字，但這『諒陰』與『亮陰』及『諒闇』字皆不同，究竟這『諒陰』或『亮陰』或『諒闇』怎麽樣解釋？試看：

論語憲問『子張曰：「書云：『高宗諒陰，三年不言』。何謂也」？子曰：「何必高宗，古之人皆然。君薨，百官總已於冢宰三年」』。

禮記檀弓下『子張問曰：「書云：『高宗三年不言，言乃讙』，有諸」？仲尼曰：「胡為其不然也；古者天子崩，王世子聽於冢宰三年」』。

禮記坊記『論語曰：「三年無改於父之道，可謂孝矣」。高宗云：「三年其惟不言，言乃讙」』。

尚書大傳『高宗有親喪，居廬三年，然未嘗言國事，而天下無背叛之心者，何也？及其為太子之時，盡以知天下人民之所好惡；是以雖不言國事也，知天下無背叛之心』。

據以上各書，說殷高宗行『三年之喪』的制度，故『三年不言』。但也有不與這種解釋相同的：

國語楚語『白公子張曰：「昔武丁(高宗)能聳其德，至于神明，以入于河，自河徂亳，於是乎三年默以思道，卿士患之，曰：『王言，以出令也，若不言，是無所稟令也』。武丁於是作書曰：『以余正四方，余恐德之不類，茲故不言』，如是，而又使以象夢旁求四方之賢，得傅說以來，升以為公，而使朝夕規諫曰：『若金，用女作礪；若津水，用女作舟；若天旱，用女作霖雨；啓乃心，沃朕心。若藥不瞑眩，厥疾不瘳；若跣不視地，厥足用傷』。若武丁之神明也，其聖之睿廣也，其智之不疾也，猶自謂未乂，故三年默以思道』。

史記殷本紀『帝武丁卽位，思復興殷而未得其傳，三年不言，政事決定於冢宰以觀國風』。

潛夫論五德志『武丁卽位，默以不言，思道三年，而夢獲賢人以爲師，乃使以夢象求之四方，側陋得傳說……』。

據上各書，是將『高宗諒陰，三年不言』，解作高宗『默以思道，三年不言』，並不是居喪，行那『三年之喪』的制度。是『三年之喪』的制度，在殷代是沒有行過的。就是在孔子時代，孔子的學生也不願行這種制度。

論語陽貨『宰我問：「三年之喪，期已久矣，君子三年不爲禮，禮必壞；三年不爲樂，樂必崩，舊穀既沒，新穀既升，鑽燧改火，期可已矣」！子曰：「子生三年然後免於父母之懷。夫三年之喪，天之通喪也，予也，有三年之愛於其父母乎」』。

世界各民族，都因『舊穀既沒，新穀既升』，一切現象變更一次，故於其父母行「朞年之喪」制。惟孔子以『子生三年然後免於父母之懷』的理由，要行那『加隆』（禮記三年問『何以三年也』？曰：『加隆爾焉也』）的禮，故創『三年之喪』制。於是把『高宗諒闇，三年不言』爲默以求道的，牽强己意，解釋成行『三年之喪』制。他因而就空間說『夫三年之喪，天下之通喪也』，就時間說『何必高宗，古之人皆然』，就孔子的『一面之辭』看來，好像『三年之喪』制，在很古就有。不知是孔老先生的揑造，前人也曾說過這話：

1. 韓非子顯學『墨者…服喪三月…儒者…服喪三年…』。
2. 淮南子齊俗訓『三年之喪，是强人所不及也，而以僞輔情也；三月之服，是絕哀而迫切之性也；夫儒墨不原人情之終始，而務以行相反之制』。
3. 淮南子氾論訓『厚葬久喪以送死，孔子之所立也，而墨子非之』。

是『三年之喪』制，是『孔子之所立』的，因爲一種制度沒有充分的理由創造牠，社會上是不願奉行的，如『三年之喪』制，經孔子創造，但在孔子生身的魯國，和與魯爲隣的鄒齊，遲至孟子時尚未舉行：

孟子滕文公上『滕定公薨，世子…使…然友之鄒，問孟子…孟子曰：「三年之喪…自天子達於庶人，三代共之」。然友反命，定爲三年之喪。父兄百官要不欲也，故曰：「吾宗國魯先君莫之行，吾先君亦莫之行也，至於子之身而反之，不可』。盡心上『齊宣王欲短喪，公孫丑曰：「爲朞之喪，猶愈於已乎』。

孔子說：『夫三年之喪，天下之通喪也』。孟子說：『三年之喪…自天子達於庶人，三代共之』。這種『三年之喪』的制度，旣是『天下之通喪也』，何滕魯齊均未行？旣爲『三代共之』，何以至孟子時『先君莫之行』。再就孔子所著的春秋內，看孔孟的放國魯邾是不是行過『三年之喪』，『君薨，以聽於冢宰三年』的？試看：

春秋隱元年『元年，春，王正月…三月，公及邾儀父盟于蔑…九月，及宋人盟于宿』。二年『春，公會戎于潛…秋，八月，庚辰，公及戎盟于唐。』

春秋桓元年『元年，春，王正月，公卽位』。二年『三月，公會齊侯陳侯鄭伯于稷，以成宋亂。…公及戎盟于唐。冬，公至自唐』。三年『春，正月，公會齊侯于嬴…六月，公會杞侯于郕。…九月…公會齊侯于讙』。

春秋桓十八年『公薨于齊』。莊三年『冬，公次于滑』。

春秋莊三十二年。公薨于路寢』。閔元年『秋，八月，公及齊侯盟于落姑』。

春秋閔二年『公薨』。僖元年『八月，公會齊侯宋公鄭伯曹伯邾人于檉…九月，公敗邾師于偃』。

春秋宣元年『春，王正月，公卽位。…三月…公會齊侯于平洲』。

春秋成元年『春，王正月，公卽位』二年『十有一月，公會楚公子嬰齊于蜀。丙申，公及楚人秦人宋人陳人衞人鄭人齊人曹人邾人薛人鄫人盟于蜀』。三年『春，王正月，公會晉侯宋公衞侯曹伯伐鄭…二月，公至自伐鄭。…夏，公如晉…公至自晉』。

春秋襄元年『春，王正月，公卽位』。三年『春…公如晉。夏四月，壬戌，公及晉侯盟于長樗。公至自晉。六月，公會單子晉侯宋公衞侯鄭伯莒子邾子齊世子光，巳未，同盟于鷄澤。…秋，公至自會』。

春秋昭元年『春，王正月，公卽位』。二年『冬，公如晉，至河乃復』。

春秋定元年『夏六月…公卽位』。三年『春，王正月，公如晉，至河乃復』。

春秋哀元年『春，王正月，公卽位』。七年『夏，公會吳于鄫』。

春秋定三年『二月，辛卯，邾子穿卒。…秋，葬邾莊公。冬，仲孫何忌及邾子盟于拔』。

據上列的記載，在前君薨三年之中，後君『不聽於冢宰」，即親自會某人，往某地，均與孔孟的話不符。『三年之喪』制，在孟子時尚未通行，而要提前二千年，說是堯死了『三載四海遏密八音』，行那『三年之喪』制，那裏有這一回事！換句話說，就是堯典在孔子創三年之喪後纔有的。

☆ ☆ ☆ ☆

五　金屬貨幣

堯典『金作贖刑』。

堯典上這『金』，究竟是『金銀銅鐵錫』那一種？不要管牠，總以金屬目之。金屬可作贖刑，是『金』已爲金屬貨幣無疑。『金』若不是貨幣，爲物品之一種，是不論甚麼物件均可作贖刑，應說『物作贖刑』，不應說『金作贖刑』。金是甚麼時代作貨幣的？茲將其演進的程序，說明於左：

(一)以物易物時代期

古代氣侯溼熱，物產豐富，人各自謀生活，用不着以物易物。再進因使用器俱的關係，如貝殼石器陶器，不是遍地所產，也不是人各能盡爲的，故以其所有易其所無了。古代以物易物種類最多，要以貝殼爲最古而最重要。在舊石器時代人類尚不會製造陶器，但是病人產婦要飲水時不能親到水邊用雙手捧飲，是要一個人代他取回。取水用雙手捧住，等不到飲水的人前，水已漏完；又折草木的大葉盛水，因葉子輭度不大，走時水不是從葉邊滴出，就是把葉銜破漏下，不得已找貝殼使用。貝殼太大人力不能舉，太小往返太繁，以直徑七八寸取水一次可供一人或二人一次足飲爲最適宜。是這種七八寸大的貝殼爲所必需，在以物易物上占重要地位。

(二)貝殼作貨幣時期

一種物品能够成貨幣，須有左列各條件：

1. 有交換的價值；
2. 價值固定不變；
3. 品質一致而且鞏固；
4. 易於分割不致損其價值；
5. 易於攜帶；
6. 易於認識；
7. 容量小而價值大；
8. 產量適當。

貝殼作貨幣，與上列八條件不符，其所以爲貨幣，即因牠爲人類取水唯一的器俱，久之卽成一種媒介物。到了新石器時代，人類對於陶器已能製造，貝殼使用的効力已減。但因習慣的緣故，仍把牠當做媒介物，不過不像從前從海或湖邊檢出來就用，要找一種貝殼形勢特別，大小一致，有光澤色彩，產額適當的，加以人工琢磨，由政府發行，這是貝殼完全用作貨幣時代。貝殼爲貨幣在東周及春秋時尙盛行，金文上多有『錫貝〇朋，用作寶〇』，如三家彝『貝三朋』，小臣繼彝『王錫貝五朋』，周庚羆卣『賜貝十朋』，敔敦『幣貝五十朋』。這是政府賜他貝幣若干，他以貝幣購銅鑄器皿，也有直接『錫金〇〇』鑄器皿的。

(三)貝殼與金屬貨幣過度時期

金屬原質在鑛石中，被人類不易發見。到新石器時代有鼎鬲甗等三足器，下邊可用火燃燒，後以日用漸繁，乃用土泥製造爐灶，將三足器置於爐灶上，爐灶內裝薪炭燃燒的原料，裝薪炭時無意中將鑛石一塊也投進去，鑛石被爐灶中火力溶化，金屬從爐灶下部通風洩灰處流出，流到地面成一簿片，冷確後被人看見，檢起在地面上一磨，發出光澤，彼面一磨也發光澤，因兩面被磨成刃，於是割物較石器快了很多，繫之有一種特別聲音，此物遂爲寶貴。但不知從何處來，久之始知一種石頭(鑛石)放在大火中燃燒可出此物，這是金屬被人在鑛石中鍊取的時期，中央研究院近在安陽發掘得有銅器，可知殷代末年人類已知用銅。金屬被人利用作爲兵器彝器，陶器已失其使用，漸次退化，貝幣已古當在擯棄之例。故用銅效貝幣的形勢鑄成貨幣，名『蟻鼻錢』，一端有一小孔可穿繩，上有文字不可識。古物保存所藏十餘枚，係浦口出土。同時也有効兵器(刀)農俱(布)的形勢用銅鑄成，上面有鑄地及法定價值，如『安邑貨一金』。

(四)金屬爲貨幣時期

國語周語『景王二十二年(西元前五二三年)將鑄大錢，單穆公曰：「不可！……民患輕則爲作重幣以行之，於是乎有母權子而行，民皆得焉。若不堪重，則多作輕而行之，亦不廢重，於是乎有子權母而行。小大利之」……王弗聽，卒鑄大錢』。是書有明文在西元前五二三年時已用銅鑄大小兩種貨幣。卽近出土的刀布多係春秋戰國時物，腦筋過敏的人覺得越古越好，把安邑幣認爲夏禹時物。十八年三月我在山西萬泉縣東坡村漢地南發掘，得布十枚，其七枚爲『安邑化一金』，餘三枚字不可識，爲向來研究貨幣學的未著錄，在同地層內得陶片數種，以與在萬泉縣南吳村南門地發掘得的戰國時魏『二斗』量器，陶質花紋均同，是『安邑化一金』爲戰國時魏安邑造的貨幣，不是夏禹時的貨幣。據國策墨子孟子荀子韓非子呂氏春秋等書所載，戰國時金屬貨幣已盛行，政府饋贈賞罰，民間交易均用金，貨物價值亦以金爲標準(齊策『象牀之値千金』)——詳觀史學雜誌二卷一期列國考及史地學報三卷四期戰國用金廣證。

依貨幣進化的程序看來，金屬貨幣在中國方面是春秋戰國時始使用的，堯典上已有『金作贖刑』，其書作期之晚可知。

☆　☆　☆　☆

六　曆法

(一)無『佳』字

堯典『二十有八載』。

古代在時間性的數目上是加一『佳』字。為甚麼要加這『佳』字？因為殷代用『祀』，周代用『年』，『祀』為『祭祀』，『年』為『田禾』，例如說『二祀』『二禾』，容易誤會為祭祀二次田禾二株，故於其上加一『佳』字，以便分別。『佳』字甲骨文為『[illegible]』像鳥形，本即『雞』字，雞是能按着時間叫鳴的（『佳』及『雞』字古音讀『[illegible]』，與雞叫聲同），是以在時間性數目上畫一個雞，如『佳二祀』『佳二禾』使一看就知道這是關於時間性，不是『祀二次』『禾二株』的。有的『佳』字旁邊加一『口』字為『[illegible]』，表示是雞用口叫的，更為明白。中國古代人類已以此為通例的：

(甲)在開首的

1.伯姬鼎『佳二十有八年』；

2.寰盤『佳二十有八年』；

3.書召誥『惟二月』；

4.書多士『惟三月』。

(乙)在最末的

1.甲骨文『唯王二祀』（見殷墟書契前編卷三頁二十七）；

2.盂鼎『佳王二祀』；

3.書洛誥『惟七年』。

(丙)在中間的

1.乙酉父丁彝『惟王六祀』；

2.敔敦『惟王十有一月』；

3.散盤氏『惟王九月』；

4.師𩛥敦『惟元年二月』。

秦漢時已不用『佳』字，因為秦漢文字已繁多，不像古代簡單，用不着符號，是以『二禾』上不加『唯』字，一看就知道為『二年』不是『二禾』。試看：

1.秦石軍戈『二十四年』（在開首）；

2.秦量『二十六年』（在開首）；

3.漢孝成鼎『建平三年』（在中間）；

4.漢杜陵壺『永始元年』（在中間）。

在秦漢以前時間性上加『佳』字，已成慣例。與堯典數目相同的如伯姬鼎寰盤均為『二十有八』，均有『佳』字，何以堯典上無『佳』字？與堯典同在中間位置相同的，如乙酉父丁彝敔敦師𥂴敦散盤氏均有『隹』字，何以堯典無『隹』字？堯典時間性數目上無『隹』字，與殷周例不同，而與秦漢例相符。是堯典的作期，就可知道了。

(二)用『載』字

堯典『七十載……九載……三載……五載……二十有八載……五十載』。

殷用『祀』在甲骨文中已有，殷爲甚麼用『祀』爲『年』？按『祀』字甲骨文爲『祀』，左邊從『示』，『示』字有爲『丅』形，像木主，兩邊『:』爲酒，右邊從『巳』像人跪形，是『祀』爲人跪在神主前洒酒爲祭的。初民智識幼稚，以一切自然現像，均有神靈主宰，故祭祀是很普遍很平常的事。但以『祀』爲『年』，是有定期祭，以一年祭祀一次，是有研究必要的。

殷正較周正遲一個月，較夏正早一個月（左傳昭十七年『火出，於夏爲三月，於商爲四月，於周爲五月』），是殷正過年在廢曆的十一月底，冬至時太陽至南回歸線，北半球的氣候是很寒了。十一月底冬至已過，太陽從南回歸線返歸，北半球因積寒的緣故，是以北緯三十六度，（殷墟）在十一月底到了極寒的時期。古代比現在熱，殷代的氣候，黃河流域與現在珠江流域相當，是殷墟附近雖在極寒的時期，常不落雪，卽有雪也不甚大。後來氣候漸冷，到十一月底落了一場大雪，把地面上的草都蓋住了，殷代尙在牧畜，一看草被雪掩蓋了，牛羊無草可吃，他以爲這雪是上天降下來的白妖怪，懲罰他們的罪惡，於是祀天以求將這白妖怪收回去。

祀天因爲天在上面，白天祭祀日光太大，在某處祭使天上注意不到，要找一個沒有月的一夜（晦朔之間），把祭品陳列起來，燃火於其旁，以爲火光照耀天上，天上的神容易注意，可以看見他們的祭祀，就把白妖怪收回去（太陽把雪消化了），是以規定祀天須在沒有月的一夜。第一年在落過雪後幾天的一個沒有月的夜祭祀；第二年也在這個夜祭祀，但祭祀完畢後十幾天纔落雪；第三年在祭祀後二十幾天纔落雪，第四年在較第一年多一個月（十三月）的沒有月的一夜祭祀，正好是落雪後的祭祀的時期，是以積了好多年的經驗，讖規定每三年加一個月，五年再一個月，七年又加一個月（卽三年一閏，五年再閏，十九年七閏），故於不加月之年爲十二個月，加月之年爲十三個月。殷所稱『祀』由於祀天祈求除害，是遊牧時代發生的現象。

周用『禾』（年）在金文中很多，周爲甚麼用『禾』爲年？按周民族最初居豳，豳地是現在陝西的邠縣常武縣，甘肅的正寧縣寧縣慶陽縣等，其地宜於農業，現在陝西的糧食大牛由此供給．故俗話說：『八百里秦川（由潼關至鳳翔），不如董志（在慶陽縣西峯鎮南二十里）牛邊』，其地平均每畝產麥子二百四十斤，以驢騾駝到永壽縣堅巨鎮，由此轉運於長安三原等處。周居地宜農，其民族爲業農民族，故周字爲『田』像田形。

周已到農業時代，農業是需要天雨，一年中天雨多了，收獲就好，故於收獲完畢，將所得的農產物，祭祀上天，以報答上天所降的雨量充足。看詩小雅信南山『我疆我理，東南其畝，上天同雲，雨雪雰雰，益之以霢霂，既優既渥，既霑既足，生我百穀。彊埸有…獻之…報以介福…』。故周以禾收祭天爲一年，禾收在十月，故周以十月底過年。以『禾』爲『年』是農業時代發生的現象。（『年』爲周所用，誰都承認的，但孟子萬章上引堯典說『三年四海遏密八音』，用『年』字，若說孟子改的，何不連上文『載』字也改爲『年』字爲『二十有八年』呢）。

堯典用『載』，載字從戈在車上，即古『車』字，車卣作『[illegible]』，其音爲『[illegible]』，現在山西河東人以拉一車東西，謂『載一車東西』。是『載』爲『車』，『載』即爲『車』，何以成『年』？求不出牠的所以然。爾雅釋天『夏曰歲，商曰祀，周曰年，唐虞曰載』。現在先假定爾雅這種解釋可靠，按『歲』從步從戊，與『載』字均有戈，當係狃獵時代發生的象現。在狃獵時代，能產生這堯典嗎？

（三）春夏秋冬及孟仲季

堯典『以殷仲春…仲夏…仲秋…仲冬…』。

甲骨文中無『春夏秋冬』把一年分成四季，金文也不多見，詩小雅四月有『四月維夏』，春秋中已有了『春夏秋冬』。按春爲生（音同），夏爲大（左傳夏則大），秋字爲『大禾』，即是把禾蘸收割了，禾身用火燒去，這是地多人少古代初爲農業的現象，現在臺灣番族也有此舉，名『火耨法』。『冬』即古『終』字，爲田禾收割草木葉彫，一年已終了。這種現象是農業時代方能產生，故春秋有『春夏秋冬』；遊牧時代不能產生，故甲骨文無『春夏秋冬』。若唐虞則在遊牧時代以前，當爲狃獵時代，環境上不能產生『春夏秋冬』，何以堯典上就有『春…夏…秋…冬…』呢？

季又分爲三，叫爲『孟仲季』，在春秋中尙無。惟左傳襄十四年『正月，孟春』，昭十七年『當夏四月，謂之孟夏』，左傳在春秋後，是知春秋成書時尙無『孟仲季』，左傳成書時已有了。按『季』字爲『[illegible]』，以禾尙屬子是以小禾苗爲『季』。『孟』字爲『[illegible]』，以子放在氣皿上，是以禾已成熟爲『孟』。『仲』字爲『中』，以禾正在的莠時期，是以禾黍的時期為『仲』。這都是農業時代的現象。故周代弟兄姊妹幾個，多冠以『孟仲季』為別，如『孟姜』『仲尼』『季扎』。殷代則冠以天干名稱，如『太甲』『祖乙』『外丙』，即『太十』『祖九』『外八』。殷代不能用的現象，唐虞時代已用，是不可能的。

(四)三百六十六日及閏月

堯典『朞三百有六旬有六日，以閏月定四時』。

在殷代一年是十二個月（約三百五十四日）。遇有閏月之年為十三個月（約三百八十三日），是在殷代的一年沒有一定的若干日。這種『三百有六旬有六日』為一年，是曆法已定，經過若干年的實驗纔知道的。在殷代尚無此經驗，為何在唐虞時代已有此經驗？唐虞時代曆法既這樣整齊，何以到殷反很幼稚呢？

閏月起於何時？不得而知，在甲骨文中有十三月無閏月。春秋文六年『閏月不告月，猶朝在廟』。是春秋時已有閏月。左傳文元年『於是閏三月，非禮也！先王之正時也，履端於始，舉正於中，歸餘於終。履端於始，序則不愆，舉正於中，民則不惑；歸餘於終，事則不勃』。按春秋記閏這條在文六年最末，是以十三月為閏月。左傳始云『閏三月』，將閏月放在一年的中間，但牠的論斷說是『先王之正時也……歸餘於終』，就是說前人致曆，閏月在終末處致置，（即十三月）自文元年（西元前六二六年）起，始置閏於一年的中間。今堯典『以閏月定四時成歲』，閏月就放在一年的中間，至少是魯文公元年以後的現象。

☆　☆　☆　☆

七　疆域

(一)堯的疆域

堯典『隅夷曰暘谷……東。南交……南。……西曰昧谷。……朔方曰幽都』。

1.墨子節用『堯治天下，南撫交趾，北降幽都，東西至日月之所出入，莫不賓服』。

2.尸子『堯南撫交趾，北懷幽都，東西至日月之所出入』（荀子王霸注引）。

3.韓非子十過『堯…其地南至交趾，北至幽都，東西至日月之所出入者 莫不賓服 。

4.新書修政語上『堯教化及雕題蜀越，撫交趾，身涉流沙，地封獨山，西見王母，訓及大夏渠叟，北中幽都及狗國與人身而鳥面及焦繞……』。

5.淮南子修務訓『堯，西教沃民，東至黑齒，北撫幽都，南道交趾』。

(二)在堯前後的疆域

1.淮南子主術訓『神農…南至交趾，北至幽都，東至暘谷，西至三危』。

2.淮南子泰族訓『紂之地，左東海，右流沙，前交趾，後幽都』。

最早說堯疆域很大的是墨子，墨子是印度人，他要免中國人排拆，於是把他的東土交趾，說是在堯時已歸中國，交趾在安南，在戰國初年除非墨子及他的學生從印度來道及交趾外，中國當時是不得知道的。幽都在河北，墨子及他的學生從山東登岸，先往齊燕，於是他只知中國最北爲燕，故說堯北界遠至幽都。東界至海不爲遠，西方他未到過，不知地名，不能揑造出來，故含糊的說『東西至日月之所出入』。

尸子韓非子是採墨子的，無大研究。新書淮南子均錯認山海經爲禹治水書，相傳禹在堯時治水，故將山海經上的海外各國，指爲堯的疆域。淮南子又以此立場，認在堯前的神農，在堯後的紂，均是疆域很大，換句話說，就是中國疆域自古以來就是很大的。神農荒妙暫爲不究，在甲骨文上考，殷的疆域不出河南的河北一隅，紂的疆域何能與秦漢的疆域並論。

堯典的成立，在墨子後，是以也說到『南交』。假若現在論語上有『孔子乘浮桴於海，至於舊金山…』，我們知道一定是通商以後人揑造的。但站在墨子自印度來中國後，道出堯南至交趾，不以堯典爲僞而以爲眞，眞是『知二五，不知一十』了。

☆ ☆ ☆ ☆

八 巡守

堯典『歲二月，東巡守，至于岱宗……卒乃復，五南巡守，至于南岳……八月西巡安，至于西岳……十有一月朔巡守，至于北岳』。

四岳是東岳泰山，南岳衡山，西岳華山，北岳恒山。舜都以爲山西的蒲版。玆以由東岳至南岳一段計，按堯典原文『至於岱宗…卒，乃復』是說在泰山行禮畢（卒），仍回（乃復）至首都（蒲版），再往南岳，其時間東岳往返爲三個月，南岳往返爲三個月，共六個月。路程計由山西蒲版至山東泰山約二千里，由山西蒲版至湖南衡山約四千里，往返一萬二千里。這些路程用若干月走？左傳哀七年鄉人說『吳二千里，不三月不至』。春秋末年的交通當較唐虞時代爲便，即以春秋末年『吳二千里，不三不至』比例計，每日走二十二里，計此一萬二千里，需一年半的時間，如何半年就可畢事？這分明是坐在家裏，不出門的人的作品。

☆ ☆ ☆ ☆

九 統一度量衡

堯典『同律度量衡』。

統一度量衡，自秦始皇始：

1.史記秦始皇本紀：『二十六年，一法度衡石丈尺，車同軌，書同文』；

2.琅玡石刻『器械一量，同書文字』；

3.秦權『二十六年…法度量則不壹歉疑者，皆明壹之』。

是統一度量衡，自秦始皇始，今堯典已『同律度量衡』，其爲秦始皇以後人的作品可知。

☆ ☆ ☆ ☆ ，

十 親屬罪過

(一)鯀

堯典『帝曰：「咨，四岳，湯湯洪水方割，蕩蕩懷山襄陵，浩浩滔天，下民其咨，有能俾乂」。僉曰：「於！鯀哉」！帝曰：「吁咈哉！方圮族」。岳命曰：「异哉！試可，乃巳」。帝曰：「往，欽哉」！九載績用弗成…舜…殛鯀于羽山』。

與堯典不同的罪

1.呂氏春秋行論『堯以天下讓舜，鯀爲諸侯，怒於堯曰：「得天之道者爲帝，得地之道者爲三公，今我得地之道，而不以我爲三公」。以堯爲失論，欲得三公，怒甚猛獸，欲以爲亂，比獸之角能以爲城，舉其尾能以爲旌，召之不來，仿佯於野以患帝，舜於是殛之於羽山，副之以吳刀。

2.韓非子外儲說右上『堯欲傳天下於舜，鯀諫曰：「不詳哉，孰以天下而傳之於匹夫乎」？堯不聽舉兵而誅，殺鯀於羽山之郊』。

鯀的罪過在爭權不在治水無功，若韓非子呂氏春秋成書時有堯典在，數鯀之罪，也應當加上治水無功的一條。

(二)瞽叟

堯典『岳曰：「瞽子！父頑」』。

甲，說瞽叟頑的

1.孟子萬章上『父母使舜完廩捐階，瞽瞍焚廩，使浚井出，從而揜之』。

2.孟子離婁上『舜盡事親之道，而瞽瞍底豫』。

乙，說瞽瞍不頑的

呂氏春秋古樂『瞽瞍乃拌五弦之瑟，作爲十五弦之瑟，命之曰大章，以祭上帝』。

瞽瞍尙能從五弦瑟改成十五弦瑟，不能以其對于其子虐待，就抹殺一切事實，稱他爲『頑』。且堯典只有一個『頑」字，孟子的『焚廩』『揜井』是根據甚麼書上的？

(三)象

堯典『象傲』。

1.孟子萬章上『象曰：「謨蓋都君咸我績，牛羊父母，倉廩父母，干戈朕，琴朕，弤朕，二嫂使治朕棲」。象往舜宮，舜在牀琴，象曰：「鬱陶思君爾」忸怩，舜曰：「惟茲臣庶，汝其于予治」。

2.孟子萬章上『萬章問曰：「象日以殺舜爲事，立爲天子，則放之何也」？孟子曰：「封之也，或曰：『放焉』」。萬章曰：「…象之不仁，封之有庳，有庳之人奚罪焉」？……曰：「象不得有爲於其國，而納其貢稅焉，故謂之放」』。

3.韓非子忠孝『象爲舜弟而殺之』。

象據孟子上所說是『謀害未遂罪』，並不是『傲』。

(四)丹朱

堯典『帝曰：「疇咨，若時登庸」。放齊曰：「胤子朱啟明」。帝曰：「吁嚚訟可乎」。

1.國語周語上『昭王娶于房曰房后，實有爽德，協于丹朱，丹朱馮身以儀之……』。

2.國語楚語上『堯有丹朱…是五王者，皆有之德也，而有姦子』。

3.莊子盜跖『堯殺長子』。

4.孟子萬章上『堯崩，三年之喪畢，舜避堯之子於南河之南，天下諸侯朝覲者，不至堯之子而至舜，訟獄者不至堯之子而至舜，謳歌者不謳歌堯之子而謳歌舜…丹朱之不肖』。

5.荀子正論『朱象獨不化，是非堯舜之過，朱象之罪也』。

6.孟子萬章上『帝使其子九男……以事舜……』；

7.呂氏春秋去私『堯有子十人，不與其子而授舜』；

8.尸子『九子事之』（類聚十一引）：

9.淮南子泰族訓『屬以九子』；

堯有子九人或十人，其子丹朱雖不肖，尙有九子使之事舜。既可爲使，不能一律不肖，而不傳位？堯既殺其長子丹朱，其罪絕不是『嚚訟』二字。

(五)商均

堯典『帝曰：「夔！命汝典樂，教胄子，直而溫，寬而栗，剛而無虐，簡而無傲」。

1.國語楚語上『舜有商均……是五王者，皆有元德也，而有姦子』。

2.孟子萬章上『舜崩，三年之喪畢，禹避舜之子於陽城，天下之民從之，若堯崩之後，不從堯之子而從舜也……舜之子亦不肖』。

3.呂氏春秋去私『舜有子九人，不與其子而授禹』

舜使夔教導商均，堯典上沒有一字說道商均的罪過，諸子因相傳商均不得繼舜爲天子，故異口同聲說商均不好，但無實跡可指。若國語孟子呂氏春秋成書時，有堯典在，應說禹之繼舜是另一個原因，不是商均的不肖。

☆　☆　☆　☆

十一　處制有罪的

堯典『舜……流共工于幽州，放驩兜于崇山，竄三苗于三危，殛鯀于羽山，四罪而天下咸服』。

(一)流共工于幽州

甲，說是舜舉動的

孟子萬章上『舜流共工于幽州』。

乙，說不是舜舉動的

1.國語周語下『共工用滅……』(敘在舜前)；

2.莊子在宥『堯…流共工于幽都』；

3.韓非子外儲說右上『堯…誅共工於幽州之都』

4.淮南子修務訓『堯…流共工於幽州』；

5.荀子議兵『禹伐共工』；

6.國策秦策一『禹伐共工』

若國語莊子荀子韓非子國策淮南子成書時，有堯典在，應根據堯典說是『舜…流共工于幽州』，不應當說是『堯（禹）…流共工于幽州的。

(二)放讙兜于崇山

甲，說是舜舉動的

孟子萬章上『舜…放讙兜于崇山』。

乙，說不是舜舉動的

1.莊子在宥『堯於是放驩兜于崇山』；

2.荀子議兵『堯伐驩兜』；

3.國策秦策一『堯伐讙兜』；

4.淮南子修務訓『堯…放驩兜於崇山』。

若莊子荀子國策淮南子成書時，有堯典在，應根據堯典說是『舜…放讙兜於崇山』，不應當說是『堯…放讙兜於崇山』的。

(三)竄三苗于三危

甲，說是舜的舉動的：

1.左傳昭元年『虞有三苗』；

2.孟子萬章上『舜…殺三苗于三危』

3.荀子議兵『舜伐有苗』，
4.呂氏春秋召類『舜却有苗』；
5.新書匈奴『舜…而三苗服』；
6.淮南子氾論訓『舜…而服有苗』；
7.淮南子齊俗訓『當舜之時，有苗不服，於是舜修政…』；
8.淮南子兵略訓『舜伐有苗』。

乙，說不是舜的舉動的

1.莊子在宥『堯…投三苗於三峗』；
2.荀子成相『堯…三苗服』；
3.淮南子修務訓『堯…竄三苗於三危』；
4.墨子兼愛下『禹之征有苗也』；
5.墨子非攻下『禹征有苗』；
6.國策魏策二『禹攻三苗』；
7.淮南子繆稱訓『禹…而三苗服』。

丙，說三苗自服用不着『竄』的

1.荀子成相『堯有德干戈不用，三苗服』；
2.呂氏春秋上德『三苗不服，禹請攻之，舜曰「以德可也」，行德三年，而三苗服』；
3.國策趙策二『舜舞三苗』；
4.新書匈奴『舜舞干羽，而三苗服』；
5.淮南子繆稱訓『禹執干戚舞於兩階之間，而三苗服』；
6.淮南子齊俗訓『當舜之時，有苗不服，於是舜修政偃兵執干戚而舞之』；
7.淮南子氾論訓『舜執干戚而服有苗』。

若左傳墨子莊子荀子呂氏春秋國策新書淮南子成書時，有堯典在，應根據堯典，．完全說是『舜…竄三苗于三危』，不應也說『堯（禹）…竄三苗於三危』，而且說是『舞戚』那有苗自服，假使有苗自服，是三苗也不太壞，用不着『竄…於三危』的。

(四)殛鯀于羽山

甲，說是舜的舉動的

1.左傳僖三十三年『舜之罪也，殛鯀』；
2.孟子萬章上『舜…殛鯀于羽山』；
3.呂氏春秋行論『鯀…舜於是殛之於羽山』。

乙，說不是舜的舉動的

1.國語周語下『有崇伯鯀播其淫心，稱遂共工之過，堯用殛之于羽山』；
2.左傳昭七年『堯殛鯀于羽山』；
3.韓非子外儲說右上『堯…殺鯀於羽山之郊』；

4.淮南子修務訓『堯…殛鯀於羽山』。

若國語左傳韓非子呂氏春秋國策淮南子成書時，有堯典在，應完全根據堯典說是『舜…殛鯀于羽山』，不應也說『堯…殛鯀于羽山』的。

(五)處制四凶不是共工驩兜三苗鯀

1.左傳文十八年『舜…流四凶族；渾敦窮奇檮杌饕餮，投諸四裔』；

2淮南子本經訓『猰貐鑿齒九嬰大風封豨修蛇皆爲民害，堯乃使羿誅……』。

3.莊子齊物論『堯問於舜曰：「我欲伐宗膾胥敖……」』；

4.呂氏春秋召類『堯戰於丹水之浦，以服南蠻』；

5.淮南子兵略訓『堯戰於丹水之浦』。

若左傳莊子韓非子呂氏春秋淮南子成書時，有堯典在，應根據堯典說爲人民害的是『共工讙兜三苗鯀』，不應說是『渾敦窮奇檮杌饕餮，猰貐鑿齒九嬰大風封豨修蛇』等。

☆ ☆ ☆ ☆

十二 舜在徵庸前的行動

堯典『有鰥在下曰虞舜．帝曰：「俞！予聞，如何」？岳曰：「瞽子父頑母嚚象傲，克諧以孝，烝烝乂，不格姦」』。

(一)舜是否平民

1.左傳昭八年『自幕至于瞽叟無違命，舜重之以明德』。

2國語魯語上『幕能帥顓頊者也，有虞氏報焉』。

3.國策趙策二『舜無咫尺之地，以有天下』。

舜在未徵庸時，堯典說是『虞舜』，是舜已有國號爲『虞』，不是平民，此與左傳所記同，但國策則說他是個平民。

(二)徵庸的原因是否孝的問題

1.墨子尚賢中『舜耕歷山，陶河濱，漁雷澤』。

2.莊子徐無鬼『舜…百姓悅之，故三徙成都，至鄧之虛而有十萬家，堯聞舜之賢，舉之童土之地』。

3.尸子『虞舜灰於常羊，什器於壽邱，就時於負夏，未嘗暫息。頓邱買貴，於是販於頓邱；傳虛賣賤，於是債於傳虛，以均救之』(繹史十)。

4.尸子『舜…其田歷山也，荷彼耒耜，耕彼南畝，與四海俱有其利；其漁雷澤也，旱則爲耕者鑿瀆，儉(險)則爲獵者表虎。故有光若日月，天下歸之若父母』(困學記聞十引)。

5.尸子『舜一徙成邑，再徙成都，三徙成國，其致四方之士，堯聞其賢，徵之草茅之中，與之語禮樂而不逆，與之語政至簡而易行，與之語道廣大而不窮』。

6.韓非子難一『歷山之農者侵畔，舜往耕焉，朞年甽畝正，河濱之漁者爭坻，舜往漁焉，朞年而讓長；東夷之陶者器苦窳，舜往陶焉，朞年而器牢』。

7.呂氏春秋貴因『舜一徙成邑，再徙成都，三徙成國，而堯授之禪位，因人心也』。

堯典說舜被徵庸，是因爲『孝』，但其他各書都說是平民擁護舜，而且堯有不得不舉舜之勢。這條不獨看出來堯典在墨子莊子尸子呂氏春秋韓非子以後，而且知道是提倡孝道一派人的作品。

☆　☆　☆　☆

十三　試舜的舉動

堯典『帝曰：「我其試哉！女于時觀厥刑于二女，釐降二女于嬀汭，嬪于虞」。

堯試舜以二女倘有九男

孟子萬章上『帝使其子九男二女，百官，牛羊，倉廩，備；以事舜于畎畝之中』。

尸子『堯……於是妻之以媓，媵之以娥，九子事之，而托天下焉』（類聚十一引）。

淮南子秦族訓『堯乃妻以二女以觀其內……乃屬以九子……』。

堯典說堯試舜只用二女，孟子尸子淮南子說尚有九男。二女雖可以觀內，九男何嘗不可以觀外，今堯典省九男只二女，可知作堯典的人，是主張『修身齊家治國平天下』先內後外一派人的作品。

☆　☆　☆　☆

十四　堯舜的善行

(一)堯

1.尸子『人之言君天下者，瑤台九累，而堯白屋；黼衣九種，而堯大布；宮中三市，而堯鶉居；珍羞百種，而堯糲飯菜粥；騏驎青龍，而堯素車玄駒』（初學記九二四引）。

2.韓非子五蠹『堯之王天下也，茅茨不翦，采椽不斲，糲粢之食，藜藿之羹，冬日麑裘，夏日葛』。

3韓非子十過『堯有天下，飯於土簋，飲於土鉶』。

4.淮南子精神訓『今高臺層榭，人之所麗也，而堯樸桷不斲，素題不枅，珍怪奇異，人之所美也，而堯糲粢之飯，藜藿之羹；文繡狐白，人之所好也，而堯布衣掩形，鹿裘御寒』。

5尸子『堯有建善之旌』（初學記十二引）。

6淮南子主術訓『堯置敢諫之鼓』。

(二)舜

1.尸子『舜立誹謗之木』（史記孝文本紀索隱引）。

2淮南子修務訓『舜作室築墻茨屋，辟地樹穀，令民皆知。去巖穴，各有家室』。

以上堯舜的善行，而堯典不載，尸子韓非子淮南子從何處根據這材料？按說『今……而堯……』，是以現在有一種不好的現象，以堯爲理想中人物，當然是好的，故用此想當然的話。但尸子韓非子牠們說這話，堯典上沒有，不怕人反對牠們嗎？是堯典尚未產生，故如此說。

☆　☆　☆　☆

十五　臣友

堯典「羲和羲仲羲叔和仲和叔放齊驩兜共工四岳鯀』。

堯典『四岳伯禹后稷契皋陶垂殳斨伯與益朱虎熊羆伯夷夔龍二十有二人』。

(一)人數不同

1左傳僖二十三年『舜……其舉也興禹』。

2.左傳文十八年「舜臣堯舉八愷……八元』。

3左傳襄九年『陶唐氏之火正閼伯居商邱』。

4左傳昭二十九年『董父……以服事帝舜，帝賜之姓曰董氏，曰豢龍，封諸鬷川』。

5.國語周語上「后稷以服事虞夏』。

6.國語周語下「胙四岳國，命爲廣伯，賜姓曰姜，氏曰有莒，謂其能爲禹股肱……』。

7國語鄭語『伯夷能禮於神以佐堯者也，伯翳能儀百物以佐舜者也』。

8.國語魯語下『堯復育重黎之後，不忘舊者，使復典之』。

9.論語泰伯『舜有臣五人，而天下治』。

10論語顏淵『舜有天下選於衆，舉皋陶』。

11墨子所染『舜染於許由伯陽，禹染於皋陶伯益』。

12孟子滕文公上『舜使益掌火……禹疏九河……舜以不得禹皋陶爲已憂』。

13孟子盡心上『舜爲天子，皋陶爲士』。

14尸子『舜…得六人，曰維陶方回續耳伯陽東不識秦不空』(御覽八十一引)。

15莊子逍遙遊『堯……往見四子藐姑射之山……』。

16莊子大宗師『意而子見許由，許由曰：「堯何以資汝」』？

17莊子天地『堯之師許由』。

18莊子天地『堯觀乎華，華封人曰：『嘻！聖人！請祝聖人…』

19莊子讓王『堯以天下讓許由　子州支父…舜讓天下於子州支伯…善卷…石戶之農…北人無擇』。

20荀子成相『堯…契爲司徒』。

21荀子大略『堯學於君疇，舜學於務成昭』。

22韓非子外儲說右上『堯欲傳天下於舜，鯀諫曰「……共工又諫曰……」』。

23呂氏春秋本味『堯舜得伯陽續耳然後成』。

24呂氏春秋古樂「帝堯立，乃命質爲樂，……舜立，命延乃伴瞽叟之所爲瑟』。

25呂氏春秋察傳『舜……乃令重黎舉夔……以爲樂正』。

26呂氏春秋長利『堯治天下，伯成子高立爲諸侯』。

27淮南子本經訓『舜乃使羿誅……』。

28淮南子齊俗訓『堯之治天下也，舜爲司徒，契爲司馬，禹爲司空，后稷爲大田師，奚仲爲工』。

29淮南子俶眞訓『許由方回善卷披衣……四子……遇唐虞之時』。

30淮南子道應訓『堯之佐九人，舜之佐七人』。

爲堯臣友的：伯鷗伯夷重黎意而子許由華封人子州支父伯陽續耳伯成子高鯀共工君疇羿舜契禹后稷披衣，共二十一人，其中鯀共工二人見於堯典。

爲舜臣友的：禹董父后稷四岳伯醫益皐陶子州支伯善卷石戶之農北人無擇伯陽許由雒陶方回續耳東不識秦不空質延夔重黎務成昭披衣八元八愷，共四十八人，其中禹后稷四岳皐陶益夔六人見於堯典。共計不見於堯典的爲四十一人。其不見於堯典的較見於堯典的多出兩倍。

以上不在堯典中的人，說是他能力不大，堯典中不便一一列入，但堯典說『朕在位七十載，汝能庸命，巽朕位』，是堯力求替代他的人，在未得到舜以前，許由善卷等，堯曾讓他，他們不受，或者他們以能力太小，不敢担當這事，但放齊皐陶等，堯連讓都不讓給他們，是許由善卷較放齊皐陶好，何以堯典不載？

(二)薦舉樂官的人不同

堯典『伯拜稽首，讓于夔龍，帝曰「夔！命汝典樂……」』

呂氏春秋察傳『重黎舉夔……而進之舜，以爲樂正』。

堯典以爲伯舉，呂氏春秋以爲重黎舉，若呂氏春秋見到堯典，不應這樣說。

(三)樂官不同

堯典『夔曰：「於予擊石拊石，百獸卒舞」』。

呂氏春秋古樂『帝堯立，乃命質爲樂……乃拊石擊石，以象上帝玉磬之音，以致舞百獸』。

堯典以爲夔，呂氏春秋以爲質，若呂氏春秋見到堯典，不應這樣說。

☆ ☆ ☆ ☆

十六　堯在位的年數

堯典『朕在位七十載』。

國語周語上『十五年，有神降于莘……內史過曰：「昔昭王娶于房曰房后，實有爽德，協于丹朱，丹朱馮身以儀之，生穆王焉，是實臨照周之子孫而禍福之……王曰：「虢其幾何」？對曰：「昔堯臨民以五，今其冑見，神之見也，不過其物，若由是觀之，不過五年」。……十九年，晉取虢」。

『不過五年』條韋昭注『五年一巡守』，查堯典是舜巡守不是堯巡守，假是堯也巡守，但此『臨民以五』，『臨民』可否解為『巡守』誠一問題？按左傳閔二年「里克對曰：「告之以臨民，教之以軍旅」，按『告之以臨民』即左傳莊二十八年『使太子主曲沃』。『教之以軍旅』即左傳閔二年『晉侯使太子申生伐東山皐落氏』。是『臨民』為治民，不為『巡守』。

『昔堯臨民以五』即堯在位共五年。按周語的語氣，『丹朱……實臨照周之子孫而禍福之……昔堯臨民以五，今其冑見，神之見也，不過其物』，說堯在位五年，堯的能力只能治民五年，堯的兒子丹朱，其能力當不能超過堯，故禍周之子孫(虢)，『不過五年』，是以『十五年，有神降于莘……十九年，晉取虢』，正符『不過五年』。若解作五年一巡守，堯五年巡守，堯的兒子保護人不能過五年，是無理由的。是『昔堯臨民以五』，即堯在位五年，若周語成書時，有堯典在，應說『昔堯臨民以七十』，不應說『昔堯臨民以五』了。是堯典之作在周語後。

☆　☆　☆　☆

十七　堯舜的死

(一)堯

堯典『二十有八載，帝乃殂落，百姓如喪考妣，三載四海遏密八音』。

1.墨子節葬中『堯北教乎八狄，道死葬蛩山之陰』。

2.山海經海外南經『狄山，帝堯葬于陽』。

3.呂氏春秋安死『堯葬於穀林』。

堯典說堯是壽終正寢的，墨子山海經說堯是壽終路寢的。

(二)舜

堯典『陟方乃死』

1.墨子節葬中『舜西教乎七戎，道死葬南己之市』。

2.山海經海外南經『蒼梧之山，帝舜葬於陽』。

3.國語魯語上『舜勤民事而野死』。

4.呂氏春秋安死『舜葬於紀市』。

堯典墨子山海經周誠均說舜是壽終寢路的。

墨子爲印度人，到了中國以中國人排外，於是以當時人理想中的古代聖君堯舜，以爲曾敎戎狄奔走而死於外。山海經的作者隨巢子從印度來，路過蒼梧，以爲舜就葬於這裏。魯語堯典在墨子及山海經後，因爲一說死於西方（墨子），一說死於南方（山海經），無所適從，故魯說含糊的說『野死』，堯典便說『陟方乃死』，也沒指出方向及地點。

☆ ☆ ☆ ☆

十八　他書的引証

（一）左傳

左傳文十八年『虞書數舜之功曰：「愼徽五典，五典克從……納于百揆，百揆時序；……賓于四門，四門穆穆」』。堯典『愼徽五典，五典克從，納于百揆，百揆時序，賓于四門，四門穆穆』。

據上是左傳文十八年所謂虞書卽堯典，是堯典於文十八年卽西元前六〇九年，至少可說左傳成書時，周威烈王初年，西元前四二〇年已有。但按左傳文十八年爲：

『昔高陽氏有才子八人，蒼舒隤敳檮戭大臨尨降庭堅仲容叔達，齊聖廣淵，明允篤誠，天下之民謂之八愷；高辛氏有才子八人，伯奮仲堪叔獻季仲伯虎仲熊叔豹季貍，忠肅共懿，宣慈惠和，天下之民謂之八元。此十六族也，世濟其美，不隕其名，以至於堯，堯不能舉；舜臣堯，舉八愷使主后土，以揆百事，莫不時序，地平天成；舉八元使布五敎于四方，父義母慈，兄友弟恭子孝，內平外成。昔帝鴻氏有不才子，掩義隱賊，好行凶德，醜類惡物，頑嚚不友，是與比周，天下之民謂之渾敦；少皞氏有不才子毁信廢忠，崇飾惡言，靖譖庸回，服讒蒐慝，以誣盛德，天下之民謂之窮奇；顓頊有不才子不可敎訓，不知話言，告之則頑，舍之則嚚，傲很明德以亂天常，天下之民謂之檮杌：此三族也，世濟其凶，增其惡名，以至於堯，堯不能去；縉雲氏有不才子貪于飲食，冒于貨賄，侵欲遂侈，不可盈厭，聚斂積實，不知紀極，不分孤寡，不恤窮匱，天下之民以比三凶，謂之饕餮；舜臣堯，賓于四門，流四凶族：渾敦窮奇檮杌饕餮，投諸四裔，以禦螭魅。是以堯崩而天下如一，同心戴舜以爲天子，以其舉十六相，去四凶也。故虞書數舜之功曰：「愼徽五典，五典克從」，無違敎也；曰：「納于百揆，百揆時序」，無廢事也；曰：「賓于四門，四門穆穆」，無凶人也』。

是虞書所謂『納于百揆，百揆時序』，卽指『舜臣堯，舉八愷、使主后土，以揆百事，莫不時序』。所謂『賓于四門，四門穆穆』，卽指『舜臣堯，流四凶族：渾敦窮奇檮杌饕餮』，故說『「賓于四門，四門穆穆」。無凶人也』。

堯典於前敍『愼徽五典，五典克從，納于百揆，百揆時序，賓于四門，四門穆穆』，是舜於『我其試哉』期間，已『流四凶族』了，而何又在『汝陟帝位』之後，『流共工于幽州，放讙兜于崇山，竄三苗于三危，殛鯀于羽山，四罪而天下咸服』呢？

今本堯典除抄襲虞書的『愼徽五典，五典克從，納于百揆，百揆時序，賓于四門，四門穆穆』二十四個字外，又根據當時的傳說『流共工于幽州，放驩兜于崇山，竄三苗于三危，殛鯀于羽山』的四件事敍在後面，不知『賓于四門，四門穆穆』，與『四罪而天下咸服』重複。是今本堯典爲僞可知。

(二)孟子

孟子萬章上『堯典曰：「二十有八載，放勛乃徂落，百姓如喪考妣，三年四海遏密八音」』。

堯典『二十有八載，帝乃殂落，百姓如喪考妣，三載四海遏密八音』。

是堯典在孟子時已成立，但按孟子所引的堯典『帝』作『放勛』，『三載』作『三年』，『殂落』作『徂落』。今本堯典開首爲『曰若稽古帝堯』，是『帝乃殂落』，『帝』就是『堯』，用不着用堯名放勛說『放勛乃徂落』。孟子所引堯典爲『放勛乃徂落』，是孟子所見的堯典前無『曰若稽古帝堯……』可知。

孟子萬章上『舜相堯二十有八載……堯崩，三年之喪畢，舜避堯之子於……然後至中國踐天子位』，是舜由相堯之年至卽帝位之年，共爲三十一年。若以三年之喪作二十五個月計，是共爲三十年。但按堯典『舜生三十徵庸，三十在位』，卽說舜年三十歲時應堯的『汝能庸命巽朕位』，到六十歲乃『在位』。由『我其試哉』至『乃言底可績，三載汝陟帝位』，以至于『二十有八載』堯崩，共三十年。是堯典以舜卽位之年爲堯崩之年，孟子以舜卽位之年爲堯崩三年之喪畢之年，前後相差三年。孟子若見到今本堯典，不應說得與堯典不同。

由孟子看來，可知孟子所引的堯典，是很簡短的，前無『曰若稽古帝堯……』，後無『舜生三十徵庸……』。若堯典在孟子時與今本相同，孟子的學生用當時傳說堯舜禹的事問孟子，孟子就該據堯典一一答復，何除引堯典二十三個字外，均用當時的傳說答復？

孟子滕文公上『放勳曰：「勞之，來之，匡之，直之，輔之，翼之，使自得之，又從而振德之」』。

按孟子此段雖無『堯典曰』，但牠下文以『聖人之憂民如此』爲結語，則『放勳曰……』當有根據，又上文爲『當堯之時，天下猶未平，洪水橫流……堯獨憂之，舉舜而敷治焉。舜使益掌火，益烈山澤而焚之，禽獸逃匿，禹疏九河……后稷教民稼穡……契爲司徒，教以人倫……』，敍述堯舜時事。這『放勳曰……』當是堯典上原文。今堯典無此文，是孟子所見到的堯典與今本堯典不同。

(三)其他

左傳僖二十一年成風言於魯公曰：『蠻夷猾夏，周禍也』。沒有說到這『蠻夷猾夏』四字出於堯典。

論語堯曰『堯曰：「咨爾舜，天之歷數在爾躬，允執其中，四海困窮，天祿永終」，舜以命禹』（按堯典堯禪讓於舜時說『格汝舜，詢事考言，乃言底可績，三載，汝陟帝位』。（按『爾』『汝』二字，論語早於堯典）。而不見於堯典。

淮南子人間訓『堯戒曰：「戰戰慄慄，日愼一日，人莫蹪於山而蹪於蛭」』，此不見於堯典。

堯典『受終于文祖，在璿璣玉衡以齊七政，肆類于上帝，禋于六宗，望于山川，徧于羣神』，劉朝陽先生在燕京學報第七號上說『在璿璣玉衡以齊七政』一句爲衍文。

據上，古本堯典上有：

『……勞之，來之，匡之，直之，輔之，翼之，使自得之，又從而振德之……戰戰慄慄，日愼一日，人莫蹪於山而蹪於蛭……愼徽五典，五典克從，納于百揆，百揆時序；賓于四門，四門穆穆……咨爾舜，天之歷數在爾躬，允執其中，四海困窮，天祿永終……受終于文祖，肆類于上帝，禋于六宗，望于山川，徧于羣神……二十有八載，放勳乃徂落，百姓如喪考妣，三年，四海遏密八音……咨爾禹，天之歷數在爾躬，允執其中，四海困窮，天祿永終……』。

茲將左傳國語論語孟子所引夏書虞書堯典先後的次序，列表於左：

書名	原文	西曆年數	所見書
夏書	皋陶邁種德，德乃降。	六九〇	左傳莊四年
夏書	地平天成。	六三六	左傳僖二十四年
夏書	賦納以言，明試以功，車服以庸。	六三三	左傳僖二十七年
虞書	愼徽五典，五典克從；納于百揆，百揆時序；賓于四門，四門穆穆。	六〇八	左傳文十八年
夏書	念茲在茲，釋茲在茲，名言茲在茲，允出茲在茲，惟帝念功。	五五二	左傳襄二十一年

夏書	與其弒不辜，甯失不經。	五四六	左傳襄二十六年
夏書	昏墨賊殺。	五二四	左傳昭十四年
夏書	惟彼陶唐，帥彼天常，有此冀方，今失其行，亂其紀綱，乃滅而亡。	四九一	左傳哀六年
夏書	關石和均，王府則有。	五二四	國語周語下
夏書	一人三失，怨豈在明，不見是圖。	四六三	國語晉語九
堯	咨爾舜，天之歷數在爾躬，允執其中，四海困窮，天祿永終。	約四〇〇	論語堯曰
放勛	勞之，來之，匡之，直之，輔之，翼之，使自得之，又從而振德之。	約三三〇	孟子滕文公上
堯典	二十有八載，放勛乃殂落，百姓如喪考妣，三年，四海遏密八音。	約三三〇	孟子萬章上

據上表觀察，夏書於西元前六九〇年時已有，虞書於西元前六〇八年始見引，堯典於西元前三三〇年時始見引。是夏書先產生，虞書次之，堯典最後。這就是時代越後產生的書越古。

★　★　★　★

古本堯典與今本堯典不同，上文已竟說過了，但今本堯典是誰僞造的？因爲：

1.在秦始皇行統一度量衡行以後；

2.提倡孝道並主張由內向外治法修身齊家治國平天下儒家一派人的作品。

因此，我就推測在伏生身上了。因爲在漢初『言尚書自濟南伏生』。『文帝時欲求能治尚書者，天下無有，乃聞伏生能治，欲召之，是時伏生年九十餘歲，老不能行，於是乃詔太常使掌故朝錯往受之』（史記儒林傳）。是今本堯典出自伏生，有左列的証據：

1.伏生年九十多歲，已成了昏庸老朽，記不清楚，無意中背錯了若干，是以與孟子所見的堯典不符；

2.因政府徵求，是以虛榮心發生，將很簡或殘或忘了的堯典，與夏書虞書拉雜背誦，顯示他記的很多，是以四凶四罪重複，『在璿璣五衡以齊七政』一句爲衍文。

書因秦火不全，只有伏生一人獨傳，背錯了也沒有人知道。是今本堯典已不是戰國中年所產生的堯典，要認爲堯舜時代所產生的堯典，這是錯了。

一九三〇，八，二六。記南於京古物保存所。

儒服考

齊思和

『儒服』一名辭至戰國始發生。論語不言儒服。至莊子則稱：『舉魯國而儒服。』田子方篇 韓非稱：『是以儒服帶劍者衆而耕戰之士寡。』問辯篇 可見當時，儒家不僅有其特殊之服制，且此種服制極爲盛行矣。戰國之世，處士橫議，諸子爭鳴，學派衆矣；然皆未聞有其特異之制服，而儒家則有所謂儒服，寧非異事？自漢迄清，數千年來，儒者之服，皆有定制。清社既屋，此制始廢，而外國學位之服，又爲學者所採，故其流風所被，迄今猶未已也。於以可見儒家在當時團結之堅密，傳播之廣遠，及其影響於後世者之至深且鉅。顧此所謂儒服者，究起於何時？是否創始於孔子，抑倡導於其後學？服儒服者在當時是否限於儒者，而儒者亦是否盡服儒服？儒服在當時思想界中，發生何等影響？

此皆學術史上極重要之問題，惜學者向來對之習焉不察，未加深究。此作者之所以忘其譾陋，而擬詮釋其大略也。

考宗周之隆，弁服紳佩，貴賤皆有定制，不能僭逾。周室既東，封建之勢漸衰。政治則趨於獨裁而貴族之權漸失；經濟則趨於自由競爭而貧富之差愈遠。於是貴族平民之差別漸泯，宗周之制寖廢。班固有言：『及周室衰，禮法隳，諸侯刻稱丹楹，大夫山節藻稅，八佾舞於庭，雍徹於堂……陵夷至乎桓文之後，禮誼大壞，上下相冒，國異政，家殊俗，耆欲不制，僭差亡極！』漢書貨殖傳 不知此亦自然之趨勢也。降及戰國，各國益依其習俗，自由發展。於是古制益廢，各國文化亦相去愈遠。淮南子覽冥訓：『晚近之世，七國異族，諸侯制法，各殊習俗。』許慎曰：『分爲七國，田疇異畮，車涂異軌，衣冠異制，言語異聲，文字異形。』說文解字序 可見其差異之一斑。今但就服制考之。呂氏春秋：『日以相驕，奚時相得？若儒墨之議，齊荊之服矣。』下賢篇 是齊楚間之服飾不一也。戰國策：『異人至，不韋使楚服而見。』秦策 是秦楚間之服制亦不同也。

其他各國，當亦必類是。其制度之差異，今日猶可考見者，如墨子謂：『昔者齊桓公高冠博帶，金劍木盾，以治其國，其國治。昔者晉文公大布之衣，牂羊之裘，韋以帶劍，以治其國，其國治。昔者楚莊王鮮冠組纓，縫衣博袍，以治其國，其國治。昔者越王句踐剪髮文身，以治其國，其國治。』公孟篇 後漢書輿服志，於齊楚趙諸國冠制，所載甚詳：

（一）齊冠，高山冠一曰側注，制如通天，不邪却，直豎無山巡展筩，中外官謁者僕射所服。太傅胡廣說曰：『高山冠，蓋齊王冠也。秦滅楚，以其君冠賜近臣謁者服之』。

(2)楚冠：法冠一曰柱後，高五寸，以纚爲展筩，鐵柱卷，執法者服之。侍御史廷尉正監平也。或謂之獬豸冠。獬豸，神羊；能別曲直，楚王嘗獲之，故以爲冠。胡廣說曰：『春秋左氏傳有「南冠而縶者」，則楚冠也。秦滅楚，以其君服賜執法近臣御史服之』。

(3)趙冠：武冠一曰武弁大冠，諸武官服之。侍中中常侍加黃金璫附蟬爲文，貂尾爲飾，謂之趙惠文冠。胡廣說曰：『趙武靈王效胡服，以金璫飾首前，插貂尾爲貴職。秦滅趙，以其君冠賜近臣。』

由此殘缺之記載，可推見其差異之一斑。其所以致歧異之原因，半由於各國風俗習慣之不同，半由於各國之不遵古法，輒改服制。最著名者，如趙武靈王之效胡服（戰國策趙一），齊好紫服，舉國變俗，鄒好長纓，上下競效（韓非子右儲說），其他載在禮記者尤不可勝數。此猶在上者之所爲也。至於特立獨行之士，亦多服奇服以求異於流俗。如宋鈃，尹文作爲華山之冠以自表（莊子天下篇），鶡冠子居深山中，以鶡爲冠（漢書藝文志），則墨家道家俱有奇服者，然服之者不過一二狂狷之士，非如儒家之有儒服也。

儒服之制度，各書記載者頗不少，如：

墨子公孟篇：『公孟子戴章甫搢忽（孫云通笏）儒服以見墨子。』

莊子田子方篇：『莊子曰：「周聞之：儒者冠圜冠者知天時，履句屨者知地形，緩佩玦者事至而斷」』。

又盜跖篇載盜跖訾孔子之言曰：『爾冠木枝之冠，帶死牛之脅…縫衣淺帶，矯言飾行，以迷惑天下之主而求富貴焉。』

荀子哀公篇：『夫章甫絇屨，紳而搢笏者此賢乎？』

禮記儒行篇：「魯哀公問於孔子曰：「夫子之服，其儒服歟？」孔子對曰：「丘少居魯，衣逢掖之衣，長居宋，冠章甫之冠。丘聞之也：君子之學也博，其服也鄉。丘不知儒服！」』

以上所載孔子答魯哀公之言，及盜跖訾孔子之語，皆託古以明作者之旨，未必眞有其事。而其所言儒服制度，則皆得之目擊，自屬可信。吾儕就此等資料綜合研究之，可知儒服有以下各特點。

一：章甫，圜冠

二：逢衣
三：紳
四：搢笏
五　句屨

玆分別釋之如左：

章甫者，冠也。士冠禮：『委貌，周道也。章甫，般道也。毋追，夏后氏之道也』。又見禮記郊特牲 鄭司農注曰：『或謂委貌爲玄冠。「委」，猶安也；言所以安正容貌。章，明也；般質，言以表明丈夫也。「甫」或爲「父」。「毋」，發聲也。「追」，猶堆也 夏后氏質，以其形名之。三冠皆所常服以行道也，其制之異同未之聞。』是章甫乃般冠，猶夏之有毋追，周之有委貌也。鄭云：『於其異同未之聞。』然經既以三冠連稱，其制相去當不甚遠。後漢書輿服志：『委貌冠，皮弁冠同制。長七寸，高四寸，制如覆杯，前高廣，後卑銳，所謂夏之毋追，般之章甫也。』是司馬彪直以三者爲同實異名，其說未必可信。以三代改制之風之盛，安能一其制度？至其所載委貌之制，亦爲漢制而非周制見江永鄉黨圖攷卷五 白虎通言三冠之異曰：

經曰：『委貌周道，章甫般道，毋追夏后氏之道。』何以謂之委貌？周統十一月爲正，萬物能萌小，故爲冠飾最小，故曰委貌。委貌者，言委曲有貌也。般統十二月爲正，其飾微大，故曰章甫。章甫者，尚未與極其本相當也。夏正十三月爲正，其飾大，故曰毋追。毋追者，言其追大也。

其解釋雖不免附會，而其所言章甫大於委貌而小於毋追，當有所本。觀此則三代之冠惟委貌爲最小矣。委貌之制，與今喪冠相似。江永曰：『按今時之喪冠與古士冠相似。冠以梁得名，冠圈謂之武，梁屬於武；但古喪冠用繩爲武，今用布爲武耳。古士冠以黑繒爲梁，亦以黑繒爲武。梁制無正文。喪冠廣二寸見喪服傳賈疏，則吉冠當亦如之，非若後世之帽，盡舉頭而蒙之也。吉冠之異於喪冠者，吉用繒而喪用麻布也。吉冠之用武繒，喪冠之武以繩也。』鄉黨圖考卷五 任大椿弁服釋例所考者亦與此略同，當可信。章甫既與委貌同類，其制當相去不遠，惟較之略大耳。三禮圖考所載章甫之圖，詭異殊甚，不足据。莊子所謂之圜冠，當即指章甫之武而言，司馬彪以爲即建華冠，誤矣。古者冠上恆飾以玉，貴賤有別。莊子所謂木枝之冠，司馬彪云：『冠多華飾，如木之枝』經典釋文引，即謂此玉飾耳。章甫雖爲般冠，至春秋戰國時仍通行於宋。禮記儒行

：『長居宋，冠章甫之冠。』，莊子逍遙遊：『宋人資章甫適諸越，越人斷髮文身，無所用之，』皆其証。論語之言章甫者惟有『端章甫，願爲小相焉』先進篇一語，齊召南遂以爲章甫亦魯之禮冠禮記注疏考證。余按此章之可疑，前人已有言之者崔述洙泗考信餘錄，不能據此孤證，而遂定章甫爲魯之禮冠也。論語鄉黨記孔子之服飾詳矣，服章甫乃何等異事，而鄉黨不載，則服章甫蓋起於孔子後學歟？公孟子已章甫搢紳見墨子，而墨家目之爲儒服，考墨子與子夏之徒同時見墨子耕柱篇，則儒者之冠章甫，去孔子當不甚遠也。

逢衣者，逢猶大也，即大衣也。禮記儒行：『丘少魯，衣逢掖之衣。』注：『大掖之衣，大袂禪衣也。』疏：『禮，大夫以上，其服侈袂。鄭注司服云：「侈之者，其半而益一，袂三尺三寸，袪八寸。」』是謂儒服之衣，其袖寬大也。然按儒服之寬大，蓋不止於袂。莊子盜跖篇稱孔子之服，縫衣淺帶，荀子儒效篇亦謂俗儒逢衣淺帶。鹽鐵論褒賢篇：『然戍卒陳勝釋輓輅首爲叛逆，…不過旬月而齊魯儒墨縉紳之徒，肆其長衣衣冠之也。』僞列子黃帝篇：『丈人曰：「汝逢衣徒也。」』注引向秀曰：『儒服寬而長大。』則儒服之衣，蓋較一般人者爲寬大矣。

紳，大帶之垂者也。古人同時用紳革兩種帶，紳爲繒製，所以束衣，革帶所以繫韠及佩見士冠禮疏。莊子盜跖篇所謂死牛之脅，釋文引司馬云：『取牛皮爲大革帶、』是即指革帶而言。紳帶加在革帶之上弁服釋例卷二考証最詳。古者貴賤皆垂紳，長短有定制。禮記玉藻：『士三尺，有司二尺有五寸，大夫以上帶廣四寸，士廣二寸。』故以子張之庶人，而論語稱其書諸紳』。後世垂紳之制，僅限於仕官貴族。漢書叙傳：『今吾子幸游帝王之世，躬帶冕之服。』顏師古曰：『帶，大帶也。』是惟仕官者始能垂紳也。今日習俗，猶稱鄉邑之賢介爲紳士，即謂其有垂紳之資格，不與齊民同也。然此風尚不始於漢。韓非子外儲說：『書曰：「紳之，束之。」宋人有治者，因重紳帶自紳束也。』以重紳爲笑柄，則當時常人已無垂紳之風可知。

儒家猶保存古風，羣遂當之爲儒服耳。抑儒家之紳帶之異於流俗者猶不止是。盜跖稱孔子逢衣淺帶，荀子亦謂俗儒逢衣淺帶。逢衣解已見前。所謂淺帶者，荀子儒效篇楊倞注曰：『淺帶，博帶也。韓詩外傳作逢衣博帶。言帶博則約束衣服者淺，故曰淺帶。』今按鹽鐵論利義篇亦稱『文學襃衣博帶，竊周公之服。』楊倞之言，蓋信而有徵。蓋當時衣服趨於簡便，儒家猶遵古制，衆遂稱之爲儒服也。

笏者，釋名釋書契：『笏，忽也。君有敎命及所啟白則書其上，以備遺忘也。或曰：「笏，可以簿疏物也」。』徐廣車服儀制曰：『古者貴賤皆執笏，卽今手版也。』蓋笏之制本起應用，後則用之以爲飾；猶杖本以助行，今則雖非不良於行病者亦多行必以杖，杖遂變爲裝飾品也。其制據禮記玉藻：『天子以球玉，諸侯以象，大夫以魚須文竹，士竹本象可也。』其長制『二尺有六寸，其殺六分而去一。』蓋『笏者，古人以爲服飾。第插於帶間，有事出之，無事仍插之，禮經皆言搢笏。』鄉黨圖攷卷六 此卽鄭君所謂『插於紳帶之間，若帶劍也。』迨於戰國，此風漸替。禮記玉藻：「見於天子與躬無說笏；入太廟無說笏，入太廟說笏非古也。小功不說笏，當事則說之。』注：『言凡吉事無說笏也。太廟之中，惟君當事說笏也。』是古時除喪服當事之外，無不搢笏。然儀禮儀禮爲戰國末年人作，所記多非古禮，崔述已有詳考所記冠，昏，鄉飲酒諸禮，皆無言及搢笏者，可見戰國之世，無搢笏之俗，惟儒家猶保此古制。故公孟子章甫搢紳而見墨子，自言爲古服也。漢魏以來，仕宦執簿及手版，卽古笏之遺風，惟易搢爲執耳。

句履卽絇履。周禮履人作『句』，士喪禮作『絇』可証。古者鞋之複下者曰舄，襌下者曰屨周禮屨人鄭注。複下單下云者，猶今之所謂雙底單底耳。大抵古時舄以革爲底，而以木爲重底，所以禦濕也；屨則但以革爲底。其質冬用皮夏以葛士冠禮，但冬亦有以葛者，詩魏風：『糾糾葛屨，可以履霜。』是也。其飾之以絇繶：者，名曰絲屨。絇者，鄭玄云：「絇之言拘也，以爲行戒，狀如刀衣鼻，在屨頭。』疏：『絇謂屨頭以條爲鼻，或謂用繒一寸屈之爲絇，絇所以受擊穿貫者也。』士冠禮 絇爲華貴之服，或行禮時所用，儒者蓋以爲常服，遂謂之爲儒服耳。

綜上所論：可知儒服有以下數特點：

(一)儒服於戰國時爲古服　墨子非儒篇：『儒者曰：「必古言服從王校改然後仁」』。公孟子章甫搢笏而見墨子，自謂爲古服，及墨子非之，則又請易服再見。可知儒服在當時爲古服矣。就上所考，可見搢紳佩玉皆非當時之俗。至於逢衣，荀卿非十二子：『士君子之容，其冠進，其衣逢，其容良。』逢衣既爲士君子之服，可見當時一般人所着，不如古者之寬大矣。就中搢紳尤爲儒服之特色。搢紳者，搢笏而垂紳也。戰國之時，率以搢紳先生稱儒家。如莊子天下篇：『其在於詩，書，禮，樂者，鄒魯之士，搢紳先生，多能明之。』是直以搢紳先生爲儒家之代名辭也。至漢猶沿用此名辭。史記五帝本紀：『搢紳先生難言之。』儒林傳：『然搢紳先生之徒，負孔子禮器，往委質爲臣者何也？』皆以搢紳指儒家。漢書郊祭志：『令侍中儒者皮弁搢紳射牛行事。』是令儒者服其儒服也。顏師古曰：『搢紳，儒者之服。』漢書酈食其傳注信能發明古誼矣。

(二)儒服較常服華貴　如蓬衣佩玦履絇等是。禮記玉藻：『童子不裘不帛不履絇。』以此皆華貴之服，非童子所宜服也。當時常人率履葛屨皮，非有爵位，及行禮時不履絇。而儒乃以之爲常服，可見其華貴之一班。古者爵貴則侈袂，而儒者則大掖之衣，儼然貴族，亦其華貴之一端也。

(三)儒服較當時常服爲寬大　如逢掖之衣，章甫之冠，博帶，皆是。荀卿曰：『士君子之容，其冠進，其衣逢，其容良。』可代表當時儒家之思想。

所謂儒服者，略如上述。今所當研究者，何以道家無道服，墨家亦無墨服，而儒家獨有所謂儒服？墨家後學嘗有著華山之冠以自表者矣，道家嘗有冠鶡冠者者矣，何以彼宗獨響應無人，而儒家則儒服之風幾遍於魯國，遺風所被，垂數千百年而不絕？其故果安在耶？以余觀之，此蓋由於諸家思想之不同。道持懷疑家態度，一切禮樂制度，彼宗皆不承認其有存在之價值，遑論服飾之末？墨家注重實踐，不尙虛文，以爲『在行不在服』。故雖有一二好奇之士，墨服自表，究非彼宗所尙，從之者鮮。其無道服墨服也固宜。儒家最重禮樂，孔子沒後，七十子之徒更專論繁文縟禮。荀子非十二子：『弟佗其冠，神禫其辭，禹行而舜趨，是子張氏之賤儒也。正其衣服，齊其顏色，嗛然終日不語，是子夏氏之賤儒也。』此雖近於詈罵，亦可藉以推見儒家後學注重服飾之一班。蓋服制爲別貴賤，辨等差之最要者，宜乎彼等對之若是之重視也。試觀儒家後學所撰之大小戴記及儀禮，討論服制之語佔其大半。而儒家大師如荀況董仲舒者且以衣服衡人之人格。然則所謂儒服者，安能不產生？

復次，此所謂儒服者，果何由起乎？創始於孔子，抑起於其後學？謂其創始於孔子耶？孔子曰：『士志於道而恥惡衣惡食者，未足與議也。』里仁是孔子原不重服飾也。況改易服制乃失禮之大者，以仲尼之志在恢復周禮，安肯自陷於非禮？謂起於其後學耶？以七十子之後對孔子之傾服，安能背師改制？即一二人改制，從之者亦不能記是之衆也。竊以仲尼雖陋衣食而甚重禮。論語鄉黨所若孔子飲食起居，儼然貴族，此未必由於其貧而好奢，蓋以『

從大夫之後』，不如是則非禮耳。而其所欲宗守者，非當時之禮，乃宗周之禮也 蓋周室東遷之後，惟魯保存宗周文物獨多。 齊桓公詢仲孫魯可取不，『對曰不可，猶秉周禮。』左閔元年傳 季札聘魯『觀於周樂。』左襄廿九年傳 韓宣子聘魯『見易象與魯春秋，曰：「周禮盡在魯矣。 於今乃知周公之德與周之所以王也。」』左昭二年傳 仲尼魯人，於周禮知之深而愛之切，故其日夜所欲恢復者爲宗周之制度。 於服制當亦如是。 淮南子要略：『孔子修成康之道，述周公之訓，以敎七十子，使服其衣冠，修其篇籍。』鹽鐵論利義篇：『文學哀衣博帶，竊周公之服。』 是謂儒家所服者爲周公所制定之服也。 其言最爲可信。 不過當孔子之世，魯猶遵周禮，周公所定之服制，盛行於魯，故儒家所服者與常人無甚差別。 就上所舉儒服之諸特點觀之，除章甫不可知外，如儒服佩玦絢屨皆當時常服，禮記儒行：『少居魯，衣逢掖之衣』，則逢衣亦魯俗也。 是以當時無儒服之目，而儒服一名詞之所以不見於論語者亦以此。 迨於戰國，服制之變化最劇，而守舊之儒家不能與潮流並進，猶服其『周公之服而不改，於是其飾服在當時遂爲『古服』。 他宗見獨儒家儒此種古服也，遂目之爲『儒服』。 『儒服』之名，當起於是矣。

儒服在當時引起何等影響耶？今就現存先秦古籍觀之，當時顯學道，墨，法三家，以及儒家本身，對儒服皆有擁護及攻擊之言論，可見當時思想界對儒服之重視。 墨子公孟篇載墨子譏訕儒服之故事曰：

公孟子載章甫搢忽儒服而以見子墨子曰：『君子服然後行乎？ 其行然後服乎？』

子墨子曰：『行不在服。』

公孟子曰：『何以知其然也？』

子墨子曰：『昔者，見前引 此四君者，其服不同，其行猶一也。 翟以是行之不在服也。』 公孟子曰：『善。 吾聞之曰：「宿善者不祥。」 請舍忽即笏易章甫後見夫子可乎？』

子墨子曰：『請因以相見也，若必將舍忽易章甫而後相見，然則行果在服也。』

公孟子曰：『君子必古言服，然後仁。』

子墨子曰：『昔者商王紂，卿士費仲爲天下之暴人；箕子，微子爲天下之聖人，此同言或仁或不仁也。 周公旦爲天下之聖人，關叔爲天下之暴人，此同服或仁或不仁。然則不在古服與古言矣。且子法周而未法夏也，子之古非古也。』是墨家重實行，不重服飾，以爲服飾與行爲毫無關係也。

莊子田子方篇亦有莊子攻擊儒服之故事：

莊子見魯哀公，哀公曰：『魯多儒士，少爲先生方者。』

莊子曰：『魯少儒。』

哀公曰：『舉魯國而儒服，何謂少乎？』

莊子曰：『周聞之：儒者冠圜冠者知天時，履句履者知地形，緩佩玦者事至而斷。君子有其道者，未必爲其服也。爲其服者，未必知其道也。公固以爲不然，何不號於國中曰：「无此道而爲此服者其罪死。」？』於是哀公號之。五日而魯國无敢儒服者。獨有一丈夫，儒服而立乎公門。公卽召而問以國事，千轉萬變而不窮。

莊子曰：『以魯國而儒者一人耳！可謂多乎？』

按經典釋文引司馬彪云：『莊子與魏惠王，齊威王同時，在哀公後百二十年。』則此事未必可信，而此篇亦未必果出於莊子之手，然要之可代表道家對儒服之態度也。由此篇可見道家對儒服之批評爲衣服不能代表人之學問，有其道者未必爲其服，而爲其服者亦未必知其道。猶如現今一般人對於西服之批評，以爲國人之誠能得泰西文明精神者未必皆西裝，而西裝者，亦未必盡能領略歐西文明也。至於法家，如韓非者，以學者爲五蠹之一，根本不承認其有存在之價值，更無論乎儒服。『儒服帶劍者衆，而耕戰之士寡。』乃彼宗所引爲大憂者也。

綜之，除法家之根本否認學者有存在之價值者外，他宗對儒服之批評有二評：一，衣服與行爲無關係；二，衣服與學問無關係。皆以爲無服儒服之必要也。

儒家對此等非難之答覆則大妙。彼等與儒服一理論的根據：以爲衣服不但與人之行爲大有關係，且可約束人之行爲。於是彼等又造一故事，以明其旨曰：

魯哀公問於孔子曰：『吾欲論吾國之士，與之治國，敢問何如取之邪？』

孔子對曰：『生今之世，志古之道，居今之俗，服古之服，舍此而爲非者，不亦鮮乎？』

哀公曰：『然則夫章甫絇履，紳而搢笏者，此賢乎？』

孔子對曰：『不必然，夫端衣玄裳，絻而乘者，志不在於食。斬衰菅屨，杖而啜粥者，志不在於酒肉。生今之世，志古之道；居今之俗，服古之服。舍此而爲非者，雖有，不亦鮮乎？』

哀公曰：『善。』

魯哀公問於孔子曰：『委章甫有益於仁乎？』
孔子蹴然曰：『君號家語作胡然也？資衰苴杖，不聽樂，非耳不能聞也，服使然也。黼衣黻裳不茹葷，非口不能味也，服使然也。且丘聞之，好肆不守折，長者不爲市。竊其有益，與其無益，君其知之矣。』（以上俱見荀子哀公篇。

此種言論，顯係後人僞託，未必眞有其事，亦未必荀子所爲，但要可代荀卿一派學者出擁護儒服之理論的根據也。此等論調，吾人不能不承認其有片面的理由，猶之吾人如着洋裝則不覺卽强自矜持，高視闊步，不復垂首橐背，效儒者之矩步也。然若謂吾人之心理作用，完全受衣服之支配，則未免牽强，故其理由，僅爲片面的。而當時儒家，亦非皆持此種論調，如禮記儒行篇卽可代表一部分儒家對儒服之攻擊：

魯哀公問於孔子曰：『夫子之服，其儒服與？』
孔子對曰：『丘少居魯，衣逢掖之衣；長居宋，冠章甫之冠。丘聞之，君子之學也博，其服也鄉。丘不知儒服！

此故事與荀子哀公篇所記之孔子言論，完全相反，當然出於後儒之僞造，非眞有其事。由此故事可知一部儒者攻擊儒服之理由有二：（一）服當依俗；（二）當重行，不當重服。故哀公卬以儒服則孔子不答；詢以儒行則更僕而數也。至彼等之所以託之孔子者，蓋以孔子爲儒家開山；託之於彼則後儒不敢非議，猶如前清八股先生喜引諭批，使主考者不敢批駁也。此外儒家大師如孟子者，主張擴充其本來之善以先立乎其大者，於儒服不屑置一辭。蓋仲尼歿後，儒分爲八：未必各派儒者悉服儒服也。莊子說劍篇稱莊周儒服，其言雖未必可信此篇之僞，蘇軾莊子祠堂記已指出。然韓非謂：『是以儒服帶劍衆而耕戰之士寡』，似儒服之風已漸被於他宗。至漢初儒服之風益盛，陳涉發難，搢紳往從；沛公過陳，儒冠見辱。見史記酈生陸賈列傳漢武以後，儒學變爲國學，儒服變爲學者之通服。此後歷代於儒服，皆有定制。載在各史，斑斑可考，承學之士，類能言之，茲不俱論。

十九年四月二日於北平

辨僞叢刊

左氏春秋考證（將出版）

清劉逢祿著，顧頡剛校點。左傳一書爲劉歆所析，痕迹顯然，疑者不絕。至劉逢祿，始綜覈全書，又對于左傳之傳授系統一一批評，而後劉歆僞造之案乃定。惟以左傳之前身爲左氏春秋，猶墜劉歆術中。至康有爲，始定其前身爲國語，崔適承之，而後劉歆所據之材料亦復論定。本書以康崔學說作爲附錄，讀者可見此問題在清代學界討論之全史。

詩辨妄（將出版）

宋鄭樵著，顧頡剛輯點。詩經經漢人附會，其眞面目遂不復可見。及三家亡而毛傳衞序鄭箋遂成定義。歐陽修作詩本義，始加駁辨。鄭樵繼之，作詩辨妄，專劾毛衞鄭，其議論尤激烈。世人駭怪，不久亡佚。然朱熹詩集傳實承其風，使詩經眞相大白於天下者，鄭樵之功不可沒也。今輯錄此書逸文，成一卷；又以周孚非詩辨妄及宋元以來對于鄭樵詩說批評等作爲附錄。

書序辨（將出版）

顧頡剛編集。尙書爲中國古史宗主，而書序爲其綱領，且託之孔子，則其在古史上地位之高可知。自吳棫始發其僞，朱熹承之，而後蔡沈書集傳確定之。惟因其僞作于西漢末，東漢之經師甚崇奉之，以故漢學極盛之清代復將此眞僞問題取消，書集傳雖爲塾中讀本，而書序一卷則缺而不刻。直至清末提出今古文問題，始以其爲古文家物，重將此眞僞問題提出而解決之。本書錄朱熹，蔡沈，康有爲，崔適四家之書，讀者合而觀之，足以尋得一個結論。

詩疑

宋王柏著，顧頡剛校點。是書對于詩經作分析的研究，直斥若干篇爲淫詩。其意雖爲衞道，但轉足揭開詩經的眞相。又經錯中簡，亦推考甚詳，發自來經學家所不敢發之議論。原書無單行本，今用金華叢書本校點，以通志堂經解本校之。

實價二角五分

中國古代的歷史觀

徐文珊

現在我們要把中國古代的史書，以及他種書籍附有歷史材料的，翻開細細比較一下，便可以得着許多不同樣的記載，五花八門，奇形怪狀，幾乎是一本書一個樣子，讓我們無所適從。所以然的原因，固然不只一端，但是我想最主要的一條，就是記載史事的人——或者就說古代一般人，因為當時作者與讀者心理大都一樣。——對於歷史的觀念不同；或者觀念相同，而他們的用意，思想，立場，背景，種種方面之不同，遂至把同一事，同一人，記出許多不同樣的現象來。

一方面作者利用一般人對於歷史的觀念，而創造歷史，附會史實，以為他的學說的佐證，與推行學說的工具；（如儒家道家之一部份）一方面作者領導一般人，對於舊的歷史觀念起革命，而他的目標也一樣的是要作他學說的佐證，與推行學說的工具；（如荀子韓非子）一方面作者戴著有顏色的眼鏡，把一切東西全看成眼鏡的顏色，歷史當然也不在例外，（如道家陰陽五行家的化身，淮南子春秋繁露）

現在從周朝起，看看各個時代的歷史觀念是什麼樣子；換句話說，就是看看當時人眼裏的歷史，是個什麼東西，有什麼用處。

西周末東周初的書籍，最可靠的只有詩經，我們看詩經大雅。

大雅大明：

> 有命自天，命此文王，于周于京。纘女維莘，長子維行，篤生武王，保右命爾，燮伐大商。

大雅文王說：

> 命之不易，無遏爾躬。宣昭義問，有虞殷自天。上天之載，無聲無臭。儀刑文王，萬邦作孚。

大雅蕩詩說：

> 文王曰咨！咨女殷商，人亦有言，顛沛之揭，枝葉未有害，本實先撥，殷鑒不遠，在夏后之世。

大雅生民說：

> 干祿百福，子孫千億，穆穆皇皇，宜君宜王；不愆不忘，率由舊章。

從上面抄的幾章詩看來，雖然沒有對於歷史的觀念顯然的表示，但是也可以知道下列四件事：

1. 文王之王周，武王之伐紂，皆是受命於天。
2. 後世子孫當取法於文王。
3. 後世子孫當以夏桀——以無道而亡國的——爲戒。
4. 後世子孫當謹遵先王舊法，不可更張。

此外如生民詩說周始祖后稷之生，是姜嫄感天而生，商頌說商之始祖又是「天命玄鳥，降而生商」。可見當時人心目中的歷史，只是天道運行的表現，所以應當分別善惡，而爲立身行道的標準。當時的人既如此思想簡單，淳朴的迷信上帝，所以極容易被人利用。現在我們且看儒家的態度：

孔子　關於孔子的書，比較可靠的只有論語。可是論語除了頌揚堯舜之外，堯曰篇也是同樣的把歷史放在天道運行裏了。他說：

堯曰，咨爾舜！天之厤數在爾躬，允執厥中，四海困窮，天祿永終。舜亦以命禹，曰，予小子履，敢用玄牡，敢昭告于皇皇后帝，有罪不敢赦，帝臣不蔽，簡在帝心；朕躬有罪，無及萬方；萬方有罪，罪在朕躬。……

看了這一段記載，直捷了當的說，就是當帝王，職責只是「替天行道」。

但是以上這些統統是對於史實的眼光，而不是對於史書的本身，與史料之去取的態度。關於這一點，在論語裏看不出孔子的態度怎樣，但是在孟子裏却有替孔子發表的意見。至於孟子所說，是不是孔子的本意，是不是事實，是不是故意過甚其辭，而藉以發洩他的憤氣，現在全不能知道，因爲除此以外，沒有更可靠的書作他的佐證。這一點雖然現在不能知道，但是至少也可以代表孟子的態度。現在連他自已的議論合抄幾段在下面；

孟子梁惠王章：

齊宣王問曰：「齊桓晉文之事可得聞乎？」孟子對曰：「仲尼之徒無道桓文之事者，是以後世無傳焉，臣未之聞也。……」

孟子滕文公章：

世衰道微，邪說暴行有作，臣弒其君者有之，子弒其父者有之；孔子懼，作春秋。春秋天子之事也。是故孔子曰，「知我者其惟春秋乎！罪我者其惟春秋乎！」……昔者禹抑洪水，而天下平；周公兼夷狄，驅猛獸，而百姓寧；孔子成春秋而亂臣賊子懼。

孟子離婁章：

孟子曰，「規矩，方員之至也；聖人，人倫之至也。欲爲君，盡君道；欲爲臣，盡臣道；二者皆法堯舜而已矣。不以舜之所以事堯事君，不敬其君者也；不以堯之所以治民治民，賊其民者也。……詩云殷鑒不遠，在夏后之世，此之謂也。……」

孟子萬章章：

萬章曰，『堯以天下與舜，有諸？』孟子曰，『否，天子不能以天下與人。』『然則舜之有天下，孰與之？』曰，『天與之。』『天與之者，諄諄然命之乎？』曰，『否，天不言，以行與事示之而已矣。……』

孟子離婁章：

孟子曰，『王者之迹熄而詩亡，詩亡而後春秋作。晉之乘，楚之檮杌，魯之春秋，一也。其事則齊桓晉文，其文則史。孔子曰，「其義，則丘竊取之矣。」』

孟子盡心章：

孟子曰，『由堯舜至於湯，五百有餘歲，若禹臯陶則見而知之；若湯則聞而知之。由湯至於文王，五百有餘歲，若伊尹萊朱則見而知之；若文王則聞而知之。……』

從他以上這許多話裏看，關于孔子的有三段，他的意思是；

1. 關于史料：不合于聖道王功的史料一概不要。
2. 關于歷史本身：是載道統，闢邪說，賞善罰惡，誅亂臣賊子，而致天下於太平的書。換言之，歷史就是倫理學。
3. 關于內容：是含有微言大義的。

孟子口中的孔子，是這樣態度。現在再看孟子本人發表的意見，可得下列三條：

1. 歷史是立身行道的標準。
2. 歷史是天道運行的表現。
3. 承認歷史一大部份是由傳說架起來的。——雖然盡心章說的是道統，實際就說的是歷史，因為他心目中的歷史就是道統。

總起孟子所說的話來，他的態度（替孔子說的話也只好就作為他自己的意見）已經直捷了當的發表出來。齊桓晉文之事，他真的未曾聽說嗎？仲尼之徒真的沒有人說過嗎？這一層我們且不必管他，只看他把這些事實認為不夠充史料的資格，竟自一筆抹煞，並且連聽他說他，都不屑於，何況要筆之於書呢？這不是看歷史為倫理學的鐵證嗎？至於孔子作春秋的動機，則一方面說「世衰道微邪說暴行有作，臣弒其君者有之子弒其父者有之，孔子懼，作春秋」一方面又說，「王者之迹熄而詩亡，詩亡而後春秋作。」這是說春秋之作一方面是肩道統，挽王道；一方面是恐嚇亂臣賊子的。春秋是這樣子，孟子還以爲未足。於是又說，「晉之乘，楚之檮杌魯之春秋，一也。」這簡直的一切史書都包羅在內了。若論內容，則把大義包涵在極簡單的文字裏，要讀者自去細心領會，至於孟子看歷史是天道運行的表現，因此便爲後人立身行道的標準，這一層與詩經所表現的，東周初一般人的觀念相同。可是他明知道古史一大部份是由傳說建築起來的。

孔子孟子的歷史觀是這樣，再看道家怎樣。

莊子：在莊子裏所看見的史料與論調，是整個罩在道家學說的雲霧裏的。因爲他好用寓言，所以沒有很明顯的表示。不像孟子痛痛快快的，把自己的意見發洩罄盡，令人一望而知，現在檢幾段比較可靠，並且明顯一點的寫在下面：（因爲莊子外篇，雜篇，據古今學者考證，不是莊周的作品。本文所引只限內篇。）

大宗師說：

……與其譽堯而非桀也，不如兩忘而化其道。

……夫道，有情有信，無爲無形。……豨韋氏得之，以挈天地；伏戲氏得之，以襲氣母；維斗得之，終古不忒；日月得之，終古不息；堪坏得之，以襲崐崙；馮夷得之，以遊大川；肩吾得之，以處大山；黃帝得之，以登雲天；顓頊得之，以處玄宮；禺强得之，立乎北極；西王母得之，坐乎少廣；莫知其始，莫知其終。彭祖得之，上及有虞，下及五伯；傅說得之，以相武丁，奄有天下，乘東維，騎箕尾，而比於列星。

應帝王篇說：

……有虞氏不及泰氏。有虞氏其猶藏仁以要人，亦得人矣，而未始出於非人。泰氏其臥徐徐，其覺于于，一以已爲馬，一以己爲牛；其知情信，其德甚眞，而未始入於非人。

此外在外篇雜篇裏，還可以找到許多玄妙的記載，與他書所未曾見的許多古代帝王名字，無非是奇奇怪怪與衆不同的說法，和上面所舉大同小異，所以不再抄他。

從上面幾段話看來，知道他對於，歷史的態度，和當時一般人，——特別是儒家——是決對不同的。儒家張口稱堯，合口贊舜；把桀紂罵得入地三尺。莊子則以爲堯雖賢亦不必譽，桀雖惡亦不必非，要人是非兩忘而化其道。把倫理化的歷史推翻，而又重新建築起道家化的歷史來了。我們看上面第二，第三兩段，他把古代的帝王，人臣和許多神鬼混在一起，無非是要說他們全是得道的，所以各有各的成功；並且說時代越古，世界越好，人民也越快樂。他不但不稱贊堯，倒時常批評他們，譏誚他們，而另外在他們以舜，反覆提出新的帝王如泰氏，顓頊黃帝伏戲等等，這些人比堯，舜更早更不知要好了多少。究竟這些人有沒有，以及是不是眞個那樣好，不但沒有佐證 並且與他書相去甚遠。實與不實，我們雖不能知道，但是以情理揣度，他的信實的程度，恐怕是很薄弱。要論他的動機，我想無非就是要証明他的學說，並且給他的學說立一個目標，要他的信徒照着目標走到太古的淳朴渾噩的狀況。

把上面的話歸納起來，就是莊子——也可以廣義的說是道家——拿歷史作了發表學說的工具，那麼他心目中的歷史觀念，當然可想而知了。

儒道兩家，是這樣子，再看其他。

陰陽家 陰陽家爲主要的分子是鄒衍。可惜他的著作不傳，只在史記孟子荀卿傳裏存留一個大概。但是他給後世的影響是非常之大。——特別是歷史——他的學說於歷史有直接關係的，是「五德終始說」他說自天地剖判以來，五德轉移，治各有宜；歷代帝王，受天命而王，各有其德。於是把好好一羣古帝王，生放在五德轉移的範圍裏。說是某帝秉某德，某德生某德，彼此相生相尅 運轉無窮，絲毫不爽。從此以後，中國古史，便永遠逃不出這個範圍。可憐幾個古帝王，今天姓張的說某帝得水德，某帝得火德。明天姓李的又有了心得，說某帝並不得水德，乃得木德。某帝也不得火德，乃得金德。並且想加就加進來，想踢就踢出去，致他們死在地下，也不得安寧。

要問陰陽家這又取其何意？直捷了當的說，也是一樣的把歷史當了發表他的學說的工具。

再看陰陽家改竄塗飾的戰國末年的著作，——呂氏春秋——又把些古帝王分配在十二月裏，與明堂的前後左右的位置裏，致作帝王的，時間上也不得自由，居處上也不得自由。這不是戴了藍色眼鏡看什麼全是藍的了嗎？（參看呂氏春秋十二紀）

法家 韓非子五蠹篇說：

上古之世，人民少而禽獸衆。人民不能勝禽獸蟲蛇；有聖人作，構木爲巢，以避羣害，而民悅之，使王天下，號之曰有巢氏。……有聖人，作鑽燧取火，以化腥臊，而民悅之，使王天下，號之曰燧人氏。中古之世，天下大水，而鯀禹決。近古之世，桀，紂作亂，而湯武征伐。今有構木鑽燧於夏后氏之世者，必爲鯀禹笑矣；有決瀆於殷周之世者，必爲湯武笑矣。然則今有美堯，舜，鯀，禹，湯，武，之道於當今之世者，必爲新聖笑矣。是以聖人不期脩古，不法常可，論世之事，因爲之備。

看了韓非這一段話知道他的思想和他對於歷史之觀念與以前一般人的思想，便大不相同了。在思想界算是一大革命。他心目中的歷史，已經是人類進化的過程。並且本着「人類是進化的」，這個原則，主張前進，反古；主張創作，不主張仿效古人，這是何等精神！何等眼光！他的先生荀卿，雖然也曾主張法後王不法先王，因爲先王之制不可考，後王之制近而可徵，並且懷疑堯舜的禪讓，但是遠不如韓非的主張，更澈底，更痛快。

一般人利用歷史，必要創作僞古史，或者改事實，或者給他披上一層五花璨爛的花衣。惟有韓非雖然也拿來辯論，比喻，但是只於老老實實的引證，並不像一般人的改竄，塗附。這一點也是他的好處。

楚辭淮南子　楚辭是戰國末年南方的文學作品。天問篇中的史料，頗類莊子，作者雖未必是道家的信徒，但是至少也曾受他的影響。因爲莊子本是南方人，道家的勢力，也是南方最大，因此便也免不了戴上着色的眼鏡了。

淮南子是道家的信徒，是無疑義的。所以雖然時代已經到了西漢，却仍免不了道家色彩。所以只要翻開一看，便是神仙鬼怪的觸目皆是。因爲太佔篇幅，上列兩書不去抄他了。

史記　古代史學界到了司馬遷的史記，算是算了一筆總賬，成了一部空前的大著作。論他的動機，太史公自序裏有一段話。他說：

> 太史公曰，先人有言，自周公卒，五百歲而有孔子；孔子卒後至於今五百歲，有能紹明世，正易傳，繼春秋本詩，書，禮，樂之際，意在斯乎！意在斯乎！小子何敢讓焉。

看他這段議論，正是明說要繼周公，孔子而肩道統，才作這部史記。那麼換言之，他看歷史，不就是載道統的東西嗎？他的觀念與動機是這樣。現在再看他的取材與方法。五帝本紀說：

> 太史公曰，學者多稱五帝尙矣！然尙書獨載堯以來。而百家言黃帝，其文不雅馴，薦紳先生難言之。孔子所傳宰予問，五帝德及帝繫姓，儒者或不傳。余嘗西至空峒，北過涿鹿，東漸於海，南浮江淮矣；至長老皆各往往稱黃帝，堯舜之處，風敎固殊焉。總之不離古文者近是。予觀春秋國語其發明五帝德帝繫姓章矣。顧弟弗深考，其所表見皆不虛，書缺有間矣。其軼乃時時見於他說。非好學深思，心知其意，固難爲淺見寡聞道也。余幷論次，擇其言尤雅者，故著爲本紀書首。

讀了他這一段話，知道他曾親到各處遊歷，採訪史料。

並且和各種史書比較，把荒誕不經，不雅馴，而薦紳先生難言之的材料，統統擯棄。擇其近是，而比較雅馴的，來用。不像孟子那樣武斷，不合王道的一概不要。處在司馬遷的時代，所看見的史料，離奇古怪，幾乎是一本書一個樣子，眞是沒有辦法的事。他能取這個態度，可以說是史學界的破天荒。而對於歷史的本旨也比較近是了。

從此以後到了西漢末年，史學界有一次大破產，就是劉歆因爲要給王莽在歷史上造出代漢的根據來，表明他不是篡奪，而是迫於天命；便大施手段，把古史像玩把戲一般的擺弄，大大的變了樣子。並且造僞書，改古書，施盡百般伎倆。兩千多年來，全受了他的欺騙。那麼他心目中的歷史，當然不用說，也是一樣的，看成任人可用的工具。不過他的利用法更厲害，動機更卑鄙罷了。至於他所用的手段，則不外五德，三統。這就是鄒衍一般陰陽五行家的影響；也就是以前對於歷史的傳統思想，與慣用手段的流毒。

到了東漢，史學家班固受了劉歆的餘毒，戴着古文家的眼鏡，作出一部漢書。遂與史記弄出許多不同的事實來。他雖不是要利用歷史，發表甚麼學說，但是至少也要作了劉歆的功臣。

從此以後，中國史學界，便慢慢的入了軌道，態度則由盲從而漸變爲懷疑，工作則由創造而漸變爲整理了。魏文帝篡漢，初即帝位，則曰「舜，禹之事，我知之矣！」。這兩句話，簡直的把幾千年的紙老虎給他一下打破了。可見他於古史的信任力是薄弱極了。

至於東漢王充與唐代的劉知幾，可以說是中國史學界兩個革命分子。他們的思想澈底，膽量大，對於古史的記載大大的懷疑，開後世治史的道路。但是因爲一般人習非成是，積重難反，很少有人注意。直到近代纔順着這條路向前走，省了具體的辨僞工夫。

把以上的話統統合起來作一個結論，就是古時一般平民，知識簡單，迷信上帝，所以事事委之於天。儒家利用這一點，遂用歷史作工具，把他的倫理，道統，盡量的裝在歷史裏。所以才有孟子「仲尼之徒，無道桓文之事者，是以後世無傳焉。」的這些話。道家與儒家的眼光，（對於歷史）態度，完全一樣。不過說法不同，旨趣不同罷了。其餘如以上所舉的法家陰陽家以及各家的信徒等等，爭相仿效，把個無人過問的歷史，毫不負責的想改就改，想造就造，事實對與不對誰去管他。久而久之，習爲固然，遂把我們初民的狀況，文化的來源，以及民族進化的階段，統統失了本來面目，令我們沒處去找了。

古代之竹與文化

瞿兌之

先民之知用竹其事盖甚早矣。禹貢之於揚州也曰瑤琨篠簜，說文釋簜可爲幹，篠可爲矢。段玉裁又釋之曰，篠簜之用不止於此，而此爲最宜。其於荊州也，曰惟箘竹楛。（註一）盖篠簜猶竹之小者而箘簬則大竹也。

（註一）段註云禹貢鄭註曰箘簬聆風也按箘簬二字一竹名吳都賦之射筒也劉逵曰射筒竹細小通長長丈餘無節可以爲矢苛名射筒及由梧竹皆出交趾九眞

古代產竹之區域，有可得而言者。稽之禹貢及周禮職方氏所云揚州其利金錫竹箭，爾雅東南之美者有會稽之竹箭焉，則揚荊產竹固無論。詩衞風瞻彼淇澳綠竹猗猗，籊籊竹竿以釣于淇，則衞有竹（註二）且至今猶然也。秦風交韔二弓竹閉緄縢，小雅如竹苞矣如松茂矣，則秦有竹（註三）亦至今猶然也。左傳文十八年乃謀弒懿公納諸竹中，晏子景公樹竹令吏謹守之，則齊有竹也。

惟宜十二年厨子怒曰非子之求而蒲之愛董澤之蒲可勝既乎．是晉國不以竹爲箭幹之證。或晉國不產竹。然史記趙世家，有三人．……與原過竹二節莫通曰爲我以是遺趙毋卹，恐亦非全無竹也。

（註二）史記河渠書是時東流郡燒草以故薪柴少而下淇園之竹以爲楗

（註三）史記貨殖傳渭以千畝竹漢書地理志秦地有鄠杜竹林

更觀禮運云，大饗其王事與，……丹漆絲纊竹箭與衆共財也，其餘無常貨各以其國之所有，則致遠物也。則似中國之不產竹者固甚少矣。

竹之爲用最切於生活居處者，盖簟席其一也。說文所舉曰簟竹席也，曰籧篨粗竹席也，曰筵竹席也．周禮度堂以筵一丈，（註四）則以筵鋪室因以筵爲度名。宮室大小寬狹之制由此而定。其有關於建築制度尤巨也。

席雖不必皆以竹席，（註五）然顧命敷重篾席敷重筍席，檀弓華而睆大夫之簀與，盖竹席之用爲多。斯干之詩亦曰，下莞上簟乃安斯寢。

（註四）文選李注筵席也長九尺

（註五）說文莞草也可以作席

至如以竹爲器而施於建築之工事者，則有若舉土之籠也。

說文籠舉土器也。（段注木部梠一曰徙土輂齊人語

也一作梩手部曰梂盛土梩於中也是則籠卽梩也）

有者收繩之筐也。

說文筐可以收繩者也，從竹象形中象人手所推握也。

有若竹索也。

說文筊竹索也。（段注謂用折竹皮爲繩索也今之𥲤纜也漢書溝洫志曰搴長筊兮湛美玉如淳曰筊草也一曰竿也臣瓚曰竹索絙謂之筊所以引置土石也師古曰瓚說是也筊字宜從竹風俗通後漢禮儀志皆言葦筊謂葦索也）

又筰筊也。（段注廣韵曰笮筰二同竹索也西南夷尋之以渡水）

竹之爲用更有關於建築者，則藩籬之制是也。說文篳藩落也，春秋傳曰篳門圭窬。今按襄十年左傳杜注曰篳門柴門廣韵曰織荊門也、蓋其始必有織竹爲門以存簡易者。其後則雖織柴織荊而其字仍從竹也。

編竹以爲藩限，施於陸則曰籬，施於水則曰籞。說文無籬而有籞，其實一物矣。

說文籞禁苑也，（段注宣帝紀詔池籞未御幸者假與貧民蘇林曰折竹以繩綿連禁籞使人不得往來律名爲籞…）從竹御聲，春秋傳曰澤之自籞，（段注自當作舟昭二十年左傳曰澤之萑蒲舟鮫守之鮫當是䱛誤許所據竟作舟御耳魯語有舟虞同也）御或作䱛從又從魚。

觀此則之御初意，或爲施於水以防魚者，要爲後世編竹爲籬之始也。

左傳襄二十七年以藩爲軍，易大壯羝羊觸藩，依說文藩屛也。雖不言其以竹，要可揣而知也。

復次，則從文字源流可以推見用竹之知識，實與建築工事技術之進化有關也。

說文云等齊簡也，從竹寺，寺官曹之等平也。此言整齊畫一之觀始於竹製之簡也。

又云範法也，從竹氾聲，竹簡書也，古法有竹刑。元應一切經音義云以土曰型，以金曰鎔，以木曰模，以竹曰範，一物材別也。此言竹之可以昭法度也。

竹之關於建築居處者固如此矣，其用之他種日常生活者統計之實可驚也。試依左列之類別觀之。

其屬於兵器者：

說文箭矢竹，

按方言，箭自關而東謂之矢，江淮之間謂之鏃，關西曰箭。郭云箭者竹名，因以爲號。由是言之，箭本爲製矢之竹乃其後卽稱矢爲箭，沿至於今而不改，則竹與兵器之關係不爲不巨矣。

又殳字下云殳從積竹。段注：從積竹者，用積竹爲之。漢書昌邑王道買積竹杖．文穎曰合竹作杖也．……凡戈矛柄皆積竹而殳無金刃．故專積竹杖之名，廬人爲之。

說文籚積竹矛戟矜也，從竹盧聲，春秋國語曰朱儒扶籚。又攢字下曰積竹杖也。

按段注云．考工記攻木之工輪輿弓廬匠車梓注廬矛戟矜秘也。按廬籚之假借字也。信如此也，則兵杖之柄其始皆以竹製矣。

說文箙所以盛弩矢人所負也。　箙弩矢箙也。

其屬於祭器者：

說文簝宗廟盛肉竹器也　從竹尞聲，周禮共盆簝以待事。

說文簠黍稷方器也。　簋黍稷圜器也。　籩竹豆也。

其屬於卜筮之器者：

說文筮易卦用蓍也。

段注云曲禮曰龜爲卜策爲筮策者蓍也。

筮詞筳篿。

其屬於炊飯之器者：

說文籔炊箅也。

說文箅蔽也所以蔽甑底。

說文箱飯筥也受五升。

說文箱陳留語飯帚曰箱從竹梢聲一曰飯器容五升一曰宋魏謂箸筩爲箱。

說文筥箱也。

說文笥飯及衣之器也。

說文簞笥也……傳曰簞食壺漿。

說文箸飯攲也。

說文箕所以簸者也。

其屬於冠服者：

說文簦笠蓋也。

段注，笠而有柄如蓋也，卽今之雨繖。史記躡屩擔簦，按簦亦謂之笠，渾言不別也。士喪禮下篇燕器杖笠翣注曰，笠竹篛蓋也．云蓋則簦也。又按疏云竹青皮恐非是，篛疑同箬竹箬也，今人謂之箬帽。

說文笠簦無柄也。

段注，汪氏龍曰笠本以御暑亦可御雨，故良耜傳笠所以御暑雨．無羊傳蓑所以御雨．笠所以備暑．都人士傳蓑所以御雨，笠所以御暑，三傳相合。

說文笲无也。

其屬於妝飾之器者：

說文篝答也可熏衣。

說文䉒鏡䉒也。

廣韻云盛香器也。

其屬於舟車之用者：

說文篴竹輿也。

段注公羊傳曰脅我而歸之筍將而來也，何曰筍者竹篴一名編輿，齊魯以北名之曰筍將送。

說文箱大車牝服也。

爾雅輿竹前謂之禦後謂之蔽。

說文簁車等也。

說文劉所以搔馬也。策馬箠也。箠所以擊馬也。築箠也。笍羊車騶箠也，箸箴其耑長半分。

其屬於樂器者：

說文箾以竿擊人也，從竹削聲，虞舜樂曰箾韶。

說文竽管三十六簧也。

說文笙十三簧象鳳之身也，笙正月之音，物生故謂之笙，大者謂之巢，小者謂之和，從竹生，古者隨作笙。

說文簧笙中簧也，從竹簧聲，古者女媧作簧。

說文篁簧屬。

說文簫參差管樂象鳳之翼。

說文筒通簫也。

說文籟三孔龠也，大者謂之笙，其中謂之籟，小者謂之箹。

說文管如篪六孔十二月之音物開地牙故語管。

說文篎小管謂之篎。

說文笛七孔筩也。

按漢書呂覽說苑風俗通義諸書，多言黃帝令伶倫作律，伶倫自大夏之西，崑崙之陰，取竹於解谷。然則我國音樂藝術來自西方，由西方之竹爲之造端也。竹之時義大矣哉。然當時中國無竹邪？抑雖有竹而未能制樂乃求之於西方邪？此固吾國半歷史時代之一大公案，有待於研索者也。

說文筑以竹曲五弦之樂也，從巩竹巩持之也竹亦聲。

說文箏五弦筑身樂也。

按筑箏皆始見戰國之際，既非古樂，又筑以用竹尺擊之成聲而從竹，箏以從筑省而從竹（依段說）故非純粹竹製之古樂矣。

其尤重要者，則屬於文化之器物也：

說文箛吹鞭也。 篍吹筩也。

按篍箛見急就篇，是漢代所用也。

說文篇書也。 籍簿也。

說文籥書僮竹笘也。

段注云，笘下曰潁川人名，小兒所書寫爲笘，按笘謂之籥亦謂之觚，蓋以白墡染之，可拭去再書者。其拭觚之布曰幡。

說文簡牒也。

說文箋表識者也。

爾雅不聿謂之筆。說文筆秦謂之筆。

說文，算長六寸所以計餘數。

段注所以二字今補，漢志云算法用竹徑一分長六寸二百七十一枚而成六觚爲一握，此語算籌，與算數字各用，許之所謂算也。古書多不別。

由此三者觀之，則所書者，與所以書者，與所以算者，莫非竹是賴矣。

不唯此也，婦功所用之鍼，乃人生所不可或缺，其字則亦從竹矣。

說文箴綴衣箴也。

段注云綴衣聯綴之也，謂之使籢不散，若用縫縫則從金之鍼也。今按古無剛鐵之用，銅錫不可使之纖利。故最古之鍼必爲竹製。鍼蓋晚出字，說文兩存之耳。內則衣裳破綻裂箴請補綴，則綴衣亦縫衣之証，段說似未確。

按荀子賦篇：王曰此夫始生鉅其成功小者邪，長其尾而銳其剽者，頭銛達而尾趙繚者邪？一往一來結尾以爲事，無羽無翼反覆甚極，尾生而事起尾邅而事已，簪以爲父管以爲母，既以縫表又以連裏、夫是之謂箴理。

由此可知戰國之際猶用箴字，又簪管與箴相聯而皆從竹，愈可見其必爲竹製，此可破段說也。

循是以言，人生日用無往而非竹也，其故可深長思矣。蓋洪荒開闢未久，氣候溫和，植物繁茂，竹之爲物最易長成。其性堅剛耐久而又不煩斧斤之力，我先民所恃以與鳥獸爭長者，蓋最初多賴此物也。（註六）

（註六）南方草木狀云，簩竹皮薄而空，多大者，徑不過二寸，皮粗澀以鎊犀象，利勝於鐵、出大秦。太平寰宇記云，賀州鬱有簩，人以爲觚刺虎，中之則死，至今南方未開化民族有用竹爲兵器者。

其利也可以爲兵，可以爲鍼。其柔也可以爲籢。其直也可以爲箸爲筆爲算。其滑且平也可以爲簡。其韌也可以爲索爲籠・其虛也可以爲管簫，而其圜也可以爲瓦。(註七)皆後來漸漸推廣者也。

(註七)瓦之堅必始於竹，其理有可測而知者，凡天然之圓物無善於竹，取竹而四分之，正得瓦之狀。今造瓦成圓形，剖之則成四片，相合而後成圓形。其義必有所受也。

竹之爲用廣博如此，故古人必有植竹之田以儲其用。說文曰篁竹田也，戰國策樂毅曰薊丘之植植於汶篁，是也。

而取竹必有其時焉，月令曰日短至則伐木取竹箭，是也。

秦漢以後，則有植以爲珍異者焉。

拾遺志，始皇起雲明臺窮四方之珍木得雲岡素竹。

地道志梁孝王東苑方三百里，即兎園也，多植竹，中有修竹園。

古代之以竹爲宮室者，雖不可攷，而漢以後則頗有之矣。

三輔黃圖，竹宮甘泉祠宮也，以竹爲宮，天子居中。

搜神記，蔡邕嘗至柯亭，以竹爲椽，邕仰盼之曰良竹也。

中國的第一個留學生

朱士嘉

第一章　導言

中國之有留學生，自東晉隆安三年(三九九)始。先是魏甘露五年，(二六〇)朱士行西行至于闐，(今新疆和闐縣)不出葱嶺。(一)晉武帝中，(二六五—二八九)竺曇摩羅剎(法護)『……至西域，遊歷諸國，外國異言三十六種，書亦如之，護皆徧學』。(二)可謂留學矣；但其先爲月支(三)非中國人。武帝咸和中，(三二七—三三四)『……慧常進行慧辯等將如天竺，路經涼州』。(四)此寥寥數語，不足以證成彼等『如天竺』事；卽『如天竺』，亦不能謂其學有所成。東晉穆帝中，(?)(三四五—三六一)于法蘭『……遠適西域，欲求異聞，至交州遇疾，終於象林』。(五)孝武中(?)(三七五—三九六)『法淨法領等遠尋象經，踰越沙雪，曠歲方反，皆獲梵經』。(六)顛末未詳，原不足據；僅獲梵本，亦無稱於學。此人皆西遊而實非留學，留學者當以釋法顯爲嚆矢。法顯『還到巴連弗邑，(中印度Pataliputra)……住此三年，學梵書，梵語。』(七)是法顯留且學矣。

法顯道整初到祇洹精舍(在中印度舍衛城)…彼衆僧出問法顯等『汝從何國來』答曰：『從漢地來』，彼衆僧嘆曰，奇哉！邊國之人，乃能求法至此？自相謂言，我等諸師和上，相承以來，未見漢道人來到此也。(八)

觀此又可知法顯前印度無中國人足跡。有之，亦不過商賈之流，(九)與學術文化，無甚關係也。

法顯一英俊之少年也。沉毅有魄力，篤於求知，歷萬險而不顧，故克成業；然西行之人，不無英俊者；求知之士，不無懇篤者；又何多裹足，獨法顯乎？此其故，當推之於時代與佛教之背景中焉。

時代之背景

西晉都洛陽，(今河南洛陽)歷五十二年。內有八王之亂，(十)外有五胡，(十一)之擾。五胡又以匈奴爲害最厲。試證之。

孝帝永嘉四年(三一〇)劉曜王彌入京師，帝……爲曜等所追及，……百官士庶死者三萬餘人，帝蒙塵於平陽。(山西平陽府臨汾縣西南)劉聰以帝爲會稽公(十二)劉聰大會，(永嘉七年三一三)使帝著青衣行酒，……帝遇弒，崩於平陽。(十三)

建興四年(三一六)帝(愍)乘羊車御壁輿櫬出降。五年，

(三二一七)嘅後因大會，使帝行酒洗爵，反而更衣。又使帝執蓋，……帝遇弒，崩於平陽。(十四)

西晉亡。

東晉都建康，(南京)勢成偏安。其時異族紛起，各自稱雄立國，滋橫巳甚；王敦乘之，稱叛於內。故明帝有太寧元年(三二四)之出奔。(十五)所謂『將移神器』者近似矣。蘇峻平之，而峻又逼帝(成)石頭；『矯詔大赦，……以倉屋爲宮。』咸和三年(三二八)儼然一人主矣。(十六)陶侃等斬之，事息。而北方諸國，又甚活躍。苻秦『三分天下有其二。』(十七)據長安，陷梁益，擾徐豫，大有席捲天下之勢。東晉自謝安秉政，國勢轉盛。肥水之戰，苻秦亡匿。外患始定，內亂又起。元興二年(四〇三)桓玄之篡位是也。(十八)安帝蒙塵尋陽(今湖北黃州府黃梅縣北)於先，(四〇三)亡命賊營於後；(四〇四)卒由劉裕劉宗之等懷義『反正』。劉裕擅政，始效蘇峻之矯詔，繼踵司馬氏之故事，東晉天下，遂爲宋有矣。

晉之亡，固由於主昏臣亂，(十九)朝政頹廢；而當時士夫踞傲，崇尚清談，婦女淫佚，不恥忌惡，亦其主因。清談自魏正始中(二四〇——二四九)何晏王弼等開其風。(二十)稽康阮籍阮咸山濤向秀王戎劉伶號爲竹林七賢者尤而效之，波靡一時。婦女則『莊櫛織紝，皆取成於婢僕，……不恥淫佚之過，不拘妬忌之惡』。(二十一)又惠帝楊皇后洛陽之陷，『沒於劉曜，……曜納之，以爲皇后，因問曰：「吾何如司馬家兒？」后曰「胡可並言！陛下開基之聖主，彼亡國之暗夫，有一婦一子及身三耳，不能庇之。貴爲帝王，而妻子辱於凡庶之手。遺妾爾時，實不思生，何圖復有今日。妾生於高門，常謂世間男子皆然；自奉巾櫛以來，始知天下有丈夫耳。」』(廿二)高門之女，無廉恥如此，其他可知矣。

兩晉一百五十四年間，災疫頻仍，先後凡六十餘次，晉徐兗豫益梁荊揚江州九，郡國數十，被水災。

咸寧三年，(二七八)兗豫徐青荊益梁七州大水，傷秋稼，詔振給之。(二十三)

隆安三年(三九九)荊州大水，平地三丈。(二十四)

雍涼梁秦幽并司冀交揚益州十一，關中徐揚江西諸郡，吳郡襄陽被饑旱。

永平七年(二九七)關中饑。米斛萬錢。詔骨肉相賣者不禁。(二十五)

永嘉四年(三一〇)幽并司冀秦雍等六州大蝗，食草木牛馬毛皆盡。……荒飢日甚，殿內死人交橫，盜賊公行，枹鼓之聲不絕。(二十六)

建興四年(三一六)京師饑，米斗二兩，人相食，死者太

半。(二十七)

咸和四年(三二九)城中(台城)大饑，米斗萬錢。(二十八)

咸康一年(三三五)大旱，會稽餘姚尤甚，米斗五百價，人相賣，(二十九)

雍州梁州洛陽，疫厲甚盛。

咸寧一年(二七五)大疫。洛陽死者太半。(三十)

永嘉三年(三〇九)襄陽大疫，死者三千餘人。(三十一)

百姓顛沛流離，飄沒無常，『於時兵凶歲饑，死疫過半，虛弊既甚，事極艱虞。』即朝廷亦束手無策矣。

佛教之背景

佛教入中國遠自秦始皇時。

又始皇時(經錄謂始皇四年，紀前二四三。)有沙門釋利防十八賢者齎經來化，始皇弗從，遂禁利房等。夜有金剛丈六人來，破獄出之。始皇驚怖，稽首謝焉。(三十二)

其後張騫使西域，得金人，聞浮屠之教。

漢武帝元狩中，(紀前一二二—一一七)遣張騫霍去病討匈奴，…過居延，…昆邪王(漢書張騫傳作渾王邪)…將其衆五萬來降，獲其金人。帝以爲大神，列於甘泉宮。金人率長丈餘，不祭祀，但燒香禮拜而已。(三十三)

元狩三年，(紀前一二四)霍去病將萬騎，過焉支山千有餘里，合短兵，鏖皐蘭下，…執渾邪王子，…收休屠祭天金人。(三十四)

景盧使月氏，得浮屠經。(浮屠即佛陀Buddha之別譯也)

漢哀帝元壽元年，(紀前二)博士弟子景盧受大月氏王使伊存口授浮屠經。(三十五)

後漢明帝遣使西域求佛像。

明帝夢見金人，長大，頂有光，明以問羣臣。或曰：「西方有神，名曰佛。其形長丈六尺，而黃金色」。帝於是遣使天竺，問佛道法；遂於中國圖畫形像焉。(三十六)

永平七年(六四)明帝夢金人。…遣…蔡愔秦景…王遵十八人使西域，訪求佛道。…得佛倚像梵本經六十萬言。(三十七)

此三百餘年之間，所得佛教材料爲金人，浮圖經，梵本，成績甚佳；但於中國社會，尙無深刻之應響。天子之嗜好佛教，自桓帝始。

自永平以來，臣民雖有習浮屠，天子未之好，至帝始篤

好之。（三十八）

其後魏之曹植，吳之孫權孫皓，起而踵之。苻堅之於涉公，姚興之於道安，鳩摩羅什，亦備極崇敬，視若國師。

興少崇三寶，銳志講集，什既至止，弘始三年（二九九）仍請入西明閣及逍遙園，譯出衆經。……興以佛道冲邃，其行唯善。信爲出世之良津，御世之洪則，故託意九經，遊心十二。乃著通三世論，以勖示因果。王公以下，並欽讚厥風。（三十九）

至於晉室，佛道更熾，君臣士庶，趨之若鶩。東晉十一主，虔事佛道者八焉。（元，明，成，哀，廢，孝武，安，恭等帝）

明帝手御丹青，圖釋迦佛於大內樂賢堂。又往興皇寺，集義學沙門百員，講論佛道。（四十）

太元六年（三八一），（孝武）帝初奉佛法，立精舍於殿內，引諸沙門以居之。（四十一）

（恭帝）其後復深信佛道，鑄貨千萬，造丈六金像　親於瓦官寺迎之　步從十許里。（四十二）

官吏士庶，風尚造寺。

泰始二年（二六六）侍中荀勗於洛陽造金像佛菩薩十二身，放大光明，都人競集瞻禮。（四十三）

永康一年（三〇〇），會稽諸葛氏……舍宅爲寺。（四十四）

咸和五年（三三〇），許詢以新居爲崇化寺。（四十五）

咸康二年（三三六）尚書令李邈舍句容宅爲靈曜寺。（四十六）

建元元年（三四三），中書令何充舍宅爲建福寺。（四十七）

佛教之流布，必自民間始，浸及士官，至於帝王。其普徧之狀，已甚顯著。其時繙譯事業，亦已可觀，自後漢至東晉，凡譯經律等九百九十一部，千八百八十八卷。主其事者五十餘人，外國僧徒爲多。（四十八）東晉隆安（三九六）前，印度高僧之由海陸兩路來華者，已有二十餘人之多。中印交通，固早爲若彼所開導矣。

攷佛教之精義在「涅槃」。（梵語 Niruana）「涅槃」舊譯「滅」，「滅度」，「寂滅」，「不生」，「無爲」，「安樂」，「解脫」。新譯「圓寂」。涅槃經四：（佛學大辭典涅槃條引）『滅諸煩惱名爲「涅槃」，離諸有者乃爲「涅槃」』華嚴大疏鈔五十二：（佛學大辭典涅槃條引）『以義充法界，德備塵沙曰「圓」。體窮眞性，妙絕相累爲「寂」。』蓋佛祖釋迦牟尼認生命無眞實之快樂，因其幻忽而又時爲俗慾所蔽。欲得究竟樂，必先永離諸趣，入於不生不滅之門方可。「涅槃」即自由，快樂也。（四十九）

值茲政局迷離，繇役日甚。災厲逼眇，死人枕籍。物質生活，痛苦已極，有志之士，遂趨尙精神上之超脫，以自慰安。貧苦之民，亦各以稅役爲戒，希冀遯跡。（五十）彼出世之動機各殊，要皆受「涅槃」之說之應潛無疑。法顯其一也。

釋法顯姓龔，平陽武陽人。有三兄，並齠齔而亡。其父恐禍及顯，三歲，便度爲沙彌。居家數年，病篤欲死，因送還寺。住信宿，便差，不肯復歸。其母欲見之，不得；爲立小屋於門外，以擬去來。十歲，遭父憂。叔父以其母寡獨不立，逼使還俗。顯曰：「本不以有父而出家也；正欲遠塵離俗，故入道耳」。叔父善其言，乃止。頃之，母喪。至性過人，葬事畢，仍卽還寺。（五十一）武陽今無玫。平陽在今山西平陽府臨汾縣西南。其地屢經喪亂（五十二）貧䠞彌甚。法顯三兄之夭亡，殆亦由此。父憂母喪，狀甚零丁。然其入道之志，益以堅篤。『遠塵離俗』，出之於十齡兒之口，亦僅見矣。法顯篤孝忠貞，天資穎慧。臨事機警，能以德威人。

嘗與同學數十人，於田中刈稻。時有飢賊，欲奪其穀。諸沙彌悉奔走，唯顯獨留。語賊曰：『若須穀，隨意所取；但君等昔不布施，故飢致貧；今復奪人，恐來世彌甚，貧道預爲君憂耳』。言訖，卽還。賊棄穀而去。（五十三）

及長，端莊，一於道。

乃受大戒，志行明敏，儀軌整肅。（五十四）

其人恭順，言輒依實。（五十五）

使法顯生値昇平之世，則不得爲沙彌佛；無使道之浸潤，則不能啟其志；使無諸僧徒之前仆後繼以爲開導，則亦不易覺其功。法顯一時勢之英雄耳。

（一）梁高僧傳卷四，本傳。

（二）梁高僧傳卷一，本傳。

（三）月支，月氏通，始居敦煌祁連間；及爲匈奴所破，北徙，據今黑海北或即亞細亞中北之部。

（四）梁任公近著第一輯中卷千五百年前之留學生。

（五）梁高僧傳卷四，本傳。

（六）梁任公近著第一輯中卷千五百年前之留學生。

（七）佛國記頁三〇，三一，學津討源本。

（八）同上頁一五。

（九）史記卷一一六，（五洲同文局本）張騫在大夏聞身毒有蜀物，（卭竹，蜀布。）是中印間早已發生商業上之關係。

（十）八王：汝南王亮，楚王瑋，趙王倫，齊王冏。河間王顒、成都王穎，長沙王乂，東海王越。八王之亂，實由爭繼嗣而起。惠帝立，賈后廢楊太后及太子遹，（惠帝長子，非賈后生），趙王倫與后有隙，害之，篡帝位。冏顒等起兵扶正。穎反，困帝蕩陰，入於鄴，王浚起兵討穎，穎敗亡。（詳見

趙翼二十二史劄記卷八）

（十一）五胡：匈奴，散居平陽兩河太原新興諸部。羯匈奴別種，居於上黨郡武鄉縣羯室。（今山西榆社縣）鮮卑，居遼東幷涼間。氐，魏武帝克漢中後，始由巴中遷至扶風始平京兆諸郡。羌人居馮翊北地新平安定諸郡。

（十二）晉書卷五，頁八。

（十三）同上頁九，十。

（十四）同上頁一五

（十五）同上卷六頁一七，一八。

（十六）同上卷七頁四

（十七）前涼代隴西鮮卑乞伏氏皆覊於苻堅。

（十八）晉書卷十頁六。

（十九）惠安二帝之昏庸。晉書卷四，惠帝本紀『帝聞蝦蟆聲，謂左右曰：「此鳴者爲官乎？爲私乎？」對曰：「在官地爲官，在私地爲私；及天下荒亂，百姓餓死」，帝曰：「何不食肉糜？」』晉書卷十，安帝本紀，『安帝自少及長，口不能言，雖寒暑之變，無以辨也。凡所動止，皆非己出；故桓玄之篡，因此獲全。……安帝即位之辰、鍾無妄之日，道子元顯並傾朝政。』

（二十）晉書卷四三，王衍傳。

（二十一）文選，干令升晉紀總論。

（二十二）晉書卷三一，惠賈皇后傳。

（二十三）同上，卷三，頁一七。

（二十四）同上，卷十，頁三。

（二十五）同上，卷四，頁五。

（二十六）同上，卷五，頁五，六。

（二十七）同上，卷四，頁五。

（二十八）同上，卷七，頁五。

（二十九）同上，卷七，頁九。

（三十）同上，卷三，頁一五。

（三十一）同上，卷五，頁六。

（三十二）歷代三寶記卷一。

（三十三）魏書卷一一四，釋老志。

（三十四）漢書卷五五，霍去病傳。

（三十五）三國志卷三十引魚豢魏略。

（三十六）後漢書卷一一八，西域傳天竺國條。

（三十七）佛祖統紀卷三五。

（三十八）同上。

（三十九）梁高僧傳卷二，鳩摩羅什傳。

（四十）佛祖統紀卷三六。

（四十一）晉書卷九，頁一一。

（四十二）同上，卷十，頁一七。

（四十三）佛祖統紀卷三六。

（四十四）同上。

（四十五）同上。

（四十六）同上。

(四十七)同上。

(四十八)開元釋教錄卷一，二。

(四十九)詳見 Eliot, Hinduism and Buddhism, chapter x, Teaching of Buddhism, London, Arnold, 1921, Hackmann, Buddhism as a Religion, Book I chapter 2. The Doctrine of the Buddha, London W. C. Probsthain & Co., 1910.

(五十)唐武宗時，天下『僧尼皆…待農而食，待蠶而衣。』故會昌五年，(八四五)有使『還俗僧尼，以充兩稅』之制。見舊唐書卷一八，武宗本紀。

(五十一)梁高僧傳卷三，本傳。

(五十二)平陽隸於匈奴，終晉之世，被蹂躪者三次。第一次永嘉四年，(三一〇)孝帝蒙塵於平陽。七年，(三一三)爲匈奴行酒，被弑，崩。第二次建興五年，(三一七)愍帝出降爲匈奴行酒，被弑，崩，第三次升平二年(三五八)荊州刺史張平爲苻堅所逼，帥衆三千，奔於平陽，矚遣敗之。

(五十三)梁高僧傳卷三，本傳。

(五十四)同上。

(五十五)佛國記頁三七。

第二章　法顯之留學

第一節　動機

法顯之留學，實時勢助成之；然其動機，有更顯切者：

『常慨經律舛闕，誓志尋求。』(一)先此僧徒之西遊，或以經義隱質，(二)或以經道殘闕，(三)而未及律藏。緣佛教未昌之區，經道爲要，律藏次之。東晉以前，大藏經律部所載譯本僅五卷。(四)創之者厥爲曇柯迦羅。

曇柯迦羅，…中天竺人。…以魏嘉平中(佛祖統記卷三，嘉平二年，西二五〇。)來至洛陽。於時魏境雖有佛法，而道風訛替，亦有衆僧，未禀歸戒；正以剪落殊俗耳。設復齋懺，事法祠祀。迦羅既至，…乃譯出僧祇戒心……更請梵僧立羯磨法。中夏戒律，始自乎此。(五)

魏正元間(二五四—六)安息沙門曇帝亦出曇無德羯磨以相應。(六)中國沙門，始行受戒；(七)然律本零落依然也。法顯首感其缺，欲彌補之，遂爾西行。其動機最純正，其用心最苦刻。謂其爲學問而學問也可，謂其爲濟世而利人也亦無不可。

第二節　遊歷(附佛國記地名對照表及法顯留學行程圖)

第一段　往路

(一)長安至葱嶺。

法顯以宏始二年…發跡長安。度隴至乾歸國…褥檀國…度養樓山，至張掖鎮…復進到敦煌…度沙河…行十七日計可千五百里，至鄯善國……住此一月日，復西行十五日到烏夷國。住二月餘日，西南行，在道一月五日得到于闐……停三月日……進向子合國，在道二十五日，便到其國。(八)

法顯於宏始二年自長安啟行。長安今陝西西安府。時爲後秦姚興所據，改元宏始；其二年即晉隆安三年(三九九)也。同契有慧景道整慧應慧嵬等四人。後又遇智嚴慧簡僧紹寶雲僧景等於張掖。自長安至葱嶺，惟張掖沙河烏夷于闐等處，遇有阻阨耳。張掖爲段業所攻，故有大亂。(九)道路不通。沙河中則『多惡鬼熱風，遇則皆死，無一全者。上無飛鳥，下無走獸。遍望極目，欲求度處，則莫知所擬；唯以死人枯骨爲標幟耳！』烏夷于闐間亦有『涉行艱難，所經之苦，人理莫比』之嘆。然法顯卒能如履平地者，以有士官與諸僧徒之接濟(十)故也。張掖之亂，段業衛護之。沙河之險，李浩(佛國記胡震亨跋作李嵩)供給之。智嚴慧簡慧嵬等阻於烏夷，返向高昌。(十一)獨『法顯蒙符公孫供給，遂得直向西南行。』

(二)葱嶺至北印度，西印度。

於是南行四日入葱嶺山，到於麾國……山行廿五日到竭叉國……國當葱嶺之中……從此西行向北天竺，在道一月，得度葱嶺……度嶺已，到北天竺……有一小國，名陀歷……於此順嶺西南行十五日，其道艱岨……下有水名新頭河……度河便到烏長國……是正北天竺也……南下到宿呵多國。從此南下五日到犍陀衞國……自此東行七日，國名竺刹尸羅……從犍陀衞國南行四日，到弗沙樓國……西行十六由延(十二)至那竭國界醯羅城。從此北行一由延到那竭國城……住此冬三月……南度小雪山……復過嶺南到羅夷國……南下行十日到跋那國……東行三日復渡新頭河……過河有國名毗茶。(十三)

此爲歷程中最險絕之一段，亦最足以表彰法顯之求法精神，如何堅挺不屈。葱嶺有毒風雨雪飛沙走石之難。

葱嶺山冬夏有雪，又有毒龍……吐毒風雨雪，飛沙礫石，遇此難者，萬無一全……其山唯石壁立千仞，臨之目眩！

新頭河寬約八十步，渡河須施傍梯，躡懸絙。雖如張騫甘英者，且不得至。

昔人有鑿石通路，施傍梯者，凡度七百；度梯已，躡懸絙，過河。河兩岸相去減八十步。九譯所記，漢之張騫甘英皆不至此。

慧景體質孱弱，不勝風塵跋涉之苦。至弗樓沙病。慧達寶雲僧景等膽寒，相率返國。

　度河至弗樓沙，慧景病，道整住看……慧達寶雲僧景遂還秦土。

經那竭國，度小雪山，慧景以積弱之軀，强力支持，終不敵陰山寒風，口出白沫而死。至是旅伴星散，奮勇前往者，法顯道整二人而已。

　小雪山冬夏積雪。山北陰中，遇寒風暴起，人皆噤戰。慧景一人，不堪復進，口出白沫……於是遂終。法顯……復自力前，得過嶺南。

(三)西印度至中印度。

　東行八十由延…到一國，國名摩頭羅。又經捕那河…東南行十八由延，有國名僧伽施，…東南行七由延，到罽饒夷城……度恒水…東南行十由延到沙祇大國。出沙祇城……從此南行八由延到拘薩羅國舍衛城。…城西五十里有一邑名都維……從舍衛城東南行十二由延到一邑名那毗伽……從此北行減一由延到一邑……從此東行減一由延到迦維羅衛城…東行五由延有國名藍莫，…從此東行三…四…十二由延到拘夷那竭城……東南行十二由延…東行十由延到毗舍離國……東行四由延到五河合口(十四)…度河南下一由延到摩竭提國巴連弗邑…東南行九由延至一小孤石山……西行一由延到王舍新城……東南上十五里到耆闍崛山……還向新城……西行四由延到伽耶城…從此南行三里到一山名鷄足……還向巴連弗邑。…順恒水西下十由延……復順恒水西行十二由延到迦尸國波羅㮈城……西北行十三由延有國名拘睒彌，…南行二百由延有國名達嚫。(十五)

此段自毗荼至拘睒彌，道路平坦；惟荒邱間，時有異獸顯沒，爲可畏耳。『迦維羅衛城…大空荒，道路怖畏白象，師子，不可妄行。鷄足山…榛木茂盛，又多師子、虎狼，不可妄行。』達嚫國則『道路艱難，而知處欲往者要當賫錢貨，施彼國王；王然後遣人送。展轉相付，示其逕路。法顯竟不得往。』按法顯之被阻，僅此一見。殆以囊空如洗，無財貨以獻國王，無行資以供嚮導，不克勝其艱險歟？抑其地佛法無足觀瞻耶。

第二段　返路

從波羅㮈國東行，還到巴連弗邑……法顯獨還。順恒水東下十八由延。其南岸有瞻波大國……東行近五十由延到摩梨帝國，即是海口……住此二年……載商人大舶，泛海西南行，得冬初信風，晝夜十四日到師子國……住此國二年……即載商人大船上……晝夜十三日到一島邊…如是九十許日乃到一國名耶婆提。…停此國五月日，復隨他商人大舶上。以四月十六日發……東北趣廣州……遂經七十餘日……即便西北行求岸，晝夜十二日到（青州）長廣郡（今即墨縣地）界牢山（勞山）南岸。（十六）

法顯孑然獨還，（十七）自巴連弗邑而瞻波，而摩梨帝。皆東印度境。復自摩梨帝取海道歸，凡六七閱月。合先後停止年月，則共五載有奇矣。其道可分為三：

（一）摩梨帝國至師子國。西南行順流十四晝夜而達。

（二）師子國至耶婆提。法顯於此登可容二百餘人之商船，東航，值大風，舶漏水入，漸即塞補。海中多抄賊伏石，幸無遇者。

（三）自耶婆提至青州。此段本五十日可達，後因『黑風暴雨，方向僻誤，遂經七十餘日。』船中『糧食水漿欲盡，取海鹹水作食，分好水，人可得二升，遂便欲盡。』至則青州長廣太守李嶷遣人迎接經像，備極東道之誼。時晉義熙十二年（四一六）也

法顯之遊歷，陸往海還，前後十七年。（晉隆安三年三九九至義熙十二年四一六）住道留連八年，（住七年，停三百四十有五日。）風帆五年，其餘四年則全在荒漠草莽中討生活矣。佛國記謂『法顯發長安，六年到中國，（按此所謂中國，殆指印度而言，然自長安至此似無須六年也。）停六年，還三年。』則所經為十五年，與此不符，殆誤記歟。

第三節　工作

法顯職責，在使戒律流通中夏，如有所得，輒修習之。葱嶺以東，材料絕罕。北印度則『皆師師口傳，無本可寫。』故其主要工作，亦於號稱佛教中心之巴連弗邑（十八）發其端焉。所得經律有：

（一）摩訶僧祇衆律。

於此摩訶衍僧伽藍得一部律是摩訶僧祇衆律……於祇洹精舍傳其本。

（二）薩婆多衆律可七千偈。（十九）

（三）雜阿毗曇心可六千偈。

（四）綖經二千五百偈。

（五）方等般泥洹經可五千偈。

（六）摩訶僧祇阿毗偈

經意晦澀，頗不易傳，故又：

住此三年，學梵書，梵語，寫律。

于摩梨帝得佛像。

法顯住此二年，寫經，及畫像。

于師子國得：

(一)彌沙塞律藏本。

(二)長阿含

(三)新阿含

(四)雜藏

又聞天竺道人口誦佛鉢昔自毗舍離遷移至健陀衛而西月氏而于闐而屈茨(龜茲)而中國。經若干年復至師子國，還中天竺。使法顯深諳速記術者則可將其傳遞次第，年數，情況，備載無遺；而於佛敎流布史上所增補之材料爲不尠矣。

法顯持經像歸，護之未恐不周。遇大風浪，默求神祐。

住此國(師子)二年……即載商人大船上……值大風，舶流水入……恐舶水滿，即取麤財貨，擲著水中，法顯……恐商人擲去經像，唯一心念觀世音。及歸，命漢地衆僧，我遠行求法，願威神歸流，得到所止。

停此國(耶婆提)五月日，復隨他商人大船上……遇黑風暴雨，商人賈客，皆悉惶怖，法顯爾時亦一心念觀世音，及漢地衆僧。

法顯于極無聊賴之際，亦能隨遇而安。於王舍新城買香華油燈，於耆闍崛山誦首楞經。然觸境生情，有慨乎其言外者：

南度小雪山……慧景……終，法顯撫之悲號，本圖不果，命也奈何！(二十)

法顯道整到祇洹精舍，念昔世尊住此二十五年，自傷生在邊地，共諸同志遊歷諸國，或有還者，或有無常者。今日乃見佛空處，愴然心悲！(二十一)

到耆闍崛山華香供養，燃燈續明，慨然悲傷，收淚而言，(二十二)

法顯去漢地積年，所與交接，悉異域人。山川草木，舉目無舊。又同行分披，或流或亡，顧影唯已，心常悲懷。忽於此玉像邊，(在師子國無畏精舍內)見商人以一白絹扇供養，不覺凄然，淚下滿目。(二十三)

法顯之守法請神，始終不渝，觀其夏坐之勤可知。

(一)至乾歸國，夏坐。

(二)至張掖鎭，……與智嚴慧簡僧紹寶雲僧景等相遇；欣於同志，便共夏坐。

(三)到于麼國，安居。

(四)住此國，夏坐。(烏長)

(五)住此夏坐。(羅夷)

(六)安居。(摩頭羅)

(七)住龍精舍夏坐。(僧伽施)

(八)於船上安居。(耶婆提)

（九）夏坐。（青州）

夏坐卽安居，歲凡二次。大唐西域記卷二：『每年五月十六至八月十五日爲上安居，六月十六至九月十五日爲下安居。』佛學大辭典安居條『兩期三月間禁外出，而致立坐禪修學．是名兩安居。』

及歸至京師。（建康今南京）於道場寺譯出經律百餘萬言。（二十四）

顯持經像隨還……遂南造京師，就外國禪師佛䭾跋陀於道場寺譯出：

（一）摩訶僧祇律。（大藏經律部四十卷）

（二）方等泥洹經。

（三）雜阿毗曇心。（大藏經律部十三卷顯與覺賢共譯。）

據大藏經律部所載尙有：

（一）摩訶僧祇比丘戒本一卷，法顯共覺賢譯。

（二）十誦比丘尼波羅提木叉戒本一卷。

又開元釋敎錄載有顯譯經四十五卷；存者惟菩薩十住經一卷，實如來三昧經二卷耳。（未完）

（一）梁高僧傳卷三本傳。

（二）仝上卷四朱士行傳。

（三）仝上卷一竺法護傳。

（四）佛說犯戒罪報輕重經一卷，大比丘三千威儀二卷後漢安息高譯。佛說舍利弗悔過經一卷，後漢安世高譯。菩薩受齋經一卷。西晉聶道眞譯。

（五）梁高僧傳卷一本傳，又佛祖統記卷三，曇柯迦羅作曇摩迦羅。

（六）仝上附曇柯迦羅傳。

（七）佛祖統紀卷三五曇諦。

（八）佛國記頁一至三。

（九）十六國春秋卷九四。是年沮渠蒙遜男成等叛呂光，推段業爲主，攻張掖，克之。

（十）佛國記頁一至三。

于闐：作四方僧房，供給客僧，國主安頓，供給法顯等於僧伽藍，自後至印度諸國，亦多如法供養。

烏長：若有客比丘到，悉供養三日，三日已，乃令自求所安。

毘荼：見秦道人往……悉供給所須，待之如法。

摩頭羅：客僧往到，舊僧迎逆，代擔衣鉢，給洗足水，塗足油，與非時漿，……次第得房舍臥具，種種如法。

僧伽施：諸國人來，無不經理，供給所須。

拘薩羅　於曠路側，立福德舍，屋宇牀臥，飲食，供給行路人，及出家人，來去客；但所期異耳。

（十一）仝上。『烏夷國人不修禮義，遇客甚薄，智嚴慧簡慧嵬遂返向高昌，欲求行資。』

（十二）此係印度之尺度，約有四英里半或五英里至七英里之差別。見 Legge, Fa-Hien's Record of Buddhist Kingdoms ch. 13, note 4; oxford, 1886.

（十三）佛國記頁三至九。

（十四）丁謙晉釋法顯佛國記地理攷證，浙江圖書館本，五河合口即恒河五源（安治士，延那，薩伽，幹普，孫河。）會合之處。

（十五）佛國記頁九至三十。

（十六）佛國記頁三十至三十六

（十七）仝上頁三十，『道整既到中國，（中印度）見沙門法則，衆僧威儀，觸事可觀；乃追歎秦土邊地衆僧，戒律殘缺，誓言自今已去，至得佛願，不生邊地；故遂停不歸。法顯本心，欲令戒律流通漢地，於是獨還。』

（十八）巴連弗邑實爲研討佛學之淵府。其地『亦有小乘寺……四方高德沙門，及學問人，欲求義理，皆詣此寺，』見佛國記頁二十一。

（十九）偈者Gatha之音譯，即「詩」「頌」之義，通常分四段。每段八「音綴」，共三十二「音綴」，中國古來例譯爲五字句四句也。

（二十）佛國記頁八，九。

（二十一）仝上，頁十四，十五。

（二十二）仝上，頁二十三。

（二十三）仝上，頁三十一。

（二十四）梁高僧傳卷一，本傳。

佛國記地名對照表

佛國記	西域記	梵文	英文	今名	備註
長安					
隴				隴山	
乾歸國					
耨檀國					
養樓山				大黃山	
張掖鎭				張掖	
敦煌				敦煌縣	
沙河					

鄯善國					
偽夷國	阿耆尼國	Agni	Kharaschar	焉耆府	
于闐國	瞿薩旦那	Kustana	Khotan	和闐	
子合國	斫句迦	Kanghalik	Chakuka	綽洛克朗台	
於麾國					北印度
竭叉國	佉沙國	Kasha	Kaghgar	堵什庫爾干城	葱嶺中
葱嶺					
陀歷國	達麗羅國	Darola	Dael		北印度
新頭河				印度河	
烏萇國	烏仗那國	Udyana	Swat		北印度
宿呵多國			Swartene	堵科特城	
犍陀衛國	健馱羅國	Gandhara		干達馬克城	北印度
竺刹尸羅國	呾叉始羅國	Taksasila	Hasan abdal	拉烏爾奔的城	
弗樓沙國	布路沙布羅	Purusapura	Pershaurar	沙威爾城	
那竭國	那揭羅曷國	Nagara	Nagarkat	納直里城	北印度
醯羅城					
那竭國城					
小雪山			Hindu Kush mts.	白瓦里山口	
羅夷國			Afghanistan(portion)	圖里城	

跋那國	伐刺拏國	Varana	Banu	哈爾奈城	
恒河		Ganges River			
毗茶國			Punjab	克爾普爾城	西印度
摩頭羅國	秣菟羅國	Mathura	Muttra		中印度
捕那河	閻牟那河	Jumna River		朱木拿河	
僧伽施國	劫比他國	Kapitha		瑞普里城	中印度
罽饒夷城		Kanauj		佛普喀巴的城	
恒水				安治士河	
沙祇大國				沙遮亨普爾城	
沙祇城					
拘薩羅國	憍薩羅國	Kosala	Sahet		中印度
舍衛城	室羅伐悉底國	Sravasti			
都維邑					
那毗伽邑		Napei-kea		拿雅科城	
迦維羅衞城	劫比羅伐窣堵國	Kapilavasta		哥祿普爾	
藍莫國	藍摩國	Ramagrama			中印度
拘夷那竭城	拘尸那揭羅國	Ku'snaigara			
毗舍離國	吠舍釐	Vais'āli	Besar		
摩竭提國	摩竭陀國	Magrdha			中印度

巴連弗邑	華氏城（昔稱婆吒篩子城）	City of Flower Patali-putra	Patna	巴德拿城	
泥黎城					
王舍新城	王舍城	Rajagrha			
耆闍崛山	姞栗陀羅矩吒山			鵰鷲崛山	
伽耶城	伽耶城	Gaya			
鷄足山	鷄足山	Kukkutapaga-giri			
伽尸國					
婆羅㮈城	婆羅痆斯國	Varanasi	Benares		
拘睒彌國	憍賞彌國	Kansambi(kosambi)			中印度
達伽國	黑蜂山	Daksina	Deccdan		
瞻波大國	瞻波國	Campa	Bhagálpur	科爾岡城	中印度
摩梨帝國	耽摩栗底國	Tamralipti	Tamluk	達蒙德克波爾城	東印度
師子國	僧伽羅國	Simhaler	Ceylon	錫蘭島	
耶婆提國			Java-dripa	婆羅島	
長廣郡				即墨縣	
都				南京	

會眞記事蹟眞僞考

王桐齡

會眞記一重公案，元稹固公然自首；後人表同情於鶯鶯，時常代爲洗白，謂爲無此事者也。然細玩元集夢遊春七十韻一首，會眞詩三十韻一首，皆情眞景眞，非實有此事，不能設身處地，揣度而作。恨妝成五律一首，寫鶯鶯之容貌；贈雙文五律一首，鶯鶯詩七律一首，寫鶯鶯之豐神；雜思詩七絕五首，雜憶詩七絕五首，寫自己與鶯鶯在閨中狎暱之遊戲；夢昔時五律一首，曉將別五律一首，新秋五律一首，春別五律一首，魚中素五律一首，寫自己與鶯鶯悲歡離合之情。贈雙文一首及雜憶五首中，每首各有一雙文字。皆嵌其情人之字。鶯鶯七律一首及古豔詩二首中之

鶯藏柳暗無人語，嬌鶯無語趁陰藏。

春曉七絕中之

醉聞花氣睡聞鶯。

箏七律中之

春鶯無伴囀空長。

襄陽爲盧竇紀事七絕五首中之

鶯聲撩亂曙燈殘。

等句，皆嵌其情人之名。白衣裳七絕二首及桃花五絕中之

吹落白衣裳。

點明其情人之裝束。曉將別五律之

月下西牆西。

暮秋七絕中之

看着牆西日又沈。

箏之

夜夜箏聲怨隔牆。

等句，暗指其情人所居之地。代九九五律之

虛攀牆外枝。

壓牆花七絕之

爲見牆頭拂面花。

會眞詩之

偶間宋家東。

古豔詩之

春來頻到宋家東。

等句，暗點其秘密來往所由之路 孔子曰：「誰能出不由戶？」元稱能以不由，孟子曰：「踰東家牆而摟其處子則得妻」，元稹眞踰之矣。夢昔時之

夜半初得處，天明臨去時。

古決絕詞之

曙色漸曈曨，華星次明滅。

閨晚五律之

夜色侵洞房。

曉將別之

風露曉淒淒。

月暗七律之

月暗燈殘面牆泣。

新秋之

夏衣臨曉薄。秋影入簷長。

贈雙文之

曉月行看墮。

代九九之

參商半夜起。

暮秋之

看着牆西日又沈。……小玉上牀鋪夜衾。

憶事七絕之

夜深閑到戟門邊。……明月滿庭池水淥。

友封體七律之

朧月斜穿隔子明。

春曉之

半欲天明半未明。

雜憶之

夜色纔侵已上牀。

花籠微月竹籠煙。

寒輕夜淺繞迴廊。

襄陽爲盧竇紀事詩之

風弄花枝月照階。

鶯聲撩亂曙燈殘。

瑠璃波面月籠煙

會眞詩之

微月透簾櫳。

等句，詠其幽會之時間。劉阮妻七絕二首中之

等閒偸入不偸迴。

點明其所行之事。古決絕詞三首，叙其始亂終棄之理由。其中若：

> 矧桃李之當春，競衆人之攀折。我自顧悠悠而若雲。又安能保君皚皚之如雪？……幸他人之既不我先，又安能使他人之終不我奪。已焉哉！織女別黃姑，一年一度暫相見，彼此隔河何事無？

則明明以己之心，度人之心，疑鶯鶯別有私矣。

以上皆用元稹自己著作，證明會眞記之爲實事；鶯鶯之人格如何？姑置勿論；而稹則總難免爲小人也。其餘若唐代女子化妝法，唐代閨中器具排列法，皆可於此數詩中略見一斑。

舊京西山故翠微寺畫像千佛塔記跋

——釋迦如來靈牙舍利函靈光寺並翠微公主墓附——

奉寬

右故翠微寺千佛塔記石刻拓本、靈光寺聖安大師贈次兒壽昌者。拓本略作圓式，縱廣約一尺一寸弱，額悉曇字二行，循其制，自左而右，橫讀乃十二因緣呪。下列漢字三行，爲造塔署銜年月日，原石藏京師西山四平臺靈光寺丈室。翠微寺舊與靈光寺比鄰，清初尚存，翠微廢後，塔歸然存，其地併於靈光寺，塔遂蒙靈光而得名，光緒庚子，塔爲外兵礮火所摧，其石刻暨內藏釋迦佛靈牙舍利木函，皆埋沒瓦礫中，民國初年，寺僧聖安芟治荒穢，二者一併掘得，藏諸丈室，十一年舊歷壬戌閏五月二十二日，次兒壽昌三兒延堉同內府何向伯虞郎治昆入寺隨喜，和尚贈此塔記拓本，屬兩兒考索原委，復出視舍利木函，得並錄函之題字以歸。淺見寡聞，不揣鄙陋，先後代爲考據如下：

按遼史及東都事略互載遼事云：『太宗大同元年建國號「大遼」，聖宗初立，改「大遼」爲「大契丹國」，至道宗時復改國號稱大遼』。記署咸雍，是道宗第二紀年。當是時，遼之國號已復。所以與道宗第一紀年，即清寧以前傳世石刻如涿州白帶山雲居寺續鐫四大部經記等碑之國號署爲「大契丹」者不同。此記書「遼」去辵爲「尞」，當卽隨代去辵書「隋」之意。字典載北周楊堅受封於隨，及有天下，以隨從辵，周齊奔走不寧，故去辵作「隋」。廣韻云：『「隋」，國名，本作「隨」，隋文帝去辵』是也。「遼」之作「尞」，以余所知見者，僅有此石，亦未見其他圖書著錄之，以一字之微，而於史學字學胥有關係，如此則此記之可寶，非遼代尋常金石可比矣。

唐韻：『隋，徒果切，音隋，玉篇，落也，其字與墮同』。集韻：『「燎」，本作「尞」』，前漢郊祀志：『尞瘞有常用』注：『師古曰：「尞與燎同」』。隨遼去辵改作「隋」「尞」，皆另成一字，字義又皆不祥，其國祚不永之兆乎？『遼』去辵當爲『尞』，此並去其兩肩之點而省作『尞』，抑又迴避焚燎不吉之義乎！

記前云：『國公』，準以後之『燕國太夫人』字，必是燕國公也。考遼史紀傳，趙延壽耶律制心蕭孝穆耶律信先牒蠟韓匡嗣及耶律仁先之父瑰引蕭孝穆之弟孝友俱封燕王，皇子表聖宗第四子吳哥封燕王。天祚帝第三子撻魯封燕國王，又如道宗洪基以興宗重熙十一年冬十月丁亥由梁王進封燕國王，十二年八月辛丑進封燕趙國王，此外錫封國公以下，例不著錄，且記云：『太夫人某氏』則其必為嫠婦，而其夫之時世又必在此記之前，國公等階，乃其署銜，莫能考其姓名矣。

遼史百官志：『遼人沿古官名，分今之職事，國制簡朴漢制』。則沿名之風固存，此記尙父令公承相，皆漢制古名也。「丞相」作「承相」，當時蓋通用之，今內蒙古喀喇沁旗新出土之彭城郡王劉公墓誌，於郭無為即書作「承相」是也。「大王」亦國制官名，非爵名，有北南兩大王院，分掌部族軍民之政，秩視前清之固山額眞，即各旗都統，有知大王事，太師，太保，司徒，司空。太宗會同元年改夷離謹為大王，國語解：夷離謹統軍馬大官，會同初改為大王』，是也。咸雍七年，為中國宋神宗熙寧四年，歲次辛亥。石額所鐫乃悉曇字行書體十二因緣呪，其形聲較今傳世梵書皆小有異同。歇字及以下一字，形聲尤彼此不合通例，凡呪首多有唵[梵字]字，或南無[梵字]字，呪尾皆用莎訶[梵字]字，是為通用之行體，莎訶之漢字亦作莎呵莎嚩賀薩婆訶，其天竺本音實為薩瓦二合哈，讀平聲，如六麻韻，今沙門持誦之十二因緣呪，首有唵字，尾有莎訶字，此石呪首無唵呪，尾有莎訶，而書作[梵字]，乃今之楷體，與全首之[梵字]等行體字不一律，他如烏斯藏書，莎訶又作[梵字]，音義無別，書法則有古今方域之殊，吾人不可强為是非之。

佛舍利函，乃一木製長方式小匣，長約三寸，犀平四肩，削形如靈柩，又如說平書者所拍之驚木，匣上題字殆徧，皆墨書，色雖澹而淸晰可讀，恭錄壽兒所鈔如下：

釋迦如來靈牙舍利 比丘善慧 比丘善慧

天會七年四月廿三日。

善壽書蓋。

釋迦佛靈牙舍利。

寺主比丘義寂。

尙坐善通。

都和行詰，

沙彌住兒。

首坐善宗。

山主慧鑒。

尙坐義連。

沙彌利益奴。

為寶藏而造塔，同時刻石為記，或先造塔，翌日刻記，事理之常也。住持聖安謂此匣與石刻塔記同時於舊基瓦礫中掘出，匣內佛牙奉出另藏他所，則此塔之興造，與夫刻石為記，併靈牙舍利木匣爲共表裏一事矣。但記石所署爲大遼咸雍七年，即宋神宗熙寧四年，舍利匣所署爲天會七年，不著國號，亦無歲次，考天會爲北漢睿宗劉鈞，及金太宗完顏晟之紀年，此天會當屬北漢，北漢之天會七年，即宋太祖建隆四年，遼穆宗應歷十三年，歲次癸亥，是是年收藏舍利題字於匣。至遼道宗咸雍七年辛亥歲已閱百有九稔，燕國太夫人修塔而勒石爲記也。獨是遼人屬境，不以遼之應歷紀年，而題北漢天會爲可疑者。是蓋逃禪衲子，寄食寓公，有意爲之耳。就其年號上不冠朝代，及新出土之遼乾亨三年故漢宗室劉繼文墓誌，（見燕京學報第七期）只書三年，無「乾亨」字可以類知，或謂此匣是由太原攜來入塔者，太原漢故都，似亦近之。苟以北漢天會名不彰著，且以國境所在，謂爲金時之天會，則遼道宗咸雍七年辛亥，距金太宗天會七年己酉時幾花甲一周，預造空塔，遲至五十九年始以舍利實之，恐無是理。當時執筆者不題朝代及歲次致後人之輿訟也如此。

研究此記，當知記石之在翠微寺塔，而翠微靈光二寺之分合，及翠微又有寺名，山名人名之說，亦應知之。故爲附考原委如下。

舊京西山八大剎有靈光寺，山曰四平臺，其名稱脫胎於平坡山。按光緒順天府志：宛平縣山，城西三十里曰西山，總名也。析言之曰：平坡山，一名翠微山』。翠微山之名始於明宣德時，見余有丁文敏集。又日下舊聞考引蔣一葵長安客話：『平坡山亦名翠微山，成化中，駕常幸此』。

慶東雩希顏，王漁洋士禎，宋牧仲犖，皆有翠微寺詩。寺久廢，舊餘一寺，併入靈光寺。光緒庚子，又爲外兵所燬，舊同寅黃申甫先生維翰，收有塔甎二枚，先生歸道山，其世兄仲己贈余一枚，存作遺念，長尺二寸，廣五寸八分，厚二寸，其面亦鐫作二層塔式。

日下舊聞引考五城寺院册云：『靈光寺右有翠微寺』。臣等謹按：翠微寺無碑碣可考，寺後有塔十層八稜，俗稱畫像千佛塔，繞塔基有鐵燈龕十六座，塔西有井泉，深廣約五尺餘』云云。寺之佛塔，據舍利匣署年，則是造自北漢亦即遼初時代，至寺之興建，則不審起自何年。苟塔寺並寺名同時而有，則宣德時之翠微，是因寺以名其山也。

見亭麟慶鴻雪因緣圖記靈光指徑云：『嘉慶戊寅曾至靈光寺瞻仰明翠微公主墓，題詩云：……寺建於金大定間，塔計十層，八稜，俗稱畫像千佛塔，有鐵燈籠（日下舊聞考作龕）十六座，尋公主墓不可得，問雛僧法華，始知已平爲觀音殿。

四明史覺甦，西山八大處避暑遊記：『靈光寺建築於翠微山巔，有十三層佛塔，現已毀滅，其基尚存，至翠微公主之墓，偏覓無著，據云山後即是，現已荒蕪，徒留其名於後世』又引粵譚學裴題句云：『翠微八大刹，翠微居其一，翠微非山亦非僧，乃是元朝公主化生物，公主誕生大蔡時，號爲翠微美容姿，奈何天年竟不永，葬身乃在山之湄，山以人得名，此寺所從出，敕曰靈光動帝顏，人乎寺乎期不滅，靈光何所有寶塔，峭壁峙其中，呼吸煙霞插天起，塔頂下有十三層』。

任廷震鈞天咫偶聞：『翠微山，四平臺八大刹所在，緣山而上，不一里則靈光寺也，寺最得地，且點綴亦佳，遊者多宿此，庚子毀於兵』。

禮臣敦崇燕京歲時記：西山八刹山，麓有寺者曰靈光寺，下有池，池北有新築戒臺』。又云：『靈光寺係合翠微寺而一之，塔基鐵鐙，至今尚存』。

綜觀以上各說，考見靈光翠微兩寺之分合，佛塔之形狀，惟以日下舊聞考燕京歲時記二書最爲核實，歲時記之詞藻，雖少遜於天咫偶聞，然質勝於華，所記舊京歲事，在在眞確。其云：『翠微合併靈光』一語，則他人未經道及，至如他本有以翠微爲前明或元代公主徽稱者，不知依據何書，實與潭柘山岫雲寺之拜佛甎，艷稱元世祖女妙嚴公主語，同一不可信。蓋王姬食采，向皆以郡縣爲名，中古以還，乃有取用吉語，如太平安樂等邑爲號者，已爲非制，未聞有虛用嘉美名詞，立之徽號者也。

一九，九，一四，奉寬寫於寬街僧忠親王祠對面寄廬。

燕京大學校友門外恩佑恩慕二寺考

韓叔信

恩佑恩慕二寺，在燕大校友門外簍斗橋西南，今已殘毀殆盡，所存者除燕大所修葺之南北兩圍牆外，惟二寺之山門及山門前之二長影壁，稍覺完整而已。

余於三年前，即欲一考其究竟，惟以所蒐集之材料不多，故屢試而未敢動筆；但從已見到之材料中，已可略窺其大概，因拉雜草成此篇，刊登於史學年報第二期，幸大雅宿學有以教之。

一

恩佑恩慕二寺之遺址，昔爲暢春園之一部（暢春園本明戚畹李武清侯之別墅，清康熙年間始改建爲暢春園），恩佑寺即暢春園之清溪書屋，於雍正時始改建爲恩佑寺；日下舊聞考卷七十六：

乾隆三十三年御製清溪書屋詩，暢春園是處爲皇祖宴寢之所，我皇考改建恩佑寺。

日下舊聞錄亦云：

恩佑寺本名清溪書屋，雍正年改建（見北京歷史風土叢書卷上）。

至其所在之位置及其建築之年代，雍正十三年唐執玉等所編修之畿輔通志卷五十一寺觀載：

恩佑寺在暢春園東北隅，雍正元年建。

乾隆五十三年吳長元所著之宸垣識略卷十一謂：

恩佑寺建於苑之東垣內，山門東向，外臨通衢。

由此可知恩佑寺乃建於雍正元年，其位置在暢春園之東北角，由現在仍舊存留之界石及山門之方向証之，可信以上所載無誤（所留存之界石，現立於簍斗橋以西之圍牆下，上書『暢春園東北界』六字）。至於宸垣識略所謂之『通衢』，大概即以前由燕大校南門經佟府村而向西北通行之御道也。

恩慕寺之位置在恩佑寺之右，其建築之年代，實在恩佑寺之後；日下舊聞考卷七十六：

恩佑寺之右爲恩慕寺。……乾隆四十二年，皇上聖考哀思，紹承家法，于恩佑寺之側，敬構是寺，名曰恩慕寺。

據此以與現存之恩慕寺山門比較，其位置乃在恩佑寺之右，二者正相符合。但論其建築之年代，則當後於恩佑寺五十六年（恩佑寺改建於雍正元年，而恩慕寺則建於乾隆四十二年也）。

二

然則二寺何由而建耶？日下舊聞考卷七十六：

聖祖仁皇帝爲太皇太后祝釐，建永慕寺於南苑，世宗憲皇帝爲聖祖仁皇帝薦福，建恩佑寺於暢春園，乾隆四十二年，皇上聖考哀思，紹承家法，于恩佑寺之側，敬構……恩慕寺，爲聖母皇太后廣資慈福。

是二寺之建立，一乃爲康熙『薦福』，一乃乾隆爲皇太后『廣資慈福』，並無深沉之意義在內。

恩佑寺改建以後　曾奉康熙之神位及御容，後移於御園之安佑宮，而恩佑寺則改奉佛像。恩慕寺建立後，乾隆以其奉皇太后之神位御容，不足以垂貽久遠，乃遵照舊典，將神位御容恭奉於養心殿及圓明園之東佛堂，而恩慕寺則仿恩佑寺辦法，亦改奉佛像。

至於二寺建築之規制，則完全相同，皆二層山門，內跨石橋；三殿五楹，南北配殿各三楹。由現存之遺址考之，二寺之頭層山門，尚完好如初，而二層山門及各正殿配殿，則已毫無留存矣。惟所謂『內跨石橋』之石橋，則今日尚可見其遺跡焉。

三

關於二寺之詳細內容，可於日下舊聞考卷七十六見之。其記恩佑寺云：

恩佑寺……正殿內奉三世佛，左奉藥師佛、右奉無量壽佛。山門額曰，『敕建恩佑寺』；二層山門額曰，『龍象莊嚴』；正殿額曰，『心源統貫』；皆世宗御書。殿內龕額曰，『寶地曇霏』；聯曰，『萬有擁祥輪淨因資福，三乘參慧鏡香界超塵』；皆皇上(乾隆)御書。

又記恩慕寺云：

……恩慕寺……正殿奉藥師佛一尊，左右奉藥師佛一百八尊。南配殿奉彌勒像；北配殿奉觀音像。左右立石幢，一刻全部藥師經，一勒御製恩慕寺瞻禮詩。山門額曰，『敬建恩慕寺』；二層山門額曰，『慈雲廣蔭』。大殿額曰，『福應天人』；殿內額曰，『慧雨仁風』；聯曰，『慈福遍人天祥開佛日，聖恩留法寶妙現心燈』；皆御書。

由以上所引之文字觀之，已可窺其容內之大概情形。二寺山門之題額，至今猶存。恩慕寺所勒之御製恩慕寺瞻禮詩，今載御製詩中；但恩慕寺瞻禮詩有二首，不知此處所勒者果爲何首？其一爲：

謁陵禮畢復歸來，
求已無方切有哀；
恩慕祇堪申拜叩，

暢春猶記奉旋迴；
羲娥今覺誠速矣，
風樹古曾餘恨哉；
指日還宮以冬令，
問安那得此重陪。

（見高宗純皇帝御製詩四集卷四十三）

其二爲：

一寺却兼兩寺號，
兩門原似一門通；
慕而未敢奉神御，
恩以難忘建梵宮；
此日經過虔禮處，
去春陳奠痛思中；
九經三事闕朱戶，（九經三事爲暢春園正殿名）
弗忍擡頭望瓦筒。

（見高宗純皇帝御製詩四集卷四十六）

此外，高宗純皇帝製御詩四集卷四十三，又有恩慕寺瞻禮六韻一首，今亦列其全文如左：

尊養暢春歷卅名，
欲求溫凊更何從；
天惟高矣地惟厚，
慕述祖兮恩述宗；
聖德寧資冥答報，
永思因啟梵筵重；
階臨忍草留光寂，
庭列祥枝慧蔭濃。

四

由以上所述，吾人可略知二寺當時之狀況，今所存者，殊不能表現其萬一。其殘毀之年代，各書多不記載，同治十年李鴻章等重修之畿輔通志，光緒九年出版之春明夢餘錄，光緒三十三年出版之天咫偶聞等書，且無二寺之名；光緒十一年重修之順天府志雖引用日下舊聞考關於二寺之記載，但於其殘毀年代，亦付之闕如，由是吾人實不易貿然斷定其殘毀確在何時。惟查暢春園與圓明園於咸豐十年同遭英法聯軍之焚燬，其事有史乘可据，恩佑恩慕二寺既爲暢春園之一部，其殘毀年代，或即與暢春園同時，亦未可知。吾人若由同治十年以後之志書，多無二寺之名推之，則二寺之殘毀，當在同治十年以前；若再與暢春園圓明園被焚燬之年代作一比較，則二寺燬於英法聯軍之役之假定，似可置信也。

一九三〇，五，二五。

特載

校點古今僞書考序

顧頡剛

我現在已成了一個埋頭故紙堆中的人了。這個嗜好的養成自有多方面的誘導，但在這許多誘導之中最有力量的一個便是這本小書——姚際恒的古今僞書考。

我在幼年，什麼書都喜翻弄，沒有目的，沒有問題。家中舊藏王謨本漢魏叢書一部，尤使我歡喜，因爲裏邊搜集的古人著作種類很多，它最能把古籍的現存狀態告給我知道。

古今僞書考的書名，我早在書目答問裏見到了；但因它刻在知不足齋叢書裏，而這部叢書不易見，所以還不曾讀過。到了十七歲那一年，始借到一部浙江書局的單行本。不料讀了之後，忽然我的頭腦裏起了一次大革命。這因我的『枕中鴻寶』漢魏叢書所收的書，向來看爲戰國秦漢人所作的，被他一陣地打，十之七八都打到僞書堆裏去了。我向來知道的古人著作毫不發生問題的，到這時都引起問題來了。

我在二十歲以前，所受的學術上的洪大的震盪只有兩次。第一次是讀了一部監本書經，又讀了一篇先正事略中的閻若璩傳。第二次就是這一回，翻看了一部漢魏叢書，又讀了一本古今僞書考。我深信這兩次給與我的刺戟注定了我的畢生的治學的命運，我再也逃不出他們的範圍了！

古今僞書考只是姚際恒的一册筆記，並不曾有詳博的敘述，它的本身在學術上的價值可以說是很低微的。但他敢于提出『古今僞書』一個名目，敢于把以前人不敢疑的經書（易傳，孝經，爾雅等）一起放在僞書裏，使得初學者對着一大堆材料，茫無別擇，最易陷于輕信的時候，驟然受一個猛烈的打擊，覺得故紙堆裏有無數記載不是眞話，又有無數問題未經解決，則這本書實在具有發聾振聵的功效。所以這本書的價值，不在它的本身的研究成績，而在它所給予學術界的影響。

過了十年，適之先生讀閻潛丘年譜，見到姚際恒的幾段事實，就很注意他，來書問我，他做的九經通論有何刻本。姚氏的著作，我只看見他的僞書考，而僞書考本身在學術上的價值並不高，幾乎忘記了。經適之先生一詢，頓使我回憶起來。九經通論這個名字，我雖未知道，但在僞書考裏知道他著有易傳通論，古文尚書通論，周禮通論等，又從四庫全書存目裏知道他著有庸言錄，又從讀畫齋叢書裏見到他做的好古堂書畫記，都寫告適之先生。他很歡喜，就囑我標點古今僞書考付印，並以所藏的知不足齋本見借。

那時我初在北京大學畢業，服務母校圖書館，時間尚有餘裕，承受了這個囑託非常高興。但我的喜歡搜集材料的癖性總改不掉，我又想爲這書作箋注了。作箋注時應用的書籍，北大圖書館不够，再到京師圖書館尋去。費了幾個月功夫，範圍越放越大，材料愈積愈多，問題也發生個不歇，這本書的箋注竟有無從下手之苦了。可是，箋注雖做不成，而因了這一番搜集材料的功夫，把以前學術界上所起的幾次辨僞運動倒弄得很清楚了。我於是又發野心，一方面要編輯辨僞叢刊，一方面要從『辨僞書』而到『辨僞史』。

時間去得眞快，到今日又過了十年了。此十年中，時局的不安，生計的壓迫，使得我頻頻南北奔馳，辨僞書的只出了諸子辨等三册，辨僞史的只出了古史辨一册。因爲我辨僞史的動機由了適之先生囑我標點僞書考，故于古史辨第一册上編羅列了我們往來的信札，以誌我走上研究僞史的路的起點。

在此十年中，我們努力搜求姚氏的遺著，頗有些可觀。最早，適之先生從方玉潤的詩經原始中見到他所引的詩經通論。稍後，我們又在尙書古文疏證中看到閻若璩節錄的他的古文尙書通論。稍後，又在杭世駿續禮記集說中見到引他的禮記通論。後來，又從吳又陵先生(虞)處借到道光丁酉王氏鐵琴山館刻本詩經通論。後來，知道南京江蘇省立圖書館中藏有好古堂書目鈔本，是錢塘丁氏的舊藏；十二年秋間，我到南京，就託圖書館中代鈔了一部。後來，又從杭郡詩輯中鈔到他的兩首詩。最近，倫哲如先生(明)購到殘寫本春秋通論，我們也借鈔了。說不定將來更有出于意表的發見。

姚氏是淸初的一個大學者。他的學問的來源及其研究的態度，我們可以引四庫提要的話來看：

際恒生於國朝初，多從諸耆宿游，故往往剽其緒論。其說經也，如闢圖書之僞則本之黃宗羲，闢古文尙書之僞則本之閻若璩，闢周禮之僞則本之萬斯同，論小學之爲書數則本之毛奇齡，而持論彌加恣肆。至祖歐陽修趙汝楳之說，以周易十翼爲僞書，則尤橫矣。其論學也，謂周張程朱皆出于禪，亦本同時顏元之論。至謂程朱之學不息，孔孟之道不著，則益悍矣。……(總目卷

（一百二十九雜家類存目六廣雷錄條）

我們知道，學問是天下的公器，只要你會得捉住眞實，自然別人應來聽從你；只要別人能彀捉住眞實，你也應當聽從他：姚際恒如用了當時各家說而著書，乃是他的從善服義的公心，不能說爲他的罪狀。何況一個人若能訓練成功一種方法，就可用了這一種方法去支配許多材料：姚際恒秉了求眞的勇氣，得了考證的方法，九經中的僞文僞說自可被他一掃而空，何必一定要『有所本』而後可以闢僞呢！所以我們看了他的成就，只能說他生在反理學的學術環境中，順應了這時代精神，與黃閻萬毛等作同方向的努力，充量發展其個性而已；不應說剿不剿的話。（他辨僞古文尙書非剿閻若璩，證見下文）。

至於他的書何以失傳，這個理由，玄同先生說是由於四庫館諸臣的反對。他以爲提要中旣罵他經學方面的種種，是作提要的人必曾看見他的九經通論。但四庫中沒有此書，卽存目中也無此名，可見他們有意把他壓抑下去。他的書旣爲『別黑白而定一尊』的四庫館所痛斥，自然別人再不敢把他表章了。按，這個假設很可能。康長素先生新學僞經考云：

劉歆僞撰古經，由於總校書之任，故得託之中書，恣其竄亂。……按古今總校書之任者皆有大權，能主張學術，移易是非，竄亂古書。先徵之今。國朝四庫全書總目提要，羣書，紀昀主之，算法則戴震主之。而四元玉鑑爲中國算學最精之術。戴震於測圓海鏡提要云，『按立天元一法，見於宋秦九韶九章大衍數中；厥後，授時草及四元玉鑑等書皆屢見之』，則戴震必見其書。而乃不爲著錄，蓋欲獨擅其術也。（提要之及其目者，乃其不覺流露，不及校删者耳）。紀昀力攻朱子，述董亨復繁露園集之野言，譏名臣言行錄不載劉元城者數條；其他主張雜學，所以攻宋儒者無不至，後生多爲所惑。……幸生當國家明盛，羣書畢備，故不至大爲竄亂。

這是很顯明的證據。此外，玄同先生又告我兩件竄亂的實事。其一，宋樓鑰攻媿集，徐森玉先生（鴻寶）曾以宋本校對一過，發見四庫本改竄甚多，而尤以他替婦人所作的墓誌銘爲甚。因爲宋代女子夫死改嫁是平常的事，故原本攻媿集中常記女子改嫁之事實，及其前夫後夫的官銜。但四庫館中人則以爲這是不道德的，便一一替它改易，必使她從一而終。至於把她歸于哪一個丈夫，則以官階之大小而定：前夫官大則使其始終從前夫，後夫官大則使其始終從後夫。

其二，梁皇侃論語集解義疏，其書中土久佚，修四庫書時根據日本刻本收入。但日本本『夷狄之有君』一章，疏意爲夷狄雖有君，猶不如諸夏之無君；而四庫本之疏意，則爲諸夏之無君，猶不如夷狄之有君。其義絕端相反，而乃發現於同一書中，其字數又相同。知不足齋本亦据日本刻本，但此章的疏文，初印本與日本本合，後印本則與四庫本合。蓋四庫館臣因淸帝出身夷狄，故每逢書中說到夷狄的，或文字上，或意義上，必改得它不傷皇帝的面子而後已。知不足齋本既已刊成，始知館中改筆不敢不依欽定之文，只得挖改了。（近年上海石印知不足齋叢書即用初印本，猶未挖改，而古經解彙函中的論語義疏則用四庫本，兩書均易見，大家不妨把它們對勘一下。）

從這些地方看，淸高宗時開四庫館是有主義的，有作用的。他們對于古籍，不是客觀的整理。他們用了自己的信仰，自己的地位把古今學術審查一番：哪種應提倡，哪種應遏絕，哪種應依因，哪種應改變，借編纂之業以行其去取予奪之權。倘使那時還沒有刻書的一件事，傳鈔的本子又相習以四庫爲正本，則數十百年之後，四庫本卽得統一全國的書本了。看了這些事實，卽劉歆改竄許多古書是很可能的，我們正不必懷疑今文學家的攻擊爲過當。

姚氏著作，當時或有幾種刻本，因爲在好古堂書畫記及書目上證明他不是一個窮人。就算他的著作卷帙太多，或因他沒有及身寫定而不刻，也必有許多的鈔本。何以四庫總目上只把他的庸言錄存了目，其他連存目也數不上呢？這很明白，他的懷疑古書和攻擊古經師的態度不爲四庫館諸臣所容，或竟被銷燬了；他們又慮後人有贊同其說的，故卽于庸言錄的提要上作總括的一罵，以見其人之不足取。實在淸學到了乾隆時，古代的偶像又喚起來了，淸初的實事求是的風氣已變成信守漢人師說的風氣了。只有僞古文尙書，因爲它起在魏晉間，數不到漢，沒有漢代的權威者爲它保護，又以它的宗師是王肅，適爲漢學宗主鄭玄學派的敵人，又以當時大師惠棟亦曾繼續閻氏之業而爲古文尙書考，故他們對于淸初提出的許多辨僞問題只有僞古文尙書一案是承受了的。姚氏太勇了，什麼書都要疑，自然應給他們排斥。

他的傳狀，我們找不到。現在姑把毛奇齡的西河詩話和吳振棫的杭郡詩輯中兩段文字寫在這裏，權當他的小傳：

亡兄大千爲仁和廣文，嘗曰，『仁和祗一學者，猶是新安人。』謂姚際恒也。予嘗作何氏存心堂藏書序以似兄，兄曰，『何氏藏書不幾，不過如姚立方腹笥已耳！』

立方，際恆字。及予歸田後作大學證文，偶言『「小學」是寫字之學，並非「少儀」「幼學」之謂，不知朱子何據竟目爲童學，且裒然造成一書，果是何說？』立方應聲答，『朱所據者白虎通也。然白虎通所記正指字學，誠不知朱子何故襲此二字。』因略舉唐宋後稱『小學』者數處。皆歷歷不謬。坐客相顧皆茫然。則度越時賢遠矣。第是時兄已死，予述兄語示立方，立方即贈予長律二十韻，……其情詞篤實；始知亡兄非輕許人者。（西河詩話卷四）

姚際恆，字立方，號首源，錢塘監生。……首源博究羣書，撑腸萬卷。……既而盡棄詞章之學，專精治經。年五十，曰，『向平婚嫁畢而游五嶽；予婚嫁畢而治九經。』遂屏人事，閱十四年而書成，名曰九經通論，凡一百六十三卷。又著庸言錄若干卷，雜論經史理學諸子，末附古今僞書考，持論極嚴覈。其家構海峯閣，西牕面湖，簷際懸舊窰霽紅椀，夕陽映射，一室皆作霞光。有西牕絕句云，『高閣虛明木榻施，晝間兀坐每移時。湖山一角當牕面，烟樹殘霞晚更宜。』（國朝杭郡詩輯，前段與武林道古錄略同。）

從這兩段記載裏，我們可以知道幾件事實：（一）他是徽州人而住在杭州的；（二）他五十以後始專力治經，閱十四年而成九經通論；（三）古今僞書考是庸言錄的一個附錄；（四）他是一個很有藝術意味的人。

他的生年，可從閻若璩的尚書古文疏證裏尋到。文云：

癸酉冬，薄游西冷，聞休寧姚際恆，字立方，閉戶著書，攻僞古文。蕭山毛大可告余，『此子之廖偁也；日望子來。不可不見之。』介以交余。少余十一歲。出示其書，凡十卷，亦有失有得。失與上梅氏郝氏同；得則多超人意見外。喜而手自繕寫，散各條下。（卷八）

閻若璩是崇禎九年（丙子，一六三六）生的，姚氏比他小十一歲，則是生于順治四年（丁亥，一六四七。）他們兩人相遇在康熙三二（癸酉，一六九三。）是年閻氏年五十八，姚氏年四十七。當他四十七歲時，所著攻僞古文的書已成十卷了，可見他並不剿襲閻氏之說，只是不謀而合；又可見他研究經學並不很遲。或者他在九經通論中先成古文尚書通論，故閻氏見他，但提此書；朱彝尊的經義考中亦但著錄其古文尚書別僞例。他成了此書之後，就用了研究僞古文尚書的方法，再去研究別種經書。（詩經通論自序作于康熙四十四年，乙酉，一七零五；春秋通論自序作于康熙四十六年，丁亥，一七〇七。）當他六十四歲（康熙四九，庚寅，一七一〇）九經通論脫稿時，閻氏已死了六年了，朱氏也于上一年死了。再過幾年，學術的重心移到惠棟戴震的身上，清初的辨僞運動便成了『過時貨』了。所以姚氏的學問，此後就不聽到別人談起，除了杭世駿之外，乾嘉學者再沒有引用他的片詞隻語的。到四庫館一開，學術思想更統一了，他便沒有立錐之地了。

他的卒年無考。我們只能從上條知道在一七一〇年以後。但前年柳翼謀先生（詒徵）在好古堂書目跋中謂參之以姚之駰序，必卒于康熙五十四年乙未（一七一五）之前。按姚之駰序云（此序多誤字脫字，今以意增改，加括弧以別之）：

自柱下盛文史，而後代侈言藏書；秘閣而外，若車，若庫，若架，若倉，不知幾千萬卷也。然人之于書，多藏者未必善讀；雖有十行俱下之目，而吏事倥偬，酬應紛如，彼別架壘窗者徒侍束脩耳（此四字有誤）而已。故侈言藏書者，名也。若予世父首源先生則不然。先生首束髮受書，已能沉酣故籍；乃一生坎壈，兀兀窮年，惟日手一編枯坐。先世既有藏書，乃口（更）搜之市肆，布口（函）巾箱，口口（汗牛）充棟；久之而插架者與腹笥俱富矣。然則千古之多藏而善讀者孰如首源先生哉！先生于暇時錄其書於簿籍，計如口（干）；卷予小子受而讀之，爲寫副墨。口（至）子（于）先生乎（手）著，幾於等身，皆從藏書中咀華嗽潤而出之者也，故謹附錄於後。

康熙乙未秋杪，錢塘姚之駰敬題于露滌齋。

這篇序上有『一生坎壈』之語，或可作爲在他卒後之證。但味『先生于暇時錄其書於簿籍，……予小子受而讀之』之言，又若生存時語，似乎姚際恆編好之後他即去借鈔的。且序中但云『世父』而不加一『先』字，似亦非卒後的確證。我們姑且把他的卒年作爲懸案罷。

序中說，『先生手著幾於等身，……故謹附錄於後，』則此書之末原有一姚際恆著書詳目。但八千卷樓的鈔本裏竟爾缺去，這眞是十分可惜的。

自從鮑廷博爲了同鄉的關係（都是徽州人而住在杭州的），把他的古今僞書考從庸言錄裏分析出來，（所以分析的緣故，當因庸言錄已爲四庫館所痛斥而不敢刻），刻在知不足齋叢書裏，他的姓名纔『若存若亡』于學術界中。自從張之洞在書目答問裏錄此書于目錄類，又於輶軒語中稱此書爲『簡便易看，爲讀諸子之門徑』，纔激起初學者的注意。近年來，他的著作交了好運了。詩經通論，成都有重刻本了。古今僞書考，重刻和翻印的有五六種本子了，（此數種中，以沔陽盧氏愼始基齋叢書所刻爲善），且有替他作箋釋及重考的了。好古堂書目，南京國學圖書館中也影印出來了。學之顯晦有時，我們雖不能看見他的全璧，但卽在此一鱗一爪之間，也可以感受他的偉大的器局。

現在，我們編錄辨僞叢刊，又把此書標點印行。承韓叔信先生的好意，助我校點，敬致謝忱。以前以作的箋注所以不附入者，因爲我們已豫備編輯羣經辨僞集說，諸子辨僞集說……等書，覺得不必爲這本小書裝上一個大尾巴了。

十六年前，我曾手寫此書，作了一跋。現在見解雖有變遷，而此篇大體可存，故仍置於本書之後。又姚名達先生所造宋胡姚三家所論列古書對照表，因爲我們的辨僞叢刊已把這三家的書依次刊出，故亦列爲附錄，以便讀者對勘。承名達先生允許我們編入本册，並此道感。

顧頡剛

按此書現已出版，校勘謹嚴，標點精確，治國故者，不可不人手一編也。

編者

燕京學報

俄領西土耳其斯坦與中國在歷史上之關係

韓叔信

(一)引言

近因蘇聯西土鐵路建築之成功，頗引起國人對於西北邊防之注意。天津大公報及庸報數載蘇聯建築西土鐵路之紀事，使吾人對於該路經過地方之概況，藉以明瞭不少。庸報二戈君所著之蘇聯建築西土鐵路之動機及國聞週報毓燕君所作之蘇俄西土鐵路經濟與軍事上之重大意義二文，尤為令人對於邊圉有所警惕之作。吳與張介壽君於本年七月二十二日大公報更作為西土鐵路敬告國人一文，向南北當局作種種研究西北邊界問題之建議，其用意固為佳美，但於今日變亂不已之中國，似非易言易為之事也，吾人固已希望其能實現矣。

張君謂「俄領土耳其斯坦的名稱，雖在英美德俄意諸書中，時常道及，而在我國公私文集中，總稱為哈薩克及布魯特二部落。該兩部落向為伊犁將軍之管轄地，不過俄國乘咸豐同治兩朝粵捻之內亂，遂將該地掠為已有。……今蘇聯政府之築成所謂西土鐵路，亦仍襲帝俄時代乘中國內戰方殷之故智，擅占人之土地」。張君此言，甚屬模糊，對於俄領土耳其斯坦與中國在歷史上之關係，似乎不甚清楚，因俄領土耳其斯坦，西人恒稱之為西土耳其斯坦（West Turkestan），中國之新疆則稱之為東土耳其斯坦（East Turkestan），與中國歷代之稱呼完全不同。在我國公私文集中，西土耳其斯坦之稱呼亦因時而異，名目頗為複雜，哈薩克及布魯特，乃清代之名稱，非中國歷代之總稱也。

俄國之領有西土耳其斯坦，亦非始自咸豐同治兩朝，於一七〇三年（康熙四十二年）即開始經營，前後探險數次，作為後日前往征伐之準備。一八五五年（咸豐五年）俄皇尼古拉死，亞利山大第二即位後，遂採取積極侵略政策。其間大小戰爭凡數十次，於一八九一年（光緒十七年）俄將英諾夫（Yonnoff）率騎千餘進據帕米爾西北部後，西土耳其斯坦全地，始盡為俄人所有。今日蘇聯之建築西土鐵路，不過完成帝俄時代之計劃，以期開發其久已佔有之西土耳其斯坦（經濟的）並對我新疆加以威脅（政治的）而已。「今蘇聯政府仍襲帝俄時代乘中國內戰方殷之故智，擅占人之土地」之言，張君似未加以深察也。

然西土鐵路之成功，實與我國西北邊防有莫大之關係，二戈君及毓燕君之文，已論及之，（時事月報第三卷第二期趙鏡元君所作之土西鐵路之完成與其影響一文，亦可參看）

，茲不贅述。吾今所欲言者，乃俄領西土耳其斯坦與中國在歷史上之關係，期國人知今日蘇聯建築鐵路之西土耳其斯坦，卽昔日與中國有密切交通之地方，只因國人對於邊防向不注意，遂漸漸落於俄人之手，吾人今後如仍漠視邊防之重要，則新疆西藏等地，恐將來亦非中國所有矣。

(二)西土耳其斯坦之地理概況

於敘述西土耳其斯坦與中國之歷史關係以前，吾人可將其地理概況略述之如下：

西土耳其斯坦亦稱爲中央亞細亞，其位置，適居西伯利亞及伊蘭高原之間，西濱裏海，東鄰我國之新疆，北界西伯利亞之高原(Steppes)，南與波斯，阿富汗及印度之一角相接，爲一沙漠與高原及山嶺形成之地。氣候純爲大陸性，寒暖時變，雨澤不均，而乾燥特甚，又有沙漠之熱風，旅行遇之多險。

其地勢大都平坦，多沙漠，其最著者爲基窪沙漠（Desert of Khiva)，在西土耳其斯坦之南部。東南兩方面略有山脈，其最大者爲興都庫什山脈（Hindu Kush Mts）及天山山脈（Thian Shan Mts）。因山脈偏於東方，故河流多向西注，瀦成大澤者三：一爲裏海（Caspian Sea），深二千三百餘尺，在西土耳其斯坦之西境。二爲鹹海（Aral Sea），在西土耳其斯坦之中部，位於裏海之東。三爲巴爾克什湖（L.Balkash)，在西土耳其斯坦之東境，爲三大澤之最小者

境內河流甚多，其大者有五：一爲阿毋河(Amu Daria)，發源於帕米爾高原，長約二千七百英哩，經 Alai Tagh 山脈，過 Kilif 及 Khiva 等地向北，注入鹹海。二爲錫爾河（Syr Daira)，發源於天山以西之 petrott Glacier 地方，長約一千五百英哩，經 Turkestan 及 Kazalinsk 諸城，亦注入鹹海。三爲朱河(Chu River)，爲多數小河所聚成，發源於天山以北及 Issyk kul 湖以南之地，長約七百英哩，流入 Desert giri。四爲伊犂河（Ili River），發源於 Boro-khoro 及天山之交界處，長約七百餘英哩，注入巴爾克什湖。五爲烏拉河(Ural River)，發源於烏拉山之 Tobol 地方，長約八百英哩，在西土耳其斯坦之西北角，流入裏海。此外如 Zerafshan, Talas, Emba, Turgai, Irghiz, Sarai-su 等河，亦爲境內重要之河流，不過其長度皆較以上所述五河爲小耳。

境內城邑之大者凡六：一爲塔什干城(Tashkend)，在西土耳其斯坦之東南角，爲中亞之首邑。二爲浩罕城(Kokand)，在塔什干之東南。三爲撒馬爾罕城(Samarkand)，在塔什干之西南，出產甚豐。四爲布哈拉城(Bokhara)，在撒馬爾罕之西，爲中亞回教之中心。五爲土耳其斯坦城(Turkestan)、在錫爾河之上游，爲中亞大城之一。六爲基窪城(Khiva)，在阿母河之下游，亦爲回敎徒匯聚之地。他若裏海東岸之 Krasnovodsk 城及南部之 Merv 城，在西土耳其斯坦城市中，亦有相當之重要。

西土耳其斯坦之人種，頗爲複雜，相傳最初居住該地者爲米索波大米亞人。現在之人種，多爲土耳其族 (Turks)，奉回敎，業遊牧，無一定之居所；其濱河之民，亦有兼營耕種者。土耳其族人之支派可分爲三：一爲 Kirghiz 派，內分爲兩支(一)爲 Kara-kirghiz 多居於山中，爲遊牧民族，其數目甚少。(二)爲 Kirghiz-Tartats，人類較多，亦爲遊牧民族，多居於裏海與鹹海之間。二爲 Usbegs 派，爲農業民族，多居於 Bakhara 及 Khiva 一帶。三爲 Turkomans 派，內中包含數個部落，居於阿母河以西及 Kepet Dagh 以北之地，更有居於 Khiva 以北及 Ust Urt 等地者。

因境內多沙漠，故交通不甚方便，平常多以馬及駱駝爲運輸之媒介。自俄國領有該地後，即建築外裏海鐵道，自裏海東岸之 Krasnovodsk 起，經 Merv, Bokhara, Samarkand 等城，直達我國新疆境外之 Kokand 城，可謂橫貫全部。由 Merv 向南之支線，可通阿富汗。由 Samarkand 經 Tashkand 之支線，可達奧林堡 (Orenburg) 而與西伯利亞鐵道相接；今日之西土鐵路，乃由西伯利亞 Omsk 支線之西米巴拉丁斯克站至與此支線相連之魯戈維亞站接連而成者也。

(三)中國與西土耳其斯坦之歷史的關係

西土耳其斯坦與中國初次發生關係，相傳始自帝堯時代，竹書紀年卷上謂「帝堯陶唐氏十六年，渠搜氏來賓」，此處之「渠搜」，據張星烺先生之研究，當在今西土耳其斯坦之費爾加拿 (Ferghana) 地方，竹書紀年之言果確，則帝堯時代中國即與西土耳其斯坦發生交通矣。此外，「渠搜」之名復見於禹貢與周書，似夏周二代，亦有交通之事實。穆天子傳曾記穆王遊「西王母」之邦，東西學者雖對「西王母」之解釋不同，然據張星烺先生之意見，則謂「西王母」之地，在今西土耳其斯坦之撒馬兒罕附近(見中西交通史料匯篇第一冊)，如其言可信，則穆王之西遊，可謂中國與西土耳其斯坦之交通史上之一大奇觀。然以上所引諸書之紀事，傳說之成分居多，可信之成分甚少，不可冒然稱之爲信史，吾人若據以斷定中國與西土耳其斯坦在三代以前即發生關係，則未免失當，但謂其與中國在秦以前即有交通，似可無疑也。

然則中國與西土耳其斯坦有正式交通果在何時乎？曰當始自西漢。自漢而後，中國歷代皆與之有交通。據史記大宛傳及漢書西域傳之記載，西土耳其斯坦在兩漢時代，爲大宛，康居二國之全境，烏孫之西部及大月氏與安息之北部，漢武帝時曾遣張騫出使其地。謂大宛（即費爾加拿地方）通漢以後，漢數遣使前往。武帝並以求宛善馬不得，致以李廣利爲貳師將軍發兵攻大宛，至宛人殺其王以降，始代立昧蔡爲宛王而去，時紀元前一〇二年也。歲餘，宛貴人殺昧蔡而立蟬封爲宛王，蟬封遣其子入質於漢，漢因遣使賂賜，以鎭撫之。

張騫出使西域前後凡三次，其第三次使西域時，曾將三百人入烏孫（在今天山南北路巴爾克什湖以東），烏孫王昆莫見漢使如單于禮，騫大慙，乃曰「天子致賜，王不拜則還賜」，昆莫起拜，賜其物如故。當張騫到烏孫以後，嘗遣使報漢，見漢人衆國富，歸國後，益對漢尊敬。後又與漢和親，於宣帝本始二年（西紀元前七二年），出兵與漢東西夾攻匈奴，大破之。

康居爲西土耳其斯坦之吉爾吉思荒原，張騫第一次出使西域時曾入其地。漢宣帝時，匈奴內亂，五單于並爭，漢擁立呼韓邪單于，而郅支單于怨望，殺漢使者，西奔康居。其後都護甘延壽，副校尉陳湯發戍卒及西域諸國兵，至康居誅滅郅支單于，此漢元帝建昭三年事也。至成帝時康居遣子侍漢貢獻，然自以絕遠獨驕嫚，不肯拜漢使者，都護郭舜數上言請歸其侍子，絕勿復使，以章漢家不通無禮之國。然漢終優容之，而不與絕。

大月氏之北部爲今鹹海以東之地，介於安息，大宛及康居之間。張騫第一次出使西域時，曾由大宛經康居而入大月氏，並賜以金帛。東漢班超西征時，曾助漢擊車師有功，貢奉珍寶符拔獅子，因求婚於漢公主，班超拒還其使，月氏由是怨恨，乃於漢和帝永元二年（西九十年）發兵七萬攻超，超雖兵少，終以計勝之，由是歲奉貢獻。

漢代安息國土之在西土耳其斯坦者，爲特萠開斯瀕地方。史記大宛傳條支項下，謂「漢使至安息，安息王令將二萬騎迎於東界」，當漢使辭歸時，並遣使隨漢使東來，以觀光漢土，其對漢之尊崇，可謂備至矣。

東漢之後，三國曹魏時代，西土耳其斯坦之康居，烏孫，月氏等國，無歲不奉朝貢，略如漢代故事。但至兩晉南北朝時代，環境爲之一變，其國名已不完全與漢代相同，與中國交通之機會亦比漢代爲少。據魏書卷一〇二西域列傳之記載，當時該地大國凡五：一曰烏孫，嘗於魏太延三年（西四四七年），遣使者董琬等使其國，後每遣使入貢。二曰悅般，在烏孫之北，臨巴爾喀什湖，其先匈奴北單于之部落也。魏世祖曾造兵助其討蠕蠕，自後乃每歲入貢。三曰破洛那，即漢之大宛也。嘗遣使中國獻汗血馬，其後每使朝貢。四曰者舌，即漢代之康居，國在破洛那西北，太延三年（西四四七）•遣使朝貢，自是不絕。五曰嚈噠　在阿毋河北岸。自魏太安以後，每遣使朝貢。

至隋唐時代，西土耳其斯坦之情形，又復與南北朝時代不同。在隋時其地爲西突厥之領土，內分鏺汗，史，安，穆，康，曹，何，石，米等等小國。在唐時除原有之石，安•康，史等國外，又有畢國，東曹，中曹，西曹之名稱。茲據中國史書所載，略述其與中國之關係如左：

鏺汗國，即古之渠搜國，隋大業中，曾遣使貢方物（見隋書卷八十三）。

米國，在阿毋河北，舊康居之地。隋大業中，頻貢方物（見隋書卷八十三）。

史國，在康居之南，舊康居地也。大業中遣使貢方物（隋書卷八十三）。

曹國，舊康居之地，大業中，遣使貢方物（同上）。

何國，亦爲舊康居之地，大業中，亦曾來貢方物（同上）。

穆國，在烏滸河（即阿毋河）之西，爲安息故地，大業中遣使貢方物（同上）。

康國，在撒馬兒罕地方，康居之後也。隋時，其王屈木支娶突厥女，遂臣突厥。唐貞觀五年，遣使請臣，卻不受。後又遣使獻獅子獸，太宗珍其遠，自是歲入貢。高宗永徽時，以其地爲康居都督府，即授其王拂呼縵爲都督。萬歲通天中，又以其首領篤娑鉢提爲王。開元初，入貢鎖子鎧等物。其王烏勒伽與大食戰，不勝，來乞師，天子不許。久之，請封其子咄曷爲曹王，默啜爲米王，詔許。烏勒伽死，唐遣使立咄曷繼之，封爲欽化王（見隋書卷八十三及新唐書西域列傳）。

安國，在今布哈拉地方爲，康國所分之庶王國。隋煬帝即位之後，曾遣司隸從事杜行滿使西域，至其國得五色鹽而返（隋書卷八十三）。唐開元七年，其王篤薩波提遣使上表，內有「自有安國以來，臣種族相繼，作王不絕……從比年以來，被大食賊，每年侵擾，國土不寧，伏乞天恩滋澤，救臣苦難」等語（見册府元龜卷九九九）。

石國亦與康國同族，地在今塔什干附近。隋大業七年遣使朝貢，其後不復至（見隋書西域傳）。唐開元初，封莫賀咄吐屯爲石國王。九年，伊捺吐屯屈勒嗣立，請討大食，不許（見新唐書卷九九九）。天寶九年，命高仙芝討石國，其王車鼻施約降，仙芝爲浮，獻闕下，斬之。自是西域不服（新唐書卷一百三十五高仙芝專）。通鑑卷二百十六唐紀，並謂：

仙芝之虜石國王也，石國王子逃詣諸胡，具告仙芝欺誘貪暴之狀，諸胡皆怒，潛引大食（即阿拉伯），欲共攻四鎮。仙芝聞之，將蕃漢三萬衆擊大食。深入七百餘里，至恒羅斯城（即今颯立阿搭 Aulie-Ata），與大食遇，相持五日，葛羅祿部衆叛，與大食夾攻唐軍，仙芝大敗，士卒死亡略盡，所餘纔數千人。

高仙芝此戰，其損失不可謂不大，其對於中西文化之影響，亦不可謂不大！姚士鰲君在其中國造紙術輸入歐州考一文中，謂唐代盛時，嘗置安西四鎮節度使，使統轄天山南北路及西土耳其斯坦之一部。駐師屯兵，推行漢化，造紙術亦隨之傳至西域。高仙芝之敗於大食也，中國兵士中有能造紙者若干人，竟為阿拉伯人所俘，因此，中國之造紙術遂傳入阿拉伯帝國所領有之撒馬兒罕。阿拉伯人於其地設造紙廠，不久即傳造紙法於阿拉伯帝國各地。並由北非西入歐洲之西班牙，義大利，法蘭西，十三世紀時，造紙術已通行全歐，因助成歐洲之活字板印書，並促成文藝復興與宗教改革之實現（見輔仁學誌第一卷第一期）。高仙芝此戰之重要性，在中西交通史上，實為可大書而特書者。

隋唐時代，西土耳其斯坦各小國與中國之關係，其可考者，已盡在於斯，今再試述其在宋代與中國之關係。西土耳其斯坦在宋代與中國交通之事蹟頗少，因其地時為居於吉爾吉思荒原之塞爾柱克人所侵，呼羅珊，阿母河北岸撒馬兒罕及布哈拉諸城，相繼被其征服。但不久塞爾柱克本朝即亡。據中國史書之記載，宋時西土耳其斯坦之大國為西遼與回紇王國，但與中國俱少來往。金史卷一百二十四烏古孫仲端傳，謂金曾遣烏古孫仲端使西域，歸而作北使記以記其事。吾雖知其「踰葱嶺，至西域」，但於其所經各地之名稱，則頗難明瞭也。

至蒙古勃起塞北，中國與西土耳其斯坦之交通始又漸繁，於其未完全克服中國本部以前，即對於西土耳其斯坦開始經營。成吉思汗十三年（西一二一八）發兵大舉西征，十四年秋，進兵至錫爾河畔，圍訛脫喇兒城，分兵攻撒馬兒罕及布哈拉等地，皆破之。一二二〇年，阿母河與錫爾河流域，悉入於蒙古版圖。成吉思汗死後，將征服諸地，分封其諸子，領有西土耳其斯坦者，察合台汗國佔有費爾加拿及錫爾達利亞二省；伊兒汗國佔有特蘭開斯瀕省；欽察汗國得鹹海附近地方及錫爾河以北之一小部。此即元代西北汗國之所由來也（參看張星烺先生西北三藩源流略記）。

中國與西土耳其斯坦之關係，在元代既如此密切，故中國人之遊其地者為數甚多。西遊諸家之著作，如耶律楚材之西遊錄，長春眞人（丘處機）之西遊記　常德之西使記，耶律希亮之避難西域記等，皆對於西土耳其斯坦有所記載，誠爲研究西土耳其斯坦與中國之歷史關係者所不可不讀者也。

元時西土耳其斯坦人之入仕中國者亦復不少，或爲軍隊大將，或爲朝廷謀臣，在當時之政治地位，實較漢人爲大，吾人如稍一翻閱元史，即可瞭然胸中也。

元末，察台台汗國分裂爲東西二國，西國統轄阿毋河以北諸地，東國統轄新彊準部諸地。因國之分裂，內爭屢起，西國尤亂，至帖木兒秉政，亂事始定。於明太祖洪武三年（西一三七〇）帖木兒定都於撒馬兒罕，並先後出征哲太等國，伊兒汗國亦爲其所滅。明史卷三百三十二西域傳謂「洪武中，太祖欲通西域，屢遣使招諭，而遐方君長，未有至者。二十年四月，帖木兒首遣回回滿剌哈非忠等來朝，貢馬十五，駝二。詔宴其使，賜白金十有八錠。自是頻歲貢馬駝。二十五年，兼貢絨六匹，青梭幅九匹，紅綠撒哈剌各二匹，及鑌鐵，刀劍，甲冑諸物。而其國中回回又自驅馬抵涼州互市，帝不許，令赴京鬻之。」「二十七年八月，帖木兒貢馬二百。明年，命給事中傅安等齎璽書帛報之。其貢馬一歲再至，以千計，並賜寶鈔償之。」

明成祖即位後，嘗遣使敕諭其國。永樂三年，傅安等尙未還。而明廷聞帖木兒假道別失八里率兵東來，乃敕甘肅總兵官宋晟加以儆備。五年六月，安等還，其王（時帖木兒已死，其孫哈里嗣位）遣使隨入貢。自後或比年，或間一歲，或三歲，輒入貢。永樂十三年，遣使隨李達陳誠等入貢。暨辭歸，命誠及中官魯安偕往，賜其頭目兀魯伯等白銀綵幣。其國復遣使隨誠等入貢。十八年，復命誠及中官郭敬齎敕及綵幣報之。陳誠曾著使西域記以記其出使之經過，並對於撒馬兒罕之情形，有所說明。

自永樂以後，中國數遣使使撒馬兒罕，其政治頭目亦屢遣使入貢，前後不下數十次，迄萬歷中不絕。

除撒馬兒罕之外，明與之有交通者，尙有沙鹿海牙，達什干（即塔什干），賽藍，養夷，渴石，迭里迷，卜花兒，俺都淮，八答黑商諸地。據明史西域傳四（卷三百三十二）之記載，李達陳誠等皆曾使以上各地，各地亦嘗遣使來貢方物。

明亡後，西土耳其斯坦與中國之交通一時中絕，但不久即與清廷發生關係。當清初時，西土耳其斯坦各地之名稱，已完全變更，巴爾喀什湖周圍，稱之爲哈薩克；伊犂河流域，稱之爲厄魯特；葱嶺以西又有所謂霍罕（即浩罕），布哈爾（即不哈拉），布魯特等等稱呼。

據西陲要略卷四（清粵雅堂叢書）之紀載，哈薩克爲康居故地，清初爲準噶爾所阻，未能與中國交通，乾隆二十二年(西一七五七)，清廷派兵追剿阿睦爾撒納時，曾直入其境，於是乃得與中國相通。其左部汗阿布賚稱臣內屬，受封爵，尋遣使扎噶喇等入貢。是年秋，參贊大臣富德，率兵追捕準部餘黨，會哈薩克錫拉至左部境與塔什罕部構釁互攻，因遣使入其陣宣諭威德，二部皆悔悟息爭，於是右部汗阿布勒比斯即日遣使入貢 左部汗阿布賚先後遣其從子俄羅斯蘇爾統(蘇爾統者，其汗近族之貴稱也)，都勒特赫勒蘇爾統，其子斡里蘇爾統等入覲，清廷優獎之。乾隆四十七年(西一七八二)，阿布賚卒 封其子斡里爲汗，其後朝貢不絕。

西陲要略又謂布魯特爲回部別族，與中土聲敎不通。乾隆二十三年(西一七五八)，清兵討布喇尼敦霍集占時，將軍兆惠以搜捕伊犁餘孽，曾道經布魯特界。其酋長圖魯起拜等遣道自陳咸願內屬，事聞，清廷以其望風歸服，特允其遣使入覲。比使至，優加宴賚，並免其納賦，布魯特不勝感激。其後又助清兵征服喀什噶爾，其大小頭目，由喀什噶爾參贊大臣奏請放給翎頂二品至七品有差，自是每歲遣入貢方物。

至清兵戡定新疆全境，西土耳其斯坦之霍罕，布哈爾，塔什罕諸部，亦先後歸服。清廷以羈縻政策對待之，除每歲接收其貢物外，其他事件，則概不注意也。至西土耳其斯坦爲俄人所有，其與中國之關係遂漸絕。

(四)結語

以上所述種種，不過僅就中國史書之記載，略述其大概而已，實不能盡其萬一也。讀者如欲知其詳，請讀張星烺先生之中西交通史料匯篇第五篇，即可窺其全豹，惟惜其對於清代史料，付之闕如耳。雖然，吾人由此斷片之記載，對於西土耳其斯坦與中國之歷史關係，已可大略想見矣。蓋中國史書雖未對其地作有系統的敘述，但於歷代莫不與之有相當交通一事，則可斷言其千眞萬確。第以中國統治屬地之方法不良，致不能有所開發，又因交通之不便，亦不得不任其自然，中國自漢至淸，莫不如是也。逮清室衰敗，威力不振，內憂外患，交相侵擾，對於西北邊陲，更無暇兼顧。於是俄人對於西土耳其斯坦乃努力經營之，本以往探險之成績，相繼加之以討伐，西土耳其斯坦全地，遂漸爲帝俄所吞食。昔日與我有歷史關係之土地，今蘇聯且於其上建築鐵路以謀經濟上之發展，並對我新疆加以威脅矣！凡我國人豈可對邊防不加之意乎?!

一九三〇，七，二五。

韓君此文，已刊載於天津大公報社會科學副刊第十九期，茲以其考証翔確，敘述扼要，爲治中西交通史者所不可不讀，故得韓君允許，轉載於此。

編者

附錄

燕大歷史學會一年來工作概況

本會經始於十六年秋，中經停輟，至前歲而復興，其進行之概況已詳於上期年報矣。隙駟電馳，寒暑又易，本會發展之經過不能無述，謹就其犖犖大端要略誌之，以資他日之稽考，兼爲關心本會者告焉。

本年本會之最引爲大幸者，爲良師益友之聯袂齊來。敎授方面，新加入者爲顧頡剛，陸懋德，諸先生。顧陸二先生皆當代大師，久負盛譽，今皆主講本校，同學親炙大儒，所得者深矣。同學方面則齊魯史學系同學又於寒假後來此共讀，切磋之益，同人所獲者尤多。以良師益友之多方匡助，本會之發展，遂較往年爲尤猛：

（一）演講　本年延請校外著名史學家演講計二次。第一次演講者爲清華史學系主任蔣廷黻先生，講題爲『鴉片戰爭之意外結果』，詳述此役所以未引起政治之種種原因，議論風生，聆者惟恐其言之畢也。第二次演講者爲清華校長羅家倫先生，講題爲『太平天國』，於太平天國興亡之經過，及其內部組織，考覈精確，推闡綦詳，其詮釋因果，亦多新解。本年延請名人演講次數雖不多，然每一演講同學皆獲一演講之益，迥非浮浮泛泛者可比，此亦未始非愼重延請之功也。聽講者除本系同學外，他系同學參加者極爲踴躍，後至無座者皆兀立後方不肯去，此固足徵同學對於講演者之欽仰，亦本會之所深引爲樂幸者也。

（二）參觀　北平爲歷代國都者垂六百年，古蹟古物，在在皆是。故論者謂北平爲天然研究歷史之地。吾等既幸處此優美環境，安能坐失良機？故本會成立之初，卽汲汲於是。本年內所參觀者內有大高殿及北大國學研究所之檔案，故宮文獻館之四庫全書，團城之玉佛，地質調查所所陳列之新石器時代之石器陶器，及中央研究院歷史言語研究所新由河南發現之殷代遺物。目睹先民之遺譯，益發思古之幽情，所得印像之深，遠出書本之上。每次參觀皆蒙顧先生預爲計畫接洽，臨時又蒙躬臨代爲解釋一切，殷殷之意可感也。

（三）出版　本會之刋行史學年報，始於去年，所以裒集本系師生一得之愚，以就正於海內外同好者也。第一期出版後，旋即售罄，足徵大雅之不棄。今第二期又與世相見矣。內容如何，讀者自有定評，非本會之所敢知，然較之上期，或不無寸進。此區區者固不足以自滿，然亦諸師匡助，會員努力之結果也，編輯者庸敢忘乎？謹誌於此，以表謝忱。

迴溯一年來之經過，各種工作皆有進步之趨勢，此最可喜之現象也。天下之事，不患其發端之微，而患其故我依然，永無進境，或甚而日趨於衰頹；吾等即毫無成績，僅有此種精神，前途亦未可限量，況成績斐然，有不容過自菲薄者乎？如何即此成績，本此精神，順此趨勢，將吾國史學發揚之，光大之，是在我全體會員今後之努力，願同學共勉旃！

編者　十九，八，九。

古史辨第三冊擬目

豫定民國二十年四月出版　北平景山東街十七號樸社發行

印行辨僞叢刊緣起

研究歷史，首須審查史料以去僞存眞。 一切文籍器物莫非史料，莫不待審查，故考訂之學興焉。 我國古籍至繁・僞者亦衆・苟不於著作人・著作時代・及其所記者之然否一一辨明之，則僞品得以肆其欺罔，作史者必將錯認虛言以爲實事，而奉世之人胥受其愚矣。

前代學者對于此等問題之討論，積累已多；惜其散在各書，不易檢覽。 民國十年，胡適之，錢玄同，顧頡剛諸先生創議編輯辨僞叢刊，欲將零星材料薈萃一編，以鼓起學術界審查史料之勇氣。 八載以來，所搜輯者已得數百萬言；並集合各種本子，加以校勘，期於寫成定本。 積稿隱身，未付剞劂。 今由敝社約定，陸續刊行。 自十八年冬間起，至少月出一種。

此書編纂，有如其他叢書，一仍原著之舊。 惟對于大部書之不盡關於辨僞者，則摘錄之。 至單本小册，雖不盡關於辨僞，而一加刪削將致零星不成書者，姑舉全文刊之。

將來此叢刊告一結束之後，當重事編纂，以所辨之書爲綱，以歷代各家之辨說爲目，庶僞迹受十手之指而無所遁形，且以見後人研究方法之精密及其功力之深邃蓋如何突過於前人也。

景山書社啓

欲得本社詳細書目，請賜函示知地址，當即奉寄。

b. They state that they are using sources, but they do not name them.

c. They name their sources, but vaguely, not indicating the exact reference, etc.

d. They indicate their sources clearly and precisely.

When I write an article or a book, I must expect my reader to have the same attitude of distrust toward my statements. I have no right to take the position: "I am an honest person and a trained scholar, therefore my readers can take my word for what I write." No, I must state where I have got my information, how I have used it, whether I have exhausted all sources of information, and if not, which ones I have left out, etc., etc. I should say as many as possible of those things in the text itself. What cannot go into the text goes into the footnotes, the introductory bibliography and the preface.

And I should indicate my sources very clearly and precisely: stating exactly the author's name, the title, the edition, etc. in my bibliograbhy; indicating with precision the page or the paragraph in my footnotes.

This requires constant attention and takes a very large amount of time, but it is indispensable. I should not only use my sources truthfully, discriminatingly, and systematically, but also enable my reader to verify that I have done so.

There is some difficulty in knowing how to refer to a source with which I have become acquainted through its being quoted by another writer.

The best way is to hunt up the complete original source from which the quotation is made and to find the particular passage. Then I should quote directly from the original source. That gives me the right to indicate the original source as my reference. I need to mention the writer who made me acquainted with the original source only if his discovery of the passage is very remarkable. Of course, there should be some place in my preface or my bibliography, in which I acknowledge the services rendered to me by the secondary works which have introduced me to original sources.

If the text or the translation quoted in the secondary work is better than that in the complete edition of the original source, I may adopt it, but then I must indicate the name of the author of the secondary work.

If I cannot find the original source, then I should indicate the name of the original source as my reference, but following it I must say: "quoted in. . . . (author and title of the secondary work, and page number).

---

have not been able to find or to use, and by adding to each of those I have used a critical comment stating the quantity and the quality of the information provided to me by the work. I classify these bibliographical notes according to a logical system. I recopy the notes into the formal *bibliography* which is to precede my paper.

12. I write a *preface* or introductory note in which I may state my reasons for choosing the subject, and the method I have followed, especially in my use of the sources.

I decide finally on the *title* of my paper.

I make a complete *table of contents*, giving a list of all the parts of my paper (preface; bibliography; each chapter, with the title and a brief analysis of each; appendices; maps, charts etc.) and indicating the page at which each begins.

Note on the Indication of Sources

The two main technical requirements which claim the persevering attention of the beginner may be said to be: the organization of the materials according to systematic *outline*—a subject on which a good deal has been said under steps 6 and 9—and the correct *indication of sources*. Because the importance of the latter sometimes escapes the beginner, I shall add a few remarks on it.

The fundamental element in the critical spirit of the scholar might be called, in popular language, "distrust"

When I read a book, the critical attitude consists in my distrusting it, in my wanting proofs for every statement it makes, in my insisting to know where the author exhausted all possible sources of information, etc.

We find that writers indicate their sources with varying precision. Here are four ways of doing it, from the worst to the best:

a. They plagiarize, i.e. they hide the fact that they are using somebody else's writing.

headihg in a box with index-cards, in envelopes, or in folders.

While I am working at the outline, I may find points on which I need more information: this will mean resuming work on my reading (step 8) and sometimes on my securing of materials (step 4). I may decide to suppress some points, to develop some, to combine others. Decision as to the relative importance of each part of my study is an essential part of planning.

The ontline must remain flexible. Frequent revisions are necessary. The latest revision of the outline should be kept at the beginning of my notebook or file, and my subject notes should from time to time be rearranged in the order of the latest revision of the outline.

In its final form my outline should mention briefly every fact and every idea thaf are to be mentioned in my paper, so arranged and worded as to make perfectly clear, in definite, positive statements, the solutions I have found to my problems.

10. I *write out* my paper in the most direct and simple style possible, seeking chiefly to be perfectly clear. I should make my main points stand out so that they cannot be missed by the reader.

The source for every statement should be indicated in what will become the foot-note; in the first draft, it is written immediately under the line to which it refers.

As I write out, I find many points on which my thought has been insufficiently thorough, or on which my materials have been insufficient; this means resuming work on steps 4, 8 or 9.

Maps, charts, diagrams, and (if needed) appendices are prepared. as part of my exposition. If possible I secure illustrations.

I read over critically and repeatedly what I have written.

PROLEGOMENA

11. I complete my bibliographical notes by discarding those of books which I

	Literary revolution Fusion of literary evolution with political movement 1919
May 8 1930	Monroe, *China: A Nation in Evolution* 280 "the literary movement coalesced with the political (1919) ...The language of popu lar speech, becoming literary, has become also an instrument of popular reform." 282 "'May 4, 1919...the students and professors of the National university [of Peking]. ..were precipitated into the political move ment..." The political revolutionists became promoters of the new thought tendencies; "the intellectual leaders became involved in the political controversy."

Upper portion of a subject note, with the date when it was made; the numbers at the left indicate pages; the note is indexed at the corner (step 9). The more frequent sizes for subject notes are; 3 x 5 inches, 4 x 6, 8x 10 or 81/2 x11.

9. The work of discovering facts must be accompanied by that of organizing them. As my mind relates each fact to one of my problems, the subject note carrying that fact is classified under the heading of my provisional outline (step 6) which deals with that problem.

I usually find that the problems in my provisional outline need to be sub-divided, and supplemented by new problems, in order to take care of all the facts I have found. I also perceive new relationships between problems and facts. So I enlarge and revise my brief provisional outline into a *detailed outline,* as complete and logical as possible.

Each of my subject-notes should now be indexed at a corner with one of the headings of the detailed outline, and should be filed under that

I should limit very strictly the time devoted to studying the events preceding my subject (my introduction), for there is the danger that the introduction may take up all my time!

NAIN WORK.

8. The preliminary work being now done, I begin to *read* critically my materials, thinking carefully about everything I read. so as to understand what the writer had in mind, and to criticise the value of his statement at the same time; and I make *subject notes* on cards or loose leaves. On one slip I write notes on only one subject. Every note must include the indication of its source. Each slip must be provided with a definite title indicating precisely its contents. Room should be left a corner for the indexing of the slip.

The note may be an exact transcription of a part of the source, or an analysis or summary, or a combination of the two,—an exact citation being clearly marked as such. I should add a brief word of personal comment, to fix the meaning of the note for me, unless the title I have given to the note is sufficient to do so. I must make each note quite clear and complete in itself, to insure that after a few months, I may still perfectly understand its meaning and the reason of my makng it.

In the course of my reading, I shall find references to additional source material, and so shall continue the bibliographical work begun at step 4.

through: In the case of a book, I examine the preface or introduction, the table of contents, the bibliography; and try to understand the system of foot-note references and of indexing used by the author. I check and complete my bibliographical card by comparison with the source itself, and note any facts concerning each source which may help me in my use of it.

I should not expect to be able to secure and to study all the books which may contain important material; I should not be discouraged if I secure and study only a part.

PRELIMINARY PLAN.

6. Having seen a good deal of material about my subject, I should now be ready to let my mind do some creative thinking about it. The quality of my thinking at this point will very largely determine the value of my whole work. So I should give my mind a good chance of doing its best: it should be rested and alert, and should be allowed to work unhurriedly.

Were my questions under step 3 correctly stated? what are the really important problems * in my subject? what are the unsolved problems that arouse most my curiosity and interest? These problems will gradually organize themselves in my mind in a more or less ordered and complete system I should try to become clearly conscious of them and note them in a systematic order as my *provisional outline.* This should be made as full as possible, because during the work of reading it will be easy to forget the ideas I had when my mind was free.

7. I make a tentative plan of the *order of my reading*. Having read a few secondary works already (step2), I should begin as soon as possible on my principle primary sources.

* A historical "problem" is a question of historical facts and of their relationships. I "solve" a historical problem when I am able to state: what I think the facts are, and how I think they are related to one another add to other historical facts.

subject.

It is important to note on my bibliographical cards any critical evaluation which I find: In the case of a classic or other book which has had several editions, judgments as to which are the best editions for text, introduction and notes; in the case of any work, what its value as a source is considered to be.

My main effort should be to find primary sources, i. e., works which have been produced at the time of the events described, by people who were participants or who were very close to the events.

	Monroe, Paul
	China: A Naton in Evolution Macmillan. N.Y.,1928 xvi+447 pp. Ill. Bibl. Index. U.S.$3.50
	"Calm and well balanced...Sympathetic to the Nationalists...fair to all sides" (Tang Leang-Li, *Foundations* 266).
Seen Yenching Libr. Jan. 1930	By the well-known prof. of education at Columbia U. (title-page), a frequent visitor to China (foreword by Alf. Sze).
May 1930	On the "New Tide": 279-283, clear, errors of detail, good interpretative view

A bibliographical card, 3x5 inches, with appreciation found in another work, information about the author, and (step III) student's statement of the quantity and quality of the information extracted for a paper on "The New Thought Tide".

5. I secure information as to the accessibility of the materials on which I have made bibliographical notes. which of them are in the library which is nearest to me? where can I secure the others?

I *secure the materials* which are accessible and look them rapidly

CHOICE OF SUBJECT.

1. Taking into account my knowledge of the background and of the required languages and auxiliary sciences, and the available time, materials and advisers:

   I take a list of several possible subjects;

   I choose a *general subject* within which I hope to find presently a definite, limited subject for my study.

2. I get some *preliminary information* on the general subject by reading two or three short accounts of it. They may be quite brief, e.g., in a text book or in an encyclopedia. I tabulate the main facts, and note any divergences between the different accounts. This preliminary reading will soon suggest some difficulties requiring solution, some interesting questions.

3. I now decide tentatively on my *definite subject* and formulate it as a question, or group of questions, the answers to which I can reasonably hope to discover through my study. I should be prepared to find that as my study proceeds I shall want to restrict my subject (the contrary is possible, but rare in the case of beginners). I should not worry at this time about the formal title of my paper (see step 12).

SEARCH FOR MATERIALS

4. I begin *bibliographical notes,* on library cards, of sources concerning my subject: archeological material, manuscripts, books, pamphlets, articles in encyclopedias, papers in reviews, magazine and newspaper articles, etc.

   Where do I find these sources mentioned? In the bibliographies of the text books and of the encyclopedia articles which I have read for preliminary information (step 2); then in the books mentioned in those books, etc. It is in this gradual way that my bibliographical knowledge should grow; a large bibliography of a subject is of use only to a student who knows already a good many books concerning that

SUGGESTED MAIN STEPS IN THE PREPARATION OF AN HISTORICAL PAPER

PH. DE VARGAS.

These suggestions apply to the usual type of scientific historical paper, technically called *monograph*, i. e. "study of one subject". (Other types are: a bibliographical study pure and simple, the editing of a text, etc.)

The principles of historical method are not dealt with here; they should be studied in an authoritative work such as: Langlois and Seignobos, *Introduction to the Study of History* (377 pp., Duckworth. London). Here only the more external features of historical procedure are indicated in a sort, of skeleton outline. A detailed and suggestive treatment of many of those points is found in: C G. Crump, *History and Historical Research* (178 pp. Boutledge, London). The making of bibliographical notes and of subject notes is exhaustively treated in: Earle W. Dow, *Principles of a Note System for Historical Studies* (124pp., and over 50 full-page examples, Century Co, New York.). What follows is not, however, a summary of Crump, Dow, or any other book. I have simply tried to become conscious of the procedure which I have learnt, mostly unconsciously, from my teachers, and which I have developed in my own work and in discussion with colleagues and with students; and I have tabulated it as briefly as possible. Completeness was naturally out of the question. Some points may be peculiar to myself and unsuitable for other people in the main, however, the procedure here given corresponds to what is usual in modern historical work. I was reassured on this point through convensations with Professor George M. Dutcher of Wesleran University, at the time of his recent visit to Peiping, when I received much help from him. Still, I must request the reader to use his own critical sense and to accept these suggestions simply as an incentive to the development of a technique of his own.

Yenching University, July 28, 1930.

史學彙刊

第三期

商承祚題

史學年報第一期目錄

本期定價大洋三角五分　現已售罄

史學年報第二期目錄

本期定價大洋四角五分

本期目錄

崔東壁書版本表

洪業

崔東壁竭四十年之力以著書，稿必屢改而後定。陳介存竭一生之力，罄一家之財，以爲其師刻書，前後創刻，重刻，修刻，而未竟其志以死。蓋學術史中僅見之事。各刻本，余所見者。僅爲道光六年，板存金華府學之遺書本，嘉慶丁巳原刻之書鈔本，嘉慶乙丑修刻增補之書鈔本。然參檢後人翻印本，及原書所含之序跋函件，而燕，晋，豫，贛，閩，浙，諸本之源流，可得而考焉。友人某君言昔曾見書鈔一部，中粘貼紙條，印修改之文於其上。此書余惜未見，以意度之，丁巳之書鈔曾印四百部，除贈送親友者外，尚有餘本，雖知板應修刻，然不忍棄已印之本，故出粘貼之計也。

甲，以年繫書表（上行書名卷數，皆照自訂目錄。）

1，考信錄提要，二卷。　1822 北京刻定本。

2，補上古考信錄，二卷。　1797 南昌刻三卷本，1822，北京刻定本。

3，唐虞考信錄，四卷。　1808 南昌刻本，1822 北京刻定本。

4，夏考信錄，二卷。　1817 太谷刻定本。

5，商考信錄，二卷。　1817 太谷刻定本。

6，豐鎬考信錄，八卷。　1817 太谷刻定本。

7，洙泗考信錄，四卷。　1797 南昌刻六卷本，1805 南昌修刻六卷本，1818 太谷刻本，1824 東陽刻定本。

8，豐鎬別錄，三卷。　1824 東陽刻定本。

9，洙泗餘錄，三卷。　1809—1810 彰德聚珍板本，1824 東陽刻定本。

10，孟子事實錄，二卷。　1822 北京刻定本。

11，續說，二卷。　1824 東陽刻定本。

12，附錄，二卷。　1824 東陽刻定本。

13，王政三大典考，三卷：

a，「三代正朔通考，一卷」。　1797 南昌刻本，1805 南昌修改本，1806—1809彰德改刻本，1824東陽刻定本。

b，「經傳禘祀通考，一卷。1797南昌刻本，1824東陽刻定本。

c，「三代經界通考，一卷。1801羅源刻本，1805南昌重刻本，1806—1809彰德修刻本，1824東陽刻定本。

14，讀風偶識，四卷。1824東陽刻定本。

15，尚書辨僞，二卷。1824東陽刻定本。

16，論語餘說，一卷。1824東陽刻定本。

17，讀經餘論，二卷。未刻

18，五服異同彙考，三卷。1824東陽刻定本。

19，易卦圖說，一卷。1824東陽刻定本。

20，知非集，三卷。未刻。

21，無聞集，五卷。1824東陽刻四卷不全本。

按東陽刻本無卷五。然其中之水道考，據自訂目錄，曾有活版印本。活版印於何時不可考；唯乾隆五十五年之大名縣志曾引其文，不知印時是否在其前。

22，小草集，五卷。未刻。

23，細君詩文稿，一卷。未刻。

24，荍田賸筆，二卷。未刻。

25，桑梓文献志，二卷。未刻。

26，水木本源志，二卷。未刻。

27，大怪談，一卷。未刻。

28，桑梓外志，二卷。未刻。

29，涉世雜談，一卷。未刻。

30，荍田雜錄，二卷。未刻。

31，荍田瑣記，二卷。未刻。

32，荍田綴語，二卷。未刻。唯其中之薄皮繭總目即自訂目錄，1817刻於太谷，裝於夏考信錄前。

33，見聞雜記，四卷。未刻。

34，知味錄，二卷。未刻。

乙，以書繫年表（書名卷數，皆照本書或徵引所舉。）

1797，嘉慶二年，丁巳：

四月，陳在南昌刻

2，補上古考信錄，三卷，

7，洙泗考信錄，六卷，

13，a，三正異同通考，一卷

b，經傳禘祀通考，一卷。

右四種合稱東壁先生書鈔。板首皆有「嘉慶二年四月刻，映薇堂藏版」字樣。卷首有總目，13，b，居13，a之前。又有附刻贈陳履和序一首，陳氏跋一首。

1801，嘉慶六年，辛酉。

六月，崔在羅源縣署，補刻

13，c，三代經界通考，一卷。

此本余未見。據1805重刻本，頁一上。所謂補刻者，13之a，b，c合稱王政三大典考，1797已刻其二茲補之也。

1805，嘉慶十年，乙丑：

二月，陳在南昌照1801本重刻

13，c，三代經界考，一卷。

據曾經修補之書鈔內本書頁一上，及考信附錄，卷二，頁十五下。校刊考信錄例言謂陳於嘉慶十三年使人省崔於彰德，崔「復寄以夏商考信錄，經界考諸書。於是又以唐虞錄經界考兩種付梓。然自經界考外皆非定本也」。例言倉卒作於北京逆旅中。疑其未考來往函件而致誤。戊午秋崔寄陳以唐虞考信錄六卷三代經界考一卷，庚申正月陳識其事於後跋中。辛酉六月崔既自刻三代經界考於羅源，陳謂是定本，故乙丑二月重刻之。戊辰夏秋之間崔寄陳十種書中有經界考二本，殆崔於羅源本又有刪補修刻之舉。然此增訂本，陳實未曾於戊辰付梓，故自南昌自貴州道中寄彰德書中俱只道及刻唐虞考信錄一事。

陳又照崔所改訂之文修刻

7，洙泗考信錄，六卷。

據考信附錄，卷二頁十五下。按修刻之法，或將原版全片抽換，或就板中削去一段，取兩本較之即得。

13，a，三正異同通考，一卷。

按修刻三正考一事，例言及各書札俱未道及。但取兩書鈔本互校，即可見乙丑本乃修刻本。如頁四上第四行板上挖增「癸酉」二字；卷末自識下加注：「今改爲三代正朔通考」。改名一事，當在乾隆己酉仲春之後，嘉慶乙丑季秋之前。道光四年刻本中之自識謂於戊申秋改名，殆因移注入文中，遂致與事實不符。

1806—1808，嘉慶十一年至十三年，丙寅至戊辰：

在此兩三年中不知何時，崔在彰德改刻

13，a，正朔考，二本。

b，經界考，二本。

右據正朔考後又識，自訂目錄，及考信附錄，卷二，頁十六下。此二本余皆未見。按正朔考爲「新刊」本，殆以乙丑季秋刪改後之定本從新刊印。其本似不應與道光四年刻本多有出入。經界考似即取羅源舊板改刻數頁，蓋取乙丑本與道光四年本互校，所不同者僅數處也。

按自訂目錄：「三大典考前已刻於江西（正朔，禘祀）福建（經界）；至彰德後復加訂正，取舊印板改刻補抄，今所存者是也」。又按上所引考信附錄謂禘祀考內抽換兩頁。初疑禘祀考亦曾於彰德改刻二頁。但取丁巳本與道光四年本互校，其所更易者似非改刻二頁之版所能辦；故又疑禘祀考只補抄而未曾改刻。

1808，嘉慶十三年，戊辰：

七月，陳在南昌刻

3，唐虞考信錄，四卷。

據考信附錄，卷二，頁七下至九上又頁十七上至十八上；又夏商豐鎬「三代」考信錄序。此本後應有崔之考信錄自序及陳之戊辰中秋跋。此本余未見。

1809—1810，嘉慶十四年至十五年，己巳至庚午：

崔在彰德以聚珍版印

9，洙泗餘錄，三卷。

據自訂目錄及考信附錄，卷三，頁十八下至二十上。二處雖未明言印在何年，然戊辰夏秋之間崔寄與陳「洙泗考信餘錄稿四本」是當時尚未擬自印；然陳於庚午四月至石屏，得崔寄印本，是彰德印時不在己巳即在庚午之春也。此本余未見。

1817，嘉慶二十二年，丁丑：

二月，陳在太谷刻定本：

4，夏考信錄，二卷。

5，商考信錄，二卷。

6，豐鎬考信錄，八卷。

右三本均在道光六年，板存金華府學之遺書中。板首皆有「嘉慶丁丑二月，太谷縣署中刻」字樣。在丁丑年似曾合裝單行，稱三代考信錄。前有陳序（民國甲子，上海古書流通處所從翻印之原本以此序置遺書卷首），王崧三代考信錄序（余所見原刻遺書本誤訂王序於唐虞考信錄前），崔之考信錄自序及自訂目錄（二者今在遺書卷首），而後有崔之考信錄書後（今在豐鎬考信錄後）。

1818，嘉慶二十三年，戊寅：

太谷生孔廣沅刻定本：

7，洙泗考信錄，四卷。

據戊寅九月，王崧序。然校刊考信錄例言謂陳於丁丑丁憂，越三年孔生乃刻洙泗錄，是刻時當爲己卯或庚辰。但例言往往有誤未可遽信。太谷本，余未見。

1822，道光二年，壬午：

陳在北京刻定本：

1，考信錄提要，二卷。

2，補上古考信錄，二卷。

3，唐虞考信錄，四卷。

10，孟子事實錄，二卷。

右四本均在道光六年板藏金華府學之遺書中。板首皆有「道光二年刊遺經樓藏板」字樣。刋刻始末具見例言中。考信錄提要之目錄中有自序而書中無之。疑東壁稿本之自序，原在提要後。陳既於戊辰刋自序置之唐虞考信錄後，丁丑又重刻之置諸三代考信錄前，茲又移之於提要前（之卷首），故於提要中省去也。提要前之卷首似為汪廷珍之考信錄序，東壁之自序陳之校刊考信錄例言，崔東壁先生行略及考信錄總目。總目共二葉，刻工各不同，而與壬午所刻各書之工手亦不相同。疑第一頁乃移自三代考信錄前。其第二頁（板心無數目）則遺書全部成時改刻以符所含之種類卷數也。此外，今遺書卷首尚有楊道生詩，蕭元桂敘，東壁先生自訂全集目錄（板心作東壁先生全集總目），及欽定四庫全書總目提要三則。壬午，北京如有合裝之考信錄，此四項必不在其卷首。楊詩，蕭敘皆作於陳死後，蓋道光六年所加者。四庫提要三則與道光四年所刻之尚書辨偽前所有者重複，亦為後加無疑。自訂目錄原在三代考信錄前亦後來所移置也。今古書流通處之翻印（石印）本遺書卷首無自訂目錄而有崔東壁遺書總目，無論彼所從翻之原本如何，不以先生稱東壁，可斷非介存所擬。

1824，道光四年，甲申：

正月，陳在東陽刻定本：

7，洙泗考信錄，四卷。（蓋重刻太谷本。）

8，豐鎬考信別錄，三卷。

9，洙泗考信餘錄，三卷。

11，考古續說，二卷。

12，考信附錄，二卷。

13，王政三大典考：

a，三代正朔通考，一卷。

b，經傳禘祀通考，一卷。

c，三代經界通考，一卷。

14，讀風偶識，四卷。

15，尚書辨僞，二卷。
16，論語餘說，一卷。
18，五服異同彙考，三卷。
19，易卦圖說，一卷。
21，無聞集，四卷。

右十四種皆在道光六年板歸金華府學之遺書中。板首皆有「道光四年正月東陽縣署中刻，」板末皆有「道光四年東陽署中刻」字樣。

無聞集中，卷一闕與楊贊府論漳水情形條議，卷二闕封建論上，封建論下，五行辨，卷三闕知非集自序，皆目錄有名而書中無文。卷四之末篇爲侍妾麗娥傳，板末已刻「無聞集卷之四終」矣，其後又有江西贛縣知縣鯤池陳公墓碑一篇，板心又爲崔東壁先生文集卷之四，頁數又爲一，二，三。又其後則遺經樓文稿共十四葉，爲文三：敬書廣豐縣志先君子傳後，題考鯤池府君行略，恭錄廣豐縣志循吏一則。書後似不應在錄志一則之前。又自訂目錄，無聞集有五卷。今乃僅四卷。此皆頗索解。然日本明治三十六年(1903)史學會所從翻印之本，無聞集目錄有「卷之五，附錄：大名縣水道考(漳河御河)，漳河源流利弊策，與呂樂天論漳水事宜書」。民國甲子上海古書流通處所從翻印之本亦然。卷四目錄之末一篇皆爲「江西贛縣知縣鯤池陳公墓碑銘(歸里後續作)」。亦與余所見遺書本不同。疑陳公墓碑銘，原不在無聞集中。陳氏擬加入，故目錄有之，然刻時雅不欲以其父之墓碑銘居侍妾麗娥傳之後，故板心另編頁數也。陳原擬刻集卷五，後殆以病或以事不果刻，僅以遺經樓文稿附焉。今所見本目錄卷四之侍妾麗娥傳居板之末一行，以較那珂通世所見之本似其後曾棄闕一葉；而遺書卷首之考信錄總目第二葉有無聞集四卷即因此改刻以符數目也。古書流通處翻印本遺經樓文稿有敬書廣豐縣志先君子傳後二篇，文完全相同，一在行略之前，一在錄縣志一則之後。如彼所從翻之原本亦如此，則先後次序之倒置或重複乃裝訂手民之過耳。無聞集卷一至卷三所闕之文似皆有故而闕。封建論與豐鎬二錄所論多重複故省去。五行辨擬刻大怪談中。知非集自序擬刻知非集中。然附錄，大怪談，知非集皆未果刻，則又介存初未料及者也。

一九三一，三月，十四日。

虞初小說回目考釋

韓叔信

這篇文章，本來是顧頡剛先生數年前的舊稿，曾在古史辨第二册的擬目裏預告過，後來顧先生因爲種種的緣故，始終沒有作完，所以在古史辨第二册出版的時候，並沒有把這篇文章收進去。去歲從顧先生研究史記五帝本紀，爲了練習研究古史傳說的方法，顧先生便把他未作完的舊稿交給我，囑我加以改作，並且同時還供給了我許多材料，讓我隨意去取。只因那時候我的功課太忙，總沒有動筆，直到這一季開學一個多月以後，才開始下手寫，可惜時間太短，作的實在不完備，有許多材料沒有找到，只好將來再補充了。這篇文章的前一部分，我差不多完全抄錄了顧先生初稿的原文，並沒有完全改作，所以在語氣上有幾處很像是顧先生的說話，不過在內容方面，有好多處是我曾修改過的。從第十九回的『西母獻圖四夷齊嚮化』以後，則完全是我續作的了。因爲自己的學力不足，這篇文章所收集的材料實在不多，並且也沒有論斷，只是把各種材料堆積起來罷了，諒來錯誤的地方一定很多，希望師長和同學都不吝指正才好。

叔信附識

講學類鈔一書，是光緒三十一年江陰南菁學堂出版的半月刋，裏面宋育仁先生的文字最多，從序上看來，他是在那邊做校長（那時應叫監督，因未署銜，故以現在名詞稱之）。這個半月刋，門類分得多極了，眞是天文地理無所不知，諸子百家無所不曉。小說是第二十門，牠的名目是虞初小說，演講虞舜的故事的。他在小說學研究序例上說道：

> 漢志所載周乘十餘家，即小說之原起；其書久亡。武帝命黃衣使者虞初乘輜車采民間小說，進御者凡九百家，可謂夥頤，所謂『小說九百，本自虞初』者也。……今玆學會，立小說一門，……依回段之體，用通俗之言，以平談出神奇，化虛構爲實事，演說帝舜故事，即取『虞初小說』爲名。

夫小說之用與文字同功，始于啓發人情，終于增進人格。帝舜之賢，則行爲大孝，德爲聖人。帝舜之才，則自耕稼陶漁，所在成都成邑。其初遭遇之阨，則不得于親，至于捐階掩井。其後遭遇之隆，則先得于君，至于登庸在位。妃匹之愛，則二妃皆帝女。風雲之會，則五臣皆聖賢。成治水之大功，狩蒼梧而仙去。實古今中外環球五洲空前絕後所絕無僅有（案，這句有些不通，但意思是不錯的），說部家所窮思極想而萬難虛構者，乃于帝之實事得之！故莊子云，『天之生是使獨也』；孟子云，『勉爲舜而已矣』。今箸此說部，即以此二義作骨：一是表章人能，一是勉勵人格，以示倫理政治爲人羣進化之極點。……

下面寫的回目，是：

第一回　嬀汭流虹，握登符瑞。
　　歷山爭畔，瞽瞍信讒言。

第二回　純孝格天。靈通象鳥。
　　至誠動物，化及陶漁。

第三回　興工藝，負夏就時。
　　闢商途，傳墟救敗。

第四回　鹿豕偕遊，深山聞至道。
　　龍蛇並出，洪水告奇災。

第五回　璿璣明，共驩互稱薦。
　　輕天下，巢許並逃名。

第六回　盜息壤，共鯀堙鴻水。
　　舉都君，岳牧薦鰥夫。

第七回　爲國訪賢，皇子就農學。
　　館甥貳室，二女降民家。

第八回　妒釆地，傲象謀奪嫡。
　　解酖毒，敤首護同胞。

第九回　焚廩，揜井，二女解重圍。
　　納揆，賓門，重華歷諸職。

第十回　聖賢相逢，五臣啓四代。
　　元愷並舉，八伯慶同朝。

第十一回　告封禪，雷雨示休徵。
　　窺神器，干戈萌異志。

第十二回　誅四凶，重修刑律。
　　輯五瑞，更定朝儀。

第十三回　神禹治水，宛委夢玄夷。
　　伯益焚山，疏屬刑貳負。

第十四回　產奇胎，塗山化石。

降怪物，淮水安瀾。

第十五回　教稼，明倫，功蓋萬世。

阜財，解慍，利普羣生。

第十六回　璿璣齊七政，肇建明堂。

玉帛貢九州，徧巡方岳。

第十七回　避河南，丹朱失政。

封嶺表，傲象回心。

第十八回　朝太公，萬方受養。

建宗廟，七祖生天。

第十九回　西母獻圖，四夷齊嚮化。

南蠻逆命，羣后大興師。

第二十回　顯神異，黃能化羽淵。

聽簫韶，有苗奔印度。

第二十一回　成地，平天，大功歸帝力。

鳳儀，獸舞，文運表中天。

第二十二回　卄陵道，善卷入山。

執歌舞，義均就國。

第二十三回　萬國來王，塗山再就禪。

九疑遺蛻，湘水共登仙。

第二十四回　明倫敎，孔子删書。

愛國心，屈原入夢。

舜的故事，是古代最大的一件故事，時地的參差，毀譽的雜異，人情的變化，都令人目眩心亂，捉摸不定。宋先生這個回目，竟把許多不同的故事聯串起來，成為很整齊的一套，他的魄力確可佩服。可惜他只做了第一回的上半，就停止了。希望現在或以後的文學家能依了他的大意而做成一部小說，因為這個故事實在是很好的人情小說的材料，即使有幾個地方已經不合乎現代的潮流了，但把牠埋沒在古書裏，是有些冤枉的。

我自恨不能創作，但我很高興研究傳說的來源與其演化。鄭樵在通志樂略中說道：『虞舜之父，杞梁之妻，於經傳所言者不過數十言耳，彼（指稗官）則演成萬千言』。我自在歌謠週刊上出了孟姜女專號後，到今把『杞梁之妻』的故事已經知道了些約略了。虞舜和他的家門，他的朝廷的故事，我何嘗不想考上一考，但他的故事在古代的勢力太大了，牽涉的古書，古蹟，古制太多了，要去考明白牠，一來無此時間，二來無此學力。現在借着這個回目，把牠的依據及應加的解釋寫在下面，略略解去我求知的燥渴，幷且算做我整理舜的故事的第一個草樣。（這一段話完全是顧先生初稿的原文）

（一）嬀汭流虹，握登符聖瑞。

河圖緯稽命徵（說郛五引，見漢學堂輯本頁三）云，『握登見大虹，意感生舜於姚墟』。此即宋先生『握登符聖瑞』的回目的出處。後來皇甫謐的帝五世紀也有同樣的記載（太平御覽卷八十一引），但前後却加上之幾個字，在前邊加上之『瞽瞍妻曰』四個字，在後邊加上了『故姓姚』三個字，比稽命徵的原文說得較爲詳細。這件故事的意義，與簡狄吞燕卵，姜嫄履大人跡之說相同，都是『感生說』下的產物，不過在時間上有發生的先後能了。姜嫄和簡狄生子的傳說發生在戰國以前，是一種零碎而無系統的感生說；而握登意感而生舜的傳說，却產生在緯書出現的漢代，是在一個系統之下——太微五帝——而有完美組織的一種感生說了。沈約作宋書符瑞志時相信了緯書和皇甫謐的話，竟毫不疑惑的加以採取，今本竹書紀年的附注（係後人錄自宋書符瑞志）因之，於是『握登見大虹，意感而生舜於姚墟』的傳說，自此以後便得到了人們的信仰，都以爲眞是有那麼回事。

『嬀汭』二字，本於尚書堯典『釐降二女于嬀汭』之語。這有兩種解釋，經學家訓『汭』爲『內』，說是在嬀水之內。地理學家說嬀汭是二條水名，在蒲坂縣。（僞孔傳曰，『居嬀水之內』。馬融曰，『水所出入曰汭』。酈道元水經注於『河水……南過蒲坂縣西』條注云，『嬀汭二水出焉。南曰嬀水，北曰汭水，迺逕歷山下。上有舜廟』。）蒲坂縣，即今山西河東道永濟縣地，就是向來說舜建都的地方。

史記五帝本紀云，『舜，冀州人也』。禹貢的冀州，是今山西直隸地。唐括地志云，『嬀州爲嬀水，源出城中』。又云，『嬀州懷戎縣西有舜井』。唐的嬀州是今直隸口北道懷來縣地（懷戎縣同）。這固然離蒲坂很遠，但還沒有出冀州。

孟子上有一條卻大可怪。離婁下篇云，『孟子曰，「舜生於諸馮，遷于負夏，卒于鳴條，東夷之人也」』。他是冀州人，說他北狄很近情理，說他西戎也可以，如何說他是東夷呢？趙岐孟子注云，『生始，卒終，記終始也。諸馮，負夏，鳴條，皆地名，負海也。在東方夷服之地，故曰東夷之人也』。照他這樣說，舜的一生所住的地方竟不曾離開東夷，都在近海的地方。孟子自己是東方人，他這句話或者帶着他家鄉土傳說的色彩吧？

焦循孟子正義引趙佑四書温故錄云，『今青州府有諸城縣，大海環其東北，說者以爲即春秋書「城諸」者；其地有所謂馮山，馮村，蓋相傳自古：竊疑近是。凡言人地，以所生爲斷，遷卒皆在後，孟子亦據舜生而言東也。……若河東之虞，蓋本舜祖虞幕之封，故書稱「虞舜」，史言「冀州」，猶後人稱祖籍，標郡望耳。然自漢以來皆專主河東，於是諸馮湮，注意隱矣』。照他這樣講，舜的出生的地點又在今山東膠東道諸城縣了。

在以上幾段中，我們須記着，舜的故事的根據地已有了三處：山西永濟縣，直隸懷來縣，山東諸城縣。

(二)歷山爭畔，瞽瞍信讒言。

歷山這個地方，有很多的說法。孔穎達尚書正義引鄭玄（大禹謨）云，『歷山在河東』，是謂歷山即在蒲坂。酈道元所謂『嬀水……汭水通逕歷山下，上有舜廟』，即此。史記正義引括地志云，『蒲州河東縣雷首山，……亦名歷山，……歷山南有舜井』。這雖與水經注說的不同，然地點不甚相遠。

近人丁錫田山東縣名溯原歷城條云，『歷城以歷山得名。史記，「晉平公元年伐齊，齊靈公戰於靡下」。徐廣曰，「靡一作歷」。三齊記，「歷下城南對歷山，城在山下，因名。」』這裏所說的歷山，就是現在濟南的千佛山，俗傳即虞舜耕耘之處，這麼說來，便與山西的歷山離的遠了。

水經注云，『周處風土記曰，「舊說舜葬上虞，又記云耕于歷山，而始寧，剡二縣界上舜所耕田，於山下多柞樹。吳越之間柞為櫪，故曰歷山」。余按，周處此志為不近情，傳疑則可，證實非矣。安可假木異名，附山殊稱，彊引大舜，即比寧壤！』按，周說雖給酈道元所駁，但不可輕視。餘姚，上虞二縣名，在西漢已成立，牠們何以名姚？何以名虞？這裏面當然有許多原因。始寧即今上虞縣，剡即今嵊縣，此屬浙江會稽道。這樣說來，比濟南的歷山更遠了。我們在這一則上，又可以知道那邊有舜的墓，有舜的田，又有滿生柞樹的歷山。

史記正義引括地志云，『越州餘姚縣有歷山，舜井』。這一句話，可以使我們知道在上虞東北的餘姚也有舜井，也有歷山。

史記正義又引括地志云，『濮州雷澤縣有歷山，舜井』。濮州即今山東東臨道的濮縣。諸城縣是近海，牠是靠西邊，接近直隸的大名了。

正義接以上二語而說道，『二所（越州，濮州）又有姚墟，云生舜處也。及嬀州（懷來）歷山舜井，皆云舜所耕處。未詳也』。

我們再把以上幾段總結一下，便可知道在上章的三處地方之外，舜的故事的根據地又多出了四處：山東歷城縣，浙江上虞縣，浙江餘姚縣，山東濮縣。按地域來分：舜的故事的根据地，在山西有一處，在直隸有一處，在山東有三處，在浙江有兩處。

至於爭畔一事，竟考不出宋先生的根據在那裡，我們在韓非子難一篇裡所見到的，只是『歷山之農者侵畔』，在史記五帝本記裏所見到的，則爲『舜耕歷山，歷山之人皆讓畔』，並沒有『爭畔』這件事，這或者是宋先生爲了後來敘述舜的德化，先下的一過埋伏吧？

瞽瞍信讒言這件故事，在口說中一定描摹得很好，但書本上記的並不多。堯典云，『父頑，母嚚，象傲』。史記五帝本記云，『舜母死，瞽瞍更取而生象。象傲。瞽瞍愛後妻子，常欲殺舜；舜逃避。反有小過則受罪。順事父及後母與弟，日以篤謹，匪有懈』。

瞽瞍一名，也有不同的解法。史記五帝本紀說舜是『盲者子』，又云，『舜父瞽瞍盲』，這是作瞎子解。尚書僞孔傳云，『無目曰瞽。舜父有目不能分別好惡，故時人謂之瞽。配字曰瞍；瞍，無目之稱』，是作糊塗人解。宋先生取的是後一說，他道，『瞽瞍……單名一個瞍字（見孫海門稽古名異），因爲他一味愚闇，有眼分不出好歹，當時的人便把他取個渾名，叫作瞽瞍』。

（三）純孝格天，靈通象鳥。

中國古籍有說舜是孝的，也有說舜是不孝的。莊子盜跖篇云，『堯不慈，舜不孝，禹偏枯』，這是說舜不孝的，但此處並沒有說出舜是如何的不孝。呂氏春秋也說『舜有不孝之行』（見仲秋紀當務篇）在文字上也沒有說出不孝之行究竟是什麼來。等到高誘注呂氏春秋時，便解釋道，『詩云，「娶妻如之何？必告父母」。堯妻舜，舜遂不告而娶。故曰，「有不孝之行」也』。原來高誘所謂之『不孝之行』，是由孟子萬章篇『舜之不告而娶』傅會出來的，但是原文並沒有說『不告而娶』就是不孝。高誘的話未免太牽强了。還是越絕書的作者聰明些，把舜有不孝之行，解釋得較爲合理，其言曰，『舜親父假母，母常殺舜，舜去耕歷山三年，大熟，身自外養，父母皆饑。舜父頑，母嚚兄狂，弟傲，舜求爲變心易志。舜爲瞽瞍子也，瞽瞍欲殺舜，未嘗可得；呼而使之，未嘗不在側，此舜有不孝之行』。（見越絕書卷三吳內傳）。

說舜孝的以孟子爲多。萬章上篇云，『舜往于田，號泣於旻天，于父母。……爲不順于父母，如窮人無所歸。……人悅之，好色，富，貴，無足以解憂者，惟順於父母，可以解憂。……大孝終身慕父母，五十而慕者，予於大舜見之矣』。又告子篇云，『舜其至孝矣，五十而慕』。荀子大略篇則說，『虞舜孝己，孝而親不愛』。禮記中庸篇道，『舜其大孝也與！』堯典亦道，『克諧以孝』。以上這一切，都是說舜的孝的文字。

宋先生是贊成舜孝說的，所以他便立下了這個『純孝格天』的回目，但是舜孝則孝矣，至於如何的能『格天』，却是個不容易考究的問題了。記得幼年讀二十四孝時，曾看見在『孝感動天』的標題下，有『舜耕於歷山，有象為之耕，鳥為之耘』這幾句話，可惜找不出牠的出典來。王充論衡偶會篇說，『傳曰，「舜葬蒼梧，象為之耕；禹葬會稽，鳥為之佃」失事之實，虛妄之言也』。（皇甫謐帝王世紀（御覽八十一引）所記與此略同）。或者二十四孝的話是由這裏演化出來的，但這裏所說的是舜禹死後之事，與他們生前無關，並且也不是舜一個人的事，所以我們實在不敢一定這樣主張。可是這個假設，却很有可能性，因為故事的演變常將不同的事實，歸到一個人身上，常將死後的事說成生前，象為舜耕，鳥為舜耘的故事，或者就是這樣變出來的？

蔡邕琴操敘思親操本事云，『舜耕歷山，思慕父母，見鳩與母俱飛鳴相哺食，益以感思，乃作歌……』，這裏所說的倒是與鳥有關係了，但那是因鳥生感，並非靈通于鳥。抱朴子云，『有虞至孝，三足鳥集其庭』，這雖是靈通於鳥了，但又不是替舜耘田，仍然解決不了『格天』這個問題。

（四）至誠動物，化及陶漁。

墨子尚賢中云，『古者舜耕歷山，陶河瀕，漁雷池，堯得之服澤之陽，舉以為天子』。舜的做陶漁的工作，始見於此。

孟子公孫丑上篇云，『大舜有大焉，善與人同，舍己從人，樂取於人以為善。自耕稼陶漁以至為帝，無非取於人者』。於是舜的陶漁工作帶了『取於人以為善』的色彩了。管子版法解云，『舜耕歷山，陶河濱，漁雷澤，不取其利以教百姓，百姓舉利之，此所謂能以所不利利人者也』。在這裡舜的耕稼陶漁的工作。又掛上了一個『利他主義』的照牌。

呂氏春秋孝行覽愼人篇云，『舜耕於歷山，陶於河濱，釣於雷澤，天下說之，秀士從之』。從此舜的耕稼陶漁的工作才有了德化的意味。貴因篇又云，『舜一徙成邑，再徙成都，三徙成國』。（管子治國篇所載與此略同）於是他的德化的證據更明白的顯示了出來。

到了史記的五帝本紀，又更進一層而有以下的記載：『舜耕歷山，歷山之人皆讓畔。漁雷澤，雷澤上人皆讓居。陶河濱，河濱器皆不苦窳。一年成聚，二年成邑，三年成都』。牠把愼人篇的德化舉出了具體的事實，又把管子治國篇和呂氏春秋貴因篇的三徙假定爲三年。前面『歷山爭畔』的回目是由這裏的『讓畔』來的，正是受舜德化的預備呢。

淮南子更說得神乎其神了。原道訓云，『昔舜耕於歷山，朞年而田者爭處墝埆，以封壤肥饒相讓。釣於河濱，朞年而漁者爭處湍瀨，以曲隈深潭相予。當此之時，口不設言，手不指麾，執玄德於心而化馳若神』。

韓非子中有一段記載，是說明舜的所以屢次改變職業的原故的。難一篇云，『歷山之農者侵畔；舜往耕焉，朞年甽畝正。河濱之漁者爭坻；舜往漁焉，朞年而讓長。東夷之陶者器苦窳；舜往陶焉，朞年而器牢。仲尼歎曰，「耕漁與陶；非舜官也；而舜往爲之者，所以救敗也。舜其信仁乎！乃躬藉處苦而民從之。故曰聖人之德化乎！」』這是說舜的政行爲了救世的苦心而不因於他的貧賤，他的德化也不是無心的感應。

但韓非子是不信堯舜的，所以他在下面就駁道，『或問儒者曰，「方此時也，堯安在？」其人曰，「堯爲天子」。「然則仲尼之聖堯奈何！聖人明察在上位，將使天下無姦也。今耕漁不爭，陶器不窳，舜又何德而化！舜之救敗也，則是堯有失也。賢舜則去堯之明察，聖堯則去舜之德化，不可兩得也。楚人有鬻楯與矛者，譽之曰，『楯之堅，莫能陷也』。又譽其矛曰，『吾矛之利，於物無不陷也』。或曰，「以子之矛，陷子之楯，何如？」其人弗能應也。夫不可陷之楯與無不陷之矛不可同世而立：今堯舜之不可兩譽，矛楯之說也。且舜救敗，朞年已一過，三年已三過，舜有盡，壽有盡，天下過無以已者，有盡逐無已，所止者寡矣！賞罰使天下必行之，令曰，『中程者賞，弗中程者誅』，令朝至暮變，暮至朝變，十日而海內畢矣，奚待朞年！舜猶不以此說堯令從，已乃躬親，不亦無術乎！」』

崔述在唐虞考信錄(卷一)中也駁道，『此皆後人追美之詞，不必實有此事。舜尚不能化象之傲，歷山雷澤之人豈皆賢而無不肖哉！……大抵稱古人者多過其實：以舜之不順乎親也，則謂舜既升庸之後，瞽瞍猶欲殺之；以舜之德能型俗也，則謂舜當耕稼之時，人已化而歸之。試比而觀之，無乃感一家太難而感一方太易乎！』

他們所說的雖是很有道理，但是不知道這原是故事的一種方式。我們看到劉備本是一個英雄，只因他的聰明全送與諸葛亮了，所以他在戲劇中竟成了一個庸懦的人。施公也是這樣，只因他手下有了黃天覇，所以他就只得成爲施不全了。至於好人的遭難，那是當然的事情。唐僧的取經的誠心，能够處處得到神佛的幫助，能够得到齊天大聖的沿路護衛，然而還免不了路上的八十一難呢。

雷澤，史記集解引鄭玄曰，『雷夏，兗州澤，今屬濟陰』。史記正義引括地志曰，『雷夏澤，在濮州雷澤縣郭外。水經注云，雷澤在成陽故城西北；……即舜所漁也。』三說相同，都說在今山東濮縣（濟陰，漢郡，包今定陶，濮縣等地。成陽，漢縣，故城在濮縣東南）。但也有說在山西永濟縣的，墨子尚賢中篇畢沅注云，『今山西永濟縣南四十里，雷首山下有澤，亦云舜所漁也』。

河濱，史記集解引皇甫謐曰，『濟陰定陶西南陶丘亭是也』。正義則—括地志曰，『陶城在蒲州河東縣北三十里，即舜所都也』。又云，『南去歷山不遠，或陶所在，則何必定陶方得爲舜陶之陶也，斯或一焉』。

讀以上二條，知道舜陶漁的地方也在山東。也在山西。崔述以爲『虞乃冀州境，舜不應耕稼陶漁于二千里外』。他不知道這原是故事，並不是歷史，山西可以有舜，難道就可以禁止山東的有舜嗎！

（五）興工藝，負夏就時

『負夏』二字始見於孟子離婁下篇的『遷於負夏』。韓詩外傳因之，亦謂舜『遷於負夏』（卷三）。這遷字作遷徙解固可，但作懋遷解亦可。于是舜不僅做了『靈通象烏』的農人，也不僅做了『化及陶漁』工人，又做了『懋遷有無化居』的商人了。『就時』，史記索隱云，『猶逐時，若言乘時射利也』。

尚書大傳（史記索隱引）云，『販于頓丘，就時負夏』。史記云，『作什器于壽丘，就時于負夏』。頓丘和壽丘不知道是否一地。

壽丘，史記集解引皇甫謐曰，『在魯東門之北』。負夏，集解引鄭玄曰，『衞地』。在這二說上，可見這兩個故事也是從濮縣那邊分化出來的。

（六）闢商途，傳墟救敗。

關於『救敗』二字的解釋，己於第四條裏說過了，所以在這裏不再討論。

尸子（繹史十引）云，『舜……灰于常羊，什器于壽丘，就時負夏，未嘗暫息。頓丘買貴，於是販于頓丘；傳虛賣賤，於是債于傳虛：以均救之』。常羊在此處爲地名，淮南子『常羊之維』的常羊，則作形容詞『不進不退』解。宋書符瑞志的『有神龍首，感女登於常羊山，生炎帝』（係據春秋緯元命苞而作），常羊又成爲山名了。但無論作何解，常羊與傳虛，我們現在都不知道在什麼地方。

（七）鹿豕偕遊，深山聞至道。

孟子盡心上篇云，『舜之居深山之中，與木石居，與鹿豕遊，其所以異於深山之野人者幾希。及其聞一善言，見一善行，若決江河，沛然莫之能禦也』。孟子的意思，是說舜在深山時雖荒陋到萬分，但後來聽得了他人的善言，見到了他人的善行，就肯竭力相從，不因昔日的荒陋而不能理會。給宋先生這樣一改，就變為他與鹿豕偕遊的時候聞了至道，彷彿深山中有一個道人在那裏講經，他一聽之後，頓時就大澈大悟似的。

孟子此語，和公孫丑篇的『大舜有大焉，善與人同，捨己從人，樂取於人以為善』，中庸篇的『舜其大知也與！舜好向而好察邇言，隱惡而揚善』語意相同；不過欲揚先抑，用『深山』作起語，以見取人之善的更不容易。

（八）龍蛇並出，洪水告奇災。

關於洪水的傳說，古籍中的記載很多。最早者為書臯陶謨的『洪水滔天，浩浩懷山襄陵，下民昏墊』，及詩經商頌長發的『洪水芒芒，禹敷下土方』等處，但這些記載雖然提到了洪水時的情狀，却沒有說出『龍蛇並出』洪水如何告奇災的故事，等到孟子出來才有了『氾濫於中國，蛇龍居之』的話。

孟子滕文公上篇云，『當堯之時，天下猶未平，洪水橫流，氾濫于天下，草木暢茂，禽獸繁殖，五穀不登，禽獸偪人，獸蹄鳥跡之道交于中國』。下篇又云，『當堯之時，水逆行，氾濫于中國，蛇龍居之，民無所定，下者為巢，上者為營窟』。這兩段都說洪水在堯時即氾濫于中國的，那時候正是一個『禽獸食人』，『蛇龍居之，民無所定』的世界。我們從孟子所說的『天下猶未平』這句話推想，這個『蛇龍居之，民無所定』的世界，似乎在帝堯以前已經是這樣了。

淮南子中有一段，說洪水是在女媧時。覽冥訓云，『往古之時，四極廢，九州裂，天不兼覆，地不周載，火爁炎而不滅，水浩洋而不息，猛獸食顓民，鷙鳥攫老弱。于是女媧鍊五色石以補蒼天，斷鼇足以立四極，殺黑龍以濟冀州，積蘆灰以止淫水』。這是漢人的說話，把洪水的時代拉長了。但其記載那時的恐怖情形，則與孟子之文大略相同。

宋先生這個回目，不依照他們的洪水在堯前已有的說法，而云，『龍蛇並出，洪水告奇災！』，似乎這是突然間來的禍患。上一題云，『鹿豕偕遊，深山聞至道』，又似乎舜剛在山中聽得至道時，洪水就突然來了；又似乎有一仙人，為了下界萬民的受災，特地到深山中把他點化，好讓他出來平治天下似的。這確是做小說的手法，非常能鼓動人。

（九）舜聖明，共驩互稱薦。

宋先生說『共驩互稱薦』，不知道是不是他們兩個人互相引薦的意思？若是他們互相稱薦的話，在古籍裏實在找不出根據來。我們知道的只是驩兜的稱薦共工，並沒有共工稱薦驩兜的事。

驩兜稱薦共工，大概最早見於尚書。堯典云，『帝曰，「疇咨若予采？」驩兜曰，「都，共工方鳩僝功」。帝曰，「吁，靜言庸違，象恭滔天！」』共工本是官名，自此以後便習用作人名了。

史記五帝本紀也有兩處驩兜薦共工於堯的事。其一云，『堯又曰，「誰可者？」驩兜曰，「共工旁聚布功可用」。堯曰，「共工善言其用僻，似恭，漫天，不可」』。其二云，『驩兜進言共工，堯曰，「不可」。而試之工師，共工果淫辟』。這都是說驩兜在堯面前稱薦共工，而堯不用的事。史記的話，乃根據堯典而來，所以在文字上雖然變換了形式，但意思都還是一樣的。

(十)輕天下，巢許並逃名。

巢是巢父，許是許由。巢父一名起的很遲，始見楊子法言問明篇。晉皇甫謐高士傳(汪士漢校本)卷上云，『巢父者，堯時隱人也。山居不營世利，年老以樹為巢，而寢其上，故時人號曰巢父。堯之讓許由也，由以告巢父，巢父曰，「汝何不隱汝形藏汝光，若非吾友也」，擊其膺而下之。由悵然不自得。乃過清冷之水洗其耳，拭其目曰，「向聞貪言負吾之友矣」，遂去，終身不相見』。

許由之名，較巢父起的早，莊子讓王篇云，『堯以天下讓許由，許由不受』。國策趙策，荀子成相篇，及淮南子俶真訓等，亦有關於許由的記載。他的身世，皇甫謐的高士傳說得最詳細，其言曰，『許由，字武仲，陽城槐里人也。……堯讓天下於許由……不受而逃去。齧缺遇許由曰，「子將奚之？」曰，「將逃堯」，曰，「奚謂邪？」曰，「夫堯知賢人之利天下也，而不知其賊天下也，夫唯外乎賢者知之矣」。由於是遁耕於中岳潁水之陽，箕山之下，終身無經天下色。堯又召為九州長，由不欲聞之，說耳於潁水濱，時其友巢父牽犢欲飲之，見由洗耳，問其故，對曰，「堯欲召我為九州長，惡聞其聲，是故洗耳」。巢父曰，「子若處高岸深谷，人道不通，誰能見子，子故浮游欲聞，求其名譽，汙吾犢口，牽犢上流飲之。許由沒，葬箕山之巔，亦名許由山……』。

(十一)盜息壤，共鯀堙鴻水。

關於鯀堙鴻水的傳說，最早見於書經。洪範云，『鯀湮洪水，汩陳五行』。堯典云，『帝曰，「咨四岳，湯湯洪水方割，蕩蕩懷山襄陵，浩浩滔天，下民其咨」。僉曰，「於，鯀哉」。帝曰，「吁，咈哉，方命圮族」。岳曰，「異哉！試可乃已」。帝曰，「往欽哉，九載，績用弗成」』；這裡只說鯀『九載績用弗成』，並沒有像洪範是的，說鯀會『湮洪水，汨陳五行』。至于洪水如何的湮，五行如何的汨陳，洪範也沒說明白，我們現在已經無從知道了。惟山海經海內經的『洪水滔天，鯀竊帝之息壤以堙洪水，不待帝命』一段記載，曾略微說到他湮洪水的法子，大概宋先生的鯀盜息壤堙洪水的回目，就是從這裡來的。

共工湮洪水的傳說，比鯀湮洪水的傳說起的較晚。國語周語下云，『昔共工……虞于湛樂，淫失其身，欲壅防百川，隳高堙庳以害天下，皇天弗福，庶民弗助，禍亂並興，共工用滅』。這是說共工想堙塞山陵池澤以害天下的事，並未說出他是在湮洪水。

淮南子本經訓云，『舜之時，共工振滔洪水，以薄空桑，龍門未開，呂梁未發，江淮通流，四海溟涬』。這裡的共工，不是在湮洪水，簡直是在揚洪水了。與周語共工要害天下的意思頗相同，所以高誘在注這段話的時候，便本着國語亦謂共工『欲防百川，滔高堙庳，以害天下』。這麼一來，共工簡直是一個害天下的罪人了。

（十二）舉都君，岳牧薦鰥夫。

這完全是本於堯典立下的回目。堯典云，『帝曰，「咨，四岳，朕在位七十載，汝能庸命巽朕位？」岳曰，「否德忝帝位」。曰，「明明揚側陋」。師錫帝曰，「有鰥在下，曰虞舜」。帝曰，「俞，予聞。如何？」岳曰，「瞽子，父頑，母嚚，象傲，克諧以孝，蒸蒸乂，不格姦」。帝曰，「我其試哉！」』。

堯典的『鰥』字，到太史公作五帝本紀時改爲『矜』字。集解引孔安國曰，『無妻曰矜』。那麼『鰥』和『矜』是一個意思，二者沒有什麼分別。

（十三）爲國訪賢，皇子就農學。

孟子萬章上篇云，『帝使其九男二女，百官牛羊倉廩備，以事舜於畎畝之中，天下之士多就之者，帝將胥天下而遷之焉』。萬章下篇亦云，『使其子九男事之』。這都是堯使九子事舜的故事，但堯如何爲國訪賢，在孟子裏却沒有說。

其後，尸子（類聚十一引）云，『舜一徙成邑，再徙成都，三徙成國，其致四方之士。堯聞其賢，徵之草茅之中，與之語禮樂而不逆，與之語政至簡而易行，與之語道廣大而無窮。於是妻之以媓，媵之以娥，九子事之；而托天下焉』。到這裡，堯爲國訪賢的故事才找到了證据。

所謂『皇子』當然是指堯的兒子而言，但是在古籍裏『皇子』的數目，却有『九』和『十』的不同。孟子，尸子，和淮南子（泰族訓云，『乃屬以九子。』）都是說堯有九個兒子的，惟獨呂氏春秋却說堯有十個兒子。慎行論求人篇云，『堯傳天下於舜，禮之諸侯，妻以二女，臣以十子，身請北面朝之』。孟春紀去私篇亦云，『堯有子十人』。高誘注去私篇時，大概看出了數目的不同，於是强爲解釋道，『孟子曰，「堯使九男二女事舜」。此曰十字，殆丹朱爲胥予，不在數中』。其實，數目的多少，不必一定解釋得一樣，因爲一個故事的演變，常是多方面的，這人說是這樣，那人也可以說是那樣！在我們看起來，牠們在傳說中所佔的地位，都是相等的。

（十四）館甥貳室，二女降民家。

古籍多將二女的故事與九男的故事，連帶着在一起講，所以在上一目講『皇子就農學』的時候，同時也曾講到堯妻舜以二女的故事，似乎堯之事舜以九男，妻舜以二女，是同時作的事，並無先後之分。但按照宋先生這個回目看起來，是先有了『皇子就農學』，然後才有『二女降民家』的。與書本上的記載便不很相合了。

堯典云，『帝曰，「我其試哉！女于時，觀厥刑于二女」。釐降二女于嬀汭，嬪于虞。帝曰，「欽哉！」』。淮南子泰族訓云，『堯治天下，政教平，德潤洽；在位七十載，乃求所屬天下之統，令四岳揚側陋，四岳舉舜而薦之堯，堯乃妻以二女，以觀其內，任以百官，以觀其外』。太史公作五帝本紀時，便本着堯典和淮南子的話說道，『四嶽咸薦虞舜。曰，「可」。於是堯乃以二女妻舜，以觀其內，使九男與處以觀其外。舜居嬀汭，內行彌謹，堯二女不敢以貴驕事舜親戚，甚有婦道。堯九男皆益篤』。此即宋先生所謂『二女降民家』也。

孟子萬章上云，『舜…不告而娶』。萬章下篇云，『舜尙見帝，帝館甥于貳室，亦饗舜』。此即宋先生『館甥貳室』回目的由來。但是爲依了堯典的『嬪于虞』，竟犧牲了孟子的『不告而娶』的記載，這大概是『二者不可得兼』罷！

（十五）妒采地，傲象謀奪嫡。

宋先生這個回目沒有確實的証據，不知道他何所本？我們所看到的材料，堯典只『象說傲』，孟子萬章上篇亦僅說『象日以殺舜爲事』，並沒有『妒采田』，『謀奪嫡』的話，史記五帝本紀也只有『象乃止舜宮居』一句話，但這並不是『妒采地』。所以宋先生這個回目，想來是『相當然而』的見解。

(十六)解酖毒，敤首護同胞。

敤首，爲舜之女弟，見說文。漢書古今人表有敤手一名，注云舜之妹，敤音口果反，流俗書本作擊字者誤。不知何所依據。劉向列女傳云，『瞽叟又速舜飲酒，醉，將殺之。舜告二女，二女乃與舜藥，浴汪，遂往。舜終日飲酒不醉。舜之女弟繫憐之，與二嫂諧』。王照圓注云，『舜女弟名敤手，俗書傳寫，誤合爲擊字，又誤爲繫字』。(列女傳記此事在焚廩浚井之後)。

(十七)焚廩，揜井，二女解重圍。

孟子萬章上篇云，『萬章曰，「父母使舜完廩，捐階，瞽瞍焚廩。使浚井，出，從而揜之。象曰，『謨蓋都君，咸我績，牛羊父母，倉廩父母。干戈朕，琴朕，弤朕，二嫂使治朕棲』。象往入舜宮，舜在牀琴。象曰，『鬱陶思君爾』，忸怩。舜曰，『惟茲臣庶，汝其于予治』。不識舜不知象之將殺己與？」曰，「奚而不知也！象憂亦憂，象喜亦喜」』。這段故事眞是突兀煞人。牠沒有說明在焚廩時舜怎樣下來，在揜井時舜又怎樣出來。所以象分派財產時，大家以爲舜是一定遭難了。但象到舜宮時，舜竟在牀琴，要不是象的活見鬼，便是舜不是人，很有點像封神榜上的土行孫了。

史記却說出他逃出的理由來。五帝本紀云，『堯乃賜舜絺衣與琴，爲築倉廩，予牛羊。瞽叟尙復欲殺之，使舜上塗廩，瞽叟從下縱火焚廩，舜乃以兩笠自扞而下，得不死。後瞽叟又使舜穿井，舜穿井爲匿空，旁出。舜既入深，瞽叟與象共下土實井，舜從匿空出去』。兩笠自扞而下，是給人看見的。井中匿空而出，是他們看不見的，所以象會上一個大當。但很奇怪的，開一個地道終究是一件不容易的事情，何以他會在傾刻之間開出一條路呢？

孟子說象到舜宮時見舜鼓琴，史記却不然，牠倒過來了。文云，『瞽叟象喜，以舜爲已死。象曰，「本謀者象」。象與其父母分，於是曰，「舜妻堯二女與琴，象取之；牛羊倉廩予父母」。象乃止舜宮居，鼓其琴。舜往見之，象愕不懌，曰，「我思舜正鬱陶」。舜曰，「然爾其庶矣」。舜復事瞽叟，愛弟彌謹』。

孟子與史記都只說象要搶堯的二女歸已，沒有說舜與二女的閨房之私。到列女傳就有二女勸舜的話了。文云，『瞽叟與象謀殺舜，使塗廩。舜歸告二女曰，「父母使我塗廩，我其往？」二女曰「往哉！」舜既治廩，乃捐階，瞽叟焚廩，舜往飛去。象復與父爲謀，使舜浚井。舜乃告二女，二女曰，「兪，往哉！」舜往浚井，格其出入，從掩。舜潛出』。二女勸舜去塗廩，浚井，在這裏是有了，可是舜怎樣由廩上飛出，怎樣由井裏潛出，這裏却沒有說明白。

舜既然娶了帝王家的女兒，又得帝王的寵信，爲何他的父親和弟弟竟敢屢次的謀殺他呢？他們雖不怕王法，但也不計利害嗎？所以論衡吉驗篇說這事是舜未逢堯時事。文云，『舜未逢堯，鰥在側陋，瞽叟與象謀欲殺之，使之完廩，火燔其下；使之浚井，土掩其上。舜得下廩，不被火災；穿井旁出，不觸土害。堯聞徵用』。

以上是焚廩浚井的故事。怎麼又說到『二女解重圍』來了呢？

史記正義引通史（當是梁武帝所作）云，『瞽瞍使舜滌廩，舜告堯二女。女曰，「時其焚汝！鵲汝衣裳，鳥工往」。舜既登廩，得免去也。舜穿井，又告二女。女曰，「去汝裳衣，龍工往」。入井，瞽瞍與象下土實井，舜從他井出去也』。列女傳單是勸他去，此處所說是替他設法了，但不知鳥工龍工是如何的。

梁沈約作的宋書符瑞志云，『舜父母憎舜，使其塗廩，自下焚之，舜服鳥工衣服飛去。又使浚井，自上填之以石，舜服龍工衣自旁而出』。（今本竹書記年附注所記與此同。）這裏說出了舜之所以能由廩上飛去，是因爲服了鳥工衣；他所以能由井中旁出，是因爲服了龍工衣，於是『二女解重圍』的回目的材料完備了。

山海經中經次十二經洞庭之山條，郭璞注云，『二女靈達，鑒通無方，尚能以鳥工龍裳救井廩之難』。可見此說爲六朝時的傳說。此處的龍裳，大概就是沈約所說的龍工衣，但不知道龍工衣及所謂鳥工衣是怎麼一回事。

（十八）納揆，賓門，重華歷諸職。

堯典云，『愼徽五典，五典克從。納于百揆，百揆時敍。賓于四門，四門穆穆。納于大麓，烈風雷雨弗迷』。僞孔傳云，『徽，美也。五典，五常之教。揆，度也。度百事，揔百官，納舜於此官。穆穆，美也。四門，四方之門。麓，錄也。納舜使大錄萬機之政，陰陽和，風雨時，各以其節，不有迷錯愆伏，明舜之德合于天』。照這樣講，只是記舜布政之事，並沒有什麼可奇怪的。

史記所載就不然了。他道，『堯使舜入山林川澤，暴風雷雨，舜行不迷。堯以爲聖』。這頗近于仙人的試心和道士的門法。

『賓于四門』一事，史記本書就有兩種說法。其一云，『賓于四門，四門穆穆；諸侯遠方賓客皆敬』。其二云，『舜賓於四門，乃流四兇族，遷于四裔，以御螭魅，於是四門辟言毋凶人也』。僞孔傳就合這兩條而言道，『舜流四凶族，四方諸侯來朝者舜賓迎之，皆有美德，無凶人』。

(十九)聖賢相逢，五臣啓四代。

五臣，是舜，禹，稷，契，皋陶。四代，是虞，夏，商，周。虞是舜，夏是禹，商是契，周是稷。

國語鄭語一，『史伯曰，「成天地之大功(黃校當依別本作大功)者，其子孫未嘗不章，虞夏商周是也。虞幕能聽協風以成樂物生者也，夏禹能單平水土，以品處庶類者也。商契能和合五教，以保于百姓者也。周棄能播殖穀疏，以衣食民人者也。其後皆爲王公侯伯」』。這是『成天下之大功者』的子孫的發迹，並不是『聖賢相逢』。

我們從堯典上看，禹以下四臣似皆在舜世進用的。那麼，這樣的有大才幹的人，何以在堯未崩以前竟都銷聲匿跡，而在堯一死後便如春筍約怒發呢？爲彌補這一層缺憾計，所以史記說，『禹，皋陶，契，后稷，伯夷，夔，龍，倕，益，彭祖，自堯時而皆舉用，未有分職』。僞孔傳于此四人亦說，『美其前功以勉之』。

(二十)元愷並舉，八伯慶同朝。

元愷並舉事，見左氏文公十八年傳。文云，『高陽氏有才子八人，蒼舒，隤敳，檮戭，大臨，尨降，庭堅，仲容，叔達，齊聖廣淵，明允篤誠，天下之民，謂之八愷。高辛氏有才子八人，伯奮，仲堪，叔獻，季仲，伯虎，仲熊，叔豹，季貍，忠肅共懿，宣慈惠和，天下之民，謂之八元。此十六族也，世濟其美，不隕其名，以至於堯。堯不能舉。舜臣堯，舉八愷，使主后土，以揆百事，莫不時序，地平天成。舉八元，使布五教于四方，父義，母慈，兄友，弟恭，子孝，內平外成』。牠所舉的這十六個名字，沒有見於別的地方，固然是一個疑問；牠又說『十六族』，又說『世濟其美』，可見這十六人早已傳了幾代，成了各個分族了，而他們的子孫又是能傳他們的美德的。何以下文又說『舉八元』，『舉八愷』呢？或者牠的意思是說從八元八愷的族中舉出人來吧？

『八伯』一名出現的很遲。尚書大傳卷一虞夏傳云，『維元祀，巡狩四岳八伯』，又云，『舜將禪位于禹，俊乂百工，相和而歌卿雲。帝唱之，八伯咸進，稽首而和』。這是八伯的始見。其後鄭玄遂云，『主四岳者謂之四伯。至其死，分岳事置八伯，皆王官。其八伯惟驩兜，共工，放齊，鯀四人而已。其餘四人，無文可知』。(周禮賈公彥序引)。話雖這樣講，但不知他從那裡知道的。

宋先生這個回目中的『八伯』，想來就是指八元八愷而言吧？

(二十一)告封禪，雷雨示休徵。

『封禪』二字合爲一名，不見於經典。堯典中有『封十有二山』之文，書大傳注云，『封，亦壇也』。風俗通義云，『禪，謂壇墠』。可見封禪二字之義都是祭壇。此二字的成爲一個名詞，當是戰國末年的事，我們從史記封禪書裡記着管仲的那一段話便可以看得出來。

堯典云，『肆類于上帝，禋于六宗，望于山川，徧于羣神』。這是說舜的祭山川羣神，並未明白的說就是封禪。史記封禪書記着管夷吾的那一段話，始有『堯封泰山，禪云云。舜封泰山，禪云云』的記載；大概自戰國末年以後，封禪這個名詞才成立。舜的『告封禪』才有了證據。

至於『雷雨示休徵』，似乎宋先生借用了秦始皇的故事。史記封禪書云，『始皇之上泰山，中阪遇暴風雨，休于大樹下。諸儒生既絀，不得與用於封事之禮，聞始皇遇風雨則譏之』。這是從咎徵而變爲休徵了。

或者宋先生是用的『烈風雷雨弗迷』的一典吧？

(二十二)窺神器，干戈萌異志。

這個回目，在堯典和史記裡找不出牠的根據來。

韓非子外儲說右上云『堯欲傳天下於舜，鯀諫曰，「不祥哉！孰以天下而傳之於匹夫乎！」堯不聽，舉兵而誅殺鯀於羽山之郊。共工又諫曰，「孰以天下而傳之於匹夫乎！」堯不聽，又舉兵而誅共工於幽州之都。於是天下莫敢言無傳天下於舜』。這雖然像是『萌異志』，却不是『窺神器』。只見得堯作事的果斷。

呂氏春秋行論篇云，『堯以天下讓舜，鯀爲諸侯，怒於堯曰，「得天之道者爲帝，得地之道者爲三公，今我得地之道而不以我爲三公！」以堯爲失論，欲得三公。怒甚猛獸，欲以爲亂。比獸之再能以爲城，舉其尾能以爲旌。召之不來，仿佯於野，以患帝舜。於是殛之於羽山，副之以吳刀。』這是說鯀怒堯以天下讓舜，因自己欲得三公而被殛之於羽山，頗有點窺神器的意味了。

以上是說鯀與共工的不服，還有說堯以天下讓舜，三苗也是不服的。博物志卷二外國條云，『昔唐堯以天下讓于虞，三苗之民非之，帝殺有苗之民。叛，浮入南海爲三苗國』。

(二十三)誅四凶，重修刑律。

那四個人是四凶？這在古籍裏有不同的記載。即誅四凶的人，也記載的各不相同，有說是堯的，也有說是舜的。左傳文公十八年太史克說，『昔帝鴻氏有不才子，掩義隱賊，好行凶德，醜類惡物，頑嚚不友，是與比周，天下之民，謂之渾敦。少皞氏有不才子，毀信廢忠，崇飾惡言，靖譖庸回，服讒蒐慝，以誣盛德，天下之民，謂之窮奇。顓頊氏有不才子，不可敎訓，不知話言，告之則頑，舍之則嚚，傲很明德，以亂天常，天下之民，謂之檮杌。此三族也，世濟其凶，增其惡名，以至于堯，堯不能去。縉雲氏有不才子，貪于飲食，冒于貨賄，侵欲崇侈，不可盈厭，聚斂積實，不知紀極，不分孤寡，不恤窮匱，天下之民，以比三凶，謂之饕餮。舜臣堯，賓于四門，流四凶族——渾敦，窮奇，檮杌，饕餮——，投諸四裔，以禦螭魅』。這裏所說的四凶，是渾敦，窮奇，檮杌，饕餮四個人，誅伐他們的是舜。

然而孟子的記載則有點不同了，雖然處置四凶者仍然還是舜，但四凶却爲另外四個人。孟子萬章上篇云，『舜流共工于幽州，放驩兜于崇山，殺三苗于三危，殛鯀于羽山，四罪而天下咸服』。這裏所說的四凶，是共工，驩兜，三苗，和鯀。堯典所記，與孟子相同，惟於誅四凶之外，曾提到各種刑律，大概這就是宋先生『重修刑律』之所本吧？其文云，『象以典刑；流宥五刑；鞭作官刑；扑作敎刑；金作贖刑；眚災肆，赦；怙終賊，刑。欽哉欽哉，惟刑之恤哉！流共工于幽州，放驩兜于崇山，竄三苗于三危，殛鯀于羽山，四罪而天下咸服』。

史記所記與堯典相同，惟加上了四個方向。其文云，『舜……言於帝，請流共工于幽陵，以變北狄；放驩兜於崇山，以變南蠻；遷三苗於三危，以變西戎；殛鯀於羽山，以變東夷。四辠而天下咸服』。

從以上看來，四凶的名字左傳與堯典所記是完全不同的，太史公作五帝本紀時，竟完全採了進去，於是舜誅的四凶乃有兩組。但那時的凶人何以這等巧，都又以四數爲一組，如近世的有『戊戌六君子』，又有『洪憲六君子』呢？

但經學家畢竟是聰明的，他們會將這兩組拼成爲一組。賈逵的解詁（史記注引）云，『帝鴻，黃帝也，不才子，其苗裔驩兜也』；這是把渾敦和驩兜解爲一人。又曰，『檮杌，頑凶無疇匹之貌，謂鯀也』；這是把檮杌與鯀解爲一人。服虔的解誼說窮奇即『謂共工也，其行窮而好奇』；這是把共工和窮奇解爲一人。剩下一個饕餮沒有注，當然是三苗了！

誅四凶者，有的說是堯，有的說是舜，以上所引各書都是說舜的。但在古籍裏說誅四凶者爲堯的也有。莊子在宥篇，韓非子外儲說右上，及淮南子修務訓等，都是說誅四凶者爲堯。清郝懿行書說卷上亦云，『去四凶者雖舜，其實皆稟命于堯，蓋舜斯時，方居攝未陟帝位也。故流放竄殛，特書於二十有八載之前，以明去四凶者堯也。左傳謂堯未能去，至舜而後去之，非也。大戴禮五帝德篇，以去四凶爲堯之事，其文甚明』。

四凶中的鯀的被誅，韓非子外儲說右上和呂氏春秋行論篇告訴我們的，是爲了『堯欲傳天下於舜』，他不贊成而得罪，並不是爲了其他的緣故。但國語和史記却說他是爲了彰洪水或治水無功而獲罪，並非爲了不贊成堯以天下讓舜。國語周語下云，『其在有虞，有崇伯鯀播其淫心，稱遂共工之過，用殛之于羽山』。又魯語上云，『鯀鄣洪水而殛死』。這是說他鄣洪水而被誅。史記五帝本記云，『四嶽舉鯀治鴻水……而無功，故百姓不便。……殛鯀於羽山』。這是他治水而無功以後才被誅的。自從史記這樣記載了以後，人們都相信鯀的被殛是爲了治水而無功，韓非子和呂氏春秋的說法，便被人忽略了。

(二十四)輯五端，更定朝儀。

堯典云，『輯五瑞，既月乃日，覲四岳羣牧，班瑞于羣后』。這大概就是『輯五瑞』一語的出處。僞孔傳云，『輯，斂；既，盡；覲，見；班，還；后，君也。舜斂公侯伯子男之瑞圭璧，盡以正月中，乃日日見四岳及九州牧監，還五瑞于諸侯，與之正始』。照他這樣講，是舜收取諸侯的圭璧，過了正月，又召看他們，一個個歸還了。

他爲什麼要這樣呢？蔡沈書集傳解釋道，『公執桓圭，侯執信圭，伯執躬圭，子執穀璧，男執蒲璧（按，此據周禮典瑞之文）。五等諸侯執之以合符於天子而驗其信否也。周禮，「天子執冒以朝諸侯」。鄭氏注云，「名玉以冒，以德覆冒天下也。諸侯始受命，天子錫以圭，圭頭斜銳，其冒下斜刻，小大長短廣狹如之。諸侯來朝，天子以刻處冒其圭頭，有不同者則辨其僞也」。……程子曰，「輯五瑞，徵五等之諸侯也。此皆正月事。至盡此月，則四方之諸侯有至者矣。遠近不同，來有先後，故日日見之，不如他朝會之同期于一日，蓋欲以少接之，則得盡其詢察禮意也。……既見之後，審知非僞，則又須還其瑞，以與天下正始也」』。

宋先生的『更定朝儀』，大約即是僞孔傳的『正始』的意思。孔穎達正義云，『此瑞本受于堯，斂而又還之，若言舜新付之，改爲舜臣，與之正新君之始也』。照這樣說，那麼，輯五瑞與班瑞即與現在的經過一番變革之後重新驗契是一樣的意思。

(二十五)神禹治水，宛委夢玄夷。

禹治水的故事，古籍差不多都有記載，因太繁，故略而不論。

宛委是山名，在會稽東南十五里，一名玉笥山。玄夷，是神人。禹怎樣在宛委夢見玄夷這個故事，見於吳越春秋卷四越王無余外傳，其文云，『乃按黃帝中經曆，蓋聖人所記，曰，「在於九山東南天柱，號曰宛委，赤帝在闕。其巖之顛，承以文玉，覆以盤石。其書金簡，青玉爲字，編以白銀，皆瑑其文。禹乃東巡，登衡嶽，血白馬以祭。不幸所求，禹乃登山仰天而嘯，因夢見赤繡衣男子，自稱玄夷蒼水使者。聞帝使丈命於斯，故來候之。非厥歲月，將告以期，無爲戲吟，故倚歌覆釜之山，東顧謂禹曰，欲得我山神書者，齋于黃帝巖嶽之下。三月庚子，登山發石，金簡之書存矣。禹退，又齋，三月庚子，登宛委山，發金簡之書，案金簡玉字得通水之理。復返歸嶽，乘四載以行川，始于霍山，徊集五嶽』。照這樣說，禹的治水，完全是出于玄夷蒼水使者的指導。不然，他或者和他父親鯀一樣的無功！

(二十六)伯益焚山，疏屬刑貳負。

益是舜的虞官。堯典云，『帝曰，「疇若予上下草木鳥獸？」僉曰，「益哉！」帝曰，「俞，咨益，汝作朕虞！」益拜稽首，讓于朱，虎，熊，羆。帝曰，「俞，往哉，汝諧！」』。

他的焚山，見于孟子。滕文公上篇云，『舜使益掌火，益烈山澤而焚之，禽獸迷匿』。皋陶謨則云，『禹曰「洪水滔天，浩浩懷山襄陵，下民昏墊。予乘四載，隨山刊木，暨益，奏庶鮮食」』。僞孔傳云，『奏謂進于民，鳥獸新殺曰鮮』。蔡傳云，『水土未平，民未粒食，與益進衆鳥獸魚鼈之肉于民，使食以充飽也』。那末，他不是焚山，而是刊木，不是驅鳥獸而是捉禽獸了。

伯益兩字，崔述在唐虞考信錄卷三中曾論辨過。他因漢書地理志說，『秦之先曰柏益……堯時助禹治水，爲舜朕虞，養育草木鳥獸，賜姓嬴氏』，顏師古注云，『柏益一號柏翳，蓋翳益聲近故也』，於是混益于柏翳，而以柏益（伯益）爲其過渡，引了許多舊文來駁去這說，足見得這是漢人的傳說。但我正懷疑舜官的有益，是因秦祖的有柏翳之故呢。

疏屬刑貳負故事，出在山海經。海內西經云，『貳負之臣曰危危，與貳負殺窫窳，帝乃梏之疏屬之山，桎其右足，反縛兩手與髮，繫之山上』。又云，『開明東有巫彭，巫抵，巫陽，巫履，巫凡，巫相，夾窫窳之尸，皆操不死之藥以距之。窫窳者，蛇身人面，貳負臣所殺也』。這經上的帝當是上帝，那麼梏貳負臣一事與益無關。宋先生或者因山海經相傳是禹益所作，故使他們發生關係吧？

(二十七)產奇胎，塗山化石。

在這天翻地覆的時候，忽然這位神禹起了家室之思了，這實在是一個很好的穿插。

禹娶于塗山的故事，在皋陶謨中本來是一樁『正經』的事，牠述禹的話道，『予娶塗山，辛壬癸甲，啓呱呱而泣，予弗子，惟荒度土功』。這是與孟子上的『禹三過其門而不入』是同樣的救世而不暇顧家，並無神秘的意味在內。這裏的『辛壬癸甲』，僞孔傳解作『辛日娶妻，至于甲日，復往治水，不以私害公』。也正與孟子上的意思相同。

呂氏春秋季夏紀音初篇云，『禹行功，見塗山之女，禹未之遇而巡行南土，塗山氏之女乃令其妾候禹于塗山之陽，女乃作歌，歌曰，「候人兮猗，實始作爲南音」』。這裡是說禹見塗山之女，並未直截了當的說禹娶塗山之女，但塗山氏之女既令其妾候之，自已又復作南音之歌，說不定對禹早就有情了。

列女傳也有一段記禹娶塗山的事，曰，『啓母塗山氏長女也，夏禹娶以爲妃，既生啓，辛壬癸甲，啓呱呱泣，禹去而治水，惟荒度土功，三過其家不入其門，塗山獨明教訓，而致其化焉』。這是與皋陶謨孟子一樣的說話，可以看出禹是如何的勤民事！也可以看出塗山氏女是如何的賢淑！

說禹娶塗山較爲詳細的，當推吳越春秋。越王無余外傳云，『禹三十未娶，行到塗山，恐時之暮，失其制度，乃辭云，「吾娶也，必有應矣」。乃有九尾白狐造於禹，禹曰，「白者吾之服也，其九尾者王之證也」。塗山之歌曰，「綏綏白狐，九尾痝痝，我家嘉夷，來賓爲王，成家成室，我造彼昌，天人之際，於茲則行明矣哉！」禹因娶塗山，謂之女嬌，取辛壬癸甲，禹行十月，女嬌生子啓，啓生不見父，晝夕呱呱啼泣』。這裡把禹怎樣娶塗山氏之女說得很完備，並且把生啓的事，也比皋陶謨記得靈活多了。可惜牠還沒有告訴我們怎樣『產奇胎，塗山化石』。

『產奇胎，塗山化石』，大概出自淮南子（漢書武帝紀注引）其文云，『禹娶塗山，治鴻水，通轘轅山，化爲熊。塗山氏見之，慙而去。爲嵩高山下，化爲石。禹曰，「歸我子！」石破北方而生啓』。漢書武帝紀幸緱氏詔曰，『朕用事華山，至于中嶽，獲駮麃，見夏后啓母石』。應劭曰，『啓生而母化爲石』。照以上所說，淮南子是說塗山先化爲石，而後石破生啓。應劭對於『啓母石』的解釋，則說啓降生以後他的母親才化爲石的，二說顯然是不同了。

至於塗山二字的解釋，各書不同。按左傳哀公七年，有『禹合諸侯于塗山』一語，杜預解爲『在壽春東北』，壽春即今安徽壽縣。一統志謂『塗山在懷遠縣東南八里』，其地亦在今安徽。會稽志謂，『塗山在山陰縣西北四十五里』，此處之山陰縣在清代與會稽縣並爲浙江紹興府治，民國廢府，幷山陰會稽爲紹興縣。照這樣說，塗山不在安徽，而在浙江了。

(二十八)降怪物，淮水安瀾。

這件故事，在書上出現得最晚。路史餘論卷九無支祈條引集仙錄云，『李公佐至永和九年從元公錫泛洞庭，登包山，入靈洞，得古岳瀆經第八卷，奇字蠹毀，不能解。其後周焦君詳之云，「禹治水，三至桐柏山，驚風迅雷，石號木鳴，土伯擁川，天老肅兵，功不能興。禹怒，召集百靈，搜命夔龍相柏等於君長稽首請命，禹因囚鴻冡氏，彰商氏，兜氏，盧氏，犁婁氏，乃獲淮渦水神名無支祈，善應對言語，辨江淮之淺深，原隰之遠近；形若獲猱，縮鼻高額，青軀白首，金目雪牙，頸伸百尺，力逾九象，搏擊騰趠，疾利倏忽，視不可久。禹乃授之童律，童律不能制；授之烏木田，烏木田不能制；授之庚辰，庚辰能制。鴟脾，桓胡，木魁，水靈，山妖，石怪，奔號叢繞者，以千數。庚辰以戰逐去。頸鎖大械，鼻穿金鈴，徙之淮陰龜山之足，俾淮水永安」』。這頗與宛委的得金簡相像。

禹既有娶于塗山的故事。又有鎖無支祈的故事，可見他與淮水甚有關係。

(二十九)教稼，明倫，功垂萬世。

這是稷與契的政績。孟子滕文公上篇云，『后稷教民稼穡，樹藝五穀，五穀熟而人民育。人之有道也，飽食煖衣，逸居而無教，則近於禽獸。聖人有憂之，使契爲司徒，教以人倫：父子有親，君臣有義，夫婦有別，長幼有序，朋友有信』。

堯典亦云，『帝曰，「棄，黎民阻飢，汝后稷，播時百穀！」帝曰，「契，百姓不親，五品不遜，汝作司徒，敬敷五教，在寬。」』史記五帝本紀所記亦與此同。

在以上所引的兩段話裏，我們知道后稷就是棄。但棄爲什麼就是后稷？牠們却沒有說明白。到太史公的周本紀作成時，我們才明白后稷爲什麼叫做棄，既然以棄爲名了，又爲什麼叫做后稷。周本紀說，『周后稷名棄，其母有邰氏女曰姜原……出野見巨人跡，心忻然說欲踐之，踐之而身動如孕者，居期而生子，以爲不祥，棄之隘巷，馬牛過者皆辟不踐，徙置之林中，適會山林多人，遷之而棄渠中冰上，飛鳥以其翼覆薦之，姜原以爲神，遂收養長之。初欲棄之，因名曰棄，棄爲兒時，屹如巨人之志，其遊戲，好種樹麻菽，麻菽美，及爲成人，遂好耕農，相地之宜，宜穀者稼穡焉。……帝堯聞之，舉棄爲農師，天下得其利，有功，……號曰后稷』

。（吳越春秋吳太伯傳及宋書符瑞志所記皆與此略同。）

在神禹治水，伯益焚山之後，繼之以后稷教稼，契教人倫，文化便蒸蒸日上了。

（二十）皐財，解慍，利普羣生。

這個回目大概出自尸子。文選琴賦注引尸子云，『舜作五絃之琴，以歌南風，南風之薰兮，可以解吾民之慍』。又禮記樂記疏謂聖證論引尸子及家語難鄭云，『昔者舜彈五絃之琴，其辭曰，「南風之薰兮，可以解吾民之慍兮，南風之時兮，可以阜吾民之財兮」』。汪繼培輯本尸子注，『疑尸子本止二語，而肅合家語稱之也』。

除尸子以外，在別的書裡找不出舜阜財解慍的事來。雖然說舜彈五絃之琴，以歌南風的很多，如韓非子外儲說左上，淮南子詮言訓，泰族訓，韓詩外傳四；史記樂書索隱；越絕書卷十三；新語無爲篇；風俗通聲音篇；但都沒有把歌詞記載出來，也沒有說明怎麼樣『阜財』，怎麼樣『解慍』；所以這個回目的內容，我們現在已經難以明白了。

（二十一）璿璣齊七政，肇建明堂。

堯典云，『在璿璣玉衡，以齊七政』。僞孔傳云，『在察也。璿，美玉。璣衡，王者正天文之器，可運轉者。七政，日月五星各異政。舜察天文，齊七政，以審已當天心與否』。孔氏正義云，『舜……難受堯命，猶不自安，……乃復察此璿璣玉衡以齊整天之日月五星七曜之政，觀其齊與不齊。齊則受之是也，不齊則受之非也。見七政皆齊知己受爲是，遂行爲帝之事』。照這樣講來，舜當時用了渾天儀去測天象，以定受禪之當否。所謂齊，或者是『日月合璧，五星聯殊』的意思吧？

肇建明堂事，書無明文。堯典云，『正月上日，受終於文祖』。史記對於此句之解釋，謂『文祖，堯太祖也』。到鄭玄的注裏，即說『文祖者，五府之大名，猶周之明堂』。堯典又云，『歸，格於藝祖，用特』。馬融注之曰，『藝，禰也』，以爲藝祖就是舜的祖廟。到鄭玄的注裏，即說『藝祖，猶周之明堂』。經鄭玄的一注，而堯舜之有明堂，便在堯典中找出証據來了。

除此之外，關於舜與明堂的記載，我們在尸子裏知道明堂『有虞曰總章』。只是說明堂在有虞時叫做總章，並未提及肇建明堂之事。禮記卷三十一明堂位篇有云，『鸞車，有虞氏之路也。……泰，有虞氏之尊也。……米廩，有虞氏之庠也。……凡四代之服，器，官，魯兼用之』。這裏所謂四代，係指虞夏商周。宋先生或因虞在最前，所以以爲他始建明堂，亦未可知？

(三十二)玉帛貢九州，徧巡方岳。

堯典云，『歲二月，東巡守，至于岱宗，柴，望秩于山川；肆覲東后，協時月，正日，同律度量衡，修五禮，——五玉，三帛，二生，一死，贄，——如五器；卒，乃復。五月，南巡守，至於南岳；如岱禮。八月，西巡守，至于西岳；如初。十有一月，朔巡守，至于北岳；如西禮。……五載一巡守，羣后四朝』。在巡方岳中，他要做許多事：（一）燔柴告天，（二）如山川之秩次望祭，（三）覲見諸侯，（四）整齊時月日，（五）整齊律度量衡，（六）修五禮及禮器。諸侯也要用五種玉，三種帛，及生死的鳥獸做贄。

史記五帝本紀本於堯典，故所記與堯典相同，惟尚書大傳稍異。其文云，『維元祀，巡狩四岳八伯，壇四奧，沈四海，封十有二山，兆十有二州，濬川樂正定樂名，元祀代泰山貢兩伯之樂焉』。照這裏所說，巡方岳帶有『封禪』的意味了。

所謂四岱，東岳是泰山，南岳是衡山，西岳是華山，北岳是恆山。我們姑以山西的蒲版爲舜的都城，由蒲版至四岳，相距甚遠，往返需時甚久，在古代的交通狀況之下，舜在一年之內能巡視一遍，實爲不可能。文中子王道篇謂，『舜一歲而巡五嶽，國不費而民不勞，……………無他道也，兵衛少而徵求寡也』。雖然說得有情有理，但也不足以解釋這個問題。

關于『貢』的記載，禹貢上說的最多，現在不列舉了。

(三十三)返河南，丹朱失政。

返河南一事見于孟子。萬章上篇云，『舜相堯二十有八載，非人之所能爲也，天也。堯崩，三年之喪畢，舜避堯之子於南河之南。天下諸侯朝覲者，不之堯之子而之舜，訟獄者，不之堯之子而之舜，謳歌者，不謳歌堯之子而謳歌舜。故曰天也。夫然後之中國，踐天子位焉』。

左傳文公十八年所記史克的話，也說『是以堯崩而天下如一，同心戴舜以爲天子』。

從以上所引的兩段文字看起來，舜只有相堯，並未受堯的禪，只因堯崩之後，丹朱不得民心，諸侯同心戴舜，所以繼堯做了天子。

但堯典所記却與此不同了。牠在一開頭便把丹朱斥了出去。牠道，『帝曰，「疇咨若時登庸？」放齊曰，「胤子朱啓明」。帝曰，「吁，嚚訟，可乎」』又於舉舜後道，『帝曰，「格汝舜，詢事考言，乃底可績，三載；汝陟帝位，」……正月上日，受格于文祖』。又於堯崩之後道，『月正元日，舜格于文祖』。他確已受禪了。歷來學者要使堯典的話不與孟子衝突，故解爲攝位，即使是攝，文中又那有『避河南丹朱失政』的意味呢！這是圓不過來的謊。

史記五帝本紀云，『堯立七十年得舜，二十年而老，令舜攝行天子之政，薦之於天。堯辟位凡二十八年而崩，百姓悲哀如喪父母，三年四方莫舉樂以思堯。堯知子丹朱之不肖，不足授天下，於是乃權授舜，授舜則天下得其利而丹朱病，授丹朱則天下病而丹朱得其利，堯曰，「終不以天下之病而利一人」，而卒授舜以天下。堯崩，三年之喪畢，舜讓辟丹朱於南河之南，諸侯朝覲者，不之丹朱而之舜，獄訟者不之丹朱而之舜，謳歌者不謳歌丹朱而謳歌舜。舜曰，「天也」，夫而後之中國踐天子位焉』。這是把孟子和堯典的話合而爲一了，並且還把堯所以不授丹朱以天下的原故說了出來。

尙書大傳卷一虞夏傳云，『堯爲天子，丹朱爲太子，舜爲左右，堯知丹朱之不肖，必將壞其宗廟，滅其社稷，而天下同賊之，故堯推尊舜，而尙之屬諸侯焉』。這裏所說堯不以天下授丹朱的理由，在文字上與史記所言不同，史記是說堯爲了利天下所以才把天下讓給舜，而這裏則是爲了保其宗廟存其社稷，才不把天下授給丹朱。

但史記與尙書大傳却都是說堯知其子丹朱是不肖的。那末，丹朱是怎樣一個不肖的人呢！皋陶謨記禹之言曰，『無若丹朱傲，惟慢遊是好，傲虐是作，罔晝夜頟頟，罔水行舟，朋淫于家，用殄厥世』。吳闓生尙書大義注云，『丹朱傲，即胥敖，在丹水之浦，亦即楚詞之澆也。或以爲堯子丹朱，謬甚』。對於這裏的『丹朱傲』既然發生了問題，其所記丹朱的壞處，當然也連帶着發生之問題。但丹朱傲就是胥敖，吳氏却沒有舉出詳細的証據來，所以我們不便相信。我們姑且存疑吧！

以上所說的一切，都沒有提到丹朱如何失政的事蹟，宋先生這個回目實在令人費解。山海經海外南經云，『蒼梧之山，帝舜葬於陽，帝丹朱葬於陰』。又海內北經云，『帝堯台，……帝丹朱台，……在崑崙東北』。丹朱的名上與堯舜同樣的加了一個『帝』字，這當然是表示他曾繼堯作過帝了，但何以孟子等書都沒有記載呢？他既然爲過帝，便很容易有失政的事蹟，宋先生這個回目，很有由這裏附會出來的可能。

（三十四）封嶺表，傲象回心。

莊子盜跖篇云，『滿苟得曰，「堯殺長子，舜流母弟，疏戚有倫乎？」』。『流』字在這裏可以當『放』字解，與孟子的說法是不同的。孟子萬章上篇云，『萬章問曰，「象曰以殺舜為事，立為天子則放之，何也？」孟子曰，「封之也，或曰放焉」。萬章曰，「；；象至不仁，封之有庳，有庳之人奚罪焉！仁人固如是乎？在他人則誅之，在弟則封之。」曰，「仁人之於弟也，不藏怒焉，不宿怨焉，親愛之而已矣。親之，欲其貴也。愛之，欲其富也。封之有庳，富貴之也。身為天子，弟為匹夫，可謂親愛乎！」敢問或曰放者何謂也？」曰，「象不得有為於其國，天子使吏治其國，而納其貢稅焉，故謂之放，豈得暴彼民哉！雖然，欲常常而見之，故源源而來。不及貢，以政接于有庳，此之謂也。」』這是把『放』與『封』解為同是一件事的，但在字義上莊子上的『流』却不是孟子上所說的『封』，大概郭象注莊子時曾看出這點不同來，為了與孟子上的話不衝突，便解釋道，『流，放也。孟子云，「舜封象於有庳，不得有為於其國，天子使吏治其國而納其貢稅焉」。故謂之放也』。

我們由孟子上的話，知道舜封象到有庳，是為了對弟的親愛；派人代他治國，不許他自己有所作為，這是為了有庳之人沒有罪。錢玄同先生常說象是拿乾修的，說的很恰當。這真虧孟子的善于齊家治國啊！但是舜對弟的親愛，一到法家韓非子的口裡便變成『不仁』了。韓非子忠孝篇云，『瞽瞍為舜父，而舜放之；象為舜弟，而（舜）殺之；放父殺弟，不可謂仁』。象既然為舜所殺，當然談不到兄弟的親愛了！所以封弟於有庳的那段事蹟，在韓非子裏是沒有確切的証據的。

有庳，水經注引王隱之說，謂在應陽縣，即今湖南衡陽道零陵縣。王隱云，『應陽縣……東五里有鼻墟，象所封也，山下有象廟』。史記正義引帝王紀云，『舜弟象封於有鼻』。後漢書卷一百四十四袁譚傳謂，『象傲終受有鼻之封』，章懷太子注云，『鼻國在永州營道縣（即零陵）北，今猶謂之鼻亭』。可見鼻亭的故事是南方起的，與舜崩蒼梧同。但閻若璩根據了孟子來駁，（四書釋地續）說沒有『兄居蒲坂，弟居零陵，陸阻太行，水絕洞庭，較諸驩兜放處，尤遠千里之理』。又道，『且，零陵之是國也，比歲一至，則往返幾將萬里，其勞已甚。數歲而數至，勢必日奔走于道路風霜之中而不少寧息。親愛弟者固如是乎，蓋有庳之封必近在帝都，而今不可考爾。或曰，然則今零陵曷為傳有是名也？按括地志云，鼻亭神在營道縣北六十里。故老傳云，舜葬九疑，象來至此，後人立祠，名為鼻亭神」，（案，史記正義亦引此。）此為得之。宋類苑云，「道永二州之間，有地名鼻亭！窮崖絕徼，非人跡可歷。舜對象于有庳，蓋此地」。蓋者，疑辭』。

這是說有庳不在南方的，是一個合理的解釋。但也有說有庳確是在南方的，他也有合理的理由。

顧炎武日知錄卷七『象封有庳』條云，『舜都蒲坂而封象于道州鼻亭，在三苗以南荒服之地，誠爲可疑。如孟子所論，親之欲其貴，愛之欲其富，又且欲其源源而來，何以不在中原近畿之處而置之三千餘里之外耶？蓋上古諸侯之封萬國，其時中原之地必無閒土可以封故也。……或曰，禹封在陽翟，稷封在武功，何與？二臣者，有安天下之大功，帝固不得以介弟而先之也。故象之封于遠，聖人之不得已也』。到了宋先生，又說象是被封于『嶺表』（廣東）更遠了。

回心事，不知出在何處。荀子正論篇謂，『世俗之爲說者曰，「堯舜不能教化，是何也？」曰，「朱象不化是不然也，堯舜至天下之善教化者也。南面而聽天下，生民之屬，莫不振動從服以化順之，然而朱象獨不化，是非堯舜之過，朱象之罪也。……堯舜者，天下之善教化者也」』。此處雖然沒有說象回心，却說舜是一個『善教化』的人物，也許宋先生爲了要說明舜的德化政治，便在傲象被封以後，故意造出一段回心的事來，藉以表明舜行德政的成功？

楚辭三天問有『眩弟竝淫，危害厥兄，何變化以作詐後嗣而逢長？』的疑問，或者是對于丹朱的『殄厥世』而發出的感慨吧？

（三十五）朝太公，萬方受養。

孟子萬章上篇載着一段很有趣的問話。那時有一個叫做咸丘蒙的，問孟子道，『語云，「盛德之士，君不得而臣，父不得而子」。舜南面而立，堯帥諸侯北面而朝之，瞽瞍亦北面而朝之。舜見瞽瞍，其容有蹙。孔子曰，「於斯時也，天下殆哉岌岌乎！」不識此語誠然乎哉？』孟子回答他道，『否，此非君子之言，齊東野人之語也！……孝子之至，莫大乎尊親，尊親之至，莫大乎以天下養。爲天子父，尊之至也。以天下養，養之至也。……書曰，「祗載見瞽瞍，夔夔齊栗，瞽瞍亦允若」』。照齊東野人的說法，是瞽瞍朝舜。照齊西聖人的說法，是舜朝瞽瞍。

史記也依了孟子的話而說道，『舜之踐帝位，載天子旗，往朝父瞽瞍，夔夔唯謹，如子道』。

（三十六）建宗廟，七祖生天。

這大約是本於孔子家語立的回目。家語第三十四廟制篇云，『孔子曰，「天下有王，分地建國，設祖宗，乃爲親疏貴賤多少之數。是故天子立七廟，三昭，三穆，與太祖之廟而七。……此自有虞以至于周之所不變也」』。但下文云，『有虞宗堯，……異代之有功德者也』，那麽，這七廟又不盡是舜的七祖了。

晉太始三年奏置七廟，宜權立一廟。羣議以爲上古清廟一宮，周制七廟。舜承堯禪，受終文祖，則虞氏不改唐廟。乞依有虞故事。那麼，這七廟中又有唐的文祖在內了。

(三十七)西毋献圖，四夷齊嚮化。

西毋献圖的故事，大概出自緯書。尚書帝命驗云，『西王母于大荒之國得益地圖，慕舜德，遠來献之』。雒書靈准聽亦云，『舜受終，西王母献益地圖』。歐陽詢曰，『西王母得益地之圖來献』。這些話說得都很奇怪，益本是舜的臣子，有地圖滿可以自己來献給舜，用不着西王母來替他代辦。況且益在堯典裏不過是舜的虞官，在孟子裏也只說他曾幹過一件掌火焚山的事蹟而已，並沒有說到他是有封地的。既無封地，當然也就無地圖可言了。但緯書却說西王母得益地圖來献，不知何所根據？這裏的『得益地圖』的『益』字我覺得也可以當作地名解，不過『益』是什麼地方，我們可就不容易知道了。

大戴禮記卷十一少間篇云，『昔虞舜以天德嗣堯，……出入日月，莫不率俾。西王母來献其白琯』。風俗通義卷六聲音篇云，『舜之時，西王母來献其白玉琯』。晉書卷十六律麻志云，『舜時，西王母献昭華之琯，以玉爲之』。宋書卷十九樂志亦云，『古者以玉爲管。舜時，西王母献白玉琯是也』。這都是說西王母是來献白玉琯的，並不是献的地圖。

中論爵祿篇云，『舜爲匹夫猶民也。及其受終於文祖，傳稱曰予一人，則西王母來献白環』。竹書統箋引世本曰，『舜時，西王母献白環及珮』。宋書卷二十七符瑞志云，『帝舜有虞氏……即帝位，……景星出房，地出乘黃之馬。西王母献白環玉玦』。今本竹書紀年附注亦本於符瑞志說道，『西王母來朝，献白環玉玦』。這都是說西王母是來献白環和玉玦的。也不是說來献地圖的。

由以上所引的一切話看來，西王母當舜的時候，除了來献『益地圖』之外，還献了白琯和白環玉玦種種的東西。

『西王母』三個字的解釋，也很可以注意。中西學者都有不同的見解，有的說『西王母』爲婦人，有的說『西王母』三字僅爲譯音，是一個部落的名稱，也有說『西王母』就是設巴國女王者（Queen of Sheba）。其所在之地，亦有種種說法，丁謙謂西王母即古代的迦勒底國，顧實謂即波斯國，張星烺先生則謂其地在今俄領西土耳其斯坦撒馬兒罕附近，說者紛紛，不知孰是？（見中西交通史料匯篇第一冊，頁八八，九四，九五註）

所謂『四夷齊嚮化』，大約是指舜時一切來貢的國都而言。據各方面的記載，當舜時，除了西王母以外，其他來朝貢嚮化的國家很多，不下一二十國，現在讓我擇其重要者錄之如左：

大戴禮記少閒篇云，『昔虞舜以天德嗣堯，……幽都來服，南撫交趾，……海外肅愼，北發，渠搜，氐羌來服』。史記五帝本紀云，『唯禹之功爲大，……南撫交阯，北發，西戎，析枝，渠廋，氐羌。北山戎，發，息愼。東長鳥夷。四海之內，咸戴帝舜之功』。（說苑修文篇與史記所記同。）新序卷一雜事篇云，『舜立爲天子，天下化之。蠻夷率服。拒發渠搜，南撫交阯，莫不慕義』。拾遺記卷一云，『虞舜在位十年，……萬國重譯而至。有大頻之國，其民來朝。……有孝養之國，……舜受堯禪，其國執玉帛來朝，特加賓禮，異於除戎狄也』。今本竹書紀年卷上謂舜即位後第『二十五年，息愼氏來朝，貢弓矢。……四十二年，玄都氏來朝，貢寶玉』。這都是四夷嚮化的材料，假若使臣的報聘在那時是事實，舜所得的榮譽，一定不下於近代國家的元首！

（二十八）南蠻逆命，羣后大興師。

墨子兼愛下云，『雖禹誓即亦猶是也。禹曰，「濟濟有衆，咸聽朕言，非惟小子敢行稱亂，蠢茲有苗，用天之罰，若予既率爾群對諸羣以征有苗」』。大禹謨亦云，『帝曰，『咨禹，惟是有苗弗率，汝徂征。禹乃會羣后，誓于師曰，濟濟有衆，咸聽朕命，蠢茲有苗，昏迷不恭，侮慢自賢，反道敗德。君子在野，小人在位，民棄不保，天降之咎。肆予以爾衆士，奉辭伐罪，爾尚一乃心力，其克有勳！』今本竹書紀年也說，『三十五年，帝命夏后征有苗』。宋先生所說的南蠻，大約就是墨子，大禹謨及今本竹書紀年所說的有苗吧？

說舜時有苗不服的，韓非子，呂氏春秋等書都有記載。說舜因爲有苗不服而伐之的，在荀子議兵篇有『舜伐有苗』的話，就是淮南子上也有兩處這樣說。兵略訓云，『堯戰於丹水之浦，舜伐有苗』。脩務訓云，『舜，……南征有苗，道死蒼梧』。這都是說舜實際上是伐過有苗的。

可是說舜時有苗不服，禹請伐之，而舜以爲不可，想用德化的方法服之的，在古籍中也有數處這樣記載。韓非子五蠹篇云，『當舜之時，有苗不服，禹將伐之，舜曰，「不可，上德不厚而行武，非道也」』。呂氏春秋離俗覽上德篇云『三苗不服，禹請攻之，舜曰，「以德可也」』。行德三年，而三苗服』。呂氏春秋的三苗，就是韓非子等書的有苗，古人常通用之。所以三苗服，也就是有苗服。

韓非子和呂氏春秋雖然說明了舜以德化有苗的政策的成功，但是還沒有把有苗所以然不服的原故說出來。我們如果要明白有苗爲什麼不服的故事，就不能不參考別的書了。戰國策魏策一云，『吳起對曰，「……昔者三苗之居，左彭蠡之波，右洞庭之水，文山在其南，而衡山在其北，恃此險也，爲政不善，而禹放逐之」』。這是說三苗恃天險『爲政不善』，而禹加之以放逐，並沒有說恃天險不服，而禹加之以討伐；但到韓詩外傳卷三，則明白的說有苗不服的原故，完全是爲了有可恃的天險了。其文云，『當舜之時，有苗不服，其不服者，衡山在南，岐山在北，左洞庭之陂，右彭澤之水，由此險也，以其不服。禹請伐之，而舜不許曰，「吾喩敎猶未竭也」，久喩敎而有苗民請服』。劉向說苑卷一君道篇亦道，『當舜之時，有苗不服，其所以不服者，大山在其南，殿山在其北，左洞庭之波，右彭蠡之川，用此險也，所以不服，禹欲伐之，舜不許曰，「諭敎猶未竭也，究諭敎焉，而有苗請服』。這樣說來，有苗之所以然不服，完全是爲了有天險可恃，才敢目無王法，但是經過了舜的一番敎化之後，居然肯來請服，這也不能不說是舜的德化政策的成功。可惜宋先生的回目！沒有說明這一點。

（三十九）顯神異，黃能化羽淵。

正在典兵討伐有苗的時候，忽然插入這麼一段故事，看起來很有點不倫不類，這也許是與征苗有關的一段穿插吧！

左傳昭公七年云，『鄭子產聘于晉，晉侯有疾，……夢黃熊入於寢門』，子產對曰，『……昔堯殛鯀于羽山，其神化爲黃熊，以入于羽淵，實爲夏郊，三代祀之』。原來『黃能化羽淵』，就是鯀被殛後化爲黃熊入于羽淵的故事。杜預解熊音雄，獸名，亦作能，三足鼈也。按，說文及字林，皆云能熊屬，足似鹿。則黃能又不是鼈了。

山海經第五中次三經云，『南望墠渚，禹父之所化』，阮沅注云，『水中小洲名渚。墠音墠，一音暖。……水經注云，「墠渚，水上承陸，渾縣東墠渚，渚左原上，陂方十里，佳饒魚葦引此經」云云。鯀化羽淵而復在此，世謂此澤爲慎望陂，陂水南流注于涓陽，水渚在今何南嵩縣』。這是說鯀化羽淵之處爲墠渚。楚辭天問云，『化而爲黃熊，巫何活焉？』注云，『鯀死後化爲黃熊，入於羽山淵』。這是說鯀死化爲黃熊，入的是山東的羽山淵，並不是河南的墠渚。二說顯然是不同了，但後者在傳說中的勢力却比前者大得多。

吳越春秋卷四越王無余外傳云，『堯……巡狩觀鯀之治水無有形狀，乃殛鯀于羽山，鯀投于水化爲橫能，因爲羽淵之神』。這裡除了把鯀所以然被殛的原故說了出來，並且還說鯀投水化爲黃能之後，又成了羽淵之神。

任昉作的述異記，說『堯使鯀治洪水，不勝其任，遂誅鯀於羽山，化爲黃熊，入於羽泉。今會稽祭禹廟，不用熊，曰黃能即黃熊也』。這是說明鯀之被誅，是爲了治水不勝其任，並且還說明了黃能就是黃熊，於是我們知道左傳上的『黃熊』，宋先生稱之爲『黃能』，是有他的根據的。但『羽泉』的名稱，却與以前所引各書皆不同，或者羽泉就是羽淵吧？

(四十)聽簫韶，有苗奔印度。

在『南蠻逆命，羣后大興師』的回目裏，我們知道有苗之所以然不服，是因爲有天險可恃，等到舜以德化之，便又前來請服了。但舜如何以德化之，在那個回目裏還沒有講，現在再讓我們來討論一下。

按大禹謨於敘述舜令禹會羣后伐有苗之後，曾有以下這一段活，『三旬，苗民逆命，益贊于禹曰，惟德動天，無遠弗屆，滿招損，謙受益，時乃天道。帝初于歷山，往于田，日號泣于旻天，于父母，負罪引慝，祗載見瞽瞍，夔夔齊慄，瞽瞍亦允若。至誠感神，矧茲有苗，禹拜昌言曰，「俞，班師振旅」。帝乃誕敷文德，舞干羽于兩階。七旬，有苗服』。由此我們知道有苗之所以然降服，是因爲舜行德教，以干羽舞于兩階的原故。所謂『干羽舞于兩階』，蔡沈集傳解曰，『干，楯；羽，翳也，皆舞者所執也。兩階，賓主之階也』。是『干羽』乃供樂舞的器具，執此器具以舞，有苗乃服。新書匈奴篇亦云，『舜舞于羽，而三苗服』。

淮南子卷十繆稱訓云，『禹執干戚舞於兩階之間，而三苗服』。卷十一齊俗訓云，『當舜之時，有苗不服，於是舜修正偃兵，執干戚而舞之』。卷十三氾論訓云，『舜執干戚而服有苗』。這都是說舜執干戚而服有苗的，與大禹謨『舞干羽于兩階』不相符合，因爲『干戚』即今之盾斧；而『干羽』按蔡傳解釋則爲楯翳，二者恐非同物。

『簫韶』二字初見於皋陶謨。白虎通德論禮樂篇謂其爲舜的樂名，大概宋先生以爲『干羽』與『干戚』都和樂舞有關係，因說出『聽簫韶』的話來。那末『有苗奔印度』的話是從那裏來的呢？我實在找不出牠的出處來。博物志卷二外國條云，『昔唐堯以天下讓于虞，三苗之民非之，帝殺有苗之民，叛，浮入南海爲三苗國』。這裏浮入南海的三苗國，頗有被人附會成印度的可能，但這是堯時候的事，並不是舜時候的事，所以我們也不能斷定這就是『有苗奔印度』的出處。我想『有苗奔印度』的話，或者是宋先生自己想出來的，未必是實有出處的。

(四十一)成地平天，大功歸帝力。

左傳文公十八年云，『舜臣堯，舉八愷，使主后土，以揆百事，莫不時序，地平天成』。林堯叟注云，『以揆度百工之事，莫不一時得其次序而無廢事，水土既平，天道亦成』。大約宋先生『成地平天』的話是從這裏來的。

至於『大功歸帝力』，大約與大禹謨有關，其文云，「俞，地平天成，六府三事允治，萬世永賴，時乃功」。蔡沈集傳釋之云，『水土治曰平，言水土既平，而萬物得以成遂也。六府，即水，火，金，木，土，穀也。六者財用之所自出，故曰府。三事，正德，利用，厚生也。三者人事之所當為，故曰事。舜因禹言養民之政，而推其功以美之也』。

(四十二)鳳儀獸舞，文運表中天。

『鳳儀獸舞』的故事，最早見於皋陶謨，其文云，『夔曰，「戛擊鳴球，搏拊琴瑟以詠，祖考來格，虞賓在位，羣后德讓。下管鼗鼓，合止柷敔，笙鏞以間，鳥獸鎗鎗。簫韶九成，鳳皇來儀」。夔曰，「於，予擊石拊石，百獸率舞」』。由夔說的這段話裏，我們可以看出舜德化政治的效力的偉大，無怪乎蔡沈集傳說，『聲之致祥召物，見於傳者多矣。況舜之德，致和於上，夔之樂，召和於下，其格神人，舞獸鳳，豈足疑哉！……夫韶樂之奏，幽而感神，則祖考來格，明而感人，則羣后德讓，微而感物，則鳳儀獸舞，原其所以能感召如此者，皆由舜之德，如天地之無不覆燾也』。又曰，『百獸舞，則物無不和可知矣。……庶尹諧，則人無不和可知矣』。

皋陶謨所記的『鳳儀獸舞』的故事，乃由夔的口中說出，等到緯書出現，便直截了當的說，『正月上日，舜受終，鳳（皇）儀，黃龍感，朱草生，蓂莢孳，西王母受益地圖（見雒書靈准聽，藝文十一引），把由夔說出的一番手續去掉了。沈約的宋書符瑞志大概採取了皋陶謨和緯書的說法，綜合起來說道，『舜……即帝位，蓂莢生於階，鳳凰巢於庭，擊石拊石，百獸率舞，景星出房，地出乘黃之馬，西王母獻白環玉玦』。今本竹書紀年的附注，乃後人錄自宋書符瑞志，所以也這樣記載。

(四十三)甘隱遁善卷入山。

善卷入山的故事，出在莊子讓王篇。其文云，『舜以天下讓善卷，善卷曰，「余立於宇宙之中，冬日衣皮毛，夏日衣葛絺，春耕種形足以勞動，秋收斂身足以休食，日出而作，日入而息，逍遙於天地之間，而心意自得，吾何以天下為哉！悲夫子之不知余也，遂不受。於是去而入深山，莫知其處』。（舜讓天下的事，莊子所記，尚有子州支伯，石戶之農，及北人無擇為舜所讓，但皆不受。）

晉皇甫謐作高士傳，記善卷之事蹟較莊子為詳，其書現有汪士漢校本，見於秘書二十一種，其言曰，『善卷者，古之賢人也，堯聞得道，乃北面師之。及堯受終之後，舜又以天下讓卷，卷曰，「昔唐氏之有天下，不教而民從之，不賞而民勸之，天下均平，百姓安靜，不知怨，不知喜，今子盛爲衣裳之服以眩民目，繁調五音之聲以亂民耳，丕作皇韶之樂以愚民心，天下之亂從此始矣，吾雖爲之，其何益乎！予立（于）宇宙之中，冬衣皮毛，夏衣絺葛，春耕種形足以勞動，秋收斂身足以休食，日出而作，日入而息，逍遙於天地之間，而心意自得，吾何以天下爲哉！悲夫子之不知余也，遂不受。去入深山，莫知其處』。

高士傳所言，繹史及御覽（卷五〇六）皆稱引，但在文字上二者多異，且皆與汪士漢校本不全同。不過在內容方面，都是沒有什麼大差別的。

（四十四）兟歌舞義均就國。

義均一名，最早見於山海經，海內經云，『帝俊有子八人，是始爲歌舞。帝俊生三身，三身生義均，義均是始爲巧倕，是始作下民百巧』。由這一段話裏，我們知道『是始爲歌舞』的，乃是帝俊的八個兒子，並不是義均。義均在此處乃是帝俊的孫子，『是始爲巧倕』的，與『始爲歌舞』沒有大的關係。

在孟子裏，沒有義均這個名字。萬章上篇雖然說『舜之子亦不肖』，但並沒有把舜之子的名字說出來。太史公作五帝本紀時說『舜子商均亦不肖，舜乃豫薦禹於天』。這雖然將舜之不肖子的名字說出來了，但是在名稱上是商均，並不叫做義均。正義曰，「或云，「封舜子均於商，故號商均也」」。於是商均的名字有來歷了，可是『舜子均』也未說明就是『義均』。等到路史（後紀卷十二），始云『女罃生義均，……義均封于商，是爲商均，是喜歌舞』。由此我們知道義均就是商均，並且還與歌舞發生了關係。今本竹書紀年謂，『二十九年，帝命子義均封于商。所記亦與路史相合。

（四十五）萬國來王，塗山再受禪。

左傳哀公七年云，『禹合諸侯於塗山，執玉帛者萬國』。淮南子原道訓亦云，『禹……合諸侯于塗山，執玉帛者萬國』。由此知『萬國來王』與塗山是有關係的，但是『受禪』最初却是與塗山沒有什麼大的關係。

關於禹受禪的故事，論語堯曰篇云，『堯曰，「咨爾舜，天之曆數在爾躬，允執其中，四海困窮，天祿永終。」舜亦以命禹』。（有人說這段話是戰國後人插入的）這是說，當禹禪位於禹的時候，也用了堯禪位於舜時所說的話以命禹。

在孟子裏，沒有舜命禹的話，可是有一段舜薦禹於天，而禹避舜之子的話。萬章上篇云，『昔者舜薦禹於天，十有七年，舜崩，三年之喪畢，禹避舜之子於陽城，天下之民從子，若堯崩之後，不從堯之子而從舜也』。在吳越春秋裏，也有一段禹避舜之子的事，越王無余外傳云，『舜崩，禪位命禹，禹服三年，形體枯槁，面目黎黑，讓位商均，退處陽山之南，陰河之北，萬民不附商均，追就禹之所，狀若驚鳥揚天，駭魚入淵，晝歌夜吟，登高呼曰，「禹棄我如何所！」戴禹三年服畢，哀民不得已，即天子之位』。這都是舜死以後的事。

大禹謨記舜禪位於禹的事，較論語與孟子切實。其言云，『帝曰，「格汝禹，朕宅帝位，三十有三載，耄期倦于勤，汝惟不怠，總朕師」』。禹聽了舜的這一段話，覺得自己德行不够，不能勝天子之任，於是向舜力辭。但是舜不准許，不得已，乃於『正月朔旦，受命于神宗，率百官若帝之初』。蔡沈集傳釋之云，『正月朔旦，禹受攝帝之命于神宗之廟，總率百官，其禮一如帝舜受終之初等事也』。今本竹書紀年有『三十三年春正月，夏后受命于神宗』的話，大概是本於大禹謨而來的。

至於舜禪位于禹時的情形，宋書符瑞志記得很詳細，其文云，『舜在位十有四年，奏鐘石笙筦未罷而天大雷雨，疾風發屋拔木，桴鼓播地，鐘磬亂行，舞人頓伏，樂正狂走，舜乃擁璿持衡而笑曰，「明哉夫，天下非一人之天下也！亦乃見于鐘石笙筦乎！」乃薦禹于天，使行天子事。于時和氣普應，慶雲興焉，若烟非烟，若雲非雲，郁郁紛紛，蕭索輪囷，百工相和而歌卿雲。舜乃設壇于河，依堯故事，至于下昃，榮光休氣至，黃龍負圖，長三十二尺，廣九尺，出于壇畔，赤文綠錯，其文言當禪禹』。這些話固然不能使我們信仰，但是禹受禪的故事的本身，却有點神乎其神了。

(四十六)九疑遺蛻，湘水共登仙。

關於舜死的傳說，各書記載的不同，有的說舜死於鳴條，有的說舜葬在蒼梧，也有的說舜是葬于南巳之市的。

孟子離婁下篇云，『舜……卒於鳴條，東夷之人也』。這是說舜死於鳴條的。

說舜葬於蒼梧的很多，山海經海外南經云，『蒼梧之山，帝舜葬於陽』。大荒南經云，『赤水之東，有蒼梧之野，舜與叔均之所葬也』。又海內經云，『南方蒼梧之邱，蒼梧之淵，其中有九嶷山，舜之所葬，在長沙零陵界中』。楚辭離騷云，『濟沅湘以南征兮，就重華而陳詞。……朝發軔於蒼梧兮，夕余至乎縣圃。……百神翳其備降兮，九疑繽其竝迎』。這裏的九嶷山和九疑，就是宋先生所謂『九疑遺蛻』

的九疑吧？

五帝德云，『舜……嗣帝所五十，乃死，葬於蒼梧之野』。禮記檀弓云，『舜葬於蒼梧之野』。這也都是說舜葬於蒼梧之野的。

國語魯語上雖沒有明白的說舜葬於蒼梧之野，只是說了一句『舜勤民事而野死』，但是經了韋氏的解釋，野死便解作『征有苗死於蒼梧之野』，於是與淮南子脩務訓所說的『征三苗道死蒼梧』的話正相符合。

墨子記舜之葬處，與以前所引各書皆不同。節葬中篇云，『舜西敎乎七戎，道死葬南巳之市』。『七戎』，北堂書鈔與太平御覽所引，俱作犬戎。『葬南巳之市』，後漢書注引作舜葬紀市。又引作葬南巴之中。（御覽五五五引作南紀。）呂氏春秋安死篇云，『舜葬於紀市，不變其肆』。淮南子齊俗訓則謂『舜葬蒼梧之市，不變其肆』。是紀市與蒼梧或爲一處。高誘注安死篇云，『傳曰，「舜葬蒼梧九疑之山」，此云紀市，九疑山下亦有紀邑。』按，南巳或即南巴之誤，墨子的南巳之市，或者即是呂氏春秋的紀市，也或者就是淮南子的蒼梧之市，這幾種說法，都可以當作一說看。

太史公作五帝本紀時，雜採衆說，『擇其言尤雅者』著於篇，乃說道，『舜……踐帝位三十九年，南巡狩，崩於蒼梧之野，葬於江南九疑，是爲零陵』。自此以後舜崩於蒼梧葬於九疑的說法乃確定，論衡偶會篇的『舜葬蒼梧』，越絕書卷八外傳記地傳的『舜死蒼梧』，以及列女傳母儀傳的『舜陟方死於蒼梧』（「陟方死」本於堯典「陟方乃死」。），都是人云亦云的話，沒有什麼新奇了。

至於『湘水共登仙』，大概是指舜死以後。二女，溺死於湘江而言。楚辭湘夫人云，「帝子降兮北渚」，王逸章句曰，『帝子謂堯女也。降下也，言堯二女娥皇女英隨舜不返，墮於湘水之渚，因爲湘夫人』。湘夫人又云，「九疑繽兮並迎，靈之來兮如雲」，王逸釋之曰，『舜使九疑之山神繽然來迎二女，則百神侍送衆多如雲也』。宋先生「湘水共登仙」的話，大約是出在這裏。

山海經中此十二經云，『洞庭之山，……帝之二女居之。是常遊有江淵，澧沅之風，交瀟湘之淵』。這是說二女居於洞庭之山，並沒有說到死的事。惟獨水經注，『大舜之陟方也，二妃從征，溺于湘江，神遊洞庭之淵，出入瀟湘之浦』的話，才把二女溺死的事說了出來。

今本竹書紀年有『三十年，葬后育于渭』的話，附注云，『后育娥皇也』。如此說來，娥皇是善終的，並不是溺死的，當然更沒有從征的事了。所以徐文靖的竹書統箋說道，

『今據竹書，云堯七十一年，二女嬪虞，其後三十年堯崩。舜在位又五十年，崩于蒼梧之野。計二女二十而嫁，已並百歲，何有百歲之妃后從行巡省溺死湘江……乎？況檀弓有曰，「舜崩于蒼梧之野」，蓋三妃未之從，其不得溺于湘江明矣』。

河圖五版曰，『湘夫人者，帝堯女也。秦始皇浮江至湘山，逢大風雨，而問博士湘君何神？博士曰，「聞之堯二女舜妃也，死而葬此」』。列女傳云，『二妃死於江湘之間，俗謂爲湘君』。郭璞山海經注（見浙局山海經第五頁五三）駁這兩段話道，『九歌，湘君湘夫人自是二神，江湘之有夫人，猶河路之有虙妃也。……安得謂之堯女！且既謂之堯女，安得復總云湘君哉！』

(四十七)明倫教孔子刪書。

宋先生『明倫教孔子刪書』的話，出於史記孔子世家。其文云，『孔子之時，周室微而禮樂廢，詩書缺，追迹三代之禮，序書傳，上紀唐虞之際，下至秦繆，編次其事』。又云，『古者詩三千篇，及至孔子去其重，取可施於禮義。……三百篇孔子皆弦歌之，以求合韶武雅頌之音，禮樂自此可得而述，以備王道，成六藝』。（尚書緯璇璣鈐亦有孔子刪書的記載，尚書正義等引。）

(四十八)愛國心屈原入夢。

這是虞初小說最後的一目，和上一目有同樣的性質，都是舜死後的尾聲，與小說的本題是無關的。

這一目的出處是楚辭。離騷經云，『惟黨人之偷樂兮，路幽昧以險隘。豈余身之憚殃兮，恐皇輿之敗績。忽奔走以先後兮，及前王之踵武。……依前聖以節中兮，喟憑心而歷茲。濟沅湘以南征兮，就重華而敶詞。……欲從靈氛之吉占兮，心猶豫而狐疑。巫咸將夕降兮，懷椒糈而要之。百神翳其備兮，九嶷繽其並迎。皇剡剡其揚靈兮，告余以吉故。「……及年歲之未晏兮，時亦猶其未央，恐鵜鴂之先鳴兮，使夫百草爲之不芳。」……國無人莫我知兮，又何懷乎故都。既莫足與爲美政兮，吾將從彭咸之所居。』由這一段話裏，我們可以看出屈原是如何的忠君愛國來，可惜所遇非時，終於不得志而死，志士仁人之末路，大率如此，良可悲矣！大概宋先生因爲屈原有『就重華而敶詞』與『九嶷繽其並迎』的話，便把他拉來作爲尾聲的主要角色，在小說的佈局上是很好的。

至於屈原怎樣入夢，我找不出牠的出典來。楚辭九章涉江云，『世溷濁而莫余知兮，吾方高馳而不顧。駕青虬兮驂白螭，吾與重華遊兮瑤之圃』。這或者是與『入夢』有關係吧？

與頡剛論五行說的起原

范文瀾

直到現在，任何中國人，把他頭腦解剖一下，量的多少固沒有定，『五行毒』這個東西，却無疑地總可以找出來。頡剛說：『五行，是中國人的思想律，是中國人對於宇宙系統的信仰；二千年來，它有極强固的勢力。』這幾句話，的確是至理名言，因爲無論是誰，不管頭腦洗滌怎樣乾淨，在某種機緣中，有意成無意地，很容易流露出一抹淡影，雖然刹那間散沒了。正如孫悟空盡着努力，依然跳不出如來佛的手掌一般。

凡是一種思想，到了能支配社會心理的威權地位，被支配者自然心悅誠服，絕不敢懷疑，而且要盡量加以塗澤補充的工夫，使它愈看愈可信。這種自欺的心理，實在是人類最卑弱劣性之一。我忽然想起個比喻來，有個老妖物，兩頰蒼皺，紋理橫豎，至少十條以上，偏不肯認醜，粉抹得極厚，脣點得極紅，在黃昏時候，混進人叢裡，東飛一眼，西摩一肩，把許多癡兒弄得更癡了。騰地招惱了性如烈火的魯男子，跳上去劈頭揪住，順手在路旁舀盆冰水，喳！喳！喳！給她大洗特洗，大擦特擦，抬起腿，踢出三丈之外。呵！何等勇猛！何等爽利！

好！五行老妖物，今天可倒運了，被頡剛揪住洗刷得多痛快。我想，讀過五德終始說下的政治和歷史的，沒有不感覺到這樣心情能。我對於這本書的理論，是根本贊成的，不過在五行說的起源一節裏，多少意見有些出入。本想應頡剛的雅囑，利用假期做篇文章彼此討論，不幸最近發生一件事須到南方去走一躺，不能細寫，止好把很粗陋的幾層意見隨筆錄在下面。

1.陰陽與五行不是一件事，陰陽發生在前。最野蠻社會裏，人，除了找些果實和野獸充腹，相等重要的就是男女之間那個事。他們看人有男女，類而推之，有天地，日月，晝夜，人鬼，等等，於是「陰陽」成爲解釋一切事物的原則。在易經裏可以探求不少的消息。——現在的周易雖經後人增飾，但原始陰陽說却也保存着。——社會逐漸進步了，頭腦比較複雜了，他們裏面有智者出，另外造出一種五行說，即水火木金土五物。因爲這五物爲民生所行用，所以左傳襄公二十七年說『天生五材，民並用之。』本來就是極平常的話頭，並不含神秘性質。文化極度卑劣的民族，他們計數比打一隻老虎還難，先止能數一二，不知道經過多少年，才會數一二三四五，這還借着天生五個指頭的光呢。從原始陰陽說到原始五行說，其間經過的歲月一定也不少。從五行到九疇，又得經過若干年，所以洪範的九疇，與五行亦有前後的程序，九疇是根據五行而擴充的學說。我此地假設陰陽說發生在夏以前的社會裡，五行說發生在所謂夏代的社會裏，九疇說發生在殷代的社會裏。

占卜是野蠻人一切活動的指南針，現在我們看殷墟龜甲的數量，眞是多得可驚。不過究竟怎樣卜法，很難斷定。我想，大概是卜者各有口耳相傳的辭句——繇辭——其含義在似隱非隱，可懂不可懂之間，好似神廟裏籤條相像。從甲骨上的兆文，合到他們的繇辭，於是吉凶判出來了。用陰陽的符號來占卜，是起於殷周之際，是占卜法的新舊革命。春秋時代卜卦，不全用周易，大概舊法和新法隨意用的緣故。周易卦辭爻辭本極簡單，經過十翼的大發揮，陰陽學說才進展到最高點。凡是一種學說，發展到極盛地步，不允就要衰退或蛻變，自然，某部分認還是保存着的。「陰陽」，它的風頭十足對期在孔子以後，鄒衍以前罷？

鄒衍的確是一位偉大的附會家——在他以前還有孟子，說見下第三條。——他覺得單拿陰陽做工具，不足以聳動聽聞，於是打開古董箱，恰恰天字第二號的寶貝是五行。——天字第一號的陰陽，已經給殷周之際以及做十翼的老師們利用了。——他拿出來大加雕飾，盡量使它神化，再把老牌的陰陽混和在一起，成立他的陰陽五行說。大抵創造一個新說，必得要於古有之，才能使人相信；更要說得天花亂墜，玄而又玄，才能把這新說擴大而有勢力。戰國諸子沒有不如此的。頡剛疑心五行說如早存在，何以到鄒衍始發達起來。這果然可疑，不過很有許多例證，可以證明各種事物，差不多都有它的來源。我們拿文學史來做例罷。王褒在漢宣帝時做一篇聖主得賢臣頌，到東漢末期駢體發達起來；六朝駢體發達到極點，而姚察蘇綽在南北兩朝各做散文，到唐後半期散體發達起來；陸機演連珠，徐庾以後四六發達起來；陳思王受梵唄的影響，作太子頌睒頌，到齊梁時四聲八病發達起來；梁武帝做西洲曲，沈約作六憶詩，到唐末詞發達起來；齊梁人備四聲八病，唐朝四六律賦律詩發達起來；趙德麟作元微之崔鶯鶯商調蝶戀花詞，元代戲曲發達起來。當然，說明一種文學的起原，並不這樣容易，有甲原因，有乙原因，原因又各有其原因，不像我們在紙面上那樣單簡明顯，可是甲原於乙，乙原於丙，這個公式是可以存在的。造丙的想不到會有乙，造乙的想不到會有甲；而甲之於乙，乙之於丙，同的僅小部分，新變花樣却佔了重要位置。所以陰陽發達時期，五行不妨存在，等陰陽說極而盛衰，五行起來代替它的地位。在我們看，五行在夏殷已下了種子，何以不快快長育起來，其實因為陰陽的種子，比它下得更在前，按順序說，也得讓陰陽先長育，才輪到五行出頭。

本節的總意，是先有原始陰陽說，後有原始五行說。原始陰陽說在殷周之際發育而逐漸盛大，接着五行說經鄒衍一番附會擴充，與舊有之陰陽合併而成其新的神化的陰陽五行學說。

2.洪範一篇，舊說相傳，沒有什麼可疑的地方。劉節先生的洪範疏證我未見過，不敢忘議。不過我以為原始的五行說與鄒衍的神化五行說，無妨先後並存。似乎不必費力把洪範搬開去，因為它並不妨礙我們說話。甘誓所記的事，有說是啓，有說是禹，有說是相，不管是誰，先秦所傳都說是夏書。今按裏面有『怠棄三正』的話，照後儒解釋作三建，豈非大有可疑三正既有問題，那威侮五行當然也可疑。不過我覺得三正——三建——之說，是鄒衍以後一班陰陽五行先生的誤解，而甘誓的三正却是另外一件事。先說三正罷。我探求古歷學的結果，知道所謂三正也者，完全是胡說。歷法與農業有極密切的關係，夏代，——借用夏殷等名號，為說話方便計，其實所謂夏殷，不過那時候一個大部落，一家老會長而已。——農業進步到某個階段，他們根據自然界種種現象，造成歷法，以天氣漸覺和煖的一月為歲首。這可以叫做原始歷，也就是最幼稚的歷。以後推步術漸進，覺得一歲的計算，應該以日晷短長為終始，——換句話說，就是漸知探求冬至點所在。——自然，他們的測景術非常拙劣，又夾着閏月在那裏搗亂，弄得沒法，止好把歲首大概置在孟春前的一個月。這不必奇怪，我們看春秋前半期所載正月，應該是建子的了，實際却多是建丑，這就是冬至點不能確定的緣故。後來測景術更進步，知道冬至在孟春前兩個月，即以含冬至之月為正月。話雖如此，他們雖有這些進步的知識，歲首還有時準確，有時不準確，何嘗有什麼建寅建丑建子那套把戲。戰國時人依據他們的歷學知識硬造出三建來，於是改正朔易服道成爲換朝代的大事，豈知三代歲首不同，完全由於歷術進步自然的結果呢。

那末，甘誓的三正究竟是什麼？我想，左傳文公七年郤缺引夏書有所謂九歌，其解釋是『九功之德，皆可歌也，謂之九歌。六府三事，謂之九功；水火金木土穀，謂之六府；正德，利用，厚生謂之三事。』九歌九辨見於屈原賦及山海經，先秦有此傳說。左傳的眞僞此可不辨，不過左傳裏面一定有古史包含着，不能全部抹殺，郤缺的話，可以說是有根源的，六府是五行加一穀，因爲民以食爲天，穀又是五行所化生的，所以總稱爲六府；三事是做國君的大道理。六府三事大概是夏代的政治大綱領，好像洪範爲殷代政治的大綱一般。做甘誓的那一位，去征伐有扈氏，當然要拿大帽子去壓他。所謂威侮五行，等於說你不重六府，就是說你不能養活百姓；所謂怠棄三正，等於說你不好好做三事，也就是說你不配做國君。本沒有什麼奧義精旨。自從爲陰陽五行先生一說，弄得支離破碎站不住脚。總之，甘誓是否夏書，要是有旁的方法證明其非是，我們再來商量，如以三正爲三建，而疑其非夏書，則我似乎有些期期以爲未可。

本節的總意是甘誓三正即郤缺所說的三事，與三建不可併爲一談。

3.鄒衍是孟子一派的儒者，我在十五年做一部諸子略義，已經是這樣想。不過鄒衍與孟子似乎不能說荀卿誤併爲一個人。孔子以來，魯成了儒家的根據地；鄒本魯邑，儒學發達，至與魯並稱，這大概是從孟子起的。——莊子天下篇是莊子後人所做，也就是孟子之後人所做。——至於齊地的學者，在孟子書中，記着許多被孟子藐視的話，在孟子看起來，他們是外江派，不足道的。孟子的學生很多是齊人，齊有儒學，受孟子影響一定不小。荀子非十二子篇指子思孟軻爲五行造說者，頡剛疑心把鄒衍當作孟軻，或是荀卿傳聞之誤，我想荀子無論怎樣胡塗，決不至胡塗到如此。他也是齊稷下出身，距孟子時代不遠，不應該連孟子鄒衍都鬧不清楚。我們試翻孟子七篇，很看到些氣運終始的痕迹，如

孟子去齊，充虞路問曰，夫子若有不豫色然。……曰，彼一時也，此一時也。五百年必有王者興，其間必有命世者，由周以來，七百有餘歲矣，以其數則過矣，以其時考之，則可矣。夫天未欲平治天下也，如欲平治天下，當今之世，舍我其誰哉！

孟子曰，由堯舜至於湯，五百有餘歲，由湯至於文王五百有餘歲，由文王至於孔子，五百有餘歲，由孔子而來至於今百有餘歲。去聖人之世，若此其未遠也；去聖人

之居，若此其甚也。

這兩條明明是推氣運的意味。而且陰陽五行家在他那一套推運工夫外，還懂得科學的歷法和迷信的占星兩種本領。在孟子書裏，有

千歲之日至，可坐而致也。

的話，是孟子懂歷法的，又說

天時不如地利。

天時是時日支干五行旺相孤虛之屬。孟子雖說天時不如地利，地利不如人和，不過他承認天時是戰勝的一個條件，是無疑的了，孟子的舌頭圓活，眞可以，如

沈同以其私問曰，燕可伐與？孟子曰，可。齊人伐燕。或問曰，勸齊伐燕有諸？曰，未也。沈同問燕可伐與，吾應之曰，可，彼然而伐之也。彼如曰，孰可以伐之，則將應之曰，爲天吏則可以伐之。……

照這段話看來，孟子實在有點不合，假如有個暴徒偷偷來問殺人行不行，你能隨便答應他說可以的麼？等到人家來質問了，不說自己不說明白，反說人家不問明白，難道孟子這樣聰明人，不知道沈同的來意麼？我推想鄒衍的學說，是與孟子同派的，他把五行組織成一個系統，更鼓之以長廣，古，說得生龍活虎一般，看史記所載他的種赫奕的聲勢，比孟子後車數十乘，從者數百人，以傳食於諸侯，利害得多多，原始的五行說，經孟子推闡之下，已是栩栩欲活；接着鄒衍大鼓吹起來，成了正式的神化五行，來源很明白，似乎不必說孟軻子鄒衍誤會成一人才通得過去。

荀子和孟子學派不同。荀子的弟子多傳授經學，有樸實保守的風氣，孟子鄒衍一派，則頗能簧鼓唇舌，聳動聽聞。秦朝的丞相是荀子的高足李斯，而儒生們——儒與方士分不清楚，總稱爲儒生——却大說其火德水德，以十月爲歲首，以黃河爲德水，足見其深結主心，勢力着實不小。這種本領，就是孟子鄒衍的心傳，後來驪山一坑，是先哄他們去議論冬天生瓜的事，荀卿一派學者，連天都不信，那裏會去議論這樣無聊的事去，坑儒慘劇，恐怕還有李斯一輩人的陰謀在內，他們的學派，本是世仇呵！趙岐說，『逮至亡秦，焚滅經術，坑戮儒生，孟子徒黨盡矣。』足見這班五行先生是孟子的徒黨，究竟他們有這套閎大不濟，眩人耳目的本領，雖說吃了這樣大虧，並不絕根，到了漢初，經學立博士的多是荀卿徒黨，而漢文帝却特別給孟子立博士，荀卿則無聞焉爾，這不是很可怪的事麼？因爲文帝甚信方士式的儒生，也就是孟子的徒黨，所以孟子居然得立於博士。

本節的總意是孟子是神化五行說的創造者，鄒衍是發揚

光大五行說的老師父，荀子非十二子篇所記是可信的。

我做這篇小文，足足費了兩天了，恕不再繁徵博引，就此做個結束罷。對於五行說起原的問題，我和頡剛不同之點是：

頡剛以為五行說是起於鄒衍，他以前沒有五行說，凡古書所記關於五行的話，都可以懷疑。

我的意見是無論什麼學術思想或文學種種，一定有個來源，起始是很簡單的，很平常的，到後來因有適宜的條件，它才發達起來。自A變B，自B變C，……每變一次，對於舊者要保留一部分，新的方面則增加一部分，跟着變下去，離本來面目愈遠，甚而至於完全不像，然其起原却不能完全抹殺，根據這個式子，所以我對於，行起原說是這樣。

A，原始陰陽說（夏以前）。C，神化陰陽說（分二期：殷周之際為闡發期孔子以下為光大期）。B，原始五行說（分二期：夏為創始期；殷為擴充期）。D，神化五行說（分二期：孟子為闡發期：鄒衍為光大期）。

儒家和五行的關係

徐文珊

在現存的所謂五經裏，我們時常看見五行的字樣和五行的思想，再看歷代經學大師的註解，更很少不用五行來解經的；到底儒家和五行是一家，是兩家，或是有一種相當的關係呢？為探求兩家眞面起見，亟應當把這問題討論一下，免得寃枉了兩家的學理，而欺騙了兩家的信徒。

但是這個問題很大，那裡是不學的文珊用一兩個月的功夫所能得其究竟！不過很願意將一得之愚寫出來作個引子，以引起學者的注意。所以一方面希望讀者原諒，一方面希望讀者指教！

在討論本題之先，有個先決問題，就是儒家的宗師和領土。

儒家所信守奉行的經典是五經，這是誰都承認的。這幾部經雖然殘缺不完，並且迭有變更，但是大體我們還能看的見。五經之外，還有解經的傳和註；不過這些傳和註則大有問題，不能不審愼採用了。

至於儒家宗師則第一個開山老祖自然是孔子。孔子以後，宗派甚多，師法亦異；若嚴格論起來則眞正儒家實在不多。現在只好寬泛一點，以宗師孔子而和經學有關係的學者作個範圍。

最大的缺點憾就是五行家書籍散亡，不能見其原始面目；師傳也沒有系統的承受，這實在是沒辦法的事！

為便利起見，要略將兩家的關係分成下列四個時期：

一、五行與儒家思想共同孕育時期。　孔子以前

二、五行與儒家分途發展時期。　孔子——戰國

三、五行與儒家糅雜時期。　戰國末期——西漢中葉

四、儒家五行化，而五行更另在思想史上繼續佔有重

要位置時期。　西漢以後

現在先要聲明以下三點：第一，因爲苦於書籍散亡證據不够，所以只好疑者存疑；上列的標題不過是不得已而退一步假設的最低限度。（五行思想源出於儒家的問題）第二，時代的劃分原沒有清楚的界限；上列分期不過是從大體上要略的區分，不能拘泥。第三，五行和道家有比較更深的關係，爲縮小範圍起見，暫置不談。

現在先說第一期——五行與儒家思想共同孕育時期：

第一期第一步的工作就是找他們兩家共同的思想。

史記孟子荀卿列傳：

騶衍睹有國者益淫侈，不能尙德，若大雅整之於身施及黎庶矣，乃深觀陰陽消息，而作怪迂之變，終始大聖之篇十餘萬言。

讀此，我們知道騶衍是深觀陰陽消息而作的所謂終始五德之論；同時我們知道儒家最神秘的經典是易經，而易經則全部專講的是陰陽消息，那麼這所謂『陰陽』當然是兩家共同發源的思想了。

說到這裏，一定有人要質問：陰陽和五行，與所謂五德，都不是一個東西，不能混爲一談。這個質問，我不但接受，並且也同樣的主張。不過若說他們三個名詞各有各的含義則可，名詞成立的早晚不同亦可；若說彼此全無關係則不可！

這個問題很複雜，容下面詳細討論。但是至少根據上抄一段史記，証明五行與陰陽有關係，我想這是不成問題的。

以上是關於『陰陽』的，可以算第一點。

易者，變也，陰陽相錯而變化無窮，這是易道的奧妙。五行相生或相勝也是變，變化不已而天道成，萬物生。

以上是關於『變化』的，可以算是第二點。

『終始循環』也是兩家最初思想共同之點。我們先讀易經：

履霜堅水至。　坤卦初六爻辭

含章可貞，或從王事，无成有終。　坤卦六三爻辭

不永所事，小有言，終吉。　訟卦初六爻辭

復自道，何其咎？吉。　小畜卦初九爻辭

无平不陂，无往不復。艱貞无咎，勿恤其孚，于食有福。　泰卦九三爻辭

謙亨，君子有終。　謙卦卦辭

復亨出入无疾，朋來无咎，反復其道，七日來復，利有攸往。　復卦卦辭

不遠復，休復吉，頻復厲无咎，中行獨復，敦復无悔，迷復。復卦爻辭

解利西南，无所往，其來復吉。有攸往夙吉。解卦卦辭

讀了這些，可以知道易經中已經有『終而復始』的道理。易經如此，若看易傳和禮記，這種思想更多。不過他們的著作時代比較太後了。

禮記是西漢儒者集合戰國時代之單篇文字所成。

二者皆非原始時代的產物，所以不引他。

以上是關于『終而復始』的，算是第三點。

此外兩家思想相同之點甚多，不過這些思想起自何時，大有問題；不敢斷為第一期的思想，並且究竟是某家抄襲某家的，或是不謀而同的，全很難判斷；所以寧可寃枉它們一點列入第二期了。

在易經著作以前，兩家的思想都早就在胚胎醞釀，不過均未成形。據上面的討論，在初期兩家思想實有出自一源的共同思想，所以名之為兩家思想共同孕育時期。因為儒家成形始於孔子，所以時代斷自孔子以前。

至于五行原始思想之起原尚早，不過文獻上既不可考，只據數千年後理想的推測，這只能作為假設的假設，所以不另分期。

現在再說第二期——五行與儒家分途發展時期

范文瀾先生說：

無論什麼學術思想或文學種種，一定有個來源，起始是很簡單的，很平常的；到後來因有適宜的條件，它才發達起來，自A變B，自B變C……每變一次，對於舊者要保留一部分，新的方面則增加一部分。跟着變下去，離本來面目愈遠，甚而至於完全不像，然其起原却不能一筆抹殺。（與頡剛論五行說的起原）

這個道理我很同意。同是一個孔子，七十子所傳受的不一樣，（據韓非子說：儒分為八，墨離為三。）再傳到子思，又是一個面目；再到孟子，又是一個面目；由子夏而荀子又是一個面目；由荀子而李斯韓非，則竟成了「無書簡之文，以法為教」「焚詩書，坑儒生」的法家，其去孔子又有幾何遠！這不是同出一源而結果完全不像了嗎？所以我很贊成范先生這個理論。五行與儒家雖不像儒法相差之甚，但是也頗可以沿用這個道理。

在孔子以前，以及當孔子時，『五行』的觀念早已胚胎；不過尚無具體的理論，也未成一家之言。孔子或者就未曾

慮到五行會成一個學派；會和他的學說發生偌大關係！如果五行說當時已經成爲一個學派，他再慮到此點，我想他一定有以是正之！

一部論語沒有五行的蹤影（案，論語有魯論齊論，今見之本爲魯論；齊論中也許有一點，也未可定，可惜齊論不傳了！）並且說『不語怪力亂神』只是開口呼「天」，合口呼「天」；（論語中言天的隨處皆是，人人知道，不必抄了。）並且說，『未能事人，焉能事鬼？……未知生，焉知死？』這一方面是他的滑頭，一方面是含有神秘的宗教性。五行的名辭當時也許有了，——據我的推想，無證據可舉——但是因爲屬於怪力亂神的範圍，故意不說，也是有的。（案左傳昭二十九年，有五行之官。並且說明是木正，火正，金正，水正，土正。不過左傳之成書據近代學者考定，爲在西漢末而不在先秦。所謂五行之官是否可靠，不得而知，所以本文不引）

在第二期的時代，兩家從上面幾個共同思想分途發展，到了孔子，儒家成形；五行的思想也在民間思想史上漸漸演進，漸漸成熟，到了戰國正式成形，較儒家稍遲一二百年。

兩家成形是成形了，究竟他們是一個，是兩個，還是有一種相當的關係，實在是一筆算不淸的賬。

據荀子說：

> 略法先王而不知其統，猶然而材劇志大，聞見雜博案往舊造說，謂之『五行』。甚僻違而無類，幽隱而無說，閉約而無解；案飾其辭而祇敬之曰，『此眞先君子之言也！』子思唱之，孟軻和之，世俗之溝猶瞀儒嚾嚾然不知其所非也，遂受而傳之，以爲仲尼子游爲茲厚於世：是則子思孟軻之罪也！

荀子一口咬定是子思孟軻之造說，現在再看史記：

> 騶衍睹有國者益淫侈，不尙德，……乃深觀陰陽消息而作怪迂之變，終始大聖之篇十餘萬言。

司馬遷又說是騶衍作終始大聖之篇，和甚麼五德轉移說；可是又把孟荀騶同列一傳，可見他的意思是：

1. 五德終始說是騶衍造的。
2. 騶衍是個儒家。

顧頡剛先生疑騶衍是儒家，（見淸華學報第六卷一期五德終始說下的政治和歷史）有四個理由。此論甚是！不過騶衍是儒家的別一派就是了。（儒家本來有許多派）

照此說來，五行和儒家的關係算擺不開了，說是儒家造說成儒家的另一派也可，說五行根本就是儒家的思想也無不可，不過它成形以後則自成其一家言，且另有它獨特的勢力就是了。

至于荀子所說『子思唱之，孟軻和之』一節，容下面詳細討論。

可是我們若再一讀漢書藝文志，則又有問題了：

陰陽家者流，蓋出於羲和之官，敬順昊天，歷象日月星辰，敬授民時，此其所長也；及拘者爲之，則牽於禁忌，泥於小數，舍人事而任鬼神。

五行者五常之形氣也。書云：初一曰五行，次二曰羞用五事，言進用五事以順五行也。貌言視聽思心失，而五行之序亂，五星之變作：皆出於律歷之數而分爲一者也。其法亦起五德終始，推其極則無不至；而小數家因此以爲吉凶，而行於此，寖以相亂。

再反回來看儒家者流的界說：

儒家者流，蓋出於司徒之官，助人君順陰陽，明教化者也。

把上面三段文字的意思歸納起來：

1. 陰陽家和儒家名雖異而宗旨實同。 所謂『敬順昊天，歷象日月星辰，敬授民時。』是堯典的話，同時也就是儒家的話。儒家順陰陽，明教化，正是與陰陽家互相發明，相依爲用。
2. 五行是從五德終始生出來的。
3. 五德終始與陰陽家是一件事。 鄒子四十九篇，鄒子終始五十九篇……皆列入陰陽家。

按他的意思是，陰陽與五德是一件事；與儒家若嚴格一點說，是分不開家的兩家，若寬泛一點說呢，則也未嘗不可說是一而二，二而一者也。這樣若用數學公式証起來則：

甲＝乙　乙＝丙　∴甲＝丙

總而言之，儒家和陰陽，五德，五行，都有血統的關係，和誰也分不開。

現在所賸的問題，就是五德和五行了。

顧頡剛先生在上引一文中將五行和五德混爲一談，並未分開，意思當然是承認五德就是五行，五行就是五德。

現在把我個人對於陰陽，五德，五行的解釋提出來討論一下：

陰陽是人類最初對於宇宙的一種認識。說文，陽作「昜」從日在一上從勿；陰作「霒」从雲今聲，古文作「侌」从「雲」省，雲覆日也。意思是日在地上爲陽，有雲則日不見而爲陰。日出則暖，屬於陽；有雲則天陰而寒，屬於陰。寒暖交錯而萬物生天道成，這是人類對於自然界認識的第一步。

陰陽交錯而生萬物的作用是發明了，所生的事物又是些甚麼呢？

最顯著的事物是宇宙間的金，木，水，火，土，五種。

這五種東西還能彼此相生。

五者之中，根本的一種是土，土就是地。平平的地，會長出大的山來；山裏面好好的又會流出水來；小的種籽得了水又會長成大的木；把木來燒着，又會變成灰土：這是何等玄妙！何等神秘！除了萬能的天，誰有這種本領！

把他的次序排起來：

土→金→水→木→火→土→……這是最初相生的五行次序。此外的相生次序，都起的很晚；相勝說更晚！

郭沫若中國古代社會研究說：

五行和印度四大說（水火風土）相似，這可以說科學方法的起原。（頁一五〇）

我的意見和郭先生正相反，我以爲這正是宗教的起源。——至少中國如此——因爲不是本題範圍，不多說了。

這種觀念有發源甚早的可能，並且不會是一兩個人的發明，而是羣衆心理自然的發見。郭沫若先生在同書曾說：

五行在甘誓中也有所謂『有扈氏威侮五行』甘誓在上面已經討論過，那當是殷代的文字，或者也就是周人假造的。甘誓的五行雖不會說明就是『金，木，水，火，土』但從那有非常神聖的性質看來，大約也就是這『金木水火土』的五行罷？這種觀念的起源應該是起于殷代五方或五示的崇拜，這當然是一種自然發生的理論，不能歸之於任何的發明；就是後來相生相尅的學說，也不知創始於何人？那大概也是一種自然發生的理論。（原書頁一五〇）

郭先生說五行說應該是起於殷代五方或五示的崇拜，這一點雖然沒有心得，不敢盲徒；但是足可以爲上面五行說起源甚早的佐證。

原始五行說郭先生歸之羣衆心理之自然的發明，此論實所欽佩；至於說相生相尅的五行說也不是一個人的發明，則又不敢苟同了。相生相勝的原理或者也發源較早，（當然在原始五行說以後）但是成功一個學說也歸之於自然發生，則似乎覺得太牽强了！大約一種學說之成立，是由一個大思想家把當時已成熟及未成熟的斷片思想綜合而研究之，再加上自己的主觀見解，才能成一種有系統的學說。這五行相生相尅的學說不能歸之於自然！

五行是這樣，那麼五德呢？

燕大同學齊思和先生說：『五德是五行的德，不是五行。（談話時偶談到此）這個假設也很有道理。史記封禪書說：

黃帝得土德，黃龍地螾見；夏得木德，青龍止於郊，草木暢茂；殷得金德，銀自山溢；周得火德，有赤烏之符；今秦變周，水德之時。

所轉移的是「德」，德各有色，各有其實物的象徵：這是五德轉移的作用，是有了五行以後的發明。

班固說五行之法亦起于五德終始，推其極則無不至。是又別五行於五德之外，那麼五德到底是不是五行的德呢？騶衍所講又是不是五行呢？這又全成問題了。

我們再回來看史記封禪書，騶衍所講的五德明明是土德，木德，金德，火德，水德：正是五行之德。再看封禪書史記集解引如淳的話：

今其書有主運，五行相次轉用事，隨方面爲服。

漢書藝文志，陰陽家，黃帝泰素二十篇下曾引劉向別錄云：

或言韓諸公孫之所作也，言陰陽五行；以爲黃帝之道也，故曰泰素。

劉向如淳都是見過騶衍原書的，這兩段話當然千眞萬確再也沒有問題了！若再拿史記歷書校一下呢：

太史公曰，『神農以前尚矣！蓋黃帝考定星歷建立五行，起消息，正閏餘。』

看這一段，則五行的來源又早到杳不可考的黃帝去了；到底我們遵從那一說呢？

太史公說，『神農以前尚矣！』（荒遠不可考而敬重之，所以說「尚矣」）如今說起來，應當再降下一格來說，『黃帝以前尚矣！』的確不可考了；我們還是遵從郭沫若先生的五行起源說罷，不要再上被五行家託古運動騙了的太史公的當了！

那麼班固的說呢？原來班固所說起于五德終始的五行家是九流十家以外後起的別一派，專講五行災變，不雜儒術；和那些房中，蓍龜，雜占等等的數術相提並論的。即使這個推論錯誤，也不足爲五行發源後于騶衍之証；因爲無論如何，據劉向和如淳的話說騶衍的時候還沒有五行是說不過去的！

再按他本條原文讀，他說『五行者，五常之星氣也。』五常是儒家的名辭；書云『初一曰五行』尚書洪範又是儒家的經典，『貌言視聽思心失，而五行之序亂；五星之變作皆出於律歷之數而分爲一者也。』這又是西漢儒者的奧妙；『因此以爲吉凶而行於世。』又是西漢儒者的本色：這樣說來，即使他所說是陰陽家以外的另一派，而此派反與儒家有更顯明的關係。總之，無論怎樣，五行與儒家的關係是脫不開的了。

現在所賸的問題就是班固何以從五德終始說中又另闢五行一家？我想這一點應作下列的解釋：

騶衍站在儒家的立場，把往舊五行說發揚光大，造成所謂陰陽五行說；此後這一派思想在民間的勢力比儒家大，於是有一般非儒家的投機分子，遂來偷襲了儒家的五行義而造成獨立的單純五行家。專講災變，自成一家言。關于此點，有兩個證據：

1.秦以前寫字用竹簡，所以書稱若干「篇」；西漢中葉以後才發明用帛，所以此後的書稱若干「卷」：這是很明顯的一個證明。（辨別古書的眞僞，這是一個例證。同時我們看漢志著錄的國語，是二十一篇，或五十四篇；而左傳則稱「三十卷」，這不很清楚的告訴了我們麽？如果左傳是先秦原著，有稱「卷」的道理麽？）看藝文志十家九流中陰陽家著錄的書籍，皆稱若干「篇」；後面數術欄裏五行家著錄的書皆稱若干「卷」：不已經證明這些作品全是西漢的產物嗎？這些作者不也全是西漢專言災變的五行家嗎？

2.古人著書立說最喜歡託古，和歷史的觀念一樣；託的時代越古，越顯高明。（顧頡剛先生說騶衍的歷史觀是寶塔式的。）我們再看上述兩項的書名，前者到黃帝爲止；後者則展到神農猶以爲不足，又展到泰一和些荒杳無稽，莫明其妙是人名還是神名的奇奇怪怪的名辭，顯得他的學說發源更古，更高明。

第三期——兩家思想糅雜時期

這一期又可分爲兩段：

1.儒家與原始陰陽五行說思想上之接近。

2.儒家與後起之五行家之有意識的糅雜。

一種學說成立之後，流傳演進，漸漸就要改變面目，范先生已經說過。儒家自孔子大成以後，變化更多，到現在不知已經變了多少次的面目！即自春秋而戰國，已經大大的不同；其他無關本題的不去管牠，現在只檢與五行接近的思想抄一點出來，看看他們的交誼是久而彌篤呢，還是日久而疏呢？

現在該抄易傳了，

大明終始，六位時成，時乘六龍以御天。　乾卦彖辭

坤道其順乎！承天而時行。　坤卦文言

謙亨，天道下濟而光明；地道卑而上行。　謙卦彖辭

蠱元亨，而天下治也。利涉大川，以往有事也。先甲

三日，後甲三日，終則有終，天行也。　蠱卦彖辭

不利有攸往，小人長也；順止之，觀前也；君子尚消息盈虛，天行也。

水流而不盈，行險而不失其信。　坎卦彖辭

恒，久也。剛上而柔下，雷風相與；巽而動，剛柔皆應，恒。　恒卦彖辭

恒亨无咎利貞，久于其道也；天地之道，恒久而不已也。　恒卦彖辭

利有攸往，終則有始也。　恒卦彖辭

日月得天而能久照；四時變化而能久成；聖人久於其道而天下化成：觀其所恒，而天地萬物之情可見矣。　恒卦彖辭

艮，止也。時止則止，時行則行；動靜不失其時，其道光明。　艮卦彖辭

歸妹，天地之大義也；天地不交而萬物不興。歸妹，人之終始也。　歸妹彖辭

日中則昃，月盈則食；天地盈虛，與時消息，而況于人乎？況于鬼神乎？　豐卦彖辭

好了！現在的材料多起來了。把上面所抄的歸納起來，他們共同之點有：『終而復始』『消息盈虛』『及時而信』『變化無窮』『陰陽交泰而萬物生』。

這幾點究竟是自然的接近呢？還是有意識的某家抄襲某家呢？或是于不知不覺中受了某家影響而然呢？現在全很難說；無論無何，以之證明兩家思想之接近是可以的。

以上抄的是彖傳文言，若再看繫辭，說卦，序卦，雜卦，則更覺顯明，隨處流露，不勝其抄；並且它們的著作時代也比較更後了，所以不再抄它。

最有趣的一點是「五」的觀念。

繫辭上傳說：

天一，地二；天三，地四；天五，地六；天七，地八；天九，地十：天數五，地數五；五位相得，而各有合。天數二十五，地數三十；凡天地之數五十有五：此所以成變化而行鬼神也。大衍之數五十，其用四十有九，分而為二以象兩。掛一以象三；揲之以四，以象四時；歸奇於扐，以象閏；五歲再閏，故再扐而後掛。（第九章）

參伍以變，錯綜其數；通其變，遂成天地之文；極其數，遂定天下之變：非天下之至變，其孰能與乎此！（第十章）

「天數奇，地數偶」是由卦爻一一來的；『天數五，地

數五，五位相得。『天數二十五，地數三十，（全是五的倍數）凡天地之數五十有五。』『五歲再閏。』『參伍以變。』何以全是『五』呢？竟自這等巧，豈不奇怪！

不要忙，這還不奇，請容我把儒家典籍中習見的「五」來統計一下：

五瑞	尚書堯典	五采	尚書皋陶謨
五禮	同	五色	同
五玉	同	五聲	同
五載一巡狩	同	五言	同
五刑	同	五長	同
五品	同	五行	尚書甘誓
五教	同	五邦	尚書盤庚
五服	同	五事	尚書洪範
五流	同	五紀	同
五宅	同	五福	同
五辰	尚書皐陶謨	五辭	尚書呂刑
五典	同	五罰	同
五惇	同	五過	同
五章	同	五極	同
五用	同	五達道	中庸哀公問
五美	論語下	五泰	荀子賦篇
五穀	同	五儀	荀子哀公篇
五音	孟子離婁	五鑿	同
五霸	孟子告子	五嶽	禮記王制
五禁	同	五方	同
五技	荀子勸學	五廟	禮記曾子問
五味	同	五更（三老五更）	文王世子
五帝	荀子非相	五獻	禮記文王世子
五種	荀子儒效	五貝	禮記喪大記
五兵	同	五庫	禮記月令
五疾	荀子王制	五戎	同
五卜	同	五經	禮記祭統
五綦	荀子王霸	五端	春秋繁露
五權	荀子議兵	五科	同
五無	同	五藏	同
五官	荀子天論	五等	
五祀	荀子正論	五倫	
五聽	荀子成相		

附記　重出的不舉，與他數並舉的不舉，不成一個術語的不舉，非儒家典籍不舉：玆僅就近日讀書

所見的集成上列數目；挂漏甚多，不能備舉，請讀者原諒！

够了！不必再抄了！可用的數目多的很，單單要用這不多不少的「五」，竟用到這樣多！其中一定有個道理。

記得有一段前淸的故事，大可以在此述說一遍，或者於這個問題有點關聯。

乾隆皇帝多材多藝，到處施展，這是人人知道的。有一次鄉試這位乾隆皇帝變姓名，改裝束，去替一個舉子下了考場；考畢揭曉，取錄第三名。乾隆此時又恢復到皇帝位，便召主考官來問，說：我看第三名的卷子實在比第一二兩名好，何以取在後面？主考官說：此文好是很好，不過太富貴氣，所以降了兩名。後來此謎揭穿，就有神經過敏的人來解釋道：帝王必須有輔弼，這第三名正在前五名的中間，以前後四個人作左輔右弼不正是帝王的象徵嗎！

故事的可靠不可靠，與曲爲此說的無聊，先不必問，可是他已告訴了我們下列一作事：

「五」的數目，原來是前兩個，後兩個，中間夾着一個「中」。這個「中」很尊貴，很神秘，並且是五個中的主宰。

讀者或者要笑我的穿鑿附會，區區一段故事，造說者不過借此拍拍皇帝的馬屁，那裏有這些奧妙？

不錯，這話的確很對；可是我們要把他無心的話有心聽了，那他未嘗不是受過儒家洗禮而被儒家氣浸透了的自然流露。不信請看下面的證據：

是故先王本之情形，稽之度數，制之禮義，合生氣之和，道五常之行，使之陽而不散，陰而不密，剛氣不怒，柔氣不懾，四暢交於中而發作於外，皆安其位而不相奪也；然後立之學等，廣其節奏，省其文采，以繩德厚，律小大之稱，比終始之序，以象事行，使親疏貴賤長幼男女皆形於樂，故曰樂觀其深矣！　禮記樂記

太平御覽引樂記曰：（案御覽所引此段不見于今本小戴記）

春生夏長，秋收冬藏；土所以不名時者，地，土之別名也；比於五行最尊，故不自居部職也。（卷十七時序部，五行條）

這不是很明顯的證據嗎？若論「中庸」則是儒家的中心理論，這是不成問題的。中庸上關於這種話多的很，像『致中和天地位焉，萬物育焉。』『執其兩端，而用其中於民』『人皆曰予知，擇乎中庸而不能期月守也。』『天下國家可

均也，爵祿可辭也，白刃可蹈也，中庸不可能也！』若論他的歸結，則所謂『與天地並立而爲參』，這是儒家的教義，何等尊嚴！何等神祕！「五」字用的這樣多，未嘗不是根于儒家這個「中」的道理。事事有個中道，都要合乎中庸。君有左輔右弼，和「執其兩端而用其中於民」不是很相像嗎？

自然界的事物合于五數的固然很好，不然的話，儘可以湊一湊呀，倒如四方是四，恰好缺一個，於是乎加上一個「中」而曰東西南北中，改名曰「五方」。（見禮記王制）那麼天然固定而不容增減的呢？也偏要强湊，如四時。

天氣變化一年只有四次，名曰四時，這明明白白的四時實在遮不住人的眼目，怎好添改！怎麼辦呢？於是神通廣大的儒者想出辦法來了，請看禮記禮運：

> 故人者，其天地之德，陰陽之交，鬼神之會，五行之秀氣也。故天秉陽垂日星；地秉陰竅於山川；播五行於四時，和而後月生也。是以三五而盈，三五而缺也。

這可難煞人了！五行是五，四時是四，這五和四時怎能合併呢？照數學的最小公倍法。也必須二十才能周轉的過來；這不可更易的四時和合合適適的五行怎能併爲一談？這播五行於四時可是怎樣的播法？不是自己找病嗎！

不要緊，他們有辦法。上面所抄太平御覽引的樂記不是說嗎？『春生夏長，秋收冬藏。土所以不名時者，地，土之別名也，比於五行最尊，故不自居部職也。』原來是五行的前四行已經把四時佔滿，這中間的土是超出儕輩，不屑與羣僚爲伍，所以不自居部職。

但是時間上不比空間的四方可以居中而御衆，究竟這土是佔在甚麼時候以御這四時呢？還是懸空着無地盤可佔哪！

禮記月令說：

> 某日立春，盛德在木。……某日立夏，盛德在火。……中央土，其日戊己；其帝黃帝；其神后土；其蟲倮；其音宮；律中黃鍾之宮；其數五；其味甘；其臭香；其祀中霤；祭先心；天子居太廟太室；乘大路，駕黃騮，載黃旂，衣黃衣，服黃玉，食稷與牛，其器圜以閎。……某日立秋，盛德在金。……某日立冬，盛德在水。……仲冬之月，命有司曰「土事毋作！愼毋發蓋！毋發室屋，及起大衆，以固而閉！』

月令把四季中間夾了一個中央土，事事皆得中正，天子亦坐了太廟太室的正座，冠冕堂皇，猗歟盛哉！但是贊揚了半天，到底土德佔的是哪幾月，哪幾日呢？原文裏有一句「其日戊己」戊己是天干中間兩個；再看四季下所分配的，也正是順着次序排的很整齊：春是甲乙；夏是丙丁；中央戊己；秋是庚辛；冬是壬癸。好了！正好一頂帽子一個人，（其實是一人兩頂帽子）分均了。若再追問一句，一年中的戊已多的很，到底是哪個戊？哪個已呢？我們還不能明白，陳皓集說解釋道：

土寄旺於四時，各十八日，共七十二日；除此則木，火，金，水，亦各七十二日矣。土於四時無乎不在，故無定位，無專氣，而寄旺於辰戌丑未之末。未日在火金之間，又居一歲之中，故特揭中央土一令於此，以成五行之序也。

這就明白了，原來土是沒有准地方，寄旺於四時，他佔的日子全是戊已日。那麼戊己日每十天裏有兩天，一季九十天，應當有他二九十八天；一年四季，共是七十二天；其餘四德也各佔七十二天。因爲他的德特別高尚，（分明是沒處放，沒辦法了）所以分旺於四時中的戊己日。

這樣說來，則土既散在四時，何以月令把他整整齊齊的放在四季的正中間呢？孔穎達的疏說的好：

正義曰：夫四時五行，同是天地所生，而四時是氣，五行是物；氣是輕靈，所以麗天；物體質礙，所以屬地。四時係天，年有三百六十日；則春夏秋冬各分居九十日。五行分配四時，布於三百六十日間：以木配春，以火配夏，以金配秋，以水配冬，以土則每時輒寄十八日也。雖每分寄，至位本未宜處於季夏之末，金火之間，故此陳之也。

這已經實實地自己招認了，說土德寄於四時本不當放在此地，不過實在沒處放，所以姑且放在金火之間——他的本位上。

安置是安置好了，名稱怎樣稱呼呢？這也是問題。

上面引的一段月令後面有「土事毋作」的話。再看史記天官書：

太白黃圜，和解有土事有年。

漢書楊雄傳：

土事不節，木土不雕。

三禮義宗：

天子諸侯宮寢之制，若春氣三日之中居正寢，退息之時，常居東北之寢；三月之末，土王之日，則居中寢；夏之三月，則居東南之寢；秋之三月，則居西南之寢，冬之三月，則居西北之寢；此三時後土王之日，亦各居中寢以從時氣。（太平御覽十八卷引）

祠令：

季夏土王日，祀黃帝於南郊；帝軒轅，配后土從之。（太平御覽十八卷引）

再看淮南子，也有下列一段記載：

甲子受制，木用事，火烟青七十二日；丙子受制，火用事，火煙赤七十二日；戊子受制，土用事，火烟黃七十二日；庚子受制，金用事，火烟白七十二日；壬子受制，水用事，火烟黑七十二日而歲終。……甲乙寅卯，木也；丙丁巳午，火也；戊己，四季土也，庚辛申酉，金也；壬癸亥子，水也。

上面這些話告訴我們幾件事：

土可以稱王。

戊己日土用事。

土事（所謂土木工程）不能擅動。

由這幾件事和幾個名辭一歸納，便成了如今黃曆上的「土王用事」這是播五行於四時的大成功！

復案以上各條，隨處流露出「中」的觀念，和作用，給前面討論「五」的一段添了很多有力的證據。

現在要說尚書甘誓和洪範了：

甘誓只有「五行」之名而未講到內容，且與三正對舉；據顧頡剛先生考証是與墨子同時代的作品——不在戰國末即在兩漢初。（見五德終始說下政治和歷史）

洪範，據書序說是周初的作品，是箕子答覆武王的天道論與所謂洪範九疇。據劉節先生的洪範疏證說：洪範是戰國末的作品；據汪震先生的尚書洪範考說：是漢初的作品（見廿年一月廿日北平晨報）梁任公又承認他是真的箕子的話：這三說中，一個稍早，一個太晚，以劉先生說為最可信，因為五行在周初還未成形，造不出那樣有系統的學說來。汪先生說又太晚了。關於汪先生說擬另作文討論。

顧先生又說：甘誓與洪範二篇雖都講到五行，但均不足為五行起原甚早之証。此論甚是，但是我以為還須加上一句：『二篇雖不足為五行起原甚早之証，但也不足為五行起原不早之反証。』

甘誓只有五行之名而無詳細的申論，並且時代也有問題，實無從研究其內容，姑暫置不問。

洪範既在戰國末期出現，自是時代的產兒；對于五行有條理系統的說明。收入儒家經典——尚書——以後，即為後世經師大儒昌言五行的光明正大的根據。

現在再抄禮記：

月令一篇，抄自呂氏春秋，全篇講的是播五行於四時的播法，與意義；是五行的實際化。原文太長，不去抄他。

禮運：

故人者，其天地之德，陰陽之交鬼神之會，五行之秀氣也。……五行之動，迭相竭也；五行四時十二月，還相爲本也；五聲六律十二管，還相爲宮也；五味六和十二食，還相爲質也；五色六章十二衣，還相爲質也：故人者，天地之心，五行之端也，食味，別聲，被色而生者也。故聖人作則，必以天地爲本，以陰陽爲端，以四時爲柄，以日星爲紀；月以爲量，鬼神以爲徒，五行以爲質，禮義以爲器，人情以爲田，四靈以爲畜。以天地爲本，故物可舉也；以陰陽爲端，故情可睹也；以四時爲柄，故事可勸也；……五行以爲質，故事可復也。

讀了這一大段，我們能說五行與儒家沒有關係嗎？能說這不是五行化了的儒家嗎？此外，禮記裡找相類的証據，實在多的很！不過以禮運，月令，和上舉的樂記爲最顯明深切；所以就用它們作個代表，不再抄了。

此外，戰國以來的儒家典籍還有孟子，荀子，中庸：等等。

在孟子七篇中，找不到五行的踪跡，只是孟子的政治哲學反來覆去總說，『不違農時，五穀不可勝用也；斧斤以時入山林，材木不可勝用也。』『百畝之田，勿奪其時，八口之家可以無飢矣。……』這可見『不違其時』是他的政治哲學的中心理論。此外，也有一點終始循環的觀念，如：

萬章章下：

孔子之謂集大成者，金聲而玉振之也。金聲也者，始條理也；玉振也者，終條理也；始條理者，智之事也；終條理者，聖人之事也。

錢賓四先生在本校講課，曾說：孟子『及時』的觀念即爲與五行通氣的証據。但是我以爲要祇就這一點便定孟子爲五行家——或退一步說他有五行思想——未免証據薄弱一點，即便把上引關於終始循環的一條加上，也嫌不够，所以現在只好暫時判他一個嫌疑犯。

范文瀾先生在上引一文中根據『五百年必王者興』一點就把孟子判定爲五行家，我以爲不能這樣輕易判斷。

中庸裏『中』的觀念與五行的『中』也有關聯，上面已經說過；但是由此也斷定他有五行思想，更嫌證據薄弱，也只好暫時列入嫌疑犯。

再看荀子，他本身固然有較爲明顯與五行相合的理論，如：

以類行雜，以一行萬。始則終，終則始，若環之無端也；全是而天下以衰矣！天地者，生之始也，禮義者，治之始也；君子者禮義之始也；爲之，貫之，積重之，致好之，君子之始也。故天地生君子君子理天地。君子者，天地之參也，萬物之總也，民之父母也；無君子則天地不理，禮義無統，上無君師，下無父子：夫是之謂至亂。君臣，父子，兄弟，夫婦，始則終，終則始；與天地同理，與萬世同久：夫是之謂大本。故喪祭朝聘，師旅，一也；貴賤，殺生，與奪，一也。……

（王制篇）

這種天人合作終始循環的理論，不是更近於五行嗎？但是他不但不自認五行家；並且痛罵五行，而把五行創始的大罪一口咬定在子思，孟軻身上！看他非十二子篇論五行的一段，

略法先生而不知其統，猶然而材劇志大，聞見雜博，案往舊造說，謂之五行，甚僻違而無類，幽隱而無說，閉約而無解；案飾其辭而祇敬之曰『此眞先君子之言也！』子思唱之，孟軻和之，世俗之溝猶瞀儒嚾嚾然不知其非也，遂受而傳之，以爲仲尼，子游爲茲厚於後世：是則子思，孟軻之罪也。

這段文章大有反覆玩味的價值。法先王是孔孟的主張；聞見雜博是通儒；案往舊造說是把以前散在民間的五行斷片思想造成有系統，有組織的學說；僻違，幽隱，閉約，總而言之是『荒謬』；先君子是指的孔子，是地的子孫的稱謂；（旁人恐怕不肯如此稱呼）他們假託的是孔子；世俗鄙儒不察是非，盲從之，傳受之：（五行勢力之大，可想而知）歸結起來，造說的是子思，贊成的是孟子。

顧頡剛先生說荀子是錯怪了人，他罵的原是鄒衍，因爲他那些批評若給史記孟荀傳裏的鄒衍加上，很合適，而荀子却並未提出這大五行家鄒衍來批評，可知他所批評的就是鄒衍不是子思，孟子。給子思孟子洗白了。

這個問題我看好像還有討論的餘地。

第一，荀子是當時大儒，曾在齊國的稷下去講學；如果不是書籍的傳寫錯誤，或者有人改竄，荀子決不致於這樣糊塗，這樣荒謬，連大名鼎鼎的子思，孟子，鄒衍，三個人弄不清楚！

第二，『先君子』的稱呼，是子孫稱自己父祖之稱，要是鄒衍，他決不肯稱『先君子』

第三，有創始者唱之於前，有贊成者繼之於後，是始作俑者已經被他痛罵；至於鄙儒的附和盲從，以至於傳而受之，已經不成問題，攏統起來，罵一句『世俗之溝猶瞀儒嚾嚾然不知其所非也，遂受而傳之。』也就够了。況且又焉知道

這部儒之中沒有鄒衍的數呢？或者就是鄒衍獨當其衝呢？再看『受而傳之』四字，尤其是像指的騶衍；因爲前此子思孟軻雖然一唱一和，或是口頭的宣傳，或是在他們的專書裏附帶一點五行理論，全沒有專書講五行，使之流傳後世；一到騶衍，則專爲五行而著作，以傳受之了。

第四，中庸的作者固然有問題，始按舊說假設爲子思所作，我們抄一段看看：

至誠之道可以前知。國家將興，必有禎祥；國家將亡，必有妖孽：見乎蓍龜，動乎四體。禍福將至，善，必前知之；不善，必前知之，故至誠如神。

要給這一段文字加上甚麼『僻違』『幽隱』『閉約』的批評，能說冤枉他嗎？兩漢儒者昌言天人相應，符瑞災異未嘗不是導源於此！

此外還有很多五行思想和五行理論；不過沒有明顯的具體論證就是了！

第五，據漢書藝文志錄子思二十三篇，在儒家，今皆不傳；孟子十一篇，亦在儒家；然今之傳本則僅七篇，非佚其四篇，則是另有十一篇的孟子。至我們看不見的這些書裏能斷定他沒有五行的踪影嗎？並且同時漢志又著錄孟子一篇，在陰陽家，不著人名，這個孟子是不是孟軻？也是疑問。

所以我以爲現在如不能証荀子之眞僞，再無其他証據可以証明子思孟子確無五行氣息，則寧可存疑，不必爲他們洗白，因爲儒家原來葫蘆裏賣的就是這個藥！

就是孔子能洗得乾淨麼？我們打開孔子最神秘的經典——春秋——來看，五行的字樣是沒有，但是能說他沒有陰陽嗎？沒有災變嗎？這種陰陽災變不是和五行有一脈相通的血統關係嗎？

孔子自已雖不言五行，（或者說了我們看不見）可是後世的經學大師儘管在替他發揮表彰。

董仲舒不是西漢專精春秋而最得孔子之旨的大儒嗎？他的春秋繁露是專門闡發春秋的微言大義的著作。原書太多，不勝其抄（可以說全書一律）且把他的目錄選抄幾個看看吧：

符瑞第十六　五行相生第五十八
五行對第三十八　五行相勝第五十九
五行之義第四十二　五行逆順第六十
陰陽位第四十七　治水五行第六十一
陰陽終始第四十八　治亂五行第六十二
陰陽義第四十九　五行變救第六十三
陰陽出入第五十　五行五事第六十四

求雨第七十四　　循天之道第七十七

止雨第七十五　　天地陰陽第八十一

啊！原來孔子之旨就是這些東西呀！不禁令我讚美一句：孔子之微言大義董氏得之矣！

再看東漢馬融鄭玄的五經注，不也是五行長，五行短的嗎？經註之多要使人望之生畏，不要抄他佔篇幅了。朱子有一段話，倒可以代表宋代的經學：

氣之精英者爲神；金木水火土非神，所以爲金木水火土者，是神。在人則爲禮，所以爲仁義禮智信是也。

王臨川也也有很神妙的五行論：

五行一曰……五行之生數也，以奇生者成而偶；偶以偶生者成而奇。其成之者皆五；五者，天數之中也。著中者，所以成物也。道立於兩，成于三，變於五，而天數具其爲十也。

孔子家語也有這麼一段：

季康子問於孔子曰：……昔丘也，聞諸老聃曰：天有五行，水火木金土，分時化育，以成萬物。其神謂之「五帝」，古之帝王易代而改號，取法五行。五行更王，終始相生，亦象其義；故其生爲明王者，死而配五行：是以太皡配木……

今本孔子家語是王肅的作品，已無問題。他替孔子發揮，倒也難怪；連老子也牽連上，未免太冤枉了他！

以上是第三期上半期，現在再說下半期：

儒家與五行在先秦既有上述的關係，然而五行却單獨在民間另外有它極深刻的勢力，遠勝於滿口仁義道德的儒家！

第一個證據就是呂氏春秋，此書是儒家領域以外雜湊的總集，很可以代表時代思潮；他的年代很清楚，也沒人證明他受過任何摧殘，自然是比較最可信的戰國末期的書籍。

此書以十二紀爲全書綱領，然而十二紀的內容不全是講的五行嗎？

月令是全篇抄襲十二紀，上面已經說過，儒家就拿他作明堂制的底本，這是五行的實用化。以冠冕堂皇的儒家，偸偸地盜取一點所謂雜家（雜家名稱欠斟酌）言，作爲自己的經典，這足可以証明當時五行勢力之大！

第二個證據是史記封禪書：

秦始皇既並天下而帝，或曰，黃帝得土德，黃龍地螾見；夏得木德，青龍止於郊，草木暢茂；殷得金德，銀自山溢；周得火德，有赤烏之符；今秦變周，水德之時……於是秦更命河曰德水，以冬十月爲年首，色上黑，度以六爲名，音上大呂，事統上法。

這是應用五行而實行改制的第一次。

第三個証據，淮南子也是很可靠的書，年代也很清楚；可是讀他的時候，更到處是五行。——特別是天文訓時則訓幾篇——在此書中勢力最大的道家，其次就是五行，孔墨更在其次。這是漢初；再看漢武帝時呢，則史記日者列傳有下列一段很有趣的故事：

褚先生曰：孝武帝時，聚會占家，問之某日可取婦乎？五行家曰可；堪輿家曰：不可；建除家曰：不吉；叢辰家曰：大凶；曆家曰：小凶；天人家曰：小吉；太乙家曰：大吉；辯訟不決，以狀聞。制曰：避諸死忌，以五行爲主；人取於五行者也。

這是多麼有趣的事呀！一件事情七家聚訟，結果一家一樣，全不相同；到底信從那一家呢？大臣們已經沒了辦法，不得不以狀聞了！虧了武帝的眼明，認准了五行，鄭重地說道：『以五行爲主，人取於五行者也。』這時候的五行家那番揚眉吐氣，得意洋洋的光景，不是大文學家，恐怕描寫不出來！由此一看五行在當時的勢力還了得嗎？眞是壓倒一切了！

究竟五行何以這樣佔勢力呢？我想他是霑儒家的光了。武帝粉飾太平，又是起造明堂，又是表彰六經，五行要和儒家沒有關係，那裏得這樣的聖主隆恩呢！

五行思想在秦漢間民間思想史上已佔有極强固的勢力，所以有些個非儒家的投機分子混入壁壘，盜取了儒家的五行義而別成一派，也著書立說；並且假託甚麼『太一』『神農』『黃帝』和杳不可考的神名；這就是上面所說漢志著錄專言災變的五行家；武帝決事所特別推崇的也就是這一派。

這一派既有偌大勢力，儒家反被所掩，于是有洩氣的儒家爲干求祿位起見，或爲保持儒家壁壘起見，又與這些五行家合作，與他們妥協。夏曾佑中國歷史說：

禮家封禪，申公，公玉帶之倫，莫能定其爲儒生，爲方士，更無論焉，（史記禪書，漢書郊祀志）蓋漢儒之與方士不可分矣。（錄自梁任公，章太炎合編中國學術論著輯要）

復案夏君在本文末自注曰『五行災異之語，是孔子本有，不得謂變相。』

馬幼漁先生在本校講課時也曾說：西漢博士無不雜陰陽家言，尤以言易，言春秋的爲最，現在我可以替馬先生舉兩個足以作代表的證據：

言春秋的大師是董仲舒，上面我們已經抄過他一部分書目，讓他代表春秋家是很合格的。

言易的呢？漢書儒林傳有這麼一段：

孟喜字長卿……迺使喜從田王孫受易，喜好自稱譽，得易家候陰陽災變書，詐言師田生且死時，枕喜厀，獨傳喜；諸儒以此耀之。

田王孫和孟喜，是西漢易學大師，這件事可靠不可靠我們且不必問，可是孟喜所講所傳的易我們已經認清楚了。這次兩家携手，說是彼此利用也可，說是儒家發揮教義，重整旗鼓也可，因為儒家本有此義。（據上文和夏曾佑的自注）

最可憐的是董仲舒，他的面目我們已經知道。據漢書本傳，他不是會求雨止雨嗎？他不是深明陰陽災變，天人相應的奧妙嗎？他不是主張尊崇儒術，罷黜百家的始作俑者嗎？他不是還因為要講遼東高廟的災異，幾乎被他的弟子呂步舒送了性命嗎？他不是遭了這次大險之後，就閉口不復言災異了嗎？這樣神通廣大的儒者何以自己的災異也未曾推一推，躲避躲避？真是疏忽的厲害！

若論董仲舒之為人，與他的為學，既謹飭又勤懇，三年不窺園的功夫是真可欽佩；可惜就是上了當時五行家的當了！

到了西漢末年，由兩家糅合成的學派，再加上其他的數術的雜亂思想，融會貫通，遂產生一組大著作——與經書縱橫為用，互相發明的緯書。

好了！五行與儒家的關係我們認清楚了，他們是始而合，繼而分，（並不是完全分開，乃是分別成了學派）終則復合。最後合併之後，交情永遠繼續維持着，一直到現在也未曾絕交。

附註：子思始造五行說一點，因為證據還嫌不够，所以姑且存疑。

第四期　儒家五行化，而五行更易在思想史上繼續佔有重要位置時期

漢文帝時，有張蒼，公孫臣等，為漢得土德，水德的問題爭辯甚烈，鬧了兩次改制。（見史記封禪書）到了西漢末，世經出現，五行又有一次大活動；翻來覆去，把些古帝王火德土德的顛倒個不休，這是利用五行來騙人的大手段。

自從東漢和唐宋的經師用五行解經之後（經書本身到處是五行，自然難怪這些註家）五行與儒家更分不開家了，一直到現在。

不過五行在附入儒家之外，在思想史上永遠有他深强的獨特勢力佔據在民間，而實際化，普遍化了；甚至無事無物不與五行發生關係。我們且看下列一段：

主幼臣攝政何法？法土用事於季孟之間也；子復讎何法？土勝水，水勝火也；子順父，臣順君，妻順夫，何法？法地順天也；男不離父母何法？火不離木也；女離父母何法？水流去金也；娶妻親迎何法？法日入陽下陰也；君讓臣何法？法月三十名其功也；善稱君，過稱己何法？法陰陽其叙分生：陽名生，陰名煞；臣有功歸於君何法？法歸明於日也；……（古今圖書集成，五行類）

此段甚長，不便全錄，以下則事更細，更不離陰陽五行，如『子諫父』『君子遠子近孫』『父爲子隱，子爲父隱』『長幼』『朋友』『君一娶九女』『子喪父母』『人有五藏六府』『人目』等等無不法於五行。

這還不够，我們翻開歷代史書裏面的五行志，天文志，律歷志，封禪書等等來看，恐怕比這還要燦爛可觀！並且時代愈後愈玄妙！愈詳盡！愈普遍！愈神奇！一直到了現在，隨便到鄉下找一位『葛天氏之民』，和他作個長夜之談，至少有下列幾件事在五行的圈子裏圈着：天文，地理，歲時，國家政典，社稷興亡，性命，休咎，醫，卜，星，相，堪輿，房屋，墳墓，相貌……像這樣事數不勝數。若再翻開黃歷一看，則上至天文之大，下至人事日常生活之微末小節，無不在五行的範圍中！顧頡剛先生說：五行，是中國人的思想律。這眞是至理名言！

其中之屬於儒家範圍的，固然仍自相依爲用；但是五行決不是儒家所能賅括。他的勢力之所以大，固然始而未嘗不是由依傍儒家而發揚起來的；可是到後來，則青出於藍而青於藍了。

民二十，三月杪，在燕大

景山書社啓事

本社開設北平後門內景山東街十七號，北京大學第二院對門。經售英美原版書籍。特約代售樸社出版經理部，北京大學國學研究所，廣東中山大學語言歷史學研究所，中央研究院歷史語言研究所，北京大學出版部，廣東中山大學民俗學會，師大史地部，清華大學，中國大學，輔仁大學，燕京大學，河南中山大學，孔德學校，工業大學消費社，浙江公立圖書館，北平圖書館，中國地學社，故宮博物院，地質調查所，歷史博物館，古物陳列所，北平觀象台，湖北先正遺書社，新潮社，學衡雜誌社，勵篤社，明天社，努力學報社，史學雜誌社，勵進年刊社，晨星社，寒微社，建設圖書館，未名社，新晨報社，文化學社，海音書局，紫玉書店，金城書社，北京書店，富晉書社，古城書社，民言日報社，中華印書局，華北宿學社，誠學社，光社，東方書店，華嚴書店，君中書社，中華樂社，素友學社，沉鐘社，燕山書店，開明書店，北新書局，崑崙書店，民智書局，光華書局，春潮書局，神洲國光社，中華書局，樂群書店，中國書店，亞東圖書館，日新地學社，眞美善書店，明日書店，出版合作社，新東方書店，自由書店，中國合作社，大江書鋪，落葉書店，東南書店，合作學社，晨羲書社，水沫書店，芳草書店，新月書店，人間書店，遠東圖書公司，嚶嚶書屋，現代書局，科學儀器館，金屋書店，群衆圖書公司，卿雲圖書公司，南華書店，南强書店，前夜書店，滬濱書局，平凡書局，樂華圖書公司，連理書店，振新書社，大華書社，國際學術書社，世界文藝書社，集古齋，古今書店，文學山房，南京書店，歧山書店，花牌樓書店，蘇州出版社，受匡社，武昌文化書局，時中合作社，中央書店，鑒文書社，長城書店，志讀書社，博古書局等及各藏書家，著作家，各種書籍。種類繁多，定價低廉。函索目錄，當即寄奉。如承各處學術機關，出版機關，藏書家，著作家，將出版物委托代銷，無任歡迎，請隨時示知可也。此啓。

與顧頡剛師論易繫辭傳觀象制器故事書

齊思和

頡剛先生：

頃閱燕大月刊國學專號，知大著周易卦爻辭中的故事。已引起錢玄同胡適之兩先生之討論。先生以繫辭傳中論觀象制器一章爲後儒竄入之文，自是卓見。胡先生所論，當亦有其根據，惟愚昧之資，尙未能領悟，敬舉數點，祈先生有以敎之。如胡先生謂：

世本所據傳說，必有一部分是很古的，但世本是很晚的書，繫辭不會在其後。繫辭說制器，尙不過泛舉帝王，至世本則一一列舉，更像「煞有介事了」。此亦世愈後而說愈詳之一例，不可不察。

按胡先生之說，恰與愚見相反。前以草擬作黃帝考中之黃帝之制器故事一章，遍閱上古發明器物故事之源流，始知世愈古，則其傳說愈複雜，世愈近則其傳說愈簡單而固定，蓋以重要器物之發明，皆歸之於少數之「聖王」也。古人對發明家極尊重，目之爲『聖人』或『聖王』。墨子辭過篇：『是故聖王作爲宮室。』淮南子修務訓：『昔者蒼頡作書，容成造歷，胡曹爲衣，后稷耕稼，儀狄作酒，奚仲爲車。此六人者，皆有神明之道，聖智之迹』，是也。大戴禮用兵篇：『公曰：「蚩尤作兵歟？子曰：「否，蚩尤，庶人之貪者也，及利無義，不顧厥親，以喪厥身。蚩尤惛慾而無厭者也，何器之能作？』是謂非聖人不能制器也。然此謂制器者皆爲聖人或聖王，非謂聖王必制器也。自韓非稱：『上古之世，人民少而禽獸衆，人民不勝禽獸蟲蛇。有聖人作，構木爲巢，以避羣害，而民悅之，使王天下，號之曰，有巢氏。」民食果蓏蜯蛤，腥臊惡臭而傷害腹胃，民多疾病。有聖人作，鑽木取火，以化腥臊，而民悅之，使王天人，號之曰燧人氏。』五蠹篇遂似聖王以能發明器物，而後始爲人民舉爲天子。此說雖未必韓非所自創，然最低限度，亦足代表當時之思想。此說既興，各家所尋託之古代『聖王』，遂皆不能不有所發明，而虙犧神農黃帝堯舜之制器故事，紛紛作矣。然重要器物之發明者，古時蓋皆有十口相傳之說，如墨子謂：『古者羿作弓，杼作甲，奚仲作車，巧垂作舟。』（非儒）荀子稱：『故好書者衆矣，而倉頡獨傳者壹也。好稼者衆矣，而后稷獨傳者壹也。好樂者衆矣，而夔獨傳者一也。好義者衆矣，而舜獨傳者一也。倕作弓，浮游作矢，而羿精於射，奚仲作車乘，杜乘作乘焉，而造父精於御。』呂氏春秋君守篇：『奚仲作車，蒼頡作書，后稷作稼，皋陶作刑，昆吾作陶，夏鯀作城。』又勿躬篇：『大橈作橈甲子。黔如作虜首，容成作厤，羲和作占日，尚儀作占月，后益作占歲，胡曹作衣，夷羿作弓，祝融作市，儀狄作酒，高元作室，虞朐作舟，伯益作井，赤冀作臼，乘雅作駕：寒哀作御，王氷作服牛，史皇作圖，巫彭作醫，巫咸作巫。』淮南子修務訓：『昔者蒼頡作書，容成造歷，胡曹為衣，后稷作耕，儀狄作酒，奚仲為車。』諸說究起源於何時，雖不可考，要至當時，已成普通常識而非憑空肊造，則可斷言也。重要器物既皆有公認發明之人，而新興之聖王如虙羲神農黃帝堯舜者，又不能不有不所發明，勢不能不攘他人之發明歸之於新聖。管子輕重戊篇之使伏羲神農黃帝舜夏殷周有發明即應用此法。『虙戲作，造六峜以迎陰陽，作九九之數以合天道，而天下化之。神農作，樹五穀淇山之陽，九州之民，乃之穀食，而天下化之。黃帝作，鑽燧生火，以熟葷臊，民食之無茲䏰之病，而天下化之。黃帝之王，童山竭澤。有虞之王，燒曾藪，斬羣害，以為民利。封土為社，置木為閭，民始知禮也。當是其時，民無慍惡不服也，而天下化之。夏人之王，外鑿二十䖜，渫十七湛，疏三江，鑿五湖，道四涇之水，以商九州之高，以治九藪，民乃知城郭門閭室屋之築而天化之。殷人之王，立皁牢，服牛馬以為民利，而天下化之。周人之王，循六涔，合陰陽而天下化之。』（管子一書，來源極複雜，大抵出於戰國末年及兩漢人之手，羅君根澤所著管子探源一書，研究此問題頗佳。）於是諸聖王之王天下，無不以其有大發明矣。世本亦用此法，試驗作篇，古代重要帝王，皆有其發明在焉，茲姑依張澍輯本錄伏犧神農黃帝之發明於次：

（一）伏羲　儷皮嫁娶之禮　琴瑟

（二）神農　琴瑟

（三）黃帝　井　咸池　火食　旃冕

以上所列，吾人固不敢謂必係二書自我作故，要三皇五帝制器之說，至此時始發生，則固顯然也。茲將諸子書中，對神農黃帝觀念之變遷列一簡表如下：

所見書＼帝王	伏羲	神農	黃帝	堯	舜
孟子	無	有為神農之言者許行…	無	舉舜而敷治焉	使益掌火……禹疏九江……后稷教民稼穡……使契為司徒……
莊子	其覺徐徐其臥于于	浮遊乎萬物之祖物物而不物於物	黃帝立為天子十九年令行天下聞廣成子於空同之上於往見之	夫堯畜畜然仁吾恐其為天下笑後世其人與人相食夠	舜有羶行百姓悅之
呂覽	無	身親耕妻親織	令伶倫作為律	堯有子十人不與其子而授舜	為二十三絃之瑟令質九招六列亦英以明音德
管子	造六峚以迎陰陽作九九之數以合天道	教民耕生穀以致民利	鑽燧火	無	封土為社置木為閭
世本	制嫁娶之禮伏作琴作瑟	作琴作瑟	作井咸池火食旃冕	修黃帝樂為咸池作圍棊使禹作宮室	作簫

就上表觀之，孟子中尙無伏羲黃帝之名，更無論其制作。神農之名雖見於許行章，然明言其為許行所託，毫未言其事跡也。孟子書中，堯舜中之故事最多，於其功又極為表章，然充其所言，亦不過謂堯舉舜而敷治焉而已，亦不過謂舜為舉禹稷益等為民興利除害而已，初無制器之事也。至莊子書中，大批古代帝王之名，始紛紛出現，然莊子眼中之伏犧神農黃帝，皆形如槁木，心如死灰之人。即其所陋視之堯舜，亦不過蹩躠為仁，踶跂為義耳，亦無制作故事也。至呂氏春秋，始有古代帝王制樂故事，然亦過謂使臣下為之，尙未認之為發明家也。及至管子世本，三皇五帝，始皆成為發明家，此則前此所未有者也。然天下安得有如許發明，以供分配？管子世本所言，亦不過取他人之發明（此當然亦係傳說，但發生時代在前），歸之於新聖耳。茲將管子世本所言諸帝王之發明之來源，列一表如下：

所見書＼發明	六斧	教民耕	鑽燧火	火食	社	閭	琴	瑟	井
孟子	無	后稷	無	無	無	無	無	無	無
莊子	無	無	無	無	無	無	無	無	無
韓非子	無	無	燧人	燧人	無	無	無	無	無
呂覽	無	無	無	無	無	無	無	士達	伯益
山海經	無	稷	無	無	無	無	龍晏	日龍晏	無
淮南子	無	后稷	無	無	禹勞天下死而為社	無	無	無	伯益
管子	伏戲	神農	黃帝	黃帝	舜	舜	無	無	無
世本	無	無	燧人	黃帝	無	無	伏犧神農	伏犧神農	黃帝

咸池	無	黃帝	無	黃帝	無	無	無	黃帝
旃冕	無	無	無	無	無	無	無	黃帝
宮室	無	無	無	高元	無	舜	夏人	禹
圍棊	無	無	無	無	無	無	無	堯
簫	無	無	無	有倕作吹管	無	無	無	舜

由此表觀之，管子世本所舉伏羲神農黃帝堯舜之發明，除一二種不可考者外，其餘皆由攘奪而來者也。夫各種器物之發明，類皆有相沿之傳說，一旦改易之，豈能使人置信？於是學者於併吞之外，又創臣服之法：將各發明家認爲三皇五帝之臣，其發明器物，若受君命而爲者，如是則其發明之功，皆可歸於三皇五帝矣。兼之當時古史系統已複雜而趨於簡單，由創造而漸至固定，三五之系統已將形成。前此本無古史系統觀念，觀傳說但記人名，不問時代。及至此時，遂不得不向三五系統中安排之。於是有意無意之間，古代傳說中之發明家，幾皆成爲三五之臣矣。古代傳說中之發明家，無端見抑爲三五之臣，固屬不幸，然不如是，恐其姓名亦不能保存，較之發明之功，全被攘奪者，未始非不幸中之大幸也。

呂氏春秋勿躬篇已以大撓等十四人爲人臣，至其爲誰氏之臣，尙未之言也。至世本則曰：『黃帝使羲和占日，常儀占月，臾區占星氣，伶倫造律呂，大撓作甲子，隸首作算數，容成綜六律而著調歷。』（史記索隱引）而七人皆或爲黃帝之臣矣。然世本亦僅以七人爲黃帝之臣，至其餘諸人，尙未之及及也，及至後世，凡古代之發明，以及後世之發明而其作者已無從考究者，幾盡分配之於三五。試檢事物紀原，一是紀始等書，即黃帝創始之物已不下數百件。故世愈後則三五之發明愈多，發明之故事簡單，蓋非三皇則五帝耳。嘗戲爲一公式曰：三皇五帝之發明與時間成正比例，發明家之數目與時間成反比例。此公式若不誤，僅就制器故事之演變觀之，已足証繫辭觀象制器一章之爲晚出，而胡先生則引爲『世愈後而說愈詳之一例』，不知此外更有何例，此蒙所未喻而欲請益者一也。

抑詳觀胡先生全函，胡先生之所以堅持繫辭之時代甚早，此段非後人僞竄者，蓋以胡先生尙保持其昔曰『孔子學說的一切根本，依我看來，都在一部易經』（中國哲學史大綱頁七）之主張也。然以現在眼光觀之，易傳不特與孔子無關係，且思想駁雜，前後牴牾，亦必非出於一人之手，胡先生所論，早已明日黃花，今胡先生仍堅執其昔日之說，必以爲繫辭時代甚早，此章非後人僞撰，益非學生之所能了解。信如胡先生所說，此亦當然根據前人相從之說，此章豈惟早於世本，古書之言聖王制器故事者，論其時代之早，皆莫此章若矣。然漢前言制器故事多矣，何以皆無採取其說者？舍聲名藉藉之伏犧神農黃帝神農堯舜而不言，必於偏僻幽隱之人物中求各器物之發明者，何其嗜好之皆與人異耶？若謂『世本不採繫辭，也許是因爲繫辭所說制作器物太略了，不夠過癮。』則漢前不採其說者，又寧止世本一書；豈亦皆以其『不夠過癮』耶？此蒙所未喻而欲請益者二也。

況一種學說，必有其來龍去脉。若繫辭制器一章，則不足以語此矣。其學說於後來之毫無影響，已如上述，至其發生原因，更屬渺茫。孔子之時，不但無聖王制器之思想，即繫辭制器章所舉庖犧，神農，黃帝之名，亦尚未發生。而孔子無端忽造出如許帝王姓名，歷陳其所制器之器，果何爲者？故就其所列之古史系統，已足証明此章之時代，決不能甚早。若一學說可以如龍之來無影，去無跡，夫又何言，否則胡先生哲史大綱中所言，誠有令人百思莫解者矣。此蒙所未喻而欲請益者三也。

王胲固是很古，而蒼頡等則很今了。世本採繫辭，也許是因爲繫辭所說制作器物太略了，不夠過癮。繫辭那一章所說，只重在制器尚象，並不重在假造古帝王之名。若其時已蒼頡沮誦作書契之傳說，又何必不引用而僅泛稱『後世聖人』呢？

按胡先生『過癮』之說，恐不能成立，前已言之。至謂：『王胲固是很古，而蒼頡等則很今了。』恐亦非事實。自從先生受古史，對古史極感興趣。年來傚 先生之法，聚集古史材料，研究其演變，始知人間之五帝係由天上之五帝變來，而天上之五帝，又係由天文家之說脫衍而出。黃帝赤帝即天上之黃帝赤帝，說尚易明，至大皞少皞之爲白帝，蒼頡之爲青帝，則非一二語之所能解釋也。學生已將此說詳述於黃帝考中，俟鈔出後，再請 指正。總之，蒼頡亦非『很今』也，茲且勿論。胡先生所問：『若其時已有蒼頡沮誦作書契之傳說，又何必不引用而僅泛稱「後世聖人呢？」』非惟不足以証明繫辭此章時代之早，反足以証明此章時代之晚。奚以明其然耶？夫此章乃論聖王制器者也，而蒼頡則其時已由聖王論成爲聖人，聖王隊中，無其置足之地，自不能不削去其名而附之於後耳，若謂稱蒼頡沮誦爲後世聖人，即是証當時尚無蒼頡沮誦之傳說，則墨子辭過篇稱：『故聖王作爲舟車』，而非儒篇則謂：『奚仲作車，巧垂作舟，』豈得謂作辭過篇作者尚不知有奚仲巧垂耶？至淮南子說山訓則『後人聖人』一名辭無亦之，直曰：『見窾木浮而知爲舟，見飛蓬而知爲重。』然則淮南子之時代將更在繫辭之前耶？此蒙所未喻而欲請益者四也。

至於說司馬遷爲什麼不引用繫辭此段的黃帝堯舜制器的事呢？此一點似不難明白。繫辭傳呂是說理之書，太史公從不曾把此書當作史實看，故不把這些話收入五帝本紀中去。然『伏羲作八卦之而天下治』，日者列傳中有之，此則出自司馬季主口中，由他信開河，不妨讓他存在，後世讀者必不會以以爲太史公認此言爲史實也。

按太史公自謂『協六經異傳，齊百家雜語』，其所採摭者博矣。若謂『繫辭傳只是說總理之書，太史公不曾當作史實看，故不把這些話收入五帝本紀中去，』則周秦諸子，下至春秋繁露，何一非說理之書？乃竟採其史實，入其史記何耶？況史遷自謂『考信於六藝』今竟將出於夫子，載於易經之煌煌鉅製棄而不論，反就「儒者或不傳」之五帝德，帝繫姓，以及呂覽韓非子韓詩外傳春秋繁露詩書中剌取五帝之史實，何其計之左耶？此蒙所未喻而欲請益者五也。至於史記日者列傳，久已亡佚，今傳世者，張宴明言爲褚先生所補，更不能據爲典要矣。

繫辭此文出現甚早，至少楚漢之間人已知有此書，可以陸賈新語道基篇爲証：新語一書，前人多疑之，四庫提要懷疑最力，故我從前不注意此書，去年偶讀龍谿精舍唐宴校補本，細細研究，始知此書不是僞書。其中甚多精義，大非作僞者所能爲。提要說穀梁傳晚出，而道基篇末有『穀梁傳曰』，時代尤相牴牾。但此書所引穀梁傳的話，今本穀梁傳實無其文；若新語作於穀梁傳出現之後，何不稱引晚出書？

按胡先生全函所言，惟此條較有根據，宜乎胡先生大圈特圈以明其重要也。不幸胡先生所根據者，乃一眞僞極有問題之書。夫依史學方法，欲証明一事，孤証尚爲學者所忌，況此尚非孤証之比乎？陸賈新語之僞，前人言之詳矣，今胡先力翻此案，而其証據不過曰：『其中精義甚多，大非作僞者所能爲』耳！誠如所說，斯古文尚書列子皆不得爲僞書也。嘗有一塾師，忽作大言曰：『毛大可古文尚書寃詞，連篇累牘，以攻閻百詩之妄，實皆辭費，惟某一言即是証其非僞？』衆驚詢其說，答曰：『夫書，二帝相傳之心法，三代經賢之精義於是乎在，三代以下人，安能道其隻字？即此一點已是破閻某之妄矣。』胡先生之意，亦殆謂非陸賈不能道其隻字歟？若以新語所引穀梁傳不見今本，即謂其非僞，則左氏傳無經之傳多矣，先生何又以爲之僞書耶？此蒙所未喻而欲請益者六也。

故我在中國哲學史論『象』，把繫辭此章與全部六十四卦的象傳合看（頁85—86），使人明白這個思想確是一個成系統的思想，不是隨便說說，確曾把全部易都打通了，細細想過，組成一個大理論：

按易傳非特與孔子無關係，且亦作非一手，成非一時，本無一貫之思想，吾人研究此經，果能辨其時代之先後，較其思想之異同足矣，原不必穿鑿附會，必於不可通之中求其通也。而胡先生非惟必欲『把全部易都打通了』，且以為『確曾都打通了』，此胡先生之說之所以已成明日黃花也。以前人對易所作之工作，大部皆是『打通』工作，結果豈眞能『打通』，亦不過牽強附會，使之成一系統耳，今後恐無再嘗試此項工作者矣。

先生個人書札往還，本無他人參與之餘地，惟以學生現正草黃帝之制器故事，非先將此問題解決，全文無從作起。故不揣冒昧，臚陳疑滯各點，敬祈 先生進而教之。再舊日讀書筆記中有繫辭傳為道家思想說，本係順手拈來，毫無條理，久思增改，迄未之暇，亦敬繕出呈上，藉供教正。此說若有一得之愚，則觀象制器一章之思想，根本與他章牴牾，益足證其為後人竄入矣。

學生 齊思和 三月四日

附易繫辭傳為道家思想說

易傳舊稱孔子所作，至宋歐陽修始謂『繫辭…文言說卦而下，皆非聖人之言。』司馬光論風俗劄子：『至有讀易未識卦爻，已謂十翼非孔子之言，讀禮未識篇數，已謂周官為戰國之書！』則十翼非孔子所作之說，漸為一般人所深信矣。十翼非惟非孔子所作，亦必非出一人之手。文風思想，彼此岐異。大抵彖辭，文言，繫辭最可觀，說卦序卦次之，雜卦最蕪。其作者已不可考，要當出於自戰國迄西漢之儒家也。

今就諸傳觀之，除序卦說卦雜卦之蕪雜不計外，蓋文言彖辭最能保持儒家之精神，其餘則不免受道家之影響。試就乾卦各傳觀之，即足以覘其異。文言釋『上九亢龍有悔』曰：

貴而無位，高而無民，賢人在下位而無輔，是以動而有悔也：知進而不知退，知存而不知亡，知得而不知喪，其惟聖人乎。知進退存亡而不失其正者，其惟聖人乎！

此是何等積極！正如孔子所謂『發憤忘食，樂以忘憂，不知老死之將至。』所謂：『君子固窮，小人窮斯濫矣。』此為儒家正眞之態度。象辭解釋此句則謂：

亢龍有悔，盈不可久也。

此傳作者顯然有老子『成功弗居，天惟弗居，是以不去。』

之道理在其胸中。與儒家『知其不可爲而爲之』之精神全完背馳。故坤卦，文言以爲『地道妻道，無成而代有終』，而象辭則爲：『地勢坤，君子以厚德載物。』俱足見二種精神之不同。其他如：

君子以懲忿欲（損）

君子以順德，積小以高大（升）

皆足見其略受道家之影響。但其所受道家之影響亦極有限，不過採道家天道好還之理，至其人生觀如：

君子以見善則遷，有過則改益。

君子以非禮弗履大壯。

君子以自强不息乾。

君子以獨立不懼，遯世無悶大過。

則純爲儒家態度，而其所言皆日用之常，不好窮高騖遠，尤爲儒家之特色。其能超帝常識之外，探根本之理者，在易傳中，當推繫辭。

周秦諸子究心宇宙根本問題者，厥惟道家。墨家專尚實利，不重虛文，不必論矣。即儒家之所討論者，亦不出常識之外，天道性命，不可得而聞。道家黜情去智，宅心物外，故獨究其本根，其最大之貢獻爲道字之提出，以爲宇宙之本體爲道，萬物皆自道而生，於是宇宙論乃得一解答，爲儒墨之所不及。易本一卜筮之書，其卦辭猶今之讖詩，初本不必有哲理存乎其中。後世儒家必於其中求哲理，於是見仁見知，因注者之觀點而異，故作彖辭象辭文言者釋之，則不出日用倫常之道，至作繫辭傳者釋之，則與之以形而上學之根據。此種形而上學爲儒家所未有，其爲道家之影響，益無疑矣。

其論宇宙之由來也，道家持一元論，以爲道生一，一生二，二生三，三生萬物；繫辭傳亦取一元論，曰：『易有太極，是生兩儀。』亦先由一生二，不過自二以下，其數遞加，與道家之由二生三者不同耳。

且也，繫辭傳雖主一元論，而其所最注重者爲乾坤兩種相反之勢力。蓋繫辭爲釋易而作，用意在以易擬天道之運行（詳下），太極不可見，乾坤二爻爲易之基本，一切變化所自出，故亦以此兩種相反之勢力爲宇宙之根本，萬物之所由生焉。此兩種相反之勢力，既可謂之剛柔，亦可謂陰陽，又可謂乾坤，皆同實而異名。此兩種相反之勢力，作用完全不同：

夫乾其靜也專，其動也直，是以大生焉。夫坤其靜也翕，其靜動也闢，是以廣生焉。

是故闔戶之謂坤，闢戶之謂乾，一闔一闢之謂變。

子曰：『乾坤其易之門耶？陽物也；坤，陰物也。陰陽合德而剛柔有體，以體天地之撰，以通神明之德。』

由此兩種勢力之互相交感，變化遂生：

剛柔相推而生變化。

剛柔相推，變在其中矣。

一闔一闢謂之變。

變化之結果，遂生萬物；此種宇宙之大運行，永無止息，自非人力之所能反抗，順之者昌，逆之者亡，乃事理之當然。人欲趨吉避凶，須先明天道；然天道非人人能知，於是『聖人』將其所觀察者，著之於易，人就易而研究，即知窺見天道，知所趨避，故易者無異一套天道運行之活動攝影也。故曰：

天地變化，聖人效之。

是故易者，象也，象者，像也，彖者，材也，爻也者，效天下之動者也。

故易各部之作用皆在代此大運行之各部分。夫其職責旣在描摹大道之運行，謂之照片可矣，胡爲又謂活動影片耶！蓋乾坤變化永無止息，非死照片之所能模擬，易之書雖若刻板文字，吾人以應活的眼光看之，視之若泉水之不息，血液之永流，息息相通，彼此牽連，若雲霓之瞬息萬千，變化無跡，不應以每卦每爻分開，作死書讀也。故易之最重要者即爲變：

易無體，以變爲體。

生生之謂易（生生者生生不已之謂也。）

易中之各部皆此大運中各部分之寫照也。如乾坤變之根本的力量爲剛柔，易即有一一以效之，爲一切變化之根本，故曰：

子曰：乾坤其易之門也？乾陽物也，坤陰物也，陰陽合德而剛柔有體，天地之譔以通。

乾坤其易之緼耶？乾坤成列而易立乎其中矣。

乾坤毀則無以見易，易不可見則乾坤幾乎息矣。

爻者，效此者也。

爻者，效天地之動者也。

聖人有以見天下之動而觀其會通以行其典禮，繫辭焉以繼其吉凶。

皆此意也。剛柔相磨而生萬事萬物，易之象，即所以像之者也，故曰：

象者，象此者也。

象者，像也。

象有二，一爲天地間自物之現象，如：

在天成象，在地成形。

法象莫大乎天地。……縣象著明莫大乎日月之類是也。

二爲人心營構之象，如：

故吉凶者，得失之象也；悔吝者，憂虞之象也；變化者，進退之象也。

此種人心營搆之象，不能形容之，故往往取自然現象以代表之，如馬之表健，牛之表坤之類是也。於是爻以效其變，象以效其像，而天道運行之理，盡於易矣。故曰：

易與天地準，故能彌綸天地之道。

夫易，廣矣，大矣；以言乎則遠不禦，以言乎邇則靜而止，以言乎天地之間則備矣。

吾人就易以求天道而順之自無不吉矣。故曰：

是故君子所居而安者，易之序也；所樂而玩者爻之辭也是故君子居則觀其象而玩其辭，動則觀其變而玩其占，自天祐之，无往不利。

易之所能令人『知幽明之故，死生之說，與天地相似而不違，樂天知命而不憂』者以此。故經繫辭之解釋，易遂由占卜之書，變爲推究天道之書，漢人尊易爲經者，恐亦以此。此後言易者皆言其理而視卜筮爲末技矣。

按子貢有『夫子之性命與天道不可得而聞』之歎，孔子有『未知生，焉知死？』之言，則性命天道，亦非儒者所尙，茲篇之說，蓋取之於道家而稍通之，以爲易形而上的根據耳。

陶菴夢憶

明張岱著　俞平伯標點　周豈明序　實價五角

此書見於硏雲甲編，及粵雅堂叢書中，極少單行本，茲特較點重刊。周豈明先生在序上說，『張宗子的文章是頗有趣味……他的洒脫的文章大抵出於性情的流露，讀去不會令人討厭。夢憶可以說是文集的選本。……真寫得不壞，倘若我是自己能寫得出一兩篇，那就十分滿足了。但是這歆羨不來學不來的。』可見這書聲價了。

張玉田

本書係細校張炎之山中白雲詞八卷，加新式標點，以綠色墨精印。末附校注，前附玉田先生年譜，於宋末元初國家大事，同時重要學者文人之生卒，及玉田所作名詞之年代，敘列極詳。又附玉田家世及其詞學一篇，玉田朋輩考一篇，張鎡略傳一篇，皆沅君女士作。共訂一厚册，實價一元二角

山海經中的古代故事及其系統

吳晗

中國古代傳說中的人物，見於山海經中的有以下這些：大皞，少昊，黃帝，帝嚳，帝堯，帝俊，帝舜，帝丹朱，禹，夏后啓（夏后開），共工，相柳，鯀，夸父，常羲，娥皇，叔均，重黎，祝融，王亥，登比，羲和，稷，顓頊，炎帝，老童，伯夷，后土，雷祖，昌意，奚仲，等等。

現在試把各人的故事，歸納起來，成爲一個具體的統系。

一，黃帝

a 其中多白玉，是有玉膏，其原沸沸湯湯，黃帝是食是饗，是生玄玉，玉膏所出，以灌丹木，丹木五歲，五色乃清，五味乃馨，黃帝乃取峚山之玉榮，而投之鍾山之陽。——西山經

b 西北海之外，赤水之西，有先民之國，食穀使四鳥。有北狄之國，黃帝之孫曰始均，始均生北狄。——大荒西經

c 大荒之中，有山名曰融父山，順水入焉。有人名曰犬戎，黃帝生苗龍，苗龍生融吾，融吾生弄明。弄明生白犬，白犬有牝牡，是爲犬戎，肉食，有赤獸。——大荒北經

d 黃帝妻雷祖生昌意，昌意降處若水，生韓流。韓流擢首謹耳，人面豕喙，麟身渠服，豚止，取淖子曰阿女，生帝顓頊。——海內經

e 東海之渚中有神人面鳥身，珥兩黃蛇，踐兩黃蛇，名曰禺虢。黃帝生禺虢，禺虢生禺京，（註一）禺京處北海，禺虢處東海，是惟海神。——大荒東經

「註一」禺京即禺彊，古代京疆音同。海外北經：「北方禺彊人面鳥身。珥兩青蛇，踐兩青蛇。」正與禺虢形狀絲毫無異。

f 黃帝生駱明，駱明生白馬，白馬是爲鯀。——海內經

g 有人衣青衣名曰黃帝女魃，蚩尤作兵伐黃帝，黃帝乃會

應龍攻之冀州之野，應龍畜水，蚩尤請風伯雨師縱大風雨，黃帝乃下天女曰魃，雨止，遂殺蚩尤，魃不得復上，所居不雨。叔均言之帝，後置之赤水之上，叔均乃爲田祖，魃時亡之，所欲逐之者令曰神北行，先除水道，決通溝瀆。——大荒北經。

黃帝是一個神，他所饗所食的是玉膏丹木，他也有妻有子有孫。他的子孫有的是海神，有的是國王，有的是類似人的畜類，他曾與蚩尤戰；部將是一條應龍和一位天上降下來的女神魃。

把黃帝的家系排列成表如下：

黃帝
- 苗龍—融吾—弄明—白犬（犬戎）
- □—始均—北狄（北狄之國）
- 駱明—白馬（鯀）
- 禺虢—禺京（東海神—北海神）

黃帝——雷祖
- 昌意—韓流
  - 韓流——阿女—帝顓頊

二，顓頊

a 有國曰顓頊生伯服，食黍，有鼬姓之國。——大荒南經

b 有國名曰淑士，顓頊之子。——大荒西經

c 有榣山。其上有人號曰太子長琴。顓頊生老童，（註一）老童生祝融（註二），祝融生太子長琴，是處榣山，始作樂風。——大荒西經

d 顓頊生老童，老童生重及黎，帝令重獻上天，黎卭下地，下地是生噎，處於西極，以行日月星辰之行次。——同上

e 大荒之中，有山名大荒之山。日月所入，有人焉三面，是顓頊之子，三面一臂，三面之人不死，是謂大荒之野。——同上

f 有叔歜國，顓頊之子，黍食使四鳥。——大荒北經

g 西北海中，流沙之中，有國名中褊，顓頊之子，食黍。——同上

h 西北海外，黑水之北，有人有翼，名曰苗民。顓頊生驩頭，驩頭生苗民，苗民釐姓，食肉。——同上

I 又有成山，甘水窮焉。有季禺之國，顓頊之子，食黍。——大荒南經

J 有魚偏枯名曰魚婦，顓頊死即復蘇，風道北來，天乃大

水泉，蛇乃化為魚，是為魚婦，顓頊死即復蘇。——大荒西經

K有池名孟翼之攻顓頊之池。——同上

L東北海之外，大荒之中，河水之間，附禺之山，帝顓頊與九嬪葬焉。丘西有沉淵，顓頊所浴。——大荒北經

M務隅之山，顓頊葬於陽，九嬪葬於陰。——海外北經

N漢水出鮒魚之山，帝顓頊葬於陽，九嬪葬於陰，四蛇衛之。——海內東經

「註一」老童即耆童，西山經：「又西一百九十里曰騩山，其上多玉而無石，神耆童居之，其音常如鐘磬，其下多積蛇。」

「註二」祝融有二，一為炎帝之後，另見。海內南經：「南方祝融獸身人面乘兩龍。」

以上我們看不出顓頊有什麼事蹟，只是他的兒子很多。據J拿顓頊與魚婦並列，「顓頊死即復蘇」，似乎顓頊是一個水族動物。LMN三條中之九嬪，處處與顓頊並列，當是顓頊的妻子，也許是九個妃嬪？也許是一人而名叫九嬪？葬地一會兒在東北海之外，一會兒在漢水，可見山海經的作者決不止一人，也決不是在同一時代內所完成的作品。三篇中「附禺」，「務隅」，「鮒魚」，均同音，又皆以顓頊與九嬪，陰與陽對舉，可見這三篇的作者雖不同，來源却是同一的。

把顓頊的家系列表如下：

- 顓頊——九嬪
  - 叔歜國——叔歜
  - 大荒之山——三面人
  - 鼬姓之國——伯服
  - 淑士國——淑士
  - 中輻國——中輻
  - 季禺國——季禺
  - 驩頭——苗民
  - 老童
    - 黎——噎
    - 重
    - 祝融——太子長琴

三，帝俊

帝俊即帝舜，俊龜甲文作夋，山海經中帝舜與帝俊雜用，俊與舜同音，據

1，大荒東經：「大荒之中有不庭之山，榮水窮焉，帝俊妻娥皇生此三身之國，姚姓……，南旁名曰從淵，舜之所浴也。」

上文稱帝俊而下文稱舜。

2，大荒南經：「有大荒之野，舜與叔均所葬也。」

大荒西經：「帝俊生后稷，后稷之弟曰台璽生叔均。」

可知帝俊之與帝舜之同爲一人，毫無疑義。

帝俊的事蹟可彙舉如下：

A帝俊的妻女

a舜妻登比氏生宵明燭光，處河大澤，二女之靈，能照此所方百里，一曰登北氏。——海內北經

b大荒之中，有不庭之山，榮水窮焉。有人三身，帝俊妻娥皇生此三身之國，姚姓，黍食，使四鳥，有淵四方，四隅皆達，北屬黑水，南屬大荒，北旁名曰少和之淵，南旁名曰從淵，舜之所浴也。——大荒南經

c東南海之外，甘水之間，有羲和之國，有女子名曰羲和，方日浴於甘淵，羲和者帝俊之妻，生十日。——大荒南經

d有女子方浴月，帝俊妻常羲，生月十有二，此始浴之——大荒西經

登比氏或登北氏，羲和，常羲，娥皇，看去似乎是不同的四個人，其實只是兩個人。大荒西經中之常羲即大荒南經中之羲和，此觀二篇所舉「方浴日」情事相同，常羲與羲和之羲字相同可知，由常羲衍爲羲和。由羲和復衍爲大荒南經之娥皇。和娥同音，古人名原無定字，由故老傳說及地方神話再間接成爲文字的紀載，每每容易將一名衍爲數名，或數名合成一人。此地帝俊的妻子，在數量上實在只有登比氏和常羲二人。

B帝俊的子孫

a帝俊生禺號，禺號生淫梁，淫梁生番禺，是爲舟，番禺生奚仲，奚仲生吉光，吉光是始以木爲車。——海內經

b帝俊生晏龍，晏龍是爲琴瑟。帝俊有子八人，是始爲歌舞。帝俊生三身，三身生義均，義均是始爲巧倕。（註）是始作下民百巧，后稷是播百穀，稷之孫曰叔均，是始作牛耕，大比赤陰，是始爲國，禹鯀是始播土，均定九州。——海內經

（註）海內經：「又有不距之山，巧倕葬其西。」

c大荒之中有山名曰合虛，日月所出，有中容之國。帝俊生中容，中容人食獸木食，使四鳥，豹虎熊羆。——大荒東經

d東方之中，有山名曰壑明，俊疾日月所出，有中容之國。——同上

a有司幽之國，帝俊生晏龍，晏龍生司幽，司幽生，思士

不妻，思女不夫，食麥食獸，是使四鳥。——同上

f有白民之國，帝俊生帝鴻，帝鴻生白民，白民銷姓，黍食，使四鳥，虎豹熊羆。——同上

g有黑齒之國，帝俊生黑齒，姜姓，食麥，使四鳥。——同上

h有困民國，勾姓，而食，有人曰王亥，兩食操鳥，方食其頭。王亥託於有易河伯僕牛，有易殺王亥取僕牛，河念有易，有易潛出，爲國於獸方食之，名曰搖民；帝俊生戲，戲生搖民。——同上

I有襄山，又有重陰之山，有人食獸曰季釐，帝俊生季釐，故曰季釐之國。——大荒南經

j有𧴀民之國，帝舜生無淫，無淫降𧴀處，是謂巫𧴀民，巫𧴀民盼姓，食穀，不績不經服也，不稼不穡食也，爰有歌舞之鳥。鸞鳥自歌，鳳鳥自舞，爰有百獸，相群爰處，百穀所聚。——大荒南經

k有西周之國，姬姓，食穀，有人方耕名曰叔均。帝俊生后稷，稷降以百穀，稷之弟曰台璽，生叔均，叔均是代其父及稷播百穀，（註）始作耕，有赤國，妻氏有雙山。——大荒西經

「註」大荒北經：「叔均乃爲田祖。」

c 葬地及其他

a兕在舜葬東，湘水南，其狀如牛，蒼黑一角。——海內南經

b蒼梧之山，帝舜葬於南，帝丹朱葬於陰。——同上

c氾林三百里，在狌狌東。狌狌知人名，其爲獸如豕而人面，在舜葬西。——同上

d湘水出舜葬東南陬，西環之入洞庭下，一曰東南西澤。——海內東經

e有阿山者，南海之中，有氾天之山，赤水窮焉。赤水之東有蒼梧之野，舜與叔均之所葬也。爰有文貝離俞鴟久鷹賈委維熊羆虎豹豺狼視肉，有榮山，榮水出焉，黑水之南，有玄蛇食麈。——大荒南經

F南方蒼梧之丘，蒼梧之淵，其中有九嶷山，舜之所葬在長沙零陵界中。——海內經

g有五采之鳥，相鄉棄沙，惟帝俊下友，帝下兩壇，采鳥是司。——大荒東經

h有緡淵……有水四方，名曰俊壇。——大荒東經

I丘方圓三百里，丘南帝俊竹林在焉。——大荒北經

以上b e兩條是衝突的。b說帝舜與帝丹朱同葬，e說與叔均同葬，這可見這兩篇的作者的各不相謀，而決不是出於

同一人的手筆。b條竟說到九嶷山，長沙，零陵這些周秦以後的地方名辭，使我們知道至少這一篇海內經是成於戰國或竟至漢初人之手。g條說帝俊下友五采之鳥，似乎帝俊的本身有羽族之可能。

以下把帝俊的家系列成一表：

- 常義
- 帝俊
  - 戴民之國——無淫
  - 季釐之國——季釐
  - 戲——搖民
  - 禺號——淫梁——番禺——奚仲——吉光
  - 司幽之國——晏龍——思幽
  - 三身——義均（巧倕）
  - 后稷
  - 西周之國——台璽——叔均（田祖）
  - 中容之國——中容
  - 白民之國——帝鴻——白民
  - 黑齒之國——黑齒
  - ……有子八人
- 登北氏
  - 宵明
  - 燭光

四，大皞

a 有木青葉紫莖，玄華黃葉，名曰建木，百仞無枝，有九欘，下有九枸，其實如麻，其葉如芒，大皞爰過，黃帝所爲，有窫窳龍首食人。——海內經

b 西南有巴國，大皞生咸鳥，咸鳥生乘釐，乘釐生後照，後照是爲巴人。——仝上

五，少皞

a 又西二百里曰長留之山，其神白帝少昊居之。其獸皆文尾，其鳥皆文首，是多文玉石，實惟員神磈氏之宮，是神也，主司反景。——西山經

b 有緡淵，少昊生倍伐，倍伐降處緡淵。——大荒南經

c 有人一目當面中生，一曰是威姓，少昊之子，食黍。——大荒北經

d 東海之外大壑，少昊之國，少昊孺帝顓頊於此，棄此琴瑟。——大荒東經

e 少昊生般，般是始爲弓矢。——海內經

西山經說白帝少昊居長留之山，大荒東經又有少昊之國。所謂五方五行五氣五帝等等讖緯之說，起自戰國末期，到秦漢而大盛，我們很可以下一個假設，說西山經是這一個時期中的作品。

據d少昊對於顓頊有師保的關係。少皞的家系，可作表如下：

少皞
- ——倍伐
- ——般
- ……——一目人（威姓）
- ……孺顓頊

六，炎帝

a炎帝之孫伯陵，伯陵同吳權之妻阿女緣婦，緣婦孕三年，是生鼓延殳，始爲侯。鼓延是始爲鍾，爲樂風。——海內經

b炎帝之妻赤水之子聽訞生炎居，炎居生節並，節並生戲器，戲器生祝融，祝融降處於江水，生共工，（一）共工生術器，術器首方顚，共工生后土，（二）后士生噎鳴，噎鳴生歲十有二。——仝上

c有互人之國，炎帝之孫名曰靈恝，靈恝生互人，是能上下於天。——大荒西經

d北又二百里曰發鳩之山，其上多拓木，有鳥焉，其狀如烏，文首白喙赤足，名曰精衞，其名自詨。炎帝之少女名曰女娃，女娃游於東海，溺而不返，故爲精衞，常銜西山之石，以堙於東海。——北山經

（一）共工臣名曰相繇，九首蛇身自環，食於九土，其所歍所尼，即爲源澤，不辛乃苦，百獸莫能處。禹堙洪水，殺相繇，其血腥臭，不可生穀，其地多水，不可居也，禹堙之，三仞三沮，乃以爲池，羣帝是因，以爲台，在昆侖之北。——大荒北經

有係昆之山者有共工之台，射者不敢北向。——仝上

共工之臣曰相柳氏，九首以食於九山。相柳之所抵，厥爲澤谿，禹殺相柳，其血腥不可以樹五穀種，禹厥之，三仞三沮，乃以爲衆帝之台，在昆侖之北，柔利之東。相柳者九首人面蛇身而靑，不敢北射，畏共工之台。——海外北經

（二）大荒之中，有山名曰成都載天。有人珥兩黃蛇，把兩黃蛇，名曰夸父。（註）后士生信，信生夸父，夸父不量力，欲追日景，逮之於禺谷，將欲飮河而不足也。將走大澤，未至而死於此。——大荒北經

「註」夸父有兩，一爲應龍所殺。大荒北經：「應

龍已殺蚩尤，又殺夸父，乃去南方處之。故南方多雨。」

關於夸父，有下列這些傳說：

a夸父與日逐走入日，渴欲得飲，飲於河渭，河渭不足，北飲大澤，未至道渴而死，並其杖化爲鄧林。——海外北經

b又西九十里曰夸父之山，其地有林焉，名曰鄧林。——中山經

c有獸焉其狀如夸父而彘毛。——東山經

逐日同飲於河渭，這不過是古代人對於大自然的神秘所生出的一種幻想。C條有獸狀如夸父而彘毛，不說夸父狀如獸，而說獸狀如夸父，這可見夸父不但是一位非人的畜類，而且是被用爲獸類中的標準典型。

共工的臣子相繇是九首蛇身的，那共工的形狀至少也不如普通人一樣的圓顱方踵。后土的孫子夸父是一位高等畜類。炎帝的女兒死後變鳥。曾孫互人，能够上下於天。由這事實推上去，按照進化的公例，炎帝之爲一種原始的低能動物，實爲不可否認的事實。

炎帝的家系，可排列成長如下：

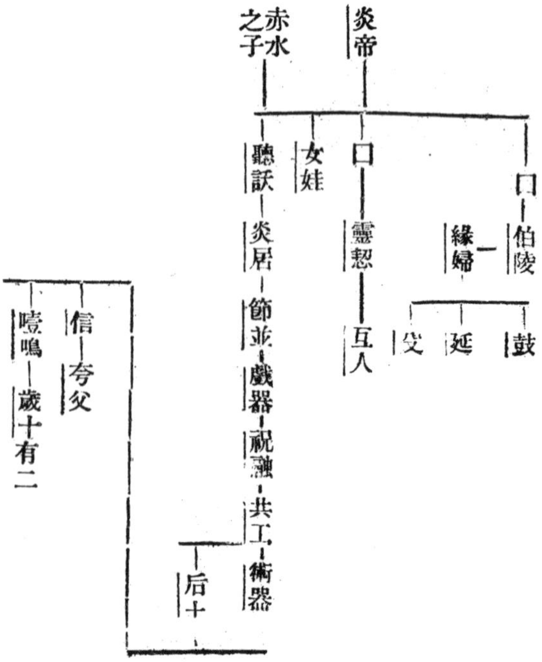

七，鯀與禹

a禹鯀是始布土，均定九州。——海內經

b洪水滔天，鯀竊帝之息壤，以堙洪水，不待帝命，帝令祝融殺鯀於羽郊。鯀復生禹，帝乃命禹布土以定九州。——同上

c有榆山，有鯀攻程州之山。——大荒北經

d又東十里曰青要之山，實維帝之密命，北望河曲，是多

鴽鳥，南望墠渚，禹父之所化，是多僕壘蒲盧，䰠武羅司之。——中山經

e大荒之中，有人名曰驩頭。鯀妻士敬，士敬子曰炎融，生驩頭，驩頭人面鳥喙，有翼，食海中魚，杖翼而行，維宜芑苣穋楊是食，有驩頭之國。——大荒南經

f有毛民之國，依姓，食黍，使四鳥。禹生均國，均國生役采，役采生脩鞈，脩鞈殺綽人，帝念之潛為之國，是此毛民。——大荒北經

g禹所積石之山在其東，河水所入。——海外北經

h禹堙洪水，殺相繇。其血腥臭不可生穀，其地多水，不可居也。禹堙之，三仞三沮，乃以為池，羣帝是因，以為台，在崑崙之北。——大荒北經

I禹殺相柳，其血腥不可以樹五穀種，禹厥之，三仞三沮乃以為衆帝之台，在昆侖之北，柔利之東。——海外北經

J水西有濕山，東有幕山，有禹攻共工國山。——大荒西經

K大荒之中，有山名曰先檻大逢之山，河濟所入，海北注焉。其西有山，名曰禹所積石。——大荒北經

L一曰禹令豎亥步自東極於至西極。——海外東經

把以上的事蹟，簡括的總計一下：

（1）禹為鯀子。鯀偷了帝的息壤來堙洪水，這舉動事先沒有得帝的許可，帝就差祝融把他殺於羽郊，後來化為異物，鯀死以後，帝才命禹布土，定九州。

（2）禹鯀同受命布土定九州。

（3）鯀曾攻北程。

（4）禹曾攻共工。

（5）禹堙洪水，殺相繇（相柳）

（6）禹令豎亥步東西極。

鯀禹的家系，可列表如下：

鯀—┬—禹—均國—役采—脩鞈——毛民之國
　　└——士敬—炎融—驩頭——驩頭之國

八、夏后啓

a西南海之外，赤水之南，有人珥兩青蛇，乘兩龍，名曰夏后開。開上三嬪於天，得九辯與九歌以下此天穆之野，高二千仞，開焉得始歌九招。——

b大樂之野，夏后啓於此儛九代，乘兩龍，雲蓋三層，左手操翳，右手操環，佩玉璜，在大運山北，一日大遺之野。——海外西經

c三身國在夏后啓北，一首而三身。——仝上

b夏后啓之臣曰孟涂，是司神於巴人，請訟於孟涂之所，其衣有血者乃執之，是請生，居山上，在丹山西。——海內南經

夏后啓的形狀與動作的描寫，已經很清楚的告訴我們他是一個神，這左手操環，左手操翳，珥兩青蛇，乘兩龍的敘述，很可以拿來形容佛教寺宇內第一道門所位置的四大金剛，或是四大天王，封神榜中的魔家四將。這四大天王中有拿傘（翳）的，有拿蛇的，有拿環的。這兩者的關係，或是由夏后啓而衍爲四大天王，或由佛教而影響及夏后啓或海外西經的作者，都是可能的。

夏后啓既然是一個神，當然他的臣子孟涂，也可司神於巴人了。

九，伯夷及南嶽

伯夷父生西岳，西岳生先龍，先龍是始生氐羌，氐羌乞姓。——海內經

有壽麻之國，南嶽娶州山女名曰女虔。女虔生季格，季格生壽麻，壽麻正立無景，疾呼無響，爰有大暑，不可以往。——大荒西經

伯夷父是西方民族氐羌的祖先，南嶽是南方熱帶國家或民族的祖先。

十，羿的故事

a有人曰鑿齒，羿殺之。——大荒南經

b昆侖虛在其東，虛四方，一曰在岐舌東，爲虛四方，羿與鑿齒戰於壽華之野，羿射殺之，在昆侖虛東。羿持弓矢，鑿齒持盾，一曰戈，——海外南經

c帝俊賜羿彤弓素矰，以扶下國，羿於是始去恤下地之百艱。——海內經

羿用矢射殺鑿齒於壽華之野，帝俊賜他彤弓素矰，以扶下國，據c條看，羿的地位似乎和春秋時代的齊桓晉文相仿，或稍過之。

十一，稷

a帝俊生后稷，稷降以百穀。稷之弟曰台璽，生叔均，是代其父及稷播百穀，始作耕。——大荒西經

d帝俊生晏龍……后稷是播百穀，稷之孫曰叔均，是始作牛耕。——海內經

c南望昆侖，其光熊熊，其氣魂魂。西望大澤，后稷所潛也；其中多玉，其陰多搖木之有若，北望諸毗，槐鬼離侖居之。鷹鸇之所宅也，東望恒山西成，有窮鬼居之，各在一搏。——西山經

d又西北四百二十里曰峚山，多丹木，玄葉而赤莖，黃華而赤實，其味如飴，食之不饑，丹水出焉，西流注於稷澤。——仝上

e又西三百七十里曰樂遊之山，桃水出焉，西流注於稷澤——仝上

f后稷之葬，山水環之，在氐國西。——海內西經

g流黃酆氏之國中方三百里，有塗四方，中有山，在后稷葬西。——仝上

h西南黑水之間，有都廣之野，后稷葬焉。爰有膏菽膏稻膏黍膏稷，百穀自生，冬夏播琴，鸞鳥自歌，鳳鳥自舞，靈壽實華，草木所聚，爰有百獸，相羣爰處，此草也，冬夏不死。——海內經

后稷台璽叔均父子叔任三人，世爲田祖，眞可稱爲農家！據大荒北經，叔均上獲事黃帝，下及方耕西周，這也是個滑稽的事情。

據c后稷潛於大澤，拿來和他對舉的是槐鬼離侖，鷹鸇，窮鬼。則后稷之本身或爲一巨大之水族動物，或近於鬼神的非生物？

十二，帝，女媧，堯與湯及其他

A帝　又東二百里曰姑媱之山，帝女死焉，其名曰女尸，化爲䔄草，其葉胥成，其華黃，其實如菟丘，服之媚人。——中山經

又西北四百二十里曰鍾山，其子曰鼓，其狀如人面而龍身。是與欽䲹殺葆江於昆侖之陽，帝乃戮之鍾山之東曰㟴崖。欽䲹化爲大鶚，其狀如鵰而黑文白首，赤喙而虎爪，其音如晨鵠，見則有大兵。鼓亦化爲鵕鳥，其狀如鴟，赤足而直喙，黃文而白首，其音如鵠，見則其邑大旱。——西山經

帝命豎亥步自東極至於西極五億十選九千八百步，豎亥右手把算，左手指靑丘北。——海外東經

貳負之臣曰危，危與貳負殺窫窳，帝乃梏之疏屬之山，桎其右足，反縛兩手與髮，繫之山上木，在開題西北。——海內西經

刑天與帝至此爭神，帝斷其首，葬之常羊之山。乃以乳爲目，以臍爲口，操干戚以舞。——海外西經

以上五篇中所舉的光桿兒的帝，很難知道這帝究竟是誰？據西山經和海內西經所載，這帝愛管閑事，並且儘有權力去處理他所愛管的閑事，令著海外西經刑天和他老人家爭神的神話，很明顯的使我們能够肯定這帝是上帝，是原始人所崇拜的萬能的天帝。

B女媧　有神十人名曰女媧之腸，化爲神，處栗廣之野，橫道而處。——大荒西經

C堯　帝堯台帝嚳台帝丹朱台帝舜台，各二台，台四方，在昆侖東東北。——海內北經

帝堯帝嚳帝舜葬於岳山。爰有文貝離俞鴟久鷹延委維視肉熊羆虎豹朱木赤枝青華玄實。——大荒南經

狄山帝堯葬於陽，帝嚳葬於陰，爰有熊羆文虎蜼豹離朱視肉吁咽文王皆葬其所。一曰湯山，一曰爰有熊羆文虎蜼豹離朱鴟久視肉虖交，其范林方三百里。——海外南經

䢅丘爰有遺玉，青馬視肉楊柳甘柤甘華甘果所生，在東海，兩山夾丘，上有樹木，一曰嗟丘，一曰百果所在，在堯葬東。——海外東經

帝舜在大荒南經中又多了一個葬的地方。此地帝堯帝丹朱帝嚳三位古帝，除了葬地和紀念物以外，絲毫沒有什麼事蹟告訴我們，可見這三位在山海經中的地位是無關重要的，也許還是東西漢間一班專門作假的學者如劉向輩所故意羼入，來証明堯的存在性？如就本文而論，大荒南經和海外南經所說同伴的或同葬的都是一些扁毛四足的飛禽走獸，物以類推，帝堯帝嚳的本來形相是什麼？我想也毋庸多事，把牠說明了。

d湯　有人無首操戈盾立，名曰夏耕之尸，故成湯伐夏桀於章山，克之，斬耕厥前，耕既立無首，走厥咎，乃降于巫山。——大荒西經

十三，蚩尤、昆吾、窮奇、夔、窳窫及其他

A蚩尤　蚩尤作兵伐黃帝，黃帝乃令應龍攻之冀州之野，應龍畜水，蚩尤請風伯雨師縱大風雨，黃帝乃下天女曰魃，雨止，遂殺蚩尤。——大荒北經

大荒東北隅中，有山名曰凶犁土丘，應龍處南極殺蚩尤與夸父，不得復上，故下數旱，旱而爲應龍之狀，乃得大雨。——大荒東經

B昆吾　大荒之中有龍山，日月所入，有三澤水名曰三淖，昆吾之所食也。——大荒西經

白水出焉，而生白淵，昆吾之師所浴也。——大荒南經

C窮奇　窮奇狀如虎有翼，食人從首始，所食被髮。——海內北經

又西二百六十里曰邽山，其上有獸焉，其狀如牛蝟毛，名曰窮奇，音如獋犬，是食人。——西山經

a夔　東海中有流波山，入海七千里。其上有獸狀如牛，蒼身而無角，一足出入水則必風雨，其光如日月，其聲如雷，其名曰夔：黃帝得之，以其皮爲鼓，橛以雷獸之骨，

聲聞五百里，以威天下。——大荒東經

e窫窳　又北二百里曰少陽之山，無草木，多青碧。有獸焉，其狀如牛而赤身人面馬足，名曰窫窳。其聲如嬰兒，是食人。——北山經

窫窳龍首，居弱水中，在狌狌知人面之西，其狀如龍首，食人。——海內南經

窫窳者蛇身人面，貳負臣所殺也。——海內西經

貳負之臣曰危，危與貳負殺窫窳，帝乃梏之疏屬之山，桎其右足，反縛兩手與髮，繫之山上木，在開題西北。——海內西經

f帝江　有神焉，其狀如黃囊，赤如丹火，六足四翼，渾敦無面目，是識歌舞，實爲帝江也。——西山經

g九丘　有九丘，以水絡之，名曰陶唐之丘，有叔得之丘，孟盈之丘，昆吾之丘，黑白之丘，赤望之丘，參衞之丘，武夫之丘，神民之丘。——海內經

根據以上所錄。作山海經中古代大事表，山海經中古史人物表，山海經中古史系統表，山海經中諸國表如後：

表一　山海經中古代大事表

黃帝——令應龍殺蚩尤
　　　　得夔以其皮爲鼓
　　　　叔均爲田祖
顓頊——孟翼之攻顓頊
　　　　太子長琴始作樂風
帝俊——番禺始爲舟
　　　　吉光始爲車
　　　　晏龍始爲琴瑟
　　　　有子八人始爲歌舞
　　　　義均始爲巧倕
　　　　后稷始播百穀
　　　　叔均始作牛耕
　　　　禹鯀是始播土，均定九州
少昊——孺帝顓頊於少昊之國
　　　　般始爲弓矢
炎帝——鼓延是始爲鐘，爲樂風
鯀——鯀攻程州
　　　　竊帝之息壤以堙洪水，帝令祝融殺之于羽郊，化爲異物。
禹——禹攻共工
　　　　帝令禹布土定九州
　　　　令豎亥步東西極。

殺相繇（相柳），堙洪水。

夏后啓——得九辯與九歌，始歌九招，儛九代。

羿————殺鑿齒於壽華之野

帝俊賜羿彤弓素矰，以扶下國。

帝————帝令重獻上天，黎邛下地

戮鼓與欽䲹於䍃崖

斷刑天首

令祝融殺鯀於羽郊

令禹布土定九州

令豎亥步東西極

梏窫窳於疏屬之山

脩鞈殺綽人，帝念之潛爲之國，是此毛民。

危，貳負—殺窫窳

湯————伐桀

表二　山海經中古史人物表

人名	形狀	事業	分國	其他
黃帝		殺蚩尤	北狄之國、犬戎、軒轅之國、司彘之國	
韓流	擢首謹耳，人面豕喙，麟身渠股，豚止。			黃帝孫
禺號	人面鳥身珥兩黃蛇踐兩黃蛇	東海神		黃帝孫
禺京	人面鳥身珥兩青蛇踐兩青蛇	北海神		禺號子
女魃	衣青衣	止雨，殺蚩尤	赤水之上	自天下
應龍		殺蚩尤，夸父		自天下
叔均		爲田祖，始作耕		帝俊孫
顓頊		與孟翼戰	鼬姓之國、淑士國、叔歜國、中輻國、三面人、苗民、季禺之國	
太子長琴		始作樂風	榣山	顓頊孫
重		上天		顓頊孫

人名	形狀	事業	分國	其他
黎		下地		顓頊孫
噎		行日月星辰之行次	西極	黎子
老童（耆童）		音常如鐘磬	騩山	顓頊孫
宵明、燭光		二女之靈能照此方百里	處河大澤	登比氏女
娥皇	三身		三身之國	帝俊妻
羲和		方日浴於甘淵	羲和之國	帝俊妻
常羲				帝俊妻
登比氏				舜妻
帝俊		命羿形弓素矰，命禹鯀是始播土定九州	中容之國、司幽之國、白民之國、黑齒之國、搖民國、季釐之國、臷民之國、西周之國	
番禺		始爲舟		帝俊孫
吉光		始爲車		帝俊孫
晏龍		始爲琴瑟		帝俊子

人名	形狀	事業	分國	其他
八子		始爲歌舞		帝俊子
義均		始爲巧倕		帝俊孫
后稷		始播百穀		帝俊子
大皞			巴國	
少昊		主司反景，孺帝顓頊於少昊之國	長留之山、少昊之國、一目人、縉淵	
般		始爲弓矢		少昊子
炎帝			互人之國	
女娃	其狀如烏文首白喙赤足	化爲精衛	發鳩之山	炎帝少女
鼓，延		始爲鍾，爲樂風		炎帝孫
互人		能上下於天		炎帝孫
共工				炎帝孫
后土				炎帝孫
相繇（相柳）	九首蛇身自環，人面而青	被禹所殺	食於九土	共工臣
夸父	珥兩黃蛇，把兩黃蛇	逐日而死		后土孫
繇	殛於羽郊，	攻程州	驩頭之國	黃帝孫

	化爲異物	布土定九州，竊息壤堙洪水，帝命祝融殺之。	青要之山	
禹		令竪亥步東西極。布土定九州，攻共工，殺相繇，堙洪水。	毛民之國	鯀子
夏后啓	珥兩青蛇乘兩龍左手操翳，右手操環。	上三嬪於天，得九辯九歌，儛九代。	赤水之南 大樂之野	
孟涂		司神於巴人	在丹山西	夏后啓臣
羿		殺鑿齒於壽華之野 帝俊賜以彤弓矰矢，以扶下國		帝俊臣
台璽		田祖		叔均父
女尸		化爲䔄草	姑媱之山	帝女
鼓	人面龍身	殺葆江，被帝戮，化爲鵕鳥	鍾山	鍾山子
欽䲹		殺葆江，被帝戮，化爲大鶚		
貳負		與危殺窫窳	疏屬之山	

危		與貳負殺窫窳	疏屬之山	貳負臣
刑天		與帝爭神，被殺，乃以乳爲目，以臍爲口，操干戚而舞。	常羊之山	
女媧		有神十人名曰女媧之腸。	栗廣之野	
堯			葬岳山？ 狄山？	
帝嚳			葬岳山	
帝丹朱			葬蒼梧之山	
湯		伐夏桀		
夏耕之尸	無首操戈盾立		巫山	
蚩尤		作兵伐黃帝被殺		
昆吾			龍山	
窮奇	如虎有翼，食人，其狀如牛，蝟毛，音如獆犬。		邽山	
夔	狀如牛蒼身而無角，其光如日月，其聲如雷，一足出入水，則必風雨。	黃帝得之，以其皮爲鼓，聲聞五百里	流波山	

人名	形狀	事業	分國	其他
窫窳	如牛赤身人面馬足，聲如嬰兒，食人。	被貳負與危所殺	少陽之山弱水	
帝江	龍首。狀如黃囊，赤如丹火，六足四翼，渾敦無面目。	識歌舞		

表三　山海經中古史系統表

一，黃帝系

黃帝——雷祖

- 苗龍—融吾—弄明—白犬（犬戎）
- □—始均—北狄（北狄之國）
- 駱明—白馬（鯀）—禹—均國—役采—脩鞈（毛民之國）
  - 白馬（鯀）——士敬—炎融—驩頭（驩頭之國）
- 東海神—北海神
- 禺號—禺京
- 昌意—韓流
  - 韓流——阿女—帝顓頊
    - 帝顓頊——九嬪
      - 中𦝕（中𦝕國）
      - 季禺（季禺國）
      - 驩頭—苗民
      - 老童
        - 黎—噎
        - 重
        - 祝融—太子長琴
      - 叔歜（叔歜國）
      - 三面人（大荒之山）
      - 伯服（鼬姓之國）
      - 淑士（淑士國）

二，帝俊系

常羲——帝俊——登北氏

- 登北氏——宵明
- 無淫（臷民之國）
- 季釐（季釐之國）
- 戲—搖民
- 禺號—淫梁—番禺—奚仲—吉光
- 晏龍—思幽（司幽之國）
- 三身—義均（巧倕）
- 后稷

燭光

- 台璽—叔均（田祖）
- 中容（中容之國）
- 帝鴻—白民（白民之國）
- 黑齒（黑齒之國）
- 口　口　口　口　口　口　口　口—（有子八人始為歌舞）？

三，大皞系

大皞—咸鳥—乘釐—後照—（巴人）

四，少皞系

少皞
- 倍伐
- 般
- 一目人（威姓）
- ……顓頊

五，炎帝系

炎帝
- 口—伯陵—緣婦
  - 鼓
  - 延
  - 殳
- 口—靈恝—互人（互人之國）
- 女娃

炎帝—赤水—聽訞—炎居—節並—戲器—祝融—共工
- 術器
- 后土
  - 信—夸父
  - 噎鳴—歲十有二

六，伯夷系

伯夷父—西岳—先龍—氐羌

七，南嶽系

南嶽—女虔—季格—壽麻（壽麻國）

在以上的七個家系中，有一點是非常值得我們注意的，就是：

1黃帝妻雷祖生昌意……海內經

2韓流取淖子曰阿女，生帝顓頊。……海內經

3鯀妻士敬，士敬子曰炎融……大荒南經

4舜妻登比氏生宵明燭光……海內北經

5伯陵同吳權之妻阿女緣婦……是生鼓延殳……海內經

6炎帝之妻赤水之子聽訞生炎居……同上

7南嶽娶州山女，名曰女虔，女虔生季格……大荒西經

爲什麼不說鯀娶士敬生炎融？而說鯀妻士敬，士敬子曰炎融！爲什麼不說炎帝娶赤水生聽訞？而說炎帝之妻赤水之子聽訞！繞這麼一個大灣呢？

從這一點上，我們可以知道以女性爲本位的氏族組織，確曾存在於中國古代。所謂氏族的組織，就是有共通的祖先，以氏族名稱相區分，以血緣之關係相結合而成的一個共同團體。太古時代之家系，通常以女性爲本位，氏族之組織是由想像的一個女性祖先和她的子女及她的女系之子孫之子女所構成，其家系由女性而繼續，降至家系以男性爲本位的時代——私有財產出現以後——氏族之組織，便是由想像的一個男性的祖先和他的子女及他的男系子孫之子女所構成，其家系由男性而繼續。

我們知道山海經的作者決不是禹，也決不是益，甚至不是西周以前的作品。牠的作者不止一人，牠的完成也不能劃然地說屬於某一個制裁的時期。我們可以斷然地說山海經是出於十個人以上或更多的手筆，有的是由傳聞而來的，有的是就以前的紀載而加以自己的想像，有的故意羼入些不相稱的材料來作爲某一事件的利用。牠的時代是從戰國開始以至東漢魏晉。

山海經所叙述的是史前時代的民間傳說同故事，這一些已被後來人所紀載的同未被紀載的傳說同故事，在事實上有被保存到較後的時代的可能，在這一種被保存被紀載的傳說同故事，雖然可以有幾分或較多的眞實性！牠的來源是現實的反影同初民的信仰！不過總是虛構的成分居多。所謂被保存的故事中的可靠的幾分眞實性，就是那某一故事或傳說所形成以及產生的時代的社會背景，不過到了經過若干年代以後，社會的組織由漸進或突進的演變，而發現了與前一時代的基礎組織的根本差異，執筆記載這某一故事或傳說的作者，就難免將自己的時代的社會背景，不知不覺的添了上去，不過那最初被保留的幾分眞實性，到這時期至少還被保留了一些，這是可以斷言的。

現在我們可以來解釋什麼山海經中所敍述的家系，一部分以女性爲原始的祖先，而一部分又以男性爲祖先，一部分又糅合男女二性，僅僅於文字的敍述中，顯露出女性的地位較

重要於男性的緣故了。

在以上所舉的六個例子中，顯示出史前時代以女性爲本位的社會組織的存在的無可致疑，雷祖阿女士敬登比氏緣婦赤水都是這一時代的每一個氏族所擬想的原始的祖先，在這時期每一氏族都以女性爲他們的共通祖先，普通男子的地位低於女子，這一想像的女性祖先，不一定是人類而是屬於能生產的禽鳥，野獸，或虛擬的神鬼。到了後來，生產工具逐漸進步，由石器而銅器而鐵器，社會生活方面，由漁獵而游牧而農耕，男性逐漸成爲家族中主要的生產者，他方面由於掠奪婚的盛行，使女性的地位日漸低落，自然而然的男性變成一部落或一氏族中的供給者和支持者，這樣，便形成了所謂以男性爲本位的父系家族，當然這時期的氏族祖先，也採取了以男性爲本位的傳說中的英雄，或猛勇兇殘的獸類了。黃帝韓流鯀舜伯陵炎帝……這些便是這一時期所採用的想像的氏族的共通祖先。

最後人類完全進入文明時代，社會組織，日趨繁複，生產工具，日益精進，供給過於需求，形成了原始的生產過剩的事實，於是商業上以貨易貨的習慣，從而普遍，另一方面，以人口爲貨品的賣買婚也由此而起。這樣，男性便成爲部落中，社會上獨裁的專制者，男女兩階級間形成了絕對的懸殊景像。

這時期的家族的祖先，也同樣地爲男性所獨佔，男女性則被安置於無足重輕的贅餘地位。

山海經中的古代故事的紀載，正在這一時期之後若干年，這樣，以前所經歷的三個不同的演進階段，便被完全保存在這一紀載中。

每一故事的紀載者一方面攙入了自己的時代的社會背景，一方面又客觀地保存者一些原來的景像，另一方面主觀又主觀地把前一時代加上後一時代的事實，使之調和。所以我們在山海經中所發現的是以上所舉的既以女性爲共通祖先，而又加上一位男性的傳說中的英雄的混合家系。由於這一種無意的混合，那幾分原始以來被保存的眞實性，雖被減削，却仍有相當的成分被遺留著。這被遺留的一點，就使我們瞭解史前時代至有史時代所經歷的三個不同的演進階段，和女系本位的社會組織確曾存在於中國古代社會的這一事實的明証。

表四　山海經中諸國表

大荒北經

國名	位置	氏族	形貌	其他
牛黎之國			無骨	儋耳之子

犬戎國	賴丘		人面獸身	黃帝孫白犬，肉食。
中𥈅	西北海外流沙之東			顓頊子，食黍
繼無民		任姓	無骨子	食氣魚
苗民	西北海外黑水之北		有翼	顓頊孫，食肉
一目人		威姓		少昊之子
深目民之國		盼姓		食魚
無腸之國		任姓		
無繼子				食魚
儋耳之國		任姓		
毛民之國		依姓		禹孫脩鞈
始州之國				有丹山
北齊之國		姜姓		使虎豹熊羆
叔歜國				顓頊子，黍食，使四鳥
大人之國		釐姓		黍食
肅慎氏之國	不咸山			
胡不與之國		烈姓		黍食

大荒西經

互人之國			能上下於天	炎帝孫

三面人	大荒之山			顓頊子
一臂民				
蓋山之國				有朱木
壽麻之國			爰有大暑不可以往	南嶽孫壽麻
寒荒之國				有二人女祭女蔑
軒轅之國				
丈夫之國				
女子之國				
先民之國	西北海之外赤水之西			食穀，使四鳥
北狄之國	西北海之外赤水之西			黃帝孫
西周之國		姬姓		食穀
赤國				叔均之國
長脛之國	西北海之外赤水之東			
白氏之國				有大澤之長山
淑士國				顓頊之子
沃之國	沃之野			鳳鳥之卵是食，甘露是飲

大荒南經

羲和之國	東南海之外甘水之間			

驩頭之國	大荒之中		人面鳥喙，有翼，食海中魚	鯀孫
張弘之國	海中			食魚，使四鳥
鼬姓之國		鼬姓		顓頊孫
焦僥之國		幾姓	小人	嘉穀是食
蜮民之國	蜮山	桑姓		食黍，射蜮是食
臷民之國		盼姓		食穀，帝舜孫
季釐之國	重陰之山			食獸，帝俊子
不死之國		阿姓		甘木是食
盈民之國		於姓		黍麥，又有人方食木葉
卵民之國	成山，甘水		其民皆生卵	
羽民之國	成山，甘水		其民皆生羽	
季禺之國	成山，甘水			食黍，顓頊子
三身之國	不庭之山甘水窮焉	姚姓		黍食，使四鳥

大荒東經

女和月母之國				
中容之國	東荒之中壑明山			
壎民之國	大荒之中猗天蘇門			

困民國		勾姓		
搖民國				
玄股國	招搖山，融水			黍食，使四鳥
夏州之國				
蓋余之國				
黑齒之國		姜姓		黍食，使四鳥，帝俊子
嬴土之國			有柔僕民	
青丘之國				有狐九尾
白民之國		銷姓		黍食，使四鳥，帝俊孫
司幽之國				食黍，獸，使四鳥，帝俊孫
君子之國	東口之山		衣冠帶劍	
中容之國	大荒之中合虛山			食獸，木食，使四鳥，帝俊子
蔿國				黍食，使四鳥
小人國			名靖人	
大人之國	東海外大言山，波谷山			
少昊之國	東海外大壑			

海外東經

埻端國	昆侖虛東南流沙中			
璽喚國	昆侖虛東南流沙中			
大夏國	流沙外			
豎沙國	流沙外			
居繇國	流沙外			
月支之國	流沙外			

海內經

朝鮮國	東海之內北海之隅		其人水居	
夭毒國	東海之內北海之隅		其人水居	
壑市國	西海之內流沙之中			
氾葉國	西海之內流沙之西			
朝雲之國	流沙之東黑水之西			
司彘之國	流沙之東黑水之西			黃帝後
禺中之國	若水			
列襄之國	若水			
鹽長之國			鳥首名曰鳥氏	
巴國	西南			大皞之後

流黃辛氏				城中方三百里
朱卷之國				有黑蛇青首食象
贛巨人	南方			人面長臂黑身有毛反踵
黑人			虎首鳥足	兩手持蛇方啗之
嬴民			鳥足	
苗民				有神曰延維
氐羌		乞姓		伯夷父後
玄丘之民	大玄之山			
赤脛之民				
大幽之國				
釘靈之國			其民從都以下有毛馬蹏善走	

海外南經

結匈國	西南		結匈	
羽民國	東南		長頭身生羽長頰	
讙頭國	在畢方東		人面有翼鳥喙方捕魚	或曰讙朱國
厭火國	在讙朱東		身黑色，生火出其中	
三苗國	在赤水東		其為人相隨	一曰三毛國
臷國	在三毛東		其為人黃，能操弓射蛇	

貫匈國	在臷國東		匈有竅	
交脛國	在穿匈東		交脛	
不死民	在穿匈東		黑色壽不死	
岐舌國	在不死民東			
三首國	在岐舌東		一身三首	
周饒國	在三首東		短小冠帶	一曰焦僥國
長臂國	在焦僥東		捕魚海中	兩手各操一魚

海外西經

三身國	在夏后啓北		一首三身	
一臂國	在其北		一臂一目一鼻孔	有黃馬虎文
奇肱之國	在其北		一臂三目有陰有陽	乘文馬
丈夫國	在維鳥北		衣冠帶劍	
巫咸國	在女丑北			
女子國	在巫咸北		兩女子居水周之	
軒轅之國	在女子國北		人面蛇身交尾上	其不壽者八百歲
白民之國	在龍魚北		白身被髮	有乘黃
肅慎之國	在白民北			有樹名曰雄常，先入伐帝於此取之。
長股之國	在雄常北		披髮	一曰長脚

海外北經

無𦝫之國	在長股東		無𦝫	
一目國	在其東		一目中其面而居	
柔利國	在一目東		爲人一手一足反厀曲足居上	一云留利之國人足反折。
深目國	在其東		爲人舉一手一目	
無腸之國	在深目東		長而無腸	
聶耳之國	在無腸東		兩手聶其耳縣居海水中	使兩文虎
博父國	在聶耳東		其爲人大	左手操靑蛇，右手操黃蛇
拘纓之國	在其東		一手把纓	一曰利纓之國
跂踵國	在拘纓東		人大，兩足亦大	一曰大踵

海外東經

大人國	在嗟丘		其爲人大坐而削船	
君子國	在其北		衣冠帶劍好讓不爭	衣獸，使二大虎在旁
青丘國	在其北			其狐四足九尾
黑齒國	在其北		爲人黑	食稻，啖蛇。
玄股之國	在雨師妾北		衣魚食鷗	
毛民之國	在玄股北		身生毛	
勞民國	在毛民北		黑	或曰敎民

海外南經

伯慮國	在鬱水南			
離題國	在鬱水南			
離耳國	在鬱水南			
北朐國	在鬱水南			
梟陽國	在北朐西		人面長脣黑身反踵有毛見人笑亦笑	
氐人國	在建木西		人面魚身無足	
匈奴	在西北			
開題之國	在西北			
列人之國	在西北			

海內西經

流黃酆氏之國	在后稷葬西			中方三百里，有塗四方

海內北經

東胡	在大澤東			
夷人	在東胡東			
貊國	在漢水東			地近於燕
犬封國	在大行伯之東			即犬戎國
鬼國	在貳負之尸北		人面一目	
戎			人首三角	
林氏國				有巧獸曰騶吾
蓋國	在鉅燕			
朝鮮	在列陽東			
射姑國	在海中			屬列姑射山環之
明組邑	居海中			

樸社出版經理部出版書目

古史辨第一冊(五版，顧頡剛著)　甲種　實價二元四角
　乙種　實價一元八角
　丙種　實價一元二角

古史辨第二冊(二版，顧頡剛著)　甲種　實價二元六角
　乙種　實價二元
　丙種　實價一元四角

戴氏三種(再版，戴震著)　定價八角

西行日記(陳萬里著)　實價八角

歐洲哲學史上卷(徐炳昶譯)　實價一元

生命之節律(秋士譯)　實價三角五分

社會學上之文化論(孫本文著)　實價六角

文化與政治(許仕廉著)　實價一元二角

國內幾個社會問題的討論(許仕廉著)　實價一元二角

普通生物學(經利彬著)　實價一元二角

達爾文以後生物學上諸大問題(周太玄譯)　實價五角

原子新論(何道生譯)　實價四角五分

詩的聽入(何定生著)　甲種　實價二角
　乙種　實價一角五分

治學的方法與材料及其它(何定生著)　甲種　實價四角
　乙種　實價三角

中國文字學(孫東生著)　實價三角五分

憶(小詩集，俞平伯著)　實價一元

玉君(四版，楊振聲著)　實價五角

文品彙鈔(郭紹虞輯)　平裝　實價三角
　中裝　實價六角

水經注寫景文鈔(范文瀾編)　甲種　實價五角
　乙種　實價三角五分

名號的安慰(張常工著)　實價四角五分

貓(蔣崇年譯)　實價二角

陶庵夢憶(張岱著)　實價五角

聊齋白話韻文(蒲松齡著)　實價五角

浮生六記(沈復著)　實價二角五分

歧路燈第一冊(李綠園著)　實價八角

學風(李調元編)　實價一角五分

四六叢話敘論(孫梅著)　實價二角五分

論文雜記(劉師培著)　實價三角

人間詞話(三版，王國維著)　實價二角

張玉田(馮沅君編)　實價一元二角

中國文學概論(陳彬龢譯)　實價三角五分

燈花仙子(孟堯松著)　實價三角

溫德米爾夫人的扇子(潘家洵譯)　甲種　實價五角
　乙種　實價三角五分

軍人之福(楊丙辰譯)　實價八角五分

佛西論劇(熊佛西著)　實價五角五分

怎樣認識西方文學及其他(采眞譯)　實價五角

注意：欲得本社詳細書目及景山書社書目者，請賜函示知地址，當卽奉寄。

史記板本考

趙澄

一　引言

要明白史記板本的源流，必須先知道牠內容的變遷。史記內容之亡佚僞竄問題，極爲複雜。漢書藝文志說：

太史公書百三十篇，十篇有錄無書。

又說：

馮商續太史公書七篇。註引韋昭曰：馮商受詔續太史公十餘篇，在班彪別錄。

又司馬遷傳說：

十篇缺，有錄無書。註引張晏曰『遷沒，亡景紀，武紀，禮書，樂書，兵書，漢興以來將相年表，日者列傳，三王世家，龜策列傳，傅靳列傳。元成之間，褚先生補缺，作武帝紀，三王世家，龜策，日者傳：言辭鄙陋，非遷本意也。

魏書王肅傳曰：

武帝聞其述史記，取孝景及已本紀覽之，於是大怒，削而投之；於今此兩紀有錄無書。

衛宏漢舊儀注云：

太史公作景帝本紀，極言其短，及武帝過；武帝怒而削去。……此乃元成間褚先生取班書補之。

又後漢書載楊終受詔刪太史公書爲十餘萬言。是史記一書，在前漢曾有馮商褚少孫曾補，在後漢又有楊終刪減，已不是太史公書的眞面目了。但楊終所刪，是刪了些甚麼東西？馮商所補，是補了些甚麼東西？今已無從查考；只褚少孫所補的武帝本紀，三王世家，龜策，日者列傳，尚有張晏之漢書註可以看到；而後人對於這個問題，終不十分相信。顏師古說：

序目本無兵書，張晏云「亡失」，此說非也。(漢書註)

而注中的劉奉世又說：

兵書即律書，蓋當時有爾。（漢書註）

據以上兩家的話：一個說史記目錄根本沒有兵書，可見所缺原不是十篇；一個說『兵書』即『律書』，則張晏又不應當把兵書列東亡失十篇以內。張照則又以爲：

張晏所稱褚先生補書惟：一紀，一世家，二傳；而餘六篇，並未著爲誰氏所補；又六篇中兵書既屬本無，則止九篇，與班固十篇缺者，又不符合；然則其五篇之果，缺與否；並亦難信也。（殿板史記武帝本紀考証）

可見史記的缺失，有可懷疑之處，而後人補缺，亦無十分可靠的證據。玉海叢書又載呂東萊的話：

以張晏所列亡書之目校之，史記或其篇具在，或草而未成，非皆無書也，惟武帝本紀終不見。

據此則確認武帝本紀爲後人所補，而是不是褚少孫所補，呂氏並未言到；是呂氏對於褚先生補記之事，有了懷擬之點，故不敢驟認爲屬實也。

案褚先生，元（漢元帝）成（漢成帝）間的博士，距後漢班氏之時甚遠；補書之事，既見於班彪別錄，何以魏書王肅傳又說「褚先生取班書補之」？不知魏書中所謂「班書」者，是不是指班彪之書而言？如指班彪書而言，而早爲褚先生所取，以補史記，是魏書中的班書，等於宋板的康熙字典了。

史記的『注釋』，於史記的板本有直接的關係：其關係之密切，比以前所述「內容之變遷」，還要加甚；因爲注釋有了分別，所以板本也有了不同；故在考查板本之先，要把各家的『注釋』，略爲述及。

史記提要說：

史記注傳於後者三家：

1. 裴駰集解，
2. 司馬貞索隱
3. 張守節正義

以上的三家家注，各有所長。後世或是單刻，或是合刻，記載極其紛雜。甚至同一板本，有的說是單注，有的說是三注合刻。其紛雜可想而知了。今按三注分別述之：

四庫目略（八杉齋本）說：

1. 集解，

集解注宋裴駰撰。其書探諸家史記音義，並參証以經史；故名集解。所引多先儒舊說。原本八十卷，毛氏刊板，按史記篇數析之。

史記集解提要說：

史記集解。宋裴駰撰。駰以徐廣音義粗有發明，殊恨省略；乃錄九經諸史並漢書音義及衆書之且，而爲集解。其所引之書，多先儒舊說，爲後世所失傳者。……原書八十卷，今毛本作百三十卷！祇以篇數分卷；其原書之分合次第，已不可考見……（紹興先正遺書史記分纂稿）

案四庫目說『集解原本八十卷，毛氏刊板，按史記篇數折之，』史記集解提要又說，『集解原書八十卷，今毛本作百三十卷，祇以篇數分卷』好像說集解注分作一百三十卷，按史記篇數分析，是自毛氏開始，其實不然！鐵琴鋼創按藏飛志載有宋刊史記集解一百三十類。註說：

集解注隋唐志均作八十卷，此本仍依史記篇目，與志不合；然晁氏讀書志，陳氏書錄解題皆作一百三十卷；其不注舊第已久矣。

又載宋刊史記集解殘卷十四卷。注說：

全書一百三十卷，與晁氏讀書志陳氏書錄解題合……

據以上兩個例，已可証明集解注分作一百三十卷，不是自毛本纔開端，而是自宋刊本起始。且隋書經籍志雖注爲八十卷，而宋書藝文志已注爲一百三十卷，是更知其說之不確了。

2. 索隱，

四庫目略（八杉齋本）說：

史記索隱三十卷，唐司馬貞撰。是書因裴駰集解而作。首註駰序一篇，載其全文。於司馬貞書則加陸德明經典釋文之例，惟標所註之字句：蓋經傳別行之古法，末二卷爲述贊百三十篇。又補史記條例，終以三皇本紀，並自注之。

案索隱之書，今有三十卷的單行本；原書的面目還在；故懷疑之點，也不似集解正義那樣多。除了與集解合刻，年代的考証，稍有問題外！其餘是毫問題的。

3. 正義，

四庫目略（八杉齊本）說：

正義三十卷，唐張守節撰。是書徵引故實，頗爲賅備，於地利尤詳，音義亦較兩注爲密。有論史例，注釋字例，論法解。

史記提要說：

史記正義三十卷，唐張守節撰。守節自言：『涉學三十餘年，六籍九流地理蒼雅：銳心觀採，蓋積一生精力爲之！』故能通義裴駰之訓辭，折司馬貞之同異：題曰『正義』殆欲與五經正義並傳矣。

（紹興先正遺書，四庫全書提要分纂稿）

從此可知：正義注本極賅備。而四庫目說：『於地利尤詳』

史記正義提要也說：『正義所長者地理也。以括地志爲主，証以諸家與地之說；以今証古，源委瞭然。』好像正義的精彩，全在「長於地理」。但我們不可因他長於地理，而把他別的長處掩蓋了。

四庫簡明目錄標注說：

錢竹汀云：『守節與駰同時，而各不相謀，所注多重出：後人合刻時，先列索隱，因將正義重複處刪除；故覺正義獨詳於地理也。（史記正義條下注）

按錢氏的說，是正義注不止長於地理；因其注被了多人宰割，所以顯得長於地理。不知妄人所刪，失去多少的精彩呢！

以上三家，注本各自爲書。據四庫目略說：『宋元豐年始合三注爲一，至今仍之。』但詳考元豐刊本，竟不是三注的合刊，與四庫目略所載，大不相符。又從各目錄書中見到三種注合刻，實自元朝至元年彭寅論崇道精舍本才有明確的記載。把幾個証據寫在下面：

1. 拜經堂藏書題跋記說：

史記索隱正義，皆各自爲書，不與本書比附；宋南渡後，始有合索隱於史記者。朔自蜀本，繼有桐川（即淳熙本）三山（即乾道蔡夢弼本）兩本，皆在淳熙以前；其時正義猶單行也。

2. 鐵琴銅劍樓藏書目錄說：

北宋刊史記，集解，正義，本各單行，南渡以後合刻之。

又說：

集解，索隱，正義，合刻者始於宋淳熙時。（元刻殘本條注）

我們看拜經堂藏書題跋記只說：集解，索隱，合刻，（無正義）始於南渡之後；而究竟始自何年？他沒有說到。鐵琴銅劍樓藏書目錄一說三種經合刻，始於南渡之後，二說三種經合刻始自淳熙；然考淳熙刻本，仍是集解，索隱，並不是刻了三種注；（參看後淳熙本）可見拜經堂藏書題跋記所說尙近於事實，而鐵琴銅劍樓藏書目錄所說完全靠不住。

在三家以外，還有以下諸家的注：

1. 見於隋書經籍志的有：

（一）徐野民（徐廣）音義。

集解序曰：『徐廣研核衆家，爲作音意，具列異同，兼述訓解增演。徐氏采經，傳，百家，並先儒之說；或義在可疑，則數家兼列。』

（二）鄒誕生音義（參看附註）

2. 見於唐志的有：

(一)竇羣史記名臣疏，
(二)五元感，
(三)徐堅，
(四)李鎮，
(五)陳伯宣四家法
(六)劉伯莊音義，
又撰史記地名三十卷，按索隱序作三十卷。
（見玉海叢書注）
(七)許子儒注義
索隱後序說：「不睹其書。」
玉海叢書說：「徐子儒義音三卷。」
(八)韓琬續史記
3.見於金史藝文志者有蕭貢史記注，
4.見於宋史藝文志者有：洪邁史記法說。
5.見於索隱序的有：
(一)延篤音義
序說：『後漢延篤音義一卷。又別有意隱五卷，不記作者何人。』
(二)柳顧言音義
序說：『隋秘書監柳顧言尤善此史。劉伯莊云：「其先人曾從彼公受業，遇音節隨而記錄，凡三十卷。隋季喪亂，遂失此書。伯莊以貞觀之初奉勑於弘文館講，遂采鄒徐二說，兼記憶柳公音旨，遂作音義三十卷。

6.見於四庫簡明目錄標注的有：
(一)明張之象太史史例（一百卷，有刻本）
(二)明柯維騏史記考要十卷
(三)程一枝史詮五卷
(四)清汪越撰，徐克尚補讀史記十表十卷
(五)清邵泰衢史記疑問一卷，
(六)清梁玉繩史記志疑一百卷，
7.見於八千卷樓書目的有：
(一)明郝敬史記瑣瑣二卷，
(二)宋洪邁（疑爲洪邁，見前宋志條，）訂正史記凡例一卷。
(三)清方苞史記補注一卷。
(四)清孫星衍史記天官書補目一卷，
(五)清五元啓史記正譌五卷，（史記通論載有月表正譌一卷
(六)清張錫瑜史記功比說一卷，

(七)清丁晏史記毛本正誤一卷，
(八)清張文虎校勘史記札記一卷，

8.於殿板史記後附有：
清杭世浚張照等考証，

9.紹行先正遺書中有史記提要一卷(四庫全書提要分纂稿。)

10見於史記通論的有：
宋王應麟史記考証。
明張千屋史記發徽。
清王鳴盛史記商榷(亦見四庫簡明目錄標注，百方內本條)
清錢竹汀史記考異。
清牛運史記詳註。
清李次伯史記考異。
清洪稚存史記志疑。
清王石曜史記雜志。
清錢泰吉史記校勘記。
清翟方梅三家注補正。
清程淑雪史記集說。
清洪歐暄史記叢錄。
清翟鱓甫史記探源。
清姚孟壎史記律歷小記。
現代李笠史記訂補。

(附註)

1.馮商字子高。顏師古曰；『七略云，「商陽陵人。治易，事五鹿充宗，後事劉向。能屬文。後與孟柳俱待詔。頗序列傳，未卒病死」』。(漢書藝文志註)

2.張晏三國魏中山人。字子傳。有兩漢書音釋四卷。

3.褚先生少孫漢沛人。事王式，問經數篇；式謝曰：『聞之於師具是矣，自潤色之，』元成間爲博士，由是魯詩有褚氏之學。

4.楊終後漢成都人，字子山，少爲郡小吏，太守奇之，遣詣每師受業，習春秋。明帝時拜校書部。有春秋外傳十二篇，改定章句十五萬言。

5.裴駰字龍駒，松元子，劉宋時人，仕至南中郎參軍。(南朝)

6.司馬貞字子正，唐(開元時)河內人，官朝散大夫弘文館學士，自號小司馬。

7.張守節官諸王侍讀率府長史，與司馬貞同時。(見

本文正義註）

8. 徐廣，字野民，晉人。家世好學，至廣尤精。百家數術，無不研覽。累遷秘書監。劉裕篡晉，廣衣慼涕泗。嘗撰車服儀注及晉紀，答禮問百餘條，年過七十猶歲讀五經一編。

9. 鄒誕生南朝齊，爲輕車都尉，著史記音三卷。

二　宋以前的史記本

宋以前的史記，當然全是鈔本，——刻板雖起自五代而其時沒有刻史記的記載——根本就無所謂板。不過從漢書藝文志，隋書經籍志，新唐書（新舊）經籍志藝文志諸書中，把所有關於史記的記載照錄下來罷了。在漢志所載的史記，大概其時沒有注，尚沒有什麼問題；但在隋唐之時，有了註解和音義；或是正文別註單行呢？或是正文附註呢？其中就有問題了。茲按各志所載的史記臚列下來，略加以分析：

1. 見於漢書藝文志——春秋家有：

太史公書一百三十篇，十篇有錄無書。

2. 見於隋書經籍志（正史類）的有：

（一）史記百三十卷　目錄一卷，漢中書令司馬遷撰。

（二）史記八十卷　宋南中郎外兵參軍裴駰注。

（三）史記音義十二　宋中散大夫徐野民撰。

（四）史記音三卷　梁輕車錄事參軍鄒誕生撰。

首列的史記一百三十卷，題爲司馬遷撰；而把裴駰集解及徐廣鄒誕生的音義分別列在後面；卷數既與史記不同，可知其時史記的正文，別注，還是分行，並沒有將正文和注解附在一起而合鈔的。

3. 見於唐書（新舊）經籍志藝文志者有：

（一）史記三卷　司馬遷撰

（二）史記八十卷　裴駰集解

（三）史記百三十卷　許子儒注

（四）史記音義十三卷　徐廣撰

（五）史記音義三卷　鄒誕生撰

（六）史記音義三十卷　劉伯莊撰（以上舊唐書）

（七）司馬遷史記一百三十卷

（八）裴駰集解史記八十卷

（九）徐廣史記音義十二卷

（十）鄒誕生史記音三卷（以上新唐書）

在此也是前列司馬遷史記百三十卷，將各家的注解及音義分列於後，其記載的卷數，並也不與史記的卷數相同；這是完全和隋書的記載是一樣；（許子儒詳下）可知此時的史記，正文與註，還是分行沒有合鈔呢。

、許子儒註的卷數，雖然和史記的卷數相同，但仍不可遽斷是史記正文附註的合鈔本。蓋作註的人不一定是鈔了全文，或是只鈔了標註的字句；（古時經傳別行，如史記索隱，起初即是僅鈔了所註的字句可參看前集解註條）按裴駰集解遠在許子儒以前，而在唐時尚未與史記正文合鈔；可見許註也多半是單行的分註。

4. 見於史記正義梁孝五世家『通亂』條下者有所謂：

張先生舊本者。不詳其名字，亦不詳其時代，錄以待考。

5. 見於玉海叢書者有：

葛洪史記鈔十四卷（卷四十六，古史史記條）

案葛洪史記鈔卷數與史記的卷數不符；疑不是全文，或是未鈔完的殘卷。但「史記鈔」的名稱，不像是葛洪作註。

結論

從宋以前的本子裏，可以看到史記的歷史，在這時很是重要；其重要之點，有以下的四端，作為此編的結論：

1. 史記的名稱，在晉末徐廣作音義的時候確已成立。
2. 所有傳於後世的『音義』和『註解』大半是在此時發現。（歷晉宋唐）
3. 史記在晉以前，並沒有了不得的勢力，從晉末以後其勢力乃驟然張大。（索隱序說二『史記於班書微為古質，故漢晉名賢未和見重』可以為此條結論的証據。）
4. 在此時期的史記本，全是『正文』『註釋』別行，沒有把史記正文合註釋鈔在一起的（正文附註）本子。

三 宋朝的板本

史記一書見於宋史藝文志的有五：

1. 史記一百三十卷，裴駰等集註，
2. 史記一百三十卷，陳伯宣註，
3. 張守節史記正義三十卷，
4. 司馬貞史記索隱三十卷，
5. 洪邁史記法語八卷，

但以上所記載的史記，沒有了「司馬遷撰」的字樣了，而竟有「裴駰等集註」的字樣，且集解卷數又改到和史記的卷數相同；可見此時的史記集解註已附到史記的正文裡，而按史記的篇數分折了。四庫目及紹興先正遺書均說：自毛氏本始將集解註按史記卷數分折，到此可以完全駁倒。（參看前集解註）

宋朝是中國刻板開始的時期，到了現在人人都把宋刻的書籍，視爲重寶。茲按北宋南宋的分劃，敘述於下。至於各書中雖載明是宋板，而年代不可考的，或是形近而記載不清的，也用比較的方法，臚列於後，並加以說明，以待考証。

甲　北宋的板本

1.眞宗時的板本

鐵琴銅劍樓藏書目錄載謂宋刊本史記一百三十卷；並沒有說明是眞宗時的板。但於註內說：

首行題「史記集解序」，次行之半題「裴駰」二字，三行即序文，——序末無結銜——序後又行曰「五帝本紀弟一」，又行曰「史記一」；下註曰：「凡是徐氏義云云」，又行即正文，卷末亦曰：「五帝本紀第一」。以下卷式同。每半頁十四行，行二十四至二十七字不等，註每行三十四字至三十九字不等。敬，竟，殷，匡，恒，字皆闕筆；而禎，貞，字不闕；仁宗以前本也。（類八正史）（宋刊本條）

案此本只有集解序，當是集解單行本。既說「恒」字避諱（眞宗名恆）當是眞宗即位以後，又說「貞」字不避，當是仁宗即位以前。而眞宗與仁宗，二帝相承，當中並不隔離年代，可知一定是眞宗時的板本；但眞宗一朝，五次改元，究竟是何年的刻本？則不可考了。在目錄書中不見有存此以前的板本，恐怕這就是北宋最初的板本。

2.仁宗英宗間的板本

鐵琴銅劍樓藏書目錄載謂宋刊殘本史記十四卷，註明是集解本。註曰：

卷長六寸，寬四寸，每半頁十四行，行二十七字至二十九字不等，註每行三十一至三十四字不等。全書分一百三十卷。……此本敬，殷，貞，徵，字闕筆，而「頊」字不闕，當出神宗以前刻本。注文尚全，可正監本脫訛。（宋本刊條殘）

以前眞宗本不避「貞」字，而此本避了「貞」字，可知是仁宗登位以後的本子。但仁宗以後的英宗，只作了四年的帝位，年代很短；英宗以下就是神宗，（名頊）而「頊」字不避；可知多半是仁宗時的板本了。又從行數字數比較的大致相同；可以証明是由眞宗時的板本而翻刻——或改刻——的。

又四庫簡明目錄標註說：

張目北宋刊單集解殘本十四卷——每半頁十四行，行行大二十七字，小三十一至三十五字。（史記集解條下註）

此與鐵琴銅劍樓藏書目錄所載眞宗仁宗兩朝的板本行數字數相同，並都是集解本；大概是同種的板本。

3.神宗元豐年刊本

四庫簡明目錄標註說：

史記一百三十卷；漢司馬遷撰，古註存有謂裴駰，司馬貞，張守節，三家；本各爲書，宋元刊本合三家之註爲一；至今仍之。（史記）（正史）（四庫目略回此）

案拜經費藏書題跋記，及鐵琴銅劍樓藏書目錄，均謂三種合刻不始於北宋；且謂始於南宋淳熙以後，與此殊不相同，知此說不甚可靠。（見前三家註條）

4.哲宗元祐年刊本

天祿琳瑯書目載：

史記一百三十卷，北宋元祐間刊本，集解索隱並補正義，目錄後有「校對宣德郎秘書省正字張來」八分書條記。按集解索隱正義本各單行，至宋始合刻。據校書官乃張文潛知爲元祐的刊。（後目宋板史記目）

而在前目的板史記條下又說：

秘書省正字，雖宋代官名，而張耒者亦無可考。

案元祐刊板既據天祿琳瑯書目說：「張耒不可考」，可知此種板本，也是靠不住。而在四庫簡明目錄標註也說：「劉薪亭云張耒校刊不可信」（史記正義條下註）更可見這種板本是完全不可信了。況在北宋時，連集解索隱合刻的本子都不見，哪裏更有三種註合刻的本子呢？（參看緒論三種註條及南宋紹興三年官刊本條）

（附註）天祿琳瑯書目註說：『集解索隱並補正義』是把正義補在註之中呢？還是另本補在全書之後呢？因書中記載不清，所以有了問題。我們看「並補」二字的想思——不曾把「正義」二字連在「集解索隱」之下——當是另本補的。

（附註）天祿琳瑯書目宋板本目內註的校對官是張耒，而在明板本內註的校對官是張來；「耒」字與「來」字尤有可疑之點。

5.北宋蜀九行大字本

叢書舉要載謂北宋蜀元行行十六字大字史記本。又見四庫簡明目錄，據註說：

黃丕烈百宋一廛賦謂蜀大字本集解（史記）一百三十卷，九行；行大十六，小二十字。（史記集解條下註）

又說：

昭文張氏有九行大字北宋刊本十四卷，（史記錄註）

案蜀九行大字本只見到以上三處的記載。在叢書舉要裡，明明的說出是北宋本；在黃丕烈百宋一廛賦裡，只說是蜀大字本，不曾提出「北宋」二字；而行數字數却與叢書舉要所載的北宋蜀九行大字本相同；在昭文張氏所藏，說出九行大字北宋刋本，不說出「蜀」字及每行的字數來；然說出來的行數却是相同，可見三處的記載同是北宋蜀大字本了。並從黃丕烈百宋一廛賦裏，我們見到蜀大字本，也是集解單行本。但在皕宋樓藏書志所載蜀大字漢書，也是每半頁九行行十六七字；並因板中避了「構」字，所以斷定是高宗以後的板本。由此可推知蜀大字本史記的刋刻，至早是北宋末，至晚是南宋初，與蜀刻漢書年代相仿。但史記通論（楊啓高著）認成是五代蜀孟昶所刻，因為找不到確實的證據，故不可信。蓋所謂蜀板者是指四川地方而言，絕不是指某國某帝而言。如高宗時有蜀刻漢書，紹興十四年有蜀刻七史（書林清話卷六）可知蜀板的名稱，絕不專指蜀國了。

6.蜀小字本

據皕宋樓藏書志所載淳熙耿直本的張杅序說：耿本是從蜀小字板重雕的，可知當時有蜀大字本又謂蜀小字本；但不知是何年所刻了。暫附於此待考。

結論

就以上北宋的史記板本，歸納起來，可分兩種，

一，北宋小字十四行本，都有年代可考，並全是集解行本。——（元祐本各書記載不詳待考）

二，北宋蜀大字本也是集解單行本，但年代不可考。

（蜀小字本各書早有記載，不知何注；待考）

乙，南宋的刋本

1.高宗紹興三年官刋本

天祿琳瑯書目說：

……四序外有正義論例，謚法解；集解序後刻：「管工官五細及諸梓匠姓名……」有「紹興三年四月十二日右修職郎充提舉茶鹽司幹辦公事石公憲發刋至四年十月二十日畢工」的木記。（善本書室藏書志）說：此木記三十八字分三行）

四庫簡明目錄標註說：

單集解史記，九行，行十六七字；卷末有「無為軍軍學教授潘旦校正，淮南路轉運司幹辦公事石蒙正監雕」字官銜；（分左右）蓋南渡初官本也。（集解條註）

善本書室藏書志說：

甘爾卿八稿稱：『石公憲本，滬上出一書，為某氏買去，止有集解而有索隱序，官銜係兩行。』

案天祿琳瑯書目只說：「四序外有正義論例，及謚法解」，並不是說，正義合刻的三種註；而在四庫簡目則明確的說是「單集解」在善本書室則又明確的說是「止有集解」；可見紹興三年的官刋本一定也是單集解本，而毫無疑意了。

但天祿琳瑯書目載有管工官及接工的姓名，而沒記有潘旦的的名字；且石蒙正和石公憲，是不是一個人，也須待考。從天祿琳瑯書目所載「外有」兩字看來，可知是四序以外，另有正義論例，及謚法解；絕不是將正義註附在集解和索隱的一起。且把以下證據寫出來：

鐵琴銅劍樓藏書目錄說：

集解正義本各單行，南渡後始合刻。（宋刊殘卷）

又說：

集解索隱正義合刻在，始於淳熙之時。（元刊殘本）

拜經堂藏書題跋記說：

溯自蜀本，繼有相川（即淳熙本，見後）三山（即乾道蔡夢弼本見後）兩本皆淳熙以前，其時正義猶單行也。

案以上三種記載，均可證明正義之合刻遠在淳熙以後。即以宋百衲本而論：或是集解單本，或是集解索隱合刻，絕沒有和正義合刻的；可知紹興三年之官本，是確無正義的。

又按蔡夢弼本於秦楚之際月表後有木記，說：『謹案汴蜀諸本校理窴梓』而校理出來的本子，仍近集解索隱而無正義，可知當時的京本蜀本均是無有正義的。況且那時的京本當指官本而言，（非南渡之官本即北宋諸本）雖未指出何種板本，而以前之無正義本，是足可以証明的。因此又不但可以證明紹興本之無正義，而元豐本之不是三種注合刻也可以證明了。（參看元豐本條）

2.孝宗乾道年蔡刊集解索隱足本，

四庫簡明目錄標註說：

乾道本史記，目錄後一行云：『三峯隱蔡夢弼傅卿校正』又三皇本紀末有二行云：『建溪蔡夢弼傅卿親校刻於東塾時乾道七月（當是七年）春五正上同書』又在五帝本紀末有墨長印文二行云：建谿三峯蔡夢弼傅卿親校謹刻梓於望溪道亭』每半頁十二行，行大二十二：小二十八字。（行數字數另詳在索隱條下）（正史記史條下註）

在涵芬樓影印宋百衲本中有此種板本，行數字數均相符，秦楚之際月表後有可見木記與此亦合，並確是集解索隱合刻本，四庫簡明目錄所載，絕是不錯。又拜經堂藏書題跋記說：

黃堯甫藏三山蔡夢弼刊本，（註曰淳熙年誤）有索隱無正義。

亦可爲前說之佐証。

3.孝宗淳熙年刊本

皕宋樓藏書志說：

淳熙丙申群守張介仲刊太史公書於郡齋，凡褚少孫所續悉削去。……耿秉以大小本兩存其板。序曰：『辛酉仲秋望畢工。『澄江耿秉書識』又有淳熙丙申（三年）張杅書跋，及刻工姓名。於實諱皆缺遜。附註說：「耿秉字直之，江陰人，任玉煥章閣侍制。』有索隱無正義。

四庫簡明目錄標註說：

顧抱冲謂淳熙辛丑（八年）澄江耿秉刊本。每半頁十二行，行二十五字。（所記序跋與麗宋樓藏書志同）

（史記索隱條下註）

拜經堂藏書題跋記說：

淳熙本有索隱無正義。（所記序跋與前同）

按以上各書的記載，大致相同；——均說無正義——可見鐵琴銅劍樓所說：「集解索隱正義合刻者始於淳熙之時，』的確不可靠！

4. 寧宗朝的板本

1. 發元年黃善夫本

書林清話（葉德輝著）說：

建安黃善夫宗仁家塾之敬室刻史記正義一百三十卷。

（卷三宋私宅家塾刻書）

按此不會說明他的年代，而在劉元起與黃善夫所刻兩漢書條下註為慶元年所刻，並謂為二人合資所刻，可見史記也是慶元年所刻了。但此種史記板本末只見於書林清話史記通論及日本的經籍訪古志，絕不見於四庫目及較古的目錄書，故有以下的疑點：

1. 在書林清話只說是正義一百三十卷，而在經籍訪古志則說是與明震澤王氏本相同的三種注。
2. 在劉元起與黃善夫合贊刻的兩漢書，則有二人的姓名刻在書上，而在史記則只有黃善夫的姓字！
3. 在二人合刻的兩漢書中有「劉元起刻於家塾之敬室」的木記，亦有「黃善夫刻於家塾之敬室」的木記；而在史記則只有「黃善夫刻於家塾之敬室」的木記。不知所謂「家塾之敬室」到底是何人所有。若刻的地方有了問題，恐怕板本也有問題。
4. 黃善夫板在宋朝初刻了三種注，絕是奇創；而在清初佞宋大家的記載以至四庫總目天祿琳瑯記均不見有此種板本，很是奇怪。假如此板是真，而且如此重要，則清初官私收藏者，絕不會不注意他。
5. 假如黃善夫在宋朝刻了三種註，則明朝的柯王兩板當是黃板所自出，又豈有紹興年的木記呢？（參看後柯氏板條）

況在史記通論將黃善夫誤為王善夫更有可疑之點。在史宋通論註說：

宋王善夫刻本，上下細墨口，全書邊有小耳，有宋諱。在今幾爲孤本。較照殘刻本爲佳。博齋有影印本。並附印半頁照片於書中，確是三種註合刻；與書林清話所註大不相符，須須考證再詳。（參看後附日本板本）

（附註）黃王二字疊韻，南方讀「黃」與北方讀「王」聲音相同，史記通論因此致誤。

2. 嘉定六年萬卷樓本，

天祿琳瑯後目宋板史記目錄載有宋嘉定六年萬卷樓刊本，但記載不詳難於考定。

附錄

四庫簡目標註說：

韓小亭有不全宋十二行十四行本史記，（正義條下註）

按此十四行者或即北宋集解半本之一，十二行者或即南宋集解索隱本之一。因無年代板式可考，暫附於此待証。

丙 宋朝年代無考諸板本

宋監本

書林清話說：

……湻化中以史記前後漢付有司摹印，自是書籍刋鏤者益多。……蓋宋自湻化以後歷朝皆刻書板存國子監。紹興南渡，軍事倥偬，而高宗乃殷文垂意於此。……

可知宋朝監本是歷朝均有。北平圖書館書目載有宋監本史記集解四十卷（全一百三十卷）五冊，不知是何年所刻。

2. 百衲本

四庫簡明目錄標注說：

宋百衲本所集宋板本只四種：分別照錄於下：

一，小字十二行本集解索隱。

二，大字十行本——單集解。

三，中字十二行本——集解索隱。

四，小字十三行本——單集解。（錢桂昌所藏）（史記正義條下注）

又說：

另一種劉勳庭所藏，謂有八種，其實亦四種本。（史記正義條下注）

今涵芬樓影印宋百衲本，是從陶齊借來影印的。書後有鄧邦述的跋，說是劉勳庭的舊藏本。據我看是五種板本集成的。內容與錢桂昌所藏的百衲本，有點不同。

在匋齋所藏的百衲本中，也有兩種十二行本：爲乾道蔡夢弼本，本無年代可考。但此兩種十二行本，全是集解索隱合刻本。因此疑到錢桂昌的百衲本中的十二行本，也許有一種是蔡本。惜未能親見此書，以證吾說罷了。

茲將考查匋齋所藏百衲本（涵芬樓影印）的內容，記錄於下：

1.小字板集解本

自本紀一（五帝本紀）五本紀六（秦始皇本紀）

自惠景閒侯者年表第七至建元以東王子侯者年代表第九

自禮書一至厤書四

自吳太伯世家第一至魯周公世家第三，

自晉世家第九至三王世家第三十，

自樗里子甘茂列傳第十一至樂毅列傳第二十，

自魏豹彭越列傳第三十至西南夷列傳第五十六，

均爲同類板本，每半頁十四行，行二十七或二十六字不等，板心有「第幾册」及「標題」字集解序標題下注曰：『凡是徐氏義稱徐氏姓名，以別之，餘者悉是駰解並集衆家義。』此與眞宗時的板本相同當是北宋板。（行數，字數，集解序下註，以及避闕的字，無一不同。）

2.小字板集解索隱合刻本

自本紀七（項羽）　至　本紀九（呂太后）均爲同種板本每半頁十二行，行二十五字；板心有「史記若干」字。集解索隱兩家注。但太史公於篇末之贊語，則止有集解而無索隱；且無索隱述贊。

案此種宋板行數，字數，及集解索隱合注，與前淳熙板完全相符，當爲南宋耿秉所刊本。至張杅之跋語，則因卷數太少，不及見。

3.大字板集解本

自本紀十（孝文帝）　至　本紀十二（孝武帝），

自管晏列傳第二　至　張儀列傳第十，均爲同種板本大字每半頁十行，行十九字。凡集解注內「，案」二字全刪去。

（附註）案殿板及汲古閣板，於集解注內，多有「駰案」二字；蓋集解注，是集衆義而成的；凡裴駰自己的注，或於衆義有所取舍時，則用「駰案」二字以爲分別；今此本將「駰案」二字刪掉，就無從分別了。又於孝武本紀末句，『然其效可睹矣』句下，毛本注作『徐廣曰：「猶今人云，其事已可知矣，皆不信之耳；」』而此本作『徐廣曰：『猶今人云其事中可知矣，皆不信之耳，」』「已」字改作「中」字，義已不同。又綴曰：『又數本皆無「中」字』此爲殿板及汲古殿板之所無；可知於他本集解之注有所不同。

案以上宋板，（除元豐板，後有找到牠的行數字數）均已找到了行數字數，獨不見有「十行，行十九字」的板本；莫非此即元豐年的刻板麼？按以前的證明，元豐年所刊當是集解註，而此板亦是集解注說是同種板，也很相近！

4. 大字板集解本

自世表一（三表）　至　年表三（六國）均爲同種板本，每半頁十行；行十七字。此種板本與（3）頗相似，但每行字數不同；恐不是同種的板本。

5. 小字集解索隱（乾道蔡夢弼本）

自秦楚之際月表第四至　高祖功臣年表第六，漢興以來將相名臣年表第十

自燕召公世家第四至　宋微子世家第八，伯夷列傳第一，

自廉頗藺相如列傳第二十一，至張耳陳餘列傳第二十九，

自司馬相如列傳第五十七至太史公自序第七十，

均爲宋乾道蔡夢弼刋本：行數，字數以及木記，各注，均與前述蔡夢弼本式相符；茲不再贅。惟自遊俠列傳第六十至太史公自序第七十，無索隱述贊。全書之末，有鄧邦述的跋語。他說：

劉勸庭所藏百衲本史記焜耀一世，今得見於匋齋尚書京邸，頓慰數年來佞宋之懷，爲之歡喜觀嘗！今年自鷄林來輦下，一無所見；然獲觀尚書鴻寶甚夥，此冊尤欲觀止。他日冰電途中，夢寐尤當說百回也！冊中以小字本爲最多，亦爲最精；其結體絕似歐虞，有元以後，無此工麗。宣統乙酉十二月東坡生日鄧邦述謹記。

就此百衲本中看來：只是『第三』『第四』「大字大行，行十九字或十七字」的板本，在以前沒有找到牠的記載，其餘都沒有行數字數相同的前例。這是給我們研究宋板史記的一個線索和標準。在此百衲本中，也絕沒有三種註的合刻本。凡小字本：每半頁十四行，行二十七字，及大字每半頁十行；行十八九字的，都是集解單行本。而小字本：每半頁十二行；行二十二字的，均爲集解索隱合刻本。（十三行的本子最罕見，當是例外）更不發見三種注的板式。（各書中，說明三種注本的行數和字數的，不會一見）所以我們對於宋板的三種注不能不發生懷疑。

結　論

案以上所有北宋和南宋的板本，用概括的法子比較起來，而得以下的五條結論：

一，北宋多集解——差不多全是集解本，——而集解本多是半頁十四行。

二，南宋才有集解索隱合刻；而集解索隱合刻本，多是半頁十二行。

三，蜀有九行，行十六字，大字本，（蜀小字本不可考）滄詔與本也是大字九行，行十六七字；當是由蜀大字本翻刻的。

四，其每字頁十行，及十三行，的板本，無從見到詳細的記載，所以無法証實，並且是少數的例外。

五，在南北宋均看不到有：『記載明確三種注合刻本』。（黃善夫本尙待考証，如考証屬實，則三種注合刻，當以此爲始）

四　遼金元的板本

史記一書見於遼史藝文志者一。

頒定史記漢書　成雍十年頒定。

見於金史藝文志者有二：

1.徒單鎰史記譯餘　大字六年以女眞字譯。

2.蕭貢史記註一百卷

附注「成雍」宋時遼道宗年號。

「大定」宋時金世宗年號。

「蕭貢」字眞卿，京兆威陽人。官戶部當書。見於元史藝文志者一。

蕭貢史記一百卷　（仝前……）

案以上三史中，所有的史記，全是爲文藝的創作而記載。對於史記板本，沒有多大的關係。其於板本有關係的，還是是各目錄書中所載的較爲重要。但於各目錄中所見到的史記的板本，全是出在元朝。遼金的板本則一無所見。

元朝享國的年代很短，所以刋佈史記板本也很少。但因爲他承繼了宋板的餘光，所刋行的板本，於史記板本史上倒有極大的關係。茲按元朝初中末葉的分期而分述之：

甲　元初板本（即宋元之際）

世初中統二年刋本

皕宋按藏書志說：

按中統二年即宋理宗景定二年也。此本每頁二十八行，（半頁十四行）行二十二字，小字雙行；每頁格欄標題舊名。明游明本從此出。前有中統二年董浦序。

拜經書藏書題跋記作每行二十五字說：

海寧吳槎客藏有元中統本，（有索隱無正義）……首有校理董浦序曰：『平陽道僉幕段君子成募工刋行。……

四庫簡明目錄標注說：

天錄琳瑯書目中有史記一百二十卷，元中統二年所刋，索隱本。　（正史記下條注）

以上三書，對於此種板本的記載，大致相同，知是毫無問題的板本。按每半頁十四行，行二十二字（或二十五字）與北宋板相似；但北宋多是集解單行，而此有索隱；可是不翻刻北宋的板。說是翻刻南宋集解索隱板呢，而南宋集解索隱板多是每半頁十二行！又絕不相同；故斷定他是一個「有元創格」的板本。

乙　元中板本

世初至元年彭寅翁崇道精舍刊本

鐵琴銅劍樓藏書目錄說：

元刊殘本史記七十六卷，裴駰集解，司馬貞索隱張守節正義：十二諸侯年表後有星圖記云：「安成郡彭寅翁鼎新刊行」。　（元刊鈔去）

四庫簡明目錄標注說：

程容伯有安成郡彭寅翁崇道精創刊本史記……有正義……張目云：『驗其板式蓋元刊本也』。存七十六卷，程氏有鈔補。　（史記正義條下注）

又說：

彭寅翁本張氏謂似元刊本，殆，五，柯，陝，（均明板）所自去與！

經籍訪古志說：

元中統刊本史記：年表第二（即十二諸侯年表）所記木記曰：「安成郡彭寅翁鼎新刊」，每半頁十行，行十七八字。　（日本人著的書目）

（附註）案世祖中統只四年；此當是至元，云「中統」誤。

案以上的記載。大致相同；可知是無問題的板本。且從經籍訪古志看到此本是至元戊子年所刻。（元世祖改元曰至元。戊子是至元二十五年）此種板本，與宋紹興本和明朝王，柯，陝，諸本：均有相連屬的歷史；關係非常重要。

丙　元末板本

游明本

四庫清明目錄標注說：

游明翻中統本，每半頁十四行，行二十五字，（經籍訪古志作「行二十五字」，許氏藏作二十四字或每行數不等）（史記條下註何子貞藏去）

又說：

許氏藏附索隱史記一百三十卷，十四行，行二十四字不知何時所刻，舊稱明昌本，即汪氏所刻金板，此書竟是游明翻中統本，云金本誤也。（史記正義條下注）

又說：

游明或以為明人，然元刻宋史文內有「豐城游明大昇

校正」一字，則游氏固元末明初人也。（史記正義條下注）

據經籍訪古志所載，也註爲元板，故記於此。但史記通論竟把他註在宋板裡，未免大錯了。

結論

將元朝的三種板本，歸納起來，只是兩種：

一，元初，元末，是同種的板本。每半頁均是十四行，行均爲二十五字；且全是集解索隱合刻本。

二，元中板本是每半頁十行，行十七八字；且是記載明確的三種注合刻本。

五　明朝的板本

明朝的板本，差不多全與宋元板本有連帶的關係；情形也較複雜。在此以前都是史記單刻，本而自明朝乃有合正史合刻的板本了明朝的史記板本，在同一時代就有幾家的刊刻，按板元的分期法，有些不便。茲按板本的前後分述如下，其年代不可考者仍附於後以待考証。

甲　明武宗正德年的刊本

1.戊寅年集解索隱刊本

四庫簡明目錄稱注說：

明正德戊寅刻本（即正德十三年）亦無正義，俱百三十卷，名史記大全。（史記索隱條下注）

此種板本不詳何人所刻。

2.汪文盛本史記

四庫目簡明錄據注說：

按伯言書：見有汪文谿刻本未確！

好像是這個板本不一定是有沒有。但於前後漢書條下均注有汪文盛的刻本。可知史記的板本也許是有的，但其書罕見罷了。按汪文盛是明正德年的人，故列在此。

乙　世宗嘉靖年的板本

1.四年乙酉汪刻柯校本，

皕宋樓藏書志說：

明柯維熊校刻本（索隱正義）有費懋中序（嘉靖四年乙至）柯維熊跋（嘉靖六年丁亥）目後有：「明嘉靖四年乙至金臺汪諒刊行」兩行。每卷據題下有「莆田柯維熊校正」七字。

善本書室藏書志說：

甘爾鄉人稿稱：『柯氏索隱序後有，「紹興三年四月十二日右修職郎充提舉司幹辦公事石公憲發刊，至四年十月二十日畢工」』三十八字，——分三行——始知柯氏本從紹興本翻列也。（所記費序柯跋與年月與皕宋樓所記

同）

又說：

柯氏刋本仿宋十行行十八字，（有正義），……（正義條下）

又說：

嘉靖四年柯校德刻前序稱陝西翻宋本有正義，江西白鹿本無正義；是柯板出於陝西翻宋本無。（正義條下註）

柯板實汪校刻，當稱「汪板」。（正義條下註）

解經書藏書題跋記說：

莆田柯維態本始合索隱正義爲一書。……（所記序跋年月與前同）

又說：

費序中稱陝西翻刻板本無正義，白鹿本有正義；是柯氏本出於白鹿本矣。

（此係誤載，參看四庫目所載柯本出於陝西本說）

案紹興官刻本是「每半頁九行，行十六七字」的集解單行本，（四庫簡目）而此（柯氏）本是「每半頁十行，行十八字」的三種注合刻本；比較起來，大不相同；可知甘爾鄉人稿所稱：「柯氏本出於紹興本」的說，是不可靠的。

在元朝戊子年彭寅翁等，道精合本下，四庫簡明目錄標註說：

彭寅翁本，張氏謂爲元刋本；殆：王氏，柯氏，陝西，所自出與！（見前）

而我們把，王氏，柯氏，——陝西本找不到他的行數字數，不能相比——彭氏，三本，都拿來，詳細的比較一下，看他們的板式，是不是相同？就可以得到他們的根源了。按以前的記載知：

（A）彭寅翁崇道精舍本是：每半頁十行，行十七八字，

（B）柯維態校汪刻本也是：每頁十行，行十八字，

可知AB是相同的板式了。又從經籍訪古志看出：

（C）震澤王氏本，也是：每半頁十行，行十八字；

又可知C王氏本與A彭氏B柯氏兩本的相同了。

案以上三種板本，不但板式的行數字，數相同；而且全是三種注合刻本；因此我們可以斷定四庫簡目所說：『柯，王，陝，出於彭寅翁崇道精舍本的話，（見前）決是不錯的。』

後世作族譜每每攀到一個富貴的同姓，說自已與他是同宗，以示門第榮大；與刻板的人每每攀到宋板，說是由宋板翻刻，以示板本的可靠；決是同一的心理。那麼；柯板既不是宋板，何以費序後有「紹興三年……畢工」的三十八字木

記呢？這個問題，也很容易解答。經籍訪古志說：

宋刊史記一百三十卷，（三種注）每半頁十行，行十八字，註二十三字；序，目錄，每半板九行，行十五字，註二十三字；格欄外有標題。……

又說：

明王氏本，欵式與前宋板同；係翻刻前板者。……

我們細看此種板本，其正文的行數字數與柯氏板也相同；而序的行數字數却與紹興本相同。在此以前我們知道王氏，柯氏，兩家板同出於彭氏，（見前）其板式也當然相同，可知柯氏板也是正文十行行十八字，（前已述過，確是如此）而他的序當然也是每半頁九行，行十五字了。

因此我們可以推定當初彭氏刻板是沿紹興板的行數字數而刻了序（索隱正義序均無注，故可沿舊行數來刻）而正文內因添了正義索隱兩家的注，不得不增加行數，均把正文的行數由九而增到十，每行的字數由十五而增到十八；並刻序的時候也沿舊而刻了三十八字的木記。後來柯氏翻刻彭板時依樣畫葫蘆，也刻了「紹興年……畢工」的三十八字的木記。這些話，雖是偏於理想，但有踪跡可尋的理由。

附註：柯氏板本是汪刻柯校的一種板本。史記通論列柯氏本又列汪氏本似是錯誤。

2. 四年乙酉震澤王氏刻板

皕宋樓藏書志說：

王氏本史記有嘉靖丁酉（當是丁亥）王延喆跋，目後有「震澤王氏刻梓」木記，集解序後有「震澤王氏刻於恩褒四世之書」（一本作舊世之書）木記。

善本書室藏書志說：（所記跋及木記，文與前同；不錄）前木記爲篆文，後木記爲隸文。

四庫簡明目錄標注說：

……柯板出於陝西翻宋刻，同時王氏亦稱重刻宋板，大約與柯氏不異。（史記正義條下注）

拜經堂藏書題跋記的記載，（與前同）不錄。

柯氏，王氏，兩家板本的相同，並同出於彭氏板；已如前述；而四庫簡明目錄於此又說：「……王重刻宋板，大約與柯氏不異」蓋可以爲吾前說之佐證。但還有以下的理由作爲補充！

在至元以前的板本（即彭氏本）以前，絕沒看到記載詳明的三種注合刻的板本；可見三種注合刻是從彭氏開始的。柯氏翻刻彭本，故拜經堂藏書題跋記誤謂三種注合刻始於柯氏。（見前柯氏本中）後人見柯本索隱序後有紹興年的木記，遂以爲柯本是由紹興本翻刻；又看到柯本是三種注，又溯源而誤說紹興本是三家注，豈知那紹興本，竟是集解單行本呢？我們從以上的錯誤的地方更可看到很顯明的證據。

當我記稿到此的時候，還不曾看見過王氏本，猶恐所說或有非是，及由顧先生處見湖北翻印震澤王本，則索隱正義兩序異是大字九行，行亦十五字，於吾說稍有證明；但猶未見柯氏本及彭氏本，或仍不免有誤，記此以待考証。

3.南北監本（二十一史合刻）

南北監本是嘉靖萬歷兩朝的刊本，為便於考查，同列於此。

四庫簡明目錄標注：

明南監本有四：

一，嘉靖九年張拜奇本，

二，萬歷初年余有丁大字小字二本，（當是本年）

三，萬歷二十四年馮夢禎刊本，

四，北監本，

此本注皆不全。（正史史記條下注）

又說：

北監本板後從南監本翻刻，雖行欵較為正齊，不如南監較古，且有訛字。（史部總註）

彙刻書目說：

南監本乃嘉靖間祭德余有丁等取宋元舊板湊集而成；並刻史記前漢後漢及遼金元三史。至萬歷間祭德馮夢禎校三國志作大字。北監份萬歷間奉勒合刻，板式與十三經註疏同。（二十一史條）

叢書舉要說：

邵亭書目云：「明南監板式，或改他省舊刊，宜附刊元史不足者則新刻足之，其式大小疏密不一。又北監本依南監本重寫（萬歷間）刊為一律，雖較整齊，然偽（當是譌字）字甚多。

八千卷樓書目載有：

北監劉應秩刊本，（意劉應秋本即四庫目所載之北監本）

紹興先正遺書說：

後人於集解妄加刪節，監本尤多訛誤。……

（史記集解提要）

又說：

……自明監本多所節刪，失其本旨……則監本之脫誤殆不可枚舉。（史記正義提要）

四庫目錄說：（入於齋本）

蓋三家之註，雖散附今本史記中，而前明監本校正時，多所刪條，刋刻時又多所漏落，皆已非其全文。張守節注訛說至一千餘條，有一條供脫一百七十餘字者，尤爲踳駁。

案以上的記載，是見明監本史記太壞了。隨著又看紹興先正遺書，於史記提要中見所記明板的錯誤，多眞使人驚怕。於正義提要內果看到孝武本紀「是時上於神君」句下，脫去：『漢武帝故事云：「……」神君慙之乃去也』一百七十字，把四庫目錄的話，完全証寔；於是感想到：「得書之難」，「讀書之難」！

4.秦藩本

四庫簡明目錄標注說：

秦藩本刻於嘉靖十三年，前於鑒抑道人序，後有濟南黃巨跋，板心以千字文分册，「天」字至「往」字凡二十册。（正史史記條下註）

又說：

影翻王刻即嘉講十三年秦藩本。（史記正義條下）

案此本既據說是影翻王氏本，當是集解索隱正義三種注合刻。

5.李元陽輯訂，高士魁校正本

善本書室藏書志說：

李元廣輯訂高士魁校正本，前列索隱兩序，正義序，正義論例，謚法解，列國分野，目錄，題評諸儒名氏一百十六家。此本爲嘉靖十六年丁酉太和李元陽中谿按閩所刋；亦具三家注，惟索隱述贊不錄。而集諸家評語於書眉。其不係名氏者，亦有數傳；李元陽上增楊愼者，升菴謫戍太和，惟中谿爲至交，此本益即升菴輯本，因增益以付雕，故題之耳。明人好尙評論，是書刻有評者蓋昉於此。陵稚隆之評林，殆踵其後塵耳。

四庫簡明目錄標注說：

何子貞箴有李元陽高士魁校刋本，名「史記題評」（史記正義條下）

案題評的史記以史記評林爲最有名，而實蜀史記題評開其端。蓋自晉末徐廣而繼以宋之裴駰，唐之小司馬張守節諸儒，於史記的註釋，已達到至詳且盡的程度；後人增無可增，遂轉而走到批評的路上去。猶之經學家，唐漢則詳於訓詁，在宋明則精硏義理；也是一種趨勢使然。自此而後也算是硏究史記的一個新的時期。

丁　穆宗隆發年刋本

武進吳中珩刋本

吳中珩與張居正同時，有賜餘堂集。此種板本見於楊立誠四庫目略，惟未詳細注，及何年刋板；至於四庫簡明目錄標注後漢書條下見有註說：『吳勉學之子中珩刋史記兩漢書均白文無註。

戊 神宗萬歷年刋本

神宗時刋本甚多，惟萬歷五年余有丁南監本，二十四年馮夢禎南監本，數載入嘉靖南監北監本內，茲不再記了。

1.凌稚隆史記評林本，（後有李光縉增補本，不錄）

四庫簡明目錄標注說：

陵稚隆評林本，當無甚刪節。係萬歷五年刋本。（正史史記條下）

北平圖書館普通書目載有史記評林一百三十卷；註說：

……補序，補三皇本紀一卷，正義論例，謚法解，列國分野一卷，短長說一卷，圖例始民書目總評一卷。明陵稚隆輯評。補序唐司馬貞並註；正義論例，唐張守節撰；短長說明王世禎撰錄；圖例明陵稚隆輯；以萬歷二年（當是五年）刋本。全書末有「宏遠堂熊氏增補繡梓行」木印一行。

史記毛本正誤序說：

評林刪節古註，正義索隱皆不完；又以明人評語雜側其間，未爲善也。……

鄭堂讀書記說：

史記評林采輯以多爲貴，不免瑕多於瑜，其書之可取者乃在正文及注。……

（附註）凌稚隆字以棟，號磊泉，烏程人。

案史記評林，是史記板本中最有名的本子，後世多翻其板，甚至日本數有翻本，（見後日本板本內）雖有李元陽開其端，而繼起的成功，也算是不小。但把明人的評語，雜側於各注之間，史記毛本正誤，不許他，而仍有他的價值在！

己 思宗崇禎年刋本

1.陳子龍徐孚遠測議本

四庫簡明目錄標注於史記單刻無注本內，列有陳臥子本。（正史史記條後）叢書舉要亦載有陳臥子本。

顧頡剛先生處有陳子龍（即陳臥子）徐孚遠（闇公）史記測議本，乃三種注。徐有戊寅年序（崇禎十一年）陳有庚辰年序。（崇禎十三年）而四庫簡明目錄標注，於此種板本，沒有詳細的記載，亦不詳於他書目，不知測議本與四庫目及叢書舉要所載，是不是一種？按兩書中均不載徐孚遠的名字，恐不是同種的罷！勢附須待考證再詳。

2.汲古閣毛氏本

四庫簡明目錄標注說：

汲古閣刻單集解本，係翻北宋本，正文與各本多異。（史記集解條下注）

又說：

汲古閣刻索隱單行本。盧抱經有據三家注本索隱注校毛氏單刻本。

叢書舉要說：

汲古閣專刻史記索隱，世稱善本，餘刻皆刪節不全。（索隱條下注）

彙刻書目說：

郘亭書目云：「毛氏板於明崇禎時刋成；經亂未能合印，頗有損失。至順治庚子修補，乃印行。即以此時印者爲初印。明時初印只單部。其史記集解後附司馬貞索隱三十卷。……

金陵局光緒五年翻刻汲古閣史記集解本，有毛序說：

……甲申考仲史亦衰然成秩定！定料兵燹寇發，危如累卵！分貯板籍於湖濱崑畔節菴草舍中，水火魚鼠，十傷二三；呼天號地，莫可誰何。猶幸數年以還，村居稍寧，扶病引雛，收其放失，補其遺亡：一十七部，連牀架屋，仍復舊觀。……順治丙申年丙申月丙申日丙申時，題於七星橋西之汲古閣中。

又記曰：

崇禎辛巳開雕司馬遷史記一百三十卷——裴駰集解。順治甲午補緝脫簡，周本記一卷，禮，樂，律，，曆書四卷，儒林列傳五六七葉。

史記毛本正誤序說：

余少讀史記，初得汲古閣本，繼又得評林本；核其得失：評林本刪節古注，正義索隱皆不完；又以明人評語雜側其間，未爲善也。後乃得震澤王氏本，唐人注始睹其全。王氏依宋刻重刋，凡宋諱皆缺末畫。繼又得柯維熊刻，頗爲善本，因歎得書之難！毛本爲常有之書。柯本王本爲希有之書，爰據兩本校讎，正毛本之訛脫，以詒後之學者。若近日翻刻毛本，舛駁愈多，不暇是正；余所據者猶毛氏初刻也。（淮南丁晏撰）

案以上的記載：毛氏自序，只叙了離亂散失的經過，對於板本所自序，絲毫沒有提到。若按他的板本：一是集解單本，一是索隱單本，像是由北宋板翻刻的。（參看北宋板結論）四庫簡明目錄標注說：「汲古閣刻單集解本係翻北宋」的話似乎也很可信。（明初板本，除此是集解索隱單本，其餘充不多完是三種一或兩種一的合注）四庫簡明目錄標注說：『汲古閣本正文與各本多異』彙刻書目也說：『汲古閣本索隱世稱善本，餘皆刪節不全』而淮南丁晏又校勘他的錯誤，作了毛本正誤。可見汲古閣板本，實較柯氏王氏諸本，遠遜一籌了。

又四庫目謂：集解注自毛本始按史記卷數分折，前已論明決是錯誤，茲不贅。

3. 葛氏刋本

四庫簡明目錄標注載有明葛氏單刻正文無注本史記。北平圖書館善本書目載有史記彙評一百三十卷。注說：『明葛鼎校，崇禎年刻本。』

案此種板本，在四庫簡目未載葛氏名字，且說明是正文無注本而在北平圖書館書目則書名，「史記彙評」既名曰「彙評」想絕不是無注的板本。又在四庫簡明目錄標注前漢書注中有葛氏刋本也說無注，須待考。

己　明朝年代無考諸板本

1. 四庫簡明目錄載學刻正文無注本，有以下諸本：

一，明吳勉學刋本，（案吳勉學即吳中五行的父親，疑就是吳中珩本。）

二，明葛氏本（見前）

三，明陳明卿本最善，（按農書舉要說是明本）

四，明陳臥子本次之，（見前崇禎朝板本）

五，鍾伯敎本，——不列十表最下！

六，鍾人傑本，七十卷

七，黃嘉惠本。

附注　天祿琳瑯書目後目中載有前卷樓刋本，注爲宋寧宗嘉定六年南宋刋刻。（見宋板本中）而在散書舉要則載曰「明嘉靖六年萬卷樓本。」恐因「靖」「定」爲叠韻字，遂訛「定」爲「靖」又訛宋爲明。

2. 四庫簡目標注說。

錢竹汀誤以陝西翻宋本無正義，白鹿本有正義；按柯本費序所載乃知其顚倒。（正義條下注）

拜經堂藏書題跋記說：

白應本未審刻於何年，以意揆之，必在滔照以後，蓋以索隱爲主，而正義輔之，凡正義之文與索隱同者，悉從刪汰自是正義無單行本，而守節之原文，不可考者。

案陝西翻宋板及白應本已詳見前柯氏本內，且據四庫目及拜經堂書藏書題跋記於此兩種板本屬有記載；可見此種板的重要了。在四庫目謂柯本出於陝西本，在拜經堂藏書題跋記謂柯氏本出於白應本，（參看前柯氏本）兩書爭訟不決；而此兩種的年代，不能明確的漸定；故難有具體的解釋。但從柯氏板及此兩板的內容，看來也可以估定一個約略。

這兩種板本，據拜經堂題跋記所載，乃均有正義；不過陝西翻宋板，正義注全，江西白鹿板正義注不全；但柯氏板世稱善本，於三家之注，均甚完全，就此可以斷定柯氏板絕不是出於白鹿本了。

在至元以前從不見到有記載明確的三種注合刻本，已如前述，而此兩種板敎本，乃全是三種注合刻；可見是至元以後的板本。拜經堂藏書題跋記揆測這兩種板本是嘉熙以後，揆測的未免太遠了。又按元朝享國僅八十餘年，而至元之時，幾乎到了中葉，在此以後恐怕就是游明刻本的時候——元明之際了。北平圖書館的書目注白鹿本爲明刻，約是不會錯的。

陝西板的正義注很全，（見前）白鹿本的正義注不全；而在白鹿本以前，不見有刪汰正義重文的，可見白鹿本還在陝板以後。

明朝的監本和淩稚隆的評林本，於正義注的有刪汰，看來也還不是由此二書作俑，還是由白鹿本而開始刪汰的。我們不知道明朝的南監板是由改他省舊刊或由宋元舊板湊合而的，保不定！白鹿本也被搜集在內，故南監本已不免有所訛誤；而北監本是從南監未重守而雕刻的；以訛而傳訛，更覺訛脫太多了。由此推知明監本的錯誤，或是受了白鹿本的流毒，而非有意刪節的。

結論

明朝的板本，由此而得結論如下：

1. 承接元朝至元的板，而多記明確的三種注合刻本。
2. 自明朝嘉靖年南監本以後，才有正史合刻本。
3. 自明朝嘉靖前元湯題評本以後，才有史記題評本。

第六編　清朝的記本

清朝的史記板本，差不多全脫去宋元的翻刻，而翻刻明朝的板本，又脫去明朝的板本而另刻新的板本。一來是距宋元板本的時代較遠，舊板本多被遺失，二來是有清一代儒者長於校勘，發現了翻刻宋元板本不少的錯誤，所以自乾隆殿板開始，差不多全要脫去宋元明板本的舊套，而另開門戶刊刻新板。固然，在清朝勢力之下，必以殿板爲尊；而不專是風氣使然，乃事實上相演而成的一種趨勢。茲按板本出的先後，而分述之。（至年代可考諸板，仍附於後）

甲　聖祖康熙年的板本

論文本

在康熙年間，清朝還沒有官刻的板本；故於各目錄書內不見有此時刻的史記。只於近年的史記通論中見他載道：

處。名曰論文，很是相稱。

第二十八種論文本，武進吳齊賢評本，山陰吳留村參訂。又從清華大學圖書館書目中我到此種板本的記載。在清華大學書目載說：

史記論文一百三十卷，吳見思（清）評點，吳興祚（清）參訂。尺木堂藏板。

又：

史記論文一百三十卷（同上）中華書局鉛印本。

但燕京大學圖書館中只有中華書局鉛印本。沒有尺木堂的板本。想從清華大學的書中詳細調查一下！但此書已被清華同學借閱去了；所以沒有找到尺木堂的歷史。乃從中華書局鉛印本中看到卷首有吳興祚的序把史記論文產生的歷史說的很是詳盡。序說：

……齊賢老生好學，至暮年不倦。余令梁溪時，特造其廬，觀所著述。最後出此書見屬曰：「是一生苦心所寄，願鏤板行之！」余恕其意而諾之。……及今丙寅之春，始訂正終卷。微參已私，付之剞劂，而論文之書出焉。惜乎齊賢之不及見之也！……康熙二十五年丙寅山陰吳興祚。

這種板本，重在白文，注解不多，而加了評點，於文章的筆法，段落分晰甚清，便於研讀。與明歸氏評點本頗有相似之處。名曰論文，很是相稱。

乙，高宗乾隆朝的板本，

1. 四年武英殿板

彙刻書目（史部）說：

乾隆四年欽定廿四史，武英殿板；道光十七年武英殿板重修。

叢書舉要說：

邵亭書目云：「乾隆四年武英殿刊板，依明北監二十一史式。道光四年新修，多為淺人誤改。」

四庫簡明目錄標注說：

殿板行款仿北監板道光四年新修，亦加校對，然多任意刊改，人不甚重。（史記總註）

又說：

乾隆四年殿板，所載各注皆全。殿板雖注文完全，然多任意刊改。如：五帝紀內有二處刊改，極謬。訛字亦仍不少。　（正史史記條下注）

案以上的記載武英殿板是倣明北監板而刻的，但只仿其板式，不是取板的內容；所以殿板史記不似明監板那樣訛脫。

在此時一般翰林院的學者，受了朝庭的提倡，竭力考証，把經史諸籍，大加校理，所以史記的內容，也增校了好多，但經一次校整，即多一次變遷，好處固然很多，而錯誤的地方也是不少。（如四庫簡目所謂：「殿板雖注文完全，然多任意刊改」是。）

2. 古香齋巾箱本，

四庫簡明目錄標注說：

古香齋巾箱本與殿板同。（正史史記條下注）

北平圖書館普通書目說：

古香齋史記一百三十卷；補序，補三皇本紀一卷，正義論例，謚法解，列國分野一卷，重刻袖珍本。

（附註）古香齋清高宗齋名，在重華宮東廡，即保中殿，額曰「古香齋」高宗爲皇子時舊邸也。（見清通典）有古香齋袖珍本叢書十種，凡三百六十册，校即極精。古香齋叢書與殿本同出乾隆朝，當與殿板相同；蓋由殿板校印者也。

3. 四庫全書史部之鈔本，（三種注合鈔及三種注單行本）四庫全書本，說明均見前；各註條引四庫目略語茲不錄。

但四庫全書中之史記鈔守在殿板以後，當亦按殿板校理而鈔守的。

丙，仁宗嘉發年的板本

同人堂測議本

清華大學圖書館藏有此種板本，註爲嘉發十一年同人望刻。但不曾見到原書，故未詳同人書的歷史。

丁，宣宗道光年的板本

道光四年及十七年重修殿板，（見前不錄）

戊，文宗咸豐年的板本

廣州陳氏本，

叢書舉要說：

咸豐中廣州陳氏鑴刻官本，經校者改字甚多，不足重。（湖南寶發三味書局亦翻刻，與陳氏同。）

己，穆宗同治年的板本

1. 元年新會陳氏覆刻殿板史記

彙刻書目載有此種板本

案新會屬舊廣州府，疑即咸豐年廣州陳板，而於同治元年重印的。惟兩書記年不同，故分別錄之。

2. 八年廣東茄古書據殿板重刻本

北平圖書館普通書目說：

粵刻二十四史二千三百十二卷，附錄有六十三卷，清同治八年廣東茹古書據殿板重刻本。攷証附各史之末。

3.九年武昌局重刻震澤王氏本，

北平圖書館普通書目載有史記一百三十卷，註說：

補序，三皇本紀一卷，正義論例，謚法能，列國分野一卷三種註，淸同治九年湖北局覆明嘉靖四年王延喆摹刻宋本。每半頁十行，行大字十八，小字二十三；目錄後有「震澤王氏刻梓」篆文木紀。各卷末有「史若干」，「註若干」字。

又載有武昌局重刻明震澤王氏本史記。註說：……重刻王氏本史記間有依明柯校汪刻者。

昨於顧先生處見光緒紀元湖北崇文書局覆印震澤王氏本，欵行一同於前，蓋是同治九年初刻，光緒元年復印的。

4.九年金陵書局三種註合刻本（北平圖書館藏有白紙大料本）

北平圖書館普通書目載，有史記某解索隱正義合刻二十冊，註爲金陵書局同治九年刻。惟未詳是由什麼板所摹刻。

5.十三年成都書局刋本

彙刻書目說：

同治十三年成都書局重刻五史，據殿板。

6.十三年湖南魏氏刋評林本，

淸華燕京兩大學圖書館均有此種板本。卷首有木記文曰：「同治甲戌（十三年）仲冬長沙魏氏養翮書屋校刋。」

庚，德宗光緒年的板本

7.五書局卄四史附本

彙刻書目說：

同治光緒間五書局刻卄四史，史記爲集解本。

又說：

五書局附各史單刻本。

案此種史記集解本有光緒四年復印本，邊欄有汲古閣字樣，可知是刻仿毛氏板。（見前毛本條）燕大圖書館藏。

2.光緒二年武昌張氏精刻本。

北平圖書館普通書目載說：

歸氏評點史記一百三十卷，方氏評點史記四卷。

明歸有光淸方苞評點，淸張裕釗校。光緒二年武昌張氏精刻本。

3.光緒五年五書局合刻卄四史，史記，

叢書舉要說：

五書局合刻卄四史，史記爲三種注，光緒五年重刻毛氏本。

案同治光緒間五書局已有合刻卄四史，（彙刻書目載）史記爲集解本。今在叢書舉要又載光緒五年五書局合刻卄四史重毛氏本或是錯誤。

5.十九年廣雅書局校刻本

燕京大學圖書館藏有史記索隱三十卷，前有木記說：

「光緒十九年九月廣雅書局校刻」

卷首標題前有「長沙鄭業敬初校」「香山何翰章復校」兩行字。後有毛晉的跋語。當是照汲古閣本重刻的板本。

6.廿四年點石齋石印本，

八千卷樓藏書目載有點石齋集解史記本。但不曾說出是何年出板。卷首有光緒戊戌石印方記。並題是仿汲古閣本。其年代乃得考訂。

7.廿八年史學會社石印本。

此種是仿殿板廿四史，合刻本。板字太小，間亦糢糊。

8.二十九年同文書局西法石印本

叢書舉要說：

上海同文書局用西法石印殿板廿四史，亦遵攷証，縮印袖珍本。

據此書也不曾說出是何年的出板。又從燕京大學圖書館書目中檢得，始知是光緒癸卯（即廿九年）年印。

辛，清朝年代無攷諸板本

1.皕宋樓藏書志載有史記索隱三十卷，舊鈔本。惟未詳年月。五碩樓藏。疑此或係古鈔本。附記於此待考。

2.八千卷樓書目載有三種：

1.雲南劉維覆余有丁本（疑此爲明板）

2.山西田樂翻余本

3.孔氏翻古香齋本。

3.清華大學圖書館藏有徐季遠陳子龍測議本。係綠蔭堂刋板，亦未悉其年代；附此待考。

4.席氏掃葉山房本。彙刻書目說：

汲古閣十七史板後歸蘇鈔席氏掃葉山房。別刻索隱三十卷。

叢書舉要說：

清初毛氏家刻各書板，典於席氏，補印別史爲廿四史，紅羊之亂全史被失。

又說：

汲古閣原刻十七史，典於席氏；錢序刪去。

北平圖書館普通書目說：

北監本掃葉本，陳本，坊翻毛本皆有脫落。

又說：

席氏掃葉索隱單行本，是亦毛氏舊板也。

案席氏掃葉山房本，見於各書，但均不說出史記是何年的印本；（待考再詳）只知在汲古閣以後罷了。

5.四庫簡明目錄標注載的是：

a李某重訂史記評林本甚劣，

b馮應榴單刻正文無注本，

c坊刻陳明卿本最善，

均無從考其年代。

結論

就清朝的史記板本歸納，可得以下結論：

1.除了少數的翻刻明王氏毛氏兩家板，外大多數全是翻殿板。

2.除了少數刊「某種單注，及正文無注」，外差不多全是合刻三種注，以存全璧。

3.自殿板三種在本行世之後，皆奉為規律，於史記三種注，少有更動。

七　民元以後的板本　附日本板本

民元以後，印刷術進步，出的板本也最龐雜，不容易調查周密。最滿人意的一點是：影印的板本最精，可以保存古板本的遺跡。至於鉛印，石印諸本成了普通的本子，也有好的，也有壞的，於板本的歷史，無關重要了。

1,民元鄂官書局仿刊五本，（燕大圖書館藏五函二十四冊。）

2.民四都門局鉛印吳氏本，（明歸有光，清方望溪評點；吳摯甫校本。）

3.上海涵芬樓影印宋百衲本。（見前宋百衲本內）

4.又　翻印殿本。（民五）

5.又　翻印胡懷琛本。

6.影張裕釗本

史記通論說：

第三十二種影張裕釗本，同文圖書館影印。最適於誦讀，為通行本冠。…………影印者復錄名家評論，卒為多人樂備而讀。

但也沒有載及年代，據他說是今本，可見是民元以後的板本。

7.四部備要本　中華書局聚珍倣宋版精印

8.翻論文本　中華書局翻印

9.影竹簡齋本　中華書局翻印

10又載有：

第三十八種斷句四史本，坊印本。

第三十九種四家評點本，坊印本。

第四十種其他本。

11清華大學圖書館藏有歸有光圈點，中華圖書館鉛印仿殿本。惟未悉其年月。

坿註此編固知多所遺漏，然在民元以後，大小書局皆有翻印的史記，於板本既沒有多大的關係，故從略。

日本存的史記：鈔本和印本尚不少。有的是日本自印的，有的是中國的古印本。茲由經籍訪古志分別記錄於下：

甲，日本古鈔卷子本

1.史記零本一卷（集解）考低質字樣當是八百年前鈔本。（有延喜三年圖記）

2.史記零本一卷　寶治二年書寫，建長八年再校。

3.史記零本一卷　有延久，康和，建久諸印。

4.孝武本記一卷　高山寺藏

5.長本紀一卷秦在紀一卷　東京岩崎氏藏。

6.殷本記鈔卷一卷　高山寺藏。此種在吉石盦叢書有影印本。

乙，日本所藏中國板本的史記

1.史記七十卷，定刊本，集解索隱，系非島井家藏。（

2.史記元刊本，（集解索隱）註說：

首有中統二年董浦序，（記載與元中統本同）並題『豐城游明大昇校正新增』十二字。每半板十四行行二十五字。

按此行數與元游明本同，而每行字數多一字，疑每行的字數多寡不等。

3.史記一百三十卷（宋刊三種注）注說：

每半板十行，行十八字，注二十三字。序，目錄，每半板九行，行十五字；注二十字。界長六寸五分，幅四寸一分。格欄外有標題。玄，貞，讓，愼，殷，徵，弘，等字闕筆。卷末記史注若干字數。集解序後有「建安黃善夫刋於家塾之敬室」木記。

按此種板本欵式，與明震澤王氏板絲毫不差。又按天祿琳瑯書目於震澤王氏本下註說：『書賈常將此三處（指前後兩王氏木記及王延喆跋語）割去以僞宋板』毛本正誤序說：『王氏本於宋諱皆避』。以此斷之，日本此種宋板，恐怕是由王本僞造的，況黃善夫的家塾敬室尤有可疑之點。四庫簡明目錄標註在前漢書本下注說：

至元兩漢書乃建安劉之問元啓所刻。半行行十八九字，注二十四字。前有之問識語。……目錄後有自題云：「建安劉元起刋於家塾之敬室」……然此書劉氏所刻，而書中又有黃某刻於某所之長方木記，亦奇矣！

可知黃善夫刻史記於家塾之敬室，也不十分可靠。

史記通論載有王善夫本，與此行數字數相同。但把黃善夫誤錯爲王善夫尤爲可笑：

4.史記一百三十卷王氏本，註說：

欵式與前宋板同，即翻刻前板者。但目錄末冡字木記，改題「震澤王氏刻梓」。

按注說：「翻刻前板」，恐怕其實此是王氏眞板；而彼是王氏假宋板。

5.史記一百三十卷，元至元戊子刋本。（三種注）注說：預例與前本同，但注聞加删略。每半板十行，行十字，至十七八字。界長六寸三分，中爲四寸一二分四左右雙邊，目錄末雙邊匡中題『安成郡彭寅翁刋於崇道精舍』列傳題十三卷末又題『時至元戊子安城寅翁新刋』年表第二卷末題」安成郡彭寅翁鼎新刋行』。正義序後有「口」同「寅翁」「翠峰彭氏」三印。

此本與元戊子刋本欵式相同，是毫無問題的板本，（見前）

6.又有一本與前爲同板。注說：

又有一本，卷末有『至元戊子葛節吉州安福彭寅翁新刋於崇道精舍』木記，即與前板同種。朝鮮國刋本及令行活字板，倶原此書。

案以上所列各板本，頗可爲研究的佐讚，蓋中國板本，記載的往往不甚清晰。辨似很覺困難；以國外的記載，來印証中國的板本，想是可靠一點。

丙，日本自刻的板本。

1.燕大圖書館藏有六冊合定東洋本史記。書目注說；

明治己巳鶴收修來館藏板。

稔知此是史記評林，其內容與前明板評林相同，並間注以日本字。

2.史記通論於東洋板載有日本影宋王善夫本及影清論文本，均不詳其年代。

附　錄

史記通論於東洋板本史記內又載朝鮮安南均有印本，於西洋板本內載法有查法尼譯本英有節譯本。

在此文中所載的史記板本爲便於考查起見，列表如次；

朝代	年	校者	刊者	每半頁行數	每行字數	摹覆	註釋	評點	板本名	卷數	收藏者	備考
宋板												
眞宗	?	?	?	14	27		集解			130		
仁宗前	?	?	?	14	27		集解			殘14		
神宗	元?	?	?				三家?			130		
哲宗	元祐						三家?			130		
?	?	?	?	9	16		集解		蜀大字	130		
?	?	?	?				集解		蜀小字			
高宗	紹興三年		石公憲	9	16,或17,	蜀大字本	集解			180		
孝宗	乾道七年	蔡夢弼	仝上	12	大22 小28		集能索隱		三山本	130		
孝宗	淳熙八年	張介仲	耿直	12	25		集能索隱			130		
寧宗	嘉定六年		萬卷樓	?	?	?	?			130		
?	?					?	?		監本		北平圖書館有殘卷（橫印）	
?	?	?	?	小字12			集解索隱		百衲本（甲）	130	錢桂昌舊藏	
?	?	?	?	大字10			集解				仝前	
?	?	?	?	中字12			集解索隱				仝前	
?	?	?	?	小字13			集解				仝前	
?眞宗	?	?	?	14	27		集解		百衲本（乙）	130	劉燕庭舊藏，後歸匋齋	
?孝宗	淳熙			12	25		集解索隱				仝前	

	?	?	?	?	10	19		集解				仝前	
	孝宗	乾道	蔡夢弼	仝	12	22		集解索隱				仝前	見前
遼板	道宗	咸雍本年	頒定										
金板	世宗	大定六年	徒丹鎰										以女眞字譯本
	?	?	蕭貢注								100	北平圖書館	
元板	世祖	中統二年	董浦	段君子成	14	22		集解索隱		段板	130	海寧吳槎安舊藏	
	世祖	至元戊子25年		彭寅翁	10	大字18小23		集解索隱正義		崇道精舍本	130	程容伯舊藏日本有此板殘	
			游明	游明	10	25	彭本	三家注		游本	130	許氏舊藏日本亦有此板	
明板	武宗	正德戊寅13年						集解索隱		（史記大全）	130		
	又	又		汪文盛	汪文盛							按伯言曾見之	欵式不詳。疑與漢書合刻?
	世宗	嘉靖四年	汪諒	柯維熊	10	18	彭板	三家經合刻		汪柯校刻板	130	北平圖書館	
	世宗	嘉靖乙酉四年	王延喆	王延喆	10	大18小23	彭板	三家注合刻		震澤王氏板	130		後多翻刻，並以僞宋板
	世宗	嘉靖九年	張邦奇		?	?	雜湊	三家注		南監板	130	清華大學燕京大學北平圖書館	此板因係湊集宋元舊板而成大小疏密不等，係與廿一史合刻
	世宗	嘉靖十三年			10	18	王板	三家注合刻		秦藩板	130	北平圖書館	
	世宗	嘉靖16年丁酉	高士魁	李无湯				三家注合刻	李元湯輯評	史記題評	130	何子員舊藏	
	穆宗	隆慶年		吳中衍				白文無注			130		疑與漢堂合刻者。
	神宗	萬歷五年	余有庵	余有庵	大字小字兩種	行字數不等	雜湊集板	三家注		南監	130	燕京大學清華大學北京圖書館	仝前張邦音本係世一史合刻
	神宗	萬歷五年	凌稚隆	凌稚隆				三家注	凌稚隆輯諸家評	史記評本	130	北平圖書館藏有原板	

神宗	萬歷廿四年	馮夢禎	馮夢禎		三家注		南監本	130	仝前南監本張會本	疑南監本廿一史係田張輕奇余有庵馮夢禎三八三次合成，非各有史記刊本也
神宗	萬歷			仿南監			北監本			八千卷樓有劉應秋北監本疑即明北監本。
思宗	崇禎十一年	徐孚遠陳臥子	仝上		三家注（有減裁）		測議本	130	顧頡剛先生藏	
思宗	崇禎辛己	毛晉	毛晉		集解		汲古閣毛本	130	北平圖書館	後又刊索隱單本原爲十七史合刻本
思宗	崇禎	葛鼒校	葛鼒		?正文無注		史記彙評?	130	北平圖書館藏	按四庫目謂爲正文無注而在北平圖書館書目所載名曰史記彙評似不是日文本待考。
							吳勉學本			疑即吳中五行本見於四庫簡目標注。
							陳明卿本			見四庫簡目標注
							陳臥子本			疑即測議本見四庫簡目標注。
							鍾伯敬本			見四庫簡目標注
							鍾人傑本			見四庫簡目標注
							黃嘉惠本			見四庫簡目標注
?	?				三家注合刻?		陝西翻宋本			見四庫簡目標注謂柯五本由此出可知在嘉請以前
?	?				集解索隱?		白鹿洞書院本		北平圖書館	仝前
清 聖祖	康熙二十五年丙寅				無注	吳見思評點，吳留村參訂	史記論文	130	清華大學圖書館有尺木書板本	
高宗	乾隆四年	翰林院張照等		仿明監板	三家注	附張照等考証	殿板	130	北平圖書館	二十四史合刻

板

高宗	乾隆	古香齋				仿殿板	三家注		古香齋袖珍板	130	北平圖書館	亦名內府本
高宗	乾隆三十七年起	四庫全書館	鈔本				三家注合，三家注及各單行本		四庫全書鈔本	集解 素隱 正義 合注 130130、030	北平圖書館	二十四史合刻本
仁宗	嘉慶十一年		同人堂			測議本	三家注有減裁			130	清華大學圖書館	
宣宗	道光十七年						三家注		重修殿板			二十四史合修
文宗	咸豐		廣州陳氏			殿板	三家注		陳氏繡刻本	130		廿四史合刻
穆宗	同治		新會陳氏			殿板	三家注			130	北平圖書館藏	廿四史合刻疑即前廣州陳氏本？
穆宗	同治八年		廣東茹古書			殿板	三家注			130	北平圖書館	廿四史合刻
又	同治九年		武昌局重刻			震澤王氏本	三家注			130	北平圖書館	
又	同治九年		金陵局				三家注			130	北平圖書館藏白紙大料本。	廿四史合刻？
又	同治十三年		成都爲重刻			殿板	三家注			130	北平圖書館	前五史合刻
又	同治十三年		湖南魏氏刻				三家注	陵雅證輯評	史記評林	130	清華大學燕京大學	
德宗	光緒		五書局合刻翻			汲古閣毛本	集解		局本	130	燕京大學圖書館有光緒四年印本北平圖書館有初印本	廿四史合刻
又	光緒二年		武昌張氏精刻				無注	武昌張氏評點		130	北平圖書館藏燕京大學圖書館	
又	光緒五年		五書局重刻			毛本？	三家注		局本	130		此種板本見於叢書舉要，疑有誤！
又	光緒十九年	鄭業敬何翰章	廣雅書局				索隱			30	燕京大學圖書館清華大學圖書館均在廣雅叢書內	
又	光緒廿四年		上海點石齋			毛板	集解			139	李仁齋藏	

	又	光緒廿八年		史學會社			殿板	三家正			130	燕京大學圖書館有	廿四史合印
	又	光緒廿九年		上海國文書局石印			殿板	三家注			130	燕京大學圖書館有?	
	?	?		雲南劉維覆			余有庵本				130		疑爲明板
	?	?		山西田樂			余本				130		疑爲明板
	?	?		孔氏翻			古香齋板				130		
	?	?		綠蔭堂			測議本				130	清華大學	
	?	?		席氏掃葉山房				集解，索隱各單本			130 30	北平圖書館	汲古閣板典於席氏（十七史）
	?	?		李茱重釘			評林本						見於四庫簡目標。
	?	?		馮應榴					正文無注本				仝前
	?	?		坊刻			陳明卿本						仝前
民元以後		民元		鄂官赴局	10	18	坊王氏本	三家注			120	燕京大學圖書館藏	
民元以後		民四		都門書局鉛印			吳氏評點本	正文無註	吳摯甫評點		130	燕京大學圖書館北4圖書館	
民元以後		民五		上海涵芬樓			翻殿板	三家注			130	燕京清華兩大學均藏	前四史合印
民元以後	?	?		上海涵芬樓	見前	見前	影印宋百衲本	見前			130	燕京大學藏劉燕庭本印陶齋本	參看宋百衲本
民元以後	?	?	胡懷琛校	上海商務館				?			130	燕京大學藏	
民元以後	?	?		國文圖書館			劉印張豁釗	見前	見前		130	清華大學有中華圖書館鉛印仿殿板?	
民元以後	?	?		上海中美書局			聚珍仿宋板				130	清華大學藏	四部備要第十四至十九冊廿四史合印
民元以後	?	?		中華書局翻			論文本	見前	見前		130	清華大學燕京大學	

	?	?		中華書局影印			竹簡齋本	?	?		?	
		民13		上海羣學社				正文無注	許嘯天新標點		129	清華大學燕京大學	
日本板		明治己巳		鶴牧修來館			評林本				130	燕京大學圖書館藏	
日本板				?影印			宋五善夫本						見史記通論惜不詳年代
日本板				?影印			淸論文本						仝前

聊齋白話韻文

實價五角

蒲松齡先生聊齋志異早已膾炙人口實則他的白話小品文更較鬆爽更較痛快的是才子口吻堪與木皮子鼓詞同垂不朽是編經馬立勛先生標點並經錢玄同先生校閱更覺生色允宜人手一編不僅爲白話文學史上重要材料已也

三訂

國學用書撰要

李笠著　實價五角

是書類分列，舉研究國學必需之書，對於各書內容及板本，亦嚴加批評選擇，較之梁任公，胡適之所隨便開列之國學書目，更爲切用，誠治國學者不可不備之書。是書原稿曾登東方雜誌。現由著者三次訂正，內容大加擴充。

樓蘭之位置及其與漢代之關係

黃文弼

——在燕京大學史學會演講稿——

今天承貴貴校歷史學會邀余來講演，不勝榮幸。今天講題爲：『樓蘭之位置及其與漢代之關係』。茲先說樓蘭之位置，再說其與漢代之關係。

一，樓蘭之位置　漢初西域有三十六國，均在天山南路，蓋新疆中部，有一道大山脈，橫亙中間，自西徂東，綿延數千里，漢人稱爲『天山』，纏民稱爲喀拉達克，雪山之義。在天山之北者，稱爲天山北路。北路之民族，多以遊牧爲生涯，故古稱『行國』。在天山南者，稱爲『天山南路』。居民有城郭宮室之利，故古稱爲『城郭之國』。均沿塔里木河盆地四圍之小綠洲居住。蓋新疆南路北爲天山，南爲崑崙山脈，塔里木河適流於其間，即漢書西域傳所謂：『南北有大山，中央有河』，者是也。樓蘭亦爲西域諸國之一，最在東垂，與漢鄰接，據漢書說去玉門陽關千六百里。近土人通稱之爲羅布淖爾，蓋新疆南路有二塊大沙漠，在西者名爲塔克拉馬堪，緣此沙漠之國都，北爲焉耆，龜茲；南爲沙車于闐等古國。在東者名爲羅布沙漠。沙漠之東，爲古樓蘭國，西爲山國。羅布沙漠之南，有大海，爲寬車河，塔里木河，及車爾成河所洩之尾閭，故土人又稱爲羅布淖爾，即羅布海之義。在古時，又爲樓蘭海，因澤在樓蘭國北之故也。羅布時有遷移，羅布所受之水，環流羅布沙漠，故土人凡庫魯克達格（魯克沁南）之南，阿拉騰達格（在婼羌之南）之北，中間數百里不毛之地，均以羅布淖爾呼之，而樓蘭即羅布淖爾附近之一國也。次述樓蘭國都問題。

漢書西域傳說：『樓蘭王治扜泥城』，然究未指明扜泥城在何地，近來東西人士，數到新疆遊歷，在三十年前後，瑞士斯文赫定博士，遊歷羅布淖爾之北峰，發現一古城，採穫若干文書，德人孔位第二考訂爲古樓蘭國城地，在經度八十九度四十四分，緯度四十度十十分。後英人斯坦因亦到此處，法人沙畹博士據所發現之文書，亦從其說。我國王靜安先生，本日人橘瑞氏之遺物，定此地爲海頭而以龍城居廬倉當之。余意國都與國地爲二事，赫定先生所發現者，謂爲在古樓蘭國地，尚無不合，謂即古樓蘭國都，實無確證。流沙墜簡所錄關於言樓蘭者有二：一曰『謹案文書前至樓蘭。』二曰：『八月二十八樓蘭白疏惲惶恐白。』皆樓蘭王所來之函件，而不能證明此地爲樓蘭王所居。且樓蘭國都，自漢昭帝時即已南遷，而此所獲文書，皆魏晉間物，決不能爲西漢故址之證。故王先生疑非樓蘭故都甚是。至以爲即古龍城居廬倉，疑非盡然。龍城之說，本之水經注，詞涉誇大，究否有此城，尚是問題。余疑龍城猶新疆土人名大沙漠爲『開太克沁』即沙漠城，而實非城，取其形以名其地耳。中國古時，名沙漠爲龍，如白龍堆即言白色沙漠之堆阜，同沙漠經風水之組織，稍成龍形，故以龍當之。此時居民適居於龍沙漠之旁，故名龍城。就此次發現之古址地名土垠，此一帶土阜重疊，故取以名其地耳。再就水經注所云之方位言之，亦有疑點。據云：『蒲昌海水積鄯善之東北，龍城之西南。』是明言鄯善在鹽澤之西南，龍城在鹽澤之東北。以余此次考查來證明，鹽澤本在北岸，後漸南徙，近又恢復兩千年前之故道，而赫定先生所發現之故址，適在故海之西南，而龍城尚在故海之東北也。至於所云之居臚倉，則相差更遠。魏略西域傳云：從玉門關西出，發都護井廻三隴沙北頭，經居廬倉，從沙西井轉西北，過龍堆，到故樓蘭。』是居廬倉，在三隴沙之西，白龍堆之東南，而樓蘭尚在白龍堆之西也。據斯坦因路線圖所謂玉門關西之三隴沙，疑即拜什托革拉克一帶之沙梁，居廬倉疑在此沙梁之西頭，西井疑即庫木呼都克一帶，庫木呼都克亦即沙井之義，由此往西北行，繞涸海鹽層，疑即白龍堆之險，方能到故樓蘭，即赫定先生發現之故址，與居廬倉有東西之隔，故赫定先生之城，與其謂爲龍城居廬倉，毋寧謂爲北城，在古樓蘭國墟，較爲妥善也。至所云海頭，乃地名而非城名，與余之土垠同一意義，茲不論列。

次述樓蘭與鄯善是一是二問題。

據漢書西域傳：『鄯善國本樓蘭，王治扜泥城，國最在東垂，近漢，爲匈奴反間，數遮殺漢使。元鳳四年，平樂監傅介子刺其王，乃更立尉屠耆爲王，更名其國爲鄯善，有伊循城。』水經注又云：『鄯善治伊循城故樓蘭之地也。樓蘭王不恭於漢，元鳳四年，霍光遣傅介子刺殺之，更立後王，又立其前王質子尉屠耆爲王，更名其國爲鄯善。』據此二書所云，是鄯善與樓蘭同爲一國，樓蘭其舊名，而鄯善乃新名耳。不過樓蘭與鄯善之方位如何，史無明文。以余考之，鄯善應在故樓蘭西南，樓蘭應在伊循城東北。例如水經注謂：『樓蘭故都扜泥城，俗謂之東故城。』是扜泥城在東，而鄯善在西也。後漢書班勇傳：『議遣西域長史將五百人，屯樓蘭西，當焉耆龜茲徑路，南强鄯善，于闐心膽，北扞匈奴。魏略云：『過龍堆到故樓蘭，轉西詣龜茲。』龜茲焉耆均在大沙漠之北，即天山之南麓。既云：『西當焉耆，西詣龜茲，則樓蘭在龜茲焉耆之東可知。既云：『南强鄯善于闐』，則鄯善在樓蘭之南可知。又魏書西域傳：『且末國在鄯善西，後復屬鄯善。』且末國于闐均在大沙漠之南，即崑崙北麓。既云：『且末在鄯善西，』則鄯善在且末東也。再以河流證之。水經注稱：『河水又東逕注賓城南，又東逕樓蘭城南而東注，河水又東注於泑澤。』此處之河水，指北河，即敦薨之水所流，敦薨水即今之寬車河，故樓蘭當在寬車河入海處。又云：『且末河東北流而左會南河，東逝爲注賓河，又東逕鄯善國北治伊循城。』且末河即車爾成河，注賓河即南河之下流。既云：『水流鄯善之北。』則伊循城在南河之南可知。至清季新疆巡撫饒應祺以魯克沁東之闢展，當古鄯善國，則又荒謬絕倫矣。

二，樓蘭與漢代之關係

欲討論此問題，先說明樓蘭與玉門間之地理。漢書西域傳說：『鄯善國地沙鹵少田，當白龍堆，乏水草。』晉釋法顯赴印度，行經其地，據說：『沙河中多惡鬼，熱風，遇則無全，上無飛鳥，下無走獸遍望極目，莫知所擬，惟以死人枯骨爲標識，行十七日，可千五百里，得至鄯善國。』所云沙河即漢之白龍堆也。又余此次在樓蘭東百餘里，發現一故址，所得木簡中有一簡云：『用弘馬至敦煌……更沙版，絕水草，不能致。』此簡以他簡互證，爲西漢時故物，由此可知古時旅行白龍堆之困難。余今春前去考查，由樓蘭故墟向東北行，經過劇烈風化之層疊地帶，鹽殼遍覆，滿目荒凉。或此即中國古時之白龍堆。再東行，鹽殼綿折，迤麗皆是，古鹽澤之涸牀也。據本地土人云：『過此涸澤西南行，經過三百里之長廊梁，方致疏勒河末流。』是旅行此地之艱險程度，古今相差當不甚遠。然漢代遣使西域者，必先經過白龍堆到故樓蘭，再西詣大宛康居。水經註云：『樓蘭國在東垂，當白龍堆，常主導發負水担糧，迎送漢使。』魏略西戎傳亦云：『過龍堆到故樓蘭。』據此所言，與余此次之發現與調查均相契合。然漢代爲何必須取此險道，以通西域，欲答此問題，須先明匈奴在當時之形勢。

匈奴自冒頓爲單于後，漸次强大，盡滅北方諸胡與漢代接壤。置左右賢王，以左王居東方，直上谷。右王居西方。直上郡。右賢王地又與氐羌相通。往氐羌在長安之西，即今甘肅青海。故時漢境西北兩面，均被迫於匈奴與氐羌，累爲邊境之患。致高祖被困於平城，文景勤於內治，未遑遠略。武帝之初，雖累遣大將軍攻擊匈奴，匈奴漸次西北徙。然西域諸國，亦與匈奴接壤，服屬匈奴，如烏孫車師是其例也。故武帝欲保漢士之安全，非滅絕匈奴不可，然必須行下二策。即：一，隔絕羌胡通使西域，以斷匈奴右背。及漢元狩中，驃騎將軍霍去病擊破匈奴右地，降渾邪休屠王，空其地，以置酒泉，武威，張掖，敦煌，四郡。匈奴益西北徙。羌胡交通，自是斷絕。故武帝第一策已完全達到。再說第二策：『初張騫奉使西域，還言聯絡烏孫大宛之利，武帝從其言。元封中，遣使與匈奴和親，以公主妻烏孫王，俾得與烏孫夾擊匈奴。又派貳師將軍，擊大宛，圍車師，以威四國，西域諸國亦遣使來貢獻。輪台渠犂置田卒數百人，置使者校尉領護，以給使外國者。是皆武帝第二策之表現。然漢由白龍堆過樓蘭，至烏孫大宛，必須經過極長之險道。時匈奴雖已西北徙，然與西域諸國相接，車師服事匈奴，共爲寇鈔，又匈奴西邊日逐王置僮僕都尉，使領西域。嘗居焉耆危須尉犂間，漢使至西域，必經過車師尉犂焉耆之南境，即塔里木河旁之沙地，過龜茲以至烏孫。樓蘭與車師南北相直，當漢道衝，設車師與樓蘭聯絡爲一，以阻漢道，漢與西域交通，立時斷絕，故鞏固後方，當爲漢代之急務，樓蘭即其重要之地也。又徵之當時事實，據漢書西域傳說，樓蘭當漢道衝，苦於迎送漢使，數爲匈奴反間，遮殺漢使。又時西域諸國•雖一時懾於漢之兵威，而又被迫於匈奴，時離時合，故漢代欲通西域，非取得樓蘭爲根據不可，此按之當時形勢，固應如是也。武帝既崩，昭帝秉承祖志，因樓蘭王之不恭於漢，即立遣傅介子刺殺之，更遷其國於伊循城，以故樓蘭爲軍事與運輸之重地。例如宣元之際，設都護，置軍候•開井渠，積食穀、由鹽澤以至渠犂，亭燧相望，皆爲布置，軍事及運輸之重要政策，而漢亦得以安穩渡過艱險之長廊沙地，無復後顧之憂。武帝之第二策，即通西域以斷匈奴右臂，至是乃完全成功，水經注稱樓蘭王還伊循城，乃尉耆屠懼爲前王子所害，自請於天子者，非其實也。

及前漢之末，哀平年間，內政不修，中西交通斷絕•西域諸國，自相分割爲五十五國。及王莽篡立，貶處諸侯王，西域怨畔，與中國絕，而役屬匈奴。光武勤定，亦未遑外事，乃西域諸國，復自相攻伐，匈奴復脅諸國，共寇河西諸郡縣，邊境騷然。漢爲鞏固邊防起見，不得不重振旗鼓，恢復交通西域政策。至漢明帝永平十六年，乃有命將出師征匈奴，取伊吾盧地，與班超攻襲匈奴使者之盛舉也。余講至此，不得不連述後漢與西域交通政策之變更。蓋西漢通西域之路綫，取直綫，沿塔里木河前進數千里，皆爲不毛之地，供給甚繁，且鄯善已南遷，而樓蘭故墟又時爲風沙所浸襲，究非屯軍之安全良地。故後漢不得在敦煌通西域路中覓一安全之道，藉以爲屯軍之地，故注意及伊吾了。伊吾即今之哈密，地居天山之東麓，爲西域諸國門戶，匈奴嘗資之以爲暴鈔。又由伊吾至高昌，即今吐魯番，沿天山南麓，經焉耆龜茲，至疏勒，此爲天賦之良道。明帝之出兵攻伊吾者，蓋欲取此道也。然伊吾爲軍事要區，匈奴亦所必爭，而車師，焉耆龜茲又時與都護爲敵，明帝雖取之，而章帝終不能長久保守，卒退出吐魯番哈密二地。然北道既不可通，中道又太險，故又思及沙漠中之南道也。南道即由鄯善經且末，于闐至莎車，而鄯善適當其衝，且與車師相接，故由鄯善西可達于闐至莎車，北可至車師，漢爲開通南道計，故不能不仿西漢故事，收鄯善爲根據地，時竇固雖已取伊吾，一面又遣班超使鄯善，卒以班超之勇猛，率少數隨員，夜襲匈奴使者，使之驚死於暴力下，鄯善攝服，遂得南道之根據地。故班超藉之以收服于闐，雖章帝及和帝之初，西域變亂，北路諸國，共爲都護之患，班超時陷於孤立地位，卒以班超之巧妙外交手腕，次第收撫疏勒，龜茲，莎車。南道既通，北路亦啓其端倪。及竇憲再破匈奴取伊吾。屯田車師，班超又藉之以破焉耆，西域五十餘國，又悉附漢。南北兩路之天賦良道，遂完全爲漢有矣。和帝以後，西域諸國，時絕時通，要不出班超之策略。

綜觀兩漢交通西域情形，雖其路線與方法，各有不同，要皆以取得樓蘭與鄯善爲根據，而軍事及政治乃得發展。至塔里木河盆地。北以制服匈奴。以吾這次之發現，而可完全證實也。近英人斯坦因祇謂漢通西域係發展商業，是昧於中國史乘矣。

景山書社經售下列各處書籍

社址北平景山東街十七號

欲讀北平文化機關及北平各著作家的書籍請到

景山書社備有詳細目錄外埠　惠購寄遞迅速

北平圖書館
北京大學
輔仁大學
燕京大學
新潮社
樸社
光社
清華學校
師範大學
學衡雜誌社
歷史博物館
古故陳列所

中央研究院語言歷史研究所
西北科學考查團
中國地學會
中央觀象台
故宮博物院
現代評論社
工業大學消費社
地質調查所圖書館
北京大學研究所國學門

古層冰先生
盧慎之先生
李靜之先生
陳樹藩先生
張星烺先生
徐森玉先生
馬敘倫先生
膠子綬先生
陳援菴先生
吳靜淵先生
陶蘭泉先生

元實錄與經世大典

市村瓚次郎著
牟傳楷譯

明太祖洪武二年二月，勅令編纂元史，以李善長爲監修，宋濂王禕爲總裁，集多數學者開史局於南京天界寺。是年八月成本紀三十七卷，志五十三卷，表六卷，列傳六十三卷，共百五十九卷奏進。但順帝時代史料尙未蒐備，故復採集史料，續修補成之。翌年七月，復成本紀十卷，志五卷，列傳三十六卷，共五十三卷。前後通二百十二卷，與現行本二百十卷少異，（以上明太祖實錄卷三十九卷四十四卷五十丑）非現行本削減，即前記列傳卷數有誤。續修之本紀十卷，爲順帝本紀全部，志五卷，爲五行二，（元史卷五十一志第三下）河渠三，（元史卷六十六志第十七下）祭祀六，（元史卷七十七志第二十七下）百官八，（元史卷九十二志第四十一下）食貨五，（元史卷九十七志第四十五下）表二卷，爲三公二，宰相二；列傳三十六卷，當現行本何卷，殊難指明？元末人物屬於順帝時代者，恐多出於續修，例如忠義傳四卷中之後三卷，殆即此屬。然趙翼二十二史劄記卷二十九云：

今按元史列傳三十一二卷已載元末死事諸臣泰不華余闕等傳矣，乃三十三卷以後，又以開國時耶律楚材劉秉忠史天倪張柔張宏範等傳編入，幾於前後倒置，蓋三十二卷以前，係初次進呈，三十三卷以後，則第二次進呈者。

以現行本三十三卷以下爲續修者，據皇明實錄所載初修續修卷數考之，此語實無何根據。然元史以一年餘之歲月，分兩次編修，斷續合成，其不能全體融貫，自無足怪。以若斯短促之時日，苟非基礎於當時現存之史料，儘量鈔錄，則無論如何天才，亦難使底於成。玆所當考者，爲其所據之史料爲何耳。明太祖實錄三十九記明太祖告廷臣語云：

近克元都，得元十三朝實錄，元雖亡國，事當記載，況史記成敗，亦勸懲不可廢也。

李善長進元史表云：

上自太祖，下迄寧宗，據十三朝實錄之文，成百餘卷粗完之史，若自元統以後，則其載籍靡存，已遣使而旁求，俟續編而上送。

明云以十三朝之實錄爲主要之史料也。又太祖實錄三十九記天界寺開史局云：

取元經世大典諸書，以資參考。

是經世大典亦供史料無疑，即元史之史料，首爲十三朝實錄，次爲經世大典，及其他記錄文集等，今就實錄及經世大典試爲一言。

（甲）元朝實錄（附后妃功臣傳）　實錄爲編年之紀錄，南北朝時梁皇帝實錄始見於史乘，厥後唐及宋金二代皆有之。元朝實錄，自太祖迄寧宗，當有十五朝，此僅十三朝者，以除未就帝位之睿宗實錄，與順宗實錄而言也。十三朝實錄爲

太祖實錄
太宗實錄
定宗實錄
睿宗實錄
憲宗實錄
世祖實錄二百十卷
順宗實錄一卷
成宗實錄五十六卷
武宗實錄五十卷
仁宗實錄六十卷
英宗實錄四十卷
泰定實錄
明宗實錄
文宗實錄
寧宗實錄

此等實錄皆不傳於後世。

然元朝實錄之編纂始於何時歟？意者當自世祖至元二十三年（一二八六年）十二月，始着手於太祖以來累朝實錄之編纂，此見於元史卷十四世祖本紀（年月同前）云：

翰林承旨撒里蠻言國史院纂修太祖累朝實錄，請以畏吾字繙譯，俟奏讀，然後纂定從之。

是實錄原本當爲漢字，繙譯爲畏吾兒文時，須奏讀於通漢文字之世祖，經其裁可，始得確定。同卷二十七年（一二九〇年）之六月，敕大司徒撒里蠻及翰林學士承旨兀魯帶，奏進定宗實錄：（元史卷十六世祖本紀）成宗元貞二年（一二九六年）之十二月己巳，兀都帶奏進所繙譯之太宗憲宗實錄，（元史卷十九成宗本紀）此兀都帶與兀魯帶恐爲一人，都魯兩字，未知孰誤，大德七年（一三〇三年）十月戊寅

翰林國史院進太祖太宗定宗睿宗憲宗五朝實錄。（元史卷二十一

自太祖迄憲宗五朝實錄之完成，當在此時。

翰林兼國史院，世祖時始設，置承旨學士，侍讀學士，直學士等官，纂修實錄時，必參與焉。明初徐一夔與王褘書云：

近代論史者，莫過於日曆，日曆者，史之根抵也。至起居注之設，亦專以甲子起例，蓋紀事之法，無踰此。元則不然，不置日曆，不置起居注，獨中書置時政科，遣一文學椽掌之，以事付史館，及易一朝，則國史院據所付修實錄而已。四庫全書總目卷四十六元史解題引始豐稿

中書省時政科筆錄時事，迻付國史院是矣；而不置起居注則非事實。元史卷二十八英宗紀至治二年十一月

御史李端言朝廷雖設起居注，所錄皆臣下聞奏事目，上之言動，宜悉書之，以付史館。

又王惲進世祖實錄表云：

開館局而增置官僚，敕羣司而大紬圖籍；編摩既富，搜討加詳，采擇於時政之編，參取起居之注。元文類卷十六

是時政編之外，當有起居注，國史館蓋據二書而編纂實錄也。但世祖前，此等制度未備，自太祖迄憲宗之實錄固當有基礎之材料，而果據何材料，則殊不明。

成宗卽位之後，至元三十一年（一二九四年）六月甲辰，詔翰林國史院編修世祖之實錄。元貞二年（一二九六年）十一月己巳，兀都帶等所進實錄中，雖有世祖實錄之名，而實成於大德八年，（一三〇四年）二月，元史二十一卷（年月同前）云：

甲辰，翰林學士承旨撒里蠻進金書世祖實錄節文一册，漢字實錄八十册。

漢字實錄，自其册數考之，當爲二百十卷之足本。王惲進世祖實錄表云：

今所修世祖皇帝實錄二百十卷，事目五十四卷，聖訓六卷凡二百七十卷，謹繕寫爲二百七十帙，用黃綾夾複封全，隨表上進元文類卷十六

實錄皆一卷爲一帙，事目與聖訓，爲實錄之附錄，世祖以前無之，以後大抵皆附有之，但聖訓改稱制詔錄。

武宗至大六年（一三〇八年）二月，纂修其父順宗，及前代成宗之實錄，其四年（一三一二年）五月，丙子仁宗即位後，編緝武宗實錄。千頃堂書目以成宗實錄爲暢師文修，武宗實錄爲蘇天爵撰，未詳其何據？皇慶元年（一三一二年）十月，翰林學士承旨玉蓮赤不華等奏進順宗成宗武宗實錄，武宗實錄僅修一年餘者，以其在位不過四年耳。英宗即位後，延祐七年（一三二〇年）十一月，纂修仁宗實錄，至至治三年（一三二三年）二月完成，其時袁桷上實錄表云：

臣某等所編成仁宗皇帝實錄六十卷，事目一十七卷，制詔錄一十三卷，總計九十卷，繕寫已畢，用黃羅袱封全，謹具進呈。（元文類卷十六）

泰定帝泰定元年（一三二四年）十二月，丙寅，編纂帝父顯宗甘麻剌與前代英宗之實錄。文宗至順元年（一三三〇年）五月英宗實錄成，謝端進實錄表云：

臣等所編成英宗皇帝實錄四十卷，事目八卷，制詔錄二卷，總計五十卷，繕寫已畢，謹具進呈。（元文類卷十六）

此後之泰定帝明宗文宗及寧宗四朝實錄，成於何時，則殊不明？元史卷二十八順帝本紀至元元年（一三三五）四月條云：

己卯詔翰林國史院纂修累朝實錄，及后妃功臣列傳。所云累朝實錄，恐即指此四朝而言。

順帝在位不久，遂棄燕京而北狩，自無完成之實錄，而足爲實錄資料之紀錄文書，當猶有遺存。而庚申外史至正四年（一三四四年）之條記編成宋遼金三史獻進後之記事云：

進史畢，大宴羣臣于宣文閣。脫脫奏曰：『給事中殿中所記錄陛下即位以來事迹，亦宜漸加修撰，收入金縢』。上曰：『朕行事只在給事殿中處之，待朕他日歸天去，令吾兒爲之可也，仍以御圖書封藏金縢，自今不許有所入』。然不知給事殿中，邇來皆公卿膏粱子弟爲之，其實晝然，全無所書也。故庚申以來，三十六年史事並廢。（庚申外史卷上）

是順帝一代記錄竟缺如也。然元史續修之順帝紀其紀事精密處，亦與以前諸代相似，若實錄之資料亦無，當不能臻此。要之元史本紀不似歷代正史本紀之簡單疎略，而極豐富詳密者，以其儘量抄錄實錄與實錄之資料耳，故元實錄雖皆亡佚，而藉元史猶足窺其面目之一斑焉。

（附）后妃功臣列傳　翰林國史院所編纂者，歷朝實錄外，尚有后妃功臣傳。英宗至治元年（一三二一年）三月詔與仁宗實錄同時編纂后妃功臣列傳，順帝至元元年（一三三五年）亦與累朝實錄同時纂修后妃功臣列傳。當其時所編者，當爲與所纂之實錄同時之后妃功臣。元史卷四十一至正八年（一三四八年）云：

詔翰林國史院纂修后妃功臣列傳，學士承旨張起巖，學士楊宗瑞，侍講學士黃溍，爲總裁官，左丞相太平左丞呂思誠領其事。

其舉頗大，或不限時代，而爲通歷代者亦未可知。是歷朝實錄外，后妃功臣傳亦備矣。此等史料亦必爲編纂元史時所取材無疑。

（乙）經世大典　元史之資料次於實錄者，以經世大典爲最要，是書文宗天曆二年（一三二九年）九月戊辰，敕翰林國史院諸臣與奎章閣學士輯本朝典故，仿唐宋會要編纂（初未定名書成文宗賜名經世大典）。（元史卷二十三文宗紀）至翌年至順元年（一三三〇年）二月，國史院自有編纂事業，由奎章閣學士專當其任，於是年四月十六日開局，二年五月一日書成。是不僅序錄言之，元史卷三十五文宗本紀同年五月亦云：

奎章閣學士院修皇朝經世大典成。

是書編纂總監爲太師丞相答剌與太平王燕帖木兒，提調官爲

大司徒阿鄰帖木兒

奎章閣大學士忽都魯篤彌實

奎章閣大學士中書右丞撒迪

奎章閣大學士太禧宗禋使阿榮

奎章閣承制學僉樞密院事朶來

編纂正副總裁爲

奎章閣大學士中書平章政事趙世延

奎章閣侍書學士虞集

復由虞集推薦馬祖常楊宗瑞謝瑞蘇天爵李好文陳旅宋褧王士點分任纂修，元史卷百八十虞集傳云：

集言禮部尚書馬祖常多聞舊章，國子司業楊宗瑞素有曆象地理記問數度之學，可共領典：翰林修撰謝端，應奉蘇天爵太常李好問，國子助教陳旅，前詹事院照磨宋褧，通事舍人王士點俱有見聞，可助撰錄，庶幾是書早成。

足證其事也。

是書之資料，爲關於有司之掌故，官府之紀錄文書等，序錄云：

（前略）其書悉取諸有司之掌故，而修飾潤色之，通國語於爾雅，去吏牘之繁辭，上送者無不備書，遺亡者不敢擅補，（下略）（元文類卷四十）

其編纂之方針，藉是可窺。其篇目大體分左列十篇，屬於君事者四，屬於臣者六。屬於君事者爲

帝號第一，帝訓第二。帝制第三，帝系第四。

此爲別置蒙古局所管，屬於臣事者爲

治典第五，賦典第六，禮典第七，政典第八，憲典第九，工典第十。

以上六典之名基於周官與大唐六典，內容則仿通典會要。更細別之如左。

治典（十三類）

官制　三公　宰相年表　各行省　入官　補吏　儒學　敎官　軍官　錢穀官　投下　封贈　承蔭　臣事

賦典（二十六類）

都邑（附錄安南） 版籍 經理 農桑 賦稅（稅糧） 賦稅（夏稅）
賦稅（科差） 海運 鈔法（附錄錢法） 金銀珠玉銅鐵鉛錫礬鹻
竹木等課 鹽法 茶法 酒醋 商稅 市舶 宗親歲賜
俸秩 公用錢 常平義倉惠民藥局 市糴糧等 蠲免
（恩免差稅） 蠲免（災傷免差稅） 賑貸（京師賑糶糧 紅帖糧） 免貸（各處災傷賑濟）
禮典（三十二類）
朝會 燕饗 行李 符寶 輿服 樂曆 進講 御書
學校 藝文 貢舉 舉逸遺 求言 進書 遣使 朝貢
瑞異
右禮典上篇凡十有八目
郊祀 宗廟 社稷 嶽鎮海瀆 三皇 先農 宣聖廟
諸神祀典 功臣祠廟 謚 賜碑 旌表
右禮典中篇凡十有二目
釋 道
右禮典下篇凡二目
政典（二十類）
征伐
平宋 高麗 日本 安南 雲南 建都 緬甸 占城
海外諸蕃 瓜哇 平倒刺沙
招捕 軍制 軍器 教習 整點 功賞 責罰 宿衛
屯戍 工役 存恤 兵雜錄 馬政 屯田 驛傳 弓手
急遞舖 鷹房捕獵
憲典（二十二類）
名例（五刑 五服 十惡 八議） 衛禁 職制 祭令 學規 軍律 戶婚
食貨 大惡 姦非 盜賊 詐僞 訴訟 鬪毆 殺傷
禁令 雜犯 捕仁 恤刑 平反 赦宥 獄空 附錄
工典（二十二類）
宮苑 官府 倉庫 城廓 橋梁 河渠 郊廟 僧寺
道宮 廬帳 兵器 鹵簿 玉工 金工 木工 摶埴之工 石工 絲枲之工 皮工 氈罽 畫塑 諸匠

歐陽玄進經世大典表云：

（前略）爰命大臣，體會要之遺意，編敕官寺發掌故之舊章，倣周禮之六官，作皇朝之大典。臣某叨承旨喩，俾綜纂修，物有象，而事有原，質爲本，而文爲輔，百數十年之治蹟固大略之僅存，千億萬界之宏規，在鴻儒之繼作。謹繕寫皇朝經世大典八百八十卷，目錄十二卷，公牘一卷，纂修通議一卷裝潢成帙，隨表以聞，伏取進取。（元文類十六）

其卷數八百八十卷之外，目錄十二卷，關於編纂之公牘通議各一卷。其帙數不明，僅據序錄知政典爲百二十三帙。又據序錄知成於至順二年五月，元史記事亦同，而歐陽玄表云於至順三年三月進獻，當是書成後，尚需繕寫時日，且恐稿本外僅有一繕本。

大典之內容如何，據元文類卷四十一所載序錄，大體可知，至詳細之點，則不能知矣。明永樂初所編永樂大典引用經世大典頗多。今東洋文庫所藏之永樂大典二十六冊，卷一萬九千四百十六迄卷一萬九千四百二十六站韻十一卷，引用此書十七卷迄二十三，又一萬五千九百四十八及一萬五千九百四十九運韻兩卷，引用此書之四十九卷。前者記站赤之事，後者記漕運之事，年經月緯，巨細咸在網羅。漕運屬於賦典之海運，站赤屬於政典之驛傳。關於站赤記事之體裁，閱最近東洋文庫出版之影印永樂大典可知也。

明洪武初編纂元史時，既以元朝歷代實錄為本紀方面之主要資料，至於志類，則以經世大典為主要資料。此有三端可証；一，志類之記事多止於天歷二年以前。自天歷二年迄元末順帝北遁，殆四十年許，其止於天歷以前者，以經世大典天歷二年始敕命編纂，天歷以後事不之載也。二，元史志類細目次序多依經世大典，今姑徵之於食貨志第四十二至第四十五上，其目十九類如左：

經理　農桑　稅糧　科差　海運　鈔法　歲課
鹽法　茶法　酒錯課　市稅　市舶　額外課　歲賜
俸秩　常平義倉　惠民藥局　市糴　賑恤

此大體依前列賦典細目之順序，稅糧即含夏稅，市糴即含糧草，賑恤即合併蠲免賑貸。然經世大典之公用錢不見於元史，元史之額外課當大典何目亦不詳？元史之編者自述其據經世大典云：

食貨前志，據經世大典為之。目凡十有九，自天歷以前載之詳矣。（元史卷九十七食貨志第四十五下）

是已明言無疑。食貨志分前後兩志，前志為據經世大典，故止於天歷，後志屬續修之部，據六條政類，及其他材料，僅海運鹽法茶法三目迄至正間。三，以元史志類與大典比較，不特其取捨之程度可明，且益足證明其為據大典。以元史二百八十卷日本傳，二百十卷之緬甸傳，與載於元文類四十一卷經世大典序錄之注比較，即足認為元史之本於大典處。茲特以經世大典站赤之記事，與元史兵志站赤之記事相比較，以証元史之抄錄大典非為空論。左列為一部分之對照：

經世大典	——
（1）站赤者國朝驛傳之名也凡站陸則以牛以馬或以驢或以引車水則以舟其	元制站赤者驛傳之譯名也蓋以通達邊情布宣號令古人所謂置郵而傳命未有重於此者

應給驛者皆以璽書而軍務大事之急者又以金字圓符爲信銀字者次之其符天府掌之其書給在外者皆國人之爲官長者主之他官不得與也馬數多寡視官品高下公事大小止則有館舍頓則有供帳饑渴則有飲食畢則以符信歸諸所受之府不敢三日稽也祖宗之法至如今守之其官爲驛令小者皆提領又置脫脫禾孫於都會關要之地以詰其姦僞總之以通政院中書兵部站戶有闕乏逃亡者則以時簽完周卹之我國家疆域之大東漸西被暨於朔南凡在屬國皆置驛傳星羅棊布脈絡通通朝令夕至聲聞畢達此又總綱挈之小機也遼東犬站亦附見云

也凡站陸則以馬以牛或以驢或以車而水則以舟其給驛傳璽書謂之鋪馬聖旨遇軍務之急則又以金字圓符爲信銀字次之內則掌之天府外則國人之爲長官者主之其官有驛令有提領又置脫脫禾孫於關會之地以司辨詰皆總之於通政院及中書兵部而站戶闕乏逃亡則又以時僉補且加賑恤焉於是四方往來之使止則有館舍頓則有供帳饑渴則有飲食而梯航畢達海宇會同元之天下視前代所爲極盛也今故著其譯政之大者然後紀各省水陸凡若干站而遼東狗站亦因以附見云

(2)(中統)四年三月中書省定擬乘坐驛馬長行馬使人從人及下文曳剌解干人等分例劄付左三部遍行遵守乘驛使臣換馬處正使臣支粥食解渴酒從人支粥宿頓處正使臣日米一升麵一斤酒一升油鹽雜支鈔一十文冬月一行日支炭五斤十月一日爲始正月三十日終住支從人白米一升麵一斤長行馬使臣如齎聖旨令旨及省部文字幹當官事者其一二居長人員支宿頓分例次人與粥飯仍支給馬一匹草一十二斤料五

世祖中統四年三月中書省定議乘坐驛馬長行馬使人從人及下文曳剌解干人等分例乘驛使臣換馬處正使臣支粥食解渴酒從人支粥宿頓處正使臣白米一升麪一斤酒一升油鹽雜支鈔一十文冬月一行日支炭五斤十月一日爲始正月三十日終住支從人白米一升麵一斤長行馬使臣聖旨令旨及省部文字幹當官事者其一二居長官員支宿頓分例次人與粥飯仍支給馬一匹草一十二斤料五升十月爲始至三十日終止白米一升麵一斤油鹽雜用鈔一十文投呈公文曳剌解干依部擬頓宿處批支

升十月爲始至三月三十
日爲終止白米一升麵一
斤油鹽雜用鈔一十文投
呈公文曳剌解干依部擬
分例宿頓處批支

右第一則尙略有取捨，第二則殆完全採用原文，其他類此者尙多。然元史不過抄錄經世大典三十分之一，此以永樂大典引用經世大典站赤之部百四十葉，而元史站赤之部不滿四十葉証之，可知；其他部分雖未必與此處同一刪削而以經世大典之詳細較元史之疎略，此斷定當無大差。

明初洪武時，編纂元史於南京，歷代實錄與經世大典共自北京移於南京。而永樂大典亦編纂於南京，經世大典旣見引用，當時經世大典猶存於南京。及永樂十八年（一四二〇年）確定遷都北京時，此等書籍皆輸送於北京，貯藏於文淵閣。故正統六年（一四四一年）楊士奇撰文淵閣書目，不僅記其移送之事，且著經世大典七百八十一冊，其時此書藏於北京之宮中無疑。萬歷三十三年（一六〇五年）張萱等撰內閣書目，不載經世大典，此百六十餘年間，是書當已散佚矣。然葉盛之菉竹堂書目，著錄元朝經世大典七百八十一冊，黃虞稷千頃堂書目亦載經世大典八百八十卷，目錄十二卷，公牘一卷，纂修通議一卷。天曆二年命趙世延虞集等修是當如何解釋歟？按據葉盛序，其書目六卷，仿馬端臨之經籍考著錄古今之書，其後錄爲葉氏所藏書。今之菉竹堂書目，爲其五世孫所錄，不分卷數，意其當與原書異。原書所著錄旣不盡爲葉氏藏書，元朝經世大典七百八十一冊，當爲文淵閣所藏之書名冊數，不必藏於菉竹堂也。其揭載於千頃堂書目者固不限於黃氏所藏書，且亡佚亦著錄之，故所著經世大典之卷數目錄公牘及纂修通議等，當是據歐陽玄之進經世大典表。

是文係日本箭內亘博士遺集蒙古史研究附錄之一，據著者（市村）之蒙古史研究序，知爲所著元史源流考之一節，故其文重在考元史之取材。譯者以關於元實錄及經世大典二書，我國尙無爲之考證者，故取而譯之。此文末節尙有論及元太平經國書與脫卜赤顏（元秘史）數語，以與此無關，故從略。

按是文論及元史列傳之編次，引趙翼二十二史劄記（卷二十九）以元史三十三卷以後爲第二次進呈之說，著者雖已知其說無據，而猶云不能全體融貫自無足怪。不知趙說實誤，元史列傳之編次，以其人之種族爲準，非依

時代，此常從錢大昕說。（十駕齋養新錄卷九，二十二史考異九十七）

譯者誌

二十年一月十三日於北平

太陽契丹攷釋

馮家昇

嘗考女眞蒙古，異名繁多。如大金國志初興本末之朱里眞，慮眞，女直，松漠紀聞之女質，拾遺卷十三引余靖武溪集之注展（女眞名號余別有攷）。舊唐書室韋傳之蒙兀，新唐書室韋傳之蒙兀，松漠紀聞之盲骨子，大金國志之朦骨，蒙韃備錄之蒙古斯，遼史道宗紀之萌古國，金史兵志之萌骨部。計數十之多；而契丹最古，元魏以來，僅此一名。說者謂女眞蒙古，史無專傳，未有定稱；契丹自魏書列有專傳，人習其名，故無異釋。此豈其然歟？

去年春，嘗爲『契丹釋名』一文，屢翻唐宋人筆記，而無所獲。其後偶閱陶九成說郛所引遼東志略，得太陽契丹一辭思之不解，乃轉而求諸正史，始爲是文。說郛卷九七引遼東志略曰：

契丹東胡種，居西樓東，潢水南，黃龍北。得鮮卑故地，或以爲鮮卑遺種。至元魏時，自號契丹；五代末，稱太陽契丹。……

案太陽，日之俗稱也，契丹尚日，故如所稱。惟此非其自稱，漢人稱之耳。五代之世，南北交涉頻仍，冠蓋往來，見其風俗，因以是名呼之也。新五代史卷七二四夷附錄云：

契丹好鬼而貴日，每月朔旦，東向而拜日……

不曰唐末，或宋初，何以五代末，稱太陽契丹？豈貴日之俗，始自五代乎？案五代之末，當遼穆宗之世。史稱穆宗在位十八年，「荒耽於酒，畋猎無厭，佔鶿失期，加炮烙鐵梳之刑，獲鴨甚歡，除鷹坊刺面之令。賞罰無章，朝政不視，而嗜殺不已」云云。凶殘不仁，正是野蠻人之本來專目；猎獸，獲鴨，放鷹，復爲契丹人之日常生活。前之太祖，太宗，世宗，傾向漢化，俱較文明；惟至穆宗，狃於舊習，恢復舊態故史有此評。遼史卷六穆宗本紀：

應曆二年乙卯日南至，始用舊制，行拜日禮，州民進黑兎。

所謂「舊制」必先曾行此制，後廢之也。考遼史載拜日之事，穆宗已後甚繁，穆宗已前，則僅見一次。而此一次，亦僅太祖行之。遼史太祖紀：

天贊三年九月丙申朔，次古回鶻域，勒石紀功。庚子，拜日于蹕林。

遼東志略，以五代末，稱太陽契丹，必此之故也。契丹拜日，遼史別列一儀，初疑有定制，實則並無一定，大事小事俱行之。天子即位，出兵撻伐等等大事，固須拜日；而婦人生產或過小節，亦必禮拜。遼史禮志：

柴冊儀：擇吉日，前期置柴冊殿，及壇坫之制……八部之叟，前導後扈，左右扶翼皇帝，冊殿之北隅拜日。……

臘儀：臘十二月晨日，前朝一日，詔司猎官，選猎地。其日皇帝皇后焚香拜日。……

皇后生晨朝賀儀：臣僚昧爽，朝皇帝皇太后，大帳前拜日……

宋王易燕北錄（說郛卷三八），有一節記契丹風俗云：

生產儀：皇后欲覺產時，於道場內，先燒香，望日番拜八拜。……其餘契丹婦人產時，亦望日番拜八拜。

除上述節儀，行拜日禮外，專有拜日儀，爲正式敬拜日之禮制，亦契丹人之隆重大典。遼史禮志：

拜日儀：皇帝升露台，設褥，向日再拜，上香，門使通閤使或副應拜，臣僚殿左右階，陪位再拜，皇帝升坐，奏牓訖，北班起居畢時，相已下通名再拜，不出班奏，『聖躬萬福』，又再拜。祇候宣徽已下橫班同司諸閤門，北面先奏事，餘同。教坊與臣僚同。

契丹拜日，有大事，或逢節儀時行之，如前所述是也；甚至平日無何事項，亦行之。今僅就聖宗開泰間觀之，拜日之煩瑣，蓋可知矣。遼史聖宗紀：

開泰二年　夏四月甲子，拜日。

四年　六月庚戌，上拜日如禮。

秋七月，上又拜日，遂幸秋山。

七年　春二月乙丑朔，拜日，爲渾河。

夏四月，拜日。

觀此數次拜日，並無何大事，亦未有若何儀節，可知契丹人之拜日，並無定例，隨時行之也。

俗以日月並稱，禮日必禮月，二者大都兼拜，即中國歷代古制，亦（一）有『朝日夕月』之祀典（柳宗元論云：夕之名，朝拜之隅也。）。惟契丹不然，敬日常勝于敬月。遼史禮志考證云：

按聖宗本紀，統和元年十二月，千齡節祭日月；四年十二月，爲駙馬都尉蕭勤德祈福。兵衛志，凡舉兵，以青牛白馬，祭告天地日神。則拜日之儀，有獨拜日者，有兼拜月者。拜月之儀，志雖未載，其儀當與拜日等。』

是說甚非，割裂字句尤不當。遼史兵衛志原文云：

凡舉兵，帝率蕃漢文武臣僚，以青牛白馬祭天地日神，惟不拜月。

行軍爲契丹人之國家大典，不拜月之語，大提特提，必有微意存焉，惜史不詳說，未著其故。而考證竟以「不拜月」三字，輕輕放過不提，未免削足適履，强合己意矣。又云，『有獨拜日者，有兼拜月者。拜月之儀，志雖未載，其儀當與拜日等。何以知其然？豈以統和元年四年，日月竝稱，則謂兼拜乎？又以禮志有拜日儀，疑拜月儀原有，而爲史家失載乎？考日月並祭，自太祖迄天祚，僅此二次，他書概未之見；而拜日，則屢見不鮮。統和元年四年，係偶爾爲之，何得謂之兼？因崇拜日，故有拜日儀；志無拜月儀者，不爲所貴也。日月敬拜輕重之分，甚屬顯然，何得謂拜月與拜日等乎？王易燕北錄（說郛弓第五六）云

契丹如見月蝕，當夜各備饌相賀，戎主次日亦有晏會。如日蝕，即盡望日吐之，仍背日坐。

遼史穆宗紀：

十一月庚子，司天台奏月當食不虧，上以爲祥，歡飲達旦。

同書聖宗紀：

秋七月庚戌朔，日有食之，詔以近臣代拜救日。

觀燕北錄，月蝕則備饌相賀，日蝕則望日吐之。遼史，月蝕則以爲祥而歡飲；日蝕則詔近臣代拜救日。則契丹對日月敬拜與否之分，豈不顯然？

契丹貴日，既爲所述，而其崇東之俗，亦與之關連。蓋以日出東方，敬拜日之所出也。案中國俗，亦尚東。稱方位曰東西，稱屋廬曰左廂右廂，所謂東爲上，西爲下也。顧炎武日知錄集釋卷三八東向坐條云『古人之坐，以東向爲尊，故宗廟之祭，太祖之位，東向。即交際之禮，亦賓東向，而主人西向。』並引新序，史記，漢書，唐書，證明自戰國迄唐，以東爲上位。中國崇東之俗，不知所自始，而契丹則因拜日而起也。馬端臨文獻通考卷三四五論契丹風俗云：

好鬼而貴日，每月朔日東向而拜日。其會聚，視國事，皆以東向爲尊。四樓門屋，皆東向……

上說，可分三段。（一）凡遇儀節，東向拜，（二）會

聚時以東向為尊，（三）門屋皆東向。

（一）凡遇儀節東向拜　此點于前所論之柴冊儀，臘儀，生產儀，拜日儀等俱可見。即祭天亦然。（二）宋綬上契丹事，關於風俗，習慣論之甚詳，中有一節云：

……又歷荊榛荒草，復渡土河。木葉山，本阿保機葬處，又云祭天之所，東向設壇……

土河，古稱徒河，亦作託紇真，即今之老哈河。木葉山，當土河潢水合流之處，遼屬永州。遼史儀衛志：

鞍馬祭山儀：皇帝乘馬，侍皇太后行臘儀。皇帝降輿，祭東畢，乘馬入。……

何為祭東？以東向祭而名之，非「東」為神而祭之也。遼史語解云，『國俗，凡祭皆東向，故曰祭東。』

（二）會聚時以東向為尊　契丹禮，天子東向，貴戚或南向，或北向，以親疏尊卑，分別之。臣僚亦以尊卑，分別其所向。官大者，居西東向；官小者，居東西向。遼史百官志：

遼俗東嚮而尚左，御帳東嚮，遙輦九帳南嚮，皇族三父帳北嚮……

遼史禮志論皇帝受柴冊儀云：

文官六品已上，位橫街南，東方西向；武官五品已上，位橫街南，西方東向……

（三）門屋皆東向　中國俗以北為正，故以北房為正房，坐北向南。契丹則不然，雖以東為上，而屋舍則坐西，門屋俱東向。舊五代史卷一三七：

……邑屋門皆東向，如車帳之法。城南別作一城，以實漢人，名曰漢城。

案冊府元龜卷九五八亦云：『其邑曰西樓，邑屋門皆東向，如車帳之法。城南別作一城，以實漢人，名曰漢城』云云，蓋取諸舊五代史，其下不復詳引。契丹國志卷一：

……今上京是其城，與宮殿之正門，皆向東闢之。

各史所記，大抵如是。今更証以當時行人，目擊親見者，其說亦然。（三）富鄭公行程錄記云

……又至承天門，內有昭德宣政二殿，皆東向；其氈廬，亦皆東向……

又（四）薛映記遼上京臨潢城內云：

……入西門，門曰金德，內有臨潢館子。城東門曰順陽，北行至景福門。又至承德門，內有昭德宣政二殿，與氈廬皆東向。

富鄭公所記之承天門，即薛映所說之承德門。承德當係承天，傳寫之誤，其內昭德宣政二殿相同，所記方向亦無異

。故知契丹門屋東向之說，非虛也。

再考敬日崇東之俗，不惟契丹人有之，凡中國北方民族，幾莫不然。蓋以彼等環境既極相同，而其文明之程度亦復相當，故於風俗習慣，類多相似。

塞北氣候寒冷，人所共知。日升則溫，日沒則寒。一年之中，溫煖之日極少。所謂『寒沙四面平，飛雪千里驚，風斷陰山樹，霧失交河城，不覩白日景，但聞寒鳥聲』是也。爲其如此，故人民常依地理之順勢，太陽出沒，定其屋廬之方向（五）許奉使行程錄云

次早，館伴同行馬五七里，一望平原，曠闊有民居千餘家，星羅棊布，更無城郭，里巷率皆背陰向陽。

此記使金臨至會寧府之情狀，在今吉林省境，尚非蒙古沙漠地可比，而里巷背陰向陽，亦猶門屋東開向日也。長白西清黑龍江外紀卷六紀達呼爾風俗云：

…草屋南向北三楹，或五楹，皆中爲堂屋，西爲上屋。鄉居者，率稱西面爲「德爾吉」，譯言上也，蓋尙右之意。

案西爲上屋，猶中國以北爲上屋，中國屋舍坐北向南，而此則坐西向東也。唐晏渤海國志卷二引王會行程錄云，『所居屋，皆就山牆開門』。注云：

按東三省舊風，房門皆在東南，至今仍之。入門則南西北，皆火炕也。以西爲尊，南次之，北又次之。

以西爲尊，亦猶達呼爾以西爲「德爾吉」也。去年與一黑省朋友談起，詢以此事，彼云今日該地人家，猶多如是。門屋向東者，俗謂「朝陽屋」也。（六）俄人史祿國云：『按中國載藉所傳，十一二世紀時，滿洲人民房屋之方向，與今適異，俗皆東向云云，惟余在黑龍江沿岸發掘所見，殊難証明往昔中國旅行家報告之確實』。史氏所發掘，在黑龍江沿岸，固不能與靠山爲屋者比。且限一地，未作普遍之攷察，尙不能推翻典籍所載之根據也。

以言文明程度，塞北民族大都相當，間雖受中國文化之影響，比較進化：若論一班普通人民，其野蠻仍固若也。若遼若金若元，固較匈奴鮮卑突厥進步，然僅限于塞內或近塞之人民，至其原著土人，與匈奴鮮卑突厥諸族，相伯仲也。進化民族，爲便利生活起見，常以時間劃分爲若干部分，所謂年月日時刻分秒是也。而野蠻民族，不識不知，每隨自然而分配時間，此亦崇拜太陽原因之一，史記匈奴傳云：

舉事而候星月，月盛則攻戰，月虧則退兵。

後漢書卷一二〇烏桓傳云：

見鳥獸孕乳，以別四節。

通典卷一九七突厥傳云：

候月將滿，輒爲寇抄。

洪皓松漠紀聞第十四頁（學津本），論女眞風俗云：

女眞茁絕小正，朔所不及，其民皆不知紀年，問之則曰，『我見草青幾度矣』，蓋以草一青爲一歲也。

智識落後之民族，不能支配自然，每爲自然所支配，故一舉一動，眞不以自然之範圍，爲其範圍。不惟智識落後之民族如是，即進化之人民，使孤處荒原絕域，亦無不然。（六）王延德使高昌記云

次歷樓子山，無居人，行沙磧中，以日爲卦。旦則背日，暮則向日，日中則止，夕行，望月亦如之。

今日鄉間農民，猶以日爲劃分時間之標準，更知古代野蠻民族與日之關係，當何如也。夫天道運行，周而不息，日升爲晝，日沒爲夜，自吾人視之。不覺其奇，而自野蠻人視之，則以爲非常。每由好奇之心理，生敬畏之心，以爲有靈存焉。不特一民族如是，世界原始民族，無或不然。契丹民族敬日之由，當亦不外是例。

漢北諸族之風俗習慣，各史言之甚略，亦且常相混雜。如貴壯賤老，匈奴與契丹同。『冬月時，向陽食，夏日時，向陰食』之句，魏書載在庫莫奚傳；隋唐已下，忽入契丹傳。烏桓俗，死者歸（八）赤山；契丹俗，死者亦歸（九）黑山。大抵諸族以游牧爲生，遷徙不定；且部落毗連，常相爭鬥。于不知不覺中，即彼此潛移默化。故（十）北史以失韋爲契丹之別數，（十一）五代以契丹爲匈奴之苗裔，此皆根據其風俗習慣相同之點而言也。更有一族被一族征服，彼征服者常受征服者之同化。契丹之於突厥，即其例証。西魏大統十二年，蠕蠕敗滅，土門挾其鋒銳來，征服諸族。于是（十二）『東自契丹室韋，西盡吐谷渾，高昌諸國，皆臣服之』。影響所及，而契丹之風俗習慣，遂同突厥。唐會要卷九六，記契丹風俗云：

死無服紀，子孫死父母晨夕哭，父母死，子孫不哭，餘風俗與突厥同。

（一）死無服紀，諸野蠻民族皆然；（二）貴壯賤老，大抵匈奴鮮卑烏桓及東胡民族俱同，非契丹之特點；（三）餘風俗同突厥，爲一籠統之語，蓋所同者必甚繁，不遑歷舉焉。北周書卷五十突厥傳：

⋯可汗恒處于都斤山，牙帳東開，蓋敬日之所出也。

又隋書卷八四突厥傳，煬帝詩云：

鹿塞鴻旗駐，龍庭翠輦迴，氈帷望風舉，穹廬向日開。

『牙帳東開』，『穹廬向日開』，非契丹門屋東向之俗乎？文稱敬日，非契丹之拜日乎？惜突厥日之俗，史不詳載，其敬日之情狀，崇東之習俗，更不復多知。然由此數語則，突厥與契丹之關係，蓋可瞭然矣。第此尙未能斷言契丹貴日日崇東，得自突厥，何則？蓋北方諸族，所處環境俱類似，文明程度亦相當，彼此潛移默化，一族之特殊風俗，不能獨保，常爲他族所習染，故其風俗習慣，俱有類似之點。觀以下所引匈奴，烏桓，高麗，新羅，女眞諸族可知。有獨拜日者，有兼拜月者；有東向者，有北向者，有南向者，皆互有關係。

匈奴　史記卷一一○匈奴傳：『單于朝出營，拜日之始生；夕拜月。其坐，長左而北鄉』。

漢書匈奴傳：師古注云：『坐者以左爲尊』。

烏桓　後漢書卷一二○。烏桓傳：『…居無常處，以穹廬爲舍，東開向日』。

同書：『敬鬼神，祠天地日月星晨山川，及先大人有健名者』。

新羅　北史卷九十四新羅傳：『風俗，政刑，衣服，與高麗同。每月旦相賀，王設宴會，班賚羣臣。其日，拜日月神主』。

高麗　舊唐書卷一九九高麗傳：『…記事靈神日神可汗神箕子神』。

女眞　大金國志卷三五：『遇日月蝕，禁樂，斷屠，六齋，（初一，初八，十四，十六，廿三，廿九，），上七十五，並不許殺。

同書卷三九：『其節序，旦則拜日相慶』。

金史卷二九禮二：『金初用本國禮……大定十五年，有司援據漢唐…殿前東向拜，詔姑從南向…十八年，上拜日于仁政殿，始行東向之禮。

此外若百濟，勿吉，室韋，奚，霫，回紇等族，敬日之俗，雖無明文，然而史稱百濟勿吉，與高麗新羅同；室韋奚霫，與契丹同，廻紇與突厥風俗，亦類似。則敬日之俗，似亦爲所有。果爾，則契丹貴日崇東，亦所固有，非受突厥之同化始習之也。

徵諸各史，契丹崇東之語，昉見舊五代史；貴日之俗，始于新五代史，疑若契丹自五代時，始有此俗。其所以如此者蓋因五代以前，南北使節不繁，其風俗習慣，知者甚少；更因叢爾小類無足輕重，史家不遑詳論。故自魏書以至唐書，除與本朝有關係之事實外，千篇一律，材料無新增加。五代之末，契丹爲一强大帝國，五胡十六同之後，開外族滅中國之先例。其位置之重要，固不待言。爲時交涉甚繁，信使往返亦多，故其貴日崇東之俗，昉見新舊二五代史，而遼東志略復以造一新名辭，此太陽契丹名稱之由來歟？

本文附注：

注一 宋史卷一〇三禮志

注二 厲鶚遼史拾遺卷十三

注三 宋葉隆禮契丹國志二四引富鄭公行程錄。

注四 遼史卷三七地理志引宋大中祥符九年薛映記上京語。

注五 大金國志卷四引許奉使行程錄。

注六 S.m.shirokogoroff, social organizations of the manchus,P:93.

注七 揮麈前錄卷四引王延德使高昌記。

注八 後漢書卷一二〇：『死斂屍以棺，有哭泣之哀，至葬則歌舞相送，肥養一犬，以彩繩纓牽，幷取死者所乘馬衣物，皆燒而送之。言以屬累犬。使護死者神靈歸赤山…如中國人死者，魂神歸岱山也』。

注九 說郛卷九七引遼志：『冬至日，國人殺白羊白馬白雁，各取其生血和酒，國主北望拜黑山，奠祭山神，言契丹死魂爲黑山神所管。又彼人傳云，凡死人悉屬此山神所管，富民亦然。契丹黑山，爲中國之岱宗云，北人死魂，皆歸此山……』。

注十 北史室韋傳：『室或爲失，蓋契丹之類，其南者爲契丹，在北者號爲失韋』。

注十一 新五代史卷七二：』契丹與庫莫奚同類，而異種』。又云『奚本匈奴之別種』。

注十二 王溥唐會要卷九四。

女眞文字之起源

毛汶

世之尙論女眞文學者，多不能詳述其文字之起源，而析言其先路；斯蓋金史文藝傳之浮詞，有以階其厲也，文藝傳之言曰：

金初未有文字，世祖以來，漸立條敎，太祖旣興，得遼舊人用之，使介往復，其言已文。………

此寥寥數十字，殊未能示吾人以金代文字起源之時日也！且語多泛設，義更含胡；條敎是否爲成文之法？旣未明言，太祖得遼舊人而用之之時日，復不可知。若是而欲詳述其一代文字之起源，豈不戛戛乎其難哉！

無已請先證其條敎設立之時日，及其是否成文？果條敎而成文者，則文學之淵源，自易逆溯。

不然，亦當自設條敎之日始，逐世以尋其線索；苟能確定其始有文字之時日，則文學之淵源，其在乎斯矣！

夫前乎條敎設立之世，金源氏之民，固渾渾噩噩，不識不知，其生活之需求，實無待于文字者！故吾無容心焉。

居嘗閱金史世祖紀，不見其載設立條敎事，即肅宗穆宗紀中，亦無設立條敎語。顧按之昭祖紀，則得所謂設立條敎云云者，其言曰：

生女眞之俗，至昭祖時，稍用條敎，民頗聽從。……

紀中更詳載條敎成立之經過云：

昭祖欲稍立條敎，諸父部人皆不悅，欲坑殺之，已被執，叔父謝里忽—金史列傳謝里忽傳謂謝里忽係昭祖部將，—知衆將殺昭祖，曰：『吾兄子，賢人也！……此輩奈何輒欲殺之！亟往彎弓注矢射于衆中，劫執者皆散走，昭祖乃得免，………』（按金史紀事本末所載亦與此同）

觀于昭祖紀所言之詳盡，更參以謝里忽傳所載之僉同；則知所謂『條敎之設立，在于昭祖之時。』實爲較有根據之結論。惟昭祖，世祖之祖也，文藝傳攘其祖之業以與之孫，疑失實矣！

至于條敎之是否成文？世祖紀固曾言之，紀中有『稍用條敎，民頗聽從；尚未有文字。』等語，固當日條敎不成文之鐵證也！

其後于昭祖者，爲景祖。綜其生平，多從戎事，按其紀傳，亦無有關于文事者。

其次，即世祖，際此時，文字之用尚未興焉。按之肅宗使遼，可以知之。世祖紀叙肅宗使遼之言曰：

肅宗（世祖弟）能知遼人國境人情，凡有遼事，一切委之。……凡白事于遼官，皆令遠跪陳詞；譯者傳致之，往往爲譯者錯亂，肅宗欲自前委曲陳言，……乃以草木瓦石爲籌，權數其事而陳之，官吏聽者皆愕然，問其故，則爲卑詞以對曰：「鄙陋無文故如此」，……

夫遼人之愕然，非必由于肅宗之雄辯也！實以其能通遼語，不俟譯者而能委曲自陳也。至其「無文」之對，史曰「卑詞」，要屬信語，蓋肅宗而能文；則進奏之時，正可陳書達意，輔以遼言，固無用其草木瓦石爲也！

復次，至于穆宗，穆宗者，世祖弟也，亦肅宗弟也，其時，遼方有國舅海里之亂，穆宗乃得受命以討叛亡，斬其首以歸之遼，此蓋並見於金史，契丹國志，大金國志者；特契丹國志述遼人命穆宗事更詳盡焉，其言曰：

壽昌二年，是歲大國舅帳蕭里解四郎君……率衆奔生女眞，就結楊割太師謀叛，諸軍追襲；至境上，不敢進，具以聞。北樞密院尋降宣劄子付楊割一面圖之，楊割遷延數月，獨斬賊首解里首級，遣長子阿骨打獻遼，

……………

夫契丹國志，以北樞密院降宣劄子付楊割事爲言，似遼之于金，在穆宗之世，固曾命之以手詔矣，然其書繫年不合，（海里之叛在乾德三年，非壽昌二年），系世不倫，（阿骨打乃穆宗之次任，非其長子），「降宣劄子」云云，要未可以盡信，藉云有之，而當日女眞族人之是否能通劄子之義，而無待于使者之傳譯，亦一疑問也。

繼穆宗之後者，爲康宗，于是時，民多貧病，乃議免其賦稅；故金史穆宗紀載其事云：

康宗與官屬會議，太祖（按即阿骨打康宗弟也）在外庭，以杖端繫帛麾其衆，令曰：今貧者不能自活，賣妻子以償債；骨肉之愛，人心所同，自今三年弗徵，過三年，徐圖之。……

即此麾帛令衆事，亦未能令人信其時之已有文字也！蓋

免徵賦稅，部族之大事；宜如何三復斯言，書之竹帛，以昭告有衆，咸使聞知；乃竟計不出此，僅以杖端之帛，爲免賦之徽；斯誠令人百思而不得其解者！

康宗卒，太祖立，當起兵伐遼之日，金史太祖紀曾紀其事曰：

> 世事遼國，……今將問罪于遼，天地共鑒佑之，
>
> 遂令諸將傳梃而誓，………

吾以爲「傳梃而誓」，此金人猶未有文字之時也，非然者，禱天申討，誓衆出兵，正當傳檄要盟，用見仇之義；又焉用其傳梃爲？然此亦推肌之辭：實未能自信，而兼以信人也！及閱金史烏野——勗——傳載：

> 女眞初無文字，及破遼，獲契丹漢人，始通契丹，漢字，………

又金史耨盌溫敦思忠傳亦載：

> 太祖伐遼，是時未有文字。………

乃敢信前此推擬之詞，實爲不移之論，固知遼兵未破之日，雄師方出之時，金人之無文字，已成鉄案矣。

然則金人始有文字，究在何時？曰：其必在阿骨打建號稱尊之日乎？按之金史，可以知矣。金史太祖紀載：

> 收國元年，四月，遼耶律家奴以國書來，上以其書詞慢侮，留其五人，獨遣家奴回報，書亦如之，………六月，已亥，遼耶律家奴復以國書來，猶斥上名，上亦斥遼主名以復之，幷諭之降。

而遼史天祚帝紀亦載：

> （天慶）五年春正月，遣僧家奴持書約和，斥阿骨打名，阿骨打遣賽剌復書。……

是在收國元年之際，金人已有能文者，昭昭可考矣，然而禱天誓梃，兵未交綏之時，其去建號復書之日，不及一年，而文野之差如此其甚；則知轉移之力，厥在降人，是甯江州既陷之後，收國始建之前，固降人雲集之時也！

抑尤有言者，遼史云：阿骨打遣賽剌復書，而賽剌其人，金史無傳，則所謂「遣賽剌復書」云者，當係令賽剌爲復書之使，而非命賽剌草復書也，誠以命草復書，事在金廷，何與遼人之事，而必及之？惟其爲奉書之使，蒞大遼之廷，遼史紀之，乃有謂焉。

然而破遼而獲契丹降人，烏野傳固曾言之；特究之所獲伊何，仍未肯爲外人道也！故貽惑滋甚。

毋已，其旁求他籍以發明斯文乎。

按之遼史天祚帝紀之載「阿骨打稱帝」事，有足引人入勝者，其言曰：

（天慶七年）十二月，阿骨打用楊朴策，即帝位，建元天輔，國號金，楊朴又言，自古英雄開國或受命，必先求大國封册，……（註一）

而宋人李心傳之建炎以來繫年要錄，及徐夢莘之三朝北盟會編載阿骨打稱帝事，亦頗詳盡。

繫年要錄云：

重和元年，秋八月，旻用遼秘書郎楊璞計即皇帝位。（註二）

三朝北盟會編云：

有楊璞者，鐵州人，少第進士，累官秘密郎，說阿骨打，——阿骨打大悅，吳乞買等，皆推楊璞之言，上阿骨打尊號爲皇帝，國號大金，建元收國。（註三）

細味三書之言，吾人所未能了了，及烏野傳所未肯道者，亦幾乎可以得之矣。

雖然，猶有辯者：李徐二氏之書，固有傳聞傅會之詞，不足盡信；然其紀楊朴（或楊璞）勸進事，要有足取，蓋皆本于趙良嗣之燕雲奉使錄，與馬擴之茆齋自叙也。（註四）夫良嗣馬擴，固皆于阿骨打稱帝前後一二年間，身蒞金廷，習見其國中搢紳諸公矣！其歸而著錄，自遠勝于以耳代目，而執筆以爲言者。今繫年要錄，北盟會編，因之以敷陳其事，吾故曰其說要有可信者。試更參以遼史『用楊朴策，即皇帝位』之辭，尤覺楊氏入金爲可能之事；陳言勸進，亦理勢之所必然者！然而金史無楊朴（或楊璞）傳，抑又何也！曰，其故有二：

（一）金人之自諱也　蓋建國大事，計不能出于降人之議。故雖有楊氏之言，而冠名勸進，仍當歸之吳乞買撒改諸人，此以言于國體者也。

（二）欲顯棄其身也　夫既傳其人矣，則其人之事功，要不可沒，又何如置之不傳之爲愈?!太祖實錄諸書之不載其人，當是此故，非然者，若盧彥倫，毛子廉輩，既無與於建國之大計，而歸朝又晚，金史何以獨傳?

夫楊氏以大遼之文臣，作新朝之佐命；其于國計，自著勳勞；矧握文衡，尤多偉績！楊氏入而金源之使介往復，其言始文，（文藝傳語）楊氏入，而宗室諸子，乃知問學，（烏野傳語）迄其後女眞字體之頒行，亦莫不因楊氏之敎也！（註五）則謂楊氏爲金源文學之泉源，要無不可！雖宗室胡十門者，亦善漢語，通契丹大小字，（見胡十門傳）然究其歸朝之日，終後於楊氏二年而强，（按胡十門入金爲收國二年故云）是其不能爲金代文學之濬源人，又可見矣！是故女眞文字之權輿，實造端夫楊氏，而始萌于收國紀元前一年也。

註一　阿骨打建元稱帝之日，實爲遼天祚帝天慶五年，惟改元輔國，則在天慶七年，非稱帝時，即號建天輔也，——遼人以阿骨打來求封冊之日，在天慶七年，（惟其時金已爲天輔改元之元年）故遼云：「天慶七年，阿骨打稱帝」，而略其收國之始元矣，其實楊氏勸阿骨打稱帝，事在天慶五年，其勸阿骨打求冊封，乃在七年也。

註二　繫年要錄謂阿骨打稱帝之年，在宋爲重和元年，此實大謬，想亦南北間隔傳聞致誤也。——特其述楊璞（或楊朴）事，乃根據趙氏之燕雲奉使錄，馬氏之茆齋自敍，故仍採用其言，蓋不以瑕掩瑜也。

註三　北盟會編於阿骨打稱帝下，即載「命韓企先訓字」語，查韓氏入金，乃在天輔六年，見（韓企先傳）不能於阿骨打即位時受命訓字，此言當係傳聞之誤，不然，何以繫年要錄不載？

註四　按始書楊璞之名者，爲趙良嗣之奉使錄，及馬擴之自敍，（遼史稱楊氏爲楊朴）而北盟會編及繫年要錄都書楊氏爲楊璞，其本於趙馬二氏之書可知。

註五　宗室諸子既習契丹漢字之後，乃從事於創製女眞字，是女眞字之來源，仍間接出於楊氏，故云「亦因楊氏之教」也。

指畫畧傳

白也

一　小引

畫之工具不一，畫家各依其私人之好尙而選其合於己者而用之，故指畫不必獨以指傳也。畫而善則筆亦可，指亦可。目的已達，則其方法之不同在達人名眼可無一偏見。中國評論家大半傾嚮主觀，最易過譽指畫。歐美學者偏重客觀，一以中國院體畫爲標準後，則覺指畫與其他粗筆潑墨畫粗率不文，無從探其妙處。甚致爲浮克孫（John C. Ferguson）之斥高其佩之指畫爲 Freak，（注一）似亦太過。白也以爲讀中國畫不可依一定死章（Dead formula），亦不可具一定成見。（Prejudice）同中求其異，異中求其同，當爲學者之要訣。

世間甚多上等指頭作品被歐美與日本學者皆作筆畫看。以一則指畫家或不題明其所用之工具，二則西人或不過暗中國之文字，三則未深入畫家堂室者，究不易知其奧妙也。

註一　見 Ferguson. J. C. Chinese Painting. Chicago University Prees，1927. Page 179.

二　指畫小史

指畫之起源無法可檢。據方薰 1736—1799 之山靜居論畫，言指畫始於唐張璪。朱景玄之唐朝名畫錄，張彥遠之歷代名畫記與宣和畫譜皆載有唐張璪之以手作畫事實。『張璪字文通。吳郡人。官檢校祠部員外郎，鹽鐵判官。坐事貶歷衡忠二州司馬，畫樹，石，山水，高低秀絕，咫尺深重。畫松特出古今。尙以手握雙管，一時齊下，一爲生枝，一爲枯枝……。畢宏擅畫名於時，驚見璪之用禿筆與手摸絹素，而問其所受？答外師造化，中得心源。宏於是擱筆。有宋一代畫家如恒河沙，但兼以指畫聞者，僅陳容一人。陳容字公儲，自號所翁，長樂人。端平六年乙未(1235)進士。爲國子監主簿，出守莆田，官至朝散大夫。詩文豪壯。畫龍得變化之意。潑墨成雲，噀水成露。醉後大叫，脫巾濡墨，信手塗抹，然後以筆成之。或全體，或一臂，一首，隱約曾不經意而得，皆入神妙。（註一）大抵中國畫家之兼用手指者，僅以補筆之不足。或有間作一二純粹指畫，亦不過逢場作戲，未敢以指畫家自居，而世亦不以指畫家目之也。如清之沈南蘋張問陶等皆絕不以指畫聞，而彼等之指畫竟見於世。是則中國唐，宋，元，明指畫家之所以寥若晨星者，罪之於畫仲之湮滅，亦無不可。

元末如金蓬頭之彈墨以爲星，抹缶口以爲月，更爲指畫家中之怪傑。但以理度之，亦無乖畫法。金蓬頭不詳生死年月。將樂人。懶櫛沐，嗜酒，善畫。明初有朝貴某，善賞鑑，屬其門人某，巡按甲中，購蓬頭眞蹟。久不遂。一日，蓬頭忽詣巡按署。請之畫，不應。後値中秋，蓬頭據酒缶，索絹墨，舒手蘸墨，斗抹缶，將餘墨以指彈之缶身，以絹包缶，投入池中而去。巡按急入池取絹起，則除缶口外，墨漬浸淫，全幅皆翳矣。巡按無法，以實告。朝貴索觀墨絹，大賞神妙。望夜邀飮，懸畫中堂。東方月上，缶口圓蟾灼灼與月光爭映，烟雲縹緲，指彈點點，皆熠熠星斗也。（註一）

明之以指畫聞者，有吳序。歷代畫史彙傳謂『吳序字黍長，樹石俱有深致濃淡，有無極映帶之妙。又善指畫。』（快雪堂集之吳序條，未註指畫字樣，或係編者彭蘊璨見吳序之指畫留存，而加入畫史彙傳，亦未可知。）（浮克孫在彼之 Chinese Painting 上述及傅山亦善指畫。據畫史彙傳畫徵錄及其他書籍皆未提及，想係傳訛。）

註一　見將樂縣志及歷代畫史彙傳金蓬頭條。

指畫之盛，莫過於淸朝，而其中以高其佩爲鷄羣之鶴。其佩（D.1734）字韋之，號且園，鐵嶺漢軍人。父天爵遇耿逆之害，以蔭得官宿州知州，至刑部待郎。又爲都統。山水，人物，花木，魚龍，鳥獸，信手而得，靡不精妙。筆畫亦佳。畫徵錄謂高其佩之指畫，實始於世廟。以淸世祖順治嘗以指畫螺紋蘸墨作渡水牛，神妙多姿。而高秉（其佩孫）之指頭畫說則以乃祖高其佩爲創始人，似皆非當。其實指畫之由來已久，第以源渺流微，不易追溯耳。

法高其佩者有趙成穆，傅雯（字凱亭）蔡忍祖（字墨村）及其子高璥，甥李世倬，從孫高蒧，同里廿士調等。但無青出於藍者。其中惟趙成穆李世倬尙爲庸中佼佼，當時與揚州蔣璋齊名。趙成穆字敬儀，號鹿坪。吳人。畫人物，花卉，及雨山，頗窮其技。（注一）李世倬字漢章，一字天濤，號穀齋。三韓人。隸漢軍籍，仕爲副都統御史。晚年喜作指墨。人物，花鳥，小品以焦墨細擦頗得重輕淺致。（註二）蔣璋字鐵琴，丹陽人。居揚州。善大幅人物，尤工指頭畫。無師承。（註三）當時幾能駕趙李蔣三家而上之者，惟松江王昔疇。昔疇字心耕，善山水，而指畫人物尤佳。大幅人像，胆力雄壯，每逢塑望，畫大士寶相施送。嘗立願寫一藏。至乾隆丙午（1789）年已得一千五百餘件矣。（注四）乾嘉間之以詩文書畫名而不以指畫名者，爲沈南蘋張船山張致等，亦不勝枚舉，沈南蘋名銓，湖州人。（1700）工花鳥。設色研麗。曾留日本三年。（1731—1733）創南京派。日本畫家之受其影響者不少。（注五）張問陶，號船山，字仲治。四川遂寧人。乾隆庚戌（1790）進士，爲萊州知府。書法險勁，工詩，有青蓮再世之目。山水深得古法。乾隆甲申生，（1764）嘉慶甲戌卒。（注六）張敔，字芯園，號雪鴻，又號本者。先世桐城人，遷居江寧歷城。乾隆壬午（1762）孝廉，爲湖北知縣。山水人物，花卉，禽虫，白描或設法皆妙。（注七）他如華亭王鳳崗（竹塘）之指松，王德普（長民）之指竹，浙江杜鰲之指頭山水，烏程柴木勤（功造號松崖）之指書，或擅一長，或兼數妙。餘若吳鴻謨，盧黙，吳希文，姚宋，王惠，吳振武，韓洞，翁仁，徐來鳳，何龍，楊泰基，張鐸，李昌泉，孫綠，朱嶠，朱浣，瑛夢禪，薩克達，僧定志等，或騾蒙虎皮，或一枝獨秀。惜乎未見眞傳，不克依其作品之優劣而一一評之耳。

現代之作指畫者，想國內定不乏人。曾見南京謝公展指畫鴿，及山東某美術學校校長指畫折枝蘭花，冬有神韻。胡汀鷺及馬軼羣指筆皆妙，乃當今不可多得之健將也。

注一・見畫徵錄及在亭叢槁

注二　見畫徵錄，熙朝名畫錄，雅頌集，讀畫閒評。

注三　見揚州畫舫錄，歷代畫史彙傳。

（四）見墨杏居畫識及歷代畫史彙傳。

（注五）畫一友錄，歷代畫史彙傳，支那繪畫史

（注六）耕硯田齋筆記及蘇州府志。

（注七）耕硯田齋筆記及墨杏居畫識。

三　指頭畫法

指頭畫法，最爲簡單。以其簡單，故不易學；唯其簡單故亦不必學。學畫乃畢生之事功，既能畫而易之以指，乃一日改裝換面之力。即証之由用毛筆而改用鋼筆，由鋼筆而改用鉛筆，亦莫不然。故今請言此一日改裝換面之法。

甲　指之三長三短

指法與筆法大略相仝，故大都筆法，可用爲指法。指與筆不同處，僅在物質與構造之間。高秉有筆爲指拚，指爲筆指拚之說。（注一）可知筆指之間，各有長短，指之短處：

（一）在不能取多量之墨汁；（二）在不易作細工之線條；（三）在不易多分墨彩，故不易渲染。指之長處。（一）在「自由」。四面八方皆可起手，無逆筆順筆之分。（從右至左，及從下往上，皆逆於執筆手勢，故曰逆筆。）運腕時可一氣呵成。（二）在「速」。運指較運筆速，一則以指為最直接於身心之工具；二則以指既不留墨。畫時墨依指尖直下，非速行不克作畫（參看下工具章）故指畫線條縱橫挺健，遠勝於筆。（三）在「聚」。張璪之雙管齊下，（見前文）不如四指並行。丸松針，柳葉，山皴，水波，皆可立時揮就。（參看插圖一）以四指之運用有連帶之關係。故所成之畫，線條間互相和唱，氣投意合，有渾元一貫之功。

（注一）見高秉指頭畫說。

乙　指以外其他之工具

指畫家有禿指作畫者，有以他種物質裹於指上以作畫者，如陳容之以巾裹指等。據白也個人之經驗，如畫於生紙指上不可不裹以絲綿。以墨水一着生紙，即四處飛濺。指既不克節制墨之下行，故裹以絲綿，墨可積留於絲內，漸漸依指下流。更可有時用旁指壓之，以壓力之輕重而節制用墨之多寡。傳聞更有以蠶繭剪去其上端，而穿穴於其下，套於指上，灌以墨水，而用如自來水筆者。白也尚未試過。大約以之作畫，亦妙。為作畫於絹上，或熟紙上，則禿指亦不為難。白也近來多用絹與書畫箋作指畫（注一）。先用淡水作畫，後用濃墨全之。節制其用墨之多寡，和入紙面之水分，以定其濃淡之墨彩，高其佩指畫除裹綿外，更用筆以渲染，設色，與落款。據指頭畫說，竟有倩他人渲染設色者。當其宦遊兩浙時，有華亭陸鵬，邗上袁江，虎林沈鼇，丹徒吳欽序等助筆。『晚年所作，較少壯遜一籌者，以其無人助筆，而又無暇自染耳。』畫家所用工具，本不一定。畫幅之上，用二種以上之工具者，証之史乘，亦不一而足。十五世紀初年之衞大一兄弟（Van Eyck brothers）之以 Tempera 與油並用，荷蘭畫家來勃蘭（Rembandt, Van Ryn 1606—1669）之鋼筆與毛筆並用，英人勃來克（Blake Williams 1757—1827）與得納（Turner, J. M. W. 1775—1851）之以彩粉，毛筆鋼筆鉛筆同用，若依浮克孫則當為 Freak之尤者矣。

（注一）書畫箋乃着雲母粉（Powdes of Mica）之紙，故水到紙。而不即化，絹亦如是。

丙　用紙

各種紙絹，皆可作指畫。用絹不論粗細，紙不論生熟；惟生紙收水性太大，故行墨，設色均不易。且單貢生紙太薄，畫時輒為指甲觸破。雙貢尚佳，但必須落手輕揚，且宜用重膏墨，與指上裹綿，以補其不足。黃礦牋，書畫箋上皆易爲力。以其收水性不如生紙之强也。大凡紙之由樹木製者，質堅而內多植物膏汁，爲桑皮紙，側理紙，竹紙等，故易爲畫。曾見日本有紙，粗而厚，近人用之作水彩畫者，亦可用。紙之以棉花或舊布製成者，質細而鬆，且少含植物膏汁，不宜於指畫。白也近來多用書礦箋。以其含雲母粉，故不甚化水，（見前工具章）畫時可將水與墨並時用之。水墨相融，易分墨彩。深深淡淡，疎密淋漓，學者可以此入手。今市上所售之絹，皆係熟絹，內含漿粉，故亦宜於指畫。

丁　指法

白也以用無名指時爲多，小指次之。高其佩亦然。指頭畫說云：『畫極小人物花鳥，無名指小指並用足矣。大幅必兩指同用。』白也作大樹及寫屏幅時，用中指。大字以五指握綿同用。草書多用食指。山皴，水波，柳葉，松針，野艸，荒苔，四指同用。線條之細者，用指甲橫行，粗者用指頭。海天設色，或渲染，時用指身臥掃之。

總之：用指之法，依個人適應環境之習慣而定。師人不如師造化，師造化不如師心。有志於此者，可實驗而得之。

戊　設色

用指設色，頗非易事。以一則洗手困難，二則指頭究不易節制水彩之下流，故色易奔飛越出定界。如用之於熟紙，或絹上，雖可免上述之病，然畫家用一色或一墨後，勢必久待，令乾，方可用第二色。否則色水厚積紙面，彼此互相混和，勢必弄成一團糟粕也。故高其佩用筆設色，指畫之妙不在王右丞之詩文，而在李將軍之雄健。故指畫寧老毋稚，寧暴毋怯，寧簡毋繁，寧疎毋密，寧多用墨，少用色，如陳容之龍，通局皆墨，祗用極少硃礫填火焰，舌，腹間。又如米芾之雲山，祗用少許赭石，入樹身牆角，或花靑入墨，作山頭而已。馬遠夏珪及黃愼等畫法，極宜爲指畫家取法。以其立骨蒼蒼，渲染草草，而設色了了也。學者如能以潑墨筆，作寫意畫，重色筆，作就簡法，則於指畫思過半矣。

結論

述而不作，僅能發古，而不克啓新。藝術既爲文化之結晶，一代當有一代之特色，適應環境合進化之自然。而釣利沽名，爲美術家之大忌。中國美術家自有明以來，皆死依公式（Formula）的模倣前人，致今日中國之固有藝術，僅一軀殼。而西洋藝術，以國人少選擇鑑別力之故，遂大批輸入。學者如能以整理我國舊藝術，選用新知識，以創造確能代表中國民族，政治，宗教，民生之藝術，則國之幸也。

一九三十一年春哈佛。

插圖評解

（一）柳蔭詩意。Collection of Mrs. Drake Chicago, U. S. A.

（二）指竹。Property of Professor William Hung Peiping

（三）雨後。 Collection of Mr. Carl Zigrosser. Weyhe Gallcry, N. Y. C.

（四）家禽圖。Collection of Dr. B. Lauter. Ficld Museum, chicago, U. S. A.

插圖一

插圖二

插圖三

插圖四

夷務始末外鴉片戰後中英議和史料數件

關瑞梧

月前於燕大圖書館，得抄本二冊。外署「道光年間夷務和約條欵奏稿」。細讀內容，則所包括者，大要爲道光二十至二十三年間關於中英外交之諭旨奏稿及其他記載。計共四十二則，茲錄於下：

1. 爲夷務已定和約請鈐用關防奏道光二十二年八月二十六日
2. 爲夷務已定和約鈐用關防上諭二十二年八月九日
3. 伊里布耆英，牛鑑請於和約外議定章程奏
4. 南中懷感十二首
5. 爲招撫英夷覆奏
6. 爲鎮江失守賜恤海齡上諭二十二年九月初六
7. 爲浙江定海失陷定罪奕山等上諭十月十四日
8. 爲浙江乍浦失陷上諭
9. 削奕經文尉等職上諭
10. 爲禁煙討夷上諭四月二十九日
11. 爲收復寧郡奏（奕經等）
12. 爲關天培陣亡事，議罪奕山等諭
13. 爲吳淞失守追恤陣亡之陳化成諭
14. 諭牛鑑等用張煥元金鎖玉連環陣法
15. 爲夷闖入江口賽尚阿請集兵力於長江奏
16. 牛鑑等爲夷勢迫亟請允夷所求奏
17. 牛鑑等與英人議和照會
18. 爲和約諭牛鑑，伊里布等
19. 裕謙請撫恤關天培家屬奏
20. 諭顏伯燾愼防厦門
21. 定海失守賜恤王賜朋等諭二則
22. 裕謙爲逆夷拴斬潛行登岸圖搶奏
23. 裕謙請添調精兵防堵奏
24. 諭民當忠義（九月十四）

25. 顏伯燾爲辦理廣東夷務奏
26. 奕山爲颶風打碎英夷船及碼頭奏
27. 廣東臬司王庭蘭致福建藩司曾綵經閩浙總督顏伯燾密
呈御覽
28. 奕山爲續燒夷船及斬夷目奏
29. 奕山請選用齊偉奏
30. 奕山請升朱崇慶銜奏
31. 山東撫部院托七月二十三日准靖逆將軍奕等咨照
32. 著耆英酌量裁撤兵勇上諭（七月初四）
33. 爲撙節閩省財政及賜恤關天培家屬諭二則（七月十三日）
34. 祁𡎴爲訂學，直隸問商船水手及搭客章程奏
35. 納爾經爲酌量裁兵歸任奏
36. 楊芳爲傷疾舉發請解職回里調養奏
37. 納爾經爲驗收新建礮台等事奏
38. 爲粗定英夷請求各欵奏（七月十二日）
39. 儀徵請亂仙詩
40. 浙江對聯
41. 華夷和約（中英南京條約）
42 爲夷務已訂和約鈐用關防諭（八月初九）

綜覽全二冊，更以之與籌辦夷務始末對照，則得證其爲抄本之理由數則：

（一）自抄本推證：抄本有二簽註，可證其爲抄本者：

a. 五十二頁有簽註一則，謂「此條本未簽出，且未抄完，故此刪去」。以之與籌辦夷務始末四十九卷對照，則此條確未抄完

b. 九十五頁有墨塗去簽註一則，謂「原書作一味粗疏」參諸籌辦夷務始末三十卷之記載，則亦作「一味粗疏」。由此可證此抄本與籌備夷務始末乃抄自同一冊擋者矣。

（二）自籌辦夷務始末之凡例推証：凡例記載，有下列可供參考者：

a. 體例：凡例謂「奏摺中雙擡字樣，原係當時臣工體制，現在奉旨纂輯，已在咸豐年間，自未便照舊書寫，恭查道光元年欽定新疆識略一書，所載先朝奏章，凡遇雙擡字樣，一律三擡至如跪奏具奏等字，指中例抬奏字。玆就纂輯成者，與當時繕摺體例，略有不同。僅依實錄之式，概不抬寫」。今此二抄本奏擋均用雙擡，「奏」字又均擡一格，故證其爲抄自冊擋也

b. 月日記載：凡例稱「原擋標題某日者，一律改書甲子」此抄本則均書月日，是又一證也。

總是而觀之，二冊之爲抄本，殆無疑義矣。然其抄寫之

目的，及來源究屬如何，似當考證者。自抄本中，得證其爲集聚各處諭摺而欲編印成書之理由數則：

(一)秩序：抄本關于道光二十至二十三年間之諭旨奏稿，紛亂雜處，並不依時間前後。而奏稿間每又雜加諭旨使連成一篇。如爲夷務已定和約請鈐用關防來稿有「是月十七日奉上諭：…」字，是篇則將上諭完全加入。質諸籌辦夷務始末，則諭旨與奏稿係完全分錄者。此理由一也。

(二)裝訂：細審裝訂形式，則訂痕間，另有舊跡，故悉此二抄本，已非原舊訂法，同時第三十三編納爾經驗收新建砲台等事奏之後段完全缺失。是證斯二冊，初式集聚爲一冊，後經散失，爲後人任意訂成現式之二本，此理由二也

(三)簽注：抄本有種種簽注，可爲例證者：(一)「重」字之校對：爲夷務已定和約鈐用關防上諭一摺。上有「重」字，細證之其上篇頁，則此摺確已重抄三次於後。又爲鎮江失守賜恤海齡上諭，亦有「重」字，但校之各篇，均未得其「重」之原因，是此二冊本之有遺缺，由此可證明矣。詳考其所以重寫數篇之故，則知必非抄者之本意，必係抄集各處諭奏摺稿，無意而爲之者。(二)簽注除「重」字外，有「另行接寫」，「不另帋」，「對」，「只一行」，種種簽注，均用小紙另粘於篇頁上者，是知編者有欲將此種上諭訂裝成書之目的矣。此理由三也。

(四)字跡：細審抄筆與簽注之字跡，則簽注之字跡，較勝於抄筆，似係抄者與校者爲二人。抄者抄集各處之諭稿，而校者欲加以校正編成書集。故有「重」，「校」，「對」，種種簽注。同時凡每篇無簽注者，必加紅色小印章，似證已經校對之意，於此更可以明矣。此理由四也。

(五)內容：詳讀書中內容，且以之與籌辦夷務始末對校，則抄本中有南中感懷，儀徵請亂仙詩，浙江對聯等等雜記，決非籌辦夷務始末等書所當記載者。是此冊之抄自各處之記載之理由五也。

總上種種理由，此二冊當決定爲抄自官家檔案，私人記載，及其上種種公報，聚合之經某學識較深者之校正，而欲篇成書集者也。其中大半錄載能查對者有三十三篇，其餘未查得者可分二部：

(1)因時間關係未查得者：計共四篇：

a. 奕山請選用齊偉奏

b. 奕山請升朱崇慶銜奏

c. 山東撫部院托七月二十三日准靖逆將軍奕等咨照

d. 祁𡎴爲訂粵冀間商船及搭客章程奏

(2)經詳細查攷，未經得其究竟者：共八篇內包括詩文，條約，照會，書信等等，似可供史料方面之參攷，玆分錄於下：

a. 詩文：共有三篇：

1. 南中感懷(十二首)

砥柱誰將地軸傾，忍看貔虎困蹉跎，長風若破千重浪，星火能燒萬里城。疥癬釀成心腹疾。太平都作亂離驚。分明決勝良謀在。無路終軍悵請纓。

運籌帷幄祗求和。鑑古觀今此恨多。浪擲金錢空億萬。掉回檣櫓又干戈。豈無義勇摧前敵。爭奈庸流例太阿。第一傷心身戰死。孤忠闔海淚滂沱。

執法除奸古大臣，壯猷允是靖邊塵。忠偏獲遣悲千里，辱不行誅恨萬民。兒戲將軍隨笑篤。尸居宰相太因循。可憐轟擊殘筋骨。兩濕啾啾積海濱。

警報驚聞至浙洋，兩軍起滅更猖狂。賊來便是亡城日。寇退捷疏失地防。咸望敵逃官首去，有能死報帥猶强。最憐素號英雄將，觳觫今同遇虎羊。

風雨新開大將壇，橫磨劍定斬樓蘭。無端勁旅求烏合。可惜重城被犬殘。設阱甘投全不愧。飾詞蒙蔽究何堪。上方請用朱雲劍，如此庸材斷不寬。

兵將無非畏死徒，東南枉自濟軍需。籌邊不用熊廷弼堅壁誰當周亞夫。知有漢奸空議論，任添敵艦鮮謀謨。寶山上海連朝陷，妙在尋官下落無。

武臣重鎮豈無才，三十餘員劇可哀。血染濤頭餘怒在。星騎算尾陣雲開。生牽怖帥糜忠骨。死憫黔黎墮刦灰。當道更無防禦法，蘇松一帶速奔回。

剛聞逆砲震雲間，倏泊金焦江上山。要隘徒嚴鷲鼻嘴。重門已度虎牙關。深藏干櫓虞驚敵，廣購牛羊急賂蠻。可嘆二分明月夜，頓教一夕淚痕潸。

長江已截往來舟，釜底游魚尚未愁。塞口自誇逆莫進，洩河便謂我無憂。莒惟恃陋先遭滅，魯不防邾幸自羞。獨有鄙人常抱慮，練兵儲餉一無籌。

畏敵從來長敵威，豈知鼓舞在兵機。三江能縱周郎大，百戰誰開鉅鹿圍。失隊奏兵先自亂，摧鋒漢將怎如飛。看追兀朮黃天蕩。敢笑偏安將落非。

炮利船堅莫敢攻，中原軍將可憐蟲。果非絕虜稱難敵，豈中元戎始奏功。夾擊密排江上下。奔逃那識路西東。孤軍深入原非計，無奈齊甘拜下風。

日月同災朔望連，天心示警象昭然。城開鐵甕愁雲鎖，帆指金陵逆鏡圓。閭閻難通懷鬱鬱，鄉關逼近意懸懸，何時。盼驃姚將，掃盡夷氛票晏然。

2. 儀徵請亂仙詩

十分甲子十分秋，水火刀兵計票謀。切在三三成九九，一朝破釜剩空舟。

滿城號泣莫倉皇，再示元機避刼方，水火刀兵休說險，祖明有救保安康。

○○事業且相從，定在安詳和氣中，滿地花紅紅到午，秋來無實一場空。

3. 浙江對聯

逆不靖，威不揚，兩將軍難兄難弟。

海不定，波不寧，一中丞爲國爲民。

膩膩膩膩（對聯後附字）

a. 爲五口通商之善後和約二則：此二條約，遍察道咸同光緒條約，中西紀事，東華錄，均未得，故錄之：

1. 附於伊里布，耆英牛鑑請於和約外議定章程奏之和約

道光二十二年八月十六日奏。

一，廣東洋行商欠，除議定三百萬元，官爲保交外，此後英國通商現經議明，無論與何商交易，均聽其便，旣係暎國自投之行即非中國額設行商可比，如有拖欠，上可官爲着追，不能官爲償還，査此欵業據該夷照覆，嗣後通商利害，均由自取，若有欠項，由管事官呈明內地官著追。萬不可再求官爲償還。

一，和議旣定，永無戰爭，所有廣州，福州，厦門，寧波，上海五處止可貨船往來，未便兵船遊奕，其五處之外，沿海各口，及直隸奉天，山東，天津，台灣諸處，非獨兵船不便往來，即貨船亦未便貿易，均宜守定疆界，以期永和，査此欵業據該夷照覆，一俟五港開關，則例須行，即由暎國君主出示曉諭暎民，上准商船在五口貿易，不准駛往各處，至該國向有水師小船數隻，往來各口稽査貿易，亦當協同中國地方官，嚴禁華民。除議明五港外，不准在他處暎商貿易。

一，旣經議和，各省官兵，應撤應留，須聽中國斟酌，其內地砲臺墩壘城池，業經殘燬者，均應次第修整，以復舊規，實爲防緝洋盜起見，並非創自今日，暎國旣相和好，不必有所疑慮，或行攔阻，査此欵業據該夷照覆，以上各事宜均應聽中國斟酌修整如舊，係屬正辦。暎國斷無攔阻之理。蓋此次和好，惟賴中國誠

信踐約，而暎國亦當專心以信守爲務。

一，廣東，福建及浙江等省，距江甯較遠之處，不知和好信息，見有暎國兵船駛入，或相攻擊，均須原情罷戰，不得援爲口實，致乖和好。查此欵業據該夷照覆，兩國和好信息，業經由火輪船速行曉示，所有暎國水陸軍師，自必與中國兵民互相友愛，偶有攻擊悞，未足爲仇，惟求臣等速將議和情由飛行各省一體知照，免其紛爭，更屬欣幸。

一，和好之後，付給本年所交銀兩，各兵船自應退出江甯京口。即福建，廣東，浙江等省停泊兵船，亦須約定，同時退出。散遣歸國，方堅和好。其定海之舟山，廈門之古浪嶼，據議仍歸英兵暫爲駐守，但不便多駐兵船，致中國百姓，暗生疑懼，與該二處通商之事，轉多窒礙。所有每處泊船若干隻自應預爲申明，以示限制，查此欵業據該夷照覆，俟本年銀兩交清後，所有兵船，自應退出江甯東口等處，其他停泊船隻，除舟山古浪嶼二處，酌留兵船數隻，管理貨船，及香港仍須留兵駐守外，其餘均可遣散歸國，蓋留兵于他國未免重費，暎國意在省費，必不留兵船于中國，不必爲慮，致傷和好。

一，舟山古浪嶼，泊有兵船，須令帶兵官約束兵丁，不得侵奪民人，致乖和好。並聞古浪嶼所泊兵船，曾有攔阻中國商船扣收貨稅之事，此時既經通商，應令各兵船不得干中國商船，再行攔阻抽稅，查此欵業據該夷照覆各處兵丁，本應帶兵官嚴爲約束，此時和議已定，尤當彼此親愛，所有攔阻商船，即應釋放，不得再行抽稅各情，早經行文各處，曉諭在案，嗣後倘有不遵，致有侵奪攔阻情弊，即當嚴行訊究，不致有乖和好。

一，暎國商民，既在各口通商，難保無與內地居民人交涉獄訟之事，應即明定章程，暎商歸暎國自理，華民由中國訊定俾免衅端，他國夷商仍不得援以爲例，查此欵業據該夷照覆，甚屬妥協，可免事端，即應遵照辦理。

一，內地奸民犯法，應行究辦，若投入英國貨船兵船，必須送出交官，不可庇匿，有違信誓，致傷和好。查此欵業據該夷照覆，內地犯法奸民，若香港及暎國貨船兵船，即行送出交官，斷不庇匿，其暎國及屬國逃民逃兵若潛進內地中國，亦須一例送交暎國，近地理事官領回，以敦和好。

2. 附於爲和約牛鑑等之條約（道光二十二年七月初二日）

一，烟價行欠，軍費二項，共銀二千一百萬元——貴公使來議，以自來中華之日，所收之銀若干，可以扣除等情，足見貴公使公平正直，毫無貪利之心，可勝佩服，但所收之銀除扣揚州之五十萬元外，下餘五百五十萬元，應即措繳，其下餘之一千五百萬元，作何分年交清之處，會商善議，英國官員來往文書，大臣用照會，屬員用申呈批覆札行其商賈上達用禀明，兩國屬員來往，各用平移，均屬允協自應妥商。

一，粤東海關之弊，在于條欵各司事拘牽舊例，以致遠商受其賠兌。即如貨船一到，自進口日起，至出口日止，總督海關衙門均派有官役押船，而押船之官役，每日均取規費，此外薪水食物，均由買辦之手，上下澳門，全須牌照祇領，此皆大不便于遠人者，而洋商經手稅餉，各種行用使費，無不任意開銷。貴公使條欵所稱，此稅餉增多二倍，自係實在情形，此時既經通商，本大臣等必嚴行禁革，以伸既往，而保將來，所要香港居住，自必照行。其廣州，寶山，廈門，寧波，上海五處通商，除廣州一處，本有關稅定例外，其餘各關則例不同。尙須兩國會議以照遵守。

一，所要零星各事，仍不得加罪來往之人及釋放被拴被罪之人均屬可商。

一，和好既定所有貴國水陸軍退讓南京瓜口等處，不阻中華商賈貨船，具是貴公使誠信修好，然諸無欺，其招寶山鼓浪嶼及舟山三處兵船，必待銀兩全數交淸，海口開關，方始退讓，似尙有疑慮之心，本大臣至誠相待，欺詐全無，聽貴公使再行酌奪。

c. 牛鑑等與英人議和照會：

爲照覆事七月初六初七日兩接

貴全權公使，暨貴國水陸軍門，初五初六日覆文，閱悉之餘，深佩貴全權公使朝暮思念和好之本心，且云酌定和好，通商永久，不但贖城免戰之說，可置不議。凡以先討取贖城免戰之數，並可墊入將來議和須要之總項。非欲逼之所難。尤非貪酷求財之心，更見公恕爲懷語之誠篤不欺，尤深佩服。文內所云伸已往而保將來，本部堂深知貴國積年在廣貿易受盡欺詐抑勒之端。不一而足。

欽差大臣耆英伊里布亦均皆知之。現耆伊兩大臣必要逐一查明。痛加禁革。俾貴國以後通商，得利而免害。其貴國所要各條現有。

欽差大臣作主會辦，不難指日可成。本部堂不勝欣悅之至，須至照會者。再正在發文間，適張士淳等回署，知貴公使聞有調壽春兵之說，心疑本部堂備文通商一節。全屬緩兵之計。因議于明晨開仗等語，訛言不知從何而起。本部堂素以誠信待人，不料竟不爲貴公使所信服。此時如果開仗，非獨城中百萬生靈受其荼毒，且通商事，係本部堂再三奏請，仰蒙

聖恩准行；今若經行開仗，本部堂城存與否不難一死報國。而通商之說，盡棄前功，恐貴公使亦無所利也。至壽春鎮兵，前次原經札調。旋因與貴公使議和，當即發文停止。茲將原稿送去閱看，即可釋然。又于初八日亥刻，接到本月初二日奉上諭一道，謹將原封原摺，一併附呈貴公使閱看。仍希發回備案，爲望。今將所要各欵逐一照覆于後，須知照會者。

r. 夷人供詞

據向夷嚦哩供年二十八歲，英吉利人，船名哩哪。是兩桅貨船。船主名叫哇吥哐。我是副船主。這同時被獲來至城外。因傷死的黑鬼名叫咪哈吻。因他懂的漢語，又叫咕嚕，我船上共有白黑鬼三十五人。廣東漢奸四人，載的烟土洋布各貨向在廣東買賣。二十天前岳頭嘜嘛喳叫我們同了嚦囉三桅船，吖咻的兩桅船同到浙江洋面，以銷貨爲由，探聽各處處岸防守情形。出入路途回信。我們三船就駛到浙江洋面，游奕了五六日。因無人到船買貨，無從探聽消息。缺少淡水食物。望見沿海山砌住有人家。我帶了白黑鬼二十多人，駕坐杉板小船。登岸搶擄，不料岸上埋伏兵民，把我們同咪哈吻砍傷捨住，其餘各鬼子也有受傷逃回船上的。也有打落海中，我船有看得明白。現在浙江洋面尚有夷船幾桅，有無火輪船，是否亦係嘰嘛喳指使前來，我不知道。六月初四日廣東遭風打壞船二十餘隻，淹斃鬼子不知數百。問炮台尚未築好。嘰嘛喳帶了大輪船八九隻，兵船貨船共三十四隻到廈門去了。如何打仗，我們開船在先，實不知道。

e. 廣東捕夷懸賞格：

謹將所懸賞格照錄恭呈　御覽

一，無論文武官員弁兵商民汗奸人等有能將暎夷裝載八十門炮之大兵船擒獲一隻，駕駛獻官者，賞洋銀二萬元。小者按炮數遞減。每小炮一門，減洋銀三百元。所有船內物件，除炮械鉛藥鈔彈鴉片，連船繳官外，

其貨物鐘表銀錢等物，不論多寡，全行賞給。若將大兵船燒毀擊沉一隻，確有據者，賞洋銀一萬元。小者遞減。其首先出力之人，奏請
賞戴翎枝。官則越級超升。兵民賞給官職。

一，將漢夷貨船擒獲一隻，駕駛獻官者，除砲械鉛藥鐵彈鴉片等連船繳官外，其貨物鐘表銀錢，不論多寡，全行賞給。如係三枝桅大貨船，另賞洋銀一萬元。二枝半者，賞洋銀五千元。焚毀擊沉確有實據者，比拴獲賞三分之一。

一，將英夷杉板船擒獲一隻，駕駛獻官者，賞洋銀五百元。擊沉者減半給賞。

一，生拴逆首義律懿律伯夷者每拴一名賞洋銀五萬元，奏請賞戴翎枝不次與擢如係以次僞官，按其職分之大小，以次遞減。仍酌量保奏。殺死僞官將首級來獻者，如係義律懿律伯夷馮哩嘰布耳利仍照生拴論賞。

一，生擒白鬼子一名者，無論是官是商，賞洋銀二百元。積至五名以上，奏請
賞戴翎枝。生擒黑鬼子一名者，無論是兵是奴，賞洋銀一百元。積至十名以上，奏請
賞戴翎枝。殺死白鬼子，將首級來獻者，照生擒例減半論賞。

一，倘能兵民合力，漢奸用命，大幇夷船夷匪焚殺拴獲盡絕全得仗永靖海疆者，更當奏請
殊恩破格獎賞，以示鼓勵。

一，漢奸自行投回稟首機密者，有所在文武各官派員送來大臣軍營，聽候訊明虛實，密授機宜，不得攔阻。

b.廣東臬司王庭蘭信

廣東臬司王致福建藩司曾信經閩浙總督顏密呈御覽再啓。此番粵省用兵所調各省之兵，萬有七千。兵不可謂不多。各項粮數至百萬。粮不可謂不足。至木料買自廣西。火藥及槍炮解自江西徽省。軍裝器械不可謂不齊。而卒至潰敗決裂一致於此。實由當事既少有章程，用兵復毫無紀律。有筆墨所不能言者，而又有所不敢言者。弟靦然面目。憤氣塡胸。此邦乃吾兄桑梓之地。自必望信甚殷。特將當日實在情形，有不能之事四。可惜之事機二。可爲痛哭者三。爲足下告之。廣東設砲台以來有大沙角，虎門，三遠，横檔，烏涌，獵德，二沙尾，以及省河各處要隘。古人相度形勢，棊布星列，實爲今人所不能及。夷船之至省河也，因漢奸所引進，實爲我無所備，琦相來粤，先存一不

敢戰之心，畏之如虎。使早未雨綢繆，斷不致此。賊破虎門，烏涌，急撤朧德炮台之兵。賊至二沙尾，又撤省河炮台之兵。其意以為我不撤兵，我兵必為彼敗。不若始退，收兵入城。以為講和地步。不知廣省之有砲台，猶人家之有門戶也。賊到而門不關，可乎？開門揖盜，百喙奚辭，退至臥榻之前，已被人酣睡。乃歸之於始事之人，不亦寃乎。此不可解者一也。夷船之進內河，其船並不知內河虛實，用小杉板船載漢奸探水，次第而入，至我所藏石沉船之處。不見一兵一將，以為守禦，故得將木樁碎石，陸續起去。放心前進，本屬無人之境，非入無人之境也。城中拿獲漢奸詢之，彼處每日有漢奸十六人。分為四班，進城偵探。而我處探事，終日誑報。自相恐嚇者居多。故兵船撤退之後，始見其有擱淺數日不能動者，或用小船起撥，或用火輪船牽曳，使早半月有一二能事者探得實情。用快蟹艇載水勇，將擱淺之船四面圍繞之，非易事歟？乃彼有探事之人，而我並無認眞探事者，彼能用漢奸內應，而我從未聞一夷奸作離間者，此不能者二也。更不解者賊兵搜香港，蓋大帳棚百餘間，並設有僞令，初一日據行水探報，所蓋棚帳忽然拆去大半。又據報，逆夷紛紛上船。凡夷船在朧德烏涌一帶，共二十餘隻，火輪船數隻，杉板船十餘隻云云。早間行香後，因於進見時，妄參末議，以為夷衆既由香港上船，彼處自必空虛，如能分兵一路，暗襲其巢穴，一面用重兵守泥城，為省河打仗時，可以出兵由花地兜其後路，縱未必全勝，亦可牽制其兵。奈當事以書生之見，無應者。殆事敗後，羣歸咎發令太平。不知賊船已經全駛進虎門，其意我不擊彼，彼必擊我。先發制人，未為不可，特布置失當耳。初一日打仗後，夷船稍退。大輪船二隻趨泥城，為北門咽喉。亦經佛山要路，此當地也。先是橫橋先守，有恭將劉大忠兵敗而逃，當事以殉難聞。奉旨以副將賜卹，嗣因其逃回，以受傷鳧水得生，覆奏為解至是復派伊與某協岱昌月守此地，岱昌從未身列戎行，一鄙陋無賴之小人耳。因係親信混充營伍，日以籌口糧爭供為能。因辦買木料製備火藥可以沾潤，復貪緣而往。雇一柴貨船逍遙於其間。距泥城水口尚有里許，聞砲聲即倉皇遁去。今至未聞作何恭揭，又初五日賊過砲台，將兵包捲而逃。夷船至天字碼頭，碼頭有兵千餘，議放空砲數聲。亦皆遁去。其實都守以上將官，俱在城中不出，是以敢死大義責之吾也。維時城門全閉，五六七三日以來，夜間賊用大砲直打城中。東西南三處火勢連天，燒去民房千餘。呼號之慘，不堪言狀。大帥有令，凡兵自城逃回者，開門准進。而城中百姓不准放出一人。夫兵所以衛民。此不可解者四也。義律住洋行十餘日，省河中夷人杉板數隻而已，不難拴也。伊亦毫無准備，義律乘轎買物，往來於市廛。此時若遣敢死之士，數十人，至彼處擒之，直囊中物耳。乃屬言於當路，俱推以現已講和未可輕動，噫！眞可謂宋襄仁義之師矣！此可惜者一也。初十日賊將四方炮台退去。將取路泥城，三元遠里村衆因其淫掠，憤極鳴鑼。一時揭竿而起，連結一百零三鄉，男婦數萬人，圍之數重。夷衆僅千餘，冒死突圍。死者八九十人。又殺死兵頭二人，受傷無數。百姓亦有傷者。然人衆可恃，愈擊愈衆。斯時我兵在城者萬餘。齊忝贊新到有生力軍五百。近在金山，如其有令，兩路齊出，接應鄉民，使其腹背受敵。縱未必聚而全殲，當亦勦殺是盡矣。乃計不出此。不知何時義律將余守請出，囑其彈壓，又不知余守何時私出城外，向衆人解和，彼百姓安知大義，不過因其輪姦一年老婦人，憤激而起。雖人衆直烏合耳。今見官如此，隨漸漸解去。而夷衆乃得迴回舟中，此夷人自進虎門以來未有如此之受創者也。事機之先，至今實爲扼腕。夫逆夷滋事，豈獨汗奸引導，實亦衆百姓使然。蓋廣東自查辦烟禁以來，禁興販，杜私走，未免摻之過急。故兵怨之，民怨之，差怨甚，而武弁亦怨之。當積之餘，以爲絕我衣食之源也。故於逆夷蠢動之時，羣相附和，此輩豈氓既不畏王章。又何知國體，反恐逆夷不勝。鴉片不行。則前轍不能進退。而逆夷四布紛言，以爲與官爲仇，不向民作害。於是奸民食其利，頑民受其愚。雖督撫曉諭，以能擒逆夷者賞有等差。數月以來，絕無明驗。及賊奪四方砲台，復淫掠不堪。始疑其奸，操戈相向。設使當時圍城再遲數月，必有爲內應而開門迎賊者。食毛踐土，乃良者少，莠者多。能不寒心，眞具痛哭者矣。國家承平久矣，民不知兵，官不知兵，而兵亦不知兵。當廣東告警之時，官兵民無不引領而望，以爲某處調兵數千，某處調兵數百，指日雲集，似此小醜跳梁，縱難蕩平，亦可恃以無恐。乃衆兵未到以前，已風聞路中有搶奪人財物者，有毆傷差役者。及至到省，兵不見將，將不見兵，紛嚷喧呶，全無隊伍。斯時雖心知不可用而切幸其尚不滋事也。不料初五日以後，往往兵勇互鬥，放手殺人。教場中死屍，不知凡幾。城中逃難之人，兵或指爲汗奸，或奪其財物。城內洶洶，幾於激變。尤可痛哭者，初二日衆兵搶奪十三洋行，背負肩挑，多有逃去，兼有無故千百成羣，覓行逃去。點兵册中，從未聞清查一二，及至沿途討要口糧，淸遠三水將逃兵數千，應付回省，反以追赶鬼子迷路爲詞，當事此猶以衆兵傷驚給賞。試思追赶鬼子，豈有迷路退去。今日如此，則後日可知。一省之兵如此，則天下可知。國家養兵千日，用兵一時。興言及此，能無痛哭乎？弟以來材毫無才識。然要好之心，未嘗不形諸寤寐。自到貴省，四月於前。乃竟有此際遇。有時欲自盡其分所當爲。并有時欲自効其爲所欲爲。無如分職言輕，徒多掣肘。提庫中之國帑，惟有傷心。樹城上之白旂，能無髮指。我既承乏於此地，想亦注衆人情議之中。然實有不可和，不得死，不敢病，不能走之苦。撫手，捫心，能無痛哭。至好如兄。必有以教我矣。以上數條，皆係實情，無一虛言。雖係貴省刦數。當亦國運使然。所患一蹶不起。從此爲外表所輕視，更恐無賴匪徒。漸生心於內地。側身西望，天下能重任者幾人。欲着武功，惟有愼選大茲。縱有小亂，不可輕調重兵。足下在同譜之中，弟所欽佩。封疆指日，事有可爲。或於弟之所言，有採取印證歟。又福建水勇，初五日進城。正逆夷由陸路上四方砲台之時。督撫用令箭，令其出城應敵。無如阿將軍不開城門，將其攔回。砲台從而失守。亦一恨事。謹白。

總上未查得之各篇餘載，諒必有刊記之處，奈史學識薄，無從得其究竟，始謹誌之，以供識者之教正。

六，一，一九三一。

清史稿之評論（上）

傅振倫

清史稿，柯劭忞趙爾巽等撰。書凡五百三十六卷，計：目錄一卷，本紀二十五卷，書志一百四十二卷，表譜五十三卷，列傳三百一十六卷。自民初設局修纂，歷十四年，至丁卯歲八月二日，而書始成，旋付剞劂。十六年十二月發行五十冊：本紀七本，樂志二本，輿服志一本，職官志二本，河渠志一本，刑法及交通志一本，皇子世表四本，大學士年表一本，軍機大臣年表一本，疆臣年表十一本，藩部世表三本，列傳卷十二至八十七，又一百二十七至一百七十九，共十七本。十七年五月，續印出八十一冊：目錄一本，天文志一本，災異志二本，時憲志六本，地理志五本，禮志二本，選舉志二本，食貨志二本，兵志三本，藝文志二本，邦交志二本，公主及外戚表一本，諸臣封爵表四本，部院大臣表四本，交聘表一本，列傳卷一至十一，又卷八十八至一百二十六，又一百八十至二百六十二，共二十一本，循吏傳一本，儒林傳三本，文苑傳一本，疇人傳一本，忠義傳三本，孝義傳三本，遺逸及藝術傳一本，列女傳二本，土司傳一本，藩部傳三本，屬國傳二本。是時，清史館適爲故宮博物院接收，該館以其書出於前清遺臣之手，恐曲筆失實，乃聘史學專家審查之。印妥待發之八十一本，遂暫行封禁。其後審查結果，發現反民國，反革命，藐視先烈，體例不合，簡陋錯誤等十九項，因遞呈行政院，請禁發行，故除遼寧及外人購去數百部外，續出諸冊，因不通行焉。審查之役，余盡二月之力，披閱一過，嘗摘其得失，累爲劄記若干言。十八年春，袠假旋里，由德州乘長途汽車，中途遇刧，其稿入某軍人任某之手，索之不得，因就記憶所及，並參以殘稿，草成斯篇。願與海內閎達，一商榷之。

清史稿，有紀，有志，有表，有傳，蓋繼二十四史及續志而作紀傳體之史也。茲按正史體例，首總述其得失，而通分論其內容之利弊焉。

一、總論

(一)書之內容與序例牴牾者

昔人撰史，有大序，有小序，皆所以敘作者之意及其體法者也。序例既定，則應恪遵，不得稍違。今檢清史稿一書，其內容與序例不合者數則，殆史通所謂「非言之難，行之難也」者歟？玆錄之：

(1)輿服志序云：「光宣之際，海陸軍興，旗式服章，舊觀頓改。已見兵志，玆不復述。」然考本書兵志中，不言旗式，服章。而海軍篇中，祇有「……其定儀制也，曰冠服，曰相見禮，曰國樂，曰軍樂，曰王命旗牌，曰印信。」之語，餘均不詳。豈作者嫌其煩屑而故諉之曰「已詳他篇」以掩其簡陋他耶！

(2)本書藝文志雖有輯佚一類，而不列叢書，其序曰：「前朝彙書，例既弗錄。清代輯佚，異乎斯旨……」然今者此志集部第五詞曲類詞選之屬，竟將詞學叢書列入，自相矛盾矣。

(3)本書文苑傳序曰：「……玆為文苑傳……其已見大臣及儒林各傳者，則不復著焉。」倫案：謝啓昆傳，既於大臣傳第一百四十六中列之，而文苑傳卷一，又以附見邵遠平傳之後。既與序例牴牾，又為重出，殆書成之後，刪削尚有未盡也。(又第十一條)

(二)斷限參差不一

劉子玄曰：「明彼斷限，定其折中。」蓋書之立約，貴乎得體。然清史稿之斷限，則參差紛歧，識者惑焉。其本紀記事，斷至宣統遜位。故三年以後遜帝行事，若復辟，若宮中失火，若大婚，若出宮諸大端，均付闕如。而天文志記事，則截止於乾隆六十年。故其序有「乾隆六十年以後，國史無徵，則從闕焉」之語。又后妃傳宣統皇后郭博勒氏傳，敘及遜位後十年壬戌冊立皇后之事，又卷二百六十大臣傳勞乃宣傳，敘其丁巳復辟授法部尚書及以後事，沈曾植傳，敘及復辟授學部尚書及以後事。他者于式枚，王凱運，林紓，王國維等人，均卒於民國，亦分載大臣，儒林，文苑，忠義諸傳，侵官離局，莫過於此。其尤可怪者：史稿成於民國十六年丁卯八月，見於趙爾巽之清史稿發刊綴言，而辜湯生卒於十七年春，亦列入文苑傳林紓之後。倫按：文苑傳之出版，在十七年五月，則辜氏之傳，殆後人私行列入者也。

(三)敘事之方法不明

史通惑經篇曰：「書事之法，其理宜明。使讀者求一家廢興，則前後相會，討一人之出入，則始末可尋。」其言允當，後世修史者，咸奉爲圭臬矣。纂修元史凡例曰：「按歷代史志爲法，間有不同。至唐志則悉以事實組織成篇，考覈之際，學者悼之。惟近代宋史所志，例分件列，覽者易見。今修元史，志準宋史。」清修明史，各志記事，即取其法，蓋所以便撢揅也。所謂「科學的方法」，此之謂也。無如清史稿之修撰，正當科學方法發達之會，新法縝密，既毫不知採取，復將前哲舊有之良法，擯棄弗顧，何不思之甚耶！茲姑略舉數例：

（1）本書食貨志之述賦役也，分爲賦則，役法二門，其言曰：「賦役，一曰賦則，……；一曰役法，……。」其第一之「一曰」，在食貨志卷一第一葉上半面；而第二之「一曰」，則在是卷第十五葉上半面。相隔三十頁之遙，又不分行臚列。既不便於披閱，尤難於檢查。紀事如此，豈不謬哉？或曰：『吳士鑑纂修清史商例，與學志條下云：「此志宜規班馬史志，撰爲長篇文字，不宜分條臚列。」（見洪憲元年一月中國學報第一冊史類）此從吳氏之議，蓋效史漢之遺法也。』殊不知：古者事簡文約，組成一篇，不以爲病。且其時紙帛難得，後世刻書不易，故原書聯貫直書，刻本則不分條次，均不以爲嫌。處今世而泥守古法，是不知劉子玄「史尙變通」之義也。

（2）本紀德宗紀，光緒三十一年八月丁卯條下云：「載澤等啓行，甫登車，匪徒猝擲炸彈」云云。按載澤等出京，終赴各國考察政治之事，考本紀於此事之前，既未明言考察政治事，此條即應述明之，否則閱者將不知其爲何啓行，及行將何往也。至若目革命先烈爲匪徒，尤爲反民國，反革命之明證。

（3）本書交通志第一，其第六葉自上半面十行，至下半面十行中，皆敍述外人以鐵路政策侵略中國之方略，第六葉下半面十一行以後，始言各國依據此等政策而實行之事實，而此段竟云：「……此各國以鐵路侵略中國之大略也。」夫以未見諸實行之政策計劃，指爲都已施行之事實，不特此文與本志前後矛盾，何亦不詳加考訂之甚耶？此書任其流傳，遺誤多矣！

（四）無時間觀念

史蹟之年月，最關重要，因事考世，胥賴於此，而清史稿對於此點，卦漏頗多，實屬不合，今舉例證如下：

（1）本書地理志第十八台灣篇曰：「……一統志載戶口原額人丁……」按此係指大清一統志而言。既不加「大清」二字，復不標注年代，非所宜也。

（2）地理志第二十三新疆篇云：「新疆，古雍州域外西戎之地。……順治四年，哈密內屬，……」順治之上，不冠以「清」字，証之以本書他篇之例，此屬疎忽。

（3）地理志第二十六青海篇云：「清初，有元太祖弟哈布圖哈薩爾之裔，號顧實汗。……」云清初，而不詳其年代，指清初未入關之金代，或滿洲之時代而言耶？抑指入關後之初紀而言耶？

（4）禮志第十一凶禮篇云：「宣統初，為德宗營崇陵，三年未成。遜國後，當道撥欵營治。及葬，功甫半，故較舊制為略云。」讓國後，不言民國之年，亦不標甲子，雖無重大關係，然亦可謂疎謬矣。

（5）滿清所謂之國史館，列傳記事，其道甚詳。對於其人升遷降貶之年月，大都詳載不遺，稽考頗便。及民初修清史，大半刪除，讀者惑焉。試以清國史館所刊之滿漢名臣傳及中華書局印行之清史列傳，與此比較，其詳略疎密可知矣。

（6）清代遺臣之亡於民初者，清史稿於其歿亡之年歲，多不注述，祇云：「未幾卒」，「旋卒」。只用干支，而不奉民國正朔，非史家載筆之道也。

（7）屬國傳第四浩罕傳附哈薩克曰：「今則自中俄定界後，哈薩克已分屬兩國矣。」此今字，指清末言耶？抑指此史成書之時而言耶？凡此疎謬，均應詳考，史書固不容如此草率也。

（五）不奉民國正朔

清史稿記事，凡涉及民國者，均宜舉其年代，史之法也。今觀此書紀事，自入民國以後，祇用干支，或用尙書越若干日之筆法。敍事既不顯明，復有反民國之嫌，何所取耶？茲摘錄大臣傳中數例於下：

（1）勞乃宣傳曰：「丁巳復辟，授法部尙書。」

（2）沈曾植傳曰：「丁巳（按應作民國六年。）復辟，授學部尙書。……壬戌冬卒。」

（3）世續傳曰：「世續辛酉年（民國十年）卒。」

（4）伊克坦傳曰：「癸亥年（民國十二年）卒。」

（5）周馥傳曰：「……移督兩漢，（光緒）三十三年，請告歸。越十四年（當作民國十年）卒。」

（6）馮煦傳曰：「聞國變，痛哭失聲。越十有五年，卒。」

（六）違反史家詳近略遠之原則

詳近略遠，史書通例。荀子非相篇曰：「傳者，久則論略，近則論詳。」蓋略遠詳近，古有明訓。章實齋與戴東原論修志亦云：「史部之書，詳近略遠，諸家類然。」良以當代各事，皆從最近歷史遞嬗而來，其關係尤為密切也。故司馬遷史記，百三十篇，自上古至秦楚之際，年代綿邈，僅占其半，記載漢事，亦占其半。其本紀十二篇，漢占其五，表十篇，漢佔其六，書八篇，漢殆居其半，世家三十篇，漢占十二，列傳七十篇，漢居三十八，而漢高，惠，文，景，武五帝，「今上」最詳。可謂最近而最詳者矣。而清史稿之作，銓次無準，更略於近世，可謂無史學常識之極矣。聞修史時，吳廷燮獨倡「史應求詳」之論，其言曰：「今修清史，公私文字，幸未殘蝕，正當詳列，以成完史，就今日論，凡關政典，多有專書，然大臣表已稱損失，新學方盛，競趨簡易。百年之後，正不可知，補表補志，後代作者，皆至勤苦。以視當代，難易詳略，相去霄壤。今可求詳，何爲從簡？毋使後人引爲憾也！」（修史商例語）時無知音，可爲浩歎。茲舉數例以證其失：

（1）宣統本紀，斷自遜位。是後事迹，概未著錄。

（2）天文志斷至乾隆六十年爲止。（詳前第二條）

（3）輿服志之記述近代實章，甚屬簡略，其序曰：「……又自海通，國交最重，往來酬贈，倣製寶星，名級攸分，以榮佩帶。逮乎末季，新制漸繁，兼有爵章，行之未久。若斯之類，闕略云爾。」

（4）本書土司傳，甘肅平番縣條下曰：「後無考。」夫史所以紀典章，以一縣之情況，而不廣採博諮，竟草率出之，謂之無考，後人將何所藉以考古而通今耶？

（5）本書屬國列傳第四浩罕所附諸國，如安集延，瑪爾噶朗，那木干，巴達克，博羅爾等國，祇述往昔入貢情形，而至關切要之清末情形，毫不敘及。如此疏漏，將何以信今而傳後也？

（七）重複者

史事紛紜，難免牽連，史家於此，皆互見詳略。然不必互見者載於一帙足矣。而清史稿則不然，竟有一人兩傳者，此所謂複也，如：

（1）謝啓昆傳，既見卷三百六十五大臣傳，復見本書卷四百八十九。然重出可矣，自相矛盾則不可，而大臣傳云：「乾隆二十六年進士。」文苑傳又云：「二十五年」，尤爲不考之甚者。蓋傳非成於一人之手，其書既成，未經審查，即行付印，故有此失也。

（2）本書列女傳第一，既爲王照圓立傳矣，而儒林傳第三郝懿行傳中，又附入其妻王照圓事。此或爲受人請託，故其傳重複。或則館員與之有親友之誼，因故重其事，以永其傳也。

（八）煩冗者

昔劉知幾論史書載事之煩省曰：「論史之煩省者，但當求其事有妄載，言有闕書，斯則可矣。必量世事之厚薄，限篇第以多少，理則不然。」蓋欲史之煩省得中，亦云難矣。清史稿一書，煩者，冗者，脫者，略者均有之。茲先述其煩冗者：

（1）本書諸王一傳，其中多無事蹟可述，而只記其譜系爵位及生卒年月者。凡此之類，可立諸王表以存之，傳文均可刪略也。

（2）明大統術，回回術，清康熙初年用之，本書時憲志削之而不載，尙不爲病，以具見明史故也。而本志卷十五十六，反全載八線對數表，佔書四百三十四葉之多。夫以現代初級中學學生共曉之書，盡納之國史，不特有煩冗之嫌，直亦無史識之甚矣。

（3）清末殉難二臣松壽及趙爾豐之合傳，載在本書卷二百五十六。同一死事也，而其傳文，一則少至二百六十七字，一則多至一萬九千八十九字，詳略懸殊，一至於此。蓋爾豐爲清史館館長趙爾巽之弟，故修言過譽，不知剪裁。浮詞浪語，殆亦多矣。

（4）劉子玄嘗謂史書「載言」，其法頗善，然過煩冗，則不足爲法。史通載言篇云：「古者，言爲尙書，事爲春秋。……左氏爲書，不遵古法：言之與事，同在傳中。然而言事相兼，煩省合理。故使讀者，尋繹不倦，覽諷忘疲。」清史稿一書，亦明此義，故大臣奏章，如靳文襄及裘文達之論治河（一見本書卷二百八十五，一見卷三百二十七。）英和之請改漕運（見卷三百六十九），左宗棠之奏經略新疆（卷四百一十八），劉銘傳之議修鐵路（見卷四百二十二）：凡此疏奏，均以國計民生所關，均於其傳中，節取原文，煩省均爲得體。然如本紀二十五宣統紀，全載遜位詔文，諸王傳多爾袞傳全載致史可法書，大臣傳第九十孫嘉淦傳全載三習一弊疏等等，則未免煩贅矣。且也，遜位之詔，非溥儀所作，致可法書，非出攝政王之手，載之紀傳，深非所宜。蓋不祇無關政要，且亦有失史體矣。

（5）諡法名篇，始於逸書，本不關宏旨，可從刪略。按自宣統削號，位與民同，安能再頒諡典。即如諡行，亦僞諡耳，曾何足載。然清史稿之於民國初年所卒諸人，多紀其諡贈，如陸潤庠傳云：贈太傅，諡文端；伊克坦傳云：諡文直；梁鼎芬傳云：諡文忠；周馥傳云：諡慤愼；錫良傳云：諡文誠；王國維傳云：諡忠慤。凡此虛贈僞諡，莫不備載，是乃煩之甚者。

（6）劉子玄嘗斥正史五行志之誌古驗。又謂：古之天，即今之天；今之天，即古之天，古今是同，可以不書。清史館總纂吳廷燮亦云：「天文五行，不切世用。」似有裁除之意。議不果行，是吾憂也。今其書十有八卷，亦云贅矣。

（九）漏略者

（1）食貨，交通，邦交三志，至關切要，然清史稿所記，甚屬簡略。如：食貨志征榷門述釐金，而不言其緣起。論洋藥稅則，亦多從簡，乾隆十八年前者，亦闕而不書。他若關稅自主權之喪失及其影響，以及外人在吾國銀行，鑛政，鐵路，電政……上之投資等重要事項，亦均略而不錄。試一閱其書，挂漏多矣。

（2）清初曆法，采用泰西，嘗以湯若望，南懷仁等爲欽天監正。且與湯若望同時入中國傳曆算之術，尚有穆尼閣。又：洪楊之役，亦嘗借才異國。如戈登，華爾，其著者也。又若赫德之管理稅務，朗世寧之精畫法，均有可述。凡此諸人，其事蹟或見疇人傳，或見平定粵匪方略，或見續碑傳集，或見大臣奏議，或見外務部檔案，清史均應詳爲著述，且不慮材料之難尋也。然今讀其書，諸傳甚簡。穆尼閣，朗世寧均不載紀傳，尤屬不合。

（3）史之紀事，以詳爲上，所以便後人之考求，有不容簡略者也。今觀選舉志卷八曰：「城鎮鄉府廳州縣及京師地方自治，暨選舉各章程，各省次第籌辦，其選舉辦法，與諮議局議員選舉，略有出入。以繁瑣，不備載。」夫以煩瑣而不錄，國家亦何必設官分職，修此無關切要，簡陋疎謬之清史爲耶？

（4）多爾袞傳載致史可法書，孫文定公傳載三習一弊疏，或非出其手，或不關典要，載之於傳，可謂冗矣。然冗之爲弊，較諸漏略爲優。雖失煩富，無傷大體。若郭琇之奏彈明珠，曹錫寶之彈劾和珅，陶澍之疏改鹽票，曾國藩之奏防流弊，或冒死以鋤大奸，或係一朝大政，然一翻本書卷二百七十六郭傳，卷三百二十八曹傳，卷三百八十五陶傳，卷四百十一曾傳，於其奏疏，均不紀載，甚將其事而漏略之，不亦陋歟？

（5）歷代修書，食貨志之撰定也，必參考會要，會考，會計簿等書而爲之。清代典例，本甚煩複，當修史之初，有議以數目之書，列入計表，附之卷尾者。其法該而不漏，允稱至當，事終不行，甚爲可惜！

（6）修清史之初，據修書條陳考之，倡立宗教志者五人，議增通商志，氏族志，民備志者各一人。商例盈帙，具見卓識。其議不行，爲之奈何？

（十）全書除時憲志外，均無圖象。

左圖右史，古爲學之道也，且圖之與譜，並重於世。蓋表可以齊名目，而圖可以通形象，虛實相資，詳略互見，相輔而行，缺一不可也。馬班撰史，但知本周譜而作表，不知溯夏鼎而立圖，遂使前世形勢名象，不能瞭然於目，不能豁然於心。後世相承，表志愈繁，圖經寖失，好古之士，載考陳編，口誦其詞，目離其象，文煩事晦，識者傷焉。章學誠嘗云：「夫紀傳之需表而整齊，猶紀傳書志之待圖而明顯。先儒嘗謂表闕而列傳不得不繁，殊不知圖闕而書志紀傳，俱不得不冗也。」此言適中其失矣。清人之修明史也，曰：「歷生於數，數生算。算法之勾股面線，今密於古，非圖則分列不明。」故明史獨於割員弧矢月道距差諸圖，備列歷志。插以圖解，其識卓矣。民初清史之初撰也，人或議：「天文，地理，河渠，交通，皆宜繪爲詳圖，與志幷列，禮樂二志，亦可附圖。」更謂，「輿服鹵簿，可裁去志目，繪爲專圖。」（見東方雜誌第十二卷第五期，又見國學第五期。）清史館總纂吳廷燮修史待商要義亦云：「近代輿圖，日以精密，工技之精，非圖莫辨。大約疆理，河渠，郵傳三志，禮之器數，兵之船械，皆非有圖，無以證明。自唐以來，會要會典，附圖者少；清修會典，列圖頗備，但取裨史，即無因襲，亦可特創。」事亦不行，不無遺憾。其附以圖者，今唯時憲志卷二之推步算術一篇而已。

又案：天文志儀象篇曰：「……今考各形製，用法，悉著於篇。」然試紬此篇之文，只述其製法及用法，而不摹其形，亦自相矛盾之一端也。

（十一）採摭不廣

夫珍裘以衆腋成溫，廣厦以羣材合構。自古探穴藏山之士，懷鉛握槧之客，何嘗不徵求異說，採摭羣言，然後能成一家，傳諸不朽？觀夫丘明受經立傳，廣包諸國，蓋當時有周志，晉乘，鄭書，楚杌等篇，遂乃聚而編之，混成一錄。向使專憑魯策，獨詢孔氏，何以能殫見洽聞，若斯之博也？馬遷史記，採國語，戰國策，楚漢春秋。至班固漢書，則全同太史，自太初已後，又雜引劉氏新序，說苑，七略之辭。此並當代雅言，事無邪僻，故能取信一時，擅名千載。然清史稿之修，祇據國史。吳士鑑纂修清史商例曰：「本紀當以史館歷朝本紀爲根據，復以聖訓，實錄，方略互証之。……凡夫私家著述，語涉疑似者，不宜旁及，以昭謹信。」此其徵也。是以乾隆六十年以後之天象，國史實錄無徵，則從刪略（見天文志序中）。蓋其所參考，不過官修之書，臣功之奏而已矣。至若私家著作，以及今故宮博物院文獻館中所藏檔案，均不採錄，殆亦未曾見之也。則其書之疎謬，亦意中事矣。

（十二）難於徵信

史之所貴，在於徵實。稱引論撰，宜標所本。司馬遷撰史記，於所見，所聞，及得之傳聞者，皆載之於書。如余讀某書，聞之某人，歷某地，……等語，幾逐篇有之。此其所以爲信史也。然清史稿之作，皆不敍其源，觀者惑焉。例如：吳世璠之下落，三岡識略，謂其敗走緬甸，而平定三逆方略則云自殺。本書列傳二百六十一云：「……綫等謀執世璠及郭壯圖以降。世璠與壯圖皆自殺。十月戊申，綫等以城降。」然則，本書所記，本官修之平定三逆方略歟？抑別有所本歟？不有自注之例，誰其誰之哉！

（十三）曲筆之失

史尙直筆，前人已詳言之矣。然清史記事，曲筆甚多。茲拉雜錄之：——

（1）清初入關，平定東南，屠城慘殺，暴戾已極。康乾之季，淸帝游幸，國計民生，交感其困。起自康熙，迄於雍正，慘酷大獄，層出不窮。清室末造，綱紀廢墜，權閹亂政，勢薰朝野。諸如此類，國之大事，均應詳載。而清史稿則多刪而不錄，蓋所以泯沒滿清殘忍變亂之實也。言多隱諱，直道安在？

（2）本書食貨志序曰：「凡滋生人丁，永不加賦。又普免天下租稅，至再至三。嗚呼，古未有也！」天文志序曰：「理明數確，器精法密。自古以來，所未有也！」地理志序曰：「拓土開疆，漢唐以來，未之有也。」屬國傳曰：「環列中土諸邦，悉爲屬國，版圖式廓，邊備積完。芒芒聖德，蓋秦漢以來，未之有也。」凡此溢美夸飾之詞，無非以念念不忘本朝之前清遺老自居，而抒其愚忠之讕言，此書不絕，是無天理！

（3）本書對於淸帝，備極頌譽，觀本紀諸論，淸代諸帝幾人人可與堯舜湯武比美。太祖本紀之論曰：「天錫摯勇，神武絕倫。……比於歧豐，無多讓焉。」太宗紀論曰：「用兵如神，所向有功。……帝交隣之道，實與湯事葛，文王事昆夷無以異。嗚呼！聖矣哉。」世宗紀論曰：「書曰：亶聰明，作元后。元后爲民父母，其世祖之謂矣！」聖祖紀論曰：「幾暇格物，豁貫天人，尤爲古今所未覩！」宣宗紀論曰：「君恭儉寬仁，臣操切畏葸。」穆宗紀論稱帝之勤，仁，明。禮志序又曰：「光緒……恩義兼盡，度越唐明遠矣。」夫本紀，記事之綱領也，惟其性質，又近列傳，蓋傳以記羣臣及民庶之事，紀乃以記帝王。故帝王行事，均宜詳舉。觀天祖龍微行，逢盜蘭池。泗水亭長，好酒好色。如此之類，備入本紀，未嘗嫌其瑣屑，更未聞曲加掩飾也。清代諸帝，如世祖棄榮遜荒，世宗刻薄兇殘，高宗驕暴淫佚，穆宗微行不檢。十口相傳，猶堪考信。旣削之而不載，反曲爲維護，無慙良直也乎？

(4)紀者，綱紀庶品，網羅萬物者也。故當時大事，均應備書。考康熙二年四月，永歷崩於滇城，其臣鄭經，仍奉其正朔。十三年正月，吳三桂奉三太子即位，改元周啓。十七年三月，三桂改元昭武，國號大周。咸豐元年，洪秀全建號太平天國。他若漢族繼起反清者，尤難數計。而本紀之中，並不記載。凡漢族之革命，均不加表揚，削之惟盡，殆所以滅吾先民偉烈之迹也。修史者之心，可以推測矣。

(5)詳近略遠，史家通則。宣統復辟之事，不見本紀，殆亦有所避忌歟？

(6)清代諸帝，除太宗，仁宗，宣宗外，餘均不得善終。文皇后有下嫁多爾袞之說。高宗相傳爲漢族之裔。福康安或謂係高宗之私生子。而史稿之作，旣不載其事，復不存其疑。信以傳信，疑以傳疑，修清史者，殆無此常識也！

(7)孝欽顯皇后傳曰：「二十四年八月丁亥，太后遽自頤和園還宮，復訓政。以上有疾，命居瀛臺養疴。」夫德宗幽禁，婦孺共曉，諱曰有疾，是有所忌諱耶？抑沿國史記注之誤耶！

(8)孝欽聽政，權閹用事，若安得海，李蓮英，小德張之輩，其著者也。德宗本紀均不之載，非直筆也。后妃傳中，祗中「蓮英事太后，頗用事」數語。粉飾隱諱，有虧信史矣。

(9)本紀記事，多妄自尊大而詆毀異己，茲舉數例以明之：——

(a)道光以前，外國來聘，皆書入貢。本紀及邦交志中，屢見不鮮。妄自尊大，可笑之至！

(b)斥外人曰夷（如食貨志卷六洋藥章，書英船云夷船……），稱外國君主曰酋（如邦交志卷二第六葉上其一例也）。

(c)凡明代後裔及遺民倡義抗清者，均呼爲土賊。如：忠義傳卷一許友信傳曰：「時天下初定，人心反側，各省土賊蠭起。……」

(d)以鄭成功爲海寇。地理志台灣篇云：「清順治十八年，海寇鄭成功逐荷蘭人據之，僞置承天府。……」

(e)以倡言革命及割據諸雄，爲潛僞，爲亂逆，見於列傳第二百六十二者最多，茲略舉數例，以見修史者諂忠前朝，藐視先烈之罪焉。洪秀全傳曰：「……造寶誥，眞言諸僞書，……倡亂於金田。……僭號僞天王……僭號太平天國。……設──僞職……僞朝……建僞都。……學匪……賊……路──地……犯我軍……。……僞王皆建僞府……定僞律六十二條，設僞卡，徵收雜稅。……擒僞天德王。……」曾國藩傳亦云：「粵寇破江寧，據爲僞都，分黨北犯。」侮辱漢族革命，有如是者！

(f)辛亥武漢革命，實樹我中華民國之基，而清史，乃以爲倡亂。本紀第二十五曰：「宣統三年辛亥，七月壬午，四川亂作。八月甲寅，革命黨謀亂於武昌，事覺。」瑞澄傳亦云：「……越月，武昌變起。先是黨人謀亂於武昌，瑞澄初聞報，驚慌失措，漫不爲備。」恒齡傳亦曰：「恒齡抵宜昌，鄂亂作。」以建國爲作亂，何其反民國之甚耶！又民國十六年，國民革命軍北伐，進據兩湖，忠義傳王國維傳云：「丁卯春夏間，時局益危，國維悲不自制，自沈於頤和園。」是唯恐民國民主勢力之伸張膨湃。反革命，反民治之意，顯然可見。清史稿審查委員會摘之，先得我心矣。又本紀第二十四曰：「光緒三十四年十月，安慶兵變，剿定之。」本紀二十五曰：「宣統二年庚戌春，正月己酉，廣州新軍作亂，練軍討平之。……辛亥詔：以人心浮動，黨會繁多，混入軍營，勾引煽惑，命軍諮處陸軍部，南北洋大臣，新舊諸軍，嚴密稽查。……乙卯，廣東革命黨王占魁等伏誅。……甲子，革命黨人汪兆銘，黃復生，羅世勳，謀以藥彈轟擊攝政王，事覺，捕下法部獄。……三年辛亥三月庚戌，革命黨人，以藥彈擊殺署廣州將軍孚琦。……」居民國而修史，記國民革命之事，多有貶辭，實屬不合。

(g)革命之成，先烈之功居多。凡係中國人民，宜何等欽仰。而張曾敭傳，於烈士徐錫麟則書曰：「刺恩銘」，而不標其革命之歷史，於秋瑾義烈，則書曰：「陰謀亂」。然尤可怪者：彭家珍之殺良弼，路人皆知，而清史稿良弼傳則云：「一日，良弼議事歸，及門，有人遽擲炸彈，三日而卒。」曰「有人」，而不指明烈士之名者，蓋取春秋「稱人賤之也」之義。其藐視先烈，抑何其深？宜乎故宮博物院指斥之也。

(h)光緒時，康梁倡議變法，國事之大者也，而本紀二十四光緒二十三年條，亦不著，康有爲亦不見列傳。今觀本紀第二十四云：「光緒二十四年八月丁亥，皇太后復垂簾於便殿訓政。詔：以康有爲結黨營私，莠言亂政，褫其職。」德宗本紀論云：「德宗親政之時，春秋方富，抱大有爲之志，欲張撻伐，以湔國恥。已而師徒撓敗，割地輸平，遂引新進小臣，銳意更張，爲　然功名之士，險躁自矜，忘投鼠之忌，而弗　言之，可爲於邑！」則不爲南海立傳，殆存門戶之見歟？

(i)本書卷三百六十五張師誠傳云：「去官後，一意著述，以許慎，鄭康成爲宗。於儀禮說文，致力尤深。著書皆可傳。」今考本書藝文志，既不載其著作，或有傳世者，皆不名於時。傳中之言，何其過譽？

(j)清末松壽，趙爾豐，同殉國難。其行事之見於清史稿者，一則多至二萬字，一則寥寥二百字（詳前第八條）。爾豐爲清史館館長趙爾巽之弟，因多言若是，無汚靑史乎？

(k)清代皇子之中，若禮親王昭連，若豫親王裕興，若輔國公裕瑞，其事功均有可述，而傳不具載，豈因諸人多緣事革爵，而諱其事耶？

(l)呂留良，曾靜，金人瑞，汪海村諸人，或則著述傳世，其思想深入人心，或則特才玩世，品質卓異，似均可立傳。而此書俱不之載，殆亦有所忌避耶？

(m)宣統本紀，凡宣付史館爲之立傳者，多著紀中，統而計之，得十數人，然傳於清史稿者，則十無一二焉。按本紀二十五曰：「宣統二年九月己未，予積資興學山東堂邑義丐武訓事實，宣付史館。」本書卷五百零四孝義傳第三，曾敍其事。本紀稱宣付史館爲之立傳，而今清史稿載之者，此一人而已。其餘諸人，殆均嫌其煩屑而削之矣。然方之以張師誠與趙爾豐諸傳濫載之失，則此未免漏略之嫌矣！

（十四）尙存直筆之例

上條摘述清史稿曲筆之失，凡九項，都數十則。然直書而無所忌憚者，往往有焉。故清史稿者，蓋亦瑕瑜互見之作也，今舉二例爲證。

(1)清之先世，在明受建州衛指揮之職。淸人以諱言其曾受明官，乃抹殺建州之名，而揑造滿洲爲國名。至太祖建國，又自附於金之後，而稱後金，嗣又改爲淸。金本漢族宋代之敵，滿人避諱，乃並削後金之名而不道。及民初修清史，於清初之受明職，於其金之國號，及入貢明朝諸事，並不忌諱，尙不失厥眞。本紀第一太祖紀曰：「乙丑（按是時尙未建國）冬十月，仍以太祖爲建州衛都督僉事。丁酉九月，使弟舒爾哈齊貢於明。戊戌冬十月，太祖入貢於明。辛丑十二月，太祖復入貢於明。甲辰春正月，太祖伐葉赫，克二城，取其寨七，明授我龍虎將軍。天命元年丙辰春正月壬申朔，上即位，建元天命，定國號曰金。」史法謹嚴，頗有良直之風。

(2)本紀論贊，多虛美君上，亦如前條所述，然亦不盡然。高宗本紀論曰：「惟耄期倦勤，蔽於權倖。」孰謂史稿記事，全爲僞妄哉？

（十五）書法之善者

劉子玄以「左氏爲書，言事同編，用使讀者尋繹不倦，覽諷忘疲。」清史稿之修，多本劉說。故交通，河渠諸志，多雜採奏疏。言事相兼，頗便瀏覽。文苑傳第三嚴復傳，載其天演論自序；吳汝綸傳，採其論文之語；梅曾亮傳，雜綴楊以增之語。凡此之類，頗得史法。

（十六）生人入傳之失

蓋棺論定，人所共知，故生人不得而傳也。清史稿于宣統三年以後之事，猶且不載，而后妃傳中竟以其尚在人間之皇后郭博勒氏載入之，不特應詳而不詳，應刪而不刪，抑亦乖史家通例之甚者矣。

（十七）無史識之陋

昔人言：史有三長，曰才，曰學，曰識，而史識最重而最難，。良以史材龐雜，無史識以裁之，難資考信也。清史稿之修，此病不能免焉。如：——

（1）吾嘗讀宋史李濬傳曰：「濬，字法言，冀州信都人。父超，爲禁卒，常從潘美軍，主刑刀。美好乘怒殺人，人潛緩之。美怒解，輒得釋。以是全活者甚衆，人謂其有陰德。」因嘗怪元人修史之無史識。而清史稿列傳一百五十一阮元傳曰：「阮元祖玉堂，官湖南參將，從征苗，活降苗數千人，有陰德。」亦同此陋。夫以鄉曲婦孺之見，入之史裁，未免可笑！

（2）本書交通志序曰：「孔子論治，以書同文，車同軌，行同輪爲極盛。清之天下，可謂同文同軌矣，惟行殊焉，而理亂頓異。則知伏義氏所謂通天下之志者，有形下之器，尤貴有形上之道，以維繫之，未可重器而遺道也！」夫以此不倫類之詞，編入志序，貽笑大方之家矣。鄭夾漈謂諸生決科之文，不可施於著述，此其流歟？

（十八）標題之失

史書標題，本無定則，或得稽古之宜，或達從時之義。名實不爽，斯得之矣。清史稿題目，多見其失，茲以不敢苟同者，略舉之：——

（1）本書取名史稿，有類長編，蓋尚有待後人之刪定也，顧名思義，固以詳盡遍舉爲宜，今觀其書簡略疎漏，名實不符矣。

（2）清史歷志，舊名時憲，蓋避帝諱也。然禮云：臨文不諱。改歸原名，理則雅正。好奇立異，非其宜矣。然清歷用時憲術，故以時憲稱歷志，尚屬可行。至若改五行爲災異，更張太甚！此雖本通志，然有不妥焉；蓋災異所包，不盡五行之全也。

(3)諸王傳，宜改爲皇子傳，或增立宗室傳而兼該之。蓋傳中所列專傳，皆係皇子，而非皆爲王爵也。而間有封爲公爵，將軍，貝勒，貝子者，且亦有緣事削爵除籍者也。

(4)標題既定，本書稱引，即宜前後一致，不應歧出，淆人觀閱。而本書有孝義列傳，見於目錄及本傳序中，而遺逸列傳中，又稱爲孝友傳，不劃一之弊也。

(5)史稿皇子世表序曰：「蓋自景祖以上子孫，謂之覺羅，與顯祖以下謂之宗室者，親疏攸別，爵秩亦殊。……」而羣臣傳及忠義傳，多標以「覺羅」或「宗室」以別之，即以此也。竊謂親疏世系，列之於表足矣，傳中復特標識之，滋章之甚矣。

(6)列女傳中，或稱某人妻某氏，或稱某人聘妻某氏，或云某處婦，或某處女。參差不一，識者惑之。長清婦，不標王氏女，文緯妻王氏，而書節義縣王，任寨村二十烈女，於傳中先述其事，而末記其姓氏。凡此體製，均不免書法靡定之誚也。

(十九)稱謂之失

史通嘗云：史之稱謂，理當雅正，清史紀事，多尚褒貶。凡與清對抗諸國及倡義革命者，貶抑之義，寄諸稱謂，前已屢言之矣。茲摘其他不合體例者，述之於下。至於岐出之例，則詳下條焉。

(1)徐健庵修史條議曰：「明士大夫，以別號行，遂成風俗。今於傳中須見別號者，若易以字，便爲失真。」語甚近理。今案清史稿儒林，藝術，遺逸諸傳，兼載某人之字及別號，其法甚是。然其他諸傳，只書名字，其別號之可考者，亦削之而不書，何也？

(2)名從主人，古之義也，按俄皇之名，有專名詞曰「薩」Tsar，猶蒙王之稱「克汗」Khan，波斯之「蘇丹」Sudan 也。而清史稿邦交志第一葉十三上面，稱俄羅斯王爲「汗」，不亦謬歟？

(3)稱謂宜本所自出，不可妄爲擬定也，故孔子曰：「唯名不可以假人。」按十朝東華錄云：「康熙十年八月庚午，西洋國王阿豐素，遣臣進表入貢。」而此書本紀，以阿丰素作阿来肅，不豈惑歟？

(4)清史稿爲民國所設之史館所修，凡述清事，固應舉清之國名。牽連近時者，應書民國。即行文不慎，或以取材關係，偶有「我國」「我朝」「我軍」「國初」諸字，苟指清代，當改易其字。否則人將疑以指民國也。然試觀本書書志列傳中，此等稱謂，頗屬混淆。夫以受民國任命而修前清之史，呼前朝爲我，不亦謬耶！苟事出前清，早已經人指摘見罪君上而大興文字之獄矣。

（二十）稱謂岐出之例

此書稱謂，前後岐出，蓋倉促成書，未及審定劃一之疎也。茲略舉數例，以見一班焉。

（1）本紀卷六第十三葉上，以俄國作「鄂羅斯，」而邦交志則作「俄羅斯」。

（2）本紀卷六康熙二年三月條及邦交志卷一第一葉上作「荷蘭」，邦交志卷七，則稱「和蘭」。

（3）孔蔭植之名，見儒林傳第四，而職官志，則作「孔允植。」

（4）雍正本紀之「胤禩」「胤禟」……，諸王傳則作「允禩」「允禟」。……夫書以示後，安用避諱而自取矛盾歧出乎？

（5）屬國傳之「浩罕」，邦交志卷一第二葉下面第四行及第四葉下面第五行，均作「浩汙」

（6）藩部世表之青海厄魯特部，藩部列傳作「青海額嚕特。」

（7）本紀第十乾隆二年十二月甲申朔條之査克丹，部院大臣年表卷四上乾隆二年工部尚書表作「査克旦」，而卷下册乾隆四年左都御史條，復作「査克丹。」

（8）本紀第十乾隆元年二月甲戌條中之噶爾丹策零，於是年同月乙卯條作「噶爾策零」。按此二條相連，名字岐出，曾不覺察，荒疎之至。

（二十一）編次之得失

（1）劉子玄嘗謂：「本紀所書，資傳乃顯，表志異體，不必相涉。」後漢書，宋書及北魏書，志編傳後，史通以為得體。（按今止魏書以志列傳之後，范沈二書，後人易置矣。）其言甚是，後惟舊五代史，倣而行之。清史稿之作，不加釐革，無史識也。

（2）清史稿分卷之法，皆準往史例，大致以時代為次。其功業相同者，彙為一編，更以其事功，稍次者，入附傳，其法尚佳。又列傳第九，以清太祖未起兵前建州三衛阿哈出，王杲及其子弟諸事蹟，倣明史開國羣雄例，列之傳首，亦為得體。然若吳三桂，洪秀全二傳之列羣臣傳後，不以時分，殆寓前史叛逆列於傳末之義，則不妥矣！

（3）一家之中，其祖孫父子兄弟各有特別事功者，本書多各自為傳，頗為得體。如張英傳在本書卷二百七十三，張廷玉傳則見卷二百九十四，傅恒傳列卷三百零七，福康安傳，則列卷三百三十六，是也。

（4）屈賈相去數百歲，而史記合為一傳，其後元史有裕宗睿宗合傳之例，明史有興宗睿宗合傳之例。於是清史之修，因有主張兩攝政王合傳者。人或疑其滑稽，于式枚則曲爲解釋。（詳見民國五年五月中國學報第五冊之纂修清史商例案語中。）然傳之以類從，不以年別者，劉氏史通，曾譏之矣。今史稿不以二攝政王合傳，各以年代爲序，其傳一見本書卷二百二十四太祖諸子列傳中，一見卷二百二十七宣宗諸子列傳中，非無見地也。

（5）吳廷燮修史條議嘗以時憲，象緯，災異三志，宜附末帙，蓋以其不切乎實用也。今本書列書志第二第三，居志之首，似非所宜。

（二十二）列傳銓配之當否

（1）本稿儒林，文苑諸傳，專傳附出，分銓不當。如：馬驌附於儒林二張爾岐傳；崔述附見儒林三雷學淇傳；楊守敬附於文苑三張裕釗傳，其顯例也。他若王國維之入忠義傳，章學誠之入文苑傳，分隸亦屬失當。又文苑傳第三，嚴復，辜湯生均附於林紓傳，亦屬不合。然辜氏之卒歲，在清史稿草成之後，及書刊行，乃倉促以辜傳附諸林氏之後，不及前列，情有可原，唯嚴林二氏，本屬齊名，並列傳中，尙稱中允，嚴附林後，未免不經矣。

（2）本書列傳分隸之失，既如上述，若武億者，學自成一家，仕宦又多政績，本書不便入循吏而入儒林卷二，獨得其當。

（二十三）論贊之得體

自來正史，有論贊一體。案史記太史公曰云云者，此其斷語也。其後班氏改稱贊，陳壽曰評，范曄改稱論，而系之以贊。論爲散文，贊爲韵語。後修之二十史，除元史無論贊外，餘部均有史論，雖「史臣曰」及「嗚呼」開端之不同，其爲論也，則一。宋書，梁書，陳書，北魏書，北周書，隋書，南北史，新唐書，五代史及宋遼金三史，均有論無贊。晋書南齊書，舊唐書，則論贊並用。且南齊書志，亦有贊，宋遼二史，本紀稱贊，列傳稱論。昔劉子玄，鄭漁仲嘗謂無味之論贊，均可刪除；惟含有新義者，則可存焉，故史通云：「史之有論也，所以辯疑惑，釋凝滯，蓋欲事無重出，文省可知。」通志總序曰：「凡左氏之有君子曰者，皆經之新意。史記之有太史公曰者，皆史之外事，不爲褒貶也。」吳士鑑纂修清史商例云：「前史於每卷傳後或用贊，或用論，班范用贊，其例已古，近代則均用論。今茲修史，斷然用論無疑。」並謂俟全書告成，再由數人分任撰述之事。案作傳不作論，而論另由數人任之之例，擬自明史，雖非古法，然事尙可行，故于式枚亦主張之。今考紀傳之中，有論無贊。

又彙傳除后妃，諸王二傳外，均無論。而史論時與紀傳之意不合，蓋非成於一人之手也。則史論之作，殆取吳于二氏之議也。竊嘗考淸史稿之論，優點頗多，其間有述新意外事者，有辨釋疑惑者，有記傳聞異辭者，對於史事之眞僞，裨益不少。他若立論公正，闡明因果，論事利弊，猶其餘事焉。茲分述之：——

（1）述新意外事者：

（a）后妃傳論孝欽之奢侈，曰：「孝欽聽久，稍稍營離宮，修慶典。」

（b）諸王傳論，以傳聞而證睿親之慘酷。又述害肅親王之傳說二則。

（c）列傳第八十三論，述岳鍾琪及策棱之相貌，並述其部下之奇士。

——凡此者，均不見傳文，而申之於論者也。

（2）辨釋疑惑者：

（a）或謂：孟童哥帖木兒與孟特穆，董山與充善，叫場與覺昌安，塔失與塔克世，……均屬一人，明淸對譯之異也，均應敘入太祖本紀之中。而本書列傳，第九論中，即不以爲然，且詳釋之曰：「……或謂孟哥帖木兒，名近肇祖諱（子若孫，亦有相同。然淸先世遭亂，幼子范察得脫，數傳至肇祖；始克復仇。而猛哥帖木兒，乃被戕於野人，安所謂復仇？若以苑審當凡察，凡察又親猛哥帖木兒弟也，不得爲數傳之祖。淸自述其宗系，而明乃得之於簡書，春秋之義，名從主人，非得當時記載如元秘史者，固未可以臆斷也。隆慶萬曆間，建州諸部長，未有名近興祖諱（興祖名福滿）者。太祖兵起，明人所論述，但及景（景祖名覺昌安）顯（顯祖諱塔克世）二祖，亦未有謂董山裔者。信以傳信，疑以傳疑。今取太祖未起兵前建州三衛事可考見者，著於篇。以阿哈出，王杲爲之綱。而其子弟及同時並起者，附焉。」此誠得史漢之史心矣。

（b）本書列傳第六十七郎坦傳曰：「順治中，俄羅東部人犯黑龍江邊境，時稱爲羅刹。……」邦交志卷一俄羅斯篇亦云：「俄羅斯地跨亞細亞，歐羅巴兩洲北境。淸初，俄東有羅刹者，由東洋海岸，收毳鑛部之貢，抵黑龍江。…」羅刹，即俄羅斯，或作露西亞，均爲"Russia"之譯音，志及傳之言，均誤。故列傳六十七之論曰：「俄羅斯之爲羅刹，譯言緩急異耳。非必東部別有是名也。」此論較之虛尙文，不關典要者勝一籌矣。

（c）本書列傳第三十七之論曰：「民間傳：雄（即田雄也）負福王出，王嚙其項，遂潰死。雄死時，明亡已二十年，其言誠無稽。然民之所惡，蓋亦可見矣。」蓋亦記述史之外事也。

（3）記傳聞異辭者：

列傳一〇六之論于敏中也曰：「世傳：敏中以高雲從事，失上意。會有疾，令休沐，遽賜陀羅尼經被，遂以不起聞。觀龍祠之詔，至引嚴嵩爲類。傳聞有無，未可知矣。」此又記史之外事，不可與無謂之論贊同日語者矣。

（4）淸史稿史論之公允者，爲洪秀全傳。觀卷二百六十二本傳之論曰：「中國危亡，實兆於此。……成則王，敗則寇，故不必以一時之是非論定焉。……初起託言上帝，名不正，言不順，世多疑之，……攻城略地，殺戮太甚。……嚴種族之見，人心不屬。……」頗具宏識。至若列傳二百六十一吳三桂傳論云：「上從容指揮，軍報迅速，閫外用命，始歎非所料。」之語，未免虛譽淸室矣。

（5）本書后妃傳之論孝欽曰：「……不幸與德宗意指不協，一激而啓戊戌之爭，再激而成庚子之亂。……而欲救之以立憲，百端並舉，政急民煩，陵土未乾，國步遂改。綜一代之興亡，繫於宮闈。」其闡明治亂興亡之理，有足觀者。

（6）列傳第一八三，論督撫同駐之弊曰：「推諉牽制，貽禍封疆。至光緒中，其制始改焉。」言亦中肯。

（二十四）無載記之體

古來本有世家一體，司馬遷始用以記王侯諸國，漢書始改爲列傳。晉書於潛僞諸國數代相傳者，不曰世家，而本東觀漢紀例，名之載記。其後舊五代史，爲世襲，僭僞二傳，五代史記爲世家年譜，宋史有十國世家。遼史更以高麗，西夏爲外紀。考王侯開國，子孫世襲。是曰世家，而載記則僭僞之國，亦得名焉。今考淸史稿一書，洪秀全傳，次列大臣傳後，與吳三桂並列，蓋倣前史叛逆傳例也。而明裔謀事未成者，如朱森，朱一桂，朱毛里，朱明月，朱洪英等，皆不立傳。倫案：此宜倂明末諸雄如張煌言，鄭成功，李定國諸人，立載記一門以記之也。

（二十五）序傳未善

正史率有序傳，多則二卷，少則一卷，所以述作史之意義及其體法者也。而此書缺焉。其發刊綴言，亦不過五百字，祇述編撰之經過，而不言其作法。吁，亦陋矣。其河渠志無序例，亦屬不妥。

（二十六）互見之得失

著書有互著及裁篇別出之例，所以節省篇幅，便披閱也。然重大事變，則應兩見，或互存詳略焉。淸史稿之作，亦有互著之例。然如雍正二年乙巳二月庚午日月合璧，五星聯珠之事，天文學家謂爲有史以來之第三次之奇怪現象，宜於本紀及天文志均書之。今其事只見世宗本紀，而天文，災異諸志，均不載之，似非所宜。兹述此書互見之例，以爲研究清史稿者之參考。

（1）互見他書者：

（a）明史　本書時憲志序曰：「明大統術，回回術，康熙初用之，以詳於明史，不具論。」昔班固之撰漢書地理志也，其首全鈔禹貢一篇，劉知幾譏之曰：「重述古文，益其辭費，侵官離局，狂簡不知所裁。」觀於清史稿，此失免之矣。

（b）清會典及清會禮　清史稿禮志第五吉禮篇謁陵條云：「嘉慶臨端慧皇太子園寢，其儀入會典。」禮志第十一凶禮序曰：「有清孝治光昭，上自皇后喪儀，下逮士庶喪制，稱情立文，詳載會典與通禮。兹依次類編，累朝損益，皎然若覽焉。」按太史公記事，每云：「其詳則令甲存。」蓋史之書志與當代之典制則例，其詳略及體例各異。修清史者，似深明此義焉。

（2）本書志傳互見者：

史稿土司傳第二四川篇，與地理志及兵志互見，見本篇正文中。

（3）本稿各帙互見者：

（I）紀　本紀之中，各述帝王卒歲及其在位年數。案世祖本紀載其遺詔，中有「朕以涼德，承嗣丕基，十八年于兹矣」之語，故本紀中不再述其在位之年，因紀中已詳之也。

（II）志　本稿禮志第二吉禮篇地祇條云：「河神之祀，別見河渠篇。」（按篇字應作志字）倫案：河神之祀，宜入此志，載之河渠帙中，殊有不合，蓋河渠詳水利，與地祇無關也。

（III）傳　列傳互見之例最多，儒林傳序曰：「若有事可見，已列於正傳者，兹不復載焉。」文苑傳序曰：「其已見大臣及儒林各傳者，則不復著焉。」疇人傳曰：「其政事文學，登於列傳及儒林，文苑者，西人官欽天監厠於卿貳，各自有傳者，不具列焉。」其他若「別有傳」「自有傳」及「附見某傳」之例，尤難枚數。兹列其事互見他篇數例，以概其餘焉。

(a)諸王傳中，以多爾袞與阿巴泰等襲錦州事詳見阿巴泰傳，因不具列。

(b)列傳卷三十史論曰：「滿洲兵初入關，分駐都會。……若富喀禪鎮西安，烏庫里守盛京，皆見於他篇，故不復著。」

(c)列傳四十六之論曰：「他死事者，語別見忠義傳，不能通著也。」一冊。目錄與書不合者，其例一。

(d)傳第四十六姚啓聖傳云：「克塽，國軒等皆降，語具琅傳。」

(e)土司傳卷三云：「緬甸事，詳緬甸傳。」

（二十七）遺誤疎略者：

全書得失，略如上述。今更摘其疎謬於下：——

（1）阮元疇人傳，實總集歷代疇人而成，人所共知，而本稿列傳第一百五十云：「元集淸代天文律歷諸家作疇人傳，以章絕學。」何不考之甚耶？

（2）郎世寧，艾啓蒙，均無專傳，僅見藝術傳中，並謂不知爲何國人。殊不知郎世寧爲意大利人，艾啓蒙爲法蘭西人，欽天監檔案具在，可考而知也。又英人戈登，爲焚燬圓明園之禍首，而傳不述此事，而祇書其平洪秀全之功績。作史之簡陋如此，宜乎故宮博物院駁之也。

（3）一書目錄之作，本自內容，萬不容互相牴牾也。而本書則目錄與內容不合者有之，如：

(a)按本書目錄，刑法，交通二志之間，尙有藝文志。故刑法志十三，交通志十五，一在卷一百四十九，一在一百五十五。而本書正文，則以刑法志列交通志後，更合訂一冊。目錄與書不合者，其例一。

(b)本書目錄，儒林傳第二中，以宋孔彰附見於其父朱駿聲獨傳中。試檢其書，則儒林傳二之末，朱駿聲附入錢大昭傳中。目錄與書不合者，其例二。

（4）馬夷初先生淸史拾零，記黃伯吹述所見景崧之事，頗爲詳備，而與本書列傳第二五〇所載，時有出入。如：史稿謂立國七日而亡；而馬氏云十有二日。史稿云：副將余姓緣事革李文奎職；而馬氏則云被中軍林某革退。史稿云：黃義德頓八堵，遽馳歸，言日人懸金六十萬購總統頭；而馬氏則云：李統領受日賂白金四十萬兩，故歸殺景崧。……按馬氏之說，得自目覩其事者之口，較爲可信。而史稿則展轉得之傳聞，殆不可靠。至若馬氏云：「邱逢甲爲副總統，兪明鎭掌軍務，某掌民務，某掌財務。時有逄甲族人邱某善戰，景崧倚以爲重。……」則均不見於淸史稿者也！

（5）世宗本紀云：雍正二年六月，以李永紹爲工部尙書。而部院大臣年表卷三上……則作二年七月。亦自相矛盾之一例也。

（6）本紀卷十云：「乾隆三年二月壬子，以高其倬爲工部尙書，張照爲湖南巡撫。」案張照是時方在南書房，並未外任，「張照」應作「張渠」，此人名之誤也。

（7）本紀卷二十二：「同治十三年十二月甲戌，李經義病免，以劉坤一爲兩江總督。」案是時李經義不過十餘歲，任總督者，乃李宗義而非李經義，或印刷之誤也。

（8）本紀卷十云：「乾隆二年五月乙卯，除湖南永州等處額外稅。免安徽宿州水災額賦。免浙江仁和等四州縣水災額賦。賑陝西商南等縣雹災。甲戌，以御門聽政，澍雨優渥，賜執筆諸臣紗疋有差。」考乙卯爲五月二十八日。甲戌乃六月十七日。甲戌上不冠六月二字，遺漏之誤也。

（9）本紀所載，國之大事，固以遍舉詳盡爲宜，而本書則多遺漏。今以故宮博物院文獻館所存之光緒二十六年電奏稿，與德宗本紀對照比觀，則紀之所缺，亦云多矣。如：（1）七月二十日，洋兵入城，到處焚掠；（2）七月二十一日以後，洋兵陸續入城，皇城以內，洋兵護守，人心驚駭，紛紛逃竄。留京辦事大臣，請慶親王奕劻回京辦理外交，並主持一切；（3）八月初四辰刻，洋人入大內參觀，入大清門，進內左門，出神武門；（4）時有遷都之議；（5）皇史宬遺失銀印三十四顆，滿蒙漢實錄，聖訓五十一函，計二百三十五冊。……諸大事，均不見本紀。

（10）本紀卷二十四云：「光緒二十六年七月壬戌，命榮祿，徐桐，崇綺留京辦事。」然今故宮博物院文獻館所藏光緒二十六年留京辦事大臣電奏稿摺，其後署名者，爲崑崇，敬裕，溥納，阿陳，徐桐，……諸人，與紀中所載，頗有不同，蓋紀文有誤也。

（11）故宮博物院所存前清檔案，勛奕至京第一次報告交涉之奏摺內，云：「八月二十一日，復奉到廷案一道，臣跪讀之下，敬悉簡派大學士榮祿來京，會商一切。……」則榮祿受委到京之事，實在八月，德宗本紀云在七月，又誤矣。

（12）此書本紀之中，於大臣升降，有書有不書，體例不一。如雍正本紀元年九月張廷玉爲戶部尚書，張伯行爲禮部尚書，均書；而田從典爲吏部尚書，則不書。考吳士鑑纂修清史商例曰：「本紀，除授官吏，宜從省削，以其與表可互證也。」由是言之，則書大臣任免者爲冗，而不書者爲得體矣。

（13）本紀於諸帝卒後，即緊接書其年歲，而道光本紀，通篇不述其卒時年歲，此不特體例參差，又爲缺略矣。

（14）本書列傳二三〇云：「于式枚，國難後，居青島，未幾卒。」按于氏卒於滬上，本稿謂卒青島，誤矣。

（15）地理志卷三吉林省附志云：「寶清州，宣統元年，擬置於饒河西境，寶清河西。」按此宜入正文，不應特立附志之體，破壞劃一之體例也。

(16)地理志卷二十七西藏條云：「太宗崇德七年……」。按本書他帙之述清事，必云：「清某年號若干年……」，而不加廟號，今此條缺清字，下又衍太宗二字，非劃一之道也。

(17)按地方志乘之修撰，類有監修，有纂修，一則領其事務，一則任其編輯，本史志於方志書名之下，注明某人監修，某人纂修可也。然今本書藝文志卷二史部地理類都會郡縣之屬中諸書，其下或作某人修，或作某人撰，「修」字指監修而言耶？抑指編修而言耶？此亦記事不明之處也。

(二十八)印刷之誤

據本書修史人員表，督理校刊者，祇有一人，故魚魯之誤，往往有焉。余嘗將各篇譌舛，彙為一錄，以不關切要，概從刪略焉。

十九年十一月八日，草於北平北大研究所。

(上篇已完，下篇待續。)